2024
年度版

らくらくわかる!

マンション管理士速習テキスト

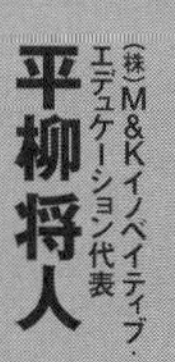

(株)M&Kイノベイティブ・エデュケーション代表
平柳将人

TAC出版
TAC PUBLISHING Group

はじめに

本書は，合格率７～11％台の**難関**である**マンション管理士試験**を突破するために必要な知識を，効率よくスピーディーに学習するためにつくられたテキストです。

難易度の高さに加え，事例分析力や応用力が問われる本試験に合格するためには，ただやみくもに細かいことを覚えようとするのではなく，**基本知識**を**正確に押さえ**，それをきちんと**理解して使いこなせるようになる**ことが必要不可欠です。

本書を執筆するにあたっては，その点を特に意識して記述し，さらに，自身の講義経験やブログを通して蓄積してきた〝**理解のためのヒント**〟を随所に盛り込んで，受験生の皆さんが**本書で得た知識を，本試験においてはもちろんのこと，合格後の実務においても活かせるようになる**ことを目指しました。また，**近年の様々な法律等の改正**（**区分所有法・マンション標準管理規約・民法・マンション建替え等円滑化法・長期修繕計画作成ガイドライン・修繕積立金ガイドライン・マンション管理適正化法**）に加え，**令和６年４月１日施行予定**の**不動産登記法**をはじめとする改正も行いました（マンション標準管理委託契約書は、主に管理業務主任者試験での出題となるため、下記のWebダウンロードサービスで提供します）。もちろん，**直近の令和５(2023)年度**のマンション管理士本試験で**出題された主要なポイント**についても，しっかりフォローしています。

本書を手にされた皆さんが，１人でも多く**合格の栄冠**を勝ち取られ，マンション管理士としてご活躍されることを願ってやみません。

本書が，そのための一助となりましたら幸いです。

令和６(2024)年１月

株式会社M&Kイノベイティブ・エデュケーション

代表取締役　平柳　将人

“W(ダブル)受験”をされる読者様へ

本書をご利用のうえで，**マンション管理士試験**と**管理業務主任者試験**を“**ダブル受験**”される**読者様への限定サービス**として，『**管理業務主任者試験対応 追加情報**』を**Webダウンロード**していただけます。詳しくは，**P.xii**をご参照ください!!

本書の利用法

本書は，**マンション管理士試験**の広範な出題範囲を絞り込んで**しっかり整理**し，重要項目を**コンパクト**にまとめました。以下は，本書の効果的な利用ガイダンスです。

この章の全体像がわかる！
“ミニミニ導入講義”

S⁺～B，
4段階の『頻出度』表示！
この章の**過去10年間**の出題回数のめやすを，アイコンで示しました（なお，「**B**」は，出題頻度が低くても，本書全体の理解に欠かせない項目です）。

- **S⁺**＝8回以上
- **S**＝6～7回
- **A**＝4～5回
- **B**＝0～3回

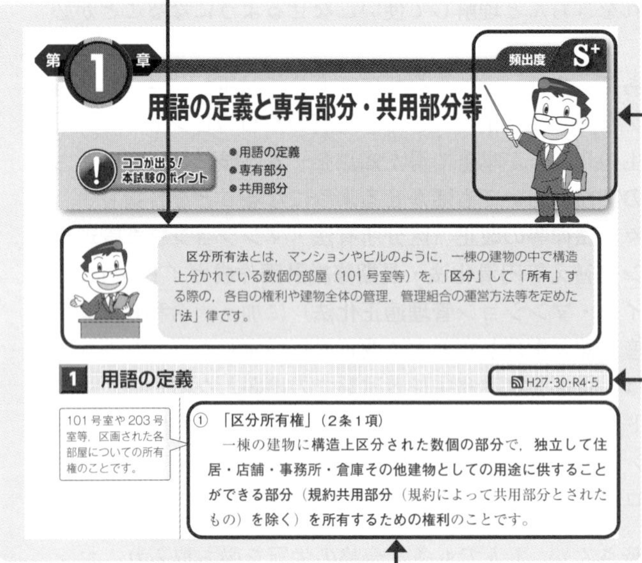

第 **1** 章　頻出度 **S⁺**

用語の定義と専有部分・共用部分等

ココが出る！本試験のポイント
- 用語の定義
- 専有部分
- 共用部分

区分所有法とは，マンションやビルのように，一棟の建物の中で構造上分かれている数個の部屋（101号室等）を，「**区分**」して「**所有**」する際の，各自の権利や建物全体の管理，管理組合の運営方法等を定めた「**法**」律です。

1　用語の定義　H27・30・R4・5

この項目の過去10年間における『**出題年度**』

101号室や203号室等，区画された各部屋についての所有権のことです。

①　「**区分所有権**」（2条1項）
一棟の建物に**構造上区分**された**数個の部分**で，**独立**して**住居・店舗・事務所・倉庫その他建物としての用途に供することができる部分**（**規約共用部分**（規約によって共用部分とされたもの）を除く）を**所有するための権利**のことです。

難解な法律も「です・ます」調のわかりやすい言葉で**しっかり解説！**

（※図はいずれもサンプルです）

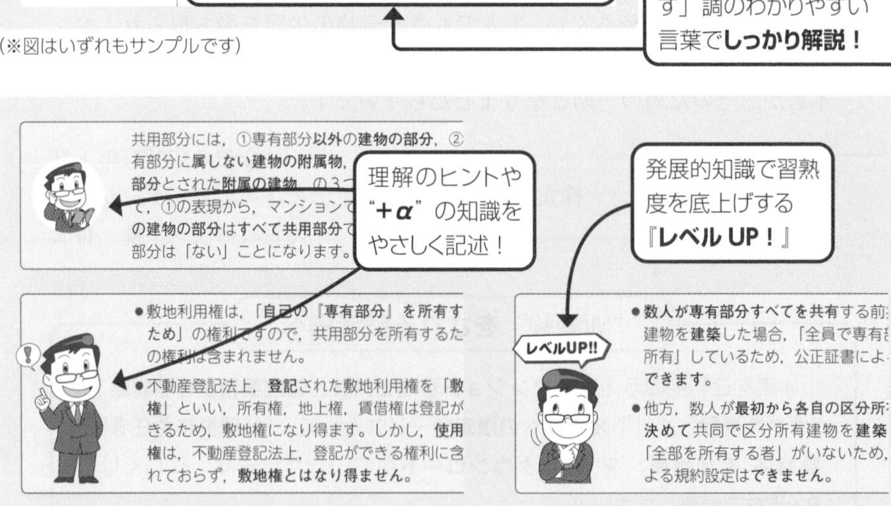

⑦ 「敷地利用権」（2条6項）

自己の**専有部分を所有するため**に，建物の**敷地を利用する権利**のことです。具体的には，**所有権**，**地上権**，**賃借権**，**使用借権**等が，これにあたります。

●敷地利用権は，**「自己の『専有部分』を所有するため」**の権利ですので，共用部分を所有するための権利は含まれません。

●不動産登記法上，**登記**された敷地利用権を「**敷地権**」といい，所有権，地上権，賃借権は登記ができるため，敷地権になり得ます。しかし，**使用借権**は，不動産登記法上，登記ができる権利に含まれておらず，**敷地権とはなり得ません**。

用語

地上権：他人の土地において工作物（建物等）または竹木を所有するため，その土地を使用する権利

賃借権：他人の物を賃料を払って借りる権利

使用借権：他人の物を無償で（ただで）借りる権利

『**用語**』　難解な法律等の用語をカンタンに解説！

4　管理者に関する規定の不適用（47条11項）

管理組合法人が成立すると，法人の機関である**理事が職務**を行います。そのため，理事と法人成立前の管理者は相容れない存在となることから，**管理組合法人**には，**管理者に関する規定**（区分所有法25条～29条）は**適用されません**。

これに伴い，管理組合法人の**成立と同時**に，**管理者の権限は当然に消滅**し，管理者による共用部分の**管理所有も消滅**します。

+1点!「管理組合法人による管理所有」「管理組合法人の理事による管理所有」という制度は**ありません**。

『**+1点！**』　過去に出題された論点を中心とする“**あと１点欲しい！**”に役立つ知識です。余裕があるときにトライ！

POINT整理　**共用部分の保存・管理・変更**

保存行為		各共有者が単独ですることができる	規約で別段の定めができる
管理行為		集会の決議（普通決議）で決する	
変更行為	軽微変更		
	重大変更	区分所有者及び議決権の各$\frac{3}{4}$以上の多数による集会の決議（特別決議）で決する	区分所有者の定数に限り，規約でその過半数まで減ずることができる

横断的知識をギュギュッと凝縮！『**POINT 整理**』

コレが重要!! 確認問題

❶ マンションの売買に際し，宅地建物取引業者が，規約については，案しかできていなかったので，売買契約成立後に説明することとしたことは，宅地建物取引業法第35条の規定に違反しない。過 H13

❷ 買主Aは，宅地建物取引業者Cの媒介で，売主である宅地建物取引業者Bから甲マンションの201号室を購入する契約を締結し，入居した。この場合，本件契約は3割の値引きをしたので，Bは現状のまま売り渡すこととし，担保責任を負わない旨の特約をした場合，この特約は有効である。過 H13

❸ 宅地建物取引業者であるAは，Bに対して，平成31年4月1日に，担保責任期間を引渡しの日から1年間とする特約をして中古マンションの一室を売却し，同年5月1日にこれを引き渡した。その後，Bが令和2年5月10日に浴室設備に契約内容との不適合を発見し，同年6月10日にAに対して損害賠償請求をすれば，Aは担保責任を免れない。過 H24

答 ❶×：規約については「案」の説明も必要である。また，説明時期は，契約成立前でなければならない。　❷×：この特約は，買主に不利であり，無効である。　❸○

理解度チェックのために必ず押さえたい“**要注意**”の過去問，『**重要確認問題**』

マンション管理士本試験　受験ガイダンス

1　マンション管理士本試験の概要

マンション管理士本試験の概要は，次のとおりです。なお，以下の情報は，例年及び昨年の令和５（2023）年度のものです。令和６（2024）年度の試験概要は，必ず最新の情報を確認してください。

試験日程の発表	例年６月上旬頃，国土交通大臣から官報に公示されます。また，(公財)マンション管理センターのホームページにも掲載されます。
受験資格	年齢，性別，学歴，国籍等一切を問いません。誰でも受験できます。
試験の概要	●マークシート方式による50問４肢択一形式の試験です。 ●試験地は，札幌市，仙台市，東京都，名古屋市，大阪市，広島市，福岡市，那覇市並びにこれらの周辺地域です。
受験案内書・申込書の入手	受験案内書・申込書の配布は，例年，８月上旬から行われます。 （※令和５年度は８月１日～ 10月２日） 受験案内書・申込書は，下記で入手できます。 ●(公財)マンション管理センター本部(東京)・大阪支部 ●都道府県及び政令指定都市のマンション管理行政担当課窓口 ●一部の書店 なお，郵送による入手，及び(公財)マンション管理センターホームページからのダウンロードによる入手もできます。
申込期間	９月上旬～ 10月上旬 （※令和５年度は９月１日～ 10月２日，当日消印有効）
受験手数料	9,400円（例年）
試験期日及び時間	例年，11月の最終日曜日の午後１時～午後３時(２時間) ※「５問免除者」は，午後１時10分～午後３時(１時間50分)
合格発表	例年，(公財)マンション管理センターから各受験者へ合否通知書が送付されるほか，同センターのホームページにおいて合格者の受験番号が掲載されます。
試験実施機関	**(公財)マンション管理センター** 〒101-0003　東京都千代田区一ツ橋2-5-5 岩崎書店一ツ橋ビル７階 [TEL] 03-3222-1611（試験案内専用電話） [HP] http://www.mankan.or.jp

2　マンション管理士本試験の平成 26 ～令和 5 年度の受験状況

平成26～令和５年度のマンション管理士試験の受験状況は，次のように推移しています。

	受験者数	合格者数	合格率	合格点
平成 26 年度	14,973 人	1,260 人	8.4%	36 点
平成 27 年度	14,092 人	1,158 人	8.2%	38 点
平成 28 年度	13,737 人	1,101 人	8.0%	35 点
平成 29 年度	13,037 人	1,168 人	9.0%	36 点
平成 30 年度	12,389 人	975 人	7.9%	38 点
令和元年度	12,021 人	991 人	8.2%	37 点
令和２年度	12,198 人	972 人	8.0%	36 点
令和３年度	12,520 人	1,238 人	9.9%	38 点
令和４年度	12,209 人	1,402 人	11.5%	40 点
令和５年度	**11,158 人**	**1,125 人**	**10.1%**	**36 点**

3　マンション管理士本試験の試験範囲

マンション管理士試験で出題される法令等及び範囲は，次のとおりです。

マンションの管理に関する法令及び実務に関すること	●区分所有法　●被災マンション法 ●建替え等円滑化法 ●民法（取引や契約等，マンション管理に関するもの） ●不動産登記法　●マンション標準管理規約 ●マンション標準管理委託契約書 ●マンションの管理に関するその他の法律（建築基準法，都市計画法，消防法，住宅の品質確保の促進等に関する法律等）等
管理組合の運営の円滑化に関すること	●管理組合の組織と運営（集会の運営等） ●管理組合の業務と役割（役員，理事会の役割等） ●管理組合の苦情対応と対策　●管理組合の訴訟と判例 ●管理組合の会計　等
マンションの建物・附属施設の構造・設備に関すること	●マンションの構造・設備　●長期修繕計画 ●建物・設備の診断　●大規模修繕　等
マンションの管理の適正化の推進に関する法律に関すること＊	●マンション管理適正化法 ●マンション管理適正化指針　等

＊：この分野は，願書提出時に，過去に管理業務主任者試験に合格している旨の申請によって「**５問免除**」とされ，「**５点満点の得点**」と扱われます。

4　各出題分野における学習の指針

直近の令和５年度本試験（全 50 問）における出題分野と出題数は，次のとおりです。

分野	科目	出題数
法令関連（計 33 問）	区分所有法	**10 問**
	民法	6問
	不動産登記法	1問
	建替え等円滑化法	1問
	被災マンション法	1問
	マンション標準管理規約	**9 問**
	マンション管理適正化法	5問
管理実務・会計関連（計 2 問）	管理組合の会計・税務	2問
建築・設備関連（計 15 問）	都市計画法	1問
	建築基準法	1問
	水道法	1問
	消防法	1問
	防犯指針	1問
	建築・設備・維持保全	**10 問**

合格点に到達するには，まずは出題数の多い分野（表中の「▒▒」部分）を攻略して，点数を積み上げていくことが重要です。圧倒的に出題数が多いのは「**法令関連**」であり，中でも「**区分所有法**」（**10 問**）・「**マンション標準管理規約**」（**9 問**）が突出しています。何をおいても，この２つを得意分野として，他の受験生に差をつけられるくらいのレベルになることが，最重要課題といえるでしょう。

次に，建築・設備関連の「**建築・設備・維持保全**」も，出題数が多い分野（**10 問**）ですが，ここでは，通常の学習で対処不可能なほど高難易度の問題が出題されることもあり，必ずしも学習時間と得点が比例する分野とはいえません。きちんと得点を稼ぐには，まずは**過去の本試験問題で問われた部分**を確実に押さえ，余裕があればはじめて，その**周辺に学習範囲を広げていく**，という順序で学習をするとよいでしょう。

いずれにしても，試験制度創設から 20 年以上が経過した今，蓄積された過去の本試験問題の重要度が高いことは間違いありません。本テキストでの各編の学習を終えるごとに，関連する過去問でご自分の理解の度合いを確認し，習得した知識を応用できているという実感をつかむことができるまで，それを繰り返すような学習をおすすめします。

学習のヒント 合格に必要な“４つの力”

本試験に合格するには，次の①～④の力をつけることが大切です。

① 知識力	② 思考力（応用力）	③ 得点力	④ 計画力

①　知識力

知識力とは，問題を解くための基礎となる知識の力のことです。本試験では，**あいまいな 100 の知識よりも，正確・確実な 10 の基本知識の方が断然役に立ちます。**

本書で**赤字やゴシック等で強調されている部分**は，それを意識していますので，しっかりと押さえてください。

②　思考力（応用力）

思考力（応用力）とは，問題を見た瞬間に正誤を判断するために必要な知識を，「頭の引き出し」から適切に取り出し，それを問題に当てはめ結論を導く力（**＝考えて答えを導き出す力**）のことです。これは，さらに**論理力**と**分析力**に分けられます。

論理力	基本知識をもとに論理や推論を重ね，一見知らないことを問われているように見える問題について，既存の知識等を活かして答えを導き出す力
分析力	問題文を短い要素に分割して分析した上で，統合して選択肢全体の正誤を判別する力で，複雑な事例問題等を解く場合に必要となる。

テキストと過去問を往復して有機的にリンクさせながら，**問題演習を通じて基本知識の使い方を習得**し，「どういう表現のときはどう考えるべきか」「事案の整理をするためにはどの手順を踏んで分析すべきか」というパターンを体得していきましょう。

③　得点力

得点力とは，**制限時間内に合格点を叩き出す力**のことです。この力をつけるには，**基本問題を反射的に解けるようにする**，**思考過程をパターン化する**，**わからない問題**（捨て問）**を見極めて飛ばす**等ができるようにならなければなりません。

そのためには，**一定の制限時間の中で問題を解く訓練を繰り返し**，**自分なりの「時間短縮のスキル」を上げていく**ことが必要です。

④　計画力

計画力とは，合格に必要な学習の内容・質・量を見極め，本試験までの時間を計算しながら最も効率の良いスケジュールを組んで実践する力のことです。この力を身につけるには，普段から，**やるべきことを洗い出す➡その量**（ページ数，問題数等）**を可視化する➡優先順位をつける➡優先順位の高いものからこなす**，という手順を意識することが大切です。

以上のことを日々意識しながら学習していけば，その先に必ずマンション管理士本試験の合格が見えてきます。頑張ってください！

目　次 ~Contents~

「頻出度」：S⁺=過去 10 年間で 8 回以上の出題，S＝6〜7 回，A＝4〜5 回，B＝0〜3 回，未＝未出題

第1編 区分所有法

第2編 マンション標準管理規約

第3編 民　法

『らくらくわかる！ マンション管理士速習テキスト』読者様に限定!!
「管理業務主任者試験対応 追加情報」Web ダウンロードサービスのご案内

本書をご利用の上で“**ダブル受験**”（マンション管理士試験・管理業務主任者試験を併願）される読者様のために，次の内容の「**管理業務主任者試験の受験のための追加情報**」を，**Web ダウンロードサービス**いたします（サービス開始：2024 年 6 月下旬予定）。

■ 管業試験に対応した“**テーマ別・重要度ランク表**”（本書の目次に準拠）
■ 本書に未収載の「管業試験に**出題されやすいテーマ**に関する**追加情報**」

「**追加情報**」へのアクセス方法は，次の３つです。

① TAC 出版 HP「サイバーブックストア」➡「書籍連動ダウンロードサービス」
② 『らくらく』特設サイト➡ https://bookstore.tac-school/rakuraku/
③ QR コードから簡単アクセス➡

データのダウンロードには，下記のパスワードが必要です。

パスワード：**241110954**

[※ ダウンロード期限は「**2024年12月31日**」までとなっております]

＊　本書は，2023 年 12 月現在施行されている法令等に基づいて執筆されています。**法改正等に関する情報冊子『法律改正点レジュメ』**を，Web 登録で，無料でご提供いたします。

【登録方法】 お手元に本書をご用意の上，インターネットの「情報会員登録ページ」からご登録ください（**要・パスワード**）。

TAC 情報会員　検索

【登録用パスワード】 025-2024-0943-25

第1編

区分所有法

区分所有法は，マンションの管理や運営に関する**基本的なルールを定めた法律**です。本試験では，**民法や標準管理規約との複合問題**を含めて例年**10問**以上も出題される最も重要な法律であり，この法律の攻略が**合否を左右する**と言っても過言ではありません。

事例をベースにした問題も数多く出題されますので，適用される場面や登場人物・団体を具体的にイメージしながら，各規定の**要件と効果，原則と例外**といった基本事項を正確に押さえていきましょう。

頻出度 S+

用語の定義と専有部分・共用部分等

- 用語の定義
- 専有部分
- 共用部分

区分所有法とは，マンションやビルのように，一棟の建物の中で構造上分かれている数個の部屋（101 号室等）を，「区分」して「所有」する際の，各自の権利や建物全体の管理，管理組合の運営方法等を定めた「法」律です。

1 用語の定義

H27・30・R4・5

> 101 号室や 203 号室等，区画された各部屋についての所有権のことです。

① **「区分所有権」**（2条1項）

一棟の建物に**構造上区分された数個の部分**で，**独立して住居・店舗・事務所・倉庫その他建物としての用途に供することができる部分**（**規約共用部分**（規約によって共用部分とされたもの）を除く）**を所有するための権利**のことです。

② **「区分所有者」**（2条2項）

「区分所有権を持つ者」＝「**各部屋の持ち主**」のことです。

> 「**事実上支配**する者」という定義から，法的な権原の有無は問われないため，占有者には**不法占拠者も含まれます。**

③ **「占有者」**（6条3項）

区分所有者**以外**の者で，専有部分を自分のために**事実上支配**する者のこと，要するに，部屋の**賃借人等**のことです。

④ **「専有部分」**（2条3項）

区分所有権の目的である建物で，「専(もっぱ)」ら所「有」する「部分」，つまり，**他者を排除して独占的に所有**できる，各自の部屋のことです。

> 具体的には，廊下，外壁，階段，エレベーター，集会室，別棟の集会所等が該当します。
> ➡ P. 8参照

⑤ **「共用部分」**（2条4項）

専有部分**以外**の**建物の部分**，専有部分に**属(ぞく)しない**建物の**附属物**及び**規約により共用部分**とされた**附属の建物**のことです。

共用部分には，①専有部分**以外**の**建物の部分**，②専有部分に**属しない建物の附属物**，③規約により**共用部分とされた附属の建物**，の３つがあります。そして，①の表現から，マンションでは，**専有部分以外の建物の部分**はすべて**共用部分**であり，それ以外の部分は「ない」ことになります。

⑥　「建物の敷地」（２条５項）

建物が所在する土地（**法定敷地**）と，規約で建物の敷地とされた土地（**規約敷地**）の２つのことで，区分所有建物が所在する土地自体や，附属する駐車場等のことです。

詳しくは，本編「**第２章**」で学習します。

⑦　「敷地利用権」（２条６項）

自己の**専有部分を所有するために**，建物の**敷地を利用する権利**のことです。具体的には，**所有権**，**地上権**，**賃借権**，**使用借権**等が，これにあたります。

用語

地上権：他人の土地において工作物（建物等）または竹木を所有するため，その土地を使用する権利

賃借権：他人の物を賃料を払って借りる権利

使用借権：他人の物を無償で（ただで）借りる権利

- 敷地利用権は，「**自己の『専有部分』を所有するため**」の権利ですので，共用部分を所有するための権利は含まれません。
- 不動産登記法上，**登記**された敷地利用権を「**敷地権**」といい，所有権，地上権，賃借権は登記ができるため，敷地権になり得ます。しかし，**使用借権**は，不動産登記法上，登記ができる権利に含まれておらず，**敷地権とはなり得ません**。

2 区分所有権の成立

ある建物に**区分所有権が発生**するには，次の**2つの要件**を満たすことが必要です。

> ① **構造上・利用上独立**した数個の**部分**のある，**一棟の建物**が存在すること
>
> ② その建物を**区分所有**する旨の，所有者の**意思の表示**があること

①は，建物の中に，**区分所有し得る**101号室等の**区画された部屋が存在**していることです。また，②は，区分所有することを前提とした意思の表示で，例えば，チラシによくある「このマンションの1室の販売価格は○○万円です！」という**分譲広告**や，**区分所有建物である旨の登記**をすること，さらには，**売却（分譲）**や，**規約の設定**をすること等です。

区分所有権の成立の時期は，①の物理的要素と②の意思的要素の**双方が満たされた時点**です。例えば，建物完成後に区分所有建物としての登記がされた場合，①②双方が満たされた**「区分所有建物の登記」の時点**から，区分所有権が成立し，分譲広告後に建物が完成した場合には，①②双方が満たされた「**建物完成の時点**」から，区分所有権が成立します。

3 区分所有者の団体（3条）

H27・29・R1・3

1 区分所有者の団体（3条の団体）と構成員

+1点! 集会の開催・規約の設定・管理者の設置は**あくまで任意**であり，**義務付けられているわけではありません。**

区分所有者は，**全員**で，**建物・敷地・附属施設の管理を行う団体**（「**管理組合**」）を構成し，区分所有法の規定により**集会**を開き，**規約**を定め，**管理者**を置くことができます。

区分所有者は，**当然に管理組合の構成員**になります。これに対し，**区分所有者以外の者**は，管理組合の**構成員ではないもの**の，**専有部分の占有者**（賃借人等）については，その**使用方法**について，**集会の決議及び規約に拘束**されます。

- 分譲業者が建物全部を所有している場合のように，**区分所有者が1人だけ**の段階では，**管理組合はまだ成立していません。**その後，**分譲**により**区分所有者が2人以上になった時点**で初めて，「区分所有者の団体」=「**管理組合**」**が成立**します。
- いったん管理組合が成立した**後**は，一括買い上げ等により区分所有者が**また1人**（単独）になったとしても，管理組合は，**当然には消滅しません。**再度分譲すれば区分所有者はまた複数になるので，一度成立した管理組合をわざわざ消滅させる必要がないからです。

2　管理組合の性質

管理組合には，構成員である個々の区分所有者同士の結びつきの程度により，「**権利能力なき社団**」に**該当するもの**と**該当しないもの**の2種類があります。

具体的には，区分所有法の定める**集会・規約・管理者等に関する規定に従って運営**されている管理組合は，個々の構成員の人格が**団体に埋没**しているといえ，「**権利能力なき社団**」に該当します。

他方，**管理者が定められておらず，規約も作られていない管理組合**は，個々の構成員の人格が**団体に埋没していない**（**個性が強い**）といえるため，「**権利能力なき社団**」には**該当しません**。

「**権利能力**」とは，法律上，**権利や義務の主体となることのできる能力**のことです。権利能力を有するのは，「**自然人**（生身の人間）」と「**法人**」に限られます。そこで，団体としての性質を有する人の集まり（=「**社団**」）でありながらも，**法人ではない一定の団体**を，「**権利能力なき社団**」といいます。

判例上，権利能力なき社団に該当するためには，次の4要件が必要です。

① **団体としての組織**を備えていること
② **多数決の原則**が行われていること
③ **構成員の変更**に影響されず，**団体そのものが存続**すること
④ その組織によって**代表の方法，総会の運営，財産の管理その他団体としての主要な点が確定**しているものであること

3　一部共用部分の団体

一部の専有部分にのみ通じている廊下・階段室・エレベーター室等，**構造上一部の区分所有者のみの共用に供されることが明らかな共用部分**を「**一部共用部分**」といいます。

この一部共用部分をそれらの区分所有者が管理する場合，共用するそれらの区分所有者は，全員で，一部共用部分を管理するための団体（=「**一部管理組合**」）を構成します。

+1点! **一部管理組合**においても，**集会**を開き，**規約**を定め，**管理者**を置くことができます。

後述する**一部共用部分の管理の区分**（➡ P.12 参照）に従い，**一部の区分所有者だけで管理することとなる一部共用部分**が「**ある**」ときは，**一部管理組合が当然に構成**されます。他方，一部の区分所有者だけで管理することとなる一部共用部分が「**ない**」場合（=**すべての一部共用部分**について，その管理の**すべてを区分所有者全員で行う場合**）には，一部管理組合は**構成されません**。

4　専有部分（1条，2条3項）　H26

専有部分とは，区分所有権の目的となる建物の部分で，①**構造上の独立性**と②**利用上の独立性**の**両方の要素を満たした部分**（101号室等）をいいます。「独立性」が要求されるのは，専有部分が自由に使用・収益・処分できる区分所有権の対象であり，他の部分と明確に区別されるべきだからです。

専有部分が共有されている場合の**各共有者の持分**に関して，**区分所有法に規定はありません**。そこで，**民法の共有**の規定により，「各共有者の持分は**原則**として**平等と推定**」されています。
➡ P.21 参照

1　構造上の独立性

壁，床，天井等によって，**他の部分と構造の上で区画**されていることです。

❗ 本編第12章（「重要判例」）**1**で詳細に解説しています。

構造上の独立性は，**必ずしも壁等で四方八方が区画されていなくても構いません**。例えば，巻き上げ式シャッターはあるものの営業時間中は開放されていて遮断されていない店舗や，前面がシャッターでのみ仕切られている区画された駐車場でも，「構造上の独立性」は認められます。

2　利用上の独立性

独立して住居，店舗，事務所，倉庫等の用途に供することができることで，原則として次の①～③の要素が**すべて必要**です。

①　**独立した出入口の存在**	他の専有部分を通らずに直接外部（共用の廊下を含む）に通じていること
②　**内部設備の具備**	その部分の内部に，使用する目的に沿った設備があること
③　**共用設備の不存在**	その部分の内部に，他の区分所有者等が利用する共用設備がないこと

共用部分を経由して外部に通じていても構いません。

構造上の独立性のある車庫部分に，**共用の設備**である排気管やマンホールがある場合に，上の表中③の「**共用設備の不存在**」が満たされるか否かが問題となります。
判例では，一部に共用の設備があっても，**専有部分として排他的に利用する障害にならなければ，利用上の独立性**が認められ，専有部分となり得るとされています。

❗本編第12章（「重要判例」）1～3で詳細に解説しています。

3　専有部分の用途

専有部分は，**原則として自由**に，**使用**（居住等）・**収益**（賃貸等）・**処分（売却・抵当権等の担保権の設定）**することができます。しかし，専有部分の**用法や用途**は，例えば，住居以外の用途での使用を禁止する等，**規約や集会決議で制限**できます。

➡ P.38 ～参照

5　共用部分

H26・27・30・R1・3・4・5

1　共用部分の種類（4条，2条4項）

共用部分とは，廊下・階段・エレベーター等，区分所有者等が**共同して使用する部分**のことで，「**法定**共用部分と**規約**共用部分」「**全体**共用部分と**一部**共用部分」という２つの視点から分類されます。

「共同して使用」といっても，必ずしも**実際に共同使用されている必要はなく**，共同使用ができる状態にあれば構いません。

（1）法定共用部分と規約共用部分

この分類は，**廊下**や**階段**や**エレベーター**等，**本来的に共用部分**であるもの（**法定共用部分**）と，マンション1階の**集会室**や，敷地内の**別棟の集会所**等，本来的には共用部分ではなく，**規約によって共用部分**となるもの（**規約共用部分**）という区別です。

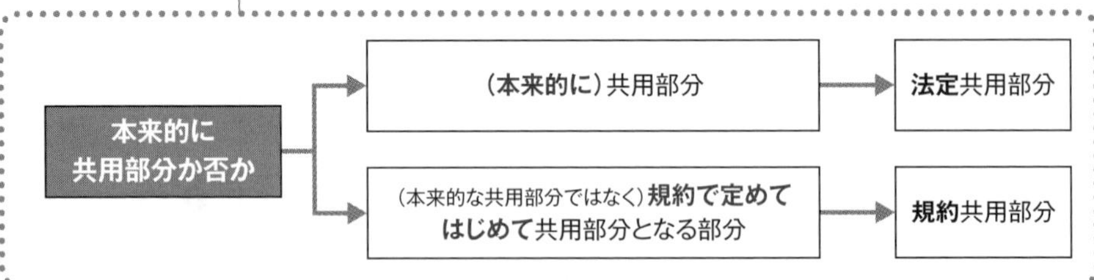

- **法定共用部分を専有部分とする**場合には，これについて，その**共有者全員の同意**が必要です。なぜなら，法定共用部分を専有部分とするには，壁を増設するなどの**物理的な変更**を加えて，**構造上・利用上独立した部分をつくり出す必要**がありますが，これは，民法上**共有者全員の同意**が必要な「**共用部分の処分行為**」に該当するからです。
- 例えば「**集会室**」は，**本来的**には構造上・利用上の独立性を備えた「部屋（**専有部分**）」ですが，特定の区分所有者ではなくマンションの住人たちがみんなで利用する部分です。そのため，マンションでの**ルール（規約）を定めることによって初めて**，**共用部分**に変わるため，法定共用部分ではなく「**規約共用部分**」となります。
- **規約共用部分**にできるのは，①**区分所有建物の部分**（＝専有部分となりうる部分）と，②**附属の建物**（別棟の集会所等）です。
  ➡②は，「『**附属**』の『**建物**』」なので，ア）区分所有建物に「**附属**」していること，また，イ）**屋根と周壁等**があること（＝**外気分断性**）で「**建物**」と認められることが必要です。したがって，**次のものは規約共用部分にできません**。
  - **屋根のないごみ集積所**：
    ×（∵屋根がなく，建物といえない）
  - **トタン屋根と柱だけの駐輪場**：
    ×（∵周壁がなく，建物といえない）

法定共用部分は，一見して共用部分であることが明らかなため，その旨の登記はできません。しかし，**規約共用部分**は，外見上共用部分であることがわからないため，**第三者に**規約共用部分である旨を**対抗**（**主張**）するには，**登記が必要**です。

用語 登記：土地や建物といった不動産ごとに記録（登記記録）を設け，所在・面積・所有者・担保の有無（抵当権）等の権利関係を公開して，円滑な取引とその安全を保障するためのもの

法定共用部分	登記はできない
規約共用部分	第三者に**対抗**するには**登記が必要**

（2）全体共用部分と一部共用部分

この分類は，「**構造上**，誰が使用することを想定しての部分なのか」という区別によるものです。

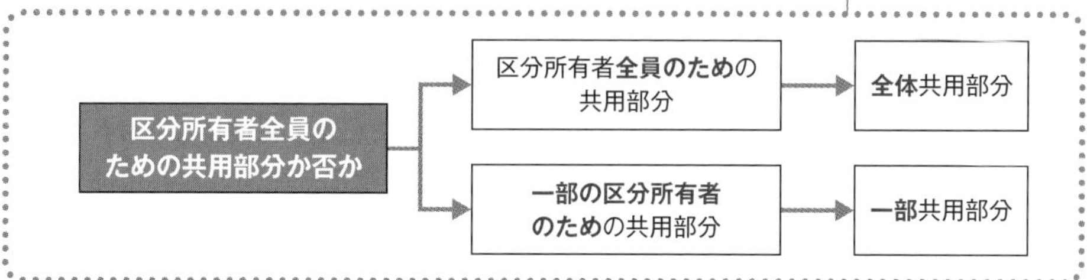

全体共用部分	●「構造上，区分所有者全体で」共用することが予定されている部分 ●通常の廊下・階段・エレベーター等が該当する
一部共用部分	●「構造上における，一部の区分所有者のための」共用部分 ●下駄ばきマンション（1階に店舗が，2階以上に住居等があるマンション）における，居住者専用のエントランスや店舗専用のトイレ等が該当する

2 共用部分の共有関係（11条）

（1）原則

全体共用部分は，区分所有者**全員**の共有に属します。また，**一部共用部分**は，共同で**使用**している一部の区分所有者の共有に属します。

「みんなで**使う**（共用部分）」ことと「それが**誰のものか**（所有権の帰属）」は**別**ですので，区分所有法は，その点を明確にしています。

（2）例外（管理所有）

「**（1）原則**」については，**規約**で別段の**定め**をすることができます。これはいわゆる「**管理所有**」を認めるもので，具体的に

用語 管理所有：**規約により特定の者を共用部分の所有者**（管理所有者）として共用部分の一定の管理を行わせる制度

は，管理をしやすくするため，便宜上，全体共用部分を管理者や一部の区分所有者の所有としたり，一部共用部分を管理者や区分所有者全員の所有としたりすることができます。

区分所有者全員の共有に属する共用部分は，規約により一部の区分所有者の所有とすること（**管理所有**）ができますが，それによって，**その共用部分が，一部共用部分となるわけではありません。**
なぜなら，一部共用部分というのは，「構造上」一部の区分所有者の共用に供される部分ですが，規約で「所有関係」を変えた（管理所有とした）としても**「構造」に変化はなく，全体共用部分であること**に変わりはないからです。

3　共用部分の使用（13条）

「**持分に応じて**」（**民法の共有**）ではなく，「**用方に従って**」とされています。持分が少ないからといって，共用部分を使用する回数や時間が制約されるのは合理的ではないためです。

各共有者は，共用部分をその**用方に従って使用**しなければなりません。使用するに際し，法定共用部分であれば共用部分の構造・位置等により，そして，規約共用部分であれば規約により，それぞれ定められた用方に従うこととなります。

4　共用部分の持分の割合（14条）

（1）原則

各共有者の持分は，原則として，各自の**専有部分の床面積**（部屋の広さ）の**割合**によります。この床面積の算定は，壁その他の区画の**内側線**で囲まれた部分の**水平投影面積**によります。

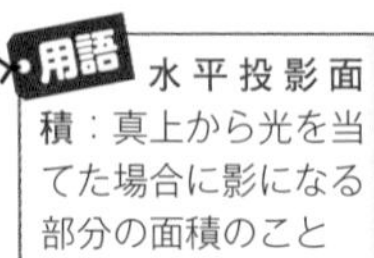

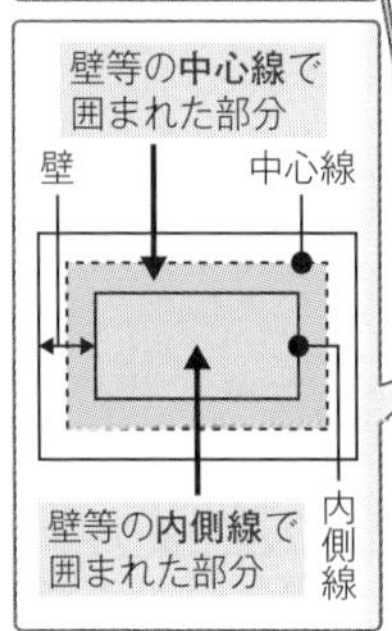

（2）例外

共用部分の持分は，**規約で別段の定め**をすることができます。例えば，各区分所有者の共有持分割合を均等にしたり，床面積の算定基準を壁その他の区画の「**中心線**」で囲まれた部分の水平投影面積としたりすることができます。

（3）一部共用部分で床面積を有するものがある場合

これも規約による別段の定めができます。

一部共用部分（附属の建物を除く）で，**床面積**を有するものがあるときは，その床面積は，**共用する各区分所有者の専有部分の床面積の割合により配分**して，それぞれ，それらの区分所有者の専有部分の床面積に算入します。

一部共用部分を共用する区分所有者は，そうでない区分所有者よりも建物を**より広く使っている**ため，一部共用部分の床面積を一部共用者に割り振ることで，**他の区分所有者との衡平を図る**という趣旨です。

▶具体例　Aが40㎡，Bが60㎡，Cが120㎡の専有部分を有し，ABのみが共用する一部共用部分の床面積が20㎡ある場合

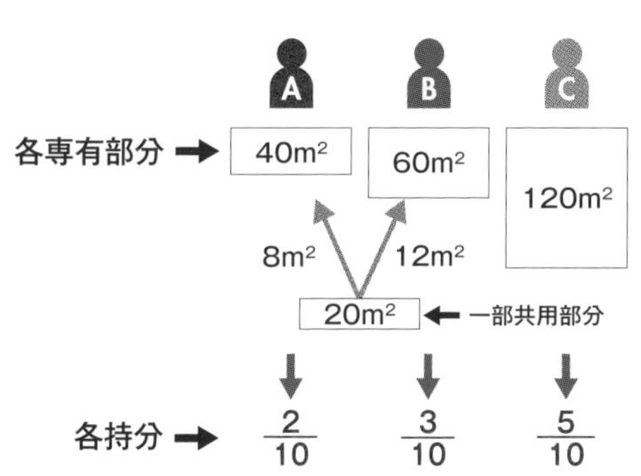

一部共用部分の床面積である20㎡は，ABの**専有部分の床面積の割合**（40：60＝2:3）で**配分**され，Aに8，Bに12が加算されます。したがって，

Aは$\frac{(40+8)}{(40+60+120+20)}=\frac{48}{240}=\frac{2}{10}$に，

Bは$\frac{(60+12)}{(40+60+120+20)}=\frac{72}{240}=\frac{3}{10}$に

Cは$\frac{120}{(40+60+120+20)}=\frac{120}{240}=\frac{5}{10}$の

各持分を有することになります。

5　共用部分の持分の処分（15条）

（1）共用部分の持分の従属性

共用部分の共有者の持分は，その有する**専有部分の処分に従います**。つまり，部屋を売却すれば，共用部分の共有持分も**一緒に売却**したものと扱われます。

> 専有部分を所有していても，廊下や階段等を使えなければ意味がないため，専有部分と共用部分の共有持分とを**一体化**させています。

> **+1点!** この点について，**例外はありません**。

（2）共用部分の持分の分離処分の禁止

共用部分の共有者は，**自己の専有部分と分離して共用部分の持分のみ処分することはできません**（**分離処分禁止の原則**）。

ただし，区分所有法における次の①②の「**別段の定め**」がある場合を除きます。

① 規約によって他の区分所有者または管理者を共用部分の所有者とする場合（管理所有）

② 規約で**共用部分の持分割合を変更する場合**

この2つは，その**過程**で，共用部分の共有持分だけが，専有部分と**切り離されて**移動するため，「分離処分禁止の原則」の**例外**とされています。

例えば，**管理所有**は，各区分所有者が，共用部分の共有持分を**管理所有者に譲渡**し，形の上で管理所有者が共用部分の所有者として一定の行為を行えるようにする制度です。しかし，共有持分が移転しても，**専有部分は各区分所有者に帰属したままであ**り，ここに「**分離処分**」が生じます。

6　一部共用部分の管理（16条）

一部共用部分の管理は，原則として，**一部共用部分を共用する区分所有者のみ**で行います。

その例外として，次の①②は，**区分所有者全員**で行います。

> ただし，②の「**全体の規約の定め**」は，当該**一部共用部分**を共用すべき区分所有者の$\frac{1}{4}$**を超える者**，または，**その議決権の**$\frac{1}{4}$**を超える議決権を有する者が反対**したときは，することができません。

① **区分所有者全員の利害に関係するもの**

② **区分所有者全員で一部共用部分の管理を行う旨の全体の規約の定めがあるもの**

7　共用部分の管理・変更（17条，18条）

区分所有法は，共用部分の管理に関する行為を①**保存行為**，②**管理行為**，③**変更行為**の3つに分け，内容に応じて集会の決議要件を変える等，必要な手続を規定しています。

（1）各行為に必要な手続

①　保存行為

共用部分の点検や破損した部分の小修繕（窓ガラスの修理）等，共用部分の現状を維持する行為のうち，比較的軽度のものか，緊急を要する維持行為をいいます。保存行為は，**各区分所有者が単独**で行うことができ，**集会の決議は不要**です。

> この点は，「**規約で別段の定め**」が認められています。例えば，「**共用部分の保存行為は特定の区分所有者のみが行うことができる**」と規約で定めることもできます。

②　管理行為

共用部分の管理に関する行為のうち，①の**保存行為**と次の③の**変更行為を除いた行為**（**狭義の管理行為**）のことです。例えば，共用部分の使用方法を定めること等が該当します。

管理行為を行うには，原則として，**集会の普通決議**（区分所有者及び議決権の**各過半数**の賛成）が必要です。

> この点は，「**規約で別段の定め**」をすることが認められています。例えば，「**共用部分の（狭義の）管理については，管理者（理事長）が決定する**」と規約で定めることができます。

なお，**共用部分につき火災保険等の損害保険契約**をすることは，**共用部分の管理**に関する事項とみなされ，**集会の普通決議**が必要です。

③　変更行為

共用部分に変更を加える行為をいいます。このうち，共用部分の**形状または効用の著しい変更を伴わない**ものを**軽微変更**（けいびへんこう），共用部分の**形状または効用の著しい変更を伴う**ものを**重大変更**といい，どちらにあたるかによって必要な手続が異なります。

軽微変更	集会の普通決議（区分所有者及び議決権の各過半数の賛成）が必要
重大変更	集会の特別決議（区分所有者及び議決権の各$\frac{3}{4}$以上の多数による集会の決議）が必要。ただし，**区分所有者の定数**だけは，規約で過半数まで減ずることができる。

- 本試験において，重大変更は「**共用部分の変更（その形状または効用の著しい変更を伴わないものを除く）**」と表現されます。著しい変更を「伴わないもの」を「除」けば，残るのは「著しい変更を伴うもの」になるからです。
- **重大変更**において，規約で**定数**を「**過半数**」まで減ずることが認められているのは，「**区分所有者の定数**」のみです。「**議決権割合**」の**定数を減ずることは認められていません。**

（2）専有部分の使用に特別の影響を及ぼす場合

共用部分の**管理行為・変更行為**（保存行為は除く）が，専有部分の使用に**特別の影響**を及ぼすときは，**その専有部分の所有者の承諾**を得なければなりません。

> **用語**　特別の影響：**受忍限度（我慢の限界）を超える影響**を受けること。例えば，共用部分の工事によって日照や通風等の生活環境に影響を及ぼす場合等が該当します。

1　用語の定義と専有部分・共用部分等

専有部分の使用に特別の影響を及ぼす共用部分の管理行為・変更行為が，集会の決議だけでできるとすると，特別の影響を受けるとして反対している**少数者に不利益を押し付ける**ことになりかねません。そこで，「**特別の影響**」があるときには，集会の**特別決議**に**加え**，**特別の影響を受ける区分所有者の個別の承諾が必要**とされています。

なお，必要なのは「所有者」の承諾であり，仮に占有者に特別の影響があっても，その**占有者の承諾は不要**です。

POINT整理　**共用部分の保存・管理・変更**

<table>
<tr><td colspan="2">保存行為</td><td>各共有者が単独ですることができる</td><td rowspan="3">規約で別段の定めができる</td></tr>
<tr><td colspan="2">管理行為</td><td rowspan="2">集会の決議（普通決議）で決する</td></tr>
<tr><td rowspan="2">変更行為</td><td>軽微変更</td></tr>
<tr><td>重大変更</td><td>区分所有者及び議決権の各$\frac{3}{4}$以上の多数による集会の決議（特別決議）で決する</td><td>区分所有者の定数に限り，規約でその過半数まで減ずることができる</td></tr>
</table>

8　共用部分の負担及び利益収取（19条）

各共有者は，**規約に別段の定めがない限り**，その**持分**に応じて，**共用部分の負担**に任じ，**共用部分から生ずる利益を収取**します。

用語　公租公課：固定資産税や都市計画税，下水道負担金等，税金や公共的な性質の負担のこと

「**負担**」とは，**管理の費用**（保存・変更の費用も含む）や**公租公課**のことで，「**利益**」とは，例えば，共用部分の一部を賃貸した場合の賃料等のことです。

「使用頻度」によるのではないため，例えばエレベーターの管理費用を含めた管理費に関し，1階と2階以上の区分所有者とを区別せず，**一律**に共用部分の持分の割合で負担を決めても**問題ありません**。

この負担及び利益収取は，原則として**共用部分の持分の割合**によりますが，例えば，各共有者間での負担及び利益収取を均一とする等，**規約による別段の定め**も認められています。

9　管理所有者の権限（20条）

（1）管理所有とは

本来，共用部分は区分所有者全員の共有なので，その管理は集

会の決議で決めるべきものです。しかし，いちいち決議を必要とすると機動的に動くことができず，迅速性に欠けます。

そこで，**規約**により，特定の者を**共用部分の所有者**（**管理所有者**）とし，各区分所有者の共用部分の共有持分を管理所有者に**形式的に譲渡**し，共用部分の所有者として一定の管理を，**集会決議なしで迅速に行うことを可能**としています。

> 共用部分を管理所有とした場合でも，**登記をすることはできません**。

管理所有とは，管理所有者に共用部分の管理を委ね，対外的にその者の所有とするだけの制度です（**一種の信託的な所有権の移転**）。したがって，**規約**で，**共用部分を特定の区分所有者の所有**に属させても，**当該区分所有者の区分所有権に係る共有持分権に変動は生じません**。

（2）管理所有者となり得る者

管理所有者となり得るのは，①**管理者**，または②**区分所有者**に限られます。したがって，管理者でも区分所有者でもない者（管理者ではない単なる**占有者**等）は，管理所有者には**なれません**。

> ➡ P.32 参照

（3）管理所有の公示

管理者または特定の区分所有者が共用部分を所有する旨は，**規約に定められることで公示**（**外部に表示**）されます。

管理所有は，**登記を対抗要件とする権利変動とは無関係**の制度だからです。そのため，**管理所有者が当該共用部分の所有権を登記**することはできません。

（4）管理所有の対象

管理所有の対象は，**共用部分**に限られます。

> 一部共用部分も共用部分の一種ですから，管理所有の対象となります。

「管理所有の対象が**共用部分に限定**される」とは，共用部分ではないもの（①**専有部分**，②**敷地**，③**附属施設**）は**管理所有の対象にはならない**ということです。ただし，①**専有部分**と③**附属施設**については，**規約共用部分とされた場合は「共用部分」に含まれる**ことになるため，**管理所有の対象**となります。

重大変更の**決議要件の変更**は，**区分所有者の定数のみを規約で過半数まで減ずることができる**にとどまり，決議を不要とすることまでは認められていないため，あくまで集会の特別決議がなければできません。

（5）管理所有者の権限

管理所有者は，共用部分に関して，①**保存行為**，②（**狭義の**）**管理行為**，③**軽微変更**を，**単独で**（**集会決議なしで**）行うことができます。もっとも，**重大変更**については，単独ではできません。

- 区分所有法上，「**共用部分に対する損害保険契約の締結**」は，**管理行為**とみなされているため，**管理所有者**は，**集会の決議なしで**できます。
- 管理者による管理所有が規約で定められている場合でも，**管理所有の対象としている共用部分の保存行為**については，**管理者だけでなく**，共用部分を共有する**各区分所有者もすることができます。**

管理所有者は，管理所有する共用部分を保存・改良するため必要な範囲内において，他の区分所有者の専有部分又は自己の所有に属しない共用部分の使用を請求できます。

（6）管理所有者の権利・義務

管理所有者は，区分所有者全員（一部共用部分では，これを共用すべき区分所有者）のために，**共用部分を管理する義務**を負います。また，区分所有者全員（一部共用部分では，これを共用すべき区分所有者）に対し，**相当な管理費用を請求**することができます。

10　共用部分に関する規定の準用（21条）

共用部分に関する規定は，共用部分「以外」のものには**適用されない**のが原則です。

しかし，「建物の敷地」や「共用部分以外の附属施設」が区分所有者の共有である場合には，**共有関係という類似性**から，次の**17条～19条の規定が準用**されます。

➡ P.12～14 参照

① **区分所有法17条（重大変更）**
② **区分所有法18条（保存行為・管理行為・軽微変更）**
③ **区分所有法19条（共用部分の負担及び利益収取）**

したがって，例えば，「敷地」や「共用部分以外の附属施設」の**重大変更**は，区分所有者及び議決権の**各$\frac{3}{4}$以上の特別決議**によって行えます。また，「敷地」や「共用部分以外の附属施設」に係る**費用の負担**は，規約に別段の定めがない限りその**持分の割合**によることになります。

コレが重要!! 確認問題

❶ 区分所有法第３条の区分所有者の団体（管理組合）が集会を開催する場合は，規約を定め，管理者を置かなければならない。過 H27

❷ 区分所有権とは，専有部分及び共用部分の共有持分を目的とする所有権である。過 H19

❸ 共用部分とは，専有部分以外の建物の部分，専有部分に属しない建物の附属物及び規約により共用部分とされた附属の建物をいう。過 H25

❹ 法定共用部分を専有部分とする場合には，これについて，その共有者全員の同意が必要である。過 R5

❺ 専有部分以外のマンションの建物の部分は，すべて共用部分であり，それ以外の部分はない。過 H22

❻ 共用部分の変更（その形状又は効用の著しい変更を伴わないものを除く）を行う場合の議決権割合は，規約でその過半数まで減ずることができる。過 H28

❼ 規約で共用部分の所有者と定められた区分所有者は，規約で定めれば，その形状又は効用の著しい変更を伴う共用部分の変更行為をすることができる。過 H15

❽ 共用部分は，規約の定めにより，区分所有者又は管理者でない者の所有に属させることができる。過 H28

❾ 規約で，共用部分を特定の区分所有者の所有に属させる場合，当該区分所有者の区分所有権に係る共有持分権に変動は生じない。過 H28

❿ 管理所有者は，その者が管理所有する共用部分を保存し，又は改良するため必要な範囲内において，他の区分所有者の専有部分又は自己の所有に属しない共用部分の使用を請求することができる。過 R4

⓫ すべての一部共用部分について，その管理のすべてを区分所有者全員で行う場合には，一部の区分所有者のみで構成される区分所有法第３条に規定される区分所有者の団体は存在しないことになる。過 R1

答 ❶✕：規約の設定・管理者の選任は任意である。　❷✕：区分所有権は，共用部分の共有持分を目的とはしない。　❸○　❹○　❺○　❻✕：区分所有者の定数を過半数まで減ずることができるが，議決権割合を減ずることはできない。　❼✕：管理所有者は，共用部分の変更（形状または効用の著しい変更を伴わないものを除く）をすることができず，規約で別段の定めもできない。　❽✕：区分所有者又は管理者以外の者を管理所有者にすることはできない。　❾○　❿○　⓫○

第2章 頻出度 S

敷地利用権

- 法定敷地と規約敷地・みなし規約敷地
- 敷地利用権と分離処分の禁止

1 法定敷地と規約敷地

H30・R1・2・4・5

マンションは土地の上に建っているため，専有部分を所有するには，「土地（敷地）を利用する権利」が必要です。

その建物の敷地には，**法定敷地**（**法律上当然に**，建物の敷地とされる土地）と**規約敷地**（**規約によって**建物の敷地とされた土地）の2つがあります。

1 法定敷地（2条5項）

+1点! 「所在」とは，「地上・地下を問わず建物が存在すること」を意味しています。そのため，例えば，甲地上の建物が，隣接する乙地に地下部分で張り出している場合，甲地のみならず，乙地も法定敷地となります。

法定敷地とは，**建物が所在する土地**，つまり「一棟の区分所有建物が**物理的に存在**する土地」のことです。

法定敷地の要件は「**建物が所在すること**」のみであり，建物がありさえすれば，**区分所有者の意思等とは無関係**に，法定敷地とされます。

ここでの「**土地**」とは，**不動産登記簿上の1つの土地**（**一筆**（いっぴつ）**の土地**）のことです。

- ある一筆の土地の**一部のみ**に建物が建っている場合でも，その土地**全体が法定敷地**となります。
- 敷地関係は建物ごとに生じるので，一筆の土地上に**複数の建物**が所在する場合，その土地は「**それぞれの建物**」の**法定敷地**となります。
- 2つ以上の土地に**またがって**建物が所在する場合，**いずれの土地**も，**その建物の法定敷地**となります。

2　規約敷地（2条5項，5条1項）

（1）規約敷地の要件

規約敷地とは，次の**3つすべて**を満たす敷地をいいます。

> ①　**法定敷地ではないこと（その建物が所在していないこと）**
>
> ②　**建物及び建物が所在する土地と一体として管理または使用をする庭・通路その他の土地であること**
>
> ③　**規約で「建物の敷地」とされた土地であること**

②は，「一体として管理または使用できる土地」であればよいため，法定敷地の**隣接地である必要はなく**，例えば，公道を挟んだ向かい側の土地を駐車場として規約敷地にすることもできます。

（2）みなし規約敷地（5条2項）

①　建物の一部滅失（めっしつ）によって「みなし規約敷地」となる場合

法定敷地が，**建物の一部の滅失**によって**建物のない土地となった**場合でも，その土地は，規約で建物の敷地と定められたものとみなされ，**みなし規約敷地**となります。

「みなす（看做す）」とは，「そうではないものをそう扱う」という意味であり，**みなし規約敷地**は「**本来は規約敷地ではないが，規約敷地として扱う**」ということです。

▶ 具体例

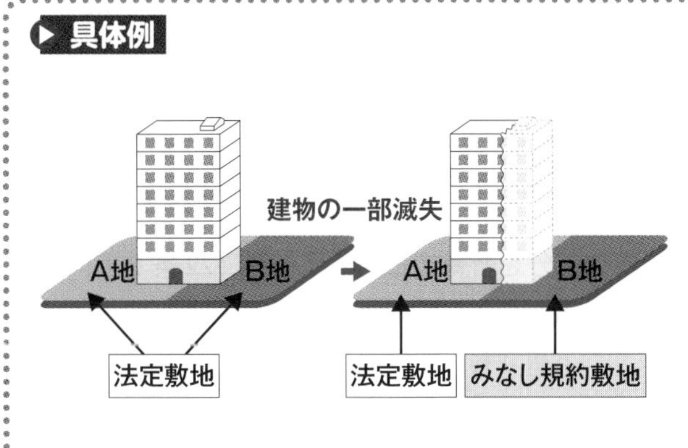

A地·B地に**またがって**建物がある場合（左図），**両土地はいずれも法定敷地**です。しかし，建物が**一部滅失**してB地に建物がない状態になった場合（右図），B地は法定敷地ではなくなる上に，「規約の定め」もないため，規約敷地でもありません。こうした**宙に浮いた状態を避ける**ために，**B地を規約敷地とみなす**のです。

② **敷地の分割（分筆）によってみなし規約敷地となる場合**

法定敷地の一部が，**分割**により**建物が所在しない土地**となった場合も，その土地は，**みなし規約敷地**となります。

▶ 具体例

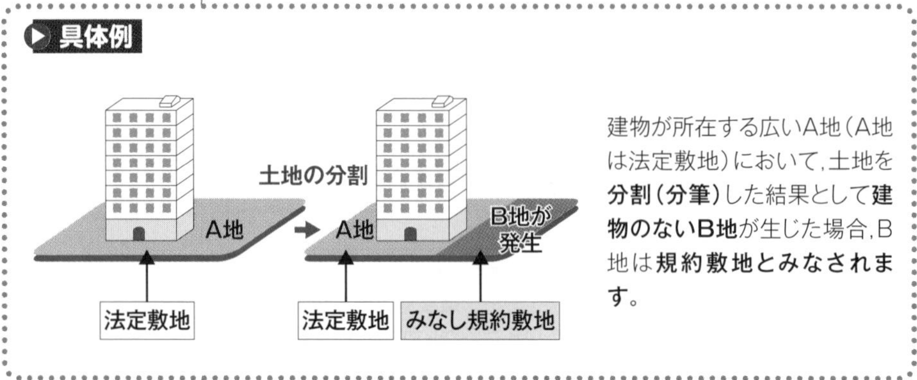

建物が所在する広いA地（A地は法定敷地）において，土地を**分割（分筆）**した結果として**建物のないB地**が生じた場合，B地は**規約敷地とみなされます。**

2 敷地利用権

H26･27･R2･3･4･5

1 敷地利用権の持分割合

（1）区分所有者相互間の敷地利用権の割合

区分所有者相互間の敷地利用権の持分割合については，区分所有法上，定めはありません。そこで，**民法の「共有」の規定**に従い，特約がない限り，**平等**と**推定**されます。

なお，この**敷地利用権の持分**は，規約（**区分所有者及び議決権の各$\frac{3}{4}$以上の集会決議で決する**）で変更することはできません。ただし，共有者全員の合意での特約によれば，変更は可能です。

（2）数個の専有部分を所有する区分所有者（22条2項）

分譲業者が建物の専有部分の全部を単独で所有している場合も，同様です。

1人の区分所有者が数個の専有部分を所有する場合，その数個の専有部分にかかる**敷地利用権の割合**は，規約に別段の定めがない限り，**各専有部分の床面積の割合**（部屋の広さ）に応じて決まります。

POINT整理 共有持分の割合の整理

		原　則	規約による別段の定めの可否
①　共用部分		専有部分の床面積の割合	可
②　専有部分が共有の場合		平等と推定	不　可 （特約により可）
③　敷地利用権が共有の場合（※）		平等と推定	不　可 （特約により可）
④　附属施設（別棟の集会所等）が共有の場合	規約共用部分とされているもの	専有部分の床面積の割合	可
	規約共用部分とされていないもの	平等と推定	不　可 （特約により可）

※区分所有者相互間の**敷地利用権の割合**は③のとおり。ただし，一人の区分所有者が複数の専有部分を**有する場合**において，その区分所有者の**有する各専有部分ごとの敷地利用権の割合**については，①と同様となる。

2
敷地利用権

2　分離処分の禁止（22条1項）

（1）原則

敷地利用権が数人で有する所有権その他の権利である場合には，区分所有者は，その有する専有部分とその専有部分に係る敷地利用権とを**分離して処分**することが**できません**。

この**分離処分の禁止**は，法定敷地・規約敷地どちらにもあてはまります。

「**敷地利用権が数人で有する所有権その他の権利である場合**」とは，敷地利用権が**所有権の共有**である場合や，**地上権・賃借権・使用借権**などの**準共有**である場合です。
したがって，敷地利用権が**所有権**の場合はもちろんのこと，**地上権・賃借権・使用借権**などの場合でも，専有部分と敷地利用権の**分離処分禁止の原則**が**適用されます**。

専有部分と敷地利用権とを分離して処分することが禁止されている場合に，これに**反して**，専有部分または敷地利用権のどちらか片方のみを処分した場合，**その処分は無効**となります。

禁止される分離処分	専有部分または敷地利用権の片方のみの ●売却　●贈与 ●質権・抵当権の設定　●差押え
禁止されない分離処分	例・敷地の一部や規約敷地を駐車場として賃貸するなど，敷地のみに借地権（賃借権）を設定する ・敷地の地下に区分地上権を設定する ・「地上権」の敷地権が登記された土地について，当該土地の「所有権」を対象とする抵当権を設定する

専有部分と敷地利用権の分離処分が禁止されるのは，不動産登記が複雑になることを回避し，また，区分所有者ではない敷地権利者が発生する等，規約や集会決議の効力の及ばない者が生ずるのを回避するためです。なお，ここでいう「**処分**」は，**当事者の意思表示に基づいて権利変動が生ずるもの**をいいます。具体的には，**専有部分の譲渡，抵当権の設定，質権の設定**等です。逆に，**時効取得**等は，当事者の意思表示によらずに法律上当然に生ずる権利変動のため，「**処分**」**にはあたりません。**

（2）例外

「**（1）原則**」については，**規約で別段の定め**をすることができます。つまり，規約に別段の定め（「専有部分と敷地利用権とを分離して処分することができる」という規定）をおけば，**分離処分が可能**となります。

> **一筆の土地の一部**について，専有部分とその専有部分に係る敷地利用権とを**分離して処分することを認める規約**を設定することもできます。

3　分離処分の無効の主張の制限（23条）

分離処分の禁止に違反する専有部分または敷地利用権の処分は，**原則**として無効ですが，**善意の相手方**には，その**無効を主張することはできません。**

ただし，分離処分が**できない**専有部分及び敷地利用権である旨を**登記**すれば，相手方も登記を見れば，権利関係を把握できるため，その処分の無効を，**善意の相手方にも主張**することができます。

> 善意：ある事実を知らないこと
> 悪意：ある事実を知っていること

4　敷地利用権の分有（ぶんゆう）と分離処分

敷地利用権の分有とは，敷地上に区分所有建物がある場合において，区分所有者が，**敷地**を共有するのではなく**各区分所有者ごとに「分」けて所「有」**することをいいます。

▶具体例「分有」とは

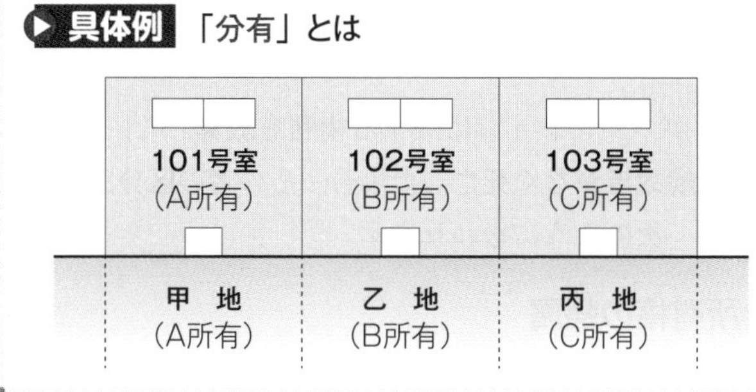

例えば，左の図のように，**棟割長屋**(タウンハウス)**形式でありながら**，**敷地を各区分所有者がそれぞれ単独で所有する状態**を指します。

区分所有者が，その有する**専有部分とその専有部分に係る敷地利用権とを分離して処分できない**とされるのは，「敷地利用権が数人で有する**所有権その他の権利**である場合」，つまり，**敷地利用権が共有（または準共有）**である場合です。したがって，**敷地が分有**されている場合には，**この規定は適用されず**，規約に定めがなくても**専有部分と敷地利用権とを分離して処分できます**。

敷地が分有されている場合は，**専有部分と敷地利用権が一体化されていないため**，専有部分と敷地を処分する際には，**登記も別々に行う必要**があります。したがって，例えば，Aが甲地と101号室をDに譲渡した場合，**101号室の権利の移転の登記**がなされても，**甲地の権利の移転の登記**がなされなければ，Dは，**甲地の権利の取得を第三者に対抗することができません**。

なお，敷地が分有の場合であっても，建物が区分所有建物であり，区分所有者が複数いる以上，**管理組合は**当然に**成立**します。

もっとも，管理組合は，「**建物並びにその敷地及び附属施設の管理を行うための団体**」であって，ここでいう「**敷地**」は，区分所有者が敷地利用権を**共有（または準共有）**しているものを指します。したがって，例えば前述の「具体例」において，管理組合は，**甲地・乙地・丙地の各敷地の管理を行うことは当然にはでき**

ず，**各敷地を管理するためには，その敷地の管理を行う旨の規約を別途定めなければなりません。**

3 持分の放棄等

H26

区分所有者が，マンションに関する**権利を放棄**した，または，**相続人・特別縁故者**(とくべつえんこしゃ)**がなく死亡**した場合，その者の**区分所有権**と**敷地利用権**は，次のように扱われます。

1 区分所有権の帰属

民法上，**単独所有の不動産**について，その所有権者が**所有権を放棄**した，または**相続人・特別縁故者がなく死亡**した場合，その権利は**国に帰属**します（民法239条2項，959条）。したがって，専有部分を単独で所有する区分所有者が，区分所有権を放棄したり，相続人・特別縁故者がなく死亡したりした場合も，その専有部分は，**国に帰属**することとなります。

2 敷地利用権の帰属（民法255条の適用除外）

民法上，共有物に関しては，「**共有者のうちの1人**が，その**持分を放棄**したとき，または**相続人（特別縁故者も含む）がなく死亡**したときは，その持分は，**他の共有者に帰属する**」（民法255条）とされています。

ここで，**敷地利用権が区分所有者全員の共有**（または準共有）**である場合**，区分所有者が，敷地利用権を放棄したり，相続人・特別縁故者がなく死亡したりした場合，民法によれば，敷地の共有持分は他の敷地利用権の共有者のものになります。しかし，これでは，**専有部分は国**に，**敷地利用権は他の敷地利用権の共有者**に帰属し，**分離処分されたことになる**ため，**区分所有法**は，この**敷地利用権が共有（または準共有）**である場合においては，**民法255条を適用しない**としました。

その結果，専有部分と敷地利用権の共有持分の**どちらも国に帰属**し，**分離処分を回避**できるようになるわけです。

コレが重要!! 確認問題

❶　規約により建物の敷地とすることができる土地には，区分所有者が建物及び建物が所在する土地と一体として管理又は使用をする庭，通路，駐車場等の土地も含む。過 R1

❷　規約により建物の敷地とされた土地の管理は，民法の定めるところによるのであり，区分所有法の定めるところによるのではない。過 R1

❸　建物の所在する土地が建物の一部の滅失により建物が所在する土地以外の土地となったときは，その土地は，規約で建物の敷地と定められたものとみなされる。過 R1

❹　建物が所在する土地の一部が分割により建物が所在する土地以外の土地となったときは，その土地は，改めて規約で定めなければ建物の敷地とすることができない。過 R1

❺　定期借地権設定契約に基づき建てられたマンションの 101 号室を売却する場合，当該土地の所有者Aの承諾があれば，101 号室とそれに係る借地権の準共有持分とを分離して譲渡することができる。ただし，規約に別段の定めはなく，Aと101 号室の所有者Bとの間の定期借地権設定契約には，特約はないものとする。過 H16

❻　区分所有者が専有部分又は敷地利用権のどちらか一方にのみ質権を設定することは，専有部分とその専有部分に係る敷地利用権とを分離して処分することに該当しない。ただし，規約に別段の定めはないものとし，敷地利用権は所有権の共有持分であるものとする。過 H22

❼　敷地利用権が数人で有する所有権である場合において，区分所有者が死亡したときの専有部分及び当該専有部分に係る敷地利用権は，相続人も特別縁故者もいないときは，国に帰属する。ただし，受遺者はいないものとし，また，規約に別段の定めはないものとする。過 H19

❽　各共有者の持分の割合は，共用部分について規約に別段の定めがないときはその有する専有部分の床面積の割合により決められ，共用部分以外の附属施設について当事者の合意がないときは相等しいものと推定される。過 H27

❾　敷地利用権が数人で有する所有権その他の権利である場合には，一筆の土地の一部について専有部分とその専有部分に係る敷地利用権とを分離して処分することを認める規約を設定することができない。過 R3

答　❶○　❷×：規約敷地として区分所有法の定めるところにより管理される。　❸○　❹×：この場合も規約敷地とみなされるため，規約を定めるまでもなく建物の敷地となる。　❺×：専有部分とその専有部分に係る敷地利用権は，規約に別段の定めがある場合を除き，分離して処分することができない。　❻×：質権の設定も分離処分に該当する。　❼○　❽○　❾×：できる。

2
敷地利用権

第3章 頻出度 S

区分所有者の権利・義務等

- 先取特権による債権の回収
- 特定承継人の責任
- 建物の設置・保存の瑕疵の推定

1 先取特権による債権の回収（7条）

H27・30・R1・5

「先取特権」の内容は，やや難しいので，学習は後回しにしても構いません。

先取特権（さきどりとっけん）とは，法律の規定に従い，債権者が債務者の財産について，他の債権者に先立って**自己の債権の弁済**（べんさい）**を受ける権利**です（民法303条）。区分所有法でも，一定の債権は，この先取特権で担保（＝保証）されます。

1 先取特権によって担保される債権

区分所有法上，次の債権には，先取特権が認められます。

+1点! ある区分所有者が共用部分等についてした不法行為に対して，他の区分所有者が取得する損害賠償請求権も，①に該当します。

担保される債権	具体例
① 共用部分・建物の敷地・共用部分以外の建物の附属施設につき，他の区分所有者に対して有する債権	ある区分所有者が，他の区分所有者の**管理費等を立て替えた**場合における，**立替金の返還請求権等**
② 規約もしくは集会の決議に基づき，他の区分所有者に対して有する債権	規約や集会の決議により，**管理費や修繕積立金**を定めた場合の**支払請求権**等
③ 管理者または管理組合法人が，その職務または業務を行うにつき，区分所有者に対して有する債権	管理者が規約・集会の決議により，区分所有者に代わって原告や被告となって訴訟をした場合の**訴訟費用の請求権**や，管理者**が管理費用を立て替えた**場合の**立替金返還請求権**等

+1点! 「**団体的に帰属**」とは，全員に権利が帰属するものの，**各自に持分権が認められない状態**のことをいい，「**総有**」ともいわれます。

②の債権は，管理組合が**法人ではない場合**には，**区分所有者全員に団体的に帰属**します。したがって，例えば，管理組合の滞納管理費等に係る債権は，**区分所有者全員とその滞納区分所有者との間の債権債務関係**となります。

また，**③の債権**は，管理者等が**職務執行**をする上で必要な**費用の前払請求権**や**返還請求権**のことです。

したがって，報酬支払**特約**がある場合の管理者の報酬請求権は，これに該当せず，**先取特権の対象**になりません。

2　先取特権の対象となる財産権

先取特権の対象となる財産権は，次の２つです。

ここからわかるように，**区分所有法7条の先取特権の目的物**は，①と②に限定されており，**債務者のすべての財産**ではありません。

①　債務者の区分所有権（共用部分に関する権利及び敷地利用権を含む）	先取特権の実行の際，**区分所有権**だけでなく，**共用部分の共有持分等や敷地利用権**も一括して競売されることを意味する。
②　建物に備え付けた動産	●畳や建具等，**建物の使用に関して設置された動産等の債務者の所有物に限定**される。 ●専有部分に限られず，**共用部分である廊下や屋上等に備え付けられたもの**も含まれる。

3　先取特権の優先権の順位及び効力

区分所有法上の先取特権は，優先権の**順位**及び**効力**については，**一般の先取特権**の一種である，**共益費用**（きょうえきひよう）**の先取特権**（民法306条１号）とみなされます。

+1点! 一般の先取特権は，登記をしなくても，**特別担保を有しない債権者に対抗することができます**。ただし，登記をした第三者に対しては，**対抗できません**。

ただし，区分所有法の先取特権で担保される債権は，**他の一般の先取特権には優先**しますが，**不動産保存の先取特権者や不動産工事の先取特権者の利益となるものではない**ため，民法と異なり，**特別の先取特権**（**動産先取特権，不動産先取特権**）**には劣後**します。したがって，区分所有法上の先取特権は，例えば，不動産先取特権の一種である不動産保存の先取特権に劣後します。

また，先取特権の行使は，**まず建物に備え付けた債務者の動産から**始まり，それでも債権を**回収できない**場合は，**債務者の区分所有権等を競売**（けいばい）にかけて，その売却代金から回収することとなります（民法335条１項）。

先取特権は，**登記をしていなくても**，行使すること（＝担保不動産競売）ができます。

先取特権には，対象物の価値の変形物（生まれ変わり）に対して効力が及ぶ「**物上代位性**（ぶつじょうだいいせい）」があります。そのため，例えば，債務者が**専有部分を賃貸**しているときは，専有部分の価値の変形物である**賃料**に対しても，**先取特権が行使できます。**
ただし，先取特権は，**登記された抵当権には劣る**ため，例えば，管理組合が**滞納区分所有者が有する賃料債権を先取特権に基づき差し押さえた**としても，**登記のある抵当権者が物上代位に基づき当該賃料債権を差し押さえた**場合は，**管理組合は優先できません。**

用語 即時取得：動産の占有者（前主）が**無権利者**でも，その者との**取引行為**によって**平穏・公然と動産の占有**を始めた者は，善意・無過失のときは，**即時にその動産に対する権利を取得する**という制度のこと

4　即時取得の規定の準用

区分所有法７条の先取特権には，民法の**即時取得**の規定（192条～195条）が準用されます。

したがって，例えば，区分所有者Ａが，規約または集会の決議に基づき他の区分所有者Ｂに対して有する債権について先取特権を行使する場合，Ｂが第三者Ｃから**借り受けていた家具等の動産**についても，**即時取得の規定が準用**されます。

2　区分所有者の特定承継人の責任（８条）　H27・29・R1

区分所有者の**特定承継人**（とくていしょうけいにん）とは，区分所有者からの専有部分の買主，買受人（強制執行や抵当権等の担保権の実行による競売を原因として承継した者），受贈者（もらった人）等のことです。

1　区分所有者の特定承継人の責任（８条）

先取特権で担保される債権は，債務者たる**区分所有者の特定承継人に対しても行使**できます。例えば，管理費等を滞納している区分所有者Ａが，自己の専有部分をＢに譲渡（売却）した場合，管理者等は，**Ａだけでなく，特定承継人であるＢに対しても，**Ａの**滞納管理費**や**遅延損害金**を請求することができます。

そして，特定承継人Ｂが滞納管理費等を支払った場合，本来支払うべきだった旧区分所有者Ａに**求償**できます。

債務者である区分所有者から，**賃借人**として専有部分に賃借権の設定を受けた者は，区分所有権を取得するわけではないため，**区分所有者の特定承継人には含まれません。**

なお，区分所有者の**特定承継人**は，管理費等の滞納について知らなくても（善意であっても），責任を負います。

管理費等は，**建物等の維持管理のための費用**であり，その支払義務は，**区分所有権**について回ります。そこで，特定承継人は，滞納等について**善意・悪意いずれでも**，**支払の責任**が生ずるとされています。

2　滞納区分所有者（たいのうくぶんしょゆうしゃ）の債務と特定承継人の債務の関係

滞納区分所有者Ａと特定承継人Ｂは，管理組合等に対して，それぞれ**滞納分の全額の支払義務**を負います。

ＡＢ間で「**ＢはＡの滞納管理費を承継しない**」という**合意**をしても，この合意を**管理組合に対抗**（主張）**することはできません**。したがって，Ｂは，管理組合から請求された場合，**支払を拒否**することはできません。

3　中間取得者の扱い

区分所有権の譲渡（売却・贈与等）が繰り返された場合，滞納区分所有者と現在の区分所有者との間の**中間取得者も**，特定承継人としての**責任を負担**しなければなりません。

▶ 具体例

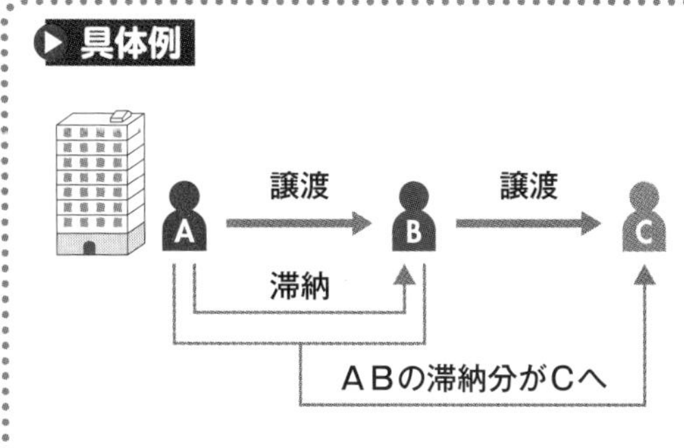

例えば，区分所有権がＡ➡Ｂ➡Ｃと順次譲渡され，Ａ・Ｂ・Ｃがそれぞれ各自の管理費等を滞納していた場合，**Ａ**は**自己の**滞納管理費等を，**Ｂ**は**自己の**滞納管理費等に加え，特定承継人として**Ａの**滞納管理費等を，そして**Ｃ**は，**自己の**滞納管理費等に加えて，特定承継人として**Ａ・Ｂ両方の**滞納管理費等を支払う義務があります。

3 建物の設置または保存の瑕疵

H29・R2

1 工作物責任（民法717条）

建物の設置または保存の瑕疵で他人に損害が生じたときは，まず**一次的**に建物の占有者が，被害者に損害を賠償する責任を負い，**占有者に過失がない**ときは，**二次的**に所有者が，**無過失で**損害を賠償する**責任**を負います（**工作物責任**，民法717条）。

瑕疵が**専有部分**にあるときは，賃借人等の**占有者**か**区分所有者**のどちらかが責任を負い，瑕疵が**共用部分**にあるときは，**区分所有者全員**で責任を負います。

2 建物の設置または保存の瑕疵の推定（9条）

被害者が損害賠償請求をするには，本来，被害者自身が瑕疵のある場所を特定・立証しなければなりません。しかし，専有部分・共用部分のどちらかには確実に原因があるのに，万一特定・立証ができない場合に泣き寝入りせざるを得ないのは酷です。

そこで，**瑕疵の場所が不明**でも，その損害が，「**建物**」の設置または保存の瑕疵によることさえ被害者が**立証**すれば，その瑕疵は，「**共用部分**」の設置または保存にあると**推定**されます。

用語 推定：真実が明らかになるまで，とりあえずそう扱うという意味のこと。真実ではないことが明らかになれば（反証），覆りま す。

あくまで「**推定**」されるだけですから，例えば，原因となる瑕疵が**特定の専有部分**にあることが**立証**（**反証**）されれば，**その専有部分の占有者または区分所有者が責任を負う**ことになります。

4 区分所有権売渡請求権（10条）

H26・R1

例えば，借地上にマンションがある場合に，区分所有者Aが地代の不払いによって**土地賃貸借契約を解除**されると，Aは**敷地利用権を失う**ため，本来，Aの**専有部分を収去**（**取壊し**）しなければなりません。しかし，区分所有建物全体からAの専有部分だけを収去することは，現実的ではありません。

そこで，Aのように敷地利用権を有しない区分所有者がいる場合，その専有部分の収去を請求する権利を有する者（土地所有者）は，Aに対して，区分所有権を**時価で売り渡すべきことを請求**できます。これを，**区分所有権売渡請求権**（うりわたしせいきゅうけん）といいます。

なお，この区分所有権売渡請求権は，**形成権**（けいせいけん）であるため，土地所有者が区分所有者Aに当該請求権を**行使**すると，**Aの承諾がなくても**，土地所有者とAとの間で専有部分（区分所有権）の**売買契約が成立**し，Aは**専有部分から退去**しなければなりません。

用語 形成権：権利者が**権利行使の意思表示**をするだけで，**相手の承諾がなくとも効果**が生ずる権利

コレが重要!! 確認問題

❶ 区分所有法第７条の先取特権の目的物は，債務者である区分所有者の区分所有権に限られる。過 H19

❷ 管理組合の滞納管理費等に係る債権は，区分所有者全員に団体的に帰属する債権であり，区分所有者全員と当該滞納者との間の債権債務関係である。過 H27

❸ 債権者であるＣ銀行が抵当権の実行として管理組合Ａの組合員（債務者）Ｂが所有する 101 号室を競売し，Ｅが当該競売における手続きを経て買受人となった場合には，Ａは，Ｅに対して，滞納管理費等を請求することはできない。過 R1

❹ 平成 24 年４月にＡが，甲マンションの 101 号室を購入，平成 25 年 10 月にＢがＡから 101 号室を受贈し，平成 26 年 10 月にＣが抵当権の実行による競売で 101 号室を取得したが，Ａ及びＢは，管理費を滞納している。この場合において，管理組合法人が，平成 27 年４月に滞納管理費を請求する場合，Ｂは，贈与を受けた中間取得者であり，特定承継人ではないので，Ｂに対しては，Ｂの滞納管理費のみを請求することができる。過 H25

❺ 管理者は，区分所有者との特約により管理者に報酬を支払うことが合意されている場合は，当該管理者が区分所有者に対して有する報酬請求に係る債権について，区分所有法第８条の特定承継人に対して請求することができる。過 H21

❻ 漏水の原因が甲マンションの３階部分にある排水管の設置又は保存の瑕疵によるものであることが立証された場合には，２階の 202 号室を所有するＡは，排水管が共用部分に属するものであることを立証しなくても，管理組合に対して損害賠償を請求することができる。過 H29

答 ❶✕：建物に備え付けた動産も目的物に含まれる。　❷〇　❸✕：買受人も特定承継人の責任を負う。　❹✕：Ｂも特定承継人であるため，Ａ・Ｂ両方の滞納管理費を請求することができる。　❺✕：報酬請求に係る債権は，先取特権の被担保債権に該当せず，特定承継人の責任も生じない。　❻〇

頻出度 S+

管理者

- 管理者の選任・解任
- 管理者の権限

1 管理者の選任・解任（25条）

H26・27・29・30

マンションは区分所有者全員のものであり，その管理も「全員の合意」で行うのが原則です。しかし，いちいち集会の決議等が必要とすると，状況に合わせた迅速な管理ができません。そこで，**区分所有者に代わって一定の権限を行使できる**，管理者という制度があります。

区分所有法上，管理者の選任は**任意**であり，**管理者**となるための**資格要件は特になく**，また，管理者の**人数**に**制限はありません**。

本試験で重要なのは「**管理者には資格要件がない**」ということです。したがって，次のようになります。

- 管理者には，**区分所有者以外の者でも**なることができる。
  - ➡**占有者**（**賃借人**）やマンションの**外部の者**でも可
- 管理者には，**自然人**（生身の人間）でも**法人**（会社等）でもなることができる。
  - ➡**管理会社**も可
- 「マンションに**現に居住**していること」という**要件はない**。
  - ➡マンションに**居住していなくても可**
- **人数に制限はない。**
  - ➡管理者は複数選任してもよい

管理者には，任期も特に規定されていません。

1 管理者の選任・解任の手続（25条1項）

区分所有者は，原則として，**集会の普通決議**（**区分所有者**及び**議決権**の**各過半数**の多数による決議）によって，管理者を**選任**・**解任**することができます。また，**任期途中で管理者を解任**する場合でも，**正当事由は必要ありません**。

管理者の選任・解任に関して，**規約に別段の定め**をすることもできます。
❗本編第12章（「重要判例」）**6**で詳細に解説しています。

なお，区分所有者である管理者を**解任する集会の決議**において，その**管理者**は，**自己の議決権を行使**することができます。

- 管理者は，自らその職を辞すること（**辞任**）もできます。
- **規約または集会の決議で選任されていた管理者が辞任**する場合でも，**規約の変更または集会における辞任を承認する旨の決議は必要ありません。**

2　管理者の解任請求（25条2項）

管理者に**不正な行為その他その職務を行うに適しない事情**があるときは，**各区分所有者**は，その**解任**を**裁判所に請求**することができます。

管理者に不正な行為等があることを前提に，「**各**」区分所有者に，裁判所に対して管理者の**解任**を**請求**する権限を認めるものです。**集会の決議で管理者の解任の議案が否決されても解任請求ができる**，ということに大きな意味（抑止力）があります。

2　管理者の権限（26条）

H26・27・29・30・R2・4・5

1　管理者の一般的権限（26条1項）

管理者は，①共用部分並びに当該建物の敷地及び附属施設（共用部分等）を**保存**し，②**集会の決議を実行**し，並びに③**規約で定めた行為**をする権利を有し，義務を負います。

①　共用部分・当該建物の敷地・附属施設（共用部分等）の保存	●例えば，共用部分等の破損箇所の小修繕やそのための契約締結・費用支払等のこと。 ●管理者は，規約の規定や集会の決議がなくても，**単独**で行うことができる。 ●管理行為や変更行為については，単独で行うことはできない。
②　集会の決議の実行	集会決議の内容を具体的に執行すること

「当該建物の敷地・附属施設」は，当該建物の敷地及び共用部分以外の附属施設が**区分所有者の共有（または準共有）**に属していることを前提としています。

4 管理者

③ 規約で定めた行為の遂行義務	例えば，共用部分等の狭義の管理行為の全部・一部を，集会の個別の決議によらず一括して管理者に委ねる旨の規約の規定がある場合の，その遂行義務等

2 代理権（26条2項）

（1）職務に関する代理権

管理者は，その**職務**に関し，**区分所有者を代理**します。

管理者が区分所有者を代理するには，本人たる区分所有者全員の氏名を相手方に示す必要はなく，**管理組合等の名**と，**区分所有者のためにすること**を示せば足ります。

（2）その他の代理権

管理者は，区分所有法の規定により，**損害保険契約に基づく保険金額の請求及び受領**についても，当然に**区分所有者を代理**します。

つまり，規約の定めや集会の決議は不要です。

損害保険を時系列でみると，①損害保険契約の締結➡②保険事故の発生➡③保険金額の請求・受領となりますが，ここで認められているのは，③**についての代理権**です。
共用部分は区分所有者全員の共有であるため，本来，**各区分所有者**が保険金額の請求・受領をする権限を有します。しかし，各区分所有者がそれぞれ保険金額の請求・受領をする必要性が低いため，**管理者が一括して請求できるよう**，**代理権**を与えたわけです。

また，管理者は，**共用部分等について生じた損害賠償金・不当利得の返還金の請求・受領**についても，**区分所有者を代理**します。これにも，集会の決議や規約の定めは**不要**です。

用語 不当利得による返還金：
無権限で共用部分や敷地を使用している者（不当利得者）に対して請求する，使用料に相当する金銭のこと

（3）管理者の代理権に加えた制限

前述のとおり，**管理者**は，その**職務**一般に関して**区分所有者を代理する権限**を有しますが，マンションごとの**規約**や**集会決議**により，その**管理者の代理権**を制限することができます。

もっとも，このような**制限の有無や範囲**は，**区分所有者以外の第三者にはわかりづらい**といえます。そこで，管理組合は，**管理者の代理権に加えた制限**について，**善意の第三者に対抗**（主張）することができません。

要するに，管理組合が**管理者の代理権に制限**を加えたとしても，その制限を知らない**善意の第三者**に対しては，そのような**代理権の制限がないものと扱われる**ということです。

「**代理権に制限を加える**」とは，例えば，「管理者の職務は，数人の管理者が**共同して**行わなければならない」「損害保険契約に基づく保険金額の請求・受領について，一定金額を**超える**場合は管理者の代理権を認めない」等，代理権を行使することができる行為や範囲，行使の方法等について，**規約や集会の決議で限定**することです。

3 訴訟追行権（そしょうついこうけん）（26条4項・5項）

管理者は，**規約**，または**集会の決議**により，その職務に関し，区分所有者のために，**原告または被告**（**＝訴訟担当者**）となることができます。

管理者は，民事訴訟手続の当事者となるだけではなく，仮差押え・仮処分の申請をし，またはその相手方となることや，民事執行や民事調停の当事者となることもできます。

（1） 規約により原告または被告となる場合

あらかじめ規約に「○○の場合には，管理者が原告または被告になることができる」と定めておき，これを根拠に，原告・被告になる場合です。

この場合，区分所有者が知らないうちに管理者によって訴訟が追行されるという事態を防ぐため，遅滞なく，**区分所有者に通知**しなければなりません。

（2） 集会の決議により原告または被告となる場合

集会の決議により原告・被告となった場合は，区分所有者は，既に集会において管理者が訴訟を起こすことを**知っている**ため，その旨の**通知は不要**です。

POINT整理 管理者が原告・被告となった場合の通知

	区分所有者への通知
規約による場合	必　要
集会の決議による場合	不　要

4 管理者

3 管理所有（27条）

H30・R3

「管理所有者」
➡ P.14～16 参照

管理者は，**規約**に特別の定めがあるときは，**共用部分を所有する**（＝管理所有者となる）ことができます。

4 委任の規定の準用（28条）

H26・29・R2

区分所有法及び規約に定めるもののほか，管理者の権利・義務は，**民法の委任**に関する規定に準じます。

権利	① 特約がある場合の報酬請求権 ② 費用前払請求権 ③ 費用償還請求権 ④ 自己に過失なく被った損害の賠償請求権
義務	① 善良な管理者の注意義務（善管注意義務） ② 職務の状況の報告義務 ③ 職務上受け取った**金銭等の物の**引渡義務

5 区分所有者の責任等（29条）

H27

管理者は，その**職務に関して区分所有者を代理**することから，それに基づく責任についても**本人たる区分所有者に負担**させる趣旨の規定です。

管理者が，その**職務の範囲内で第三者との間にした行為**について，**区分所有者**がその責任を負うべき割合は，**共用部分の持分割合と同一**の割合とされます。ただし，**規約**で負担の割合が定められているときは，その割合によります。

また，この行為により，第三者が区分所有者に対して有する債権は，その**特定承継人**に対しても行使することができます。

- 例えば，管理者が，区分所有者を代理して，工事業者と共用部分の修繕契約を締結した場合，区分所有者**全員**は，原則として**共用部分の持分の割合**により，工事業者に対して責任（報酬支払債務）を負います。
- 工事業者は，区分所有者が専有部分を第三者に譲渡した場合，報酬債権を，**特定承継人たる第三者**に対しても行使できます。

コレが重要!! 確認問題

❶ 甲マンション管理組合（管理者Aが置かれている）において，任期途中のAを集会の決議によって解任するためには，規約に特段の定めがない限り，正当な事由が存することが必要である。過 H13

❷ 区分所有者Aが管理者である場合において，Aを管理者から解任する旨の議案が集会で否決されたときは，区分所有者Bは，Aにその職務を行うに適しない事情があることを理由とする管理者の解任を求める訴えを提起することはできない。過 H27

❸ 甲マンションの敷地が，区分所有者の共有又は準共有に属しない場合，甲マンションにおける管理者である区分所有者Aは甲マンションの敷地に関して，これを保存し，集会の決議を実行し，並びに規約で定めた行為をする権限を有する。過 R4

❹ 管理者の職務に関する代理権に加えた制限は，善意の第三者に対抗することができない。過 H29

❺ 管理者は，規約の定めや集会の決議によらなくても，当然にその職務に関して区分所有者のために原告又は被告となることができる。過 H29

❻ 甲マンションにおける管理者である区分所有者Aは，規約又は集会の決議により，その職務に関し，区分所有者のために原告となることができるが，その場合には，遅滞なく，区分所有者にその旨を通知しなければならない。過 R4

❼ 管理者が職務を行うに当たって費用を要するときは，管理者は，委任の規定に従い，前払でその費用を請求することができる。過 H29

❽ 管理者がその職務を行うため自己の過失なく損害を受けたときは，管理者は，委任の規定に従い，管理組合に対してその賠償を請求することができる。過 R2

❾ 管理組合の管理者が職務の範囲内において第三者との間でした行為については，区分所有者は共用部分の持分の割合でその責めに任ずる。過 H27

答 ❶✕：正当事由は不要。 ❷✕：管理者の解任請求は，集会で解任の決議が否決された場合でもできる。 ❸✕：敷地が共有又は準共有に属しないのであれば，管理者は権限を有しない。 ❹○ ❺✕：規約または集会の決議によることが必要。 ❻✕：集会の決議による場合，通知は不要。 ❼○ ❽○ ❾○

頻出度 S

第5章 規 約

ココが出る！本試験のポイント

- 規約の設定・変更・廃止の手続
- 一部共用部分に関する規約
- 規約の保管・閲覧

マンションは，その構造や居住者の生活環境等が多様であるため，個々のマンションの実情に沿って管理・運営を行うほうが適切です。そのためのルールが規約です。

1 規約で定めることができる事項（30条1項）

R3

もっとも，専有部分は本来各区分所有者の所有物ですので，専有部分について規約を定めることができるのは，「その管理や使用が**区分所有者全体に影響があるような事項**」に限られます。

本編第12章（「重要判例」）7 10で詳細に解説しています。

①**建物・その敷地・附属施設**の，②**管理または使用**に関する，③**区分所有者相互間の事項**は，区分所有法に定められるものに加え，規約で定めることができます。

①のうちの「**建物**」は，特定の部分に限定されていないため，**共用部分**だけでなく**専有部分も含みます**。

規約には，例えば，「居住**以外**の用途での使用を禁止する」「専有部分での**ペット**の飼育を禁止する」「専有部分に属する配管・配線等の附属物を，**管理組合**の管理下に置く」等，本来自由である**専有部分**の用方・用途についても**規定できます**。

また，「②**管理または使用**」に関する事項とされていることから，例えば，**専有部分の譲渡を禁止**する等，「管理または使用に関する事項」に**該当しない**ことは，**規約に定められません**。

さらに，「③**区分所有者相互間の事項**」とされていることから，区分所有者と区分所有者**以外**の第三者との間の事項を，規約で定めることは**できません**。

管理を外部の第三者に委託する旨や，外部の第三者と損害保険契約を締結する旨の定めは，「**区分所有者相互間の管理に関する事項**」でもあるため，規約でも定められます（もっとも，これによって，**第三者にその効力が及ぶわけではありません**）。

そのほか，次の**ア・イ**のように，区分所有法の条文上で，**個別**に規約等に定められる旨が規定されている事項もあります。

ア　「規約により」と規定され，規約でのみ定められる事項

イ　「規約または集会の決議により」と規定され，規約に加え，それ以外の方法（集会の決議）によっても定められる事項

規約でのみ定めることができる事項を「**絶対的規約事項**」といい，規約以外の方法（**集会の決議**）によっても定めることができる事項を「**相対的規約事項**」といいます。

5　規約

2　規約の衡平性（30条3項）

規約は，マンションの様々な事情を総合的に考慮して，**区分所有者間の利害の衡平（こうへい）**が図られるように定めなければなりません。

具体的には，専有部分や共用部分，建物の敷地や附属施設（建物の敷地・附属施設に関する権利を含む）について，形状，面積，位置関係，使用目的，利用状況，区分所有者が支払った対価等の事情が，考慮すべき事項になります。

規約によって，区分所有者間の取扱いに差異を設けること自体は禁止されず，区分所有者間の利害の「衡平」が図られているか否かが問題となります。

3　規約の設定・変更・廃止等（31条1項，30条5項）

H26・30・R2・3

規約の設定・変更・廃止（規約の設定等）は，区分所有者及び議決権の**各$\frac{3}{4}$以上**の多数による集会の決議（特別決議）によって行います。この定数は**増減できません**。

また，規約は，書面または**電磁的記録**によって作成します。

用語 電磁的記録：磁気的方式（HDD，USBメモリー等），電子的方式（ICカード等），光学的方式（CD-R等）に情報を記録したもの。なお，**音声データは含まれず**，規約として認められません。

規約や集会の決議で作成方式が規定されている場合を除いて，管理者等の作成者は，書面で作成するか電磁的記録で作成するかを，**任意に選択**できます。

1　規約の設定等が一部の区分所有者に特別の影響を及ぼす場合（31条1項）

❶本編第12章（「重要判例」）7～10で詳細に解説しています。

規約の設定・変更・廃止が，**一部の区分所有者の権利に特別の影響を及ぼす**場合は，「**特別決議に加えて**」，特別の影響を受ける区分所有者の**個別の承諾**が必要です。

例えば，すべての専有部分でペット飼育を禁止する場合等が，これにあたります。

これは，不利益を無理やり押し付けられることを防ぐための規定で，この承諾がなければ，その規約の設定等は**無効**です。

「一部の区分所有者の権利に」とされているので，規約の影響が区分所有者「**全体**」に**公平に及ぶ場合**には，**特別決議さえ成立すればよく**，個々の区分所有者全員の承諾は不要です。

「特別の影響」とは，規約設定の必要性・合理性と，影響を受ける一部の区分所有者の不利益とを比較して，受忍限度を超える不利益を受ける場合を指します。

特別の影響に「あたる」とされた判例	①　事務所・店舗に使う者もいる中，専有部分の用途を「住居専用」とする規約を定めること ②　分譲業者から有償で取得した駐車場の専用使用権（敷地や共用部分について特定の区分所有者が利用できるとする権利）を消滅させる旨の規約を定めること ③　未利用の規約敷地の一部について，特定の区分所有者に対して特に有利な条件で，かつ，排他的に使用収益させる規約を定めること ④　議決権に関し，「1住戸1議決権」と定められていた規約を，「1区分所有者1議決権」とする規約を定めること
特別の影響に「あたらない」とされた判例	①　ペット飼育について何ら定めがなかったが，ペット飼育を禁止する旨の規約を定めること ②　楽器の演奏について何ら定めがなかったが，夜間の楽器演奏を禁止する旨の規約を定めること ③　不在組合員に対してのみ，一定の住民活動協力金の負担を義務付ける規約への変更 ④　無償の専用使用権の有償化や，有償の専用使用権の使用料を増額する規約への変更等

2　一部共用部分に関する規約（30条2項）

（1）区分所有者全員の利害に関係する事項

全員の利害に関係する場合なので，**例外はありません。**

一部共用部分に関する事項で，区分所有者**全員の利害**に関係するものを規約で定める場合は，**必ず区分所有者全員の規約**で定めます。

（2）区分所有者全員の利害に関係しない事項

① 区分所有者全員の規約で定める場合

区分所有者全員の利害に**関係しない**一部共用部分に関する事項でも，**区分所有者全員の規約**で定めることができます。例えば，一部共用部分の日常の管理（清掃等）を，建物全体でまとめて行う旨の規約を定めること等です。

ただし，一部共用部分を共用する区分所有者の$\frac{1}{4}$**を超える者**，またはその議決権の$\frac{1}{4}$**を超える議決権を有する者**が反対したときは，全員による規約設定はできません。

② 区分所有者全員の規約で定めない場合

区分所有者全員の利害に関係しない一部共用部分に関する事項で，かつ，区分所有者全員の規約にも定めのないものは，**一部共用部分の共用者たる区分所有者の規約**で定められます。

例えば，マンション内に，上層階専用，下層階専用の２基のエレベーターがあり，それぞれが一部共用部分である場合，①その**大規模修繕**については，**区分所有者全員の規約**で定め，②**清掃等の日常の管理や使用方法**については，**区分所有者全員の利害に関係しない**ものとしてそれぞれ**上層階，下層階の区分所有者の規約**で定める，とすることができます。

5 規約

3 区分所有者以外の者の権利（30条4項）

規約は，区分所有者相互間の事項を定めるものであるため，区分所有者以外の第三者の権利を害することはできません。

これは，そもそも区分所有者**以外**の者に関する事項を定めることはできず，仮に定めても，その第三者には効力が生じないことを確認する趣旨の規定です。

公正証書：法律の専門家である公証人が作成する，権利義務に関する事実について作成した公文書のこと

4 公正証書による規約の設定（32条）

最初に建物の専有部分の全部を所有する者（分譲業者等）は，

> 規約は，本来は**分譲後**に，集会の特別決議を経て定めるべきものですが，**分譲前**にあらかじめ規約で定められているほうが**トラブルの防止**になるような事柄もあるからです。

公正証書により，次の①～④に関する規約を設定できます。

①　規約共用部分

②　規約敷地

③　専有部分と敷地利用権の分離処分を認める内容

④　複数の専有部分を有する者の，各専有部分に係る敷地利用権の割合を定める内容

(1) 公正証書による規約設定ができる時期

公正証書による規約設定は，「**最初に**」所有する者にのみ認められるため，「**分譲前**」に限って認められます。したがって，例えば，中古マンション1棟を丸ごと買い上げて専有部分すべてを所有するに至った者等，**分譲「後」**に専有部分すべてを所有するに至った者は，公正証書による規約設定はできません。

また，**等価交換方式**で分譲業者が建築したマンションの**一部を地主に譲渡**した場合は，分譲業者が一般の者に販売を行う前の段階であっても，もはや**分譲業者**は「**最初に建物の専有部分の全部を所有する者**」**とはいえず**，公正証書による規約の設定はできません。

(2) 公正証書による規約設定をすることができる者

公正証書による規約設定は，専有部分の「**全部**」を所有する者にのみ認められるため，例えば，新築マンションの**専有部分すべてを原始的に所有**する分譲業者等が，行うことができます。

> 「**原始的に**」とは，「**最初から**」という意味です。

- **数人が専有部分すべてを共有**する前提で区分所有建物を**建築**した場合，「全員で専有部分の全部を所有」しているため，公正証書による規約設定が**できます**。
- 他方，数人が**最初から各自の区分所有する部分を決めて**共同で区分所有建物を**建築**した場合は，「全部を所有する者」がいないため，公正証書による規約設定は**できません**。

(3) 公正証書による規約の効力が生ずる時期

公正証書による規約は，**公正証書を作成した時に効力**が生じます。ただし，区分所有建物が**完成する前に公正証書が作成**された場合には，**区分所有建物が完成した時（区分所有権が成立した時）に，はじめて効力**が生じます。

(4) 公正証書による規約の変更・廃止

公正証書による規約を設定した後でも，**分譲前で専有部分の全部を所有している間**は，(1)と同じく**公正証書**によって，当該規約を**変更・廃止**できます。

また，公正証書により設定された規約は，**集会の特別決議で成立した規約と同じ効力**を有するため，**分譲後**は，**集会の特別決議**によって**変更・廃止**することができます。

4 規約の保管・閲覧（33条） H29・30・R2・3

(1) 規約の保管

管理者がいる場合	●必ず**管理者が保管**しなければならない。 ●**管理組合法人の場合は，理事が管理組合法人の事務所で保管する。**
管理者がいない場合	**建物を使用している区分所有者またはその代理人で，規約または集会の決議で定めるもの**が保管しなければならない。

(2) 利害関係人の閲覧（えつらん）請求

規約の保管者は，**利害関係人の請求**があった場合，**正当な理由**がある場合を**除いて**，規約の**閲覧を拒んではなりません。**

規約が**電磁的記録**で作成されているときは，その記録された情報の内容を紙面又は出力装置の映像面に**表示**したものを，規約の**保管場所で閲覧**させることになります。

規約の閲覧に関し，**区分所有権を第三者に譲渡して移転登記も済ませた者**は，利害関係を有する**閲覧請求権者**には該当しません。

(3) 規約の保管場所の掲示

規約の**保管場所**は，**建物内の見やすい場所に掲示**しなければなりません。なお，掲示をするのは規約の「**保管場所**」であり，規約の原本や写し（コピー）ではありません。

本条の規約の保管・閲覧の規定は，①**集会の議事録**（➡ P.53 参照），②**書面または電磁的方法による決議に係る書面**や電磁的方法が行われる場合に当該電磁的方法により作成される**電磁的記録**（➡ P.57 参照）について準用されます。

コレが重要!! 確認問題

❶ 建物の管理又は使用に関する区分所有者相互間の事項を規約で定めることができるのは，専有部分以外の建物の部分，専有部分に属しない建物の附属物及び共用部分とされた附属の建物の管理又は使用に関する事項に限られる。過 R3

❷ 規約は，書面又は電磁的記録（電子的方式，磁気的方式その他人の知覚によっては認識することができない方式で作られる記録であって，電子計算機による情報処理の用に供されるものとして法務省令で定めるものをいう。）により，これを作成しなければならない。過 R3

❸ 一部共用部分に関する事項で区分所有者全員の利害に関係しないものについての区分所有者全員の規約の設定，変更又は廃止は，当該一部共用部分を共用すべき区分所有者の$\frac{1}{4}$を超える者又はその議決権の$\frac{1}{4}$を超える議決権を有する者が反対したときは，することができない。過 H28

❹ 管理者がいる場合，規約に定めることにより，管理者が指名した者を規約の保管者とすることができる。過 R3

❺ 規約の閲覧に関し，区分所有権を第三者に譲渡して移転登記も済ませた者は，利害関係を有する閲覧請求権者には該当しない。過 R2

❻ 規約を電磁的記録で作成・保管している場合は，当該電磁的記録に記録された情報の内容を紙面又は出力装置の映像面に表示する方法により表示したものを閲覧させる。過 R2

答 ❶✕：規約で定められるのは，「建物（＝専有部分と共用部分）・その敷地・附属施設」の管理又は使用に関する事項。 ❷○ ❸○ ❹✕：管理者がいる場合の規約の保管者は，管理者のみ。❺○ ❻○

集　会

- 集会の招集手続
- 集会の決議
- 占有者の意見陳述権

1 集会の招集手続

H26・27・29・R1・4・5

集会は，**全区分所有者が構成員**となる，管理組合の**最高意思決定機関**です。ここでの決議がマンションの管理を左右します。

1　集会の招集（しょうしゅう）（34条）

(1) 管理者の集会招集義務

集会は，原則として，**管理者が少なくとも毎年1回**招集しなければなりません。

> **管理者に課された義務**ですので，管理者が置かれていない管理組合においては，年1回の集会招集義務はありません。

(2) 少数区分所有者の集会招集請求

区分所有者の$\frac{1}{5}$**以上**で，かつ，議決権の$\frac{1}{5}$**以上**を有するもの（**少数区分所有者**）は，**管理者に対し**，**会議の目的たる事項**を示して，**集会の招集を請求**することができます。ただし，この区分所有者と議決権の**定数**は，どちらも**規約で減ずることができます**。

> 「**会議の目的たる事項**」とは「**議題**」のことです。

なお，定数の充足を客観的に明らかにするため，この請求は，必ず「**全員の連名**」で行わなければなりません。

定数は，「減ずる」ことのみ認められるので，「$\frac{1}{4}$以上，$\frac{1}{3}$以上…」と**増やす変更はできません。**定数を増やすと，より集会招集請求がしにくくなるからです。

(3) 招集請求をした者による集会の招集

少数区分所有者が，管理者に対して集会招集請求を行った場合，管理者から，**2週間以内**に，その請求の日から**4週間以内**の日を会日とする集会の招集の**通知が発せられなかった**ときは，請求をした区分所有者は，**集会を招集できます**。

(4) 管理者が置かれていない場合の集会の招集

この請求も，必ず**「全員の連名で」**行わなければなりません。

管理者が置かれていないときは，区分所有者の$\frac{1}{5}$**以上**で，かつ，議決権の$\frac{1}{5}$**以上**を有する者は，**集会を招集**することができます。ただし，この定数は，**規約で減ずる**ことができます。

2 招集の通知 (35条)

(1) 招集通知の発送

集会の招集通知は，会日より**少なくとも1週間前**に，会議の目的たる事項を示して，各区分所有者に**発し**なければなりません。なお，この期間は，**規約で伸縮**することができます。

「1週間前に」というのは，「**中1週間空けて**」という意味ですので，例えば，3月20日に集会を開催するのであれば，遅くとも3月12日には発送しなければなりません。また，この期間は**規約で「伸縮」**でき，例えば，「2週間前に」と**伸ばす**ことも，「5日前に」と**短くする**こともできます。

区分所有者である**未成年者を議決権行使者**と指定することもできます。また，共有者間で議決権行使者を合意しただけで管理組合に通知していなくても，**議決権行使者の指定を受けたことを証明**すれば，その者は議決権を行使できます。

(2) 専有部分の共有者に対する通知

専有部分が数人の共有に属する場合，集会の招集通知は，**議決権行使者と定められた者**に対してすれば足ります。その者がないときは，**共有者の1人に通知**すれば足ります。

【通知の宛先】

専有部分の所有	通知の宛先
単独所有	その区分所有者
共有で，議決権行使者の指定あり	議決権行使者として指定された区分所有者
共有で，議決権行使者の指定なし	共有者のうちの任意の1人

(3) 通知をすべき場所

集会の招集通知は，区分所有者が管理者に対して**通知を受けるべき場所を通知**したときは，**その場所**に，また，これを**通知しなかった**ときは，区分所有者の所有する**専有部分が所在する場所**に宛てですれば足ります。この場合，その通知は，通常それが**到達すべき時に到達**したものとみなされます。

【通知すべき場所】

通知すべき場所の通知の有無	通知すべき場所
有り	通知された場所
なし	区分所有者の所有する専有部分が所在する場所

通知場所の通知があっても，区分所有者が**自己所有する専有部分に現に居住**している場合には，管理者は，**当該専有部分に通知してもかまいません**。また，**通知場所の通知がなくても**，管理者が区分所有者の**現に居住する建物外の場所を把握**している場合は，**その場所に通知してもよい**とされています。

例えば，資産運用のために東京にマンションを所有し，自分は秋田に住んでいるという区分所有者の場合，管理者に**秋田の住所地を伝えて**集会の招集通知を送付する依頼をした場合は，**秋田に通知**を送らなければなりません。しかし，それを**伝えていなければ**，管理者は，**東京のマンションの専有部分**に宛てて通知を送れば足ります。

（4）掲示による通知

建物内に住所を有する区分所有者，または通知を受けるべき場所を通知しない区分所有者に対する**集会の招集通知**は，**規約に特別の定めがあるときは**，**建物内の見やすい場所に掲示**して行うことができます。この場合，その通知は，**掲示をした時に到達**したものとみなされます。

「建物内の見やすい場所」とは，所定の掲示場や建物の出入口等です。

- **建物内に住所を有している区分所有者と通知場所を通知していない区分所有者**に対しては，**規約に定めをおけば**，**掲示板等への掲示**で足り，個別に通知を発送する必要はありません。
- 建物内に住所を有しない者で，通知場所を管理者に通知している区分所有者に対しては，掲示での対処はできず，指定された場所に個別に通知を発送しなければなりません。

（5）議案の要領の通知

集会の招集の通知をする場合において，会議の目的たる事項が**次の特別決議事項**に該当するときは，その**議案の要領**（決議内容の要約）**も**，あわせて**通知**しなければなりません。

普通決議事項については，原則として**議案の要領の通知は義務付けられていません**。ただし，**規約や集会の決議**でこれを**義務付けることは可能**です。

① 共用部分の重大変更（17条1項）

② 規約の設定・変更・廃止（31条1項）

③ 建物の大規模滅失の場合における復旧（61条5項）

④ 建替え（62条1項）

⑤ 団地内の区分所有建物につき，団地の規約を定めることについての各棟の承認（68条1項）

⑥ 団地内建物の建替え承認決議（69条1項）

⑦ 建替え承認決議に係る一括付議（69条7項）

⑧ 団地内の複数建物の一括建替え決議（70条1項）

なお，特別多数決議事項であっても，次のように**議案の要領の通知が義務付けられていないもの**もあります。

① **管理組合法人となること**（47条1項）

② **管理組合法人の解散**（55条2項）

③ 共同利益違反行為をした区分所有者（義務違反者）に対する専有部分の**使用禁止の訴えの提起**（58条2項）

④ 義務違反者に対する区分所有権の**競売の訴えの提起**（59条2項）

⑤ 共同利益違反行為をした占有者に対する**引渡しの訴えの提起**（60条2項）

①②の「管理組合法人に関すること（法人化・解散）」は，**会議の目的たる事項（議題）だけで内容がわかり**，また③～⑤の「義務違反者に対する措置（使用禁止・競売・引渡請求）」は，**集会の場で内容を明らかにすべきことから，議案の要領の通知は不要**とされています。

3　招集手続の省略（36条）

集会は，区分所有者**全員の同意**があるときは，招集の手続を経ないで開くことができます。

> この「区分所有者全員の同意」は，**各集会の開催のたびに必要**となります。したがって，一度，招集手続の省略の同意があったとしても，その後のすべての集会で招集手続が省略できるわけではありません。

これは，簡易迅速に集会を開くことを可能とする規定です。この「同意」を得る方法に制限はなく，規約・集会決議・書面等による必要はありません。

2　集会の決議

H26・R3

1　決議事項の制限（37条）

集会では，原則として，**あらかじめ通知した事項**についてのみ，**決議**をすることができます。

> あくまで「決議」事項の制限なので，あらかじめ通知していない事項であっても，「討議」をすること自体は制限されません。

区分所有者は，事前の通知を見て，集会への出欠を決めたり，決議内容について各自の意見を決めたりするため，通知のない事項を決議されると，欠席者に**予想外の損害**が生じたり，出席者間でも**議論が不十分なまま決議**が行われるおそれがあるからです。

もっとも，**普通決議事項**に関しては，**規約で別段の定め**ができます。例えば，「集会では，あらかじめ通知した事項以外の事項についても決議することができる」旨の**規約**を定めることも可能です。これは，建物等の管理を円滑に行うために，事前の通知がなくても**集会で迅速に決議**すべき場合もあるからです。

> **特別多数決議事項**については，その決議内容の**重要性**から，規約での**別段の定め**は**認められず**，あらかじめ通知をしたことしか決議することができません。

区分所有者**全員の同意**で**招集手続が省略**された場合は，決議事項に**制限はなく**，すべての事項の決議が可能です。

2　議決権（38条）

各区分所有者の**議決権**は，原則として，**共用部分の共有持分の割合**で決まります。もっとも，**規約で別段の定め**，例えば，「議決権は，住戸１戸につき各１個とする」等の定めをすることもできます。

「過半数」については，**半数を含みません**。例えば，100の過半数は，50ではなく51になります。

3　議事（39条・40条）

集会の議事は，原則として，**区分所有者**及び**議決権**の各過半数で決します。ただし，区分所有法で**特別の定数**が定められている場合，及び**規約で別段の定め**をした場合は，それによります。

区分所有法における決議の公式は，「**区分所有者**及び**議決権**の**各○○**」です。「○○」の部分には，**普通決議**であれば「過半数」が，**特別決議**であれば「$\frac{3}{4}$**以上**」や「$\frac{4}{5}$**以上**」が入ります。また，決議が成立するためには，区分所有者（頭数）と議決権（共用部分の共有持分割合等）の「**それぞれ**」について「○○」という条件を満たさなければなりません。要するに，区分所有法上の集会決議は，**頭数での一定の賛成に加え，共有持分割合での一定の賛成**もあって，はじめて成立します。

（1）普通決議事項と特別決議事項

区分所有法上，**普通決議事項**と**特別決議事項**については，次のようになっています。

【普通決議事項】

定数	決議内容
区分所有者及び議決権の各過半数	①　共用部分の管理に関する事項（保存行為及び重大変更を除く）
	②　区分所有者の共有に属する敷地または附属施設の管理に関する事項（保存行為及び重大変更を除く）
	③　管理者の選任・解任（25条1項）
	④　管理者に対する訴訟追行権の授権
	⑤　管理者がいない場合の規約及び議事録等の保管者の選任
	⑥　議長の選任
	⑦　管理組合法人の理事及び監事の選任・解任・任期
	⑧　理事が数人ある場合の代表理事の選任または共同代表の定め
	⑨　管理組合法人の事務
	⑩　共同利益違反行為者に対する停止等の請求訴訟の提起
	⑪　共同利益違反行為者に対する訴訟における管理者等に対する訴訟追行権の授権
	⑫　小規模滅失の場合の復旧

【特別決議事項】

定数	決議内容
区分所有者及び議決権の各$\frac{3}{4}$以上	①　共用部分の重大変更
	②　区分所有者の共有に属する敷地及び附属施設の重大変更
	③　規約の設定・変更・廃止
	④　管理組合法人の成立
	⑤　管理組合法人の解散
	⑥　共同利益違反行為者たる区分所有者に対する専有部分の使用禁止請求
	⑦　共同利益違反行為者たる区分所有者に対する区分所有権の競売請求
	⑧　共同利益違反行為者たる占有者に対する引渡し請求
	⑨　大規模滅失の場合の復旧
	⑩　団地内の区分所有建物につき，団地の規約を定めることについての各棟の承認
区分所有者及び議決権の各$\frac{4}{5}$以上	①　建替え決議
	②　団地内の２以上の建物を一括して建替え承認決議に付する旨の決議
	③　団地内の建物の一括建替え決議
議決権（土地の持分の割合）の$\frac{3}{4}$以上	団地内の特定建物の建替えに関する団地管理組合の建替え承認決議

(2) 議決権の行使方法

集会を開く場合，議決権は，区分所有者が**自ら集会に出席して行使**するのが原則です。しかし，集会に**出席できない場合**でも，その区分所有者の意見を的確に決議に反映させられるように，区分所有法は，次の①～③の**３つの議決権行使の方法**を定めています。

①　書面による議決権行使	区分所有者が集会に出席せず，集会開催前に「１号議案賛成，２号議案反対」等，議案に関する賛否を書いた書面を提出することで，**議決権行使**をするもの
②　代理人による議決権行使	**委任状**等により区分所有者から代理権を授与された**代理人**が，区分所有者の代わりに集会に出席して議決権を行使するもの

区分所有法上，代理人の資格に**制限はありません**。したがって，区分所有者の同居人や専有部分の占有者（賃借人），他の区分所有者等，さらにはマンションにまったく関わりのない第三者でも，**自由**に代理人となることができます。もっとも，**規約で**代理人の資格を**制限**することは**可能**です。

6　集会

③　規約または集会の決議で認められた場合における電磁的方法による議決権行使	●電子メールやFAX，HPへのアクセス等の電磁的方法で**議決権を行使**するもの ●この方法による議決権行使は，①②と異なり，**規約または集会の決議で認められた場合**にのみ許される。

委任状は，委任内容すべてを1通にまとめることは義務付けられていません。したがって，例えば1通は第1号議案用，もう1通は第1号議案を除く他の議案用と明記して，別々の代理人を選任した委任状を作成した場合は，**両方とも有効**と扱うのが適切です。

(3) 委任状及び議決権行使書の取扱い

①　委任状について

委任状は，区分所有者の**代わり**に集会に**出席**して**議決権を行使**するべき**代理人を選任する書面**です。

区分所有法上，**代理人の資格に制限はありません**。したがって，区分所有者は，区分所有者の同居人・専有部分の占有者（賃借人）・他の区分所有者等，さらには当該マンションにまったく関わりのない第三者でも，自由に代理人として選任することができます。もっとも，「代理人は，**組合員の中から**選ばなければならない」というように，**規約の定め**等によって**代理人の資格を制限**することは**可能**です。

また，「**議長**」**宛ての委任状**等，必ずしもあらかじめ「その者が**特定の人物と定まっていない**ような者」を代理人とする委任状も**有効**です。

- 民法及び区分所有法上，**委任状の様式**について**特段の規制はありません**。したがって，「誰が」「誰に」「どんな内容を委任するのか」がわかる書面であれば，委任状として有効になります。そのため，委任状は，仮に管理組合によって集会の招集通知に添付されたものがあっても，**必ずしもそれを用いる必要はありません**。
- 委任状に署名は必要ですが，「**押印**」**は実印でなくても**，また，そもそも**押印がなくても**，委任状として有効です。

②　議決権行使書について

議決権行使書は，区分所有者が**議案**に関する**賛否**を書いた書面で**提出**することで，**議決権を行使した**と扱われるものです。

民法及び区分所有法上，委任状と同様，**議決権行使書の様式**についても，**特段の規制はありません**ので，仮に管理組合が作成した議決権行使書があっても，**それを用いる必要はありません**。また，区分所有者本人の署名（通常は部屋番号等も）と議案に対する賛否の記載があれば，**押印がなくても有効**です。

（4）議決権行使者の指定

専有部分が数人の共有に属するときは，共有者は，**議決権を行使すべき者1人**を定めなければなりません。そして，議決権を行使すべき者が定められた場合には，**その者のみが議決権を行使**することができます。

- 専有部分の各共有者が，**自己の持分に応じて**議決権を行使することはできません。
- 議決権行使者1人を定めたとしても，**他の共有者**も区分所有者である以上，**集会に出席**することはできます。

3　集会の議長・議事録　H27·30·R4·5

1　議長（41条）

（1）管理者がいる場合

議長の選任について**規約に別段の定め**がある場合，及び**別段の決議**をした場合を**除いて**，**管理者が議長**となります。区分所有者の請求によって集会が招集された場合も，同様です。

（2）管理者がいない場合

区分所有者の$\frac{1}{5}$**以上**で，かつ，議決権の$\frac{1}{5}$**以上**を有する者が，**連名で集会の招集**を行うことになりますが，この場合，議長の選任については，規約に別段の定めがある場合，及び別段の決議をした場合を除いて，**集会の招集をした区分所有者の1人が議長**となります。

2　議事録（42条）

（1）議事録の作成

集会の議事について，議長は，**書面**または**電磁的記録**により，**議事録を作成**しなければなりません。

議長が議事録を作成せず，または議事録に記載・記録すべき事項を記載・記録せず，もしくは虚偽の記載・記録をした場合は，**20万円以下の過料**に処せられます。

規約の作成の場合と同様，規約や集会の決議で作成方式が定められている場合を除いて，管理者等の作成者が，任意に**作成方式を選択**することができます。

(2) 議事録の記載・記録

議事録には，**議事の経過の要領**及びその**結果**を記載し，または記録しなければなりません。「議事の経過の要領」とは，議題・議案・討議の内容や表決方法等の要約のことで，「結果」とは，可決または否決という決議の結果のことです。

(3) 議事録の署名(しょめい)等

出席した区分所有者が1人だけの場合には，議長以外にその者のみが署名をすれば足ります。

議事録が書面で作成されている場合，議事録の記載が正確であることを担保するために，**議長及び集会に出席した区分所有者の2人**（計3人）が，**署名**しなければなりません。

また，議事録が**電磁的記録**で作成されている場合，議長及び集会に出席した区分所有者の2人（計3人）が，「**電子署名**」という，署名に代わる措置をとらなければなりません。

(4) 議事録の保管・閲覧

規約の保管：
➡ P.43 参照

集会の議事録の保管・閲覧については，**規約の保管・閲覧**に関する区分所有法33条が**準用**されるため，それと同様の扱いを受けます。

4 管理者の事務報告（43条）

H26･30･R4

管理者は，**集会**において，**毎年1回一定の時期**に，その事務に関する**報告**をしなければなりません。

これは，管理者に対して集会における報告義務を規定し，区分所有者からの質疑応答を通じて，管理者の事務執行に対する**適切な監督**を可能とするものです。したがって，集会での報告によらず，**書面によって報告内容を送付する等の方法**をとることは，許されません。

5 占有者の意見陳述権（44条）

H29・R2・5

1　占有者の意見陳述権

（1）占有者の意見陳述権

区分所有者の承諾を得て専有部分を占有する者は，会議の目的たる事項につき**利害関係を有する場合**には，集会に**出席**して**意見**を述べることができます（**意見陳述権**）。

家族等の区分所有者と**同居する者**は，そもそも独立の「占有」がないため，**意見陳述権は認められません**。

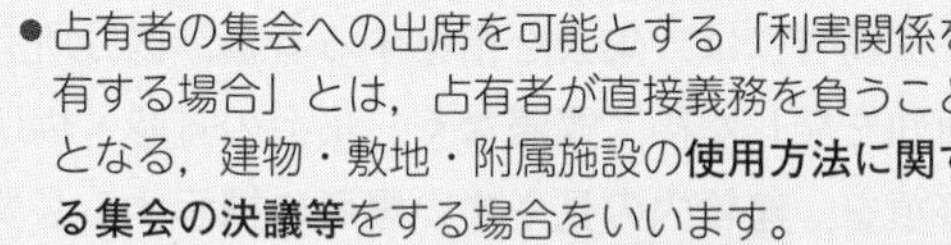

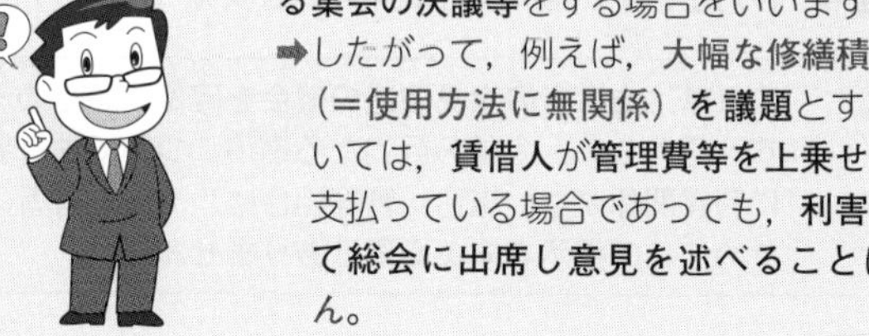

- 「区分所有者の承諾を得て専有部分を占有する者」とは，専有部分の賃借人や使用借人等，**占有について独立した権原を有する者**のことです。不法占拠者等の**無権原占有者は，含まれません**。
- 占有者の集会への出席を可能とする「利害関係を有する場合」とは，占有者が直接義務を負うこととなる，建物・敷地・附属施設の**使用方法に関する集会の決議等**をする場合をいいます。
  ➡したがって，例えば，**大幅な修繕積立金値上げ（＝使用方法に無関係）を議題**とする集会においては，**賃借人**が**管理費等を上乗せして家賃**を支払っている場合であっても，**利害関係人として総会に出席し意見を述べることはできません**。

意見陳述権が**肯定・否定される例**は次のとおりです。

意見陳述権が肯定される例	●専有部分を**居住目的以外に使用することを禁止**する旨の決議
	●専有部分で**ペット飼育**を**禁止**する旨の決議
意見陳述権が否定される例	●共用部分の**大規模修繕**をする旨の決議
	●管理費や修繕積立金等の**共益費を増額**する旨の決議

共益費（管理費や修繕積立金等）の増額により，賃借人に「賃料の増額」という影響が生ずる可能性があっても，これは**間接的な影響**にすぎず，「**利害関係**」には**あたりません**。賃貸借契約において，占有者が共益費を支払う旨の定めがあったとしても，**同様**です。

6 集会

（2）意見陳述権の内容

意見陳述権は，「集会に出席して意見を述べる」ことのみを目的とする権利であり，**議決権の行使は認められません**。

占有者は，区分所有者ではないため，議決権は認められません。もっとも，これは，占有者には**占有者固有の議決権はない**という意味であり，区分所有者から委任を受けて，区分所有者の**代理人として議決権を行使**することは，もちろん**認められます**。

占有者に対する集会の招集通知の発送は，義務付けられていないだけであり，発送自体が禁止されているわけではありません。

2　占有者に対する集会開催の通知

占有者が，会議の目的たる事項（＝議題）について**利害関係**を有する場合には，集会を招集する者は，区分所有者に対して招集の通知を発した後，**遅滞なく**，集会の日時・場所・会議の目的たる事項を，**建物内の見やすい場所に掲示**する必要があります。

これは，**占有者の意見陳述の機会を確保**するためです。そのため，会議の目的たる事項について**占有者に利害関係がない**場合，管理組合は，その占有者のために**この掲示をする必要はありません**。

6　書面または電磁的方法による決議（45条）

H26･30･R2･3･4

+1点! **集会に関する規定**は，書面または電磁的方法による決議について**準用**されます。
したがって，集会の招集者は，原則として，当該決議における議決権行使の**回答期限の1週間前まで**に，各区分所有者に**通知を発する**必要があります。

1　書面または電磁的方法による決議

区分所有者**全員の承諾**があるときは，**書面**または**電磁的方法**による**決議**をすることができます。「全員の承諾」が必要ですので，1人でも反対者がいれば，書面または電磁的方法による決議はできません。

ここでの「承諾」は，**「集会を開かずに決めよう」という提案に対する承諾**です。したがって，この区分所有者全員の承諾により，「全員が書面か電磁的方法で議決権を行使して決議すること」は決まりますが，**決議内容については何ら決まっていません**。そこで，これとは別に，「**書面または電磁的方法による決議**」を行うことになります。

2 書面または電磁的方法による合意

区分所有者全員の書面または電磁的方法による**合意があった場合**は，書面または電磁的方法による**決議**があったものとみなされます。

ここでの「**合意**」は，**決議内容に関する合意**です。つまり，区分所有者全員が，決議内容について，書面または電磁的方法によって合意したことを意味し，それにより「**可決**」という形で**決議**が**成立**したことになります。

3 書面または電磁的方法による決議の効力

書面または電磁的方法による決議は，**集会の決議**と**同一の効力**を有します。

集会の決議と同一の効力を有するものの，「**集会を招集した」とみなされるわけではありません**。したがって，書面または電磁的方法による決議がなされても，管理者等に課されている**年1回の集会招集義務は，別途**果たさなければなりません。

4 書面または電磁的記録の保管及び閲覧

前述の**1**及び**2**に係る書面・電磁的記録の保管及び閲覧には，規約の保管及び閲覧に関する規定が**準用**されます。

+1点! **管理者**または**管理組合法人の理事**が**保管義務に違反**した場合は，**20万円以下の過料**に処せられます。しかし，管理者がいない場合に保管者とされた者が保管義務に違反しても，過料には処せられません。

例えば，書面等による決議がなされた場合には，**管理者（理事長）**は，**各組合員から提出された書面等を保管**し，組合員又は利害関係人の**請求があれば**，その書面等を**閲覧**に供しなければなりません。

7 規約及び集会の決議の効力（46条）

R2

1 区分所有者の特定承継人に対する効力（46条1項）

規約及び集会の決議は，区分所有者の**特定承継人**（専有部分の買主や受贈者等）に対しても，その**効力**を生じます。

規約や集会の決議は，区分所有者相互間の事項について，区分

6 集会

所有者だけで決められ，原則としてその効力は，決議をした時点における区分所有者及びその包括承継人にのみ及び，それ以外の者には及びません。しかし，区分所有者の特定承継人は，区分所有権を取得することで**当然に管理組合の構成員**になることから，既に成立している規約や集会の決議の効力が及びます。

+1点! 例えば，「近隣住民との協定に基づく電波障害防止設備の維持管理費を区分所有者が負担する」旨の**規約**の定めを変更し，近隣住民に負担させることとする旨を規約に定めても，**近隣住民に対して効力は生じません。**

2　占有者に対する効力

占有者は，建物またはその敷地もしくは附属施設の**使用方法**に限って，区分所有者が**規約**または**集会の決議**に基づいて負う義務と**同一の義務**を負います。

区分所有者以外の専有部分の占有者も，建物等を占有して使用する以上，その使用方法に関する管理組合の規律には当然従うべきだからです。

占有者に対する規約及び集会の決議の効力は，建物等の「**使用方法**」に関するものに**限定**されています。したがって，**それ以外**の事項，例えば「**管理費等の支払義務**について，賃借人も区分所有者と**連帯**してこれを負担しなければならない」との定めを置いたとしても，**賃借人に対する効力は生じません。**

コレが重要!! 確認問題

❶ 区分所有者の$\frac{1}{5}$以上で議決権の$\frac{1}{5}$以上を有するものは，管理者に対し，会議の目的たる事項を示して，集会の招集を請求することができるが，この定数は，規約で増減することができる。過 H29

❷ 管理者は，集会において，毎年1回一定の時期に，その事務に関する報告をしなければならないが，規約の定めにより書面の送付をもって報告に代えることができる。過 H30

❸ 集会の招集の通知をする場合において，会議の目的たる事項が，管理者の選任であるときは，その議案の要領をも通知しなければならない。ただし，規約に別段の定めはないものとする。過 R5

❹ 集会の目的たる事項が，管理組合法人の解散である場合，議案についてその要領の通知を義務づけられていない。過 H20

❺ 議長は，規約又は集会の決議によらなくても，集会の議事について電磁的記録により議事録を作成することができる。過 H23

❻ 規約を変更し毎月の管理費を増額することについて集会で決議する場合，管理費相当分を負担している専有部分の賃借人は，利害関係を有するとして集会に出席して当該規約変更に関する意見を述べることができる。過 H29

❼ 規約により総会において決議すべき事項につき，組合員全員の書面等による合意があったときは，改めて決議を行わなくても，書面等による決議があったものとみなされる。過 R2

❽ 区分所有者は，規約又は集会の決議により，集会の議事について書面による議決権の行使に代えて，電磁的方法によって議決権を行使することができる。過 R3

❾ 電磁的方法による決議をする場合には，電磁的方法による回答の期日とされている日より少なくとも3週間前までに，会議の目的たる事項を示して各区分所有者に通知を発しなければならない。過 R3

❿ 管理組合の集会を開催する場合，会議の目的たる事項について占有者Aが利害関係を有しない場合であっても，Aのために，甲マンションの管理組合は，甲マンションの見やすい場所に，その集会の招集通知を掲示しなければならない。過 R5

答 ❶×：「減ずる」ことのみ可。 ❷×：報告は必ず集会で行う必要がある。 ❸×：普通決議では，議案の要領の通知は不要。 ❹○ ❺○ ❻×：賃借人は利害関係を有しないため，意見陳述はできない。 ❼○ ❽○ ❾×：「1週間前まで」に通知の発送が必要。 ❿×：利害関係がない占有者のための招集通知の掲示は不要。

第7章　頻出度 S+

管理組合法人

- 管理組合法人の設立手続
- 管理組合法人の役員とその権限

1　管理組合の法人化とは

例えば，**法人ではない管理組合**において，区分所有者の共有不動産（敷地内の集会所等）を登記する場合，**全員の共有名義で登記**をするのが原則ですが，区分所有者の変動に伴って，いちいち登記名義を変更するのは大変です。他方，**理事長等の代表者が登記**をする方法もありますが，判例上，法人でない団体の代表者が登記をする場合は肩書を付けられず，理事長の**個人名義でしか登記できない**ため，個人資産と団体資産の**区別が不明確**になりがちです。

この点，管理組合を**法人化**すれば，**管理組合法人という団体名義での登記が可能**となり，不都合を回避できます。

> **用語** 権利能力：権利・義務の帰属主体となり得る能力のことで，自然人（生身の人間）と法人に認められるもの

法人ではない管理組合には**権利能力がない**ため，管理組合自体が，権利を有したり義務を負ったりすることはできません。そのため，**区分所有者の団体を権利・義務の主体**とするためには，上記のように**法人化する必要**があるわけです。

2　管理組合法人の成立等　H26・27・29・30・R1

1　管理組合法人の成立要件（47条1項）

> **一部共用部分を管理する一部区分所有者の団体**も，これらの要件を満たせば，管理組合法人となることができます。

管理組合は，次の２つの要件をどちらも満たして，はじめて法人となります。

① **区分所有者及び議決権の各$\frac{3}{4}$以上の多数による集会の決議（特別決議）で法人となる旨・その名称・事務所を定めること**

② **その主たる事務所の所在地において登記をすること**

「法人となる旨」「その名称」「事務所」の**3つすべて**が，各$\frac{3}{4}$以上の特別決議の対象となります。

2 管理組合法人の名称使用義務（47条2項，48条）

法人化した管理組合が管理組合法人を名乗る場合は，名称中に**必ず**「**管理組合法人**」という文字を用いなければなりません。

逆に，管理組合法人でないものは，その名称中に「管理組合法人」という文字を用いてはなりません。

3 管理組合法人の登記事項等（組合等登記令2条）

区分所有法上の規定の他，管理組合法人の登記に関して必要な事項は，「組合等登記令」で定められています。

（1）管理組合法人の登記事項

管理組合法人の設立登記では，次の事項を登記します。

① **目的・業務**　② **名称**　③ **事務所の所在場所**

④ **代表権を有する者の氏名・住所・資格**

⑤ **共同代表の定めがあるときは，その定め**

④について，管理組合法人に**理事が複数**いる場合には，**各自単独で代表権を行使するのが原則**とされているため，**理事全員の氏名と住所が登記事項**となります。しかし，特定の理事を**代表理事**として選任した場合は，**その者のみが代表権**を有するため，氏名・住所を**登記**する必要があるのは，**その代表理事**のみで，**他の理事の登記は不要**です。
なお，**監事**は本来的に代表権を有する者ではないため，その氏名や住所は，**登記事項ではありません。**

（2）登記の時期

管理組合法人の設立の登記は，設立に必要な手続が終了した日から**2週間以内**に，主たる事務所の所在地においてしなければなりません。

管理組合法人の側から無効を主張することはできませんが，相手方たる第三者の側からその無効を主張し，理事個人に対して効果が及ぶことを主張することは可能です。

4　登記の対抗力（47条4項）

管理組合法人に関して登記すべき事項は，登記後でなければ，**第三者に対抗できません**。例えば，ある理事が，解任後に**退任の登記**がされていないのをいいことに，法人の理事として法人を代表して取引行為をした場合，管理組合法人は，相手方にその行為の無効を主張できず，**責任**を負わなければなりません。

5　法人化する前の集会決議の効力・規約（47条5項）

管理組合法人の成立**前**の「集会の決議・規約・管理者の職務の範囲内の行為」は，そのまま管理組合法人について**効力**を生じます。管理組合法人の成立の前後で，団体の実質に変化はないからです。

3　管理組合法人の権限（47条6項～11項）

R1·3·5

1　管理組合法人の代理権

（1）事務に関する代理権

法人化していない管理組合では，管理者が，その職務に関して区分所有者を代理します。しかし，管理組合法人の成立**後**は，管理者に代わって**管理組合法人**が，その事務に関して区分所有者を代理します。

本試験でもよくひっかけに使われますが，**管理組合法人**において，**区分所有者を代理する権限**を有するのは，管理組合法人の「理事」ではなく，「管理組合法人自身」です。

（2）その他の代理権

管理組合法人は，共用部分等に関する損害保険契約に基づく保険金額，共用部分等について生じた損害賠償金，不当利得による返還金の請求・受領についても，区分所有者を**代理**して，これらの権利を行使します。

> これは区分所有法で規定された権限であり，集会決議等による**特別の授権は不要**です。

(3) 管理組合法人の代理権に加えた制限

管理組合法人の**代理権に加えた制限**は，善意の第三者に**対抗することができません**。

2　管理組合法人の訴訟追行権

管理組合法人は，**規約または集会の決議**により，その事務に関し，区分所有者のために，**原告または被告（＝訴訟担当者）**となることができます。そして，管理組合法人は，**規約により**原告または被告となったときは，**遅滞なく**，区分所有者にその旨を通知しなければなりません。逆に，**集会の決議により**原告または被告となったときは，区分所有者に対する通知は不要です。

> 代理権行使の場合と同様，**原告または被告**となることができるのは，**管理組合法人自身**であり，理事ではありません。

POINT整理　管理組合法人が原告・被告となった場合の通知

	区分所有者への通知
規約による場合	必　要
集会の決議による場合	不　要

3　理事の行った行為の責任

管理組合法人は，**理事**がその職務を行うについて第三者に**損害**を加えた場合には，その損害を**賠償する責任**を負います。

4　管理者に関する規定の不適用（47条11項）

管理組合法人が成立すると，法人の機関である**理事が職務**を行います。そのため，理事と法人成立前の管理者は相容れない存在となることから，**管理組合法人**には，**管理者に関する規定**（区分所有法25条～29条）は**適用されません**。

これに伴い，管理組合法人の**成立と同時に**，**管理者の権限は**当然に消滅し，管理者による共用部分の管理所有も消滅します。

> **+1点!**「管理組合法人による管理所有」「管理組合法人の理事による管理所有」という制度はありません。

4 財産目録・区分所有者名簿（48条の2）

H26・30・R3

> ただし，特に事業年度を設けるものは，設立の時及び毎事業年度の終了の時に財産目録を作成すべきとされます。

管理組合法人は，設立の時及び毎年1月～3月の間に**財産目録**を作成し，**常に主たる事務所に備え置かなければなりません**。また，管理組合法人は，**区分所有者名簿**を備え置き，区分所有者に**変動**があるごとに，**必要な変更**を加えなければなりません。

5 管理組合法人の役員（49条～51条）

H26・27・29・30・R1

1 管理組合法人の理事

（1）理事の設置

管理組合法人は，事務の執行にあたり，**理事を必ず**置かなければなりません。

（2）理事の選任・解任

理事の選任・解任は，規約に別段の定めがない限り，集会の決議（**普通決議**）によって行われます。

また，理事に不正な行為等，**職務を行うに適しない事情**があるときは，**各区分所有者**は，**解任を裁判所に請求**できます。

（3）理事になり得る資格の制限

> これら以外にも，例えば，「区分所有者に限る」等，規約により理事になり得る者の資格を制限することもできます。

理事になり得る**資格**には，次のような**制限**があります。

> ① **自然人に限られ，法人（会社等）は，なることができない。**
> ② **成年被後見人は，なることができない。**

（4）理事の代表権

① **単独代表**

理事は，管理組合法人を**代表**するため，理事の行為自体が法人の行為となり，その行為の効果は，管理組合法人に帰属します。また，理事の人数に制約はなく，**理事を数人**置いた場合には，原則として**各自単独で管理組合法人を代表**します。

なお，理事が数人ある場合において，規約に別段の定めがないときは，**管理組合法人の事務**は，**理事の過半数**で決します。

「各自単独で代表する」のは「**外部に対して**法人を代表して行為をする場面（**対外的**）」，そして「理事の過半数で決する」のは「**法人の意思決定**をする場面（**対内的**）」と整理しておきましょう。

② **代表理事・共同代表**

理事が数人いて，各自が単独で管理組合法人を代表できるとすると，**代表権の濫用のおそれ**があります。そこで，次の規定により，**代表権の行使を制限**することが認められています。

ア　規約または**集会の決議**によって，管理組合法人を代表すべき理事（代表理事）を定めること

イ　規約または**集会の決議**によって，数人の理事が共同して管理組合法人を代表（共同代表）すべきことを定めること

ウ　規約の定めに基づき，**理事の互選**によって管理組合法人を代表すべき理事（代表理事）を定めること

代表理事を定めた場合には，**その者の氏名と住所のみが登記対象**となり，代表権を**有しない**他の理事の氏名と住所は**登記対象になりません**。また，**共同代表**の定めをした場合には，その旨が**登記**されます。

なお，**代表理事**を定めた場合は，**代表とされた理事だけが代表権**を有し，他の理事は代表権を持ちません。一方，**共同代表**を定めた場合は，それらの者が「**連名で**」**はじめて代表権行使**をすることができ，各自が単独で代表権を行使することはできません。

単独で代表権を行使できない理事が，管理組合法人を代表して契約等の行為をしたとしても，原則として**無効**であり，効果は管理組合法人に帰属しません。しかし，管理組合法人は，代表理事や共同代表の登記をしていない限り，その**無効を善意の第三者に対抗できません**。

（５）理事の任期

理事の任期は，原則として**２年**です。ただし，**規約**で**３年以内**において，**別段の期間**を定めることができます。

（６）理事の職務継続義務（しょくむけいぞくぎむ）

理事が**欠けた**場合，または規約で定めた理事の**員数**（いんすう）**が欠けた**場

7　管理組合法人

これは，欠員が生ずることで，管理が円滑に行えなくなるのを防ぐための措置です。

合には，任期の満了または辞任により**退任した理事**は，新たに選任された理事（仮理事を含む）が**就任**するまで，**なおその職務**を行わなければなりません（**職務継続義務**）。

職務継続義務は，理事が「**任期の満了**」か「**辞任**」で**退任**した場合に生じます。したがって，理事が解任された場合には，**職務継続義務は生じません**。信頼関係が失われて解任したのに職務を継続することは，矛盾するからです。また，規約で，**理事の資格が区分所有者に限定**されているマンションで，理事が任期途中で**専有部分を売却**して区分所有者ではなくなる等，欠格事由に該当するに至った場合も，**職務継続義務は生じません**。

（7）理事の代理行為の委任

理事は，規約または**集会の決議**で**禁止**されていないときに限り，**特定の行為の代理**を**他人に委任**することができます。

委任できるのは，「**特定の行為**」に**限定**されており，理事の代表権を**包括的に委任することはできません**。また，委任の相手は「**他人**」とされていますが，**監事に委任することはできません**。

+1点! **監事**についても，同様の制度（「仮監事」）があります。

（8）仮理事

理事が欠けた場合に，**事務が遅滞**することにより**損害**を生ずるおそれがあるときは，**裁判所**は，利害関係人または検察官の請求により，**仮理事を選任**しなければなりません。

2　管理組合法人の監事（かんじ）

（1）監事の設置

管理組合法人の財産状況の健全性や，理事の業務執行の適切性を確保するために，第三者的立場からチェックする機関として，監事を必ず置かなければなりません。

理事と同様，監事の**人数**についても**制限はありません**。

（2）監事の選任・解任

監事の選任・解任は，規約に別段の定めがない限り，集会の決議（普通決議）によって行われます。また，監事に不正な行為等，**職務を行うに適しない事情**があるときは，**各区分所有者は，解任を裁判所に請求**できます。

（3）監事になり得る資格と兼任禁止

監事の資格は，**理事になり得る資格**と同様です。ただし，**監事は，理事または管理組合法人の使用人と兼ねてはなりません。**

理事➡ P.64 参照

監事が理事を兼ねると，理事として行った業務執行を監事として自分で監査するという「自己チェック」になり，**適正な監査の妨げ**になります。また，監事が管理組合法人の使用人と兼ねると，報酬をもらう側（使用人）の立場であるために，報酬をくれる側（管理組合法人）に強いことが言えず，**適正な監査の妨げ**になります。そこで，これらの**兼任が禁止**されています。

（4）監事の職務

監事の職務は，次の４つです。

① **管理組合法人の財産の状況を監査**すること

② **理事の業務の執行の状況を監査**すること

③ **財産の状況または業務の執行について，法令もしくは規約に違反し，または著しく不当な事項があると認めるときは，集会に報告**をすること

④ ③の報告のため**必要があるとき**は，**自ら集会を招集**すること

監事が招集できる集会は，あくまで**「法令等違反の報告」をするための集会**であり，不正等を行った理事の解任を議題とする集会を招集することまでは，認められていません。

（5）監事の任期と職務継続義務

監事の任期及び職務継続義務については，**理事の場合と同様**です。

なお，理事と監事の任期を異ならせることも**可能**です。例えば，規約の定めにより，**理事の任期を１年，監事の任期を３年**とすることもできます。

> **利益相反事項**に関する**規制の対象**となる**理事**は，管理組合法人の**代表権を有する理事に限られ，代表権を有しない理事は含まれません。**代表権を有する理事だからこそ，管理組合法人を代表できないようにすべきだからです。

(6) 監事の代表権

① 監事の代表権

管理組合法人と理事との利益が相反する事項（**利益相反事項**）について，その理事は管理組合法人を代表できず，**監事が管理組合法人を代表**します。ただし，利益相反となる理事**以外**に代表権を行使できる別の理事がいる場合には，監事ではなく，**その別の理事が代表**します。

> **+1点!** **共同代表制度**が採用されている場合は，「**連名**」でないと代表権の行使ができません。
> そのため，管理組合法人と理事Aとの間でのみ利益相反事項が生じるときでも，**理事B**が管理組合法人を**代表することはできず，監事X**が代表することになります。

例えば，ある管理組合法人に理事A，理事B，監事Xという役員がいるとします。

- 理事Aが利益相反理事となる場合，理事Aは管理組合法人を代表できませんが，**他に代表権を行使できる理事B**がいるため，**理事B**が管理組合法人を**代表**することになります。
- 理事Aが**代表理事**で，理事Bは代表権のない「**平理事**」の場合，理事Aが利益相反理事となると，**他に代表権を行使できる理事がいない**ため，**監事X**が管理組合法人を代表することになります。

② 利益相反事項（りえきそうはんじこう）

利益相反事項にあたるか否かは，**外形的**に，管理組合法人と理事との間で**利益が相反する可能性**があるか否かで判断され，管理組合法人に**実害**が生ずるか否かを**問いません**。

例えば，理事個人が所有する土地を，駐車場用地として管理組合法人に売却する場合，**たとえ売却価格が相場上適正であっても，利益相反**にあたります。また，管理組合法人と理事との間における**訴訟行為**も，利益相反事項にあたります。

6 管理組合法人の事務の執行（しっこう）（52条）

1 保存行為

管理組合法人の事務のうち，**保存行為**については，**理事が単独で決定すること**ができます。ただし，**複数の理事**がいる場合で，規約に別段の定めがない場合は，**理事の過半数で決定**します。

2　保存行為を除く管理組合法人の事務

管理組合法人の事務は，区分所有法に定めるもののほか，すべて**集会の決議**で行います。ただし，特別決議事項及び共同利益違反行為者に対する停止等の請求の訴訟提起に関する事項を**除いて**，**規約**で，理事その他の役員が決するとすることができます。

7　区分所有者及び特定承継人の管理組合法人に対する責任（53条，54条）

H27・29

1　区分所有者の責任

管理組合法人が債務を負った場合，**管理組合法人の財産でその債務を完済できないとき**は，区分所有者は，原則として**共用部分の持分割合**に応じて，その**債務を弁済する責任**を負います。ただし，**規約**で負担割合について定められていれば，その割合によります。

管理組合法人の財産に対する強制執行が奏功しなかったときも，同様です。

もっとも，区分所有者が，管理組合法人に資力があり，かつ，執行が容易であることを証明したときは，区分所有者は，その責任を負いません。

2　特定承継人の責任

区分所有者の**特定承継人**は，その承継前に生じた管理組合法人の債務についても，その区分所有者が負う責任と**同一の責任**を負います。

8　管理組合法人の解散・清算（せいさん）

H26・29・R2・3

1　解散（55条）

管理組合法人は，次のいずれかの事由によって**解散**します。

① **建物（一部共用部分を共用すべき区分所有者で構成する管理組合法人にあっては，その共用部分）の全部が滅失した場合**

建物の全部滅失によって，**区分所有関係も消滅**するためです。

② **建物に専有部分がなくなった場合**

例えば，ある区分所有者が専有部分**すべてを買い上げた上**で，その専有部分の**合併の登記**をする等すれば，専有部分がなくなって，区分所有関係も消滅するため，管理組合法人も解散します。

規約で，「**集会の決議以外の方法**で決する」と定めることはできません。

③ **解散に関する集会の決議（区分所有者及び議決権の各$\frac{3}{4}$以上）が成立した場合**

集会の特別決議で管理組合法人になった以上，同様に，集会の特別決議で，管理組合法人も解散します。

管理組合法人の解散事由は，上記①〜③**の３つ**に限られ，管理組合法人成立後に**専有部分すべての買上げ**等により**区分所有者が１人**となったり，管理組合法人が**破産手続開始決定**を受けたりしても，**それだけでは管理組合法人は解散しません。**

2 残余財産(ざんよざいさん)の帰属

解散した管理組合法人の財産は，規約に別段の定めがある場合を除いて，**共用部分の持分割合に応じて各区分所有者に帰属**します。

管理組合法人の残余財産の帰属は，その解散事由で異なります。

- **1**の①「**建物の全部の滅失**」と②「**建物に専有部分がなくなったこと**」による解散では，**区分所有関係自体が消滅**するため，残余財産は，**共用部分の持分割合で各区分所有者に帰属**します。
- ③「**集会の特別決議**」による解散では，管理組合法人が解散して，法人ではない管理組合に戻るだけであり，**区分所有関係は継続**しているため，残余財産は，原則として**区分所有者全員の総有**となり，各区分所有者に分割帰属しません。

コレが重要!! 確認問題

❶ 管理組合法人の理事は，共用部分についての損害保険契約に基づく保険金額の請求及び受領について管理組合法人を代理する。過 H24

❷ 管理組合法人の事務のうちの保存行為について，複数の理事がいる場合，規約に別段の定めがないときは，各理事が単独で決することができる。過 H28

❸ 管理組合法人の理事は，規約又は集会の決議により，管理組合法人の事務に関し，区分所有者のために，原告又は被告となることができる。過 R3

❹ 管理組合法人が共用部分を管理者として所有することについては，規約で定めることはできない。過 H28

❺ 集会の決議による解任で退任した管理組合法人の理事は，後任者が就任するまでの間は，引き続きその職務を行う義務を負う。過 H15

❻ 管理組合と管理者又は管理組合法人と理事との間で利益が相反する事項についての訴訟の追行は，監事が管理組合又は管理組合法人を代表する。過 H18

❼ 管理組合法人の財産をもってその債務を完済することができないときは，規約に別段の定めがない限り，区分所有者は等しい割合でその債務の弁済の責めに任ずる。過 H29

❽ 建物に専有部分がなくなっても，集会において解散決議がなされるまでは，管理組合法人は解散しない。過 H14

❾ 管理組合法人の解散は，建物の全部滅失及び専有部分がなくなった場合を除き，区分所有者及び議決権の各$\frac{3}{4}$以上の多数の集会の決議によることが必要であり，規約で集会の決議以外の方法で決するものと定めることはできない。過 H29

❿ 管理組合法人が破産手続開始決定を受けたことは，当該管理組合法人の解散事由に該当する。過 R2

⓫ 管理組合法人は，居住者名簿を備え置き，居住者の変更があるごとに必要な変更を加えなければならない。過 H30

答 ❶×：管理組合法人自体が区分所有者を代理する。　❷×：複数の理事がいる場合は，理事の過半数で決する。　❸×：管理組合法人自体が原告または被告となる。　❹○　❺×：解任の場合は，職務継続義務は生じない。　❻×：管理組合・管理者間には，このような規定はない。　❼×：責任は，共用部分の持分の割合による。　❽×：専有部分がなくなった場合は，当然に解散する。　❾○　❿×：管理組合法人が破産手続開始決定を受けたとしても，それだけでは解散事由には該当しない。　⓫×：居住者名簿ではなく「区分所有者名簿」。区分所有者の変更があるごとに必要な変更を加える。

7 管理組合法人

第8章 頻出度 S+

義務違反者に対する措置

- 共同利益違反行為
- 共同利益違反行為者（義務違反者）に対する措置

マンションには，生活スタイルや考え方が異なる多くの人が住んでおり，各自が勝手に行動すると他の居住者に迷惑をかけることになりかねません。そこで，区分所有法では，**共同の利益に反する行為をする所有者や占有者に対してとり得る各種措置**について，規定されています。

1 区分所有者の権利・義務等（6条） R1

用語 建物の保存に有害な行為：建物の一部を取り壊すことによって，建物全体の安定性を弱めるような物的侵害を加えること

管理費等の滞納が原因で，建物の修繕に重大な支障が生じるような状況に至っている場合，その滞納は，建物の管理に関し区分所有者の共同の利益に反する行為に該当します。

「**管理所有者である管理者**」は，この専有部分・共用部分使用請求権を**行使できます**。これに対し，「**単なる管理者**」は，この権利を**行使できません**。

1 区分所有者の義務

区分所有者は，建物の保存に有害な行為その他建物の**管理・使用**に関し，区分所有者の共同の利益に反する行為（**義務違反行為**）**をしてはなりません**。これは，**専有部分の占有者も同様**です。

義務違反行為とは，「**複数の**」**区分所有者に対して影響を与えるもの**をいいます。したがって，例えば，201号室の子どもが飛び跳ねる音で，下の101号室の区分所有者だけが迷惑している等，**特定の区分所有者間での問題**は，**共同利益違反行為には該当しません**。

2 区分所有者の権利

区分所有者は，その専有部分または共用部分を保存・改良するため必要な範囲内において，**他の区分所有者の専有部分**や**自己の所有に属しない共用部分**の**使用**を**請求**することができます。

この場合において，他の区分所有者が**損害**を受けたときは，その**償金**を支払わなければなりません。

「自己の所有に属しない共用部分」とは，一部共用部分を指します。したがって，例えば，1階が店舗，2階以上が住居であるような複合用途型マンションにおける店舗の区分所有者は，店舗部分の改修のために，一部共用部分である居住者専用のエントランスの使用を請求することができます。

3　所有者不明・管理不全建物管理制度の不適用

民法には，**所有者が不明**であったり，**管理が不全**であったりする**建物の管理**について，裁判所が，**利害関係人の請求**により，**管理人**による管理を命ずる処分を可能とする「**所有者不明建物管理制度・管理不全建物管理制度**」があります。

しかし，これらの制度は，区分所有建物の専有部分及び共用部分には適用されません。

区分所有建物の場合は，**管理組合が規約や集会決議により自律的に解決することが可能**であり，それが求められるためです。

8　義務違反者に対する措置

2　義務違反者に対する措置（57条～60条）

H26・27・29・30・R1・2・5

1　区分所有者及び占有者に対する共同の利益に反する行為の停止等の請求

❗本編第12章（「重要判例」）4で詳細に解説しています。

(1) 請求の内容

区分所有者または**占有者**が，共同の利益に反する行為を**した**，または，**するおそれ**がある場合には，他の区分所有者の全員，または管理組合法人は，**次の請求**をすることができます。

種類	具体例
①　行為の停止請求	義務違反行為を**やめる**よう求めること
②　行為の結果の除去	共用廊下に私物を置いて不当に使用している場合に，それを**撤去**させること等
③　行為を予防するため必要な措置をとること	騒音を発生させるおそれのある者に対して，**防音措置**を講ずるよう求めること等

(2) 請求に必要な手続

これらの違反行為の停止等の**請求**は，**訴訟上**（裁判上）・**訴訟外**（口頭等）のどちらでも**可能**です。ただし，**訴訟上で請求**する場合には，**集会の普通決議**が必要です。

規約で，「**集会の決議以外の方法**で決する」と定めることはできません。

なぜなら，義務違反者である区分所有者の議決権行使を**制限する規定がない**からです。

区分所有法上，義務違反者に対する措置を決する集会において，**義務違反者である区分所有者自身**も，**自己の議決権を行使することができます。**

(3) 弁明(べんめい)の機会の付与の要否

弁明の機会の付与とは，義務違反者に対して，集会決議の前に，あらかじめ**言い訳の機会**を与えることです。

行為の停止等の請求では，訴訟外・訴訟上のどちらの請求をする場合でも，**弁明の機会の付与は不要**とされています。

(4) 管理者・集会で指定された区分所有者を原告(げんこく)とする場合

管理者または**集会で指定された区分所有者**を**原告**として訴訟を行うには，その旨の**集会の普通決議**が必要です。

義務違反者に対する訴訟については，あらかじめ規約で管理者に訴訟追行権を与えることは認められていません。集会の決議でその都度，訴訟追行権を与えるか否かを判断することが重要だからです。

2　区分所有者に対する使用禁止の請求

+1点! **使用禁止の請求**は，義務違反行為によって害されている**共同生活を回復**させることが目的ですから，既に義務違反行為が終了して共同生活の維持が図れるようになったのに，**過去**の義務違反行為を理由に，**単なる制裁的な目的**で行うことは**認められません**。

(1) 請求の内容

区分所有者が共同利益に反する行為を**した**，または，**するおそれ**がある場合で，区分所有者の共同生活上の障害が著しく，**行為の停止等の請求では**その障害を除去して区分所有者の**共同生活の維持を図ることが困難**なときは，他の区分所有者の全員または管理組合法人は，**集会の決議**に基づき，**訴え**をもって，相当の期間，その区分所有者による**専有部分の使用の禁止**を請求できます。

この場合，専有部分のみならず，**共用部分や附属施設，敷地の使用も禁止**されます。また，義務違反者の**家族による使用も同様**です。なお，**禁止**されるのはあくまで専有部分の「**使用**」であるため，「**収益**(第三者への貸与)」や「**処分**(売却)」は**認められ**，管理費や修繕積立金の支払義務は継続します。

（2）請求に必要な手続・弁明の機会の付与

使用禁止の請求は，義務違反者である区分所有者に対して，あらかじめ**弁明の機会を付与した上で**，**集会の特別決議**（区分所有者及び議決権の**各$\frac{3}{4}$以上**）を経て，**必ず訴訟上で**請求しなければなりません。

弁明の機会は，**集会の場**で与えてもよいですし，**集会の前に事前聴取の形**で与えても構いません。

（3）管理者・集会で指定された区分所有者を原告とする場合

管理者または**集会で指定された区分所有者**を**原告**として訴訟を行うには，その旨の**集会の普通決議**が必要です。

3　区分所有者に対する区分所有権の競売（けいばい）の請求

❗本編第12章（「重要判例」）11で詳細に解説しています。

（1）請求の内容

区分所有者が共同利益に反する行為を**した**，または**するおそれ**がある場合に，区分所有者の共同生活上の障害が著しく，**他の方法**によっては，その障害を除去して区分所有者の**共同生活の維持を図ることが困難**であるときは，他の区分所有者の全員または管理組合法人は，**集会の決議**に基づき，**訴え**をもって，その区分所有者の**区分所有権及び敷地利用権**の競売を請求できます。

+1点!「他の方法によっては…共同生活の維持を図ることが困難」とは，区分所有法上の行為の**停止等の請求**と**使用禁止請求**に加え，**民法上の請求**（先取特権の実行等）によっても目的を達することができない場合のことです。

この競売請求は，一般的な競売の目的とは異なり，**債権の回収を目的とするものではありません**（形式競売）。そのため，区分所有権および敷地利用権の**最低売却価額で滞納管理費等を回収できる見込みがない場合でも**，区分所有法第59条の規定による競売を請求することができます。

（2）請求の手続・弁明の機会の付与

競売請求は，義務違反者である区分所有者に対して，あらかじめ**弁明の機会を付与した上で**，**集会の特別決議**（区分所有者及び議決権の**各$\frac{3}{4}$以上**）を経て，**必ず訴訟上で**請求しなければなりません。

専有部分の競売という重大な影響があるため，慎重な判断が求められるからです。

（3）管理者・集会で指定された区分所有者を原告とする場合

管理者または**集会で指定された区分所有者**を**原告**として訴訟を行うには，その旨の**集会の普通決議**が必要です。

8　義務違反者に対する措置

この期間は，**規約で伸縮**することは**できません**。

迷惑行為をした本人やその本人のために買い受けようとする者が買受人になると，結局**同じことの繰り返し**になりかねないからです。

(4) 競売申立ての期限

競売請求を認める判決に基づく競売の申立ては，**判決確定日から6ヵ月を経過したときは**，できなくなります。

(5) 競売の買受人の制限

競売を申し立てられた区分所有者本人や，その者の計算において買い受けようとする者は，買受けの申出ができません。

「その者の計算において買い受けようとする者」とは，**義務違反者である区分所有者のために買い受ける者**をいいます。例えば，義務違反者である区分所有者自身から資金の提供を受けて買受けようとする者や，買受け後に当該区分所有者に転売する約束をしているような者等が該当します。

4 占有者に対する引渡し請求

(1) 請求の内容

占有者が共同利益に反する行為を**した**，または，**するおそれ**がある場合，区分所有者の共同生活上の障害が著しく，**他の方法**によってはその障害を除去して**共同生活の維持を図ることが困難**であるときは，区分所有者の全員または管理組合法人は，**集会の決議**に基づき，**訴え**をもって，①**その占有者が占有する専有部分の使用・収益を目的とする契約の解除**，及び②**その専有部分の引渡し**を請求できます。

- 占有者に対する引渡請求は，**占有者の正当な占有権原をなくす**ために，①の「**賃貸借契約等の解除**」が前提となります。したがって，**不法占拠者**のように**正当な占有権原がない**場合は，そもそも「解除」の対象となる「契約」がないため，**単に②の「専有部分の引渡し」を請求**すれば足ります。
- 占有者に対する引渡請求は，**原告に専有部分を引き渡すことを求めるもの**です。専有部分を占有する権原を有する者（貸主等）に直接に引き渡すよう求めることはできません。

仮に貸主等に直接引き渡すよう求めたとしても，**貸主等が引渡しを受けることを拒否**すると，**共同利益違反行為者を排除することができない**からです。

(2) 被告とすべき者

占有権原を有する占有者に対する引渡し請求訴訟において，**被告は，解除の対象となる契約の両当事者です**（つまり，共同被告となります）。これは，解除の効果を，契約当事者双方に対抗できるようにするためです。

そして，**解除の対象**となるのは，「**共同利益違反行為に係る占有者が占有する専有部分の使用・収益を目的とする契約**」です。

例-①：区分所有者Aが自己の専有部分をBに賃貸し，**賃借人Bが共同利益違反行為者**である場合は，解除の対象はAB間の賃貸借契約ですので，**賃貸人である区分所有者Aと賃借人Bが共同被告**となります。

例-②：区分所有者Aが自己の専有部分をBに賃貸し，BがAの承諾を得てさらにCに転貸して，**転借人Cが共同利益違反行為者**である場合は，解除の対象はBC間の転貸借契約ですので，**転貸人Bと転借人Cが共同被告**となります。したがって，この場合は**原賃貸人である区分所有者Aを共同被告とする必要はありません**。

(3) 請求の手続・弁明の機会の付与の要否

引渡請求は，義務違反者たる占有者に，あらかじめ**弁明の機会を付与**した上で，**集会の特別決議**（区分所有者及び議決権の**各$\frac{3}{4}$以上**）を経て，**必ず訴訟上で請求**しなければなりません。

専有部分の引渡しという重大な影響があるため，慎重な判断が求められるからです。

- 引渡請求における弁明は，迷惑行為をしている占有者の弁解のための機会ですので，**占有者にのみ**与えればよく，**部屋を貸した区分所有者に対して与える必要はありません**。
- 引渡請求訴訟は，賃借人等の占有権原のある占有者が相手方の場合は，解除対象となる**賃貸借契約等の当事者（区分所有者と占有者）双方**を共同被告として訴えを提起する必要があります。しかし，**不法占拠者等**の無権原占有者が相手の場合は，解除対象となる「契約」がないため，**占有者のみを被告**とすれば足ります。

この場合も，規約の定めによってあらかじめ管理者を原告とすることは，認められません。

(4) 管理者・集会で指定された区分所有者を原告とする場合

管理者または**集会で指定された区分所有者**を**原告**として訴訟を行うには，その旨の**集会の普通決議**が必要です。

(5) 引渡しの相手方

引渡請求が認められた場合，裁判の判決に基づき専有部分の引渡しを受けた者は，遅滞なく，その専有部分を，**占有する権原を有する者**に引き渡さなければなりません。

区分所有者Aが自己所有の101号室をBに賃貸し，Bがさらに Cに部屋を転貸して，Cが迷惑行為をしているとします。

この場合，管理者XのCに対する引渡請求が裁判所に認められたときは，Cから専有部分の引渡しを受けるのは，**原告である管理者X**です。そして，Xは，その後遅滞なく，その専有部分を「**賃借人Bに**」引き渡す必要があります。B・Cを共同被告とするBC間の転貸借契約の解除及び引渡請求が認められても，**AB間の賃貸借契約は存続**しているため，**占有権原を有するのはAではなくB**だからです。

5　義務違反者に対する各請求の関係

義務違反者に対する前記の各請求は，**より程度の軽い請求で共同生活の維持を図ることが可能**であれば，それより**重い請求はできない**という関係にあります。もっとも，「**実際に**軽い請求をした後でなければ重い請求ができない」わけではなく，**仮に**行為の停止等の請求をしても解決できないであろう場合は，**いきなり**，使用禁止請求や競売請求・引渡請求をすることも**可能**です。

したがって，試験の出題で，例えば「義務違反者に対しては，停止等の請求及び専有部分の使用禁止の請求を**行った上**で，**それでも功を奏さない場合でなければ**，区分所有権及び敷地利用権の**競売請求**は**認められない**。」という記述は「**誤り**」となります。

POINT整理　義務違反者に対する措置と要件

義務違反者	とり得る措置	訴訟の要否	弁明の機会
区分所有者	行為の停止等の請求	訴訟上・訴訟外いずれでも請求可（訴訟をする場合は普通決議が必要）	不要
	●使用禁止請求 ●競売請求	訴訟上でのみ請求可（特別決議が必要）	必要
占有者	行為の停止等の請求	訴訟上・訴訟外いずれでも請求可（訴訟をする場合は普通決議が必要）	不要
	引渡請求	訴訟上でのみ請求可（特別決議が必要）	必要

コレが重要!! 確認問題

❶ 甲マンションの区分所有者Aが管理者Bを誹謗中傷する内容の文書を貼付・配布する等の行為を行い，当該行為が名誉毀損に当たる場合，Aの行為によって甲マンションの正常な管理又は使用が阻害される等当該行為が区分所有法第6条第1項の共同の利益に反する行為に該当するときは，A以外の他の区分所有者の全員は，Aに対して，当該行為の停止を求めることができる。過 H25

❷ 区分所有者の共同の利益に反する行為をしている区分所有者に対して，管理者が，その行為の停止を請求する訴訟を提起することは，規約で定めることも集会の決議で決することもできる。過 H19

❸ 管理者は，区分所有法第 59 条の規定による区分所有権及び敷地利用権の競売について，規約又は集会の決議により，訴えをもって請求することができる。過 H30

❹ 組合員 B が極めて長期間管理費等を滞納しており，滞納額も多額となったため，管理組合 A が再三にわたり督促をしているが，B は一切無視し続けているときに，B の区分所有権及び敷地利用権の最低売却価額で滞納管理費等を回収できる見込みがない場合でも，A は区分所有法第 59 条の規定による競売を請求することができる。過 R1

❺ 共同利益背反行為者である占有者が専有部分の転借人であるときに，専有部分の賃貸借契約を解除し，専有部分の引渡しを請求するためには，転貸人と転借人に加え，原賃貸人である区分所有者を共同被告として，訴えを提起しなければならない。過 H28

❻ 甲マンションの 301 号室は，区分所有者Aが賃借人Bに賃貸し，Bから転借人Cに転貸されている。この場合におけるCの共同利益背反行為に対する管理者の区分所有法第 60 条の規定に基づく契約の解除及び 301 号室の引渡しを請求する訴訟に関する次の**ア**，**イ**の記述は，正しいか誤りか。過 H24

ア 訴えを提起する集会の決議の前に弁明の機会を付与しなければならないが，その弁明の機会は，Aに対して与えなければならない。

イ 勝訴判決の結果，301 号室の引渡しを受けた管理者は，遅滞なく，301 号室をBに引き渡さなければならない。

答 ❶○ ❷×：管理者が義務違反者に対する訴訟を提起するには，集会の決議によらなければならない。 ❸×：規約をもってすることはできない。 ❹○ ❺×：転借人に対する引渡請求訴訟における被告は，転貸人と転借人であり，原賃貸人である区分所有者を共同被告にする必要はない。 ❻ア×：引渡請求において，弁明の機会は，専有部分の賃貸人である区分所有者に対しては不要である。 イ○

第9章 頻出度 S

復旧・建替え

●復旧の種類，要件と手続
●建替えの要件と手続

1 復旧（61条）

H29・R1・2

区分所有法では，マンションが老朽化や地震等の災害によって部分的に壊れた場合に，その滅失の程度によって**小規模滅失**と**大規模滅失**とに分けて，それぞれの場合における「**復旧**」の手続を定めています。

1 小規模滅失の復旧（61条1項～4項）

小規模滅失とは，建物の価格の$\frac{1}{2}$以下に相当する部分が滅失した場合のことです。

滅失前のマンション全体の価格が10億円だったとすると，滅失した部分の価格が5億円以下，つまり，一部滅失後であっても建物の価格が5億円以上となるような場合です。

滅失の程度は「建物」**の価格**で判断されるため，**専有部分**と**共用部分**の滅失した部分の価格を**合わせて**判断されます。

（1）専有部分の復旧（61条1項本文）

小規模滅失の場合，滅失した専有部分の復旧は，各区分所有者が**自己の費用**で行うことができます。

（2）共用部分の復旧

① 原則（61条1項本文・2項）

小規模滅失の場合，各区分所有者は，滅失した共用部分を，**単独で（集会決議なしで）復旧**することができます。

この「共用部分の単独復旧」は，**小規模滅失の場合に限って**認められており，**大規模滅失の場合には認められません。**

この場合，各区分所有者は，全員の共有である共用部分を復旧しているため，他の区分所有者に対して，復旧に要した金額を，**共用部分の持分割合に応じて償還**するよう請求できます。

裁判所は，償還の請求を受けた区分所有者の**請求**により，償還金につき**相当の期限を許与**することができます。

9 復旧・建替え

② **例外**（61条1項ただし書）

共用部分について，復旧の工事に着手する**前**に，集会において**小規模滅失の復旧決議**や**建替え決議**が行われたときは，各区分所有者は，**単独で**共用部分の復旧をすることは**できません**。その決議内容に従った復旧や建替えが行われるべきだからです。

（3）小規模滅失の復旧の決議（61条3項）

小規模滅失の場合は，集会において，滅失した共用部分を**復旧**する旨の決議を，原則として，区分所有者及び議決権の**各過半数**による**普通決議**ですることができます。

小規模滅失の復旧でも，その**内容**が，共用部分の形状または効用の著しい変更（**重大変更**）**を伴う場合**は，原則として，区分所有者及び議決権の**各$\frac{3}{4}$**以上の多数による集会の決議（**特別決議**）が必要です。

（4）規約による別段の定め（61条4項）

小規模滅失に関する前記（1）～（3）については，**規約で別段の定め**をすることが認められています。例えば，「小規模滅失の復旧は常に集会の決議によるものとし，区分所有者単独での共用部分の復旧は認めない」という定めをすること等も可能です。

2　大規模滅失の復旧（61条5項～13項）

大規模滅失とは，建物の価格の$\frac{1}{2}$を超える部分が滅失した場合のことです。

> 滅失前の建物価格が10億円だったとすると，滅失した部分の価格が5億円を超える場合，つまり，一部滅失後において建物の価格が5億円未満となる場合です。

（1）大規模滅失の復旧の決議（61条5項）

大規模滅失が生じた場合，集会において，区分所有者及び議決権の**各$\frac{3}{4}$**以上の多数で，滅失した共用部分を復旧する旨の**決議**をすることができます。

> **専有部分の復旧**については，小規模滅失の場合と同様，各区分所有者が**単独で**行うことができます。

小規模滅失の復旧の場合と異なり，各区分所有者が**単独で共用部分の復旧**をすることは**認められず**，仮に単独で復旧をしても，他の区分所有者への**費用償還請求権は認められません**。

（2）議事録への賛否の記載（61条6項）

大規模滅失の復旧決議をした**集会の議事録**には，その決議についての各区分所有者の**個別の賛否**も，あわせて記載，または記録しなければなりません。

大規模滅失の復旧決議が成立すると，決議賛成者以外の区分所有者から決議賛成者に対して**買取請求権**が発生するため，**各区分所有者の賛否に関する情報が必要**になるからです。

（3）決議が成立した場合の買取請求権

① **買取指定者**（かいとりしていしゃ）**の指定が行われない場合**（61条7項）

大規模滅失の復旧決議が成立すると，区分所有者には，決議に対する**賛否にかかわらず**，復旧に係る**費用を負担する義務**が生じます。そのため，決議に賛成しなかった区分所有者には，復旧の費用の負担を免れるため，決議賛成者に対して**自己の専有部分等を買い取るよう請求**すること（買取請求権）が認められています。

+1点! この買取請求権は，マンションの**一部滅失**によって**自己の専有部分が失われた区分所有者**であっても，行使することができます。

買取請求権を行使できる者が，「決議に反対した区分所有者」ではなく「決議に**賛成しなかった**区分所有者」と規定されているのは，賛否が**不明**な区分所有者（**棄権者等**）を**反対者側に含める**ためです。

そして，大規模滅失の復旧決議があった場合に，その**決議の日から2週間を経過**したときは，その決議に賛成した区分所有者（承継人を含む）**以外**の区分所有者は，**決議賛成者の全部または一部に**対し，建物及びその敷地に関する**権利**を時価で買い取るべきことを請求できます。

例えば，甲マンションに，床面積の等しい４つの専有部分があり，Ａ・Ｂ・Ｃ・Ｄ４人の区分所有者がそれぞれを所有しているとします。

甲マンションで大規模滅失が生じ，Ａ・Ｂ・Ｃの３人が復旧決議に賛成し，Ｄが反対した場合，各$\frac{3}{4}$以上の賛成があるため，**「大規模滅失の復旧決議」**が成立します。この場合，「決議に賛成した区分所有者以外の区分所有者」である**Ｄ**は，復旧の費用の負担を免れるために，「決議賛成者」である**Ａ・Ｂ・Ｃ**の全部または一部に対し，**買取請求権を行使**できます。

「全部または一部」とされているため，**Ａ・Ｂ・Ｃの全員を相手**にすることも，**Ａのみ等，特定の相手を狙い撃ちして**行使することもできます。

用語 形成権：
請求権者の一方的意思表示によって，相手方の承諾がなくても効果が生ずる権利のこと

＋1点! 裁判所が買主の代金支払について**期限の許与**を認めた場合，買取請求権を行使した売主の所有権移転登記及び引渡しの義務が先履行となるため，売主の当該義務と買主の代金支払義務とは，**同時履行の関係に立ちません**。

買取請求権は**形成権**であるため，その**行使**の意思表示が相手方に到達すれば，**相手方の承諾がなくとも**，買取請求をした側を売主，された側を買主とする専有部分等の**売買契約が成立**します。ただし，相手方は，その意思にかかわらず代金支払義務を負うため，裁判所に対して，**支払い期限の猶予**を求めることができます。

買取請求権が**一部の決議賛成者**に行使された場合，**請求を受けた決議賛成者**は，**請求の日から２ヵ月以内**に，他の**決議賛成者の全部または一部**に対し，決議賛成者以外の区分所有者を除いて算定した**共用部分の持分割合**に応じて，建物・敷地に関する権利を時価で**買い取るべきことを請求**できます。

例えば，甲マンションに，床面積の等しい４つの専有部分があり，Ａ・Ｂ・Ｃ・Ｄ４人の区分所有者がいる場合において，Ａ・Ｂ・Ｃの３人が大規模滅失の復旧決議に賛成し，Ｄが反対したとします。

決議反対者であるＤが，**決議賛成者の一部であるＡを狙い撃ちして買取請求権を行使**した場合，Ａは，**他の決議賛成者であるＢ・Ｃの全部または一部に対し**，Ｄを除いて算定した共用部分の持分割合（**各$\frac{1}{3}$**）に応じて，**買取請求**ができます。
この請求は「**再買取請求**」といい，狙い撃ちされた決議賛成者とそれ以外の決議賛成者の間の**不公平を解消**するためのものです。

② **買取指定者の指定がされた場合**（61条8項～10項）

大規模滅失の復旧の**決議の日から2週間以内**に，**決議賛成者**が，**全員の合意**により，建物及びその敷地に関する権利を買い取る者を指定し，かつ，その指定された者（**買取指定者**）が，その旨を**決議賛成者以外の区分所有者**に対して**書面**で**通知**したときは，その通知を受けた区分所有者が**買取請求**をすることができるのは，**買取指定者に対してのみ**となります。

買取指定者は，書面による通知に代えて，通知を受ける区分所有者の**承諾**を得て，**電磁的方法**により買取指定者の指定がされた旨を**通知**できます。

裁判所は，買取請求を受けた買取指定者の**請求**により，代金の支払につき**相当の期限を許与**することができます。

買取指定者が，買取請求に基づく売買の代金に係る債務の全部または一部の**弁済をしない**ときは，**買取指定者以外の決議賛成者**は，**連帯して**，その債務の全部または一部を**弁済**しなければなりません。ただし，決議賛成者が，買取指定者に資力があり，かつ，執行が容易であることを証明したときは，弁済の義務を免れます。

（4）買取請求権の行使についての催告（61条11～13項）

例えば，大規模滅失の復旧決議が成立し，**復旧工事がかなり進んだ段階ではじめて買取請求権の行使**がされると，復旧の最終局面で復旧の費用負担等の権利関係を変動させることになり，**円滑な復旧の妨げ**となりかねません。

そこで，**権利関係の早期安定**のため，大規模滅失の復旧決議にかかる集会を招集した者（買取指定者の指定がされているときは，その買取指定者）は，決議賛成者以外の区分所有者に対し，**4ヵ月以上の期間**を定めて，買取請求権を行使するか否かを確答すべき旨を**書面で催告**することができます。

この書面での**催告**は，区分所有者の**承諾**を得て，**電磁的方法**によりすることができます。

そして，催告を受けた区分所有者は，与えられた**期間の経過後**は，**買取請求ができなくなります**。

催告を受けた区分所有者が**買取請求をできなくなる**と，その者は区分所有者であり続けることになり，結果的に，共用部分の持分の割合に応じて**復旧の費用を負担**することになります。

（5）復旧・建替え決議がない場合の買取請求権（61条14項）

大規模滅失が生じたのに，長期間，復旧決議や建替え決議がさ

9　復旧・建替え

れない状態が続くと，復旧等を望む区分所有者の不利益が大きくなります。そこで，大規模滅失の場合において，建物の一部が滅失した日から6ヵ月以内に**復旧決議も建替え決議も行われない**ときは，各区分所有者は，他の区分所有者に対し，建物・敷地に関する権利を時価で**買い取るべきことを請求**できます。

> **裁判所**は，買取請求を受けた区分所有者の**請求**により，代金の支払につき**相当の期限を許与**することができます。

2 建替え

H27・R1・3・5

1 建替え決議（62条）

> 建替え決議の要件として，**使用目的の同一性は求められていません**。したがって，分譲マンションを商業ビルに建て替えることも，その逆も，可能です。

（1）決議要件（62条1項）

集会においては，区分所有者及び議決権の**各$\frac{4}{5}$以上**の多数で，建物を**取り壊し**，かつ，**元の敷地と少なくとも一部は重なる土地**（その建物の敷地もしくはその一部の土地，またはその建物の敷地の全部もしくは一部を含む土地）に，**新たに建物を建築**する旨の決議（**建替え決議**）をすることができます。建替えは，費用面・生活面等で区分所有者の今後を大きく左右するため，**「各$\frac{4}{5}$以上」という厳しい決議要件**が課されています。

- 「**隣接地**に建て替える」場合，**現在の建物の敷地と重なっていない**以上，区分所有法の建替え決議ではできず，**民法により「全員の合意」が必要**です。
- 建替え決議は，現在の建物を取り壊し，新しい建物を建てることを内容とする決議のため，単に**既存の建物を取り壊して更地にする**だけの場合は，やはり区分所有法の建替え決議ではできず，**民法により「全員の合意」が必要**です。

なお，**建替え決議**は，要件さえ満たせば，区分所有建物が滅失して**いない場合**でも，**小規模滅失・大規模滅失が生じた場合**でも，することが**できます**。しかし，マンションが**全部滅失**した場合には，区分所有関係そのものが消滅し，区分所有法の適用がなくなるため，区分所有法上の**建替え決議をすることはできません**。

> 政令指定災害で全部滅失した場合は，被災マンション法（➡P.418参照）により，**敷地共有者等の議決権の$\frac{4}{5}$以上**の多数で**再建決議**も可能です。

この場合，**民法**により「敷地共有者**全員の合意**」で再建をすることは可能です。

（2）決議事項（62条2項）

建替え決議では，次の①～④**すべての事項**を定めなければならず，これらを定めなかった場合，建替え決議は**無効**になります。

> ①　**新たに建築する建物（再建建物）の設計の概要**
>
> ②　**建物の取壊し及び再建建物の建築に要する費用の概算額**
>
> ③　**②に規定する費用の分担に関する事項**
>
> ④　**再建建物の区分所有権の帰属に関する事項**

③④は，各区分所有者の衡平を害しないように定めなければなりません。

（3）建替え決議のための集会招集の手続（62条4項）

建替え決議を会議の目的とする集会を招集するときは，集会招集通知は，集会の会日より**少なくとも２ヵ月前**に発しなければなりません。この招集通知の発送期間は，**規約**で**伸長することはできますが，短縮することはできません。**

建替えをするか否かの判断については，重大かつ様々な複雑な要素を検討する必要があり，そのための**十分な検討期間を確保**するため，通常の集会よりも通知の発送期間が長く規定されています。

（4）集会の招集通知における通知事項（62条5項）

建替え決議の集会招集通知では，**会議の目的たる事項**に加え，建替えをすべきか否かを判断するために必要な事項として，次の⑤～⑧の内容も**あわせて通知**しなければなりません。

> ⑤　**建替えを必要とする理由**
>
> ⑥　**建物の建替えをしない**とした場合における**当該建物の効用の維持または回復（建物が通常有すべき効用の確保を含む）をするのに要する費用の額及びその内訳**
>
> ⑦　**建物の修繕に関する計画**が定められているときは，その**計画の内容**
>
> ⑧　**建物につき修繕積立金**として既に積み立てられている**金額**

9　復旧・建替え

建替え決議について各自が賛否の判断をするには，**「建替えをしたらどうなるか」**のみならず，**「もし建替えをせずに現建物を維持したらどうなるか」**に関する情報も不可欠のため，**賛否両方に関する情報を通知**することが求められています。

説明会の招集の通知は，その会日の1週間前までに，会議の目的たる事項を示して，各区分所有者に発しなければなりません。この期間は，規約で伸長することができますが，短縮することはできません。なお，区分所有者**全員の同意**があれば，招集の手続は不要です。

（5）説明会の開催（62条6項・7項）

建替え決議にかかる集会を招集した者は，当該集会の会日より**少なくとも1ヵ月前までに**，当該招集の際に通知すべき事項について，区分所有者に対し説明を行うための**説明会を開催**しなければなりません。

建替え決議の集会において，賛否の判断を的確に行うためには，単に**賛否の判断に必要な情報を事前に通知**されているだけでは足りず，**説明を受けて内容を十分に理解することが重要**だからです。

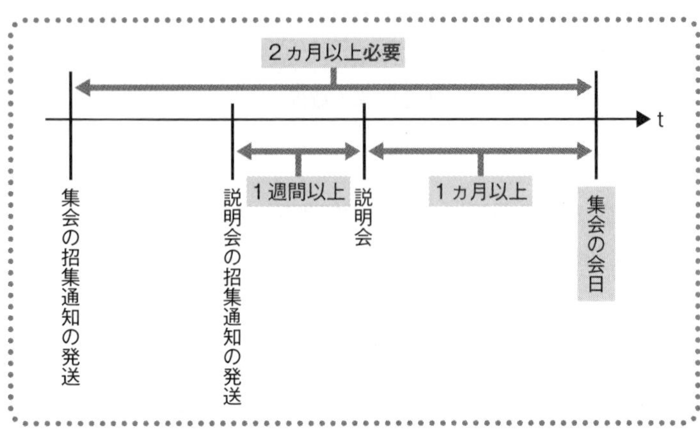

（6）議事録の記載事項（62条8項）

建替え決議をした**集会の議事録**には，**各区分所有者の賛否を記載**しなければなりません。これは，建替え決議の後に生ずる**売渡請求**において，各自の賛否を明らかにして手続をスムーズに行うためです。

2　区分所有権等の売渡請求等（63条）

（うりわたしせいきゅうとう）

（1）建替え参加の催告（63条1項～4項）

建替え決議の成立後，集会を招集した者は，**遅滞なく**，建替え決議に賛成しなかった区分所有者（その承継人を含む）に対し，建替え決議の内容により**建替えに参加するか否か**を回答すべき旨を**書面**（又は電磁的方法）で**催告**しなければなりません。

建替え決議不賛成者に対して**建替え参加の催告を行う期限自体**は，特に定められていません。

そして，この催告を受けた区分所有者は，**催告を受けた日から2ヵ月以内に回答**しなければならず，もし期間内に**回答しなかった場合**は，**建替えに参加しない旨を回答したとみなされます**。

- 建替え参加の催告は，決議賛成者が非賛成者に対して「この際，**建替えに参加する側に態度を変えないか**」と書面で誘い掛けるものです。これに対して2ヵ月以内に回答しなかった場合，**もともとの立場（非賛成者側）を変えるつもりがない**とみるのが合理的なため，期間内に回答をしなかった区分所有者は，**建替えに参加しない旨を回答**したものとみなされます。
- 建替え参加の催告を受けた区分所有者が，いったん**参加・不参加の回答をした後**，回答期限までの間にその**回答を翻すことができるか**は，次のとおりです。

① **参加➡不参加**への変更：×
② **不参加➡参加**への変更：○

（2）区分所有権等の売渡請求権（63条5項）

①**建替え参加者**（承継人を含む）と，②**建替え参加者全員の合意**により区分所有権及び敷地利用権を買い受けることができる者として**指定された者**（**買受指定者**）は，建替え参加の催告の日から**2ヵ月の期間が満了した日から2ヵ月以内**に，建替えに参加しない旨を回答した区分所有者（その承継人を含む）に対し，区分所有権及び敷地利用権を**時価で売り渡すよう請求**できます。

建替え参加者とは，建替え決議に賛成した区分所有者と，建替え決議の内容によって建替えに参加する旨を回答した各区分所有者です。

建替え決議の後に，建替えに参加しない区分所有者から敷地利用権のみを取得した者（承継人を含む）がいる場合も，その敷地利用権を売り渡すことを請求することができます。

売渡請求は，建替え不参加者を建物から**退去**させ，現建物の**取壊し**とその後に行われる新建物の**建築**を可能とするための請求です。

（3）建物の明渡しに関する期限の許与（63条6項）

売渡請求権は形成権であるため，その**行使の意思表示**が相手方（建替え不参加者等）に**到達した時点**で，直ちに当事者間で専有部分等の**売買契約**が**成立**します。その結果，**相手方（＝売主。売渡請求権を行使された建替え不参加者）の区分所有権・敷地利用権**が売渡請求権行使者（＝買主）に移転し，それぞれ**下記の義務**が生じます。

- **売渡請求権行使者（買主）➡時価による代金支払義務**
- **相手方（売主）➡専有部分の引渡義務＋登記移転義務**

上記両当事者の義務は，「同時履行の関係」に立ちます。そのため，売渡請求権行使者（買主）が相手方（売主）に対して**建物の移転登記手続の履行を求める**ためには，**売買代金を提供**しなければなりません。

なお，転居先の確保等の点から，売渡請求があった場合において，①**建物の明渡しによりその生活上著しい困難を生ずるおそれ**があり，かつ，②**建替え決議の遂行に甚だしい影響を及ぼさないもの**と認めるべき顕著な事由があるときは，裁判所は，建替え不参加者の請求により，代金の支払または提供の日から**1年を超えない範囲内**において，建物の明渡しにつき**相当の期限を許与**することができます。

＋1点！ 裁判所が，売主となる区分所有者の建物の明渡しについて**期限の許与**を認めた場合，売渡請求権を行使した買主の代金支払義務が先履行となるため，**買主の代金支払義務と売主の引渡義務**とは，同時履行の関係に立ちません。

裁判所が，売主となる区分所有者の**建物の明渡し**について**期限の許与**を認めた場合，売渡請求権を行使した**買主の代金支払義務が先履行**となるため，買主の代金支払義務と売主の引渡し義務とは，**同時履行の関係に立ちません。**
なお，**期限の許与**が認められるのは，売主となる区分所有者の「**建物の明渡し**」**だけ**ですので，売主となる区分所有者の**移転登記義務**について**期限の許与は認められません。**

（4）再売渡請求（63条7項・8項）

建替え決議の日から２年以内に建物の取壊しの工事に着手しない場合，売渡請求を受けて区分所有権・敷地利用権を売り渡した者は，この権利を現に有する者に対し，この期間の**満了の日から６ヵ月以内**に，買主が支払った代金に相当する金銭を提供し，これらの権利を売り渡すよう請求できます（再売渡請求）。

ただし，建物の取壊しの工事に着手しなかったことに正当な理由がある場合には，再売渡請求は認められません。

また，正当な理由があって取壊し工事に着手しなかったが，その理由が消失したにもかかわらず**６ヵ月以内に着手されない場合**，区分所有権等を売り渡した者は，その理由が消失した旨を**知った日から６ヵ月**，または，**消失した日から２年**の，どちらか早い時期までであれば，再売渡請求をすることができます。

建物の取壊し工事をするために区分所有権等を売り渡したのに，正当な理由なく長期間取壊し工事の着手がされていないとなると，「話が違う」ということになります。そこで，**区分所有権等を売り渡した者がそれを取り戻すための手段**として，一定の期間に限り，再売渡請求が認められているのです。

3　建替えに関する合意（64条）

①建替え決議に**賛成した各区分所有者**，②建替え決議の内容により**建替えに参加する旨を回答した各区分所有者**及び③区分所有権又は敷地利用権を**買い受けた各買受指定者**（これらの者の承継人を含む）は，建替え決議の内容により建替えを行う旨の合意をしたものとみなされます。

コレが重要!! 確認問題

❶ マンションの建物価格の$\frac{1}{2}$を超える部分が滅失（大規模滅失）したために復旧決議がなされた場合において，買取指定者が指定されるときには，その指定は，復旧決議の日から２月以内になされる必要がある。過 H20

❷ 大規模滅失の復旧決議が成立して，決議に賛成しなかった区分所有者Ｂが決議に賛成した区分所有者Ａに対して買取請求権を行使し，裁判所がＡの請求によってＡの代金支払についての期限の許与を認めた場合には，Ａの代金支払義務とＢの所有権移転登記及び引渡しの義務は，同時履行の関係に立つ。過 H29 改

❸ 甲マンションの建物価格の$\frac{1}{2}$を超える部分が滅失したために，滅失した共用部分を復旧する旨の決議がなされた。その決議において，区分所有者全員 10 名のうち，Ａ，Ｂら８名は決議に賛成し，Ｃ及びＤの２名は決議に賛成しなかった。この場合，ＣがＡに対し買取請求権を行使したときに，Ａは，Ｃの建物等の権利の全部をＢに対して買い取るべきことを請求することができる。ただし，その決議の日から２週間以内に買取指定者の指定がなされなかったものとする。過 H19

❹ マンションの建替え決議を会議の目的とする集会を招集するときは，その招集通知は，当該集会の会日より少なくとも２月前に発しなければならない。過 H20

❺ マンションの建替え決議を会議の目的とする集会を招集した者は，当該集会の会日より少なくとも１月前までに，当該招集の際に通知すべき事項について区分所有者に対して説明を行うための説明会を開催しなければならない。過 H20

❻ 建替え決議があったときは，集会を招集した者は，建替え決議に賛成しなかった区分所有者（その承継人を含む。）に対し，建替え決議の内容により建替えに参加するか否かを回答すべき旨を，決議の日から２月以内に書面で催告しなければならない。過 R3

❼ 買受指定者は，建替えに参加しない区分所有者に対して売渡請求権を行使した場合，その意思表示が相手方に到達した時に，相手方の何らの応答がなくても，直ちに，区分所有権等を取得することができる。過 H16

❽ 建替え決議成立後の売渡請求権の行使に関し，建替え決議に賛成した各区分所有者又は建替え決議の内容により建替えに参加する旨を回答した各区分所有者（これらの者の承継人を含む）は，買受指定者を指定することができるが，その指定については，これらの者の全員の合意を要する。過 H22

答 ❶✕：指定は，復旧決議の日から2週間以内である。 ❷✕：同時履行の関係には立たない。 ❸✕：再買取請求は，決議賛成者の「持分割合に応じた」買取りの請求が認められるにとどまる。 ❹〇 ❺〇 ❻✕：催告を行う期限自体は定められていない。なお，催告に対する回答期限は，催告から2ヵ月。 ❼〇 ❽〇

第10章 頻出度 S+

団　地

ココが出る！本試験のポイント
- 団地の成立要件・管理の対象
- 団地の建替え手続

私たちが普段「団地」という場合，一棟あるいは数棟のマンション群をイメージします。しかし，区分所有法上の「団地」は，これと異なり，**共有している土地や附属施設を管理するための「団体」**のことを指します。

1 団地建物所有者の団体（65条）

H26・27・29・30・R1・4・5

1　団地管理組合の成立

いくつかの建物の所有者が共有している**土地**や**附属施設**を適切に管理するために，それらの所有者（団地建物所有者）は，**全員**で，その団地内の土地，附属施設及び専有部分のある建物の管理を行うための団体（**団地管理組合**）を構成し，集会を開き，規約を定め，管理者を置くことができます。

団地の成立には，次の２つの要件が必要です。

> ①　**一団地内に数棟の建物**があること
> ②　**その団地内の土地**または**附属施設**（**これらに関する権利を含む**）が，**それらの建物の所有者（専有部分のある建物にあっては，区分所有者）の共有に属すること**

「建物」には特に制限がなく，区分所有建物だけでも，戸建の建物だけでも，区分所有建物と戸建が混在していても構いません。

2　団地の形態

団地が成立する代表例は，次のとおりです。

10 団地

▶ 具体例

① 一団地内に複数の区分所有建物があり，敷地を共有している場合

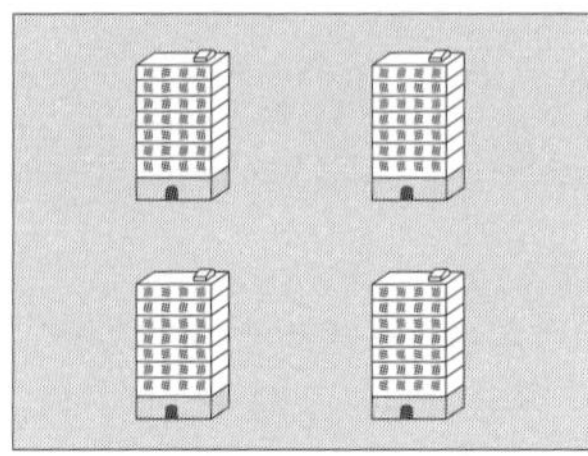

② 一団地内に区分所有建物と戸建てが混在し，敷地を共有している場合

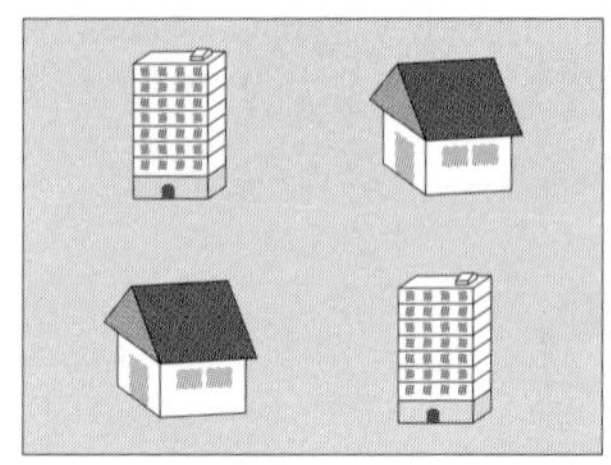

③ 戸建建物のみで土地（道路）を共有し，敷地はそれぞれの単独所有の場合

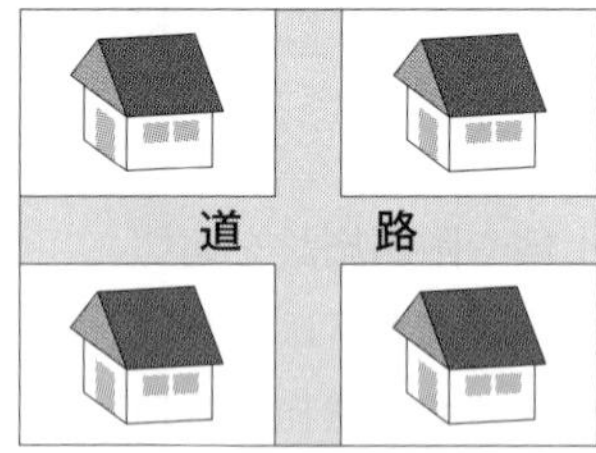

④ 戸建建物のみで附属施設（集会所）を共有，敷地はそれぞれの単独所有の場合

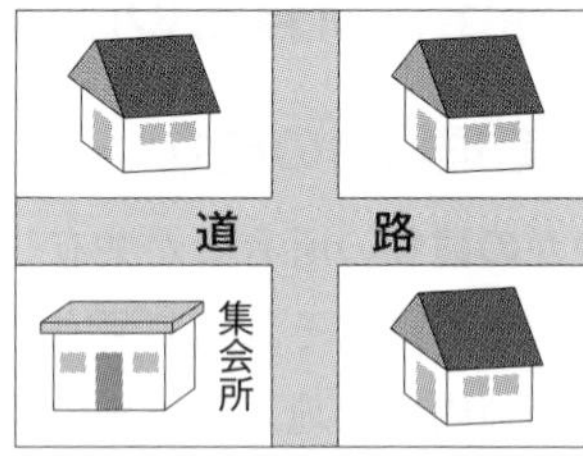

⑤ 区分所有建物のみで附属施設（集会所）を共有し，各棟の敷地は，それぞれの棟が単独所有する場合

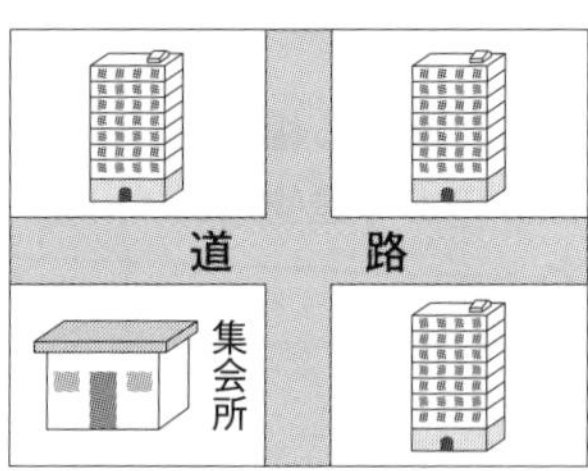

⑥ 区分所有建物と戸建建物が混在し，土地（道路）は共有し，各棟の敷地は，それぞれの棟が単独所有する場合

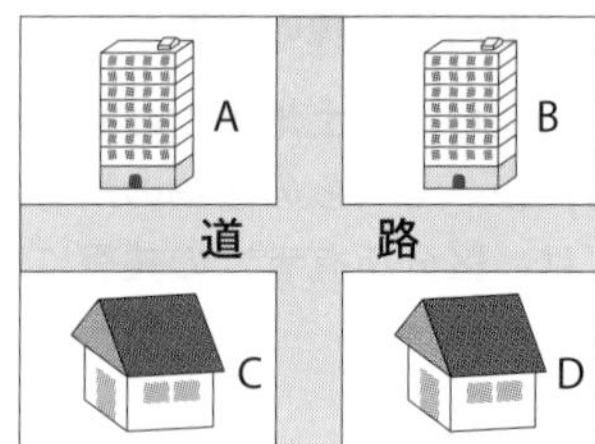

団地管理組合は，**共有している土地や附属施設を管理するための団体**ですから，**共有の対象ごとに複層的に成立**します。例えば，一団地内にA・B・C・Dの４棟の建物があり，A・Bの建物所有者で敷地を共有し，A・B・C・Dの建物所有者で附属施設たる集会所を共有している場合，ア）A・Bで共有する敷地を管理するために**A・B**の建物所有者全員で**団地が成立**し，また同時に，イ）A・B・C・Dで共有する附属施設たる集会所を管理するために，**A・B・C・D**の建物所有者全員で**団地が成立**します。

3　団地の管理対象物（65条）

団地管理組合の管理の対象物は，次の５つです。

当然に団地管理組合の管理対象となるもの	①　団地建物所有者全員で共有している土地
	②　団地建物所有者全員で共有している附属施設
団地規約を定めて初めて団地管理組合の管理対象となるもの	③　団地建物所有者全員では共有していない土地
	④　団地建物所有者全員では共有していない附属施設
	⑤　団地内の専有部分のある建物（区分所有建物）

そもそも団地管理組合は，**共有している土地や共有している附属施設を管理するための団体**であるため，①と②は，団地規約で定めるまでもなく，当然に**団地管理組合による管理の対象物**となります。しかし，③～⑤は，共有していない以上，当然には団地管理組合の管理対象物にはならず，**団地規約を定めて初めて**，**団地管理組合による管理の対象物**となります。

団地内の一部の所有者（区分所有者を含む）の共有に属する土地または附属施設（上記③④）については，団地規約を定めるにあたり，当該土地または附属施設の全部について，それぞれ**共有者及び持分の各$\frac{3}{4}$以上を有する者の同意が必要**です。
また，団地内にある区分所有建物（上記⑤）については，団地規約を定めるにあたり，すべての管理組合のそれぞれの集会において，**区分所有者及び議決権の各$\frac{3}{4}$以上の多数による決議が必要**です。

＋1点! 団地内の戸建て建物や，**一部の戸建ての所有者のみの共有に属する土地・附属施設**などは，団地規約を定めて**団地管理組合の管理の対象とすることはできません**。

団地規約は，団地建物所有者及び議決権の各$\frac{3}{4}$以上の多数による団地の集会の決議で行います。

団地内の**区分所有建物**を団地規約で**団地の管理対象**とする場合は，一部の区分所有建物のみを対象とすることはできず，**すべての区分所有建物を対象とする必要があります**。なお，そのうえで，『**管理事項（管理の内容）**』を**棟により異ならせることは可能です**。

4　団地管理組合と各棟の管理組合の関係

団地管理組合が成立しても，団地内の各区分所有建物における管理組合は消滅せず，**並立してそのまま存続**します。

団地管理組合が**管理の対象としていないものの管理**や，団地管理組合では決せられず，**各棟の判断に委ねられている事項に関する管理**をする必要があるからです。

5　団地における議決権（66条）

各団地建物所有者の**議決権**は，団地規約に別段の定めがない限り，**土地**または**附属施設**（これらに関する権利を含む）**の持分の割合**によります。

議決権は，「**共有しているものの持分の割合**」によって決まります。

- 単棟の区分所有建物では，**共用部分**を区分所有者全員で**共有**しているため，議決権は「**共用部分の持分の割合**」で決まります。
- 団地では，**土地または附属施設**を団地建物所有者で**共有**しているため，**土地共有**の団地であれば，議決権は「共有している**土地の持分の割合**」で，そして**附属施設**共有の団地であれば，「共有している**附属施設の持分の割合**」で決まります。

2　建物の区分所有に関する規定の準用の例外（66条）　H27・30・R4・5

例えば，団地管理組合の管理者は，区分所有者を代理します。

団地管理組合の管理には，単棟の区分所有建物に関する規定の多くが準用されますが，**次のものは準用されません**。

団地に準用されない規定	共用部分に関する規定	管理所有（11条2項，27条）
		共用部分の持分の割合（14条）
		規約共用部分（4条2項）
	敷地に関する規定	規約敷地（5条1項）
		敷地利用権の分離処分の禁止（22条）
		分離処分の無効主張の制限（23条）
		民法255条の適用除外（24条）
	義務違反者に関する規定	行為の停止等の請求（57条）
		使用禁止請求（58条）
		競売請求（59条）
		占有者に対する引渡請求（60条）
	復旧・建替えに関する規定	建物の一部滅失の場合の復旧（61条）
		建替え決議（62条）

管理所有に関する規定は，団地の管理者には準用されていないため，後述の**団地共用部分について，団地管理組合の管理者を団地共用部分の所有者とすることはできません。**

3 団地共用部分（67条）

H29・R3・4・5

団地共用部分とは，一団地内の附属施設である建物（区分所有建物の専有部分を含む）を，**団地管理組合の規約によって団地の共用部分**としたものをいいます。

この場合は，団地共用部分である旨の**登記**をしなければ，団地共用部分であることを**第三者に対抗することができません。**

+1点! 一団地内の数棟の建物の**全部**を所有する者は，**公正証書**により，一団地内の附属施設である建物を**団地共用部分とする旨の規約を設定**することができます。

1 団地共用部分の対象（67条1項）

団地共用部分の対象は，団地内の「**附属施設である独立した建物**」と，「**区分所有建物の専有部分になり得る部分**」です。

団地共用部分は，「**規約共用部分の団地バージョン**」です。そのため，団地共用部分の対象となる附属施設や区分所有建物の専有部分は，**団地建物所有者全員で共有している必要**があります。したがって，一団地内の附属施設たる建物が，団地建物所有者の全部ではなく，**一部の者の共有に属するもの**である場合，団地規約によって**団地共用部分とすることはできません**。なお，敷地や区分所有建物の共用部分は，団地共用部分にはできません。

団地との関係では「**一部共用部分**」という**概念は存在しない**ため，一部共用部分に関する規定（11条1項ただし書）は準用されません。

2　団地共用部分と定めた場合（67条3項）

一団地内の附属施設である建物を**団地共用部分**と定めることにより，**次の「単棟の共用部分に関する規定」が準用**されます。

共有関係（11条1項本文・3項準用）	団地共用部分は，団地建物所有者全員の共有に属する。
使用（13条準用）	団地建物所有者は，団地共用部分を，その用方に従って使用する。
持分の割合（14条準用）	共有者の持分は，原則として各共有者の有する建物または専有部分の床面積の割合による。ただし，団地規約で，別段の定めもできる。
持分の処分（15条準用）	●共有者の持分は，団地共用部分について有する建物または専有部分の処分に従う。 ●共有者は，原則として，団地共用部分についての持分を，その有する建物または専有部分と分離して処分することはできないが，例外として，規約によって共有持分の割合を変更するために，その持分の一部の移転を行うことはできる。

一団地内の附属施設である建物を団地共用部分にする意味は，その附属施設である建物に，**共用部分に関する規定**（持分割合の算定方法・分離処分の禁止等）**を適用させる**ことにあります。

4　団地の建替え

H28・30・R1・2

団地の建替えには，①**団地内の特定の建物**（「**特定建物**」）を**建て替える場合**と，②**団地内の建物すべてを一括して建て替える場合**の，２つの手続があります。

1　団地内の特定建物を建て替える場合の手続（69条）

▶具体例　区分所有建物であるA棟･B棟･C棟の3つの建物があり，それらの建物所有者で土地を共有しているという団地において，A棟だけを建て替えるという場合

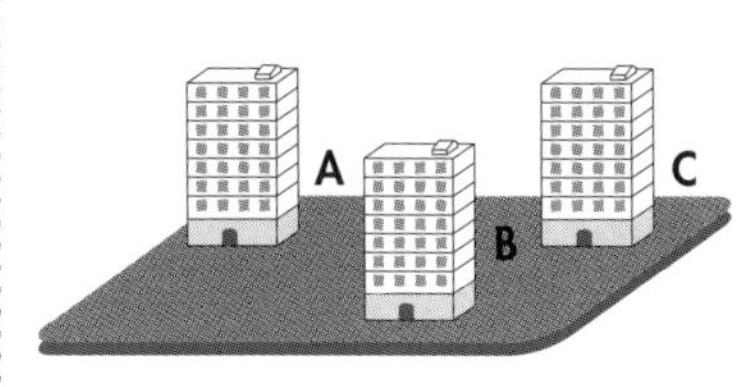

まず**A棟**では，区分所有者及び議決権の**各$\frac{4}{5}$以上**の多数による**建替え決議等が必要**です。しかし，A棟の建替えによって**共有地の利用関係が変更**されることになるため，それに**加えて**，土地の共有者であるA･B･Cの建物所有者で構成される**団地管理組合**において，**議決権の$\frac{3}{4}$以上**の多数による，A棟についての**建替え承認決議も必要**です。

（1）建替え承認決議の要件

建替え承認決議を行うには，前提として次の要件を満たしている必要があります。

建物	団地内の建物のうち，少なくとも一棟が区分所有建物であること
敷地	建替えをする団地内の特定の建物の所在する土地（これに関する権利を含む）が，団地建物所有者の共有に属すること

すべてが戸建である団地は，この要件を満たしません。

敷地の共有が必要なため，附属施設のみを共有する団地は，この要件を満たしません。

そして，建替えをしようとする**特定建物**については，次の決議等が必要です。

特定建物の種類	必要な決議等
区分所有建物	建替え決議または区分所有者全員の同意
区分所有建物以外の建物	その建物の所有者の同意

（2）建替え承認決議

①　建替え承認決議の内容

特定建物の建替えの承認は，団地管理組合の集会において，議決権の$\frac{3}{4}$以上の多数によって決議されます。

10 団地

建替え承認決議の対象となる団地は，**「土地が共有」**されているため，**「議決権」**は，**共有している土地の持分の割合**によります。
なお，「議決権」について，**団地規約で別段の定めをしていたとしても，建替え承認決議における議決権は，**これによらず上記と同様，**共有している土地の持分の割合**によります。

なお，建替え承認決議は，たとえ**同一の場所で同一の規模**の建物に建て替える場合でも**必要**です。

② 建替え承認決議の手続

+1点! この期間は，団地規約で**伸長**することは**できます**が，**短縮**することはできません。

建替え承認決議のための団地管理組合の集会について，その招集通知は，会日の**2ヵ月以上前**に発しなければなりません。

また，招集通知には，**議案の要領**に加え，**新たに建築する建物の設計の概要**（その建物の**団地内における位置**を含む）についても示さなければなりません。

単棟の区分所有建物における**建替え決議の場合と異なり，**会日の1ヵ月前までの**「説明会」の開催は義務付けられていません。**建替え承認決議は，ある棟の建替え自体を決議するのではなく，あくまで団地管理組合の集会において，その棟の建替えを団地として承認するか否かを決議するだけのものだからです。

③ みなし承認

建替えをする建物（特定建物）の区分所有者が，団地内の**別の建物**も所有している場合，その別の建物の敷地利用権に基づいて有する議決権の行使については，賛成したとみなされず，自由に議決権を行使できます。

特定建物の団地建物所有者は，団地集会の**建替え承認決議**における議決権の行使については，原則として，**賛成**したものとみなされます。

例えば，団地内の特定の区分所有建物を建て替える場合，区分所有者は，**a. その区分所有建物での建替え決議**と，その後の**b. 団地における建替え承認決議**の２つの場面で，**議決権を行使する機会**があります。しかし，a. で建替え決議が成立すれば，その決議に反対した区分所有者等は，建替え参加者側に回るか，売渡請求をされて建物から出ていくかしかありません。そのため，その後の**b. の場面でも反対の議決権行使を認める意味はない**ことから，b. の場面での議決権の行使については**賛成したと扱われます**。

④　他の建物の建替えに特別の影響がある場合

団地内の特定建物の建替えが，**他の建物の建替えに特別の影響を及ぼす場合**は，特定建物の**建替え承認決議に加え**，次のように，**特別の影響を受ける建物の所有者の一定の賛成**も必要です。

建替えに特別の影響を受ける他の建物が，区分所有建物である場合	その建物の全議決権の$\frac{3}{4}$以上の議決権を有する区分所有者が建替え承認決議に**賛成**していること
建替えに特別の影響を受ける他の建物が，区分所有建物以外の場合	その建物の所有者が建替え承認決議に**賛成**していること

この場合の「**特別の影響**」は，他の建物の「**建替え**」に関するものに**限定**されています。したがって，ある建物を建て替えることによって，他の建物の**採光の妨げ**になったり，**通風が悪く**なったりする等，建替え「**以外**」に関する影響があるにすぎない場合は，**建替え承認決議のみで足り，この「賛成」は不要**です。

⑤　複数の建物の建替えにおける一括付議

団地内建物の中で，**建替えをする建物が２以上**あるときは，その特定建物の所有者は，**各特定建物の所有者の合意**（区分所有建物の場合，区分所有者及び議決権の**各$\frac{4}{5}$以上**の多数）によって，当該２以上の特定建物の建替えについて，**一括して建替え承認決議**を行うことができます。

例えば，A・B・C３棟の区分所有建物で構成される団地でA・Bの２棟を建て替える場合，本来は，次の①～④のすべてが必要になります。

レベルUP!!

① A棟の建替え決議　② B棟の建替え決議
③ A棟の建替えを承認する団地の建替え承認決議
④ B棟の建替えを承認する団地の建替え承認決議

①②は必須ですが，③と④**は同じ団地での決議**ですから，**まとめてしまう方が都合がよい**ため，前記の手続を踏めば，一括して，**建替え承認決議**を行うことができるのです。

2　団地内の建物の一括建替え決議（70条）

一括建替え決議とは，団地内の建物すべてを取り壊し，元の敷地と少なくとも一部は重なる土地に新たに建物を建築する旨の決議です。なお，一括建替え決議で新たに建築する建物を「**再建団地内建物**」といい，その敷地を「**再建団地内敷地**」といいます。

（1）一括建替え決議の前提要件

一括建替え決議を行うには，次の要件すべてを満たさなければなりません。

建物	団地内建物の全部が区分所有建物であること
敷地	団地内建物の敷地（団地内建物が所在する土地及び団地規約により団地内建物の敷地とされた土地をいい，これに関する権利を含む）が，当該団地内建物の区分所有者の共有に属すること
規約	団地内の各建物が，団地管理組合の規約によって，その管理の対象とされていること

敷地の共有が必要とされているため，附属施設のみを共有する団地は，この要件を満たしません。

（2）一括建替え決議

①　一括建替え決議の内容

一括建替えは，団地管理組合（または団地管理組合法人）の集会において，その団地内建物の区分所有者及び議決権の各$\frac{4}{5}$以上の多数で**決議**されます。

一括建替え決議の対象となる団地は「**土地が共有**」されているため，「**議決権**」は，**共有している団地内建物の敷地の持分の割合**によります。
なお，「議決権」について，**団地規約で別段の定めをしていたとしても，一括建替え決議における議決権は**，これによらず，前記と同様，**共有している団地内建物の敷地の持分の割合**によります。

ただし，その集会において，各団地内建物ごとに，各区分所有者の$\frac{2}{3}$**以上**の者であって，議決権の合計の$\frac{2}{3}$**以上**の議決権を有するものが，その一括建替え決議に**賛成**している場合でなければ，成立しません。

ここでの「**議決権**」は，**各区分所有建物ごと**のものなので，**共用部分の持分の割合**（原則，専有部分の床面積の割合）によって決まります。

要するに，**団地全体では各**$\frac{4}{5}$**以上**の決議，**各棟ごとでは各**$\frac{2}{3}$**以上**の賛成が必要だということです。
なお，各棟ごとの各$\frac{2}{3}$以上の賛成は，団地管理組合における一括建替え決議において得るべきものと解されており，**各棟ごとに別途集会を開いて決議**をすることは**不要**です。

②　一括建替え決議の手続

一括建替え決議のための団地集会の招集通知は，**会日の2ヵ月以上前**に発しなければなりません。また，集会の会日の少なくとも**1ヵ月前**までに，招集の際に通知すべき事項について**区分所有者に対し説明**を行うための**説明会を開催**しなければなりません。

団地規約でこの期間を伸長することはできますが，短縮することはできません。

なお，招集通知には，次の事項を記載する必要があります。

10
団地

一括建替え決議で定めるべき事項	① 再建団地内敷地の一体的な利用についての計画の概要
	② 再建団地内建物の設計の概要
	③ 団地内建物全部の取壊し・再建団地内建物の建築に要する費用の概算額
	④ ③の費用の分担に関する事項
	⑤ 再建団地内建物の区分所有権の帰属に関する事項
その他の通知事項	⑥ 団地の一括建替えを必要とする理由
	⑦ 団地内区分所有建物の一括建替えをしない場合における当該区分所有建物の効用の維持または回復（建物が通常有すべき効用の確保を含む）をするのに要する費用の額とその内訳
	⑧ 長期修繕計画が定められているときは，当該計画の内容
	⑨ 団地内区分所有建物の修繕積立金の額

③ 一棟の建替え決議に関する規定の準用

団地内建物の一括建替え決議については，一棟の建物の建替え決議に関する**次の規定が準用**されます。

準用条文	内容
62条3項	一括建替え費用の分担・区分所有権の帰属の衡平の確保
62条4項	建替え決議を目的とする**集会の招集手続**，建替え集会の**招集通知の発信時期**
62条5項	集会の招集通知の**通知事項**
62条6項	**説明会の開催**
62条7項	説明会の開催の**手続**
62条8項	**議事録**の記載事項
63条	区分所有権等の**売渡請求等**
64条	建替えに関する合意

❶ 団地管理組合の集会における議決権については，団地内の土地又は附属施設（これらに関する権利を含む）の持分割合による。過 H21

❷ 団地管理組合の集会においては，区分所有法第 57 条の共同の利益に反する行為の停止等の訴訟を提起するための決議をすることができない。過 H21

❸ 一団地内にＡ棟及びＢ棟（いずれも専有部分のある建物）があり，団地の敷地はＡ棟及びＢ棟の各区分所有者の共有である場合において，団地管理規約に団地共用部分の定めを設けることにより，団地管理組合の管理者を団地共用部分の所有者と定めることができる。過 R4

❹ 団地内の専有部分のある建物であるＡ棟及びＢ棟が所在する土地は，当然にＡ棟及びＢ棟の団地建物所有者によって構成される団地管理組合における団地共用部分となる。過 R5

❺ 一団地内にＡ，Ｂ及びＣの三棟のマンションがある場合，Ａマンションの建替え承認決議が成立するためには，団地管理組合の集会において，議決権の$\frac{3}{4}$以上の多数の賛成を得なければならない。過 H22

❻ 一団地内にＡ，Ｂ及びＣの三棟のマンションがある場合，Ａマンションの集会において建替え決議に反対した区分所有者は，団地管理組合の集会における建替え承認決議においても，反対の議決権を行使することができる。過 H22

❼ 一団地内にＡ，Ｂ及びＣの三棟のマンションがある場合，建替え承認決議に係るＡマンションの建替えが，Ｂマンションの建替えに特別の影響を及ぼすべきときは，Ａマンションの建替えは，団地管理組合の建替え承認決議に係る集会において，Ｂマンションの区分所有者全員の議決権の$\frac{3}{4}$以上の議決権を有する区分所有者の賛成を得なければ行うことができない。過 H22

❽ 団地内建物の一括建替え決議を行おうとする場合，団地建物所有者の集会において，団地内建物の区分所有者及び議決権の各５分の４以上の多数の賛成を得るとともに，Ａ棟及びＢ棟ごとに区分所有者の３分の２以上の者であって議決権の合計の３分の２以上の議決権を有するものが賛成することが必要である。過 R5

❾ 団地内建物の一括建替え決議を行う場合の議決権割合は，団地管理組合の規約に議決権割合に関する別段の定めがある場合には，その定めによる。過 H28

答 ❶〇　❷〇　❸✕：団地には管理所有制度が準用されないため，団地共用部分について，団地管理組合の管理者を団地共用部分の所有者とすることはできない。　❹✕：土地は団地共用部分にできない。　❺〇　❻✕：建替え決議に反対した区分所有者も，団地の建替え承認決議においては，賛成の議決権行使をしたとみなされる。　❼〇　❽〇　❾✕：議決権について団地管理組合の規約に別段の定めがある場合であっても，当該団地内建物の敷地の持分の割合による。

10 団地

第11章　頻出度 B

罰　則

● 主な罰則の種類と内容

1　20万円以下の過料（71条）　H30

次の場合には，20万円以下の過料に処せられます。

① **管理者・管理組合法人の理事**による，**規約・集会の議事録，書面決議の書面等の保管義務違反**

② **管理者・管理組合法人の理事**による，**規約・集会の議事録，書面決議の書面等の閲覧の拒絶**

③ **管理者・管理組合法人の理事**による，**集会**での**毎年1回一定の時期における事務報告義務違反**

④ **管理組合法人の理事・清算人**による，**管理組合法人等の登記義務違反**

⑤ **管理組合法人の理事**による，**財産目録の作成義務違反**（財産目録**不作成**，**不正の記載・記録**をした）

⑥ **管理組合法人の理事**による，管理組合法人の理事・監事の**選任手続の懈怠（けたい）**

⑦ **集会の議長**による，**集会の議事録の作成義務違反**（議事録**不作成**，議事録に記載・記録すべき事項の**不記載・不記録**，議事録に**虚偽の記載・記録**）　等

管理組合法人において，「**作成した財産目録を常に事務所に備え置く義務**」や「**区分所有者名簿を備え置き，変更があるたびに訂正をする義務**」については，これらに違反しても過料には処せられません。

議長が議事録に署名をする義務を怠った場合も，**議長は過料に処せられます**。もっとも，議長「**以外**」の議事録署名人が署名を怠ったとしても，過料には**処せられません**。

- **管理者が選任されていない場合**に，規約・集会の決議で定められた**保管者**が正当事由なく**規約等の保管義務**に**違反**（**上記①**）しても，**過料には処せられません**。
- 管理者が選任されておらず，規約・集会の決議で定められた保管者が規約等を保管している場合，正当事由なく**規約等の閲覧義務に違反**（**上記②**）したときは，**過料に処せられます**。

2 10万円以下の過料（72条）

管理組合法人ではない組合が，管理組合法人の名称を使用したときは，10万円以下の過料に処せられます。

区分所有法上，10万円以下の過料に処せられるのは，この場合だけです。

コレが重要!! 確認問題

❶ 甲管理組合の総会終了後，議長が議事録を作成したが，議長が総会で指名した議事録署名人の1人Aが修正の必要があるとして署名を拒否した。この場合におけるE理事の「Aの署名を得られないからといって，議長が議事録を作成しないときは，過料に処せられることもありますよ」という意見は，適切である。過 H23 改

❷ 管理者が，区分所有者の会計帳簿の閲覧請求に対して，正当な理由がないのに，それを拒んだときは，20万円以下の過料に処せられることがある。過 H25

❸ 管理者が，集会において，毎年1回一定の時期に，事務に関する報告をしなかったときは，20万円以下の過料に処せられることがある。過 H25

❹ 管理者が集会の議事録の保管をしなかったときは，20万円以下の過料に処せられる。過 H30

答 ❶○ ❷×：会計帳簿の閲覧請求に関する罰則規定はない。 ❸○ ❹○

第12章　頻出度 S

区分所有法関連の重要判例

- 構造上・利用上の独立性の有無に関する判例
- 共同利益違反行為，管理費等の消滅時効に関する判例
- 規約の設定等と「特別の影響」に関する判例

本試験では，実際に問題となった事案に関する裁判所の裁判例（判例）も多く出題されます。単純に結論だけ覚えるのでなく，「**事案の概要・争点・具体的事情の下での判決**」という一連の流れをふまえてより深く理解できれば，判例の「内容」を問う出題にもスムーズに対処できます。わかりやすく端的に説明しましたので，ここに掲載した**特に重要な判例**は絶対に押さえておきましょう。

【区分所有法１条関係】

1 構造上の独立性・利用上の独立性（最判昭和56年6月18日）

事案の概要

甲マンション内には，車庫及び倉庫がある。車庫は，３面がブロック塀で囲まれているが，前面の出入口は鉄パイプ製の開閉装置によって遮蔽されているのみである。また，倉庫は，壁や扉等によって他の部分と区画されているが，マンホールがある等，一部に共用の設備が存在する。このような場合に，当該車庫・倉庫が専有部分にあたるか否かが問題となった。

主な争点

① 専有部分といえるための「**構造上の独立性**」とは，**周囲すべてが完全に遮蔽**されていることを要するか。
② **一部に共用設備が存在**する場合，専有部分といえるための「**利用上の独立性**」があるといえるか。

判 例

① **「構造上区分された建物部分」**（区分所有法１条）とは，建物の構成部分である**隔壁・階層等により独立した物的支配に適する程度に他の部分と遮断**されており，その**範囲が明確**な建物部分をいい，**必ずしも周囲すべてが完全に遮蔽されていることを要しない。**

② **構造上他の部分と区分され，かつ，それ自体が独立の建物としての用途に供し得る外形を有する建物部分は，その一部に他の区分所有者らの共用に供される設備が設置されていても，当該共用設備が当該建物部分の小部分を占めるにとどまり，その余の部分をもって独立の建物の場合と実質的に異なるところのない態様の排他的使用に供することができ，かつ，他の区分所有者らによる共用設備の利用・管理によって排他的使用に格別の制限ないし障害を生ずることがなく，反面，その使用によって共用設備の保存及び他の区分所有者らによる利用に影響を及ぼすこともない場合には，なお区分所有法上の専有部分にあたる。**

解 説

専有部分といえるためには，次の「①　**構造上の独立性**」と「②　**利用上の独立性**」**の両方の要素が必要**です。

① **構造上の独立性**

構造上の独立性とは，壁・床・天井等によって，**他の部分と構造の上で区画**されていることを指しますが，本判例では，**四方八方が壁等で完全に遮蔽されていなく**ても，その建物部分が**他の部分から明確に区画**されていると評価できれば「**構造上の独立性」は認められる**とされました。例えば，**前面部分に巻き上げ式のシャッター等**があるだけで，平常時は遮蔽されていない店舗や車庫であっても，「**構造上の独立性」は認められます。**

② **利用上の独立性**

利用上の独立性とは，**独立して住居・店舗・事務所・倉庫等の用途に供することができること**を指し，これが認められるためには，「**独立した出入口の存在**」「**内部設備の具備**」「**共用設備の不存在**」といった要素が必要です。そのため，区画内に共用のマンホール等があると，「共用設備の不存在」を満たさないのではないか，ということが問題となります。

この点について本判例は，一部に他の区分所有者の共用に供される設備があっても，**a）その共用設備が占めている部分が小さい**，**b）**共用設備がある部分**以外**の部分を排他的に使用できる，かつ，c）他の区分所有者がその共用設備を利用・管理しても，それ以外の部分の排他的な使用に特に制限・障害を生ずることがない，そしてその反面，d）その排他的な使用で共用設備の保存・他の区分所有者による利用に影響を及ぼすことがないといえる場合には，**「利用上の独立性」が認められ，専有部分にあたる**ものと判示しました。

試験対策としては，①**「構造上の独立性」**は，全面が壁等で区画されていなくてもよい，②**「利用上の独立性」**は，共用の設備が存在していても認められることがあるという２点を押さえておきましょう。

2 「管理人室」の利用上の独立性の有無（最判平成５年２月12日）

事案の概要

甲マンションには，マンションの玄関（エントランス）に面して共用部分である「管理事務室」があり，その後方に「管理人室」が存在している。「管理人室」は，元々分譲業者（原始取得者）の関連会社が自己名義で登記し，管理業者が占有していたが，甲マンションの区分所有者は，これについて，専有部分でなく共用部分であると主張して，その登記の抹消及び明渡しを請求する訴えを提起した。

主な争点

管理事務室と区画され，構造上の独立性を有する「管理人室」に，専有部分となるために必要な**「利用上の独立性」**が認められるか。

判　例

本件マンションにおいては，区分所有者の居住生活を円滑にし，その環境の維持保全を図るため，その業務にあたる**管理人を常駐させ，多岐にわたる管理業務の遂行にあたらせる必要**があるというべきであるところ，本件マンションの玄関に接する**共用部分である管理事務室のみでは，管理人を常駐させてその業務を適切かつ円滑に遂行させることが困難**であることは認定事実から明らかであるから，本件管理人室は管理事務室と合わせて一体として利用することが予定されていたものというべきであり，「両室は**機能的にこれを分離することができない**」といわなければならない。そうすると，本件管理人室には，**構造上の独立性があるとしても，利用上の独立性はない**というべきであり，本件管理人室は，専有部分とはならないと解するのが相当である。

解　説

この判例の争点は，「マンションの玄関に接する**管理事務室は共用部分**だが，**その後方に接する構造上の独立性を有する「管理人室」までもが，共用部分**として明渡請求の対象といえるのか」，すなわち，「**管理人室は構造上の独立性のみならず利用上の独立性もあり専有部分に該当する，として明渡請求が否定されるのではないか**」ということでした。

問題のマンションは，**比較的規模が大きく，その大部分が居宅の専有部分**だったため，区分所有者の円滑な居住生活のために**管理人を常駐させる必要**がありました。ところが，**「管理事務室」**には管理人の常駐に不可欠である**トイレがなく**，また，管理関係の必要書類の保管スペースもないほど**非常に狭い**ものでした。そこで，**後ろに控える「管理人室」と一体として利用しないと必要な管理を行うことができない状況**にあったのです。

そのため，「**管理人室**」は，構造上の独立性があり，さらに「独立した出入口や共用設備の不存在」という利用上の独立性の要素が認められる状況があるにもかかわらず，**機能上「管理事務室」と分けられず一体化**しているとされました。

以上により，この「管理人室」は，**構造上の独立性があっても利用上の独立性はない**ため，専有部分ではなく**共用部分**であると判示され，区分所有者による明渡請求が認められたわけです。

試験対策としては，**管理における必要性が大きい場合**には，**構造上の独立性**は認められても，**利用上の独立性を否定**することによって**広く共用部分性を認める方向で解釈されている**点を押さえておきましょう。

3　階下の天井裏を通る排水管の性質（最判平成12年3月21日）

事案の概要

甲マンションにおいて，Ｙ１が所有する607号室の天井裏を通る排水管の枝管から漏水事故が発生した。当該排水管の枝管は，直上階のＸが所有する707号室の排水を本管に流すものであり，707号室のコンクリート床下と607号室の天井裏の間に設置されている。

この漏水事故に関し，Ｙ１がＸに対して損害賠償金の支払いを求めたが，Ｘは，Ｙ１に対する損害賠償責任が存在しない旨の確認，及び管理組合Ｙ２に対し，当該排水管の枝管が共用部分である旨の確認，そして，既にＹ２に支払った修理代金の返還を請求する訴えを提起した。

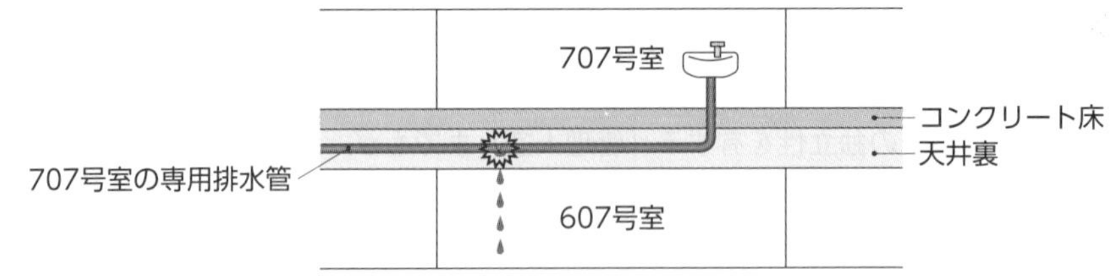

主な争点

専有部分のコンクリート床と階下の天井裏との間に設置された排水管の枝管は，専有部分に該当するか，それとも共用部分に該当するか。

判 例

マンションの専有部分である707号室の床下コンクリートスラブと階下にある607号室の天井板との間の空間に配された排水管の枝管を通じて707号室の汚水が本管に流される構造となっている場合において，707号室からは当該排水管の枝管の点検・修理を行うことは不可能であり，607号室からその天井裏に入ってこれを実施する以外の方法はない等の事実関係の下においては，当該排水管の枝管は，区分所有法２条４項にいう「専有部分に属しない建物の付属物」であり，区分所有者全員の共用部分にあたる。

解 説

この判例は，**607号室の天井裏を通っている707号室の排水管の枝管**が，専有部分ではなく**共用部分**であると判示したものです。

共用部分である排水立て管につながるまでの部分（枝管）は，707号室専用の排水管であるため，**専有部分に属する建物の附属物**として，**専有部分**にあたるのではないかとも考えられます。

しかし，判例は，①「本件排水管が，**躯体部分であるコンクリート床と階下の天井裏との間に設置**されている」，及び，②「**707号室からは排水管の点検・修理は不可能**であり，行うならば，607号室の天井裏に入るしか手段がない」という事実から，当該部分は**707号室の区分所有者が単独で管理することができない**として**専有部分性を否定**し，「**専有部分に属しない建物の附属物**」＝「**共用部分**」であると**認定**したわけです。

なお，問題となった排水管の枝管が**専有部分か共用部分か**は，いわゆる**工作物責任**の問題として，「**漏水事故の損害賠償責任を誰が負うのか**」に直結します。すなわち，もし本件排水管が**専有部分**だとすれば，**707号室の区分所有者**が漏水事故の**損害賠償責任**を負うことになります。これに対し，**共用部分**であるとすれば，**区分所有者全員**で，共用部分の**持分の割合に応じ**て，**損害賠償責任**を負うことになります。

試験対策としては，**自己の専有部分からは単独で管理できない配管・配線等の附属物**が，**共用部分**であるとされたことを押さえておきましょう。

【区分所有法6条1項・57条関係】

4 ひぼう中傷文書の配布と共同利益違反行為（最判平成24年1月17日）

事案の概要

甲マンションの区分所有者Yは，「管理組合の役員が修繕積立金を恣意的に運用した」等，役員らをひぼう中傷する旨を記載した文書を配布・貼付する行為を繰り返す等して，その業務の妨害等を行った。そこで，管理組合Xは，Yの行為が共同利益違反行為にあたるとして，停止等の請求（区分法57条1項）の訴訟を提起した。

主な争点

マンションの区分所有者が，管理組合の**役員らをひぼう中傷する内容の文書を配布**する行為等が，「**区分所有者の共同の利益に反する行為**」（区分所有法6条1項）にあたるか。

判　例

マンションの区分所有者が，業務執行にあたっている**管理組合の役員らをひぼう中傷する内容の文書を配布**し，マンションの防音工事等を**受注した業者の業務を妨害**する等の行為は，それが単なる特定の個人に対するひぼう中傷等の域を超えるもので，それにより**管理組合の業務の遂行や運営に支障**が生ずる等してマンションの正常な管理または使用が阻害される場合には，区分所有法6条1項所定の「区分所有者の共同の利益に反する行為」にあたるとみる余地がある。

解　説

「**共同利益違反行為**」とは，建物の保存に有害な行為等建物の管理または使用に関し，**区分所有者の「共同」の利益に反する行為**のことで，**単に特定の個人のみの利益に反する**ものは該当しません。

本件ひぼう中傷行為が「共同利益違反行為にあたる余地がある」とされたのも，単に特定の個人のみに対する行為にとどまらず，マンションの**正常な管理・使用が阻害**されるに至れば，区分所有者の「共同」の利益を害し，**共同利益違反行為に該当する可能性がある**からです。

【区分所有法第１章第２節・18条・第１章第５節関係】

5 共用部分について生じた不当利得返還請求権の帰属と行使（最判平成27年9月18日） R5

事案の概要

ある区分所有建物（以下「本件マンション」という。）の**区分所有者X**が，同じく本件マンションの**区分所有者Y**に対し，**不当利得返還請求権**に基づき，**Yが本件マンションの共用部分を第三者に賃貸して得た賃料**のうち共用部分に係る**Xの持分割合相当額**の金員及びこれに対する遅延損害金の支払を求めた事案。

前提となる事情は下記のとおり。

① Yは，携帯電話会社Aとの間で，**携帯電話基地局を設置**するため，（規約や集会の決議に基づかずに）本件マンションのうち**Yの専有部分と共用部分である塔屋・外壁等を賃貸する契約**を締結した。

② 本件マンションの管理規約には，次の定めがあった。

a）共用部分であるバルコニーは，それが接する区分所有者に**無償**で使用させる。

b）共用部分である塔屋・外壁等は，Yの事務所用冷却塔・看板等の設置のために**無償**で使用させる。

c）上記**a・b**の修理・管理等の費用は**各使用者**が負担し，**その他**の共用部分の修理・管理等は**管理者**が行い，その**費用負担は他の条項**の定めによる。

主な争点

① **債権の帰属**の問題

ある区分所有者が，共用部分を**規約又は集会の決議によらずに第三者に賃貸**した場合に，**他の区分所有者**は，そのものが取得した賃料につき，**自己の持分に応じた不当利得返還請求権**を有するか。

② **債権の個別的行使**の問題

上記①の債権を有するとして，**個別的に行使**することができるか。

判　例

①　債権の帰属について

一部の区分所有者が共用部分を第三者に賃貸して得た賃料のうち各区分所有者の持分割合に相当する部分につき生ずる不当利得返還請求権は，**各区分所有者に帰属する。**

②　債権の個別的行使について

区分所有者の団体が，一部の区分所有者が共用部分を第三者に賃貸して得た賃料のうち各区分所有者の**持分割合**に相当する部分につき生ずる**不当利得返還請求権を区分所有者の団体のみが行使**することができる旨を**集会で決議**し，又は**規約**で定めた場合には，各区分所有者は，上記請求権を行使することができない。

また，区分所有建物の**管理規約**に，**管理者が共用部分の管理**を行い，共用部分を特定の区分所有者に**無償で使用**させることができる旨の定めがあるときは，この定めは，一部の区分所有者が**共用部分を第三者に賃貸して得た賃料**のうち他の区分所有者の**持分割合に相当する部分**につき生ずる**不当利得返還請求権**を**区分所有者の団体のみが行使することができる旨**を含むものと解すべきであり，当該他の区分所有者は上記請求権を行使することができない。

解　説

本判決では，まず，ある区分所有者が，**共用部分を規約又は集会の決議によらずに第三者に賃貸した場合の賃料収入**について，**他の区分所有者**が，自己の持分に応じた不当利得返還請求権**を有するか**が問題となりました。

この点については，賃貸人である区分所有者は，当該共用部分を賃貸したことによる賃料収入すべてを受領する法的な権利はなく，これに伴う他の区分所有者の不当利得返還請求権は，**各区分所有者に持分に応じて帰属**するとしています。

もっとも，この各区分所有者の不当利得返還請求権を，**個々の区分所有者が**個別的に**行使することができるか**については，結果として「否定」しています。

これは，当該請求権を**管理組合だけが行使**できるという**規約の定め**や**集会の決議**がある場合はもちろんのこと，**管理者が共用部分の管理**を行い，**共用部分を特定の区分所有者に無償で使用させることができる旨の管理規約**の定めがある場合は，不当利得返還請求権を**管理組合のみが行使**できる旨を**含む**と考えられ，**各区分所有者の**個別的行使が否定されていると考えられるからです。

【区分所有法 25 条 1 項関係】

6 理事の互選により選任された理事長の理事会による解任(最判平成 29 年 12 月 18 日)

事案の概要

甲マンションには，次のような規約が定められていた。

① 管理組合には，役員として理事長・副理事長等を含む理事並びに監事を置く。
② **理事**及び監事は，組合員のうちから**総会で選任**し，**理事長**及び副理事長等は，**理事の互選により選任**する。
③ **役員の選任及び解任**については，**総会の決議**を経なければならない。
④ **理事長**は，区分所有法に定める**管理者**とする。

甲マンションの**区分所有者X**は，ある時の臨時総会で理事に選任され，同時に選任された理事の互選により，**理事長に選任**された。

ところが，当該理事長Xが，他の理事から総会の議案とすることを反対されていた案件を諮るため，理事会決議を経ないまま理事長として臨時総会の招集通知を発したことから，**理事会**において，**Xの役職を理事長から理事に変更する旨（理事長の解任）の決議**が行われた。

主な争点

① **規約**に，**理事長は理事の互選により「選任」する旨の定め**があるが，この規定を根拠に，総会で選任された理事の互選によって選任された**理事長を，理事会で「解任」して理事に変更することもできるか。**
② 規約で，**役員の解任**が**「総会」の決議事項**とされていることは，上記の争点の結論に影響を与えるか。

判　例

本件規約は，理事長を，理事が就く役職の１つと位置付けた上，**総会で選任された理事**に対し，原則として，**理事の互選により理事長の職に就く者を定めることを委ねるもの**と解される。

そうすると，このような定めは，理事の互選により選任された理事長について**理事の過半数の一致により理事長の職を解き，別の理事を理事長に定めることも総会で選任された理事に委ねる趣旨**と解するのが，本件規約を定めた区分所有者の合理的意思に合致するというべきである。

なお，本件規約において**役員の解任**が総会の決議事項とされていることは，上記のように解する妨げにはならない。

解　説

区分所有者は，全員で，建物等の管理を行うための団体を構成し，区分所有法の定めるところにより，集会を開き，規約を定め，及び管理者を置くことができるとされ（区分所有法３条），加えて，規約に別段の定めがない限り，集会の決議によって，管理者を選任し，または解任することができるとされています（25条１項）。

ここから，区分所有法は，**集会の決議以外の方法による管理者の解任を認めるか否か，及びその方法**について，区分所有者の意思に基づく自治的規範である規約に委ねているものと解されます。

したがって，本件のような定めがある規約を有する管理組合においては，**理事の互選により選任された理事長**につき，本件規約に基づいて，**理事の過半数の一致により理事長の職を解く**ことができると解するのが相当です。

また，この結論は，**理事の互選により理事長を選任する旨の規定の解釈から導かれる**ものであるため，**役員の解任**が総会の決議事項とされていたとしても，**結論に変わりはありません**。

【区分所有法30条１項・31条１項関係】

7 ペット飼育を禁止する旨の規約変更（最判平成10年３月26日）

事案の概要

甲マンションでは，「小鳥・魚類以外の動物の飼育を禁止する」旨の規約があるが，これに違反して犬・猫を飼育する区分所有者がいた。そこで，管理組合Ｘは，それらの者へも配慮し，「現に犬猫を飼育中の者でペットクラブを設立し，その管理下で，**現に飼育中の犬猫一代限り**で飼育を認める」旨の集会決議をした。しかし，区分所有者Ｙはこれに従わず，新たに**犬の飼育を始めた**ため，ＸはＹについて，飼育の中止等を求めて訴えを提起した。

主な争点

実害の有無を問わず，規約により，ペットの飼育を一律に禁止することはできるか。

判 例

規約の適用に明確さ，公平さを期すことに鑑みれば，ペット飼育禁止の方法として，具体的な実害の発生を待たず，類型的に有形，無形の影響を及ぼす危険，おそれの少ない小動物以外の動物の飼育を一律に禁ずる**ことにも合理性**が認められるから，このような動物の飼育について，**共同の利益に反する行為**として，これを**禁止**することは**区分所有法の許容するところ**であると解するのが相当である。

解 説

ペット飼育は，飼主が必要十分な措置を執れば，糞尿や騒音の被害を小さくできます。しかし，良識に欠ける飼主がペット飼育をする可能性もあるため，**マンションでのペット飼育を居住者の自主的な判断に任せることには限界**があります。また，**具体的な実害が発生した場合に限って規制**するとなると，**事後的な対処しかできず，実害が繰り返し生ずることを防止することも難しい**といえます。そこで，具体的な実害の発生の有無にかかわらず，**一律にペット飼育を禁ずることにも合理性が認められる**と判示されたのです。

なお，ペット飼育については，**別の重要な裁判例**（東京高判平成６年８月４日）もあります。この事案では，**動物飼育を一切禁止する規約の規定の新設**が，**現にペットを飼っている区分所有者の権利に「特別の影響」を及ぼすかが問題**となりました。

この判例では，**盲導犬等**その動物の存在が**飼主の日常生活・生存にとって不可欠な意味を有する特段の事情がある場合「以外」**は，現にペットを飼育している区分所有者にとって「特別の影響」**を及ぼすものにはあたらない**と判示しました。

そのため，**現にペットを飼っている区分所有者の個別の承諾がなくても**，原則として，**規約の設定等の特別決議**（各$\frac{3}{4}$以上の集会決議）**が成立すれば足りる**ことになります。

試験対策としては，**実害発生の有無を問わずペット飼育を禁止する規約を定めることもできる**こと，また，ペット飼育を禁止する規約を設定等することは，**現にペットを飼っている区分所有者**がいたとしても，**盲導犬等でない限り**「特別の影響」にはあたらない**ことを押さえておきましょう。**

8 規約の設定等における「特別の影響」（最判平成10年10月30日）H30

事案の概要

Xらは，分譲業者から区分所有権等とともに**駐車場の専用使用権の分譲**を受け，管理組合Yに，駐車場使用料を支払って使用してきた。Yは，総会の決議で**規約を改正**し，**駐車場使用料を増額**してXらに支払を求めたが，これを**拒否**されたため，**駐車場使用契約を解除**した。そこで，XらはYに対し，自己が駐車場専用使用権を有することの確認等を求めて訴えを提起した。

主な争点

① 規約の設定等において，一部の区分所有者の権利に対する「特別の影響」（区分法31条1項）とは何か。

② 駐車場使用料を増額する規約の設定等は，駐車場に専用使用権を有する区分所有者に「特別の影響」があるといえるか。

③ 区分所有者が増額された駐車場使用料を支払わない場合，それを理由に行われた駐車場使用契約の解除は有効か。

判　例

① 「規約の設定，変更または廃止が**一部の区分所有者の権利に特別の影響**を及ぼすべきとき」とは，規約の設定等の**必要性及び合理性**と**一部の区分所有者が受ける不利益**とを**比較衡量**し，その不利益が右区分所有者の受忍すべき限度を超えると認められる場合をいう。

② 区分所有者が**専用使用権**を有するマンション**駐車場の使用料を増額する規約の設定，変更等**は，増額の必要性及び合理性が認められ，かつ，増額された使用料が社会通念上相当な額と認められる場合には，専用使用権者の権利に「特別の影響」を及ぼすものではない。

③ 駐車場の専用使用権を有する区分所有者が，**使用料を増額する集会決議の効力を争う等している**にもかかわらず，管理組合が，増額使用料の支払いを**催告**し，これに応じないとして駐車場使用契約を**解除**する旨の意思表示をしたこと，管理組合の主張する使用料の**増額**が**社会通念上相当なものであることが明白であるとはいい難い**こと等の事情の下では，右駐車場使用契約の解除は効力を生じない。

解　説

規約の設定，変更または廃止は，区分所有者及び議決権の**各$\frac{3}{4}$以上**の多数による集会の決議ですることができます。もっとも，これにより**少数区分所有者に対して不利益の押し付けがあってはならない**ため，規約の設定・変更・廃止が**一部の区分所有者の権利に特別の影響**を及ぼすべきときは，**その承諾を得なければなりません**（区分法31条1項）。

この「特別の影響」とは，**ア）規約の設定等の必要性・合理性**と，**イ）**それにより**一部の区分所有者が被る不利益**とを比較し，**不利益が受忍限度（ガマンの限界）を超える場合**をいいます。

このことから，区分所有者が専用使用権を有する駐車場の使用料を増額する規約の設定等も，**増額の必要性・合理性**が認められ，かつ，**増額された使用料が当該区分所有関係において社会通念上相当な額**と認められる場合には，専用使用権者の権利に「特別の影響」を及ぼすものではないとされました。

もっとも，本判例の事案では，区分所有者が使用料を増額する集会決議の効力を争っているにもかかわらず，**増額使用料の不払いを理由に駐車場使用契約が解除**されたこと，また，**増額が社会通念上相当と明白にはいえないこと**等の事情から，**管理組合による駐車場使用契約の解除は効力を生じない**とされました。

9 非居住区分所有者に対する住民活動協力金の賦課（最判平成22年1月26日）

事案の概要

甲マンションの管理組合Xが，自らは甲マンションに居住しておらず，自己の専有部分を賃貸している組合員Yに対し，集会決議により変更された規約に基づき，同規約上，**「自らその専有部分に居住しない組合員が負担すべきもの」とされた月額2,500円の「住民活動協力金」**及びその遅延損害金の支払を求めた。

主な争点

非居住組合員に対してのみ「住民活動協力金」を負担させる旨の規約の変更は，「一部の区分所有者の権利に特別の影響を及ぼすべきとき」（区分法31条1項）に該当し，個別の承諾がない場合には無効とならないか。

判 例

団地管理組合の総会決議により行われた，**自ら専有部分に居住しない組合員**が，**組合費に加えて月額2,500円の住民活動協力金**を負担すべきものとする旨の規約の変更は，次の①～④等の事情の下では，区分所有法66条，31条1項後段にいう「一部の団地建物所有者の権利に特別の影響を及ぼすべきとき」にあたらない。

① 当該マンションは区分所有建物全4棟・総戸数868戸と**規模が大きく**，その保守管理や良好な住環境の維持には**管理組合等の活動**やそれに対する**組合員の協力**が**必要不可欠**である。

② 当該マンションにおいては**自ら専有部分に居住しない組合員**が所有する専有部分が約170戸ないし180戸となり，それらの者は，管理組合の役員に**なる義務を免れる等管理組合等の活動につき貢献をしない一方で，その余の組合員の貢献によって維持される良好な住環境等の利益を享受**している。

③ 上記規約の変更は，上記②の**不公平を是正**するためのもので，これにより非居住組合員が負う金銭的負担は，その余の組合員が負う金銭的負担の約15%増しとなるにすぎない。

④ 自ら専有部分に居住しない組合員のうち**住民活動協力金の支払を拒んでいるのはごく一部の者にすぎない**。

解 説

規約の設定，変更または廃止は，区分所有者及び議決権の**各$\frac{3}{4}$以上**の多数による集会の決議ですることができます。もっとも，これにより**少数者に対して不利益の押し付けがあってはならない**ため，規約の設定・変更・廃止が**一部の区分所有者の権利に特別の影響を及ぼすべきときは**，**その承諾を得なければなりません**（区分法31条1項）。

この「特別の影響」とは，**ア）規約の設定等の必要性・合理性**と，**イ）**それにより**一部の区分所有者が被る不利益**とを比較し，**不利益が受忍限度（ガマンの限界）を超える場合**をいいます。

これに従い，一部の区分所有者に対する**特別の影響が「ある」**ならば，その区分所有者の**個別の承諾**がない限り，他の区分所有者全員の合意があっても，**規約の変更等はできません**。逆に，**特別の影響が「ない」**ならば，影響を受ける区分所有者の個別の承諾がなくても，集会で**区分所有者及び議決権の「各$\frac{3}{4}$以上の特別決議」さえ成立すれば**，規約の変更等ができます。

本件では，特別の影響がないと判示されたので，Yの承諾がなくても，区分所有者及び議決権の各$\frac{3}{4}$以上の特別決議さえ成立すれば，規約変更等が有効となります。

10 特定承継人と規約・集会決議によらない合意の拘束力（最判平成9年3月27日）

事案の概要

甲マンションの屋内駐車場（101号室）をAが取得する際，**Aと分譲会社との間**で「101号室を駐車場以外の他の用途に変更しない」旨の**合意**がなされた。当時，本件マンションでは，**専有部分の用途の制限に関する規約は存在しなかった。**

その後，101号室はAからBに譲渡（遺贈）され，Bは当該室を店舗に改造した上でXに売却した。そこで甲マンション管理組合Yは，**規約を改正**し，「専有部分は，**専ら住宅として使用**するものとする」旨を定めて，Xに用途外の使用の禁止を請求した。

これに対し，Xは，「分譲契約による専有部分（101号室）の用途制限は，特定承継人には効力が及ばない」として提訴した。

主な争点

区分所有者の特定承継人は，分譲業者と建築当初の区分所有者との間の，**規約・集会決議によらない**専有部分の用途制限に係る**合意**に拘束されるか。

判　例

マンションの分譲業者とその専有部分を建築当初に取得した者が，右専有部分を屋内駐車場として使用し，**他の区分所有者の承諾なしに駐車場以外の用途に変更しない旨の合意**をした場合に，右専有部分は，屋内駐車場として設計，宣伝され，建築当時においてはその用途を駐車場以外に変更することは建築基準法上許されなかった等の事情があったとしても，原始規約には右専有部分の用途を駐車場に限定する旨を定めた規定がない等判示の事実関係の下においては，**右専有部分の区分所有権を売買により取得した者は，**専有部分の用途制限に係る右合意に拘束されない。

解　説

区分所有法では，「**規約**及び**集会の決議**は，区分所有者の**特定承継人**に対しても，その**効力**を生ずる」とされています（区分所有法46条1項）。これは，区分所有権を取得しようとする者は，**規約や集会の議事録を確認**することで，その物件について存在する

各種の制限を知り得ることを前提としたものです。

　したがって，区分所有者本人のみならずその**特定承継人をも拘束する制限条項**を設けるには，**規約や集会の決議で明記する必要があり**，前所有者等が締結した「**規約や集会の決議によらない権利制限の単なる合意**」について，**特定承継人は拘束されません**。

　なお，本判例では，「専有部分を専ら住居として使用すべき」旨の規約変更がなされる場合，**店舗として使用している区分所有者**に「**特別の影響**」**があるといえるか**も問題になりました。この点については，「一部の区分所有者の権利に特別の影響を及ぼすとき」に該当し，**特別の影響を受ける区分所有者Xの承諾がなければ，規約変更の効力は生じない**と判示されています。

試験対策としては，①**特定承継人を拘束する制限条項**を設けるには，**分譲業者と前区分所有者等間の単なる合意だけでは足りず，規約または集会決議による必要**があること，②**専有部分を専ら住宅としてのみ使用する旨の規約変更は，店舗区分所有者にとって「特別の影響」にあたる**ことを押さえておきましょう。

【区分所有法 59 条関係】

11　区分所有権の譲渡と法 59 条に基づく競売申立て（最判平成 23 年 10 月 11 日）

事案の概要

　甲マンション管理組合Xが，管理費等を滞納する区分所有者Aに対して，区分所有法59 条に基づき区分所有権等の競売請求訴訟を提起したところ，これを認める判決が下された。

　ところが，その判決が確定する前に，Aが自己の区分所有権等を第三者Yに譲渡したため，判決確定後，XがYに対して，Aに対する勝訴判決に基づいて競売の申立てを行った。

主な争点

　区分所有法 59 条 1 項に基づく**競売請求を認容する判決が確定**した場合，**口頭弁論終結後の区分所有権等の譲受人**に対して，**同判決に基づいて競売を申し立てる**ことができるか。

判例

区分所有法59条1項の競売の請求は，特定の区分所有者が，区分所有者の共同の利益に反する行為をし，またはその行為をするおそれがあることを原因として認められものであるから，同項に基づく訴訟の**口頭弁論終結後に被告**であった区分所有者がその区分所有権及び敷地利用権を譲渡した場合に，その**譲受人**に対し同訴訟の判決に基づいて競売を申し立てることはできないと解すべきである。

解説

区分所有権等の競売請求（区分所有法59条）は，「障害を除去して…区分所有者の共同生活の維持を図る」ためのものです。もっとも，**共同利益違反行為者たる区分所有者が区分所有権を強制的に奪われるという，非常に大きな影響を与える請求**であるため，**停止等の請求**（57条）**や使用禁止請求**（58条）**を検討しても，なお共同生活の維持を図ることが困難である場合に限って，最終手段として認められる**ものと解されています。

この**競売請求を認める確定判決**に基づく**競売の申立て**により，第三者が当該専有部分を買い受ければ，**共同利益違反行為者であった区分所有者はもはや区分所有者ではなくなり，当該区分所有建物から出ていく**ことになるため，**共同生活の維持が図られること**になります。

しかし，**競売請求の目的が「共同生活の維持」**にあることから，例えば，**口頭弁論終結後（判決確定前）に，共同利益違反行為者たる区分所有者が自己の専有部分を第三者に譲渡**した場合，それにより**既に共同生活の維持は図られたことになります**。そこで，本判決において**管理組合Xは**，その後**譲受人たる第三者Yに**対して，**当該訴訟の勝訴判決に基づいて競売を申し立てることはできない**とされたわけです。

試験対策としては，区分所有法59条の**競売請求**は，共同利益違反者である区分所有者を**区分所有関係から排除するためのものであること**，**口頭弁論終結後の区分所有権等の譲受人**には**譲渡人に対する勝訴判決に基づいて競売を申し立てることはできないこと**を押さえておきましょう。

【区分所有法 60 条関係】

12 引渡し請求における占有者に対する弁明の機会の付与 (最判昭和 62 年7月17日) H28

事案の概要

暴力団組長Aは，甲マンションの区分所有者ＢからＢの専有部分を賃借して居住していたが，Aの居住部分に組の関係者が出入りして周囲に不安を与えていることに加え，他の暴力団との抗争問題もあり，他の区分所有者の共同生活の維持に重大な支障を生じていた。そこで，甲管理組合は，Aの退去を求め，ＡＢ間の賃貸借契約の解除及び専有部分の引渡しを求めて，訴えを提起した。

主な争点

専有部分の賃借人に対する，区分所有法 60 条１項の「占有者に対する引渡請求訴訟」を提起するための集会の決議にあたっての弁明の機会は，専有部分の占有者に対して与えるだけで足りるか，それとも，当該専有部分の区分所有者にも与えることが必要か。

判 例

区分所有法 60 条１項に基づき，占有者が占有する専有部分の使用・収益を目的とする契約の解除及びその専有部分の引渡しを請求する訴えを提起する前提として集会の決議をするには，あらかじめ当該占有者に対して弁明の機会を与えれば足り，当該占有者に対して賃貸借契約に基づいて当該専有部分の使用・収益をさせている区分所有者に対して弁明の機会を与えることを要しない。

解 説

「**弁明の機会の付与**」とは，共同利益違反行為者に対して使用禁止請求・競売請求・引渡し請求の各訴訟を提起する際の集会の決議をするにあたり，事前に，「なぜそのような行為を行ったのか」という言い訳をする機会を与えるものです。これには，他の区分所有者の納得のいく理由が開示されれば，集会の決議が否決される可能性もあるという点で，使用禁止等の重大な不利益を被る共同利益違反行為者にとっての**防衛手段**になり得る，という側面があります。

そのため，「弁明の機会」は，**共同利益違反行為者自身に与えればよく，かつ，それで足ります**。したがって，占有者に対する引渡し請求では，当該占有者に対して弁明の機会を設ければ足り，賃貸人たる**区分所有者**に**弁明の機会を与える必要はありません**。

【区分所有法 66 条関係】

13 高圧一括受電方式への変更と個別契約の解約（最判平成 31 年 3 月 5 日）

事案の概要

区分所有建物 5 棟で構成される総戸数 544 戸のマンションでは，従来，団地建物所有者等は，個別に電力会社との間で，専有部分において使用する電力の供給契約（以下「個別契約」という）を締結し，団地共用部分である電気設備を通じて，各自電力の供給を受けていた。

その後，団地管理組合法人の総会で，専有部分の電気料金を削減するため，団地管理組合法人が一括して電力会社との間で高圧電力の供給契約を締結し，団地建物所有者等が団地管理組合法人との間で，専有部分で使用する電力の供給契約を締結して電力の供給を受ける方式（以下「高圧受電方式」という）への変更をする旨の決議がされた。

この高圧受電方式に変更するには，団地建物所有者等全員が個別契約を解約することが必要とされるため，さらに後の総会において，電力の供給に用いられる電気設備に関する団地共用部分につき，区分所有法 65 条に基づく規約を変更し，その細則として，団地建物所有者等に個別契約の解約申入れを義務付ける「電気供給規則」の決議がなされたが，一部の団地建物所有者等がこれに応じず，個別契約の解約申入れをしなかった。

そこで，他の団地建物所有者等が，電気料金の削減がされないという損害を被ったことを理由に，個別契約の解除に応じない団地建物所有者等に対して，不法行為に基づく損害賠償請求を求める訴訟を提起した。

主な争点

① 団地建物所有者等に個別契約の解約申入れを義務付けるのは，**団地共用部分の変更またはその管理に関する事項**を決するものといえるか。

② 団地建物所有者等に個別契約の解約申入れを義務付ける規約は，区分所有法 66 条において準用する同法 30 条 1 項の「**団地建物所有者相互間の事項**」を定めたものであるといえるか。

③ 個別契約の解約申入れをしなかった一部の団地建物所有者等の行為は，**不法行為**といえるか。

判　例

一部の団地建物所有者等が**個別契約の解約申入れをしないことは**，次のとおり，他の団地建物所有者等に対する不法行為とならない。

① 総会決議で定められた細則のうち，団地建物所有者等に**個別契約の解約申入れを義務付ける部分**は，専有部分の使用に関する事項を決するものであって，団地共用部分の変更またはその管理に関する事項を決するものではない。したがって，区分所有法66条において準用する同法17条1項または18条1項の「（団地）共用部分の管理」に関する決議として効力を有するものとはいえない。なお，このことは，本件高圧受電方式への変更をするために個別契約の解約が必要であるとしても異なるものではない。

② 総会決議で定められた細則のうち，団地建物所有者等に**個別契約の解約申入れを義務付ける部分**は，区分所有法66条において準用する同法30条1項の**「区分所有者相互間の事項」を定めたものではなく**，規約としての効力を有するものとはいえない。

③ 以上のことから，本件決議に基づき専有部分の電力供給契約の解約申入れを行わないことは，他の団地建物所有者等に対する不法行為とはならず，**不法行為に基づく損害賠償の請求は**認められない。

解　説

この判決は，団地管理組合法人が電力会社との間で一括高圧電力契約を締結するために，団地建物所有者等に対し，専有部分において使用する電力につき個別に締結されている供給契約の解約申入れを義務付ける規約等の変更が決議された場合において，**一部の区分所有者が個別契約の解約申入れに応じなかったこと**が，他の団地建物所有者等に対する**不法行為にはあたらない**，としたものです。

問題となったマンションでは，団地建物所有者等がその専有部分において使用する電力の供給契約を解約するか否かは，それのみでは直ちに他の団地建物所有者等による専有部分の使用または団地共用部分等の管理に影響を及ぼすものではありませんでした。また，高圧受電方式への変更は，専有部分の電気料金を削減しようとするものにすぎず，この変更が行われなくても，専有部分の使用に支障が生じたり，団地共用部分等の適正な管理が妨げられるわけではありませんでした。こうしたことから，団地建物所有者等は，**個別契約の解約申入れをする義務を負うものではない**，とされました。

第2編

マンション標準管理規約

例年**9問程度**の出題で，**区分所有法や民法との複合問題**も多く見られます。単純な知識問題もありますが，区分所有法の規定との相違や，解釈指針となる「コメント」を踏まえた，より**実務的な事例問題**が大半です。

マンション管理の実情に関する**具体的な場面を想定**して，規定の趣旨や適用の範囲を正確に押さえておきましょう。

頻出度 B

標準管理規約の概要と専有部分・共用部分・敷地

- 専有部分・共用部分の範囲
- 敷地及び共用部分の権利関係
- 分割請求及び単独処分の禁止

1 「標準管理規約」とは

H26

> 標準管理規約が「モデル」としているのは，管理組合法人ではなく，「**権利能力なき社団**」としての非法人の管理組合です。

マンション標準管理規約（**標準管理規約**）は，分譲マンションの自主ルールである管理規約の標準的な見本（**モデル**）です。各マンションの実情に応じ，**民法や区分所有法等に抵触しない範囲**内で，**内容を自由に修正・削除・追加**できます。

1　標準管理規約の種類

> 本試験では，圧倒的に「**単棟型**」からの出題数が多いため，単棟型を中心に学習し，**団地型・複合用途型**はその「修正版」として理解するとよいでしょう。

標準管理規約にはマンションの**形態**に合わせて，次の**3つの種類**があります。

> 例えば，1階がコンビニ，2階以上が住居というマンションが該当します。

形態	想定している内容
①　**単棟型**	**一般分譲の住居専用の単棟型マンション**
②　**団地型**	一般分譲の住居専用マンションが数棟所在する団地で，団地内の土地及び集会所等の附属施設がその数棟の区分所有者（団地建物所有者）全員の共有となっているもの
③　**複合用途型**	一般分譲の**住居・店舗併用**の単棟型マンションで，主に低層階に店舗があり，上階に住居という形態で，住居が主体のもの

標準管理規約には，区分所有法と同様の内容を**確認の意味で規定**しているものも多々あります。しかし，試験対策としての学習では，「**区分所有法との差異**」**に着目**することが重要です。すなわち，
① **標準管理規約においてのみ規定**されている事項（区分所有法には規定がない）
② 区分所有法に規定はあるものの，**標準管理規約で修正**されている事項
といった点を意識的に学習すると，ポイントを押さえることができます。

2　コメント全般関係について

標準管理規約（単棟型）の全般には，次の内容の「**コメント**」が付されています。

> 「**コメント**」とは，標準管理規約の規定を**理解・解釈する際の参考**となるよう付記されたものです。

①　本規約が対象としているのは，**一般分譲の住居専用の単棟型マンション**で，各住戸の床面積等が，均質のものもバリエーションのあるものも含めている。

②　本規約で示している事項については，マンションの規模，居住形態等それぞれのマンションの個別の事情を考慮して，**必要に応じて，合理的に修正し活用**することが**望ましい**。

> **+1点!** 例えば，等価交換により**特定の者が多数の住戸を区分所有**する場合や，一**部共用部分**が存する場合，**管理組合を法人**とする場合等は，別途考慮する必要があります。

③　近年，**マンションの高経年化の進行等による管理の困難化**や**マンションの高層化・大規模化等による管理の高度化・複雑化**が進んでおり，これらの課題への**対応**の１つとして，**外部の専門家の活用**が考えられる。以前から，管理組合がマンション管理士等の専門家に対し，相談，助言，指導その他の援助を求めることについては規定してきたが，さらに進んで，外部の専門家が直接管理組合の運営に携わることも想定する必要がある。

外部の専門家が管理組合の運営に携わる際の基本的なパターンとしては，⑴**理事・監事外部専門家型**または**理事長外部専門家型**，⑵**外部管理者理事会監督型**，⑶**外部管理者総会監督型**の**3つ**が想定される。

この標準管理規約は，**理事会を中心とした管理組合の運営を想定**したものであり，役員の要件として組合員要件を外した場合には，「⑴**理事・監事外部専門家型または理事長外部専門家型**」による外部の専門家の活用を可能とするように規定を整備している。

> **外部の専門家**には，管理規約・管理の委託・修繕・建替え等に関する**広範な知識が必要**とされます。例えば，マンション管理士のほか，弁護士・司法書士・建築士等の国家資格取得者や，区分所有管理士・マンションリフォームマネジャー等の民間資格取得者などが想定されます。

なお，上記③の「外部の専門家の活用」に挙げられている３つのパターン（⑴～⑶）は，次のとおりです。

（1）理事・監事外部専門家型または理事長外部専門家型

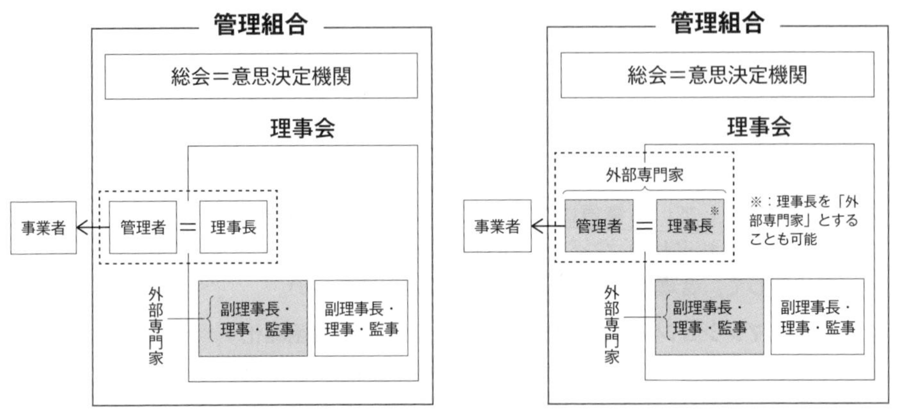

従来どおり**理事会**を設け，**理事会役員に外部専門家**を入れる形で外部専門家を活用タイプです。また，②のように，外部専門家が理事長（＝管理者）となることも考えられます。

このタイプでは，外部専門家を含む役員の選任を含め，**最終的な意思決定機関は**総会であり，**総会の役割が重要**となります。

（2）外部管理者理事会監督型

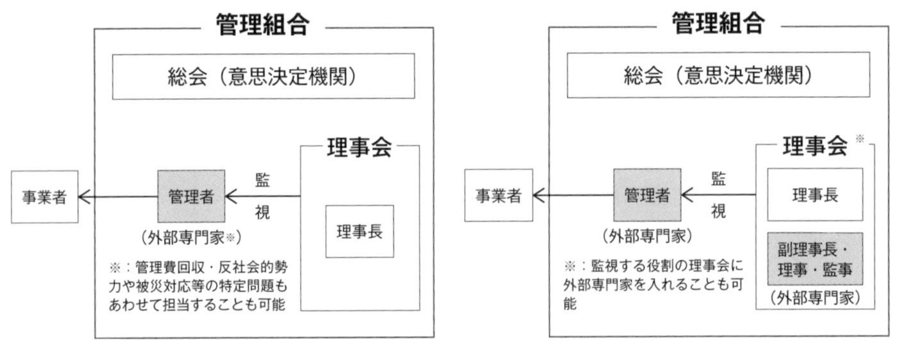

外部専門家を**区分所有法上の管理者**として選任し，**理事会**は**監事的立場**として「**外部管理者**」を**監視**する形で外部専門家を活用するタイプです。

監視する立場の理事会の役員に，さらに別の外部専門家を選任することも考えられます。

このタイプでも，外部管理者の選任を含め，**最終的な意思決定機関は総会**であり，**総会の役割が重要**となります。

（3）外部管理者総会監督型

外部専門家を**区分所有法上の管理者**として選任し，**理事会**は設けない形で外部専門家を活用するタイプです。

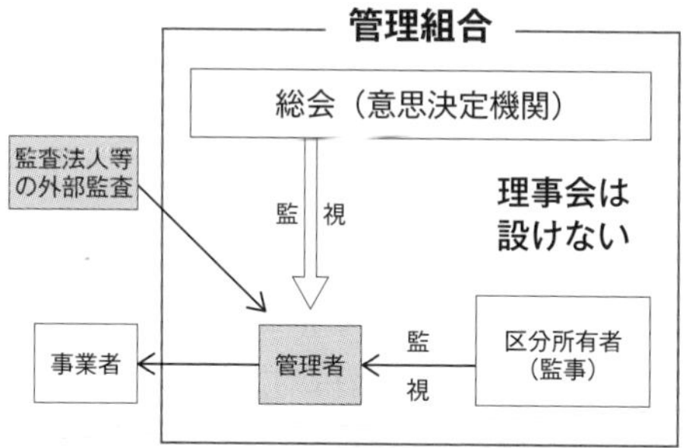

このタイプは，**区分所有者からは監事を選任して監視するとともに，全区分所有者で構成する総会も監視**するため，**総会の役割は重要**です。さらに，**監査法人等による外部監査**が義務付けられます。

3　規約及び総会の決議の遵守義務（3条）

区分所有者は，円滑な共同生活を維持するため，管理規約及び総会の決議を誠実に遵守しなければならず，**同居する者に対しても同様**に，それらを**遵守させる義務**を負います。

用語
包括承継人：
区分所有者の相続人等
特定承継人：
専有部分の買主・受贈者・競売の買受人等
占有者：
賃借人等

4　規約及び総会の決議の効力（5条）

管理規約及び総会の決議の効力は，区分所有者の**包括承継人**や**特定承継人**に対しても及びます。また，**占有者**は，**対象物件の使用方法について**，区分所有者が管理規約及び総会の決議に基づいて負う義務と**同一の義務**を負います。

占有者が負う義務は，「**使用方法に関するもの**」に**限定**されているため，例えば「占有者が管理費等の支払義務を負う」旨を管理規約や集会の決議で定めても，無効です。

5　管理組合（6条）

区分所有者は，**区分所有法3条に定める建物・その敷地・附属施設の管理を行うための団体**として，区分所有者の共同の利益を増進し，良好な住環境を確保する目的を達成するため，区分所有者全員で，**マンション管理組合**を構成します。

6　使用細則（しようさいそく）（18条）

使用細則とは，管理規約本文に定められた事項に関する，具体的な手続や運用ルール等の詳細を定めたものです。

専有部分の使用に関する基本的な事項や，ペットの飼育の許可・不許可そのものについては，細則ではなく**規約で定めるべき事項**とされます。なお，**基本的な事項を規約で定め**，その手続等の**細部を使用細則等に委ねる**ことは**可能**です。

使用細則は，**規約そのものではない**ため，その設定・変更・廃止は，原則，**普通決議**でできます。

使用細則で定めることが妥当な事項には，動物の飼育やピアノ等の演奏に関する事項等**専有部分の使用方法に関する規制**や，駐車場・倉庫等の使用方法，使用料，**置き配を認める際のルール**等，敷地・共用部分の使用方法や対価等に関する事項等が挙げられます。

なお，マンション内における**感染症の感染拡大のおそれが高い**と認められた場合において，**使用細則**を根拠として，**居住者による共用部分等の使用**を一時的に停止・制限することもできます。

2 専有部分・共用部分

マンションには，各区分所有者の**専有部分**と全員で使用する**共用部分**があります。この２つの区別は，**誰がその管理を行うか**に関わる重要なものです。

1　専有部分の範囲（7条）

（1）区分所有権の対象となる専有部分

区分所有権の対象となる専有部分は，「○○号室」等の住戸番号を付した住戸です。

専有部分として倉庫または車庫を設けるときは，「倉庫番号を付した倉庫」「車庫番号を付した車庫」を加えます。すべての住戸に倉庫または車庫が附属していない場合は，「管理組合と特定の者との使用契約により使用させる旨」を明記します。

（2）専有部分を他から区分する構造物の帰属

専有部分と共用部分の部位ごとの区別は，次のとおりです。

① 天井，床，壁	躯体（くたい）部分	共用部分
	上塗り仕上げ部分等の躯体部分以外の部分	専有部分（上塗説）
② 玄関扉	外部塗装部分	共用部分
	錠・内部塗装部分	専有部分
③ 窓枠，窓ガラス，雨戸，網戸	共用部分	

外部塗装部分が共用部分にあたるのは，これらの部分が建物全体の外観等に影響するからです。

利用を制限すべき部分や複数の住戸で利用される部分を共用部分，**それ以外の部分**を専有部分と考えればよいでしょう。

（3）専有部分の専用に供される設備の帰属

専有部分の専用に供される設備のうち，共用部分内にある部分**以外**のものは，**専有部分**です。そして，「専有部分の専用に供される」か否かは，その設備の**機能**（各住戸の専用のものか，共用のものか）に着目して決定されます。

例えば，各住戸専用の給排水管等です。

1 標準管理規約の概要と専有部分・共用部分・敷地

ここでいう共用部分には，規約共用部分に加え，**法定共用部分も含まれます。**

2　共用部分の範囲（8条）

共用部分には，主に次の3つがあります。

①　専有部分に属さない「建物の部分」	廊下，階段，パイプスペース，メーターボックス（給湯器ボイラー等の設備を除く），バルコニー等
②　専有部分に属さない「建物の附属物」	エレベーター・電気・給水・排水・消防・防災・インターネット通信・テレビ共同受信の各設備，集合郵便受箱，各種の配線配管（**給水管**では，本管から各住戸メーターを含む部分，**雑排水管及び汚水管**では，配管継手及び立て管）等
③　そ　の　他	管理事務室，管理用倉庫，清掃員控室，集会室等及びそれらの附属物

管理事務室等は，区分所有法上は専有部分の対象となるものですが，標準管理規約では，区分所有者の共通の利益のために設置されるものであるため，「**規約共用部分**」とされています。

3　敷地・共用部分等の共有

H26

標準管理規約では，**共用部分の共有持分**は，**規約**で定まります。他方，**敷地・附属施設の共有持分**は，本来は規約ではなく**分譲契約等で定まる**ものですが，同様に，「**確認事項**」**として規約に規定**されます。なお，敷地の共有持分割合が公正証書で定まっている場合は，それに合わせる必要があります。

1　敷地・共用部分等の権利関係と共有持分（9条，10条）

敷地及び共用部分等は，区分所有者の共有とされ，その**持分**は，**専有部分の床面積の割合**によります。

なお，**登記簿**に記載される専有部分の床面積は，**内のり計算**によりますが，**標準管理規約**における共用部分の**共有持分の割合の基準**となる面積は，**壁心計算**（界壁の中心線で囲まれた部分の面積を算出する方法）によります。

標準管理規約における共有持分の割合の基準が，区分所有法や登記簿における算定基準（**内のり計算**）と異なっているのは，マンションの分譲では，建物完成前に売買契約が締結される「**青田売り**」が行われることがよくあるからです。つまり，**契約締結時点ではまだ建物が完成していない**（実測をすることができない）ため，**壁心計算**で専有部分の床面積が契約書に表示され，**これを基準に共用部分の共有持分が決められることが多い**のです。

2　分割請求・単独処分（分離処分）の禁止（11条）

区分所有者は，敷地または共用部分等の**分割を請求**することは**できません**。また，専有部分と敷地及び共用部分等の共有持分とを分離して，譲渡・抵当権の設定等の処分（**分離処分**）をすることは**禁止**されています。

なお，**倉庫や車庫も専有部分**である場合，倉庫（車庫）のみを**他の区分所有者に譲渡**する場合を除いて，区分所有者**以外**の第三者に対して，**住戸と倉庫（車庫）とを分離して処分**したり，専有部分と敷地及び共用部分等の共有持分とを分離して処分したり**してはなりません**。

住戸を他の区分所有者や第三者に**貸与**することは，**分離処分**には当たりません。

例えば，住戸と車庫という２つの専有部分を有する区分所有者が，**車庫だけ**を「**区分所有者ではない第三者**」に**譲渡**すると，**住戸を所有しないため管理に対する高い意識を期待できない区分所有者**が生じます。これでは，マンション全体の管理に支障が生ずるおそれがあるため，これを認めないこととしました。他方，車庫だけの譲渡でも，**相手方**が「**区分所有者**」である場合は，**区分所有者の構成に変化が生じない**ため，許されます。

コレが重要!! 確認問題

❶　標準管理規約（単棟型）では，区分所有権の対象となる専有部分は，住戸番号を付した住戸とされている。過 H13

❷　標準管理規約（単棟型）では，窓枠及び窓ガラスは専有部分とされているので，当該部分の工事費用は，長期修繕計画に計上してはならない。過 H14

❸　住戸と地階にある倉庫を共に所有する区分所有者が，倉庫のみを分離して他の区分所有者及び専有部分の賃借人に譲渡することができるものとすると規約に定めることはできない。過 H18

答　❶○　❷×：窓枠・窓ガラスは共用部分であるため，当該部分の工事費用は，長期修繕計画に計上すべきである。　❸○

第2章 頻出度 S+

用　法

- バルコニー等の専用使用権に関する規定
- 駐車場の使用に関する規定
- 専有部分の修繕等をする場合の手続

1 専有部分の用途（12条）

H27・28

> **暴力団の排除**のため、暴力団事務所としての使用や、暴力団員を反復して出入りさせる等の行為について禁止する旨の規定を追加することもできます。

1　専有部分の用途と住宅宿泊事業

区分所有者は、その専有部分を**専ら住宅として使用**するものとされ、他の用途（事務所や店舗等）に供してはなりません。

そして、専有部分を、**届出**（住宅宿泊事業法3条1項）を行って営む「**住宅宿泊事業**」（同法2条3項）に使用することについて、そのような使用が「**できる**」（可能とする場合）とするか、「**できない**」（禁止する場合）とするかを、規約で定めます。

> 住宅宿泊事業を営む場合、住宅に人を宿泊させることができる**年間日数**（毎年4月1日正午から翌年4月1日正午まで）の**上限は「180日」**です。

なお、住宅宿泊事業を**禁止**する場合、その実施自体のみならず、**前段階の広告掲載等をも禁止する旨を明確に**するため、「区分所有者は、禁止された用途で使用することを内容とする**広告の掲載その他の募集または勧誘を行ってはならない**」という主旨の規定を置くことも**可能**です。

いわゆる「民泊」には、①旅館業法の「簡易宿所」の許可を得て行うもの、②住宅宿泊事業法（民泊新法）に基づくもの、③条例（民泊条例）によるものがありますが、①は、旅館業営業として行われるものであり、**通常は「専ら住宅として使用」に含まれない**と考えられるため、これを**可能とする場合**には、**その旨を明記**することが望まれます。

> 旅館業法や住宅宿泊事業法に**違反**して行われる事業は、管理規約に「禁止」と明記するまでもなく、**当然に禁止**されます。

2　一定の態様の住宅宿泊事業のみを可能とする場合

マンションが、多数の区分所有者等による共同生活の場であり、その共同生活の維持のための法的手段が区分所有法上特に設けられていることを考慮すると、個別のマンションの事情によっては、**一定の態様の住宅宿泊事業に限って**可能とすること

> 新規分譲時の**原始規約**等において、**住宅宿泊事業の可否を使用細則に委任**することも可能です。

も考えられます。

例えば，①**住宅宿泊事業者が同じマンション内に居住している住民**である等の，いわゆる「家主居住型」の住宅宿泊事業に限り可能とするケースや，②**家主居住型**の住宅宿泊事業（①）のうち，**住宅宿泊事業者が自己の生活の本拠として使用している専有部分において宿泊**させる，いわゆる「家主同居型」に限り可能とするケースの，2つが想定されます。

3　管理組合への届出等

住宅宿泊事業を可能とする場合，**管理組合が事業開始をきちんと把握**することが，**トラブル防止に役立つ**と考えられます。そこで，例えば，「区分所有者は，その専有部分で住宅宿泊事業法2条3項の住宅宿泊事業を実施することを内容とする，同法3条1項の届出を行った場合は，遅滞なく，その旨を**管理組合に届け出なければならない**」等の旨を，**規約に定める**ことも有効です。

専有部分を第三者に貸与する場合，区分所有者は，本来，規約及び使用細則に定める事項を遵守する旨の誓約書を管理組合に提出させなければなりません（➡ **P.147参照**）。しかし，**宿泊者等からの誓約書**については，その**提出義務を免除**する旨を**定める**こともできます。

2　敷地・共用部分等の用法 (13条)

区分所有者は，敷地及び共用部分等を，**通常の用法**（目的に沿った利用法）に従って使用しなければなりません。

「通常の用法」の具体例は，「自転車は，1階の○○に置きます。それ以外の場所に置いてはいけません」といった形で，**使用細則**で定めます。

民法249条は，共有物については各共有者が「**持分に応じて**」使用するものとしていますが，これを**マンションに適用すると不都合**が生じるため，この規定の内容を修正しています。

3 バルコニー等の専用使用権（14条） H27

区分所有者は，バルコニー・玄関扉・窓枠・窓ガラス・1階に面する庭・屋上テラス（「**バルコニー等**」）について，**専用使用権**を有します。この専用使用権には，その対象が敷地または共用部分等の一部であることから，①**それぞれの通常の用法に従って使用すべきこと**，②**管理のために必要な範囲内において他の者の立ち入りを受けることがある**等，利用に関する**制限**があります。

工作物設置の禁止・外観変更の禁止等は，使用細則で物件ごとに規定されます。

これら共用部分等や敷地について設定される専用使用権は，**本来的には「みんなのもの」**でありながら，実際には**特定の区分所有者が利用**するために，特別に認められる権利です。

❗第1編第12章（「重要判例」）8で詳細に解説しています。

例えば，管理組合が，敷地に駐車場を新設するために1階に面する庭（専用庭）の一部を廃止する等，**規約で定められた特定の区分所有者の専用使用権を失わせる場合**は，区分所有法31条1項後段の「規約の設定・変更・廃止が一部の区分所有者に特別の影響を及ぼすべきとき」にあたります。そこで，この場合，**規約変更の特別決議**に加え，**当該区分所有者の個別の承諾も必要**となります。

1 専用使用料の納入

1階に面する庭について専用使用権を有している者は，管理組合に**専用使用料**を納入しなければなりません。また，バルコニー及び屋上テラスがすべての住戸に付属しているのではない場合には，別途専用使用料の徴収について規定することもできます。

2 専有部分の貸与を受けた者の使用

区分所有者から専有部分の**貸与**を受けた者は，その区分所有者が専用使用権を有している**バルコニー等を使用**することができます。

4　駐車場の使用（15条）

H26・28・R2

1　駐車場使用契約

管理組合は，駐車場を，駐車場使用契約によって**特定の区分所有者**に使用させることができ，その者は，管理組合に**駐車場使用料**を納入しなければなりません。

使用者の選定方法や遵守すべき事項等，駐車場使用の詳細は，総会で「駐車場使用細則」を別途定める必要があります。また，駐車場使用契約書の様式も同様に規定し，あらかじめ総会で合意を得ておくことが望まれます。

標準管理規約は，マンションの住戸数に比べて駐車場の収容台数が**不足**している状況を前提にしているため，**使用契約の相手方を「特定の区分所有者」に限定**し，**占有者（賃借人等）と駐車場使用契約を結ぶことを認めていません**。したがって，占有者に対して駐車場を使用させる場合には，**規約の変更**が必要です。

なお，近時は，駐車場の需要の減少により**空き区画**が生じているケースもあります。駐車場収入は，駐車場の管理に要する費用に充てられるほか，修繕積立金として積み立てられるため，**修繕積立金不足への対策**等の観点から，組合員**以外**の者に使用料を徴収した上で使用させる旨を**規約に定める**こともできます。

組合員**以外**の者に駐車場を使用させる場合の税務上の取扱いは，次のとおりです（国税庁見解）。

レベルUP!!

場合	駐車場使用料	事業区分
募集を広く行い，使用料金・使用期間等の貸出条件について，区分所有者と非区分所有者の差異がない場合	**区分所有者**から徴収する駐車場使用料	**収益**事業
	非区分所有者から徴収する駐車場使用料	**収益**事業
区分所有者の使用希望がない場合に**のみ**非区分所有者への**募集**を行い，区分所有者の**使用希望**があれば，非区分所有者は**早期に明け渡す**こととされている場合	**区分所有者**から徴収する駐車場使用料	**非収益**事業
	非区分所有者から徴収する駐車場使用料	**収益**事業
区分所有者の使用希望がない場合でも非区分所有者への**積極的な募集は行わず**，非区分所有者へは臨時的・短期的な貸出しのみ行う場合	**区分所有者**から徴収する駐車場使用料	**非収益**事業
	非区分所有者から徴収する駐車場使用料	**非収益**事業

+1点! この規定は「駐車場使用契約」についてのものですので，「**専用庭等の専用使用部分の使用契約**」には当てはまりません。したがって，専用庭と駐車場を使用している区分所有者が**専有部分を賃貸**した場合，**賃借人**は，専用庭は使用できますが(➡ P.140参照)，駐車場は使用できません。

2　専有部分を譲渡・貸与した場合

区分所有者が，自己所有の**専有部分**を，他の区分所有者や第三者に**譲渡・貸与**した場合は，その区分所有者の**駐車場使用契約**は**失効**します。

3　その他留意事項

① 駐車場使用契約・使用細則には，管理組合が**車両の保管責任を負わない**旨を規定することが望まれます。

② 駐車場使用契約・使用細則等に，**管理費等の滞納等**の規約違反の場合は，契約の**解除**や次回の駐車場使用者の選定時の**参加資格はく奪**ができる旨の**規定を定めることもできます**。

③ 駐車場使用者の選定は，最初の選定時には抽選で，２回目以降の場合には抽選や申込順にする等，**公平な方法**により行います。

また，契約期間終了時に入れ替えるという方法や，契約の更新を認めるという方法等について定めることも可能です。例えば，駐車場使用契約に使用期間を設け，期間終了時に公平な方法により入替えを行うこと（**定期的な入替え制**）が考えられます。

駐車場が全戸分ある場合であっても，平置きか機械式か，または屋根付きの区画があるか否かなど，駐車場区画の位置等により**利便性・機能性に差異**があるような場合には，マンションの具体的な事情に鑑みて，**入替え**を行うことも考えられます。

駐車場区画の位置等による利便性・機能性の差異や，使用料が高額でも特定の位置の駐車場区画を希望する者がいる等の状況に応じて，**柔軟な料金設定**を行うことも考えられます。

④ 駐車場が全戸分ない場合等には，駐車場使用料を近傍の同種の駐車場料金と**均衡**を失しないよう設定する等，区分所有者間の**公平**を確保することが必要です。なお，近傍の同種の駐車場料金との均衡については，**利便性の差異も加味**して考えることが必要です。

5 敷地及び共用部分等の第三者の使用（16条）

H29

管理組合は，敷地や共用部分等の一部について，次の者に使用させることができます。

対象箇所	使用者
管理事務室等，対象物件の管理の執行上必要な施設	管理事務を受託し，または請け負った者
電気室	設備を維持し，及び運用する事業者
ガスガバナー	設備を維持し，及び運用する事業者

+1点! このほか，管理組合は，**総会の決議**を経て，**敷地及び共用部分等（駐車場・専用使用部分を除く）の一部**について，広告塔・看板等の設置等をするために，**第三者に使用**させることができます。

6 専有部分の修繕等（17条）

H26・27・28・29・R1・3・5

1　申請と承認

区分所有者は，**専有部分の修繕等**であって**共用部分または他の専有部分に影響を与えるおそれ**のあるものを行う場合，あらかじめ，**理事長**にその旨を**申請**し，**書面**（電磁的方法が利用可能な場合は電磁的方法でも可）による**承認**を受けなければなりません。この承認申請に当たっては，申請書に**設計図**，**仕様書**及び**工程表**を**添付**する必要があります（**見積書は不要**です）。

この際，**理事長**は，専有部分の修繕等に係る承認の申請について，**理事会の決議**により，その**承認または不承認を決定**しなければなりません。

この場合の「**理事会の決議**」は，**理事の過半数の承諾**があれば，**書面または電磁的方法**により行うことができます。

承認するか否かの判断は，工事が躯体に与える影響や防火・防音等の影響，耐力計算上の問題，他の住戸への影響等を考慮して行います。

用語 修繕等：修繕・模様替えや建物に定着する物件の取付け・取替えのこと。具体的には，**床のフローリング**・ユニットバスの設置，**主要構造部へのエアコンの設置**，配管（配線）の枝管（枝線）の取付け・取替え，**間取りの変更**等が該当します。

承認に当たっては，専門的知識を有する者（建築士・建築設備の専門家）等，**専門家の協力**を得ることを考慮します。特に，**フローリング工事**の場合は，構造・工事の仕様・材料等により周囲の住戸への影響が異なるので，**専門家への確認が必要**です。

工事内容が上下左右の区分所有者に対して**著しい影響**を与えるおそれがある場合には，当該区分所有者の**同意**を必要とすることも考えられます。

なお，**承認の判断**に当たっては，**マンションの高経年化に伴い，専有部分の修繕等の必要性が増加**することも踏まえ，**過度な規制とならないようにすること**等に留意する必要があります。

また，承認の判断に際して，**調査等により特別な費用**がかかる場合には，その**申請者に負担**させることが適当です。

老朽化が進む等，**近い将来に，建替えやマンション敷地売却（建替え等）が想定されるマンション**で，高額な費用をかけて専有部分の大規模な修繕等を行う予定のある区分所有者がいた場合には，その工事から数年後に建替え等の検討が始まると，当該区分所有者にとって**二重の出費**ともなりかねないほか，**合意形成に支障が生ずる可能性**があります。そのため，修繕等について理事長の承認を求めてくる区分所有者に対して，**近い将来に建替え等が検討される可能性がある旨の注意喚起**を行うことが**望まれます**。

なお，注意喚起があった上で，**実際に修繕等を行うか否かは，あくまで当該区分所有者の判断**です。

2　理事長等の立入り・調査

理事長またはその指定を受けた者は，承認・不承認の理事会の決議に必要な範囲内で，修繕等の箇所に**立ち入り**，必要な**調査**を行うことができ，区分所有者は，正当な理由がなければ，これを**拒否してはなりません**。

施工状況を確認するための**立入り・調査**は，工事中の現場で**管理組合の理事等（または組合から依頼を受けた技術者）が行う**ことが考えられます。人手や工期等の問題で実際に立ち会うことが難しい場合には，**抜き打ちで検査**することをアナウンスしたり，工事業者に**写真等の記録を取らせ**，**報告**させたりすることも考えられます。

なお，施工状況を確認する場合，図面の読み方や工事の進め方を知っている外部の専門家の協力が必要になりますが，「**確認が必要なもの**」としては，次のようなものが考えられます。

対象	確認すべき内容
全面リフォームを行う工事	壁・床等をはがして**耐力壁を撤去したりしないか**，工事対象を確認する
●躯体コンクリートにスリーブをあける場合 ●躯体コンクリートにアンカーを打ち込む場合	鉄筋を探査してから穴をあけているか，手順を確認する

この立入り・調査は，「承認・不承認の理事会の決議」をするための調査であるため，基本的には**修繕等の工事が行われる「前」を想定**したものです。もっとも，**工事開始「後」や工事完成「後」**であっても，申請と異なる工事がなされているおそれがある等，**チェックの必要**がある場合には，**さらなる立入り・調査をすることができる**と解されています。

3　専有部分の修繕等に係る共用部分の工事

理事長の承認があった場合，区分所有者は，**承認の範囲内**で，**専有部分の修繕等に係る**共用部分の工事を行うことができます。

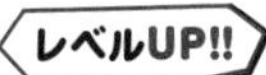

配管（配線）の枝管（枝線）の取付け・取替え工事に当たって，**共用部分内に係る工事**についても，**理事長の承認**を得れば，区分所有者が**行うことができます。**もっとも，**共用部分の重大変更に該当する場合**は，**集会の特別決議**を経ることが必要です。

4　是正措置

区分所有者が，**理事長の承認を受けずに**専有部分の修繕等の**工事**を行った場合，理事長は，是正等のため必要な**勧告・指示・警告**を行うか，その工事の**差止め・排除・原状回復のための必要な措置**等をとることができます。

立入り・調査の結果，理事長に申請または届出を行った内容と**異なる内容の工事**が行われている等の事実が確認された場合も，**同様**です。

2
用法

5　工事後に生じた影響とその責任

理事長の承認を受けた**修繕等の工事後**に，当該工事により**共用部分または他の専有部分に影響**が生じた場合は，当該工事を**発注した区分所有者の責任と負担**により，**必要な措置**をとらなければなりません。

工事を発注する場合には，工事業者と協議した上で，**契約書に事後的な影響が生じた場合の責任の所在と補償等について明記**することが適切です。
また，管理組合等が専有部分の修繕の記録を保管するために，工事業者から**工事完了報告書**等を提出させることも考えられます。

6　承認を要しない修繕等

区分所有者は，**理事長の承認を要しない修繕等**であっても，工事業者の立入り・工事の資機材の搬入・工事の騒音・振動・臭気等，工事の実施中における共用部分または他の専有部分への影響について**管理組合が事前に把握する必要があるもの**を行うときは，**あらかじめ**，**理事長**にその旨を**届け出**なければなりません。

他の居住者等への影響を考慮して，理事長への届出に加えて**工事内容等を掲示**する等の方法により，他の区分所有者等への周知を図ることが適当です。

これは，「承認を**要する**修繕等」の場合と**異なり**，工事の**過程における影響を問題**とするものであって，工事の結果による事後的な影響を問題とする趣旨ではありません。

7 専有部分の貸与（19条）

H26・R2

区分所有者は，その専有部分を第三者に**貸与**する場合，管理規約や使用細則に定める事項を**遵守**させなければなりません。この場合，区分所有者は，①貸与にかかる契約に**規約及び使用細則に定める事項を遵守する旨の条項**を定めるとともに，②契約の相手方に，規約及び使用細則に定める事項を遵守する旨の**誓約書**を，管理組合に**提出**させなければなりません。

貸与を受けた第三者が遵守すべき事項は，区分所有法と同様，「**対象物件の使用に関する事項**」に限られます。

8 暴力団員の排除（19条の2）

H28

専有部分の貸与に関し，**暴力団員への貸与を禁止する旨の規約の規定**を定める場合は，次のようになります。

1 貸与に係る契約の内容

区分所有者は，自己の専有部分を第三者に**貸与**する場合には，次の内容を含む条項を，その**貸与に係る契約に定めなければなり**ません。

① 契約の相手方が**暴力団員ではないこと**，及び**契約後において暴力団員にならないことを確約**すること

② 契約の相手方が**暴力団員であることが判明**した場合には，**何らの催告を要せず**して，区分所有者は**当該契約を解約することができる**こと

③ 区分所有者が②の**解約権を行使しない**とき，**管理組合**は，**区分所有者に代理して解約権を行使することができること**

+1点! 暴力団員とは，暴力団員による不当な行為の防止等に関する法律に規定する暴力団員をいいます。
なお，必要に応じ，**暴力団員そのものだけでなく，暴力団関係者や準構成員等を追加することもできます。**その場合，その範囲について，各都道府県が定めている暴力団排除条例等を参考に規定することが考えられます。

②及び③の前提となる区分所有者の**解約権**は，区分所有者と第三者との間の契約における解除原因に係る**特約を根拠**とするものであり，**管理組合**は，区分所有者から**当該解約権行使の代理権の授与を受けて**（具体的には，次の「**2 管理組合に提出すべき書面**」に規定する**解約権の代理行使を認める書面**の提出を受けた上で），区分所有者に**代理して解約権を行使**します。

なお，管理組合の**解約権の代理行使**については，理事会の決議事項とすることも考えられますが，理事会で決定することを躊躇するケースもあり得ることから，**総会決議によることが望ましい**といえます。

区分所有法上，規約を定めることができるのは「建物またはその敷地もしくは附属施設の『**管理または使用**』に関する区分所有者相互間の事項」に**限定**されています。
そのため，その限界を超える「暴力団員への譲渡」の禁止については，**賃貸契約に係るものと同様の取決めを区分所有者間（賛同する区分所有者同士）で**結ぶといった対応をすることが考えられます。

2 管理組合に提出すべき書面

> 電磁的方法が利用可能な場合には，代理行使を認める書面を**電磁的方法で提供**しても構いません。

区分所有者は，前記**1**③の「**解約権の代理行使を管理組合に認める**」**旨の書面**を提出するとともに，契約の相手方に**暴力団員ではないこと，及び契約後において暴力団員にならないことを確約する旨の誓約書**を，管理組合に提出させなければなりません。

3 敷地内における暴力行為や威嚇行為等に対する措置

> 必要な措置の実行等に当たっては，暴力団関係者か否かの判断や，訴訟等の措置を遂行する上での理事長等の身の安全の確保等のため，**警察当局や暴力追放運動推進センターとの連携が重要**であり，必要に応じて協力を要請することが望まれます。

敷地内における暴力行為や威嚇行為等の禁止については，標準管理規約67条1項の「**共同生活の秩序を乱す行為**」や区分所有法6条1項の「**共同の利益に反する行為**」等に該当するものとして，**法的措置をはじめとする必要な措置**を講ずることが可能です。

コレが重要!! 確認問題

❶ 専用使用権が設定されていなかった屋上テラスに面する住戸の区分所有者に，屋上テラスの専用使用を認め，専用使用料を徴収するものとすると規約に定めることはできない。過 H18

❷ 組合員は，専有部分の賃貸をする場合には，組合員が管理組合と駐車場使用契約を締結し自らが使用している駐車場を，引き続きその賃借人に使用させることはできない。過 R2

❸ 共用部分又は他の専有部分に影響を与えるおそれがない専有部分に係る修繕工事であれば，工事の実施に際し管理組合や理事長に対し特段の手続をとる必要はない。過 H28

❹ 専有部分の修繕工事の申請に対して，理事長が，理事会の決議に基づき承認又は不承認を決定する場合，理事の過半数の承諾があれば，書面又は電磁的方法により理事会の決議を行うことができる。過 H28

❺ 主要構造部にエアコンを直接取り付けようとする場合には，あらかじめ，理事長にその旨を届け出ることにより，実施することができる。過 R1

❻ 専有部分のユニットバス設置工事の実施について，理事長の指定するマンション管理士がその状況を調査するために設置工事等の箇所への立入りを請求した場合において，区分所有者は，正当な理由がない限りこれを拒否できない。過 H21

❼ 区分所有者Aが修繕等につき理事長に承認を申請した場合において，これを承認するかどうかの調査に特別な費用を要するときは，理事長は，Aにその費用を負担させることができる。過 H17

❽ 理事長の承認を受けた修繕等の工事後に，当該工事により共用部分や他の専有部分に影響を生じたときには，管理組合の責任と負担により必要な措置を講じなければならない。過 R3

❾ 賃借人が暴力団員であることが判明した場合において，区分所有者が賃貸借契約を解約しないときは，管理組合は，区分所有者に代理し，解約権を行使することができるとの規約を定められる。過 H28

答 ❶×：バルコニー及び屋上テラスが全住戸に附属していない場合は，別途専用使用料の徴収につき規定することができる。 ❷○ ❸×：届出が必要な場合もある。 ❹○ ❺×：主要構造部にエアコンを直接取り付けるには，届出では足りず，理事長への申請及び（理事会の決議を経たうえでの）書面による承認が必要。 ❻○ ❼○ ❽×：管理組合ではなく「当該工事を発注した区分所有者」の責任と負担。 ❾○

2 用法

第3章 頻出度 S+

管　理

- 敷地や共用部分等の管理
- 管理費や修繕積立金等の充当

1 総則

H26・27・28・29・R1・2・3・4・5

1　敷地及び共用部分等の管理（21条）

（1）敷地及び共用部分等の管理

敷地と，駐車場を含む**共用部分等**の管理は，原則的に，**管理組合**がその責任と負担で行います。ただし，**バルコニー等**の保存行為のうち，**通常の使用に伴うもの**（バルコニーの清掃や窓ガラスが割れた時の入れ替え等）については，**専用使用権を有する者の責任と負担**で行わなければなりません。

バルコニー等（専用使用部分）の「**計画修繕等**」については，**管理組合**がその責任と負担で行います。ただし，バルコニー等の劣化のうち，「長期修繕計画作成ガイドライン」における修繕等の周期よりも**短い期間で発生**したもので，かつ，他のバルコニー等と比較して**劣化の程度が顕著**である場合には，原則として，当該バルコニー等の**専用使用権を有する者**の「**通常の使用に伴う**」ものとして，**その責任と負担において保存行為**を行う必要があります。

この場合であっても，**結果として管理組合による計画修繕の中で劣化が解消**されるのであれば，**管理組合の負担**で行われることとなります。

バルコニー等が破損し，それが**第三者による犯罪行為**等によることが明らかである場合の保存行為は，「**通常の使用に伴わない**」ものであるため，**管理組合がその責任と負担**において行います。ただし，**同居人や賃借人等による破損**は，「**通常の使用に伴う**」ものとして，当該バルコニー等の**専用使用権を有する者が，その責任と負担**において**保存行為**を行わなければなりません。

また，**専有部分である設備**のうち，**共用部分と構造上一体となった部分**（**配管・配線等**）の**管理**を，共用部分の管理と一体として行う必要があるときは，**総会の普通決議を経て**，**管理組合が行**

うことができます。なお，この管理に必要な費用は，「共用設備の保守維持費」として**管理費**を充当できますが，**配管の取替え等**に要する費用のうち**専有部分に係るものは，各区分所有者が実費に応じて負担**すべきとされています。

共用部分と専有部分の配管の**取替えを同時に**行うことで，専有部分の配管の取替えを単独で行うよりも**費用が軽減**される場合には，**一体的に工事**を行うこともできます。
この場合，あらかじめ**長期修繕計画**で専有部分の配管の取替えについて**記載**し，その工事費用を**修繕積立金から拠出**することについて**規約に規定**するとともに，先行して工事を行った区分所有者への**補償の有無**等についても**十分留意**することが必要です。

POINT整理　管理の対象部分と管理する者

管理の対象		管理する者
敷地・共用部分等（駐車場を含む）		管理組合
バルコニー等	保存行為のうち，通常の使用に伴うもの	専用使用権を有する者
	管理のうち，計画修繕等	管理組合
専有部分である設備のうち，共用部分と構造上一体となった部分		区分所有者（総会の普通決議によって管理組合が行うことも可）

（2）区分所有者による敷地・共用部分等の保存行為

区分所有者は，バルコニー等の**保存行為**のうち，通常の使用に伴うものを行う場合，またはあらかじめ理事長に申請して書面による**承認**を受けた場合を**除き，敷地・共用部分等の保存行為を行うことができません**。ただし，**専有部分の使用に支障**が生じ，区分所有者が行う**保存行為の実施が**緊急を要するときは，**行うことができます**。

> この申請及び承認の手続には，**専有部分の修繕等に関する手続**が準用されます。

上記に**違反**して保存行為を行った場合に要した費用は，**当該保存行為を行った区分所有者自身が負担**します。

これは，災害等の緊急時における必要な保存行為について，**理事長**が**単独で判断し実施**できることを定めるものです。

（3）理事長による緊急時の保存行為

理事長は，災害等の**緊急時**においては，**総会または理事会の決議によらずに**，**敷地及び共用部分等の必要な保存行為**を行うことができます。

① 災害等の**緊急時における必要な保存行為**には，a. 共用部分等を**維持**するための**緊急**を要する行為，または b. 共用部分等の**損傷・滅失を防止して現状の維持**を図るための**比較的軽度の行為**が該当します。

【b. の例】

- 給水管・排水管の補修
- 共用部分等の被災箇所の点検
- 破損箇所の小修繕等

② 理事長は，①の「**緊急時の保存行為**」に**必要な費用**を，**総会または理事会の決議によらずに支出**できます。

（4）その他緊急時の対応として規約で定められる措置

災害等の緊急時において，**保存行為を超える応急的な修繕行為の実施が必要**であるにもかかわらず**総会の開催が困難**である場合，**理事会でその実施を決定**できます。しかし，大規模な災害や突発的な被災では，**理事会の開催すらも困難**な場合があるため，そのような場合には，**保存行為に限らず，応急的な修繕行為の実施までも理事長が単独で判断し実施**することができる旨を，**規約において定める**こともできます。

また，理事長をはじめとする組合の役員が対応できない事態に備え，**あらかじめ定められた方法により選任された区分所有者等の判断**により保存行為や応急的な修繕行為を実施できる旨を，**規約において定める**ことも考えられます。

そして，理事長等が単独で判断し実施することができる**保存行為**や応急的な修繕行為に要する費用の**限度額**について，**あらかじめ定めておく**ことも考えられます。

災害等の緊急時における必要な保存行為の実施のほか，専用使用権が設定されていない敷地・共用部分等の**平時の保存行為**について，**理事会の承認を得て理事長が行える**旨や，**少額の保存行為を理事長に一任**する旨を**規約で定める**こともできます。

この場合，理事長単独で判断し実施することができる保存行為に要する**費用の限度額**を，あらかじめ**定めておく**ことができます。

2　窓ガラス等の改良（22条）

共用部分のうち各住戸に附属する窓枠・窓ガラス・玄関扉等の**開口部に係る改良工事**で，防犯・防音・断熱等の**住宅の性能の向上等に資するもの**については，管理組合が，**計画修繕**として実施します。

例えば，防犯・防音・断熱性等がより優れた複層ガラスやサッシ等への交換，既設のサッシへの内窓または外窓の増設等です。

区分所有者は，**管理組合が当該工事を速やかに実施できない場合**には，**あらかじめ理事長に申請して書面**（電磁的方法が利用可能な場合は電磁的方法でも可）**による承認**を受けることにより，工事を**その区分所有者の責任と負担において実施**することができます。なお，この申請・承認の手続については，**専有部分の修繕等に係る手続が準用**されます（➡ P.143 参照）。

+1点! 個々の専有部分に係る開口部（共用部分）の改良工事について，その方法や材質・形状等に問題のないものは，**施工の都度総会の決議を求めるまでもなく**，専有部分の修繕等における手続と同様の手続により実施することを可能とする趣旨です。

各区分所有者による**開口部に係る改良工事**は，例えば，「泥棒に入られたから防犯性能を向上させたい」「結露から生じたカビやダニによるシックハウス問題への対策として断熱性を向上させたい」といった，**一部の住戸で緊急・重大な必要性**が生じた場合が想定されます。

3　必要箇所への立入り（23条）

（1）平時の立入り

敷地及び共用部分等の管理を行う者（管理組合等）は，管理のために必要な範囲内で，他の者が管理する専有部分，または専用使用部分への**立入りを請求**できます。この場合，立入りを請求された者は，正当な理由がなければ，これを拒否できません。また，**正当な理由なく立入りを拒否**した者は，その結果生じた**損害を賠償する必要**があります。

（2）緊急時の立入り

理事長は，災害，事故等が発生した場合であって，**緊急に**立ち入らないと共用部分等または他の専有部分に対して物理的にまたは機能上**重大な影響**を与えるおそれがあるときは，専有部分または専用使用部分に**自ら立ち入り**，または**委任した者に立ち入らせる**ことができます。

この実効性を高めるため，管理組合が**各住戸の合い鍵**を預かっておくことを定めることも考えられますが，**プライバシー**の問題等があることから，**各マンションの個別の事情を踏まえて検討する必要**があります。

緊急の立入りが認められるのは，災害時等における共用部分に係る緊急的な工事に伴い必要な場合や，専有部分における大規模な水漏れ等，そのまま**放置**すれば，他の専有部分や共用部分に対して**物理的にまたは機能上重大な影響を与えるおそれがある場合に限られます。**

（3）原状回復義務

立入りをした者は，速やかに立入りをした箇所を原状に復さなければなりません（**原状回復義務**）。

この「**原状回復義務**」は，緊急性に基づかない立入りの場合はもちろん，**緊急性に基づく立入りの場合でも生じます。**

4　損害保険（24条）

+1点! **理事長**は，保険金額の請求及び受領について，**区分所有者を代理**します。

区分所有者は，共用部分等に関し，管理組合が火災保険，地震保険その他の損害保険の契約を締結することを**承認**します。

区分所有法上，損害保険の付保には**集会の普通決議**が必要ですが，**普通決議事項**は，**原則として規約で条件を変更できます。そこで，標準管理規約では，**「区分所有者は…承認する」，つまり「総会の決議を**不要**」としました。
一般に，損害保険の付保は区分所有者の利益になるため，総会の決議を経る手間を省いたわけです。

2 費用の負担

H26・27・28・30・R1・2・4・5

1　管理組合に納入すべき費用（25条）

区分所有者は，敷地及び共用部分等の管理に要する経費に充てるため，①**管理費**，②**修繕積立金**の２つの費用（「**管理費等**」）を，管理組合に納入しなければなりません。

なお，管理費等の額については，各区分所有者の**共用部分の共有持分に応じて算出**します。この場合，**使用頻度等を勘案せず**，一律に共用部分の持分割合によって管理費等の額を定めます。

管理費のうち，管理組合の運営に要する費用（**役員活動費**等）は，**組合費**として，**管理費とは分離して徴収**することもできます。

レベルUP!!

議決権割合の設定方法を「**一戸一議決権**」や「**価値割合**による」（➡ **P.177～参照**）とした場合であっても，**管理費等の負担額**については議決権とは連動させず，**共用部分の共有持分（専有部分の床面積の割合等）に応じて算出する**ことができます。

2　承継人に対する債権の行使（26条）

管理組合が管理費等について有する債権は，区分所有者の**特定承継人**に対しても行うことができます。

3　管理費（27条）

管理費は，次の「通常の管理に要する経費」に充当します。

① **管理員人件費**

② **公租公課（管理組合が支払う税金等）**

③ **共用設備の保守維持費・運転費**

④ **備品費・通信費その他の事務費**

⑤ **共用部分等に係る火災保険料，地震保険料その他の損害保険料**

⑥ **経常的な補修費**

⑦ **清掃費，消毒費及びごみ処理費**

⑧ **委託業務費**

＋1点! ④は，例えば，ＷＥＢ会議システムで理事会が開催できるようにするための理事全員分の器材一括購入費用（＝パソコン数台を購入する費用）等が該当し，管理費から支出します。

例えば，共用階段のすべり止めに数箇所の剥離が生じた場合の補修の費用など，**補修費であっても経常的なものは，管理費を充当します。**

+1点! 「⑩管理組合の運営に要する費用」には，役員活動費も含まれます。

⑨ **専門的知識を有する者の活用に要する費用**

⑩ **管理組合の運営に要する費用**

⑪ **その他32条に定める管理組合の一般的な業務に要する費用（28条に規定する「特別の管理に要する経費」を除く）**

（1）コミュニティ形成の費用について

従来「コミュニティ活動」と称して行われていたもののうち，例えば，**マンションやその周辺における美化や清掃，景観形成，防災・防犯活動，生活ルールの調整等**で，その**経費に見合ったマンションの資産価値の向上がもたらされる活動**は，区分所有法3条の管理組合の目的である**「建物並びにその敷地及び附属施設の管理」の範囲内**で行われる限りで，**可能**です。

例えば，**一部の者のみに対象が限定されるクラブやサークル活動経費，主として親睦を目的とする飲食の経費等**は，マンションの管理業務の範囲を超え，マンション全体の資産価値向上等に資するともいい難いため，区分所有者全員から強制徴収する管理費をそれらの費用に充てることは適切ではなく，**管理費とは別に，参加者からの直接の支払や積立て等によって費用を賄うべき**といえます。

（2）管理組合と自治会・町内会等との関係

管理組合は，区分所有法3条に基づき，区分所有者全員で構成される**強制加入の団体**であり，居住者が任意加入する地縁団体である**自治会や町内会等とは異なる性格の団体**です。そのため，管理組合と自治会，町内会等との活動を**混同することのないよう注意**しなければなりません。

各居住者が各自の判断で自治会または町内会等に加入する場合に支払うこととなる**自治会費または町内会費等**は，地域住民相互の親睦や福祉，助け合い等を図るために**居住者が任意に負担**するものであり，マンションを維持・管理していくための費用である**管理費等とは別のもの**です。

そこで，**自治会費または町内会費等を管理費等と一体で徴収し**ている場合には，**次の点に留意すべき**といえます。

① 自治会または町内会等への加入を**強制するものとならないようにする**こと

② 自治会または町内会等への**加入を希望しない者から自治会費または町内会費等の徴収を行わない**こと

③ 自治会費または町内会費等を管理費とは**区分経理**すること

④ 管理組合による自治会費または町内会費等の**代行徴収に係る負担について整理**すること

4　修繕積立金（28条）

管理組合は，各区分所有者が納入する修繕積立金を積み立て，次の「**特別の管理に要する経費**」に**充当する場合に限って**取り崩すことができます。

① 一定年数の経過ごとに計画的に行う修繕

② 不測の事故その他特別の事由により必要となる修繕

③ 敷地・共用部分等の変更

④ 建物の建替え及びマンション敷地売却（建替え等）に係る合意形成に必要となる事項の調査

⑤ その他敷地・共用部分等の管理に関し，区分所有者全体の利益のために特別に必要となる管理

＋1点! **建替え等に係る調査に必要な経費**の支出は，**管理費から支出**する旨を管理規約に規定することもできます。

+1点! 分譲会社が分譲時に購入者から一括して徴収する**修繕積立基金**や，修繕時に徴収される**一時負担金**も，**修繕積立金**として積み立てられ，区分経理されるべきものです。

管理組合は，**特別の管理に要する経費に充てるために借入れ**をしたときは，**修繕積立金**をその償還に充てることができます。なお，修繕積立金は，管理費と**区分して経理**しなければなりません。

標準管理規約上，「**管理費が不足した場合**」における**借入れの規定はありません。**管理費は日常的な費用に充当するものであるため，その不足を借入れで補う自転車操業は望ましくなく，管理費の額の値上げや一時金の徴収等で対処すべきだからです。他方，修繕にかかる費用は額も大きいことから，「**修繕積立金が不足する場合**」については，**借入れに関する規定があります。**

機械式駐車場を有する場合は，その維持及び修繕に多額の費用を要するため，管理費及び修繕積立金とは**区分して経理**することも**可能**です。

5　使用料（29条）

駐車場・その他の敷地及び共用部分等に係る**使用料**は，**それらの管理に要する費用**に充てるほか，**修繕積立金**として積み立てます。

「『**それらの**』**管理に要する費用**」とあるので，例えば，**駐車場使用料**は，まず**駐車場の管理に要する費用**に充当されることとなります。「**管理組合の通常の管理に要する費用**」に充当されるわけではありません。

コレが重要!! 確認問題

❶ 専用使用権が設定されているバルコニーの手すりの経年劣化に対し補修塗装を要する場合，専用使用権者の責任と負担においてこれを行わなければならない。過 H20

❷ あらかじめ長期修繕計画において専有部分の配管の取替えについて記載し，その工事費用を修繕積立金から拠出することについて規約に規定しておくことにより，修繕積立金を取り崩すことができる。過 R4

❸ 専有部分の内装工事とあわせて防犯上の観点から玄関扉を交換する工事の申請があった場合において，管理組合が計画修繕として同等の工事を速やかに実施できないときには，申請者はあらかじめ理事長の書面による承認を受けることにより，当該工事を自己の責任と負担において実施することができる。過 R3

❹ 落雷により共用部分である電気設備について生じた損害について，管理組合が締結していた損害保険契約に基づき保険金額を請求し，受領するには，理事長は，理事会の決議を経なければならない。過 H22

❺ 管理費の滞納がある区分所有者が専有部分を売却する場合において，売買契約書に売主側が売買代金から滞納管理費を支払う旨の定めがあるときは，管理組合は，買主である新区分所有者に対し，滞納管理費の支払を請求することはできない。過 H27

❻ 建物の建替えに係る合意形成に必要となる事項の調査費用については管理費から支出することとされているが，各マンションの実態に応じて，修繕積立金から支出する旨を規約に定めることもできる。過 H30

❼ ＷＥＢ会議システムで理事会が開催できるようにするための理事全員分の器材一括購入費用は，修繕積立金を取り崩して充当することができる。過 R4

❽ 管理組合は，近隣の自治会とも連携して地域住民と一体的に行われる防災訓練の費用について，マンション住民の避難訓練に相当する分を，管理費から拠出することができる。過 R5

管 ❶×：バルコニー等の保存行為については，通常の使用に伴うもの（清掃等）を除き，管理組合の責任と負担で行う。　❷○　❸○　❹×：理事長は，損害保険契約に基づく保険金額の請求及び受領について，区分所有者を代理する。理事会の決議は必要とされていない。　❺×：売主と買主の間だけでこのような定めをしても管理組合には対抗できず，管理組合は買主（特定承継人）である新区分所有者に支払を請求できる。　❻×：「管理費」と「修繕積立金」が逆であれば正しい。　❼×：修繕積立金を取り崩すことはできず，管理費から充当する。　❽○

第4章 頻出度 S+

管理組合

●管理組合の業務
●役員の任期と業務

1 組合員（30条，31条）

R2・4

区分所有者が**死亡**した場合，管理組合は，遺産分割前であっても，組合員の得喪の届出を求めることができます。

組合員の資格は，区分所有者となったときに取得し，区分所有者でなくなったときに喪失します。そして，新たに組合員の資格を取得・喪失した者は，直ちにその旨を，**書面**（電磁的方法が利用可能な場合は**電磁的方法でも可**）**により**管理組合に**届け出**なければなりません。

2 管理組合の業務

H28・R4

管理組合は，これらの業務の全部または一部を，マンション管理業者等の第三者に委託することができます。

1 管理組合の業務（32条）

管理組合は，建物・敷地・附属施設の管理のため，次の業務を行います。特に③が重要です（後述）。

① 管理組合が管理する敷地及び共用部分等（「組合管理部分」）の保安・保全・保守・清掃・消毒・ごみ処理

② ①の「組合管理部分」の修繕

③ **長期修繕計画の作成・変更に関する業務，長期修繕計画書の管理**

④ 建替え等に係る合意形成に必要となる事項の調査に関する業務

⑤ 宅地建物取引業者から交付を受けた設計図書の管理
（マンション管理適正化法103条1項による）

⑥ **修繕等の履歴情報の整理・管理等**

⑦ 共用部分等に係る火災保険・地震保険等の損害保険に関する業務

⑧ 区分所有者が管理する専用使用部分について管理組合が行

うことが適当であると認められる管理行為

⑨　敷地・共用部分等の変更・運営

⑩　修繕積立金の運用

⑪　官公署・町内会等との渉外業務

⑫　マンション及び周囲の風紀・秩序・安全の維持，防災，居住環境の維持・向上に関する業務

⑬　広報，連絡業務

⑭　管理組合の消滅時における残余財産の清算

⑮　その他建物・その敷地・附属施設の管理に関する業務

2　長期修繕計画の作成・変更に関する業務及び長期修繕計画書の管理（前記1③）

（1）長期修繕計画の内容

長期修繕計画には，次の内容が，最低限定められていなければなりません。

① 計画期間が**30年以上で，「かつ」大規模修繕工事が2回含まれる期間以上**とすること

② 計画修繕の対象となる工事として外壁補修，屋上防水，給排水管の取替え，窓・玄関扉等の開口部の改良等が含まれ，さらに**各部位ごと**に修繕周期，工事金額等が定められているものであること

③ 全体の工事金額が定められたものであること

なお，長期修繕計画の内容は，**定期的な見直し**をすることが必要です。

「長期修繕計画の見直し」とは，**「見直しの時点からあらためて30年以上」**ということを意味しています。
例えば，30年の長期修繕計画を作成した場合，見直しは，**残りの期間のみの見直しではなく，見直しの時点から再度30年以上の計画期間の長期修繕計画を作成する形で行います。**

(2) 長期修繕計画と劣化診断（建物診断）

管理組合は，長期修繕計画の作成変更・修繕工事の実施の前提として，**劣化診断**（**建物診断**）を併せて行う必要があり，その経費の充当は，次のように規定されています。

（○＝可能，×＝不可能）

経費の内容	管理費からの支出	修繕積立金からの支出
① 長期修繕計画の作成・変更に要する経費	○（どちらからでも可能）	
② 長期修繕計画の作成等のための劣化診断（建物診断）に要する経費		
③ 修繕工事の前提としての劣化診断（建物診断）に要する経費	原則 ×	原則 ○

建物診断（劣化診断）の経費には，**2つの種類**があることに注意しましょう。すなわち，上記表中の「②長期修繕計画作成等のための**劣化診断（建物診断）に要する経費**」と「③修繕工事の前提としての**劣化診断（建物診断）に要する経費**」です。
②は，管理組合の財産状態等に応じて**管理費または修繕積立金のどちらからでも支出することができます**。他方，③は，**修繕工事の一環としての費用**であることから，**原則として修繕積立金から取り崩す**とされています。

3 専門的知識を有する者の活用（34条）

管理組合は，マンション管理士その他**マンション管理に関する各分野の専門的知識を有する者**に，管理組合の運営その他マンションの管理に関し，相談・助言・指導その他の援助を求めることができます。

4 役員（35条）

H26・27・28・29・30・R1・2・3・4・5

1 管理組合に置くべき役員

管理組合には，次の**役員**を置きます。

① **理事長**
② **副理事長 ○名**
③ **会計担当理事 ○名**
④ **理事（理事長，副理事長，会計担当理事を含む）○名**
⑤ **監事 ○名**

理事の員数は，おおむね10～15戸につき1名選出します。また，員数の範囲は，「最低3名程度，最高20名程度」または「○～○名」と幅を持たせて定めることができます。

標準管理規約上の**管理組合**は，「権利能力なき社団」であることが想定されていますが，**役員として意思決定を行えるのは自然人**であり，**法人そのものは役員になることができない**と解すべきとされています。したがって，法人が区分所有する専有部分があるマンションにおいて，**法人関係者が役員**になる場合には，**管理組合役員の任務の遂行を当該法人の職務命令として受けた者を選任**することが一般的に想定されます。

外部専門家として役員を選任する場合で，法人・団体等から**派遣**を受けるときも，同様に，当該法人・団体等から**指定された者（自然人）を選任**することが想定されます。
なお，**法人の役職員が役員**になった場合においては，特に**利益相反取引**について**注意**が必要です。

4 管理組合

なお，**200戸を超え，役員数が20名を超えるような大規模なマンション**では，理事会のみで実質的な検討を行うのが難しいといえます。そこで，**理事会の中に部会**を設け，**各部会に理事会の業務を分担して実質的な検討を行う**といったような，複層的な組織構成，役員の体制を検討する必要があります。

この場合，理事会の運営方針を決めるため，**理事長，副理事長**（**各部の部長と兼任**するような組織構成が望ましいです）による**幹部会**を設けることも有効です。

理事会運営細則を別途定め，部会を設ける場合は，**理事会の決議事項につき決定**するのは，**あくまで，理事全員による理事会**であることを明確にする必要があります。部会の担当業務とされた事項の決議を，そのまま理事会決議に**代えることはできません。**

（1）理事長（38条）

理事長は，区分所有法に定める**管理者**とされ，管理組合を代表し，その業務の統括や次の業務を遂行します。

> ① **規約，使用細則等または総会・理事会の決議により，理事長の職務として定められた事項**
>
> ② **理事会の承認を得て，職員を採用・解雇すること**

これは，理事長が職務の執行の状況を**理事会**に**定期的**に（例えば，「3ヵ月に1回以上」等）**報告**すべき旨を定めたものです。

理事長は，**通常総会**において，組合員に対し，**前会計年度**の管理組合の**業務の執行に関する報告**をしなければなりません。

また，理事長は，○ヵ**月に1回以上**，**職務の執行の状況を理事会に報告**しなければなりません。

用語

WEB会議システム等：電気通信回線を介して，即時性及び双方向性を備えた**映像及び音声**の通信を行うことができる会議システム等のこと。

ＷＥＢ会議システム等を用いて**通常総会**を開催する場合，理事長は，**ＷＥＢ会議システム等を用いて出席し報告を行うこともできますが**，これを用いない場合と同様に，**各組合員からの質疑への応答等について適切に対応**することが必要です。
また，ＷＥＢ会議システム等を用いて**理事会**を開催する場合も，理事長は，**各理事からの質疑への応答等について適切に対応**する必要があります。

なお，理事長は，**理事会の承認**を受けて，**他の理事**に，その職務の**一部を委任**することができます。

> 例えば，理事長は，理事会の承認を得て，総会における事務報告の一部を会計担当理事に委任し，報告させることもできます。

管理組合と理事長との**利益が相反**する事項については，理事長は，**代表権を有しません。**この場合は，**監事**，または**理事長以外の理事**が管理組合を**代表**します。

（2）副理事長（39条）

副理事長は，**理事長を補佐**し，理事長に事故があるときは，その職務を**代理**し，理事長が欠けたときは，**その職務を行います**。

> 例えば，理事長に事故があって総会に出席できない場合には，副理事長が，理事長を**代理**して**総会の議長**となります。

副理事長が理事長の職務を代理等する場合，**個々の代理行為**について**理事会の承認**は**不要**です。

（3）理事・会計担当理事（40条）

理事は，理事会を構成し，理事会の定めるところに従い，管理組合の業務を担当します。理事は，管理組合に**著しい損害を及ぼすおそれのある事実**があることを発見したときは，**直ちに**，その事実を**監事に報告**しなければなりません。

> 理事に対し，**監事に報告する義務**を課すことで，**監事による監査の実施を容易に**するために規定したものです。

そして，理事のうち**会計担当理事**は，管理費等の収納・保管・運用・支出等の会計業務を行います。

（4）監事（かんじ）（41条）

監事は，管理組合の業務の執行と財産の状況を**監査**し，その結果を**総会に報告**しなければなりません。こうした監査の実効性を高めるため，監事は，**いつでも**，**理事**及び理事長が採用した**職員**に対して**業務の報告**を求め，または**業務及び財産の状況の調査**をすることができます。さらに，業務執行・財産状況に**不正**があると認めるときは，**臨時総会を招集**することができます。

> **調査・報告**には，理事が総会に提出する議案を調査し，その結果，法令・規約に違反し，または著しく不当な事項があった場合の総会への報告が含まれます。

また，監事は，**理事会に出席**し，**必要**があると認めるときは，**意見を述べなければなりません**。

4 管理組合

従来は「出席して意見を述べることが**できる**」（任意）と定められていましたが，**監事による監査機能の強化**のため，**理事会への出席義務**を課すとともに，**必要があるときは，意見を述べなければならない**とされました。ただし，理事会は，招集手続を経た上で所定の要件を満たせば開くことが可能であり，仮に**監事が出席しなかった**としても，**理事会における決議等の有効性には影響しません。**

監事は，**理事が不正の行為**をし，もしくはするおそれがあると認めるとき，または法令・規約・使用細則等・総会の決議・理事会の決議に**違反**する事実や**著しく不当**な事実があると認めるときは，遅滞なく，その旨を**理事会に報告**しなければなりません。

> 監事から理事会への**報告**が行われた場合には，理事会は，当該事実について**検討**しなければなりません。

また，**監事**は，理事の不正行為等を**理事会に報告**するため，**必要**があると認めるときは，**理事長**に対し，**理事会の招集を請求**することができます。そして，この請求があった日から**5日以内**に，その請求があった日から**2週間以内**の日を会日とする理事会の招集の通知が発せられない場合，請求をした**監事**は，**理事会**を**招集**することができます。

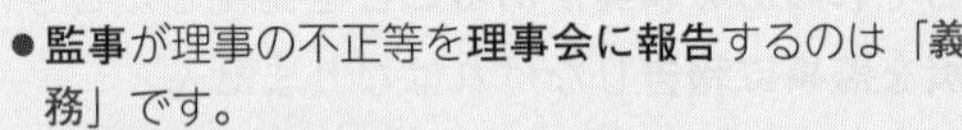

- **監事**が理事の不正等を**理事会に報告**するのは「**義務**」です。
- 他方，**監事**は，理事の不正等を理事会に報告するために，理事長に対して**理事会の招集を請求**することができますが，所定の期間内に理事長から理事会の**招集通知が発せられない**場合における，**監事による理事会の招集**は「**義務ではなく任意**」です。

2　役員の選任・解任と役割分担（35条，48条）

（1）外部専門家を役員として選任しない場合

理事・監事は，総会の決議（普通決議）によって，**組合員**のうちから**選任・解任**します。そして，**理事長・副理事長・会計担当理事**は，理事会の決議によって，**理事**のうちから選任・解任します。

> 役職解任に関する理事会の決議も，ＷＥＢ会議システム等によって行うことができます。

この場合，役員資格は「**組合員**」との限定があるため，組合員以外の者（賃借人等の占有者）は役員になれません。しかし，組合員であればよく，現にその建物に**居住している必要はありません**。なお，マンションの実態に応じて「現に居住する組合員」とする等，**居住要件を加えることも可能**です。

（2）外部専門家を役員として選任する場合

理事・監事は，総会の決議（普通決議）によって，**選任・解任**します。そして，**理事長・副理事長・会計担当理事**は，**理事会の決議**によって，**理事**のうちから**選任・解任**します。

組合員**以外**の者から理事・監事を選任する場合の**選任方法**については，**細則**で定めます。

（1）と異なり，総会の決議で選任・解任する対象が「**組合員のうちから**」**と限定されていない**点がポイントです。
なお，法人・団体から外部の専門家の派遣を受ける場合には，**派遣元の法人・団体等による報告徴収や業務監査または外部監査**が行われることを選任の要件として，**細則**で定めることができます。

これは，外部の専門家を役員として選任する場合には，その者が期待された能力等を発揮して管理の適正化・財産的価値の最大化を実現しているか**監視・監督する仕組み**が必要だからです。

3　役員の任期等（36条）

（1）役員の任期と地位

役員の任期は，任意に「○年」とされ，再任も可能です。なお，**補欠**の役員の任期は，**前任者の残任期間**となります。

役員の任期は，組合の実情に応じて**1～2年で設定**し，選任にあたっては，その**就任日及び任期の期限を明確**にします。なお，**業務の継続性**を重視して役員を「**半数改選**」とするのも良く，その場合，任期は「**2年**」とします。

任期の満了または**辞任**によって**退任**する役員は，職務執行の空白を避けるため，後任の役員が就任するまで，引き続き職務を行わなければなりません（**職務継続義務**）。

また，専有部分の売却等により，役員が**組合員ではなくなった**場合には，その役員は**役員としての地位を失います**。

- **職務継続義務**は，「任期満了」か「辞任」を原因として退任する場合に生じ，「**解任**」により退任した場合は，**職務継続義務は生じません**。辞めさせたのに次の役員が決まるまで職務を継続させるのは矛盾するからです。
- **専有部分の売却**等により，組合員としての地位を失った場合は，そもそも役員となる資格（組合員）を失うため，職務継続義務は**生じません**。

なお，**外部専門家を役員として選任**する場合の規定は，「**選任（再任を除く）の時に組合員であった役員が組合員でなくなった**場合には，その役員はその**地位を失う**」とします。

外部専門家として選任された役員は，組合員としてではなく**専門家としての地位に着目して役員に選任**されています。そこで，もし外部専門家が役員に選任された後に組合員となり，その後，その外部専門家が組合員でなくなった場合に，**役員の地位を失う**ことにならないよう，「**選任の時に組合員であった役員**」と**限定**しています。

（2）役員が任期途中で欠けた場合

役員が任期途中で欠けた場合，**総会の決議**で**新たな役員を選任**することができますが，**規約**において，あらかじめ補欠を定めて**おくことができる旨を規定する**など，**補欠の役員の選任方法**について定めておくことが望まれます。

また，組合員である役員が転出・死亡等により任期途中で欠けた場合には，**組合員から補欠の役員を理事会の決議で選任**できる旨を**規約に規定することもできます**。

4　役員の欠格条項（36条の2）

次のいずれかに該当する者は，役員となることができません。

破産者でも復権を得れば，役員になれます。

① **精神の機能の障害**により役員の職務を適正に執行するに当たって**必要な認知，判断及び意思疎通を適切に行うことができない者**，または**破産者で復権を得ないもの**

② **禁錮以上の刑**に処せられ，その執行を終わり，またはその執行を受けることがなくなった日から**5年**を経過しない者

③ **暴力団員等**（暴力団員または暴力団員でなくなった日から**5年**を経過しない者をいう）

外部専門家からの役員の選任について，細則で選任方法を定めることとする場合，前記欠格事由**以外**に，次のような**役員の欠格条項**を定めます。

【個人の専門家の場合**】**

- マンション管理士の**登録の取消し**または当該分野に係る資格について同様の処分を受けた者

【法人から専門家の派遣を受ける場合（個人の専門家の場合に加えて)**】**

- **銀行取引停止処分**を受けている法人から派遣される役職員
- 管理業者の**登録の取消し**を受けた法人から派遣される役職員

5　役員の誠実義務等（37 条）

役員は，法令・規約・使用細則やその他細則（**使用細則等**）並びに総会・理事会の決議に従い，組合員のため，誠実にその職務を遂行しなければなりません。

そして，役員は，**別に定めるところ**により，その活動に応ずる**必要経費の支払と報酬**を受けることができます。

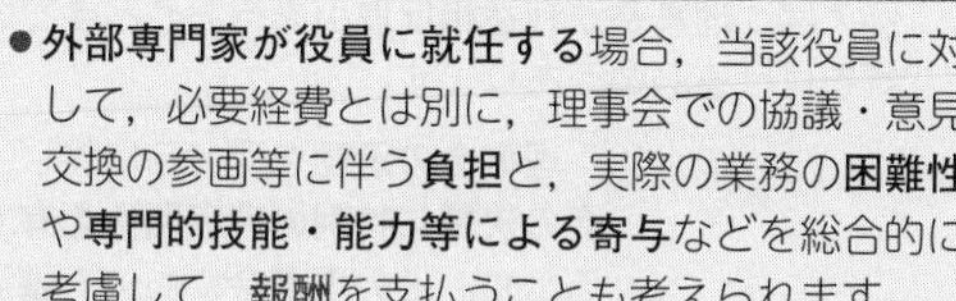

- **外部専門家が役員に就任する**場合，当該役員に対して，必要経費とは別に，理事会での協議・意見交換の参画等に伴う**負担**と，実際の業務の**困難性**や**専門的技能・能力等による寄与**などを総合的に考慮して，**報酬**を支払うことも考えられます。

- 外部専門家の役員就任に当たっては，判断・執行の誤りによる財産毀損に係る**賠償責任保険**への加入に努め，保険限度額の充実等にも努めるべきです。さらに，**故意・重過失**による財産毀損は，保険の**対象外**のため，財産的基礎の充実による**自社（者）補償**や積立て等による**団体補償**の検討等にも取り組むよう努める必要があります。

6　利益相反取引の防止（37条の2）

役員は，次の場合には，理事会で当該取引につき**重要な事実を開示**し，その**承認を受けなければなりません**。

> ①　**その役員が自己または第三者のために管理組合と取引**をしようとするとき
>
> ②　**管理組合が**，その役員**以外**の者との間で，**管理組合とその役員との利益が相反する取引**をしようとするとき

役員は，**マンションの資産価値の保全**に努めなければならず，**管理組合の利益を犠牲にして自己または第三者の利益を図ることがあってはなりません**。とりわけ，**外部専門家の役員就任**を可能とする選択肢を設けたことに伴い，このようなおそれのある取引に対する**規制の必要性**が高くなっています。

そこで，役員が，**利益相反取引（直接取引または間接取引）**を行おうとする場合には，理事会で当該取引につき**重要な事実を開示し，承認を受けなければならない**と定められています。

例えば，**理事長が利益相反取引**を行おうとする場合，以下の点に気を付ける必要があります。

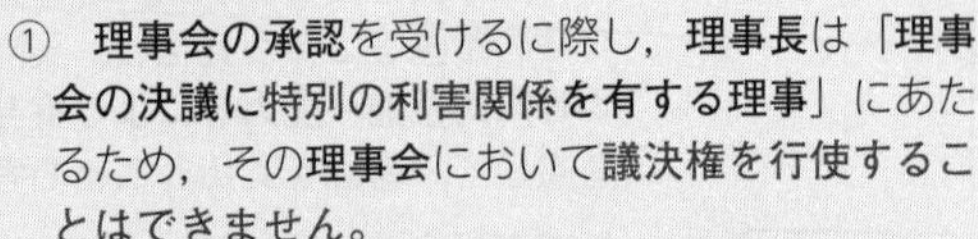

①　**理事会の承認**を受けるに際し，**理事長**は「**理事会の決議に特別の利害関係を有する理事**」にあたるため，その**理事会**において**議決権**を行使することはできません。

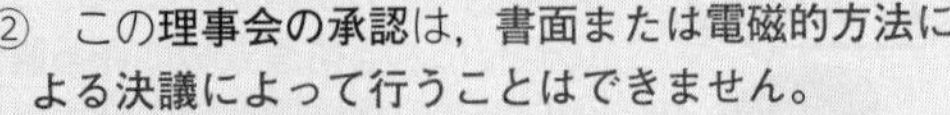

②　この**理事会の承認**は，**書面または電磁的方法による決議によって行うことはできません**。

③　**理事会で承認**が得られても，利益相反行為をしようとしている**理事長**は，**当該取引では代表権を有しません**。この場合は，**監事または他の理事**が管理組合を**代表して取引（契約）**することになります。

コレが重要!! 確認問題

❶　長期修繕計画書及び修繕履歴情報は，理事長が保管し，かつ，所定の掲示場所に，保管場所を掲示しなければならない。過 H25

❷　長期修繕計画の見直しに要する経費の充当については，修繕積立金から取り崩さなければならない。過 H23

❸　総会では，その合計人数に相当する役員を，役員の職務を決めずに選任し，その役員の互選により理事長，会計担当理事，理事及び監事を決定することができる。過 H22

❹　管理者である理事長に管理費等の横領などの不正の疑いがあり，かつ，通常総会の招集すらしないので，他の役員や組合員は，理事長を解任する方法を検討している。この場合において，理事会が，理事会決議により，理事長の職を解任し，かつ，理事としての資格を失わせ，改めて理事の互選により新たな理事長を選任することができる。過 H19

❺　標準管理規約では，「暴力団員又は暴力団員でなくなった日から２年を経過しない者は役員にはなれない」とされている。過 H28

❻　その所有する住戸を他に売却した理事長は，次の理事長が選任されるまでの間，引き続きその職務を行う。過 H19

❼　理事長は，組合員からの要請があれば，その都度，その組合員に対し，管理組合の業務の執行に関する報告をしなければならない。過 H23

❽　管理組合が，理事長が代表取締役を務める施工会社と工事請負契約を締結しようとする場合における，理事会の承認に関する次のア～ウは正しいか。過 H28

ア　理事会の承認が得られても，理事長は当該取引では代表権を有しないので，監事か他の理事が，管理組合を代表して契約することになる。

イ　この理事会で決議を行う場合，理事の過半数の承諾があれば，書面又は電磁的方法による決議により行うこともできる。

ウ　この理事会で決議を行う場合，理事長は議決権を行使することはできない。

答　❶×：「保管場所の掲示が必要」との規定はない。　❷×：管理費・修繕積立金のどちらからでも可能である。　❸×：監事の選任は，あくまで総会の決議事項である。　❹×：理事長は理事の互選で選任されているため，理事長の職を解くことは理事会決議で可能だが，理事としての地位は総会で選ばれたことによるため，理事会で理事の地位を失わせることまではできない。　❺×：「2年」でなく「5年」である。　❻×：組合員でなくなった場合は，職務継続義務は生じない。　❼×：理事長は，組合員からの個別の要請に応じてその都度報告をする義務はない。　❽ア○，イ×：利益相反取引に関する理事会の承認は，書面又は電磁的方法による決議によることは不可。ウ○

4　管理組合

第5章 頻出度 S+

総　会

- 総会の招集手続
- 総会における議決
- 総会の議事録等

1 総会（42条）

H26・29・R1・5

> 通常総会及び臨時総会は，いずれも**区分所有法上の「集会」**です。

管理組合の総会には，**通常総会**と**臨時総会**の２種類があり，どちらも組合員全員で組織されます。

理事長は，通常総会を，毎年１回，**新会計年度開始以後２ヵ月以内**に招集しなければなりません。また，必要と認める場合には，**理事会の決議**を経て，**いつでも臨時総会を招集**することができます。

> 総会において議長を選任する旨の定めをすることも可能です。

また，総会の**議長**は，原則として，**理事長**が務めます。

区分所有法の「管理者は，少なくとも毎年１回集会を招集しなければならない」との規定は，「**頻度**」についてのもので，開催すべき「**時期**」には言及していません。しかし，前年度の決算の承認や当年度の予算の承認は早い段階でしたほうが良いため，標準管理規約では，通常総会の招集を「**新会計年度開始以後２ヵ月以内**」としています。

なお，**災害や感染症の感染拡大等への対応**として，**ＷＥＢ会議システム等**を用いて会議を開催することもできますが，**やむを得ない場合**には，通常総会を必ずしも「新会計年度開始以後２ヵ月以内」に招集する必要はなく，**これらの状況が解消された後，遅滞なく招集すれば足りる**とされています。

標準管理規約では，**ＷＥＢ会議システム等を用いた総会・理事会**について，それを**可能とすることを明確化**する観点から**規定**が置かれています。
もっとも，ＷＥＢ会議システム等を用いた参加は，**現場にリアルタイムで参加しているのと同じ**であるため，あらかじめ管理規約で当該方法を用いて開催できる旨を定めていなくても（＝規約の変更をしなくても），**当該方法で総会・理事会を開催すること**ができます。

したがって，**WEB会議システムにより出席する組合員の議決権行使の取扱い**を，あらかじめ管理規約に定めておく必要もありません（通常どおり出席して議決権行使をした組合員と同じ取扱いとなります）。

2　総会の招集手続

H26・27・30・R2・3・4・5

1　招集通知の発送等（43条）

総会を招集するには，少なくとも会議を開く日の**２週間前**（会議の目的が**建替え決議**または**マンション敷地売却決議**の場合は**２ヵ月前**）までに，**会議の日時・場所**（ＷＥＢ会議システム等を用いて会議を開催するときは，その開催方法）・**目的**を示して，組合員に通知を発しなければなりません。ただし，**建替え決議**または**マンション敷地売却決議の場合を除いて**，**緊急**を要する場合には，理事長は，**理事会の承認**を得て，**５日間を下回らない範囲**で，招集通知の期間を短縮できます。

POINT整理　招集通知の期間

原　則	会議を開く日の２週間前 （会議の目的が建替え決議またはマンション敷地売却決議の場合は２ヵ月前）までに発送
緊急を要する場合 （建替え決議またはマンション敷地売却決議を除く）	理事会の承認を得て，５日間を下回らない範囲で，招集通知の期間を短縮することが可能

この招集通知は，管理組合に組合員が**届出をした宛て先に発送**しますが，**届出のない組合員**に対しては，その組合員が所有するマンション内の**専有部分の所在地**に宛てて**発送**します。

そして，対象物件内に**居住**する組合員と**届出のない組合員**に対しては，その内容を**建物内の見やすい場所に設ける掲示場所に掲示**することで，代替することができます。

例えば，秋田に居住しつつ資産運用として東京のマンションを所有し，秋田の住所を「招集通知の届出先」として**届け出ている組合員**に対しては，掲示では対処できず，居住地の秋田に**通知を発送する必要**があります。

WEB会議システム等を用いる場合の「開催方法」の通知事項は，アクセスするためのURL等が該当し，併せて，WEB等で出席予定の組合員に対しては個別にIDとパスワードを送付することが考えられます。

なお，**占有者**が総会に出席することができる場合には，組合員に対する総会の招集通知を発した後，遅滞なく，その通知の内容を，所定の掲示場所に**掲示**しなければなりません。

2　議案の要領の通知（43条）

会議の目的が次の場合には，日時・場所（WEB会議システム等を用いて会議を開催するときは，その開催方法）・目的にあわせて，**議案の要領**（要旨）も通知しなければなりません。

① 規約の制定・変更・廃止の決議
② 敷地及び共用部分等の変更（その形状または効用の著しい変更を伴わないもの，及び耐震改修促進法に基づく認定を受けた建物の耐震改修を除く）の決議
③ 建物の価格の$\frac{1}{2}$を超える部分が滅失した場合の，滅失した共用部分の復旧の決議
④ 建替え決議またはマンション敷地売却決議

3　会議の目的が建替え決議またはマンション敷地売却決議である場合の通知事項等（43条）

（1）会議の目的が建替え決議である場合の通知事項

会議の目的が**建替え決議**であるときは，議案の要領のほか，次の事項を通知しなければなりません。

① 建替えを必要とする理由

② 建替えをしない場合の建物の効用の維持・回復（建物が通常有すべき効用の確保を含む）に要する費用の額とその内訳

③ 建物の修繕計画が定められているときは，その内容

④ 建物につき修繕積立金として積み立てられている金額

（2）会議の目的がマンション敷地売却決議である場合の通知事項

会議の目的が**マンション敷地売却決議**であるときは，議案の要領のほか，次の事項を通知しなければなりません。

① **売却を必要**とする理由

② 次表の左欄に掲げる場合の区分に応じ，それぞれ右欄に定める事項

建替え等円滑化法により**地震に対する安全性に関する基準に適合しない**との認定を受けている場合	・耐震改修促進法での耐震改修又はマンションの建替えを**しない理由** ・上記の**改修**に要する**費用の概算額**
建替え等円滑化法により**火災に対する安全性に関する基準に適合しない**との認定を受けている場合	・火災に対する安全性の向上を目的とした改修又はマンションの建替えを**しない理由** ・上記の**改修**に要する**費用の概算額**
建替え等円滑化法により**外壁等の剥離・落下で周辺に危害を生ずるおそれがある**との認定を受けている場合	・外壁等の剥離・落下の防止を目的とした改修又はマンションの建替えを**しない理由** ・上記の**改修**に要する**費用の概算額**

（3）説明会の開催

建替え決議または**マンション敷地売却決議**を目的とする総会を招集する場合，少なくとも会議を開く日の**1ヵ月前**までに，当該招集の際に通知すべき事項について，組合員に対して**説明会を開催**しなければなりません。

説明会もＷＥＢ会議システム等を用いて開催可能です。

区分所有法の規定から，この定数は規約で減ずることができ，$\frac{1}{5}$を$\frac{1}{10}$等と定めることも可能です。しかし，$\frac{1}{3}$等と引き上げることはできません。

4　組合員の総会招集権（44条）

組合員が，組合員総数の$\frac{1}{5}$**以上**で議決権総数の$\frac{1}{5}$**以上**の組合員の同意を得て，会議の目的を示して総会の招集を請求した場合には，理事長は，**２週間以内**に，その請求があった日から**４週間以内**の日（会議の目的が**建替え決議**または**マンション敷地売却決議**の場合は，**２ヵ月と２週間以内**の日）を会日とする臨時総会の**招集の通知**を発しなければなりません。この招集にあたり，**理事会の決議は不要**です。

もし，理事長がこの通知を**発しない**場合には，請求をした組合員**自身**で，臨時総会を招集することができます。

理事長が総会招集請求に応じなかった場合における，組合員の総会招集は，「**連名で**」行わなければなりません。連名で行うことで，各$\frac{1}{5}$以上の同意があることが客観的に明らかになり，**手続の適法性**が明確になるからです。

電磁的方法が利用可能な場合には，議長は，総会に出席した組合員（書面・メール・ホームページ等の電磁的方法または代理人によって議決権を行使する者を含む）の議決権の過半数をもって，組合員の中から選任します。

なお，組合員の総会招集請求によって招集された臨時総会においては，**議長**は，総会に**出席した組合員**（書面または代理人によって議決権を行使する者を**含む**）の**議決権の過半数**をもって，組合員の中から**選任**します。

そのため，その臨時総会において，**理事長が当然に議長を務めることになるわけではありませんが，理事長を議長に選任することもできます。**

3　総会における議決

H26・27・29・30・R1・2・3・4・5

1　出席資格（45条）

組合員のほか，マンション管理業者，管理員，マンション管理士等，**理事会が必要と認めた者**は，総会に出席できます。

また，賃借人等，区分所有者の承諾を得ている専有部分の占有者は，会議の目的につき**利害関係**を有する場合，総会に出席して意見を述べることができますが，その旨を，あらかじめ**理事長**に**通知**しなければなりません。

事前に理事長に**通知**する必要はありますが，**理事長の承諾**を得る必要まではありません。

2　議決権（46条）

（1）議決権の割合

①　各住戸の面積が比較的均質である場合

議決権は，**共用部分の共有持分の割合**等によって算出され，各住戸の面積の**差異が小さい**場合は，**住戸１戸につき各１個**の議決権とすることも可能です。また，住戸の数を基準とする議決権と専有面積を基準とする議決権を**併用**することもできます。

「議決権を**併用**」するとは，**決議内容によって議決権の算定方法を変えること**を意味します。例えば，**普通決議事項**については，議決権を**住戸１戸につき各１個**の議決権として算定し，**特別決議事項**については，**専有部分の床面積の割合**に基づく**共用部分の共有持分の割合**で決めるというような方法です。

+1点!「**議決権の割合**」の設定方法として，**１住戸１議決権**や**価値割合を採用**する場合でも，「**管理費等の負担割合**」は，必ずしもこの議決権の割合に合わせなくてもかまいません。

②　新築で，各住戸の価値に大きな差がある場合

ア）タワーマンションのように，高層階と低層階での眺望等の違いにより**住戸の価値に大きな差**が出るマンションもあること，**イ）**民法252条本文が「共有物の管理に関する事項につき各共有者の**持分の価格の過半数**で決する」と規定していることから，新たに建てられるマンションの議決権割合については，より適合的な選択肢を示す必要があります。

そのため，新築マンションで，**住戸の価値に大きな差**がある場合は，**専有部分の階数（眺望，日照等），方角（日照等）等を考慮した価値の違いに基づく「価値割合」を基礎として，議決権の割合を定めることもできます。**

このような価値割合による議決権割合を設定する場合には，分譲契約等によって定まる**敷地等の共有持分**についても，**価値割合に連動**させることが**できます**。

住戸の価値割合を考慮することで，将来，大規模な改修や建替え等を行うことを決定する際，**建替え前**のマンションの専有部分の価値等を考慮して**建替え後**の再建マンションの専有部分を配分する場合等における，**合意形成の円滑化**が期待できるともいえます。

この「価値割合」とは，**専有部分の広さや立地（階数・方角等）等を考慮した効用の違いに基づく議決権割合**を設定するもの

5　総会

であり，**住戸内の内装や備付けの設備等住戸内の豪華さ等を加味したものではない**ことに留意する必要があります。

また，価値割合の「価値」は，**必ずしも各戸の実際の販売価格に比例するものではなく**，たとえ全戸の販売価格が決まっていなくても，各戸の階数・方角（眺望，日照等）により別途基準となる価値を設定し，その価値を基にした議決権割合を新築当初に設定することが想定されます。

ただし，前方に建物が建築されたことによる眺望の変化等の各住戸の価値に影響を及ぼすような**事後的な変化**があったとしても，それによる**議決権割合の見直しは原則として行わない**とされています。

+1点! 共有者が**それぞれの持分に応じて議決権を各々行使**することはできません。

（２）住戸が共有である場合の議決権行使

住戸１戸が数人の共有に属する場合，その議決権行使は，**共有者をあわせて「一の組合員」**とみなして行われます。この場合，共有者の中から**議決権を行使する者１名を選任**し，その者の氏名をあらかじめ，総会開会までに，**理事長に届け出**なければなりません。

（３）書面または代理人による議決権行使

組合員は，次のように，**書面**または**代理人**によって議決権を行使できます。この場合，**組合員**または**代理人**は，**代理権を証する書面**（電磁的方法が利用可能な場合は電磁的方法でも可）を**理事長に提出**しなければなりません。

①　書面による議決権行使	総会には出席せずに，総会の開催前に各議案ごとの賛否を記載した書面（議決権行使書）を総会の招集者に提出する方法
②　代理人による議決権行使	代理権を証する書面等（委任状）によって，組合員本人から授権を受けた代理人が総会に出席して議決権を行使する方法

上記①②は，いずれも**組合員本人が総会に出席せずに**議決権の行使をする方法ですが，①の「書面による議決権行使（**議決権行使書**）」による場合は，組合員自らが**主体的に賛否の意思決定**をするのに対し，②の「代理人による議決権行使（**委任状**）」による場合は，**賛否の意思決定を代理人に委ねる**という点で，性格が

大きく異なります。

総会では，**組合員本人が自ら出席**して，議場での説明や議論を踏まえて**議案の賛否を直接意思表示することがベスト**です。しかし，総会に出席できない場合でも，組合員の意思を総会に直接反映させる観点からは，**議決権行使書**で自ら賛否の意思表示をすることが**望ましい**といえ，そのためには，総会の招集の通知で，議案の内容があらかじめなるべく明確に示されることが重要です。

(4) 代理人の資格制限

組合員が**代理人**により議決権を行使する場合に，代理人となれる者は，次の者に**限定**されます。

総会の円滑な運営を図る観点から，代理人の「欠格事由」として**暴力団員等**であることを規約に定めておくことも考えられます。

① その組合員の**配偶者**（婚姻の届出をしていないが**事実上婚姻関係**と同様の事情にある者を含む）または**一親等の親族**

② その組合員の住戸に**同居する親族**

③ **他の組合員**

用語

一親等の親族：「親等」とは，世代のことです。したがって，一親等の親族とは，その組合員の親か子どもを指します。祖父母や孫，兄弟姉妹は，いずれも二親等の親族となるため含まれません。

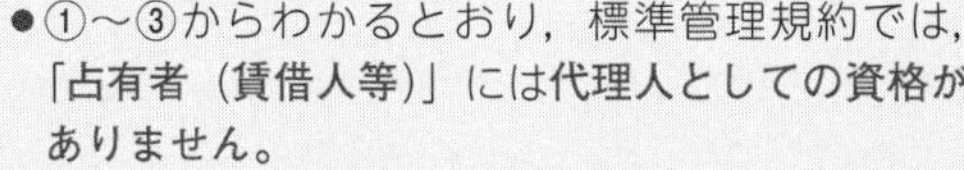

- ①については，組合員と「同居」している必要はありませんが，②については，「同居」している必要があります。

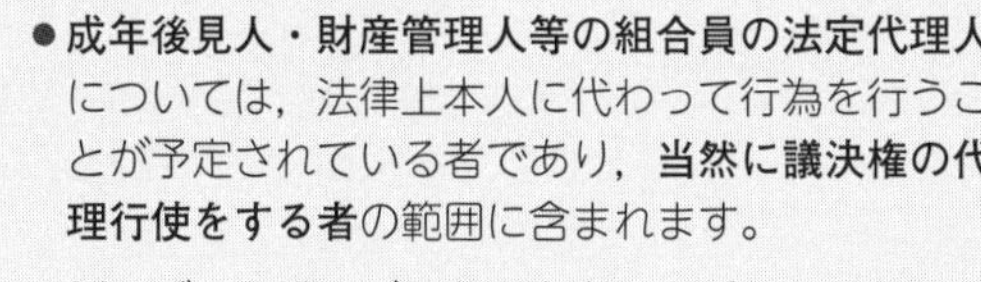

- ①～③からわかるとおり，標準管理規約では，「占有者（賃借人等）」には代理人としての資格がありません。
- **成年後見人・財産管理人等の組合員の法定代理人**については，法律上本人に代わって行為を行うことが予定されている者であり，**当然に議決権の代理行使をする者**の範囲に含まれます。
- 例えば，**弁護士**が区分所有者から受けた**委任状を提出**したとしても，単に弁護士であるという理由だけでは，**上記①～③を満たすとは言えず**，代理人として議決権を行使することはできません。

代理人は，**組合員の意思が総会に適切に反映**されるよう，区分所有者の立場から見て利害関係が一致する者に限定することが望まれます。そこで，組合員が代理人によって議決権を行使する場合の代理人の範囲について，規約に定める場合の**規定例**を示しています。

(5) WEB会議システム等を用いる場合の取扱い

WEB会議システム等を用いて総会に出席している組合員によ

る議決権行使の取扱いは，これを**用いずに総会に出席**している組合員の議決権行使と**同様**です。

ＷＥＢ会議システム等を通じてではありますが，リアルタイムで総会に参加しているわけですので，区分所有法39条３項に定める**電磁的方法による議決権行使に関する規約の定めや集会の決議は必要ありません。**
ただし，第三者が組合員になりすました場合やサイバー攻撃や大規模障害等による通信手段の不具合が発生した場合等には，総会の決議が無効となるおそれがありますので，留意する必要があります。

(６) 委任状及び議決権行使書の有効性

集会における議決権行使に関する**委任状や議決権行使書**について，**その様式は法令等に特段定められていません。**したがって，委任状であれば「区分所有者が誰にどのような内容の委任をしたか」，議決権行使書であれば「区分所有者が議案について賛否どちらの判断をしたか」がわかればよく，例えば，**押印がなくても本人の署名があれば足ります。**

具体的に，以下の各委任状・議決権行使書について，それらの「**有効・無効**」を押さえておきましょう。

有効とされるもの	[委任状] ●区分所有者が署名し，実印でない印鑑による押印がある委任状 ●氏名欄に署名はあるが，押印がない委任状 ●委任状の受任者の欄に「理事長」とだけ記載した委任状 ●「集会の議長は，集会において組合員の中から選出する」と規約に定めがある場合における，議長宛ての委任状 ●１人の区分所有者が提出した，「第１号議案用」及び「それ以外の議案用」と明記された２通の委任状 ●総会の招集通知に添付してある一連の出席票・委任状・議決権行使書において，**出席**とした上で，余白に「万一欠席した場合は，議長に一任する」という手書きの文章が追加されて返信され，**総会当日は欠席**であった場合の当該議長を代理人とする委任状 [議決権行使書] ●「すべての議案に反対」の記載があり，サインペンで署名しているが，当該区分所有者の押印がない議決権行使書 ●議決権行使書面に「賛成」の表示と部屋番号・氏名の記載はあるが，押印欄に押印がない議決権行使書 ●**自分のパソコン**で「全ての議案に**反対**する」と**部屋番号と氏名**を記載して作成し印刷された議決権行使書 ●「議案に賛成する」の箇所を○で囲んでいたが，**署名のみで住戸番号の記載がなかった**議決権行使書
無効とされるもの	[委任状] ●区分所有者の配偶者（区分所有者ではない）が自分の氏名を署名し，押印した委任状 [議決権行使書] ●「賛成・反対」いずれの表示もなく，区分所有者の署名のみがある議決権行使書 ●署名・押印はあるが賛否の記載のない議決権行使書 ●議決権行使書面の部屋番号・氏名の記載はあるが，「賛成」「反対」のいずれにも意見表示がない議決権行使書 ●２つの議決権を有する区分所有者が同一議案について提出した，１つは「反対」，もう１つは「賛成」の議決権行使書

なお，区分所有者が，欠席通知とともに**委任状や議決権行使書をあらかじめ提出**していた場合であっても，**予定変更**により**集会に出席**したときは，当該区分所有者の**集会の場における意見が優先**されます。

また，**1人の意思は1つ**のため，複数の区分所有者から委任を受けた者であっても，**委任状を総会出席者の賛否の比率に応じて分けて使うといったことはできません**。この場合，自分の1票と委任状すべてについて，賛成または反対のいずれか一方にのみ使用しなければなりません。

理事会の決議を経て通常総会に提出された議案で，**理事長と監事がそれぞれ議案に反対**している場合は，次のようになります。

- **理事長**は，自分の個人的な意見にかかわらず，**理事会のメンバー**として**理事会での決議内容に拘束**されます。理事長が個人的には議案に反対であっても，理事会の決議を経て総会に議案が提出されている以上，**役員を辞任しない限り**，**自身の1票及び自身への委任状を反対票として使うことはできません**。
- **監事**は**理事会のメンバーではありません**。そのため，**理事会の決議内容に拘束されず**，**役員を辞任しなくても**，**自身の1票及び自身に委任された委任状を反対票として使うことができます**。

(7) 白紙委任状の取扱い

代理人による議決権の行使として，誰を代理人とするかの記載のない委任状（**白紙委任状**）は，委任状の効力や議決権行使上の取扱いについてトラブルとなるおそれがあります。これを防止する観点から，例えば，**委任状**を用いる場合には，**誰を代理人とするかを主体的に決定**する必要があることや，**適当な代理人がいない**場合には代理人欄を空欄とせず，**議決権行使書によって自ら賛否の意思表示**をする必要があること等について，記載しておくことが望まれます。

3　総会の会議・議事（47条）

（1）定足数（ていそくすう）と決議要件

総会の会議（WEB会議システム等を用いて開催する会議を含む）は，**議決権総数の半数以上**を有する組合員が出席して（定足数が満たされて），はじめて成立します。

> **定足数**は，標準管理規約上，そもそも**総会が成立するために必要な要件**です。この定足数は「**半数以上**」であって，過半数ではありません。例えば，議決権総数が100である場合，定足数は50です。

書面・電磁的方法・代理人によって議決権を行使する者は，「**出席組合員**」とみなされます。
また，WEB会議システム等を用いて出席した組合員については，議決権を行使することが**できる**組合員は，**出席組合員に含まれます**が，議決権を行使することが**できない**傍聴人としてWEB会議システム等で議事を傍聴する組合員は，**出席組合員に含まれません**。

そして，**総会の議事（普通決議）**は，**出席組合員の議決権の過半数**で決します。これは，**議長を含む出席組合員**（書面（電磁的方法が利用可能な場合は，電磁的方法を含む）又は代理人によって議決権を行使する者を含む）**の議決権の過半数**で決議し，過半数の賛成を**得られなかった**議事は否決とすることを意味します。

区分所有法では，定足数の規定はなく，普通決議は「（全）区分所有者及び（全）議決権」の**各過半数**により決します。これに対し，**標準管理規約**の普通決議は，定足数（**議決権総数の半数以上**）を満たした上で，「**出席組合員の議決権**」の**過半数**で決します。

また，特別決議事項は，次のように決します。

決議要件	事項
組合員総数の$\frac{3}{4}$以上，及び議決権総数の$\frac{3}{4}$以上	①　規約の制定，変更または廃止
	②　敷地及び共用部分等の変更（形状または効用の著しい変更を伴わないもの及び耐震改修促進法に基づく認定を受けた建物の耐震改修を除く）
	③　区分所有法における，使用禁止請求・競売請求・引渡請求に関する訴えの提起
	④　建物の価格の$\frac{1}{2}$を超える部分が滅失した場合の滅失した共用部分の復旧
	⑤　その他，総会において特別決議により決議するとされた事項

> **+1点!** **耐震改修促進法**（➡ P.680参照）では，要耐震改修認定区分所有建築物の耐震改修については，**区分所有法の特例**として，敷地及び共用部分等の**形状または効用の著しい変更**に該当する場合であっても，**過半数の決議（普通決議）**で実施可能です。

総会の目的が建替え決議やマンション敷地売却決議の場合，**説明会**に加え，**決議そのものもＷＥＢ会議システム等**で行うことができます。

組合員総数の$\frac{4}{5}$以上，及び議決権総数の$\frac{4}{5}$以上	建　替　え　決　議
組合員総数，議決権総数及び敷地利用権の持分の価格の各$\frac{4}{5}$以上	マンション敷地売却決議

(２) 普通決議事項・特別決議事項の具体例

標準管理規約上，普通決議・特別決議それぞれで実施可能な工事として，次のような例が挙げられています。

普通決議	①　バリアフリー化の工事	建物の基本的構造部分を取り壊す等の加工を伴わずに階段にスロープを併設し，手すりを追加する工事
	②　耐震改修工事	●柱やはりに炭素繊維シートや鉄板を巻き付けて補修する工事 ●構造躯体に壁や筋かいなどの耐震部材を設置する工事で基本的構造部分への加工が小さいもの
	③　防犯化工事	●オートロック設備を設置する際，配線を空き管路内に通したり，建物の外周に敷設したりするなど，共用部分の加工の程度が小さい場合の工事 ●防犯カメラ・防犯灯の設置工事
	④　IT 化工事	●光ファイバー・ケーブルの敷設工事を実施する場合，その工事が既存のパイプスペースを利用するなど共用部分の形状に変更を加えることなく実施できる場合 ●新たに光ファイバー・ケーブルを通すために，外壁・耐力壁等に工事を加え，その形状を変更するような場合でも，建物の躯体部分に相当程度の加工を要するものではなく，外観を見苦しくない状態に復元する場合

	⑤ **計画修繕工事**	●鉄部塗装工事 ●外壁補修工事 ●屋上等防水工事 ●給水管更生・更新工事 ●照明設備・共聴設備・消防用設備・エレベーター設備の更新工事
	⑥ **その他**	●窓枠・窓ガラス・玄関扉等の一斉交換工事 ●既に不要となったダストボックスや高置水槽等の撤去工事
特別決議	① 階段室部分の改造や建物の外壁への外付けによって，エレベーターを新たに設置する工事	
	② その他，集会室・駐車場・駐輪場の増改築工事等で，大規模なものや著しい加工を伴う工事	

共用部分の配管の取替え等は，一般に**多額の費用**はかかるものの，**形状又は効用の著しい変更を伴わない**ため，**普通決議**で可能です。

5 総会

(3) 規約の制定・変更・廃止と特別の影響

規約の制定・変更・廃止が**一部の組合員**の権利に**特別の影響**を及ぼすときは，その**承諾**を得る必要があります。この場合，その組合員は，正当な理由がなければ拒否してはなりません。

(4) 敷地及び共用部分等の変更と特別の影響

敷地及び共用部分等の**変更**が，専有部分・専用使用部分の使用に**特別の影響**を及ぼすときは，その専有部分を所有する組合員，または，その専用使用部分の専用使用を認められている組合員の**承諾**を得る必要があります。この場合，その組合員は**正当な理由がなければ**，**拒否してはなりません**。

「特別の影響」とは，例えば，敷地・共用部分等の変更工事の際に，ある専有部分への出入りが不自由になる，あるいは変更工事の結果，ある専有部分の採光・通風が悪化する場合等です。

(5) 通知事項と決議

総会では，招集通知によって**あらかじめ通知した事項について**のみ，決議することができます。

4　議決事項（48条）

次の事項は，総会の決議を経なければなりません。

① **規約**及び**使用細則等**の制定，変更又は廃止
② **役員の**選任**及び**解任並びに**役員活動費の**額**及び**支払方法
③ **収支決算及び事業報告**
④ **収支予算及び事業計画**
⑤ **長期修繕計画の作成又は変更**
⑥ 管理費等及び使用料の**額**並びに**賦課徴収方法**
⑦ 修繕積立金**の保管及び運用**方法
⑧ 適正化法に基づく**管理計画の認定の申請**，管理計画の認定の更新**の申請**及び管理計画の変更の認定**の申請**
⑨ **共用部分と**構造上一体となった**専有部分の設備の管理**を**管理組合**が行う場合の管理の実施
⑩ 所定の特別**の管理の実施**並びにそれに充てるための**資金の借入れ**及び**修繕積立金の取崩し**
⑪ 義務違反者に対する**行為の停止等**の請求，**使用禁止**請求，**競売**請求，**引渡**請求の各訴えの**提起**及び訴えを提起すべき者の選任
⑫ 建物の**一部が滅失**した場合の滅失した**共用部分の復旧**
⑬ **円滑化法**に基づく**除却**の必要性に係る**認定の申請**
⑭ 区分所有法の**建替え**及び円滑化法の**マンション敷地売却**
⑮ 第28条第2項及び第3項に定める建替え等に係る計画又は設計等の経費のための修繕積立金の取崩し
⑯ 組合管理部分に関する**管理委託契約の締結**
⑰ その他管理組合の業務に関する重要事項

5　書面による決議（50条）

+1点!「承諾」の方法は制限されていないため，書面による必要はありません。

（1）組合員全員の承諾がある場合の書面による決議

総会の決議については，組合員全員が承諾すれば，集会を開かず，**書面による決議**をすることができます。

「組合員全員の承諾」とは，「集会を開かずに，全員が議決権を書面で行使して決議しよう」という提案に対する承諾のことです。まずはこの「承諾」により「**集会を開かずに決議する**」ことが決まり，その後改めて，各組合員が**書面で議決権を行使**して，**多数決により決議**をすることになります。

（2）組合員全員の書面による合意がある場合

規約により総会で決議すべきとされた事項については，**組合員全員の書面による合意**があったときは，**書面による決議**があったものとみなされます。

書面による決議は，**総会の決議と同一の効力**を有します。

この「組合員全員の書面による合意」は，**決議内容についての合意**です。したがって，決議内容について全員が賛成したことを意味するため，これにより決議が成立したことになります。

（3）電磁的方法が利用可能な場合

電磁的方法が利用可能な場合は，書面または電磁的方法による決議をすることができます。ただし，電磁的方法による決議に係る組合員の承諾については，あらかじめ，組合員に対し，その用いる**電磁的方法の種類や内容**を示し，書面または電磁的方法による**承諾**を得なければなりません。また，組合員の**全員**の書面または電磁的方法による合意があったときは，**書面または電磁的方法による決議**があったものとみなされます。

前記（1）と同様です。

前記（2）と同様です。

5 総会

4　総会の記録（49条）

H26・R1・4・5

1　議事録の作成

総会の議事については，議長は，**議事の経過の要領とその結果**を記載した**議事録**を作成しなければなりません。したがって，**原則としては理事長**が，また，**組合員の請求に基づいて開催された場合には，総会で選任されて議長となった者**が作成します。

そして，議事録には，**議長**に加え，**議長が指名する２名の総会に出席した組合員**（計３名）が**署名**する必要があります。

2　議事録の保管等

掲示をするのは，あくまでも議事録の「**保管場所**」です。

理事長は，議事録を保管し，所定の掲示場所に，**議事録の保管場所を掲示**する必要があります。そして，組合員または利害関係人から**書面による請求**があったときは，**議事録の閲覧**をさせなければなりませんが，閲覧につき，**相当の日時や場所等を指定**できます。

- 「**組合員**」は，利害関係の有無を問わず，**閲覧の請求**ができます。
- 「**利害関係人**」とは，敷地・専有部分に対する**担保権者**，**差押え債権者**，**賃借人**，**組合員からの媒介の依頼を受けた宅建業者等**，**法律上の利害関係**がある者をいいます。
  - ➡**単に事実上利益や不利益を受けたりする者**や**親族関係にあるだけの者等**は**対象となりません**。
- **賃借人等の占有者の書類の閲覧請求に関する**「**利害関係**」は，その占有者が**集会に出席して意見を述べるための**「**利害関係**」とは**基準が異なります**。
  - ➡例えば，管理費等相当額を家賃に含めて支払っている賃借人は，**管理費等の値上げが総会の議題**となっている場合において，**総会に出席して意見を陳述する**「**利害関係**」**は認められません**。しかし，**管理組合の会計帳簿の閲覧請求をする**「**利害関係**」**は認められます**。

3　電磁的方法による議事録の作成

電磁的方法が利用可能とされている場合，議事録は，書面**以外**に**電磁的記録によって作成**することも**可能**です。その場合は，議長と議長の指名する２名の総会に出席した組合員（計３名）が，「**電子署名**」をしなければなりません。

この場合の閲覧は，記録された情報の内容を，①**紙面**または②**出力装置**（**パソコン等**）**の映像面**に表示する方法で表示したものを，**議事録の保管場所**で「**閲覧させる方法**」で行います。

コレが重要!! 確認問題

❶ 理事長は，通常総会を，毎年１回新会計年度が開始された後３ヵ月以内に招集しなければならない。過 H18

❷ 組合員総数の$\frac{1}{5}$以上及び議決権総数の$\frac{1}{5}$以上に当たる組合員の同意を得て，組合員Ａが防犯カメラの設置を目的として臨時総会の招集を理事長に請求した。この場合，臨時総会の議長は，出席組合員の議決権の過半数により，理事長以外の組合員の中から選任されなければならない。過 H20

❸ 賃借人が区分所有者の子である場合には，マンション外に居住している区分所有者の委任により，当該賃借人が区分所有者を代理して，総会において議決権を行使することができる。過 R3

❹ 提出された議決権行使書の議案の賛成欄に丸印はついているが，本人の署名及び部屋番号の記載しかなく，押印がない場合でも，議案に賛成として取り扱うことができる。過 H25

❺ 管理者である理事長が総会で管理組合の業務執行に関する報告をするときは，各組合員からの質疑に対して適切に応答する必要があるので，理事長自身はＷＥＢ会議システム等により報告することはできない。過 R4

❻ 総会において議決権を行使することができない傍聴人としてＷＥＢ会議システム等を用いて議事を傍聴する組合員については，定足数の算出においては出席組合員には含まれないと考えられる。過 R4

❼ 管理費等を上乗せして家賃を支払っている賃借人は，大幅な修繕積立金値上げを議題とする場合には，利害関係人として総会に出席し意見を述べることができる。過 R5

❽ ＩＴを活用した管理組合の運営に関し，あらかじめ管理規約でＷＥＢ会議システム等を用いて総会が開催できる旨定めている場合に限り，当該方法により総会を開催することができる。過 R4

❾ 組合員が組合員総数及び議決権総数の$\frac{1}{5}$以上に当たる組合員の同意を得て，会議の目的を示して総会の招集を請求した場合は，理事長は，臨時総会の招集の通知を発しなければならないが，通知を発することについて理事会の決議を経ることを要しない。過 H30

答 ❶×：新会計年度開始以後「2ヵ月以内」。 ❷×：臨時総会の議長は，総会に出席した組合員の議決権の過半数をもって，組合員の中から選任する。組合員であること以外制限はないので，理事長でもよい。 ❸○ ❹○ ❺×：理事長の報告もWEB会議システム等で可能。 ❻○ ❼×：管理組合に対して共益費の支払義務を負うのは組合員のみであるため，賃借人等の占有者は，修繕積立金値上げを議題とする総会の会議の目的に利害関係がない。 ❽×：あらかじめ管理規約でWEB会議システム等の方法を用いて開催できる旨を定めていなくても，当該方法で総会・理事会を開催することができる。 ❾○

理事会

- 理事会の構成と招集手続
- 理事会の会議及び議事
- 専門委員会

1 理事会（51条） H28

理事会は，理事によって構成されます。そして，**理事会の議長**は，**理事長**が務めます。

監事は理事会のメンバーではありません。そのため監事は，理事の業務執行等を監査するという立場から，理事会に出席し，必要があると認めるときは，意見を述べなければなりませんが，**理事会での議決権はありません。**

理事会は，次に掲げる職務を行います。

> 管理組合の業務執行の決定だけでなく，**業務執行の監視・監督機関としての機能**を理事会が有することを明確にしました。

① **規約・使用細則等・総会の決議により理事会の権限として定められた管理組合の業務執行の決定**

② **理事の職務の執行の監督**

③ **理事長・副理事長・会計担当理事の**選任・解任

> これらの**理事会や総会での解任の決議**も，ＷＥＢ会議システム等によって行うことができます。

理事の互選により選任された**理事長・副理事長・会計担当理事**については，理事の過半数の一致によりその職を解くことができます。例えば，**理事長**について，その職を解いて**平理事**にすることは，**理事の過半数の一致**ですることができます。
ただし，その**理事としての地位**については，総会の決議を経なければその**職を解くことができません。**例えば，**理事長**について，**理事としての地位自体を奪う**ことは，理事の過半数の一致ですることはできず，**総会の決議が必要**です。

2 理事会の招集（52条）

H27・30・R3

（1）原則

理事会は，**理事長が招集**します。

（2）理事による理事会の招集請求

理事が**「○分の１以上」の理事の同意**を得て**理事会の招集を請求**した場合には，**理事長**は**速やかに理事会を招集**しなければなりません。

「○分の１以上」，「○日以内」の部分は，マンションごとに定数を定めて規約に記載します。

理事がこの請求をしたにもかかわらず，**請求があった日から「○日以内」**に，その**請求があった日から「○日以内」の日を会日とする理事会の招集の通知が発せられない場合**には，その**請求をした理事**は，自ら**理事会を招集**することができます。

（3）理事会の招集手続

理事会の招集手続には，**総会の招集手続の規定が準用**されます。その結果，次のような流れとなります。

ＷＥＢ会議システム等を用いて開催する理事会についても同様です。

① 理事会を招集するには，少なくとも会日の**２週間前まで**に，会議の日時，場所及び目的を示して，理事及び監事に通知を発しなければならない。

② ①の通知は，管理組合に対し理事及び監事が**届出をした宛て先**に発するものとする。ただし，その**届出のない**理事・監事に対しては，対象物件内の**専有部分の所在地宛て**に発する。

③ ①の通知は，対象物件内に**居住**する理事・監事及び②の**届出のない**理事・監事に対しては，その内容を所定の掲示場所に**掲示**することで代えることができる。

④ ①にかかわらず，**緊急**を要する場合には，**理事長**は，**理事及び監事の全員の同意**を得て，**５日間を下回らない範囲**で，①の期間を**短縮**することができる。

6 理事会

もっとも，理事会の活動は**機動性が重視**されるため，例えば，理事会の開催通知に必要な期間を総会よりも短くする等，**理事会で別段の定め**をすることができます。

3 理事会の会議及び議事（53条）

H26・27・28・29・30・R1・2・3

+1点! 理事会での決議は，**その内容にかかわらず**，出席理事の過半数で決します。
　したがって，たとえば，理事会において総会に提出する**「規約変更『案』」**を決議する場合，**出席理事の過半数**で決します。

(1) 理事会の定足数と決議要件

理事会の会議（ＷＥＢ会議システム等を用いて開催する会議を含む）は，**理事の半数以上が出席**しなければ開くことができず，その議事は，**出席理事の過半数**で決します。

理事会が**正式な招集手続**に基づき招集され，**理事の半数以上が出席**していれば，**理事長・副理事長が欠席**しても，**監事が欠席**しても，**理事会を開催**することができます。

(2) 理事会における理事の議決権行使方法

理事は，総会で選任され，組合員のために誠実にその職務を遂行すべきであるため，**理事会には理事本人が出席**して，**議決権を行使**することが求められます。したがって，総会と異なり，**書面**での議決権行使や，理事の**代理出席**（議決権の代理行使を含む）を認めることは，原則として，**適切ではありません**。

理事会における決議について**特別の利害関係**を有する理事は，その理事会でその**議決に加わることができません**。

(3) 書面・電磁的方法による決議

本来，理事会には理事本人が出席して議決権を行使すべきですが，**次の①〜③の事項**だけは，例外的に，**理事の過半数の承諾**があるときは，**書面**または**電磁的方法で決議**することができます。

① **専有部分の修繕等**に関する**理事会の承認・不承認**（17条）

② **敷地及び共用部分等の保存行為**に関する**理事会の承認・不承認**（21条）

③ **窓ガラス等の改良工事**に関する**理事会の承認・不承認**（22条）

● これらは，**申請数が多いことが想定**され，かつ，**迅速な審査を要する**ことから，書面または電磁的方法（電子メール等）による決議を可能としています。

● 上記①～③**は限定された列挙**のため，**これ以外のもの（例えば，総会提出議案など）**は，理事の過半数の承諾があったとしても，**書面または電磁的方法により理事会で決議することはできません。**

（4）理事会における理事の欠席と代理出席

理事会への**理事の代理出席（議決権の代理行使を含む）**は，**原則**として認められません。

もっとも，「理事に**事故**があり，理事会に出席できない場合は，その**配偶者または一親等の親族**（理事が，組合員である**法人の職務命令で理事となった者**である場合は，**法人が推挙する者**）に限り，**代理出席**を認める」**旨を定める規約の規定は，有効**です。

ただし，**外部専門家**等，当人の個人的資質や能力等に着目して選任されている理事については，**代理出席を認めることは適当ではありません。**

なお，代理出席を認める規約の規定を置いたとしても，それはあくまで，**やむを得ない場合の代理出席を認めるもの**であることに留意する必要があります。また，その場合には，**あらかじめ，総会**において，各理事ごとに，理事の職務を代理するにふさわしい**資質・能力**を有するか否かを**審議**の上，その**職務を代理する者を定めておくこと**が望まれます。

標準管理規約は，代理出席を「認める」としているのではなく，**「認める旨を定める規約の規定は有効」**としているにすぎません。したがって，配偶者や一親等の親族でも，**原則**として**理事会への代理出席は認められず**，**規約に定めを置いて初めて**，**代理出席が認められる**ことになります。
なお，これは「**理事の代理**」の規定ですので，例えば**理事**が事故で「**死亡**」した場合には，もはや代理における**本人が存在しない**ため，仮に上記のような規約の規定があっても，**理事会への代理出席は認められません。**

(5) 理事会における理事の欠席と書面による議決権行使

理事が**やむを得ず欠席**する場合には，代理出席によるのではなく，事前に**議決権行使書または意見を記載した書面**を提出できるようにすることが考えられます。また，これを認める場合には，理事会に出席できない理事が，**あらかじめ通知された事項**について，**書面をもって表決することを認める**旨を，**規約に明文で規定**することが**必要**です。

理事会に**出席できない**理事に対しては，理事会の議事についての**質問機会**の確保，**書面等による意見の提出や議決権行使**を認めるなどの配慮が必要です。
また，**ＷＥＢ会議システム等**で理事会を開催する場合は，理事会での**議決権行使の方法**等を規約や細則で定めることもできます。この場合も，**理事会議事録**の作成が必要です。
なお，**理事会の定足数**について，理事が**ＷＥＢ会議システム等を用いて出席**した場合，**定足数**の算出において**出席理事に含まれます。**

(6) 理事会の議事録

理事会の議事録には，原則として**総会の議事録の規定が準用**されます。その結果，次の義務が生じます。

- 議長（理事長）の**議事録作成**義務
- 議事録への**議事の経過の要領・結果の記載**義務
- 議長（理事長）及び理事会に出席した２名（計３名）の理事の**署名**義務
- 理事長による議事録の**保管・閲覧**義務

なお，総会の議事録の規定のうち，「**保管場所の掲示義務**」は**準用されない**ため，理事長には，理事会の議事録の保管場所を掲示する義務はありません。

4 理事会の議決事項（54条）

H28

理事会は，規約に別に定めるもの以外に，次の事項を決議します。

① 収支決算案・事業報告案・収支予算案・事業計画案

② 規約・使用細則等の制定・変更・廃止に関する案

③ 長期修繕計画の作成・変更に関する案

④ その他の総会提出議案

⑤ 専有部分の修繕等・敷地及び共用部分等の保存行為・窓ガラス等の改良工事の承認・不承認

⑥ 収支予算案の通常総会における承認を得るまでの間に支出が必要となった一定の経費の支出に関する承認・不承認

⑦ 未納の管理費等及び使用料の請求に関する訴訟，その他法的措置の追行

⑧ 区分所有者等が法令・規約・使用細則に違反した，または共同生活の秩序を乱す行為を行ったときにする勧告・指示等

⑨ 総会から付託された事項

⑩ 災害等により総会の開催が困難である場合における応急的な修繕工事の実施等

⑪ 理事長・副理事長・会計担当理事の選任・解任

⑩の「災害等により総会の開催が困難である場合における応急

的な修繕工事の実施等」の具体的な内容は，次のとおりです。

緊急対応が必要となる「災害」の範囲は，地震・台風・集中豪雨・竜巻・落雷・豪雪・噴火等が考えられます。

- 「災害等」の「等」としては，災害と**連動**してまたは**単独**で発生する火災・爆発・物の落下等が該当する。
- 「**総会の開催が困難**である場合」とは，**避難や交通手段の途絶等により，組合員の総会への出席が困難**な場合である。
- 「**応急的な修繕工事**」とは，**保存行為に限られるものではなく**，二次被害の防止や生活の維持等のために緊急対応が必要な，**共用部分の軽微な変更**（形状または効用の著しい変更を伴わないもの）や**狭義の管理行為**（変更・保存行為を除く通常の利用・改良に関する行為）も含まれ，例えば，給水・排水・電気・ガス・通信といった**ライフライン等の応急的な更新**，**エレベーター附属設備の更新**，**炭素繊維シート巻付けによる柱の応急的な耐震補強等**が該当する。
- 「**応急的な修繕工事の実施等**」の「等」としては，**被災箇所を踏まえた共用部分の使用方法の決定等**が該当する。

災害時の応急修繕工事の**ほか**にも，**共用部分の軽微な変更**及び**狭義の管理行為**については，マンションの実態に応じて機動的な組合運営を行う観点から，特定の事項について，**理事会の決議事項**として規約に定めることも可能です。

理事会は，前記⑩の「**災害等により総会の開催が困難である場合における応急的な修繕工事の実施等」について決議**をした場合は，当該決議に係る応急的な修繕工事の実施に充てるための**資金の借入れ・修繕積立金の取崩し**についても**決議**できます。

応急的な修繕工事の実施に伴い必要となる「**資金の借入れ**」及び「**修繕積立金の取崩し**」は，**本来，総会の決議事項**ですが，⑩の「災害等により総会の開催が困難である場合における**応急的な修繕工事**の実施等」の**決議に基づいて実施**する場合には，**理事会で決議することができる**，とするものです。

5 専門委員会の設置（55条）

H27

理事会は，その**責任と権限の範囲内**において，**専門委員会**を設置し，特定の課題を調査・検討させることができます。

専門委員会は，検討対象に関心が強い組合員を中心に構成されますが，必要に応じ，検討対象に関する専門的知識を有する者（**組合員以外も含む**）の参加を求めることもできます。

この専門委員会は，**理事会の諮問機関**であるため，調査・検討した結果を理事会に具申します。

なお，次の場合は，専門委員会の設置に**総会の決議**が必要です。

- 専門委員会の検討対象が，理事会の責任と権限を**越える**場合
- 理事会活動に認められている経費以上の費用が，専門委員会の検討に必要となる場合
- 運営細則の制定が必要な場合　　等

コレが重要!! 確認問題

❶ 理事会に理事長及び副理事長のいずれもが欠席した場合には，理事の半数が出席した場合であっても，その理事会を開催することはできない。過 R3

❷ 理事が不正の行為をしたと認める場合には，監事は，理事長に対し理事会の招集を請求することができ，請求があった日から５日以内に，その請求があった日から２週間以内の日を理事会の日とする理事会の招集の通知を理事長が発しない場合には，その請求をした監事が理事会を招集することができる。過 R3

❸ 区分所有者から敷地及び共用部分等の保存行為を行うことの承認申請があった場合の承認又は不承認について，書面又は電磁的方法により決議をするためには，理事全員の同意が必要である。過 R3

❹ 甲マンション管理組合のＡ理事が死亡し，同居する配偶者Ｂ及び甲マンション以外に居住する子ＣがＡの区分所有権を共同相続した場合，規約に「理事に事故があり，理事会に出席できない場合は，その配偶者又は一親等の親族に限り，代理出席を認める」との定めがあれば，ＢまたはＣは理事会に出席することができる。過 H24

❺ マンション管理士による「外部専門家を理事に選任している場合には，その理事に事故があるときでも理事会への代理出席を認めるべきではありません。」とする助言は，適切である。過 H28

❻ 災害等により総会の開催が困難である場合に，応急的な修繕工事の実施について理事会決議をしたときは，工事の実施に充てるため修繕積立金の取崩しについては理事会決議で行うことができるが，資金の借入れについては総会決議が必要である。過 H28

❼ 災害等により総会の開催が困難である場合には，理事会の決議で，給水・排水，電気，ガス，通信といったライフライン等の応急的な更新を実施することができる。過 H28

❽ 理事会は，その責任と権限の範囲内において，専門委員会を設置し，専門委員会は，調査又は検討した結果を理事会に具申する。過 H28

答 ❶×：理事の半数が出席していれば，理事会は有効に成立し，開催できる。 ❷○ ❸×：理事の過半数の承諾で足りる。 ❹×：規約に定めを置けば，配偶者か一親等の親族の代理出席は可能にはなるが，理事が死亡している以上，そもそも死亡した理事の代理は認められない。 ❺○ ❻×：この場合の資金の借入れも理事会決議でできる。 ❼○ ❽○

会　計

- 収支予算の作成・変更の手続
- 会計報告の手続
- 管理費等に過不足が生じた場合の措置

1 管理組合の収入及び支出（57条）

管理組合の会計における収入は，**管理費等**及び**使用料**によるものとし，次の経費等に対応して支出されます。

管理費	通常の管理に要する経費
修繕積立金	●特別の管理に要する経費 ●特別の管理に要する経費に充てるために行った借入れの償還
使用料	●使用料を徴収すべき駐車場等の敷地及び共用部分等の管理に要する費用 ●修繕積立金としての積立

もっぱら**営利を目的としない管理組合会計**においては，**管理費と修繕積立金**を中心に，費用の目的・性質に応じて**区分して経理**することが求められます（**区分経理の原則**）。これは，**管理費収入は日常的な維持・管理の費用に充てる収入**であるのに対し，**修繕積立金収入は計画的な修繕や不測の事故等の特別の事由の費用に充てるための収入**であるため，それぞれの**目的・性質が異なる**からです。

2 収支予算の作成・変更（58条）

H27・28・R1

1 収支予算案の承認と変更

理事長は，毎会計年度の**収支予算案**を**通常総会**に提出し，その**承認**を得なければなりません。また，収支予算の**変更**については，理事長は，その案を臨時総会に提出し，その**承認**を得る必要があります。

2　予算の承認前におけるやむを得ない支出

通常総会は，**新会計年度開始以後2ヵ月以内に招集**されますが，その間に経費の支出が必要となる場合もあります。そこで，新会計年度の開始後，収支予算案の承認を得るまでの間に，次の経費の支出が必要となった場合には，**理事会の承認を得て**，その**支出**を行うことができます。

① **通常の管理に要する経費のうち，経常的であり，かつ，通常総会における収支予算案の承認を得る前の支出がやむを得ないもの**

② **総会の承認**を得て実施している**長期の施工期間を要する工事に係る経費**で，**通常総会における収支予算案の承認を得る前の支出がやむを得ないもの**

- **①の経費**は，前年の会計年度における同経費の支出額のおよその範囲内であることが必要です。
- **②の経費**は，**総会の承認を得て実施している工事**で，**施工期間が長期**となり，**2つの会計年度**にまたがることが**やむを得ない**ものであり，**総会の承認を得た会計年度と異なる会計年度の予算として支出する必要があるものであって，かつ，総会での承認を得る前の支出がやむを得ない**と認められるものでなければなりません。

上記①②**の支出**は，**通常総会**において**収支予算案の承認**を得たときは，当該収支予算案による支出とみなされます。

3　災害等の緊急時における応急的な修繕工事の実施等にかかる費用の支出

理事会が，災害等により総会の開催が困難である場合における**応急的な修繕工事の実施等の決議**をした場合には，理事長は，当該決議に係る応急的な修繕工事の実施に充てるための**資金の借入れ及び修繕積立金の取崩し**に関する**理事会の決議**に基づき，その支出を行うことができます。

4　災害等の緊急時における理事長の保存行為にかかる費用の支出

理事長は，**災害等の緊急時**において，総会または理事会の決議によらずに，**敷地及び共用部分等の必要な保存行為**をするだけでなく，そのために**必要な費用を支出**することもできます。

3　会計報告（59条）

H26

理事長は，毎会計年度の収支決算案を，**監事による会計監査**を経て，通常総会に**報告**し，その**承認**を得なければなりません。

4　管理費等の徴収（60条）

H26・27・28・30

1　管理費等の徴収方法

管理組合は，管理費等及び使用料について，組合員が各自開設する預金口座から「**口座振替の方法**」で管理組合の預金口座に受け入れ，「**当月分は別に定める徴収日までに一括して徴収**」します。

なお，組合員は，いったん納付した管理費等及び使用料について，**返還請求や分割請求**をすることは**できません**。

- 管理組合の預金口座に受け入れる方法は，振込みではなく**口座振替**とされています。振込み忘れによる**管理費等の滞納を防止**するためです。
- 「**徴収日を別に定める**」としているのは，管理業者や口座（金融機関）の**変更**等に伴う納付期日の変更に**円滑に対応**できるようにするためです。

2　遅延損害金等の請求

管理組合は，組合員が期日までに納付すべき管理費等を納付しない場合には，その未払金額について「**年利○%**」の**遅延損害金**と，**違約金としての弁護士費用，督促・徴収に要した費用**を加算して，その組合員に請求できます。

「督促・徴収に要した費用」とは，次のものです。
① 配達証明付内容証明郵便による督促➡郵便代の実費及び事務手数料
② 支払督促申立等の法的措置➡印紙代，予納切手代，その他実費
③ その他督促・徴収に要した費用

7 会計

- 標準管理規約では，遅延損害金と，違約金としての弁護士費用，督促・徴収の諸費用を加算して，その組合員に対して請求することが「できる」と規定されていますが，**請求しない合理的事情がある場合を除き，請求すべきと考えられています。**
- 「**違約金としての弁護士費用**」とされているのは，「金銭の**債務不履行に基づく損害賠償としての弁護士費用**等は，**相手方に請求できない**」とする**最高裁判例**があることから，**訴訟において相手方に弁護士費用等を確実に請求できるようにするため**です。

管理費等は，マンションの日々の維持管理のために必要不可欠なものであり，その**滞納**はマンションの**資産価値や居住環境に影響**します。また，管理組合による**滞納管理費等の回収**は，専門的な知識・ノウハウを有し大数の法則が働く金融機関等の事業者による債権回収とは違い，**手間や時間コストなどの回収コストが膨大**となり得ます。こうしたことから，滞納管理費等に係る遅延損害金の利率の水準は，**利息制限法や消費者契約法等における遅延損害金利率よりも高く設定**することも考えられます。

なお，管理費等の滞納は，管理費等の支払債務の債務不履行となるため，**規約に定めがなくても法定利率**（**年３%，変動あり**）**による遅延損害金の請求**ができます。

+1点! **修繕積立金**には**充当されません。**

また，請求した遅延損害金，弁護士費用，督促・徴収に要した費用に相当する**収納金**は，**管理費**に**充当**します。

3　滞納者に対する措置

（1）管理組合による督促等

管理組合は，管理費等の滞納組合員に対し，**督促**を行うなど，**必要な措置**を講じなければなりません。

管理費等の確実な徴収は，適正な管理を行う上での根幹的な事項であり，管理費等の滞納は，管理組合の会計への悪影響や他の区分所有者への負担転嫁等の弊害もあるため，**滞納された管理費等の回収は極めて重要**であり，**滞納者に対する必要な措置**を講じることは，**管理組合**（**理事長**）**の最も重要な職務の１つ**です。

（2）理事長による訴訟その他の法的措置

理事長は，未納の管理費等及び使用料の請求に関して，理事会の決議により，**管理組合を代表**して，**訴訟その他法的措置**を追行することができます。

区分所有法には「管理者は，『**規約**』または**集会の決議**により…原告または被告となることができる」という規定（26条4項）があります。これを受けて，**標準管理規約**では，「未納の管理費等及び使用料の請求」について，**理事会の決議**があれば理事長が訴訟追行できる（＝**総会の決議は不要**）として，**機動的**な回収のための法的措置を可能にしています。

5 管理費等の過不足（61条）

R1・2

収支決算の結果，**管理費等**に過不足が生じた場合には，次のような措置をとります。

① 管理費に余剰を生じた場合	翌年度の管理費に充当する。
② 管理費等に不足を生じた場合	管理組合は，組合員に対し，管理費等の負担割合により，その都度必要な金額の負担を求めることができる。

6 預金口座の開設（62条）

管理組合は，会計業務を遂行するため，**管理組合の預金口座を開設**する必要があります。

この預金口座に係る**印鑑等の保管**については，**施錠の可能な場所（金庫等）に保管**し，**印鑑の保管と鍵の保管を理事長と副理事長とに分けるなど**，適切な取扱い方法を検討し，その**取扱い**について**総会の承認を得て細則等に定めておくことが望まれ**ます。

7 借入れ（63条）

H30

管理組合は，**修繕積立金を取り崩して行うべき業務**について，その都度，**総会決議**（普通決議）を経て，必要な範囲内で**借入れ**をすることができます。

「管理費」が不足する場合に**借入れを認める規定はありません。**修繕積立金の不足と異なり，安易に借入れを認めるべき費用ではないからです。その場合は，組合員に対し，その都度必要な金額の負担を求める等の方法で，解決しなければなりません。

8 帳票類等の作成・保管（64条）

H26・29・R1・2

「その他の帳票類」には，**領収書・請求**書・管理委託契約書・**修繕工事請負契**約書・駐車場使用契約書・保険証券等があります。

理事長は，**自己の責任**により帳票類等が適切に保管されなかったため，それらを**再作成**すべき場合には，その**費用を負担**しなければなりません。

+1点! 組合員名簿の管理を管理会社に委託する場合において，**管理会社への氏名の届出**は，個人情報保護法における**「第三者提供」には**あたりません。

そのため，管理会社に対し情報提供することの**同意をあらかじめ得ていない区分所有者の氏名**について，**管理会社に提供**しても問題ありません。

理事長は，**会計帳簿・什器備品台帳・組合員名簿**・その他の帳**票類**を**作成・保管**し，組合員または利害関係人の「**理由を付した書面（電磁的方法を含む）**」による請求があったときは，これらを**閲覧**させなければなりません。

また，理事長は，**長期修繕計画書・設計図書・修繕等の履歴情報**を**保管**し，組合員または利害関係人の「**理由を付した書面（電磁的方法を含む）**」による請求があったときは，これらを**閲覧**させなければなりません。

なお，**閲覧**については，**相当の日時，場所等を指定**することができます。

- 「利害関係人」とは，**法律上の利害関係がある者**をいい，単に事実上利益や不利益を受けたりする者や**親族関係にあるだけの者**等は**含まれません。**そのため，区分所有者の親族を名乗る者から組合員名簿につき閲覧請求を受けた場合において，その者が**親族関係**にあることが確認できたとしても，**直ちに**閲覧請求に応じるのは**不適切**です。
- 総会における各組合員の「**議決権行使書**」および「**委任状**」については，**閲覧請求に関する規定**は存在しません。したがって，これらについて**理由を付した書面について閲覧請求**があったとしても，理事長は**応じる必要はありません。**

標準管理規約の閲覧請求では，次の手続の区別をしましょう。

単なる「書面」で閲覧請求できるもの	①　総会の議事録 ②　理事会の議事録 ③　書面による決議に要した書面 ④　規約原本等 ⑤　使用細則等
閲覧請求に「理由を付した書面」が必要なもの	①　会計帳簿 ②　什器備品台帳 ③　組合員名簿 ④　その他の帳票類（領収書・請求書等） ⑤　長期修繕計画書 ⑥　設計図書 ⑦　修繕等の履歴情報

理事長は，総会の議事録・帳票類等・規約原本等といった**閲覧の対象とされる管理組合の財務・管理に関する情報**については，組合員または利害関係人の**理由を付した書面による請求**に基づき，**当該請求をした者が求める情報を記入した書面を交付**することができます。この場合，理事長は，交付の相手方にその**費用を負担させる**ことができます。

書面交付の対象とする情報としては，**大規模修繕工事等の実施状況**，**今後の実施予定**，その裏付けとなる**修繕積立金の積立ての状況**（マンション**全体の滞納の状況**も含む）や，**ペットの飼育制限**，**楽器使用制限**，**駐車場や駐輪場の空き状況**等が考えられます。具体的な範囲については，交付の相手方に求める費用等とあわせ，**細則**で定めておくことが望まれます。

9　消滅時の財産の清算（65条）

管理組合が消滅する場合，その残余財産は，各区分所有者の**共用部分の共有持分割合**に応じて，各区分所有者に帰属することとなります。

+1点! 共有持分割合と修繕積立金等の負担割合が**大きく異なる**場合は，**負担割合に応じた清算**とする等，マンションの**実態に応じて衡平な清算**の規定を定めることが望まれます。

コレが重要!! 確認問題

❶ 収支予算の変更は，理事長が理事会の承認を得て行うことができる。過 H15

❷ 通常総会を５月に開催している甲マンション管理組合の収支予算（会計期間は４月１日から翌年３月 31 日までとする）に関して，会計年度の開始後，通常総会で収支予算案の承認を得るまでの間に支出することがやむを得ないと認められる経常的経費については，４月に開催した理事会で承認を得た上で支出し，通常総会において，その内容を報告していることは，適切である。過 H25

❸ 理事会の承認を得て通常総会の承認を得る前に支出することがやむを得ないと認められる経常的な経費は，前年度の同経費の支出額のおよその範囲内であることが必要である。過 H27

❹ 総会の承認を得て実施している長期の施工期間を要する工事で年度を跨ることがやむを得ない工事に係る経費については，工事全体について総会の承認を得ているので，改めて新年度の経費の支出について理事会の承認は必要ない。過 H27

❺ 理事長は，災害等の緊急時においては，総会又は理事会の決議によらずに，敷地及び共用部分等の必要な保存行為を行うことができ，そのために必要な支出を行うこともできる。過 H28

❻ 規約に遅延損害金を定める場合，その利率の設定については，手間や時間コストなどの回収コストが膨大になったとしても，利息制限法や消費者契約法等における遅延損害金利率を超えることはできない。過 H28

❼ 理事長は，未納の管理費の請求に関し管理組合を代表して訴訟を追行することについて，総会の決議によらず，理事会の決議のみで行うことができる。過 R4

❽ 管理費に余剰が生じた場合に，これを修繕積立金に振り替えることは，総会の普通決議で行うことができる。過 H25

❾ 理事長は，利害関係人から，大規模修繕工事の実施状況や今後の実施予定に関する情報についての書面交付について，理由を付した書面による請求があったときは，当該利害関係人が求める情報を記入した書面を交付することができる。過 H29

答 ❶✕：収支予算の変更は，理事長が「臨時総会の承認」を得て行う。 ❷〇 ❸〇 ❹✕：理事会の承認が必要。 ❺〇 ❻✕：超えてもよい。 ❼〇 ❽✕：管理費の余剰を修繕積立金に振り替えるには，総会の特別決議を経た規約の変更が必要である。 ❾〇

第8章 頻出度 A

雑　則

●理事長の勧告・指示等
●規約原本等の取扱い

1 義務違反者に対する措置（66条）

区分所有者・占有者が，建物の保存に有害な行為等，区分所有者の**共同の利益に反する行為**をした場合，またはその行為をするおそれがある場合には，**区分所有法**における停止等の請求・使用禁止請求・競売請求・引渡請求に関する規定に基づき，必要な措置をとることができます。

> **区分所有法**で「義務違反者に対してとり得る」と定められている措置を，**標準管理規約においても確認的に規定**しています。

2 理事長の勧告及び指示等（67条）

H28・29・R3

1　理事長による勧告及び指示等

区分所有者等が法令・規約・使用細則等に違反したときや，対象物件内の共同生活の秩序を乱す行為を行ったときは，**理事長**は，理事会の**決議**を経てそれらの者に対し，是正等のため必要な**勧告・指示・警告**を行うことができます。

> ここでの「**区分所有者等**」とは，
> ①区分所有者
> ②区分所有者の同居人
> ③専有部分の貸与を受けた者
> ④貸与を受けた者の同居人
> を指します。

2　区分所有者のとるべき措置

区分所有者は，①自己の同居人，②自己が専有部分を貸与した者，③貸与した者の同居人が，上記**1**の違反行為をした場合，是正等に必要な措置を講じなければなりません。

3　規約・使用細則違反等に対する措置

区分所有者等が**規約・使用細則等に違反**した場合，または区分所有者等及び区分所有者等以外の第三者が**敷地・共用部分等で不法行為**を行った場合は，**理事長**は，理事会の**決議**を経て，次の措置を講ずることができます。

① 行為の差止め・排除・原状回復に必要な措置の請求に関し，管理組合を代表して，訴訟その他法的措置を追行すること

② 敷地・共用部分等に生じた損害賠償金・不当利得による返還金の請求や受領に関し，区分所有者のために，訴訟において原告または被告となること，その他法的措置をとること

そして，**理事長**は，区分所有者のために，原告または被告となったときは，遅滞なく，**区分所有者にその旨を通知**しなければなりません。

4 訴訟提起に伴う諸費用の請求と収納金の取扱い

訴訟提起の際，理事長は，請求の相手方に対し，違約金としての弁護士費用，及び差止め等の諸費用を請求できます。そして，請求した弁護士費用，及び差止め等の諸費用に相当する**収納金**は，通常の管理に要する費用（**管理費**）に充当します。

3 合意管轄裁判所（68条）

規約に関する管理組合と組合員間の訴訟については，「対象物件所在地を管轄する○○地方（簡易）裁判所をもって，第一審管轄裁判所とする」と規定されています。

4 細則（70条）

総会及び理事会の運営，会計処理，管理組合への届出事項，役員選出方法，管理事務の委託業者の選定方法，文書保存等については，別に細則を定めることができます。

5 規約原本等の取扱い（72条）

H29

1　規約原本の作成と閲覧

規約原本（原始規約）とは，区分所有者全員が署名した最初の規約のことです。規約原本は，**理事長が保管**し，区分所有者・利害関係人からの書面による請求があったときは，これを**閲覧**させなければなりません。

電磁的方法が利用可能な場合は，電磁的記録への電子署名となり，電磁的方法での閲覧請求が可能です。

レベルUP!!

築年数が古く，紛失した等の事情で規約原本が**存在しない場合**は，①分譲時の規約案及び分譲時の区分所有者全員の規約案に対する同意を証する書面，または②初めて規約を設定した際の総会の議事録が，その機能を果たします。

2　規約が規約原本から変更されている場合

規約が，総会決議により規約原本の内容から変更されているときは，理事長は，１通の書面に，現に有効な規約の内容と，その内容が**規約原本及び規約変更を決議した総会の議事録の内容と相違ないことを記載**し，署名した上で，この書面を保管します。

電磁的方法が利用可能な場合は，電磁的記録への電子署名となり，電磁的方法での閲覧請求が可能です。

そして，区分所有者・利害関係人の**書面による請求**があった場合，理事長は，**規約原本等**（規約原本・規約変更を決議した総会の議事録・現に有効な規約の内容を記載した書面），**現に有効な使用細則**の**閲覧**をさせなければなりません。

なお，理事長は，**閲覧**につき，相当の日時，場所等を指定することができます。

3　保管場所の掲示

理事長は，所定の掲示場所に，規約原本等・使用細則等の**保管場所を掲示**しなければなりません。

8 雑則

コレが重要!! 確認問題

❶ 規約に違反した区分所有者に対し，理事長が行為の差止訴訟を提起することは，総会決議を経ることなく，理事会の決議により行うことができる。過 H29

❷ 第三者である運転者の過失による自動車事故により，マンションの外壁に損害が生じた場合において，原状回復のための必要な措置の請求に関し，当該運転者に対して訴訟その他法的措置をとるには，理事長は，理事会の決議を経なければならない。過 H22

❸ 敷地内にごみを不法投棄する近隣の住人に対し，ごみの撤去費用に係る損害賠償金の請求に関して区分所有者のために訴訟で原告になることは，理事長が理事会の決議に基づいて行うことができる。過 H17

❹ 総会決議により規約が改正された場合において，規約原本のほかに理事長が保管すべき書面は，改正後の規約（全文）を1通の書面とし，それが現に有効な規約である旨を記載した理事長の署名のほか，他の区分所有者全員が記名したものである。過 H23 改

❺ 組合員からの媒介の依頼を受けた宅地建物取引業者から現に有効な規約の内容を記載した書面の閲覧を請求された場合，理事長は，理由を付した書面を求める必要がある。過 H19

❻ 規約原本がなくても，初めて規約を設定した際の総会の議事録があれば，それが規約原本の機能を果たすことになる。過 H16

❼ 管理規約でペットの飼育が禁止されているにもかかわらず，賃借人がペットを飼育したときは，理事長は，賃貸人である区分所有者又は賃借人いずれに対しても勧告や指示等をすることができ，区分所有者は，その是正等のために必要な措置を講じなければならない。過 R3

答 ❶○　❷○　❸○　❹×：理事長は，改正後の規約（全文）を1通の書面とし，その内容が規約原本及び規約変更を決議した総会の議事録の内容と相違ない旨を記載し，署名して保管する。　❺×：利害関係人からの規約の閲覧請求は，書面であればよく，それに理由を付す必要はない。　❻○　❼○

頻出度 S+

標準管理規約（団地型）

- 標準管理規約（団地型）の対象
- 各団地建物所有者の費用負担等
- 団地総会と棟総会

1 標準管理規約（団地型）の適用対象

団地型の**標準管理規約**が適用対象としているのは，**一般分譲の住居専用のマンションが数棟所在する団地型マンション**で，団地内の土地及び集会所等の附属施設が，その数棟の区分所有者（**団地建物所有者**）全員の共有となっているものです。

「団地」の形態の典型としては，①**土地の共有による団地**と，②**附属施設のみの共有による団地**とがありますが，本規約の適用対象は，団地型として最も一般的な①の形態で，特に，次の**ア～ウ**3つすべての要件を満たす団地です。

ア　団地内にある数棟の建物の**全部**が**区分所有建物**であること

イ　アの建物の**敷地**（法定敷地と規約敷地の両方を含む）が，その団地内にある建物の団地建物所有者の共有に属していること（建物の敷地利用権が所有権以外の権利である場合は，その権利が準共有に属していること）

ウ　団地管理組合において，団地内にある区分所有建物全部の管理または使用に関する規約が定められていること

▶具体例　土地全体が団地建物所有者の共有である場合

団地建物所有者の共有である団地内の土地・集会所等の附属施設とともに,区分所有建物(A~D棟の各共用部分)全部を一元的に管理する場合は,マンション標準管理規約(団地型)を参考に,団地建物所有者全員で規約を作成することとなります。

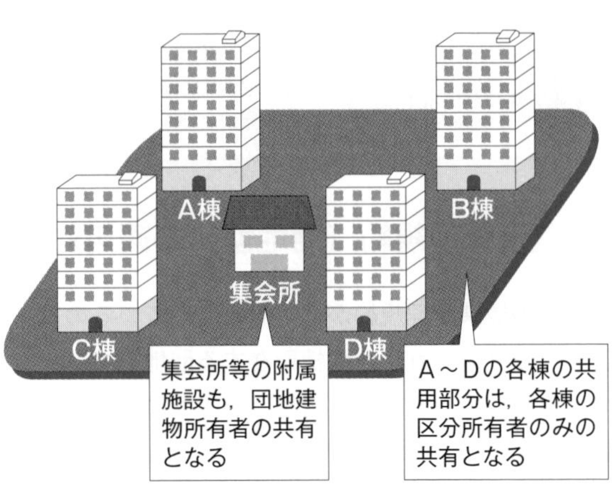

2 団地総会及び棟総会

H26·27·30·R1·3·4·5

標準管理規約（団地型）は，**団地全体を団地管理組合が一元的に管理**することを前提としていますが，区分所有法上，団地が成立する場合でも，**各棟ごとに決すべきとされる事項**もあります。

そこで，次のように，**団地総会の定め**と**棟総会の定め**がそれぞれあります。

1　団地総会

(1) 団地総会と議決権

標準管理規約（団地型）は，団地内の土地・付属施設の団地共用部分のほか，それぞれの棟についても，団地全体で一元的に管理されます。この場合の「**団地建物所有者全員で構成される団体**」が，団地総会です。

団地総会が成立するための定足数は，議決権総数の「半数以上」です。

団地総会のうち通常総会については，理事長は，**毎年1回**新会計年度開始以後，２ヵ月以内に招集しなければなりません。

団地総会における各組合員の**議決権の割合**は，「土地の共有持分の割合，あるいはそれを基礎としつつ賛否を算定しやすい数字に直した割合によるのが適当」とされています。

(2) 団地総会の決議事項

次の事項については，**団地総会の決議**を経なければなりません。

① 規約（棟総会の決議が必要なものを除く）・使用細則等の制定・変更・廃止

② 役員の選任・解任，役員活動費の額・その支払方法

③ 収支決算・事業報告

④ 収支予算・事業計画

⑤ 長期修繕計画の作成・変更

⑥ 管理費等・使用料の額，その賦課徴収方法

⑦ 団地修繕積立金・各棟修繕積立金の保管・運用方法

⑧ 適正化法に基づく**管理計画の認定の申請**，管理計画の認定の**更新の申請**及び管理計画の**変更の認定の申請**

⑨ 21条2項（専有部分である設備のうち棟の共用部分と構造上一体となった部分の管理を棟の共用部分の管理と一体として行う必要があるときに，管理組合がこれを行う場合）に定める管理の実施

⑩ 標準管理規約28条1項（**団地修繕積立金**の取崩し項目）または29条1項（**各棟修繕積立金**の取崩し項目）に定める**特別の管理の実施**（建物の一部が滅失した場合の滅失した棟の共用部分の復旧・建替え等に係る合意形成に必要となる事項の調査の実施及びその経費に充当する場合の各棟修繕積立金の取崩しの場合を除く）並びにそれに充てるための資金の**借入れ・団地修繕積立金・各棟修繕積立金の取崩し**

⑪ 28条2項・3項または29条2項・3項に定める建替え等及び敷地分割に係る計画・設計等の経費のための**団地修繕積立金・各棟修繕積立金の取崩し**

⑫ 区分所有法69条1項の場合の建替えの承認

⑬ 区分所有法70条1項の場合の一括建替え

⑭ **円滑化法**に基づく**除却**の必要性に係る**認定の申請**

⑮ **円滑化法の敷地分割**

⑯ 組合管理部分に関する管理委託契約の締結

⑰ その他管理組合の業務に関する重要事項

区分所有法で団地関係に準用されていない規定に定める事項に係るものを除きます。

2 棟総会

(1) 棟総会とは

団地型の標準管理規約は，**団地における一括管理**を前提としています。もっとも，**区分所有法**上，団地では決することができず，**各棟ごとに意思決定しなければならないとされている事項**があるため，それらを決するために「**各棟ごとの区分所有者全員で構成される団体**」が，棟総会です。

(2) 棟総会の招集手続

棟総会は，その棟の区分所有者が，**当該棟の区分所有者総数の $\frac{1}{5}$ 以上及び議決権総数の $\frac{1}{5}$ 以上**に当たる区分所有者の同意を得て**招集**します。

棟総会の議長は，棟総会に出席した区分所有者（書面または代理人によって議決権を行使する者を含む）の議決権の過半数をもって，**当該棟の区分所有者の中から選任**します。

日常的な管理は各棟では行わず，各棟で**管理者は選任しない**ことから，棟総会は，管理者がない場合の集会の招集の規定（区分所有法34条5項）に基づいて，上記の手続により招集します。

(3) 棟総会の決議事項

棟総会においては，次の事項を決議します。これらは，団地では決議できず，**各棟ごとに決議すべき**とされているものです。

団地内のある棟の**棟総会**について，**その棟から選出されている理事が招集**できるようにするための**規約の変更**は，その棟の棟総会の決議だけですることができます。

① **区分所有法で団地関係に準用されていない規定に定める事項に係る規約の制定・変更・廃止**

② **区分所有法57条～60条に規定する**義務違反者に対する訴えの提起**及びこれらの**訴えを提起すべき者の選任

③ **建物が**一部滅失**した場合の**滅失した**棟の共用部分の**復旧

④ **区分所有法62条1項の場合の**建替え**及び円滑化法108条1項の場合の**マンション敷地売却

⑤ **区分所有法69条7項の建物の建替えを団地内の他の建物の建替えと一括して建替え承認決議に付すこと**

⑥ **建替え・マンション敷地売却**に係る**合意形成**に必要となる事項の**調査の実施**及びその**経費**に充当する場合の各棟修繕積立金の取崩し

（4）棟総会における議事

棟総会の議事は，原則として，**その棟の区分所有者総数の $\frac{3}{4}$ 以上及び議決権総数の $\frac{3}{4}$ 以上**で決します。

ただし，**以下の例外**があります。

議決権総数の半数以上を有する区分所有者が出席する会議において，出席区分所有者の議決権の過半数で決する事項	●義務違反者に対する停止等の請求の訴えの提起，及び**義務違反者に対する各措置の訴え**を提起すべき者の選任 ●建物の価格の $\frac{1}{2}$ 以下に相当する部分が滅失した場合の滅失した**棟の共用部分の復旧** ●建物の建替えに係る合意形成に必要な事項の調査の実施及びその経費に充当する場合の各棟修繕積立金の取崩し
その棟の区分所有者総数の $\frac{4}{5}$ 以上及び議決権総数の $\frac{4}{5}$ 以上で決する事項	前記（3）④の「建替え決議」及び（3）⑤の「団地内の他の建物の建替えと一括して建替え承認決議に付する旨の決議」
その棟の区分所有者総数・議決権総数・敷地利用権の持分の価格の各 $\frac{4}{5}$ 以上で決する事項	前記（3）④の「マンション敷地売却決議」

棟総会の議事について，**議長**は**議事録を作成**しなければならず，この議事録には，**議長及び議長の指名する２名（計３名）の棟総会に出席した区分所有者の署名**が必要です。なお，議長は，署名の手続後遅滞なく，**議事録を理事長に引き渡さなければなりません**。

（5）棟総会の議事録の閲覧

理事長は，棟総会の**議事録を保管**し，その棟の**区分所有者又は利害関係人の書面による請求**があったときは，**議事録の閲覧**をさせなければなりません。この場合において，閲覧につき，相当の日時，場所等を指定することができます。

棟総会の議事録の閲覧請求権者は，「その棟の」**区分所有者**又は**利害関係人**ですので，利害関係人に該当しない限り，**他の棟の区分所有者は含まれません**。

3　団地建物所有者の費用の負担等

H27・30・R2・4・5

1　管理費等と費用の負担

団地建物所有者は，土地及び共用部分等の管理に要する経費に充てるため，次の負担割合で，**管理費等**を**管理組合に納入**しなければなりません。

項目	負担割合	
管理費	棟の管理に相当する額	それぞれの棟の各区分所有者の棟の共用部分の共有持分に応じて算出する
	それ以外（団地）の管理に相当する額	各団地建物所有者の土地の共有持分に応じて算出する
団地修繕積立金	各団地建物所有者の土地の共有持分に応じて算出する	
各棟修繕積立金	各区分所有者が有するそれぞれの棟の共用部分の共有持分に応じて算出する	

2　管理費等の充当対象

管理費等は，次の用途に充当されます。

項目	充当対象
管理費	通常の管理に要する経費
団地修繕積立金	土地・附属施設・団地共用部分に関する一定の特別の管理に要する経費　等
各棟修繕積立金	それぞれの棟の共用部分に関する一定の特別の管理に要する経費　等

なお，管理費等の「**充当対象**」（上記）と管理費等の「**取崩しの手続**」とは，区別する必要があります。すなわち，**団地修繕積立金及び各棟修繕積立金を取り崩す際**，どちらも，原則として，**団地総会の決議は必要**ですが，**棟総会の決議は不要**です。

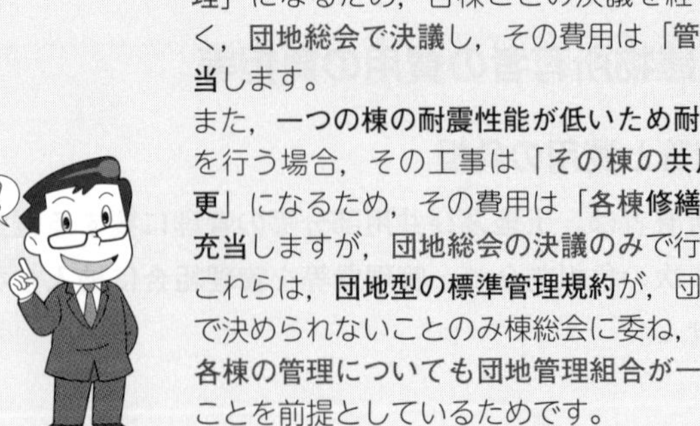

例えば，マンション管理適正化法に基づく**管理計画の認定の申請**を行う場合，その行為は「**通常の管理**」になるため，各棟ごとの決議を経る必要はなく，**団地総会で決議**し，その費用は「**管理費**」を**充当**します。
また，**一つの棟の耐震性能が低いため耐震改修工事**を行う場合，その工事は「**その棟の共用部分の変更**」になるため，その費用は「**各棟修繕積立金**」を**充当**しますが，**団地総会の決議のみ**で行います。
これらは，**団地型の標準管理規約**が，団地管理組合で決められないことのみ棟総会に委ね，それ以外は**各棟の管理についても団地管理組合が一元的に行う**ことを前提としているためです。

- **各棟修繕積立金の取崩し**は，原則として，**団地総会の決議**を経なければなりません。**建替え決議**及び**マンション敷地売却決議**の「後」に，**不参加者に返還する分を除いて団地・各棟修繕積立金を取り崩す**場合も**同様**です。
- ただし，①建物の**一部が滅失**した場合の滅失した**棟の共用部分の復旧**のために，**各棟修繕積立金を取り崩す**場合と，②**建替え・マンション敷地売却**に係る**合意形成に必要となる事項の調査**の実施及びその経費に充当するために，**各棟修繕積立金を取り崩す**場合（つまり，②の**決議「前」の取崩し**）だけは，団地総会の決議ではなく，**棟総会の決議**で行わなければなりません。

3　使用料

駐車場使用料その他の土地及び共用部分等に係る使用料は，**それらの管理に要する費用**に充てるほか，団地建物所有者の**土地の共有持分に応じて棟ごとに各棟修繕積立金**として積み立てます。

- **機械式駐車場**を有する場合は，その維持・修繕に多額の費用を要することから，**管理費，団地修繕積立金及び各棟修繕積立金とは区分して経理することもできます**。
- 団地型標準管理規約では，**棟の共用部分の修繕費用**の方が**団地共用部分等の修繕費用より相対的に「多額」**になることが想定されることを考慮して，使用料を**それらの管理に要する費用**に充てるほか，団地建物所有者**の土地の共有持分に応じて棟ごとに各棟修繕積立金**として積み立てることとしています。
  ➡もっとも，団地共用部分等の修繕に多額の費用が見込まれる場合には，団地修繕積立金として積み立てることが適当とされています。

コレが重要!! 確認問題

❶ 住居専用の専有部分からなる数棟で構成される甲団地の団地管理組合から規約の作成を依頼されたマンション管理士がした，次の**ア～ウ**の説明は，適切か否か。 過 H18

ア 「規約の対象物件のうち共用部分の範囲を定める必要がありますが，団地共用部分と棟の共用部分とを区分して定め，その管理は，団地管理組合が両者を一括して行います」との説明

イ 「各団地建物所有者及び各区分所有者の共有持分割合を定める必要がありますが，これについては，土地及び附属施設，団地共用部分並びに棟の共用部分に分けることとします」との説明

ウ 「各組合員及び各区分所有者の議決権の割合を定める必要がありますが，団地総会にあっては土地の共有持分割合とし，棟総会にあっては棟の共用部分の共有持分割合とします」との説明

❷ 甲マンション団地管理組合の理事会における費用の負担等についての理事長の「棟の管理に相当する管理費の額及び各棟修繕積立金の額については，それぞれの棟の各区分所有者の棟の共用部分の共有持分に応じて算出します。また，棟の管理に相当するもの以外の管理費の額及び団地修繕積立金の額については，各団地建物所有者の土地の共有持分に応じて算出します」という発言は，適切である。 過 H24

❸ 団地型マンションにおいて，マンション管理適正化法第５条の３第１項に基づく管理計画の認定の申請を行う場合には，各棟ごとの決議を経る必要はなく，団地総会で決議し，その費用は管理費を充当する。 過 R4

❹ 専有部分のある建物であるＡ棟，Ｂ棟，Ｃ棟及びＤ棟からなる団地における団地総会の決議に関し，Ｃ棟の屋上の補修を，一定年数の経過ごとに計画的に行う修繕により行う場合には，団地総会の決議が必要である。 過 R3

❺ 専有部分のある建物であるＡ棟，Ｂ棟，Ｃ棟及びＤ棟からなる団地における団地総会の決議に関し，Ｄ棟の建替え等に係る合意形成に必要となる事項の調査の実施及びその経費に充当する場合のＤ棟の修繕積立金の取崩しを行うときは，団地総会の決議が必要である。 過 R3

答 ❶**ア○**：共用部分の範囲は「棟の共用部分」と「団地共用部分」を分けて定め，敷地及び共用部分等の管理は，団地管理組合がその責任と負担においてこれを行うものとされている。 **イ○**：団地における各団地建物所有者及び各区分所有者の共有持分割合は，「土地及び附属施設」「団地共用部分」「棟の共用部分」に分けて定めるものとされている。 **ウ○**：各組合員及び各区分所有者の議決権の割合は，団地総会にあっては土地の共有持分割合とし，棟総会にあっては棟の共用部分の共有持分割合とすることが適当とされている。 ❷○ ❸○ ❹○ ❺**×**：棟総会の決議で足りる。

第10章　頻出度 S

標準管理規約（複合用途型）

- 標準管理規約（複合用途型）の対象
- 総会・住宅部会・店舗部会
- 住宅・店舗の各区分所有者の費用負担等

1 標準管理規約（複合用途型）の適用対象

H26

複合用途型の標準管理規約の適用対象は，一般分譲の住居・店舗併用の単棟型マンションです。

複合用途型マンションの種類には，①**大規模な再開発等**による形態のもの，②**低層階に店舗・上階に住居**という形態で住居が主体のもの，の2つがありますが，複合用途型の標準管理規約の**適用対象**は，複合用途型として多数を占めている②です。

この規約では，区分所有者全員の共有物である敷地・全体共用部分・附属施設のほか，**一部共用部分も全体で一元的に管理**するとし，**全体の管理組合について**のみ規定しています。

「一部管理組合」については規定されていません。

2 専有部分・共用部分の範囲等

R3・4

1　専有部分の範囲（7条）

区分所有権の対象となる専有部分は，**「住戸番号を付した住戸（住戸部分）」**と**「店舗番号を付した店舗（店舗部分）」**です。

そして，専有部分を他から区分する構造物の帰属については，次のとおりです。

部位	帰属
天井，床及び壁	**躯体部分を除く部分**が**専有部分**
玄関扉及びシャッター	**錠**及び**内部塗装部分**が**専有部分**
窓枠及び窓ガラス （網戸・雨戸を含む）	**専有部分**に含まれない

専有部分の専用に供される設備で，**共用部分内にある部分**以外のものは，**専有部分**です。

2　共用部分の範囲

(1) 全体共用部分

バルコニー等は，住戸だけに設置されている場合であっても，「**全体共用部分**」と位置づけられていることに注意しましょう。
そのため，下層階が店舗，上層階が住宅の複合用途型マンションの**住宅だけに設置されているバルコニーの床の防水工事**を**計画修繕**として行う場合には，**総会で決議**し，その費用は**全体修繕積立金を充当**することになります。

専有部分に属さない「建物の部分」	共用エントランスホール，共用廊下，共用階段，共用エレベーターホール，屋上，屋根，塔屋，自家用電気室，機械室，受水槽室，高置水槽室，パイプスペース，メーターボックス（給湯器ボイラー等の設備を除く。），内外壁，界壁，床スラブ，基礎部分，床，天井，柱，バルコニー等
専有部分に属さない「建物の附属物」	共用エレベーター設備，電気設備，給水設備，排水設備，消防・防災設備，インターネット通信設備，テレビ共同受信設備，オートロック設備，宅配ボックス，避雷設備，集合郵便受箱，各種の配線配管（給水管については，本管から各住戸メーターを含む部分，雑排水管及び汚水管については，配管継手及び立て管）等
その他	管理事務室，管理用倉庫，清掃員控室，集会室，トランクルーム，倉庫及びそれらの附属物

(2) 住戸一部共用部分

住宅用エントランスホール，住宅用階段，住宅用廊下（○階～○階），住宅用エレベーターホール，住戸用共用トイレ，住宅用エレベーター室，住宅用エレベーター設備

(3) 店舗一部共用部分

店舗用階段，店舗用廊下（○階～○階），店舗用共用トイレ

3　敷地・共用部分等の共有（9条）

敷地及び共用部分等の共有関係は，次のとおりです。

敷地・全体共用部分・附属施設	住戸部分・店舗部分両方の区分所有者の共有
住宅一部共用部分	**住戸部分**の区分所有者のみの共有
店舗一部共用部分	**店舗部分**の区分所有者のみの共有

4　バルコニー等の専用使用権（14条）

バルコニー等の専用使用権の用法は，次のとおりです。なお，店舗部分の窓ガラスを広告の掲示等に使用する場合には，用法の欄にその旨を記載する必要があります。

部位	用法
各専有部分に接するバルコニー	通常のバルコニーとしての用法
各専有部分に付属する玄関扉・窓枠・窓ガラス	通常の玄関扉，窓枠，窓ガラスとしての用法
1階に面する庭	通常の庭としての用法
屋上テラス	通常の屋上テラスとしての用法
各店舗のシャッター	営業用広告掲示場所**としての用法**
店舗前面敷地	営業用看板等の設置場所**及び**通路**としての用法**

3　管理対象物に対する費用の負担等

H27·30·R2·3·4

1　全体管理費等

区分所有者は，敷地・全体共用部分・附属施設の管理に要する経費に充てるため，①**全体管理費**，②**全体修繕積立金**（全体管理費等）を管理組合に納入しなければなりません。

全体管理費等の額は，住戸部分のために必要となる費用と，店舗部分のために必要となる費用とを**あらかじめ按分**した上で，住戸部分の区分所有者または店舗部分の区分所有者ごとに，各区分所有者の**全体共用部分の共有持分に応じて算出**します。

2　一部管理費等

一部共用部分の管理の経費に充てるため，住戸部分の区分所有者と，店舗部分の区分所有者は，それぞれ次の費用（一部管理費等）を管理組合に納入しなければなりません。

住戸部分の区分所有者	①　住宅一部管理費 ②　住宅一部修繕積立金

店舗部分の区分所有者	① 店舗一部管理費 ② 店舗一部修繕積立金

一部管理費等の額については，住戸部分または店舗部分の各区分所有者の一部共用部分の**共有持分に応じて算出**します。

収支決算を行った結果，全体管理費・住宅一部管理費・店舗一部管理費に**余剰**が生じた場合には，その余剰は**翌年度におけるそれぞれの費用に充当**します。

3　使用料

駐車場使用料その他の敷地及び共用部分等に係る**使用料**は，**それらの管理に要する費用**に充てるほか，**全体修繕積立金**として積み立てます。

4　総会の会議及び議事（51条）　R3・4

総会の会議（ＷＥＢ会議システム等を用いて開催する会議を含む）は，議決権総数の半数以上を有する組合員が出席しなければなりません（定足数）。

そして，総会の議事は，一定の特別決議事項を除き，出席組合員の議決権の過半数で決します。

> **複合用途型**における，総会での議決権行使の**代理人**の資格は，**単棟型と同様**です。したがって，例えば，弁護士が区分所有者から受けた委任状を提出したとしても，**単に弁護士であるという理由だけ**では，代理人として議決権を行使することはできません。

複合用途型においては，**住宅・店舗ごとの一部管理組合は存在しません**。そのため，**全体管理費・全体修繕積立金**はもちろんのこと，**一部管理費・一部修繕積立金**についても，その**取崩し**は，全員で構成される管理組合の決議（普通決議）ですることができます。

5　住宅部会・店舗部会　H27・30・R3・4

標準管理規約（複合用途型）では，マンション全体を管理組合によって一元的に管理をすることを前提としていますが，住戸部分の区分所有者と店舗部分の区分所有者とでは，必ずしも利害関係が一致するとはいえません。

そこで，住宅一部共用部分と店舗一部共用部分については，**それぞれの区分所有者の意見を理事会に適切に反映**させるために，住戸部分の区分所有者で構成する**住宅部会**と，店舗部分の区分所有者で構成する**店舗部会**を設けることとしています。

この住宅部会及び店舗部会の組織・運営方法については，別に**部会運営細則**に定めます。

住宅部会及び店舗部会は，管理組合と異なり，意思決定機関ではなく，**単に**住宅部分及び店舗部分のそれぞれの管理等について**協議をする組織**として位置付けられています。そのため，**規約の設定等や総会の決議**に際し，住宅部会や店舗部会の承認決議が必要となることはありません。

コレが重要!! 確認問題

❶　1階は店舗部分で2階から5階が住宅部分であるマンションの管理組合から規約の作成を依頼されたマンション管理士がした，次の**ア**・**イ**の説明は，適切か否か。 過 H19

ア「規約の対象物件のうち共用部分については，全体共用部分，住宅一部共用部分及び店舗一部共用部分に区分しますが，一部共用部分も含めて全体を管理組合が一元的に管理します」との説明。

イ「全体共用部分は区分所有者全員の，住宅一部共用部分は住戸部分の区分所有者のみの，店舗一部共用部分は店舗部分の区分所有者のみの共有として，それぞれの共有持分を定めます」との説明。

❷　棟総会は，その棟の区分所有者が当該棟の区分所有者総数の$\frac{1}{5}$以上及び議決権総数の$\frac{1}{5}$以上に当たる区分所有者の同意を得て，毎年1回招集しなければならない。 過 H25

❸　収支決算を行った結果，全体管理費，住宅一部管理費，店舗一部管理費に余剰が生じた場合には，その余剰は翌年度におけるそれぞれの費用に充当する。 過 H27

❹　規約を変更しようとする場合には，総会の決議に加え，住宅部会及び店舗部会でのそれぞれの承認決議を必要とする。 過 H27

❺　規約に屋上テラスの専用使用料の徴収の定めがある複合用途型マンションにおいて，屋上テラスの専用使用料は，その管理に要する費用に充てるほか，住宅一部修繕積立金として積み立てる。 過 R2

❻　敷地上にある店舗用駐車場の使用料は，駐車場の管理に要する費用に充てるほか，店舗一部修繕積立金として積み立てられる。 過 H27

❼　店舗共用部分の修繕は，店舗部会の決議があれば，総会の決議がなくても，店舗一部修繕積立金を取り崩してその費用を拠出することができる。 過 H30

答　❶ア○　イ○　❷○　❸○　❹×：住宅部会・店舗部会での承認決議は不要。　❺×：管理費用に充てるほか，「全体」修繕積立金として積み立てられる。　❻×：管理費用に充てるほか，「全体」修繕積立金として積み立てられる。　❼×：店舗部会は意思決定機関ではないため，あくまでも総会の決議が必要。

第3編

民　法

民法は，例年，単独での出題は**6問程度**ですが，区分所有法等との**複合問題も含めれば**，実は**倍近く**の出題数になります。

すべての法律の理解の基礎となる**基本的な法律**であり，区分所有法等の深い理解には欠かせません。範囲が広く，難易度の高い内容もありますが，頻出である**時効**や**債務不履行**，**契約不適合責任**，**不法行為**，**相続**等を中心に，しっかり学習しましょう。

頻出度 **B**

制限行為能力者

- 制限行為能力者の類型
- 制限行為能力者の保護者の権限

1 意思能力（3条の2）

H26・30

意思能力（いしのうりょく）とは，物事を**正常に判断する能力**です。

契約は，原則として，契約当事者間の**意思の合致**によって拘束力が生まれます。したがって，法律行為の**当事者が意思表示をした時に意思能力を有しなかったとき**は，その法律行為は，**無効**とされます。なぜなら，例えば「物を買うときはお金を払わなければならない」といった，物事に対する正常な判断をする能力がない者（幼児や泥酔者等）については，仮に当事者間で合意をしたとしても，契約による拘束力を発生させるのは酷だからです。

意思能力がない場合の無効は，すべての第三者に対して主張できます。

意思能力の有無についての判断はケースバイケースのため，非常に困難です。そこで，判断能力が不十分で，1人で確定的に有効な取引をすることのできない者を**あらかじめパターン化**した，以下に述べる「**制限行為能力者制度**」が大きな意味を持ちます。

2 行為能力と制限行為能力者

行為能力（こういのうりょく）とは，**1人で確定的に有効な取引をすることのできる能力**をいい，判断能力が不十分なためにこの能力が制限される者を「**制限行為能力者**」といいます。

例えば，未成年者のように判断能力が十分ではない者が1人で取引をすると，その利益を侵害されるおそれがあります。そこで，判断能力が十分ではない者を**制限行為能力者**と位置づけて保護者の制度を設け，**保護者の同意なく単独**で行った契約等について，**事後的に取り消すことができる**としています。

3 制限行為能力者の種類等

H26・30

1 制限行為能力者の種類（5条，7条，11条，15条）

制限行為能力者には，次の①～④の4種類があります。

種類	定義	保護者
① 未成年者	18歳未満の者。	親権者または未成年後見人
② 成年被後見人	精神上の障害により事理を弁識する能力を欠く常況にあり，家庭裁判所の後見開始の審判を受けた者	成年後見人
③ 被保佐人	精神上の障害により事理を弁識する能力が著しく不十分であり，家庭裁判所の保佐開始の審判を受けた者	保佐人
④ 被補助人	精神上の障害により事理を弁識する能力が不十分であり，家庭裁判所の補助開始の審判を受けた者	補助人

- **②成年被後見人・③被保佐人・④被補助人**は，精神上の障害によって**判断能力が欠けている程度**による分類です。判断能力がまったくないのが②成年被後見人，著しく不十分であるのが③被保佐人，単に不十分であるのが④被補助人です。
- **②成年被後見人・③被保佐人・④被補助人**に該当するには，単に**判断能力に問題**があるというだけでは足りず，「**家庭裁判所の審判**」という手続を経ることが必要です。

2 審判の請求

上記表中②の「**成年後見開始の審判**」，③の「**保佐開始の審判**」，④の「**補助開始の審判**」は，本人・配偶者・四親等内の親族・検察官等，一定の者による**請求**が必要です。

なお，マンション管理組合は，請求権者に含まれていません。

+1点! 本人以外の者の請求により**補助開始の審判**をするには，**本人の同意が必要**です。

4 制限行為能力者の法律行為と保護者の権限 H26

制限行為能力者は，「行為能力」＝「１人で有効に契約等をする能力」が**制限**されています。そのため，これらの者の保護者には，次のような権限が与えられています。

+1点! **成年後見人**が，**成年被後見人の居住用の建物・敷地**について，**売却・賃貸・賃貸借の解除・抵当権の設定**等の処分をするには，**家庭裁判所の許可**が必要です。

+1点! 被保佐人・被補助人「**以外**」の者の請求によって，保佐人・補助人に**代理権**を与える旨の審判をするには，**本人**（つまり被保佐人・被補助人）の同意が必要です。

（○＝認められる　×＝認められない
△＝家庭裁判所の審判で与えられた場合にのみ認められる）

保護者	同意権（事前の同意をする権利）	取消権（事後的に取り消す権利）	追認権（ついにんけん）（事後的に認める権利）	代理権（代わりに行う権利）
親権者等	○	○	○	○
成年後見人	×	○	○	○
保佐人	○	○	○	△
補助人	△	△	△	△

- 成年被後見人は判断能力がゼロであり，仮に成年後見人が事前に契約締結について同意しても，その内容に沿った契約を締結してくれるとは限りません。そこで，**事前の同意があっても無意味**であるとして，**成年後見人には同意権が認められていません**。
- 保佐人の同意を得なければならない行為について，**保佐人**が被保佐人の利益を害するおそれがないにもかかわらず**同意をしない**ときは，**家庭裁判所**は，**被保佐人の請求**により，保佐人の同意に代わる許可を与えることができます。

5 取消権者（120条）

ここでいう「制限行為能力者」は，たとえば，制限行為能力者Aが制限行為能力者Bの法定代理人としてした行為について，Bが取り消すことも含みます。

制限行為能力者のした一定の行為について取消しできるのは，制限行為能力者**本人**，その**代理人**，**承継人**，**同意をすることができる者**（保佐人，裁判所から同意権を与えられた補助人）に限られます。

6 制限行為能力者の相手方の保護

1　催告権（20条）

制限行為能力者の相手方は，**1ヵ月以上の期間**を定めて，制限行為能力者がした取り消すことができる行為を追認するかどうかを確答するよう，**催告**することができます。

催告を受けた者が，期間内に確答を発しないときは，原則として，その行為を**追認したものとみなされます**。

レベルUP!!

相手方は，**1ヵ月以上**の期間を定めて，期間内に追認するか否か，制限行為能力者側に**催告**できます。そして，催告に対して**回答がない**場合は，次のようになります。

① **単独で追認できる者（行為能力を回復した者，保護者）**への催告の場合は，「追認」したと扱われます。

② **単独で追認できない者（被保佐人・被補助人）**への催告の場合は，「取消し」をしたと扱われます。

未成年者・成年被後見人には相手方の意思表示を受領する能力がないとされているため，**未成年者・成年被後見人に対する催告**は，原則として効力を生じません。

2　詐術（さじゅつ）による取消権の消滅（21条）

制限行為能力者が，相手方に，自分が行為能力者であると信じさせるために**詐術**を用いたときは，その行為を**取り消すことはできません**。

+1点! **単**に制限行為能力者であることを黙秘しているだけでは，「**詐術**」には**あたりません**。しかし，黙秘していたことが，**他の言動と相まって相手方を誤信**させ，または**誤信を強めたものと認められる場合**には，「**詐術**」にあたり，制限行為能力者は，その行為を取り消すことができません。

3　法定追認（125条）

例えば，未成年者が成年者になったり，成年被後見人の判断能力が回復したりする等，制限行為能力者が追認をできるようになった後に，制限行為能力者として行った取り消すことのできる契約等について**履行の請求等**をした場合には，原則として，**法律上当然に追認したものとみなされます**。

4　取消権の時効消滅（126条）

取消権は，**追認をすることができる時から5年間**行使しないときは，時効によって消滅します。**行為をした時から20年**を経過したときも，同様です。

コレが重要!! 確認問題

❶　甲マンションの1室に1人で住んでいる区分所有者Aは，精神上の障害により事理を弁識する能力を欠く常況にあり，管理費を滞納している。この場合において，甲マンションの管理組合は，家庭裁判所にAの後見開始の審判を請求することができる。過 H20

❷　AがBにマンションの1室を売却した場合で，Aが保佐開始の審判を受けているとき，Aの長男Cは，Aの保佐人でなくても，当該売買契約を取り消すことができる。過 H15

答 ❶×：管理組合は，後見開始の審判の請求権者に含まれていない。　❷×：被保佐人の行為を取り消すことができるのは，被保佐人本人またはその代理人，承継人もしくは保佐人に限られている。Aの保佐人でない長男Cは，取消権者に含まれない。

第2章 頻出度 B

意思表示

●問題がある意思表示の種類とその効果

1 意思表示とは

意思表示とは，法律効果を発生させる意思を外部に対して表示する行為をいいます。例えば，売買契約で「これを売ります」「これを買います」と自分の意思を表現することです。

2 意思表示に問題がある場合

契約は，契約当事者の**合意**（**意思表示の合致**）により拘束力が生じます。そのため，勘違いをして意思表示をしたり，騙されて意思表示をしたりする等，意思表示に何らかの問題がある場合，そのまま効力を認めるのは適切ではありません。

そこで民法は，意思表示の問題を，①**無効**に関わる制度（**心裡留保，虚偽表示**）と②**取消し**に関わる制度（**錯誤，詐欺，強迫**）とに分け，その効力を修正しています。

3 無効に関わる制度

R4

1 心裡留保（93条）

心裡留保とは，意思表示をする者（「表意者」）が**真意でないことを知りつつする意思表示**のことです。

> 心裡留保の「裡」は，「**ウラ**」という意味です。したがって，心裡留保とは，「心のウラを隠して（留保して）する意思表示」つまり，売る気もないのに冗談で「売るよ」という等，**ウソの意思表示**のことをいいます。

表意者Aが相手方Bに虚偽（ウソ）の意思表示をした場合，ウソを言ったAよりも，Bを保護する必要があります。そこで，このような心裡留保の意思表示は，**原則として有効**となります。

ただし，相手方Bが，Aの意思表示をウソだと知っていた場合（**悪意**）や，不注意でウソだと気が付かなかった場合（**有過失**）は，Bの保護は不要です。つまり，相手方が，表意者の真意につき**悪意または有過失**の場合は，その意思表示は**無効**となります。

第三者が保護されるための要件は「善意」のみであり，**無過失は不要**である点，また，**登記を備えていなくても保護**される点に注意しましょう。

なお，心裡留保の相手方が悪意または有過失であることによって意思表示が当事者間で無効になる場合でも，この**意思表示の無効**は，**善意の第三者**には**対抗することができません**。

従来，心裡留保については，第三者保護に関する明文規定がありませんでした。しかし，**第三者保護の必要性**は，**心裡留保と虚偽表示・詐欺で異ならない**ため，民法改正によってこれが**明文化**されました。

2 （通謀（つうぼう））虚偽表示（94条）

（通謀）**虚偽表示**とは，当事者が，**お互いに真意ではないとわかってする意思表示**のことです。

例えば，Aが，借金をしている債権者からの差押えを免れるため，知り合いのBと**共謀**して，自己の不動産をBに売却したことにする場合等です。

+1点! 第三者が保護されるためには**善意であれば足ります。**したがって，第三者は過失があってもよく，また，登記を備えていなくても保護されます。

虚偽表示は，当事者がお互いにウソだとわかってする意思表示ですから，効果を生じさせる意味がありません。したがって，**当事者間では無効**です。しかし，例えば，第三者Cが，本当はA所有のマンションの１室であるのに，それを知らずにBのものだと信じてBからその１室を取得した場合，ウソの契約をしたＡＢよりも，事情を知らない（善意の）Ｃの方を保護すべきです。

したがって，虚偽表示の無効は，**善意の第三者**に対しては**対抗**（主張）できません。

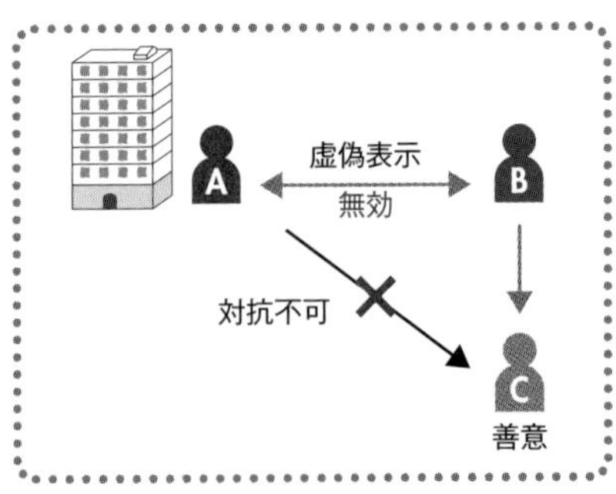

4 取消しに関わる制度

H30・R3・4

1　錯誤（95条）

（1）錯誤の意義

錯誤による意思表示とは，表示行為から推測される意思（表示上の効果意思）と表意者の**真意との間にくい違い**があるのに，表意者がそのくい違いに**気づかずにした意思表示**です。

（2）錯誤の種類

錯誤には，①**動機の錯誤**と②**表示行為の錯誤**の２種類のものがあります。

①**動機の錯誤**とは，**ある意思表示をするまでの動機**（過程）の**部分に勘違いがある**ものをいいます。例えば，「紛失したと勘違いして」お店で同様の商品を「買います」という場合です。

他方，②**表示行為の錯誤**とは，**ある意思決定がなされてから，それを外部に表示するまでの間に勘違い**が生じたものをいいます。例えば，自分の家を1,000万円で売ろうと思っていたのに，うっかり間違って「100万円で売るよ」と相手に言ってしまった場合や，甲地を買おうと思っていたのに，「乙地を買うよ」と相手に言ってしまった場合等です。

（3）錯誤の要件と効果

意思表示は，次の①または②に**掲げる錯誤に基づくもの**であって，その錯誤が**法律行為の目的および取引上の社会通念に照らして重要なもの**であるときは，**取り消すことができます。**

> 改正前と異なり，**錯誤の効果は**無効ではなく「**取消し**」に変わりました。注意してください。

> ①　**意思表示に対応する意思を欠く錯誤**（表示行為の錯誤）
>
> ②　表意者が**法律行為の基礎とした事情**についての**その認識が真実に反する錯誤**（動機の錯誤）

なお，上記②の**動機の錯誤を前提とする意思表示の取消し**は，その**事情が法律行為の基礎**とされていることが**表示**されていたときに限り，することができます。

動機の部分は，**取引の相手方にはわからない**ことが多いため，「**動機が表示**」されるなどして，**法律行為の内容を構成**することになった場合に限り，**意思表示の効力に影響**を与えることとしています。

（4）表意者に重過失がある場合の取扱い

錯誤が**表意者の重大な過失**によるものであった場合には，**原則**として，錯誤による意思表示の**取消し**をすることは**できません**。

「**重過失**」とは，錯誤による意思表示について，**普通の人に期待される注意を著しく欠くこと**をいいます。重過失がある場合は保護に値しないため，錯誤で取り消すには，表意者に**重過失がないこと**（**無過失または軽過失**）が要件とされています。

ただし，**例外**として，次の①・②**のいずれか**の場合は，表意者に重過失があっても，錯誤による**取消し**をすることが**できます**。

① **相手方**が表意者に錯誤があることを**知り**，または**重大な過失**によって**知らなかった**とき（**相手方の悪意または重過失**）

② **相手方**が表意者と**同一の錯誤**に陥っていたとき（**共通錯誤**）

上記①・②は，**相手方を保護する必要性がない場面**であることから，例外的に取消しが認められています。

なお，「**共通錯誤**」とは，例えば，真実ではないのに，近隣に駅が新設されるという噂を売主・買主**双方が誤信**して，それを織り込んだ高い価格で土地の売買契約を締結した場合など，**当事者双方が同じ錯誤に陥っていた場合**のことをいいます。

（5）第三者の保護

第三者保護の要件は，**詐欺取消しの場合と同一**です。

錯誤による意思表示の取消しは，**善意でかつ過失がない第三者**に**対抗**することが**できません**。

2　詐欺による意思表示

（1）意義と効果

詐欺による意思表示とは，**騙されて錯誤に陥ったことを原因として行われた意思表示**です。例えば，1,000万円の価値の絵画を，1億円の価値があると騙されて「購入する」と伝えた場合です。

相手方からの詐欺による意思表示は，原則として**取り消すこと**ができます。しかし，**詐欺による取消し**は，取消し前に現れた**善意でかつ過失がない第三者には対抗することができません。**

> **＋1点!** **詐欺**を理由に契約を取り消した場合，契約は無効となり，売主・買主双方の原状回復義務は，**同時履行の関係**に立ちます。なお，詐欺による取消しは，錯誤の場合と異なり，だまされたことに重**大な過失があった場合でも主張**することができます。

例えば，Aが自己所有のマンションをBの詐欺によりBに売却し，その後，Bが善意・無過失のCにそのマンションを転売した場合，Aは，詐欺を理由として売買契約を**取り消す**ことはできます。しかし，**取消前の善意・無過失の第三者であるCには取消しを対抗できない**ため，マンションの返還を求めることはできません。

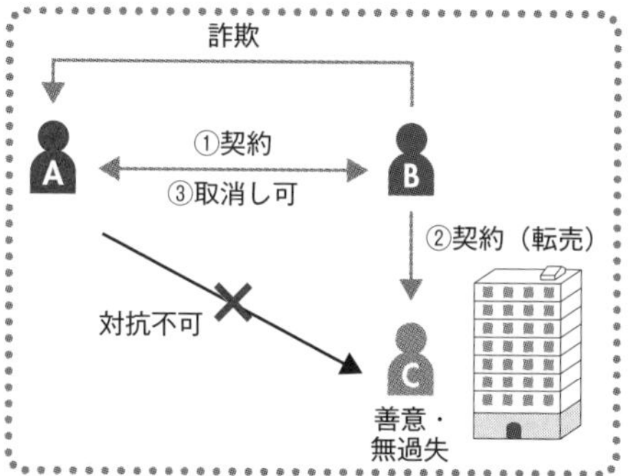

騙されて意思表示をした者は，不注意であった点に落ち度は認められるものの，被害者**という側面**があり，真意と異なる意思表示をしたことについて**帰責性は小さい**といえます。そこで，**第三者が保護**されるためには，その**信頼が正当なもの**であること，つまり，単に第三者が**詐欺の事実を**知らなかっただけでなく，**知らなかったことについて**過失がないことも必要とされています。

そうなると，**第三者が保護されるための要件**は，**心裡留保や虚偽表示のほうが緩やか**（＝善意で足りる）になりますが，心裡留保や虚偽表示は，表意者が**真意と異なることを認識しながら意思表示**をしているため，第三者保護要件が緩やかになるのも当然といえます。

（2）第三者による詐欺

第三者による詐欺とは，契約の**相手方以外の第三者による詐欺が原因で意思表示**をした場合をいいます。

相手方であるB自身が直接詐欺をしたわけではないため，Aが当然に意思表示を取り消せるとすると，**相手方Bに予想外の損害**を生じさせます。そこで，取り消すことができるのは，**相手方Bがその事実を知っていた場合（悪意）**か，**知ることができた場合（有過失）に限られます。**

3　強迫による意思表示

（1）意義と効果

強迫による意思表示とは，**脅されてした意思表示**です。相手方からの**強迫**による意思表示は，**取り消すことができます**。

そして，詐欺による取消しの場合と異なり，強迫による取消しは，取消し前に現れた**善意・無過失の第三者**にも**対抗できます**。例えば，Aが自己所有の甲マンションをBに強迫されて売却し，その後，Bが善意・無過失のCに甲を転売した場合，Aは，強迫を理由にその契約を取り消すことができるのみならず，**取消前の善意・無過失の第三者であるCに対しても取消しを対抗できる**ため，甲の返還を求めることができます。

この場合，**強迫された者に落ち度を認めることはできません。**仮に落ち度を認めるとすれば，「もっと体を鍛えて脅されないようにしておくべきだった」と言うに等しいからです。したがって，強迫の場合には，**取消前の第三者が善意・無過失であっても，強迫された者を保護**することとしています。

（2）第三者による強迫

第三者から強迫されて意思表示をした場合は，**相手方の善意・悪意，過失の有無にかかわらず取り消すことができます。**

詐欺の場合と異なり，強迫された側に落ち度を認めることができないため，**脅された者の保護を徹底**する必要があるからです。

POINT整理　意思表示

（○＝可，×＝不可）

	当事者間での効力（原則）	当事者間での効力（例外）	第三者への対抗（主張）
心裡留保	有効	相手方が悪意または有過失の場合は無効	善意の第三者には対抗×
虚偽表示	無効	——	善意の第三者には対抗×
錯誤	取消し○	表意者に重過失がある場合は取消し不可	善意・無過失の第三者には対抗×
詐欺	取消し○	——	善意・無過失の第三者には対抗×
強迫	取消し○	——	対抗○

5　意思表示の効力発生時期等

1　意思表示の効力発生時期等（97条）

（1）到達主義

意思表示は，その通知が相手方に到達した時からその効力を生じます。これを，意思表示の「**到達主義**」といいます。

意思表示は，①表意者が**発信**し，②相手方に**到達**（郵便箱に届く等）して，③相手方に**認識**される（文面を読む等）という過程をたどります。
意思表示の効力発生時期を，**①の発信の時点**とすると，到達しなくても効力が生じてしまい，**相手方が不利益を被るおそれ**があります。他方，**③の認識した時点**とすると，相手方が認識を拒む（書面を読まない等）ことで効力発生を阻止できるため，**不当**です。そこで，**②の相手方への「到達」の時点**で意思表示の効力が発生するとされています。

（2）到達擬制

相手方が正当な理由なく意思表示の通知が**到達**することを**妨げた**ときは，その通知は，**通常到達すべきであった時に到達した**ものとみなされます。

これは，例えば，郵便の受領を拒むなどして，意図的に「到達」を妨げることで**意思表示の効力発生を阻止する事態を防ぐ**ための規定です。

（3）発信後の意思能力の喪失等の取扱い

意思表示は，次の事由が生じても影響を受けず，その効力を生じます。

① 表意者が**通知を発した後**に**死亡**した場合
② 表意者が**通知を発した後**に**意思能力を喪失**した場合
③ 表意者が**通知を発した後**に**行為能力の制限を受けた**場合

2　契約の成立時期

旧民法では，隔地者間（対面ではなく，物理的に離れている者同士）で契約を締結する場合，申込みに対する承諾の意思表示の効力発生時期について，例外的に「発信主義」を採用し，承諾の意思表示を発信した時点で契約が成立するものとされていました。

しかし，改正民法では，契約成立時期に関する発信主義を廃止して，契約の申込みに対する承諾の意思表示にも「**到達主義**」を適用するものとしています。

そのため，契約の成立時期も，申込みに対する承諾の意思表示が到達した時から契約の効力が生ずることになりました。

旧民法の立法当時と異なり，現代社会では通信手段が発達し，**発信から到達までの間隔が著しく短縮**されました。そこで，**改正民法**では，例外としての発信主義を採用する実益がなくなったとして，原則どおり**到達主義**へと変更されています。

6 公序良俗違反による無効（90条）

H30

公の秩序又は善良の風俗（＝「**公序良俗**」）**に反する法律行為**は，無効です。

公序良俗違反は，法律行為の内容やその対象そのもののみならず，法律行為が行われた過程なども考慮したうえで，判断されます。

例えば，住宅のリフォームをする請負契約において，請負業者が，**注文者の窮迫・軽率・無経験等を利用**して，相場よりも**著しく高い金額で契約**をした場合，その契約は**無効**となります。

なお，公序良俗違反の法律行為は，第三者との関係でも有効にするわけにはいきません。そのため，**公序良俗違反の法律行為の無効**は，**善意の第三者に対しても対抗**できます。

コレが重要!! 確認問題

❶ Aは，Bとの間で，甲マンションの1室である202号室をBに売却する旨の売買契約を締結した。この場合において，Bは，甲マンションの近くに駅が新設されると考えて202号室を購入したが，そのような事実がなかったときは，Bが駅の新設を理由に購入したことがAに表示されていなくても，Bは売買契約を取り消すことができる。過 R4

❷ 甲マンション203号室を所有しているAは，高齢になり判断能力に不安を抱えていたところ，Bとの間で，Bに高額の報酬を支払って同室の内装をリフォームしてもらう旨の請負契約（以下「本件請負契約」という。）を締結した。この場合において，本件請負契約を締結する際に，Bが，Aの窮迫・軽率・無経験を利用して，相場よりも著しく高額な報酬の支払をAに約束させていた場合には，Aは，公序良俗に違反することを理由として，本件請負契約の無効を主張することができる。過 H30 改

❸ 甲マンション203号室を所有するAは，Bとの間で，同室をBに売却する旨の契約（この問いにおいて「本件売買契約」という。）を結んだ。本件売買契約の代金は同室の時価をかなり下回るものであった。この場合において，次のアからエは正しいか。過 R3

ア　AがBの詐欺によって本件売買契約をする意思表示をしていた場合であっても，Bの詐欺によって意思表示をしたことについてAに過失があったときは，Aは詐欺を理由として自己の意思表示を取り消すことができない。

イ　Aが第三者Cの詐欺によって本件売買契約をする意思表示をしていた場合には，Bがその事実を知っていたか，知ることができたときに限り，Aは詐欺を理由として自己の意思表示を取り消すことができる。

ウ　AがBの強迫によって本件売買契約をする意思表示をしていた場合であっても，Bの強迫によって意思表示をしたことについてAに過失があったときは，Aは強迫を理由として自己の意思表示を取り消すことができない。

エ　Aが第三者Dの強迫によって本件売買契約をする意思表示をしていた場合には，Bがその事実を知っていたか，知ることができたときに限り，Aは強迫を理由として自己の意思表示を取り消すことができる。

答 ❶×：動機の錯誤を理由とする取消しは，表意者が「動機を相手方に表示していた場合」に限られる。　❷○　❸　ア×：被詐欺者（A）に過失があっても，詐欺による取消しはできる。　イ○　ウ×：被強迫者（A）に過失があっても，強迫による取消しはできる。　エ×：第三者（D）の強迫による意思表示は，相手方（B）の善意・悪意，過失の有無にかかわらず，取り消すことができる。

第3章 頻出度B

代　理

- 代理の要件と効果
- 無権代理
- 表見代理

1 代理

代理とは，自分でやるべきことを他人に**代わりに**やってもらった場合に，**本人が行ったことと同様に扱う**仕組みです。

つまり，Aの代理人であるBが相手方Cと契約すると，A自身がCと契約したのと同様に扱われます。

+1点! 第三者が代理人に対してした意思表示についても，同様に，本人に対して直接その効力を生じます。

1　代理の成立要件（99条，102条）

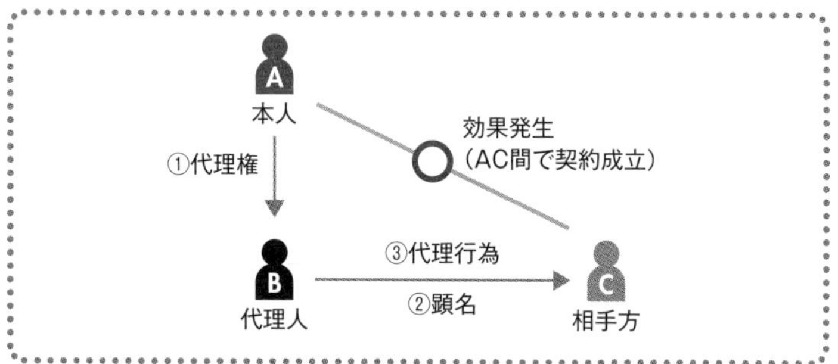

代理の成立には，次の**3つの要件**が必要です。

①　代理人に代理権があること

代理権とは，代理人として**本人に代わって契約等をする権限**をいい，本人が任意に代理権を与える場合（**任意代理**）と，未成年者の親権者等，法律の規定によって代理権が与えられる場合（**法定代理**）があります。

+1点! 代理権を与える方式に**特に制約はない**ため，書面ではなく**口頭**で代理権を与えることもできます。

任意代理では，未成年者等の制限行為能力者でも代理人になれますが，**本人**はこの場合，**代理人が制限行為能力者**であることを理由に**代理行為を取り消すことはできません。**そのような代理人を選んだのは本人自身であり，また，代理の効果は制限行為能力者には及ばないため，制限行為能力者の保護を考える必要がないからです。

② **顕名(けんめい)があること**

顕名とは，「名」を「顕(あら)わ」にすること，つまり，代理人が契約をする際，「私と契約をすると，○○さん（本人）と契約したことと同じことになる」と**代理行為の効果が直接及ぶ（帰属する）先（＝本人）を明らかにすること**です。

③ **代理権の範囲内で代理行為を行うこと**

代理人による代理行為は，**代理権の範囲内においてされる必要**があります。

+1点! 代理人が，代理権の範囲「**外**」の行為をした場合は，当然に有効な代理とはならず，後述の**無権代理**や**表見代理**の問題となります。

2　代理行為に問題がある場合（100条，101条，103条等）

(1) 顕名をしなかった場合

代理人が本人のためにすることを示さずに（＝顕名をせずに）行った意思表示は，**代理人自身のために**したものとみなされます。顕名がなければ，相手方は通常，目の前の代理人自身が契約の当事者だと考えるからです。

顕名がなくとも，相手方が，代理人が本人のためにしていることを**知る**か，**知り得た**ときは，代理の効果が生じます。この場合，相手方の**予想の範囲内**だからです。

(2) 代理行為の瑕疵

代理人の意思表示の効力が，意思の不存在，錯誤，詐欺，強迫や，悪意・過失の有無によって**影響**を受ける場合，その事実の有無の判断は，原則として，**本人ではなく代理人**について行います。

また，**相手方が代理人に対してした意思表示の効力**が，意思表示を受けた者が悪意または有過失であることで**影響**を受ける場合

ただし，代理の効果は**直接本人に帰属**するため，例えば，代理人が詐欺・強迫をされた場合の**取消権**は，**本人が取得**します。

には，その事実の有無は，**代理人**について決します。

例えば，相手方が心裡留保で意思表示をした場合において，**代理人**がその点について**悪意**であるならば，仮に**本人**がその点について**善意であっても**，相手方のした意思表示は無効です。

なお，特定の法律行為をすることを委託された代理人がその行為をしたときは，本人は，**自ら知っていた事情**について**代理人が知らなかったことを主張することができません**。この点は，本人が**過失**によって知らなかった事情についても，**同様**です。

例えば，**代理人が騙された**としても，**本人**がそれを**知りながら代理人にそのまま意思表示をさせた**場合には，あとから「詐欺による意思表示だから**取り消す**」ということはできません。

3 代理人の行為能力（102条）

制限行為能力者が代理人としてした行為は，**行為能力の制限**によっては取り消すことができません。

例えば，未成年者である管理組合の管理者が，区分所有者を代理して管理委託契約を締結した場合，**未成年者の法律行為**であることを理由に**契約を取り消す**ことはできません。

ただし，制限行為能力者が他の制限行為能力者の法定代理人としてした行為については，取り消すことができます。

制限行為能力制度は，制限行為能力者を保護することを目的としますが，**代理の法律効果**は本人に帰属し，**代理人には帰属しない**ため，代理人である制限行為能力者を**保護する必要がない**からです。

4 権限の定めのない代理人の権限（103条）

任意代理人の代理権は，本人からの**権限の授与行為**によって，その範囲が決まります。

この点について，**白紙委任状**を交付した等，本人が代理権の範囲を定めなかった場合は，代理人は，次の①②の「**管理行為**」のみ行うことができます。

白紙委任状：依頼する相手方や，依頼する内容を空欄（白紙）にして，交付した相手にその補充を委ねた委任状のこと

① 保存行為

② 代理の目的である物・権利の性質を変えない範囲内で，その利用・改良を目的とする行為

●①の保存行為とは，建物の小修繕等，**財産の現状を維持する行為**のことをさします。

●②の利用・改良行為とは，賃貸することで**収益**を図ったり，造作の付加によって**利用価値を増加**させたりする行為のことをいいます。

●逆に，建物の増築等の**変更**行為や，売却・抵当権の設定等の**処分**行為をすることは**できません。**

5 復代理（ふくだいり）（104条～106条）

（1）復代理とは

代理人が，その権限内の行為をさせるために，**さらに代理人（復代理人）を選任**することです。

復代理人は「代理人の代理人」ではなく，あくまで「**本人の代理人**」であるので，復代理人自身の名で**本人を代理**し，その行為の効果は**直接本人に帰属**します。

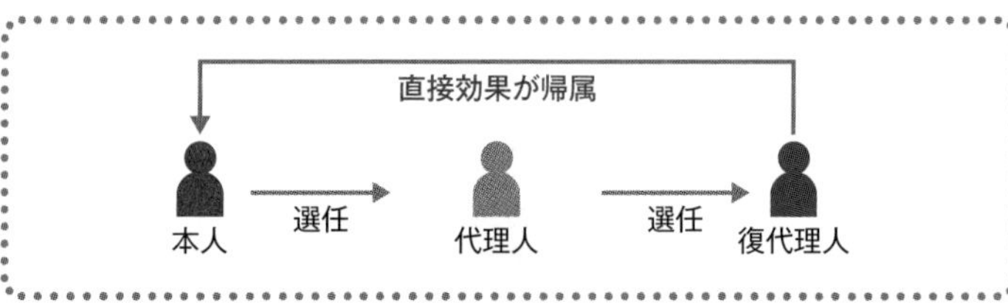

代理人と復代理人は，いわば**「親亀子亀」の関係**に立ち，**復代理人を選任**しても代理人の代理権は消滅しませんが，**代理人の代理権が消滅**すると復代理人の代理権も消滅します。

(2) 任意代理人による復代理人の選任とその責任

① 任意代理人による復代理人の選任

委任による代理人(=**任意代理人**)は,そもそも代理人になるか否かを自分で自由に選択できるため,代理人になった以上は,**原則**として**自ら代理権を行使**する必要があります。

ただし,**例外**として,①本人の許諾を得たとき,**または**,②**やむを得ない事由**があるときは,**復代理人を選任**できます。

> **法定代理人**は,その意思にかかわらず代理人の地位につくため,**自己の責任で**(=自由に)**復代理人を選任できます。**この場合において,**やむを得ない事由**があって復代理人を選んだときは,本人に対してその**選任および監督についての責任のみ**を負います。

② 復代理人を選任した任意代理人の責任

任意代理人が復代理人を選任した場合,本人に対しては,**債務不履行の一般原則**に従って**責任**を負います。したがって,任意代理人は,本人との間の**委任契約等に基づく債務の不履行**について,本人に対して**責任**を負います。

6 代理権の濫用(107条)

代理権の濫用とは,例えば,本人から不動産の売却を依頼された代理人が,売却代金を着服する意図で代理人として売買契約をする場合のように,**代理人**が**自己または第三者の利益を図る目的**で**代理権の範囲内の行為**をすることをいいます。

この場合において,**相手方**がその目的を**知り**,または**知ることができた**ときは(=**悪意または有過失**),その行為は,代理権を有しない者がした行為(=**無権代理**)とみなされます。

- **無権代理**とみなされることによって,**本人**は,当該行為を**追認**することもできます。
- **無権代理**だとみなされることによって,代理権を濫用した**代理人**は,所定の要件が満たされた場合,**無権代理人の責任**を負う可能性があります。

7　自己契約・双方代理等（108条）

（1）自己契約と双方代理

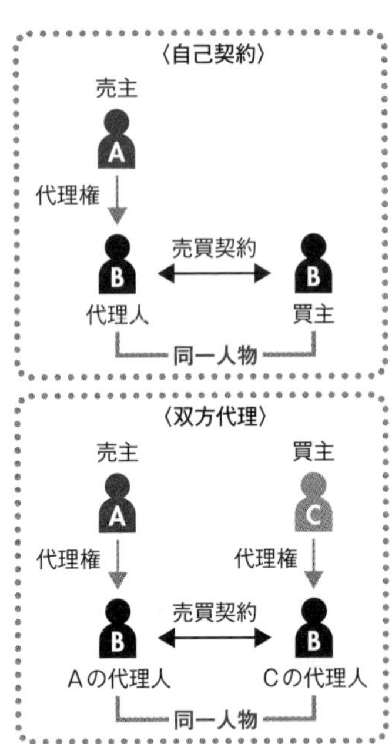

①「自己契約」とは

例えば，マンションの売主Aの代理人Bが，自分を買主としてAB間で売買契約を締結する等，同一の法律行為について，**相手方の代理人としてした行為**のことです。

②「双方代理」とは

例えば，マンションの売主Aの代理人Bが，買主Cの代理人にもなってAC間の売買契約を締結する等，同一の法律行為について，**当事者双方の代理人としてした行為**のことです。

③自己契約・双方代理の効果

自己契約と双方代理は，代理人自身が売主と買主双方の地位に立って“**一人二役**”となることから，**本人に不利益が生ずる可能性**を考慮し，代理権を有しない者がした行為（＝**無権代理行為**）とみなされます。

もっとも，本人保護の目的で禁止しているため，①**本人に不利益が生ずるおそれのない単なる債務の履行**や，②**本人があらかじめ許諾した行為**は，禁止されません。

①の具体例には，**弁済**や契約成立後の所有権移転登記手続等が挙げられます。

（2）利益相反行為

上記の**自己契約・双方代理のほか**，代理人と本人との利益が相反する行為（＝**利益相反行為**）についても，代理権を有しない者がした行為（＝**無権代理行為**）とみなされます。

ただし，**本人があらかじめ許諾した行為**については，**有効な行為**となります。

（1）の自己契約・双方代理は利益相反行為の一種ですが，**それ以外**にも，**代理人と本人の利益が相反することとなる行為**はありえます。そこで，こうしたものを**無権代理**と扱うのが（2）です。

8 代理権の消滅（111条等）

代理権が消滅するのは，次の事由が生じた場合です。

		死亡	破産手続開始	後見開始の審判
任意代理	本人	消滅	消滅	消滅しない
	代理人		消滅	消滅
法定代理	本人		消滅しない	消滅しない
	代理人		消滅	消滅

代理人が保佐開始の審判を受けた（**被保佐人になった**）場合や，補助開始の審判を受けた（**被補助人になった**）場合は，**代理権は消滅しません**。

- **法定代理・任意代理**いずれの場合も，**本人が後見開始の審判**を受けても，代理人は権限の範囲内の代理行為を行えばよいだけなので，**代理権は消滅しません。**
- 法定代理では，本人が破産手続開始決定を受けても，未成年者等の本人保護の必要性は変わらないため，代理権は消滅しません。

3 代理

2 無権代理

H27・R2

無権代理とは，代理権のない者が他人の代理人としてする行為です。

1 無権代理の効果と追認（113条，116条）

無権代理は，**代理権がない**以上，原則として，本人に効力は生じず無効となります。

ただし，無権代理であっても本人にとってたまたま望ましい結果になることもあり，その場合，本人が望むのであれば本人に効力を

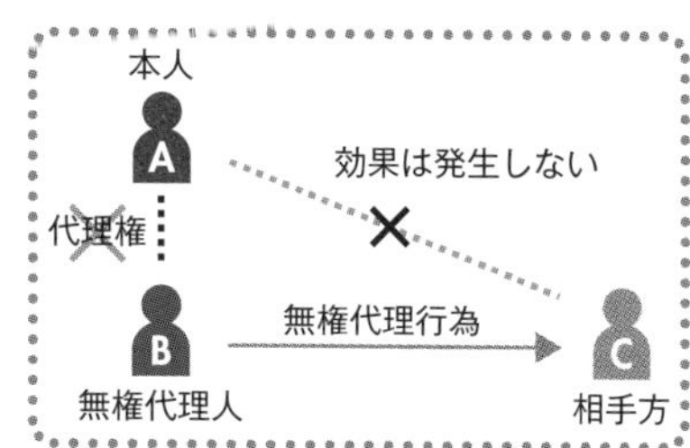

+1点! 本人の追認・追認拒絶は，**相手方に対して**しなければ，その相手方に対抗できません。ただし，相手方に対する追認・追認拒絶が直接されていなくても，相手方が，本人が追認・追認拒絶をしたという事実を**知った**ときは，対抗することができます。

生じさせてもよいといえます。

そこで，無権代理行為は，**本人の追認**があれば**本人に効力**を生じます。

追認権は，**本人にのみ与えられています**。本人が追認をすると，無権代理行為は，追認をした時からではなく，「**無権代理行為としての契約をした時から**」**有効**だったことになります。ただし，それにより第三者の権利を害することはできません。

2　無権代理人の相手方の保護

（1）催告権（114条）

無権代理である場合，相手方は，本人に対し，**相当の期間**を定めて，その**期間内に追認をするか否かを確答するよう催告**をすることができます（=**催告権**）。

この場合において，本人がその**期間内に確答をしない**ときは，**追認を拒絶**したものとみなされます。

催告権は，相手方が無権代理について**悪意であっても**行使することができます。
これは，催告権を行使された**本人**は，追認または追認拒絶を任意に判断できるため，**不利益を被ることはない**からです。

（2）取消権（115条）

無権代理人がした契約は，**本人が追認をしない間**は，**相手方**が**取り消すことができます**。

ただし，契約の時において**代理権を有しない**ことを相手方が知っていたとき（=**悪意**）は，**取り消すことができません**。

取消権は，相手方が無権代理行為について**善意**である場合に行使することができます。善意であれば，**過失があっても**取り消すことができます。

（3）無権代理人の責任（117条）

他人の**代理人**として契約をした者は，**次の表の条件**のもとで，相手方の選択に従い，相手方に対して**履行**または**損害賠償**の責任

①代理人が自己の代理権を証明したとき，または，②本人の追認を得たときを除きます。

を負います。

【無権代理人への責任追及】

		相手方		
		善意無過失	善意有過失	悪意
無権代理人	善意	○	×	×
	悪意	○	○	×

○：責任追及ができる。
×：責任追及ができない。

基本的に，**無権代理人への責任追及**は，無権代理であることについて**相手方が善意無過失**の場合にすることができます。
しかし，**無権代理人自身**が自分に代理権がないことを**知っていた場合**（＝無権代理人が悪意の場合）は，無権代理であることについて**相手方に落ち度があった**（＝相手方が有過失）としても，**相手方を保護する必要性**があります。そこで，この場合にも，相手方は無権代理人の責任を追及することができるとされています。

【無権代理人の相手方の保護】

取りうる手段	相手方の要件
催告権	悪意でも可
取消権	善意（過失があっても可）
無権代理人への責任追及	善意・無過失 ※ただし，無権代理人が悪意なら，相手方に過失があっても可

+1点! **無権代理人**が**行為能力を有しない場合**には，無権代理人の責任（履行または損害賠償の責任）を**負いません**。

3　無権代理と相続

(1) 相続人が1人の場合（無権代理と単独相続）

本人又は**無権代理人**が**死亡**し，相続人が1人である場合（＝**単独相続**）は，次のような扱いとなります。

ケース	取扱い
① **無権代理人が本人を単独で相続した場合**	無権代理人**自らが無権代理行為**を行った以上，本人を相続したことで当該行為は当然に有効となる。 ➡相続人である無権代理人は，追認を拒絶できない。
② **本人が無権代理人を単独で相続した場合**	**本人自らが無権代理行為をしたのではない以上，**無権代理人を相続しても当該行為は当然には有効とならない。 ➡本人は，追認を拒絶できる。 ➡ただし，相手方が善意無過失であれば，本人は**無権代理人としての責任を免れない。**

（2）相続人が複数いる場合（無権代理と共同相続）

本人又は**無権代理人**が**死亡**し，相続人が複数いる場合（＝**共同相続**）は，次のような扱いとなります。

ケース	取扱い
① **本人が死亡**し，**無権代理人が他の相続人とともに本人を共同相続した場合**	**他の共同相続人全員が共同して追認しない限り，無権代理行為は，無権代理人の相続分に相当する部分でも当然に有効とはならない。**
② **本人**が無権代理について**追認を拒絶した後に死亡**し，**無権代理人が他の相続人とともに本人を共同相続した場合**	**本人の追認拒絶**により，無権代理行為は無効と確定。 ➡そのため，**その後に無権代理人が本人を相続**しても，無権代理行為は有効にはならない。
③ **無権代理人が死亡**し，**その相続人がまず無権代理人を相続し，次に本人が死亡**して，**その本人をも相続した場合**	無権代理人を相続した以上，その後に本人を相続したとしても，その者は**追認拒絶をすることができず，**無権代理行為は当然に有効となる。

3 表見代理

H27・R2

表見代理とは，本来は無権代理であるものの，一定の状況から代理権があるように見え，相手方が代理権があると信じるのも無理がなく，**信じた相手方を保護する必要性が高い**場合に，有効な代理行為と扱い本人に効果を帰属させるものです。

表見代理は，**本人の犠牲**のもとに，代理権があると信じて契約をした**相手方を保護**する制度です。そのため，①本人が犠牲を強いられてもやむを得ない事情（**本人の帰責事由**）があり，**かつ**，②相手方に保護に値する事情（**善意・無過失**）があることが必要です。

1 表見代理の種類

民法に規定されている表見代理には，次の**3種類**があります。

代理権授与表示による表見代理（109条1項）	本人が相手方に対し，**他人に代理権を与えたかのような表示**をしたが，実際には与えていなかった場合 例 白紙委任状を交付した。
権限外の行為の表見代理（110条）	代理人が，与えられた代理権の範囲を越えて**代理行為**をした場合 例 抵当権設定の代理権しか与えていないのに，売却してしまった。
代理権消滅後の表見代理（112条1項）	代理権がなくなったにもかかわらず，代理人だった者が**代理行為**を行った場合 例 代理権存続の期間を「3ヵ月」と限定され，3ヵ月が経過したにもかかわらず，その後に代理行為がされた。

+1点! **無権代理人が本人からの委任状を作成（偽造）**したとしても，**本人が代理権授与表示をしたことにはなりません。**そのため，**相手方がその委任状が真正なものと誤信**しても，**表見代理は成立しません。**

- 代理人であるかのような見た目の人（＝**109条1項の場面**）が，表示された**代理権の範囲「外」の行為**をした場合（＝**110条の場面**），第三者（＝相手方）がその行為について**代理権があると信ずる正当な理由**があるときは，**本人は責任**を負います（109条2項）。
- 代理人の代理権が消滅した後（＝**112条1項の場面**），もともと有していた代理権の範囲「外」の行為をした場合（＝**110条の場面**），第三者（＝相手方）がその行為について**代理権があると信ずる正当な理由**があるときは，**本人は責任**を負います（112条2項）。

2 表見代理の効果

相手方は，**表見代理の成立を主張**して，**本人に履行を求めるこ**

とができます。これは，何らかの落ち度がある本人よりも，代理人であると正当に信頼してしまった相手方を保護する必要があるからです。

- 表見代理は相手方を保護するための制度であるため，相手方が，**表見代理による保護ではなく**，あくまでも**無権代理人に対する責任追及を望む**のであれば，それも**認められます**。
- 表見代理制度は，無権代理人を免責させることが目的ではないため，**無権代理人の側から表見代理の成立を主張して**，**責任を免れる**ことは**できません**。

コレが重要!! 確認問題

❶ Aは，その子Bを代理人として，その所有するマンションの１室をCに売却することとした。この場合，Bが未成年者であっても，Aは，Bを代理人とすることができる。 過 H15

❷ Aが，認知症となり判断能力を欠く常況にある父親Bから何らの代理権を付与されていないのに，Bの代理人と称してB所有のマンションの１室をCに売却する売買契約を締結した場合，正常な判断能力を有するBの妻が当該売買契約を追認すれば，当該売買契約は，有効となる。 過 H17

❸ Aが，認知症となり判断能力を欠く常況にある父親Bから何らの代理権を付与されていないのに，Bの代理人と称してB所有のマンションの１室をCに売却する売買契約を締結した場合，CがBに対して相当の期間を定めてその期間内に当該売買契約を追認するか否かを確答せよと内容証明郵便で催告した場合，その期間内にBが確答しないときは，Bは，当該売買契約を追認したものとみなされる。 過 H17

❹ Aは，Bから代理権を与えられていないにもかかわらず，Bの代理人として，Cとの間で，Bの所有する甲マンションの 401 号室をCに売却する旨の売買契約を締結した。このとき，表見代理の成立する要件が満たされている場合には，Cは，表見代理の主張をせずに，Aに対し，無権代理人としての責任を追及することができない。 過 H27

答 ❶○ ❷×：無権代理行為の追認権を有するのは，本人のみである。 ❸×：催告に対して期間内に確答しない場合は，「追認を拒絶」したものとみなされる。 ❹×：表見代理が成立する場合でも，その主張をせずに無権代理人の責任を追及することもできる。

第4章　頻出度 A

時　効

- 消滅時効と時効期間
- 時効の完成猶予・更新

時効とは，ある事実状態が一定の期間継続した場合に，それが真実か否かにかかわらず，その**事実状態を尊重**する制度です。「時」間の経過によって権利の発生や消滅といった「効」力が生ずるため，**時効**といいます。

1 取得時効

1　取得時効とは

取得時効とは，他人の物を自分の物として**一定期間占有（事実上の支配）し続ける**ことで，**その権利を取得**することができる制度です。時効により取得できる権利は，**所有権，地上権，地役権，永小作権，不動産賃借権**等です。

> **地役権**の時効による取得は，**継続的に行使**され，かつ，**外形上認識**することができるものに限られます。例えば，地役権の時効取得を主張する者が，対象となる他人の土地に通路を開設して，継続的にその通路を使用しているような場合を指します。

2　取得時効の要件と効果（162条）

（1）取得時効の要件

取得時効の要件は，①**所有の意思**をもって，②**平穏かつ公然**と，③**他人の物を一定期間占有し続けること**，の3つです。

① 「所有の意思」

「自分が所有する」という意思で占有することです。

所有の意思の有無は，**占有を取得した原因等から客観的に決まります**。例えば，**売買契約**（モノを売り買いする）**に基づく占有**では，当然，買主に**所有の意思が認められます**。他方，**賃貸借契約に基づく占有**では，そもそも**所有の意思が認められない**ため，賃借人は何年占有を継続しても，取得時効によって所有権を取得することはできません（判例）。

② 「平穏かつ公然」

平穏とは，占有取得の際に他人の物を無理やり奪っていないことであり，**公然**とは，隠れて占有していないことです。

+1点! 「占有」は，必ずしも自分自身で所持（**直接占有**）している必要はなく，賃貸借契約に基づき賃借人に占有させる等，他人に所持させることにより間接的に占有すること（**間接占有**）でも足ります。

③ 「他人の物を一定期間占有し続ける」

占有とは，**物を事実上所持**していることをいいます。そして，時効取得に必要な占有の「一定期間」は，占有開始時の状況に応じて，次のようになっています。

① 占有開始の時点で，自分のものだと過失なく信じていた場合（善意かつ無過失）	10年
② ①以外の場合（占有開始の時点で，「悪意」または「善意有過失」）	20年

占有期間は**占有開始の時点の状態**で決まるため，**善意無過失**で占有を開始した者は，**その後**に事実を知って**悪意**に転じたとしても①**に該当**し，時効取得に必要な期間は10年であることに変わりありません。

+1点! この場合，元の所有者と時効取得者は**「当事者」の関係**に立つため，時効取得者は，**登記がなくても**，その所有権の取得を元の所有者に**対抗することができ**ます。

（2）取得時効の効果

取得時効が**完成**し，占有者が**時効の援用（主張）**をした場合，**占有者がその所有権を取得**します（後述**3**）。例えば，マンションの専有部分の時効取得であれば，占有者は区分所有権（及び共用部分の共有持分権）を取得することになります。

なお，取得時効により**占有者が所有権を取得**するのは，時効が完成した時点ではなく，**占有を開始した時点**です。

2 消滅時効

H26・R3

1 消滅時効とは

例えば，管理組合が管理費等の滞納者に対して支払の請求等をせずに**放置**し，その**消滅時効が完成**した場合，**管理組合**はその分を**請求できなくなることがあります**。

消滅時効とは，債権者が，**自己の権利**を行使しようと思えばできるのにそれを怠り，**行使せずに一定期間放置**している場合に，その権利を**消滅**させる制度です。時効によって消滅するのは，**所有権以外の財産権（地上権・地役権・永小作権），債権（請求権・賃借権等）**です。

2 消滅時効の起算点と時効期間

(1) 起算点と時効期間

消滅時効は，**ある時点から一定期間が経過**することを前提に**権利を消滅させる制度**です。この**数えはじめの時点**を「**起算点**」といい，**経過が必要な期間**を「**時効期間**」といいます。

+1点! 公序良俗違反によって契約が**無効**である場合，その無効の主張に時効はありません。

(2) 債権ごとの起算点と時効期間

各債権ごとの起算点と時効期間は，次のとおりです。

種類	起算点	時効期間
一般の債権	債権者が権利を行使できることを知った時から（＝**主観的起算点**）	5年
	権利を行使することができる時から（＝**客観的起算点**）	10年
債権・所有権「以外」の財産権	権利を行使することができる時から（＝客観的起算点）	20年
不法行為による損害賠償請求権（人の生命・身体以外）	被害者またはその法定代理人が損害および加害者を知った時から（＝主観的起算点）	3年
	不法行為の時から（＝**客観的起算点**）	20年
人の生命・身体の侵害による損害賠償請求権	債権者が権利を行使できることを知った時から（＝**主観的起算点**）	5年
	権利を行使することができる時から（＝**客観的起算点**）	20年
判決等で確定した権利	判決等の確定のときから ※確定時に弁済期の到来している債権に限る。	10年

例えば，**管理費・修繕積立金の債権**や，**地代・家賃等の賃料債権**，貸金債権等が「一般の債権」にあたります。

例えば，地上権や地役権等です。

10年より短い時効期間の定めがあるものであっても，時効期間は，10年になります。

従来，管理費等の債権は「**基本権たる定期金債権**から派生する**支分権**」として，旧民法169条の「**定期給付債権**」にあたり，消滅時効期間は，権利を行使できる時から5年間でした。

2020年施行の改正民法では，旧民法169条は削除され，一般的な規律に従うこととなったため，管理費等の債権についても，債権者である管理組合が**権利を行使できることを知った時**（＝**主観的起算点**）から**5年**，または，権利を行使することができる時（＝**客観的起算点**）から**10年**で時効が完成します。

もっとも，**支払期限（＝支払日）が定められている管理費・修繕積立金債権**や**地代・家賃の賃料債権**などの債権は，**支払期限が到来**すれば**債権者は権利を行使できることを当然に知っている**といえます。

したがって，「**債権者が権利を行使できることを知った時**」とは，「**支払期限（支払日）**」を指すことになり，起算点は客観的起算点と**同一**となるため，結局，上記の債権は，**支払期限（支払日）から５年で消滅時効にかかる**ことになります。

なお，このような10年よりも短期間で消滅時効にかかる債権でも，訴訟を提起する等して**その債権に関する判決の確定によって権利の内容が確定**した場合は，新たに消滅時効が完成するまでの期間は「**判決確定の日から10年**」となります。

3　時効の援用・完成猶予・更新

H27・29・R3

1　時効の援用（145条）

時効の援用とは，**時効による利益を受ける**旨を当事者が**主張**することです。時効には，**継続**した**事実状態を尊重**する結果，真実に反して権利を取得したり，義務を免れたりする側面もあります。そこで，時効の利益を受けることを望まない人がいる場合も考慮して，①**時効に必要な期間の経過**（時効の完成）に加え，②**当事者の時効の援用**があってはじめて，時効の効果が生じます。

（１）時効の援用権者

時効を援用することができるのは，債務者や連帯債務者といった「**当事者**」です。消滅時効にあっては，**保証人**，**物上保証人**，**第三取得者**その他権利の消滅について**正当な利益を有する者**もこれに含まれます。

+1点! 先順位抵当権の被担保債権について時効が完成した場合における**後順位抵当権者**は，抵当権の順位の上昇という反射的利益を受けるにすぎず，「**正当な利益を有する者**」にはあたらないと解されています。

（２）時効の効力（144条）

時効の効力は，その「起算日」にさかのぼります。これを「**時効の遡及効**」といいます。

例えば，管理費等の滞納者に対する管理組合の債権が消滅時効にかかり，滞納者がその援用をした場合は，援用の時点からではなく，**当初の支払期日（起算日）から**，その債権にかかる**支払義務は生じていなかった**ことになります。したがって，滞納区分所有者は，滞納金のみならず**遅延損害金の支払もする必要はありません。**

2　時効の利益の放棄（146条）

(1) 時効の利益の放棄とは

時効の利益の放棄とは，時効の完成によって利益（権利の取得や義務の消滅）を受ける者が，その**利益を放棄する旨の意思表示**です。例えば，管理費債権の消滅時効が完成した場合に，滞納区分所有者が「消滅時効は完成していますが，時効は主張せず，支払います」と自ら申し出ることです。

(2) 時効の利益の放棄の制限

時効の利益は，**あらかじめ放棄することはできません。**これを認めると，例えば，お金の貸し借り等の契約の締結にあたり，立場の弱い債務者が時効の利益を放棄させられるおそれがあるからです。したがって，**時効の利益の放棄**が許されるのは，あくまで**時効完成後だけです。**

マンション管理の場面での時効利益の事前放棄は，例えば，**規約**や**集会決議**で，「区分所有者は，管理費等の債権に関する消滅時効の利益を放棄するものとする。」「区分所有者は，管理費等の債権の消滅時効を援用しないものとする。」等と定めることが考えられます。これらは，禁止されている**消滅時効の事前放棄**にあたり，無効となります。

3　時効の完成猶予・時効の更新

(1) 時効の完成猶予・時効の更新とは

時効の完成猶予とは，所定の事実（＝完成猶予事由）が認められた場合に，**一定期間（＝その事実が終わるまでの間）**，時効が完成しないという制度です。

他方，**時効の更新**とは，所定の事実（＝**更新事由**）が認められた場合に，時効完成に向かっている時計の針を**ゼロに巻き戻し**て，改めて時効期間を進行させるという制度です。

主な**時効の完成猶予事由・時効の更新事由**は，次のとおりです。

ほかにも，次のような時効の完成猶予事由等があります。
- 未成年者または成年被後見人と時効の完成猶予
- 夫婦間の権利の時効の完成猶予
- 相続財産に関する時効の完成猶予

主な**完成猶予事由**	主な**更新事由**
① **裁判上の請求等** ② **強制執行等** ③ **仮差押え・仮処分** ④ **催告** ⑤ **協議を行う旨の合意** ⑥ **天災等**	① **裁判上の請求等** ② **強制執行等** ③ **承認**

+1点! 下記は，いずれも時効の完成猶予・更新事由ではありません。
- 滞納区分所有者の死亡による相続の開始（相続による承継）
- 管理組合の管理者の死亡（後任者が決まるまでの間）
- 滞納区分所有者の区分所有権の売却
- 滞納区分所有者に対する「破産手続開始の決定」

- 「**時効の完成猶予**」は，改正前の民法における「**時効の停止**」に相当します。
- 「**時効の更新**」は，改正前の民法における「**時効の中断**」に相当します。

（２）裁判上の請求等による時効の完成猶予および更新

次のア～エのいずれかの事由がある場合には，**その事由が終了するまでの間**は，**時効は完成しません**（時効の完成猶予）。

ア　**裁判上の請求**

イ　**支払督促**

ウ　**裁判上の和解・民事調停・家事調停**

エ　**破産手続参加（破産債権の届出）・再生手続参加・更生手続参加**

そのうえで，確定判決（裁判上の和解等の確定判決と同一の効力を有するものを含む）で権利が確定するか否かによって，次のような取り扱いとなります。

なお，管理者Xが区分所有者Aを被告として当該訴訟を提起した後に，XとAの間で**裁判上の和解が成立**した場合は，「その和解の**申入れ**をした時」からではなく，「**その和解が成立した時**」**から，新たに時効が進行**し始めます。

①　確定判決等で権利が確定する場合

確定判決等で権利が確定した場合には，各事由の終了まで**時効の完成が猶予**され，その事由が終了した時に**時効が更新**されて，新たに時効期間が進行し始めます（時効の更新）。

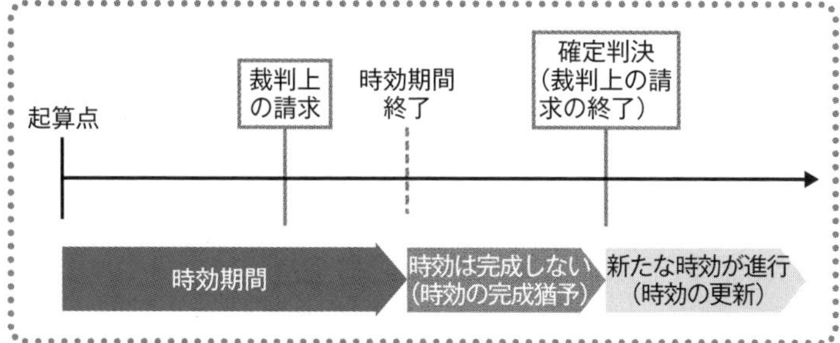

② 確定判決等で権利が確定せずに，中途で終了する場合

確定判決等で権利が確定せず，**中途で終了**（＝訴えの取下げ等）した場合は，その終了の時から**6ヵ月を経過するまで，時効の完成が猶予**されます。

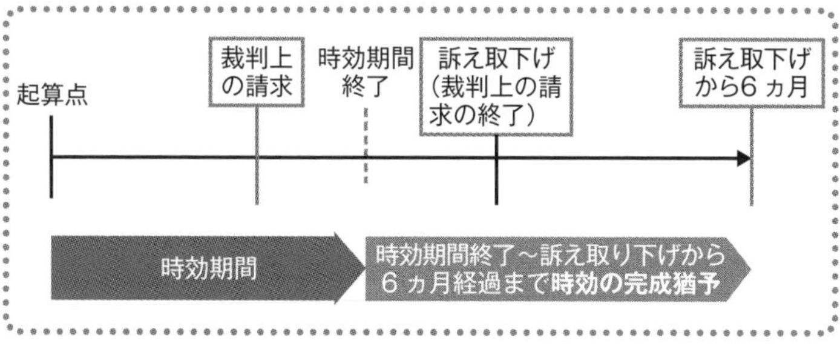

（3）強制執行等による時効の完成猶予および更新

次のア～エのいずれかの事由がある場合には，**その事由が終了するまでの間**は，**時効は完成しません**（時効の完成猶予）。

そして，その事由が終了した時に時効が更新されて，**新たに時効期間が進行**し始めます（時効の更新）。

> 執行の前提となる保全処分について，①**金銭債権を保全**するための「仮差押え」と，②**金銭債権「以外」の債権を保全**するための「仮処分」は，時効の完成猶予事由とされています。
> なお，仮差押え・仮処分とも，**時効の更新の効果はありません**。

ア　**強制執行**

イ　**担保権の実行**

ウ　**形式競売**（民事執行法195条に規定する担保権の実行としての競売の例による競売）

エ　**財産開示手続**（民事執行法196条）

- 「**強制執行**」とは，判決等の**債務名義**を得た債権者の申立てに基づき，債務者に対する請求権を，裁判所が**強制的に実現**する手続です。
- 「**担保権の実行**」とは，債権者が債務者の財産について抵当権等の**担保権**を有しているときに，これを**実行して当該財産から満足**を得る手続です。
- 「**形式競売**」とは，遺産分割，共有物分割，**共同利益違反行為者に対する措置としての競売請求**等，債務の清算としてではなく不動産を売却してお金に換える必要があるときに，競売手続をその**手段として利用**するものです。

この場合において，6ヵ月経過後は，時効の更新はありません。

ただし，申立ての**取下げ**または法律の規定に従わないことによる**取消し**によって**その事由が終了**した場合は，その終了の時から6ヵ月を経過するまで，引き続き**時効の完成が猶予**されます。

（4）催告による時効の完成猶予

催告とは，**裁判「外」で行う請求**をいい，例えば，**口頭での請求**や単なる**書面での請求**，さらには**内容証明郵便による請求**等がこれにあたります。

催告があった場合，その時から6ヵ月を経過するまでの間は，**時効は完成しません**（時効の完成猶予）。

- **催告**によって**時効の完成が猶予されている間（＝6ヵ月以内）**に**裁判上の請求等**が行われた場合，催告後6ヵ月が経過しても，**判決の確定等までの間**，**時効は完成しません（時効の完成猶予）**。その後，**判決が確定等**した場合は，そこから新たに**時効期間が進行し始めます（時効の更新）**。
- **催告**によって**時効の完成が猶予されている間（＝6ヵ月以内）**にされた再度の催告は，**時効の完成猶予の効力**を有しません。

（5）協議を行う旨の合意による時効の完成猶予

①　協議合意による時効の完成猶予の要件と効果

この合意は，その内容を記録した電磁的記録でも構いません。

権利についての**協議を行う旨の合意**が書面でされたときは，次の**ア～ウのいずれか早い時まで**の間，**時効は完成しません**。

ア　その**合意**があった時から**1年を経過した時**

イ　その合意において当事者が**協議を行う期間（1年に満たないものに限る）を定めた**ときは，その**期間を経過した時**

ウ　当事者の一方から相手方に対して**協議の続行を拒絶する旨の通知**が書面でされたときは，その**通知の時から6ヵ月を経過した時**

合意の有効性を**1年に限定**したのは，債権者がその強い立場を利用して債務者に長期間の協議の合意をさせ，その後に事実上協議を行わないという事態が生ずるのを**防止**するためです。

②　再度の協議の合意

①で述べた協議の合意による時効の完成が猶予されている間にされた**再度の協議の合意**も，①で述べた**時効の完成猶予の効力**を有します。

ただし，その効力は，**通算して5年を超えることができません。**

③　催告による時効の完成猶予中の合意

催告で**時効の完成が猶予**されている間に**①の協議の合意**をしたとしても，**協議の合意による時効の完成猶予の効力**は生じません。

また，**協議の合意**によって**時効の完成が猶予**されている間に**催告**をしたとしても，**催告による時効の完成猶予の効力**は生じません。

- **前段**については，**催告による時効の完成猶予の効果**だけが生ずることになります。
- **後段**については，**協議の合意に関する効果**だけが生じます。

（6）承認による時効の更新

①　承認とは

承認とは，**債務者等**が**債権者**に対して，債権者の権利の存在を認めることをいいます。

- 承認は，債務者等が「**債権者に対して**」行う必要があります。
  ➡例えば，区分所有者Aが，自己の専有部分をBに売却する際，**Bに対して**管理費等の滞納の事実を伝えたとしても，「**承認**」**にはあたりません**。なぜなら，**債権者である管理組合に対する承認ではないから**です。
- 承認の方法には**特に制限はありません**。
  ➡例えば，管理費等の滞納者が管理組合に対し，**支払猶予の申出，支払う旨の返答，承認書・承諾書の提出等，債権債務の存在自体を認める内容のもの**であれば，承認にあたります。
- 裁判所に対する申立て等も必要ありません。

②　承認の効果

この承認をするには，相手方の権利についての処分につき行為能力の制限を受けていないこと，または，権限があることを必要としません。

時効は，権利の**承認**があったときは，**その時から新たにその進行を始めます**（**時効の更新**）。

債務の一部の支払いである旨を明示して弁済した場合は，その残額についても**その時から新たにその進行**を始めます。

（7）時効の完成猶予または更新の効力が及ぶ者の範囲

時効の完成猶予または更新は，**当事者**およびその**承継人**の間においてのみ，その**効力**を有します（**相対効**）。

- 例えば，**区分所有者Aが管理費を滞納**している場合，Aが管理組合に支払猶予の申出（＝**承認**）をして生ずる**時効の更新**の効力は，Aが死亡した後のAの**相続人にもおよびます**。
- **専有部分の共有者A・Bが管理費を滞納**している場合，管理組合が**Aにのみ裁判上の請求**をしたときは，**管理組合とAとの間では時効の更新の効力が生じますが，管理組合とBとの間では時効の更新の効力は生じません**。

(8) 天災等による時効の完成猶予

時効の期間の満了の時に当たり，天災その他避けることのできない事変のために，**裁判上の請求等や強制執行等の手続を行うことができないとき**は，天災等の障害が終わった時から3ヵ月を経過するまでの間は，**時効は完成しません**（時効の完成猶予）。

4 時効完成後の債務の承認等

時効が完成した**後**に債務の**承認**や**弁済等**をした債務者は，改めて時効の援用をすることはできません。

これは，「債務者はもはや時効の援用はしないだろう」と期待する債権者を保護する扱いですので，**債務者が時効の完成を知らずに弁済した場合**であっても，その後に**改めて時効の援用をすることはできません**。

コレが重要!! 確認問題

❶ 甲マンションの入居時に区分所有者全員で管理費等の滞納が発生したとしても時効を援用しない旨の合意をしていた場合は，当初の購入者である前区分所有者Cから201号室の譲渡を受けたBは，Cの滞納管理費等のうち時効が完成している分につき時効を援用することができない。過 H17

❷ 管理組合が，管理費を滞納している区分所有者Aに対して，内容証明郵便をもって累積している滞納管理費分の支払の請求をした場合には，6ヵ月間の時効の完成猶予の効力が生じるが，その期間中になされた再度の支払の請求には，時効の完成猶予の効力が生じない。過 R3

❸ 夫Aと妻Bは，甲マンションの301号室の区分所有権を各$\frac{1}{2}$の持分で共有し，同室で生活をしているが，管理費及び修繕積立金を滞納している場合，A及びBが，滞納している管理費及び修繕積立金の支払を「3ヵ月待ってほしい」と，口頭で管理組合に告げていたのみでは消滅時効は更新されない。過 H24改

❹ マンションの区分所有者が管理費を滞納している場合，区分所有者が滞納している管理費の一部を管理組合に弁済しても，残余の管理費についての時効は更新されない。過 H14改

❺ 管理組合の管理者Bが区分所有者Aに対し管理費の支払請求訴訟を提起すれば，その訴えが却下された場合でも，時効は更新される。過 H29改

❻ 管理費債権の一部について，すでに消滅時効が完成しているにもかかわらず，区分所有者Aが時効完成の事実を知らないで，管理組合の管理者Bに対し，滞納額全額を支払う旨の承認書を差し入れたときは，以後，完成した当該消滅時効の主張は認められない。過 H29

❼ 滞納区分所有者Aが自ら破産手続開始の申立てをし，破産手続開始の決定がなされた場合，管理組合の管理者Bが滞納管理費債権について破産債権として届出をしただけでは，時効の完成は猶予されない。過 H29改

❽ 夫Aと妻Bは，甲マンションの301号室の区分所有権を各$\frac{1}{2}$の持分で共有し，同室で生活をしているが，管理費及び修繕積立金を滞納している。この場合，管理費と修繕積立金のいずれも月ごとに支払われるものであるが，その債権の消滅時効期間は管理費については5年，修繕積立金については10年である。過 H24

❾ 滞納管理費の存在が，確定判決又は確定判決と同一の効力を有するものによって確定した場合には，その時効期間は10年である。過 R3

答 ❶×：時効利益は，事前に放棄できない。 ❷○ ❸×：口頭での支払猶予の申入れも，時効の更新事由である「承認」にあたる。 ❹×：一部弁済をした場合，残余に関する消滅時効も更新される。 ❺×：訴えが却下されたので更新はされず，6ヵ月が経過するまで時効の完成が猶予される。 ❻○ ❼×：破産債権の届出をすれば，時効の完成は猶予される。 ❽×：管理費及び修繕積立金の消滅時効期間は，どちらも5年である。 ❾○

物権変動

- 対抗要件の意義
- 不動産の二重譲渡と対抗要件

売買契約は，法律上，単なる口約束だけでも成立するため，同一不動産の「**二重売買（譲渡）**」も，契約としては有効です。しかし，この場合でも，誰がその不動産の所有者なのかは決めなければなりません。そうした事態に備えて定められたルールが「**物権変動**」です。

1 物権変動と対抗要件

物権変動とは，例えば，ある不動産の所有権が，売買契約によって売主から買主に移転したり，抵当権設定契約によって抵当権が発生したりすることです。

> **用語** 物権変動：「物」に対する「権」利が，「変動（発生・移転・消滅）」すること

この物権変動は，原則として，**当事者の意思表示が合致**した時に生じますが，そもそも権利やその移転は目に見えません。そこで，**物権変動を第三者に主張**するためには，**誰から見てもわかるような何らかの要件**（対抗要件）が必要であり，**不動産**の場合には「登記」，**動産**の場合には「引渡し」がこれに該当します。

2 不動産の二重譲渡と対抗要件

H29・R2・3・4

不動産に関する物権の得喪・変更は，**登記**をしなければ**第三者**に**対抗**（主張）**することができません**。

例えば，Aが，自己所有の専有部分をBとCに**二重に売却**（**二重譲渡**）した場合，BまたはCは，対抗要件としての**登記**をしなければ**他方に対して所有権を対抗できません**。

なお，登記を備えた者が「**悪意**」，すなわち，自分より先に契約した者がいると**知りながら**契約をした場合**でも**，その者は，原則として，自己の所有権を**対抗**することが**できます**。

> 先に契約した者がいることを知っている（悪意）のみならず，その者を害する意図で契約をして先に登記を備えた者（**背信的悪意者**）に対しては，**登記がなくても**所有権の取得等の物権変動を対抗することができます（判例）。

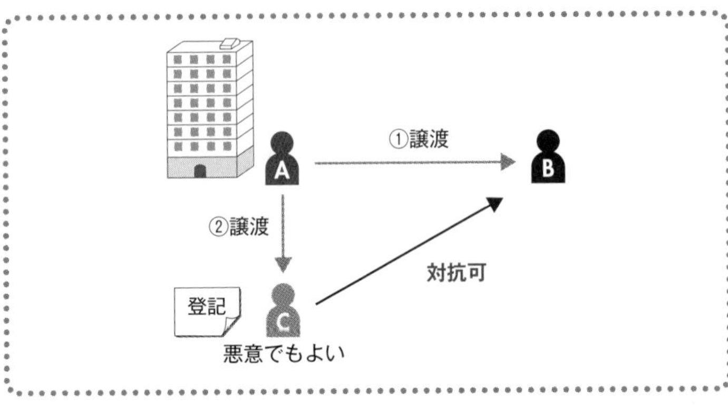

+1点! 同一の不動産に**抵当権を複数設定**する場合も，**抵当権設定「契約」の先後ではなく，抵当権設定「登記」の先後で**優劣が決まります。

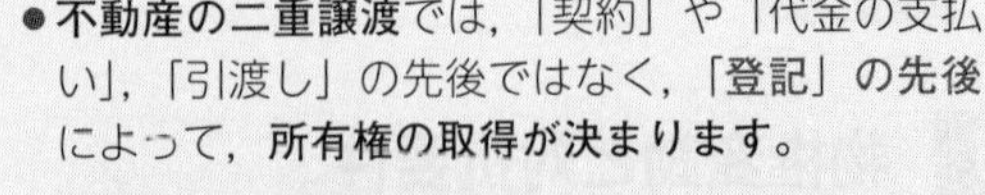

- **不動産の二重譲渡**では，「契約」や「代金の支払い」，「引渡し」の先後ではなく，「登記」の先後によって，**所有権の取得が決まります。**
- **不動産の二重譲渡**の場合において，譲受人（買主）が**いずれも所有権の移転登記を備えていない**場合には，**両者は相互に所有権の取得を対抗できません。**
- 不動産の二重譲渡の場合において，売主の一方の買主に対する債務は，**他方の買主に対する所有権移転登記が完了した時点で履行不能**（➡ **P.325参照**）となります。

3 登記がなくても対抗し得る「第三者」

R1・3・4

不動産の取得者は，次の者に対しては，**登記がなくても**，自己の所有権の取得を対抗することができます。

用語

背信的悪意者：
単に二重譲渡の事実について悪意であるにとどまらず，例えば，前の買主が登記をしていないことをいいことに，その者に高値で売り付けて利益を得る目的で買い受けて，先に登記を備える等，**信義誠実の原則に反するような者**のこと

① **まったくの無権利者**

② **不法行為者・不法占拠者**

③ **背信的悪意者**

④ **詐欺または強迫によって登記申請を妨げた者**

⑤ **他人のために登記申請をする義務のある者**

- これらの者は，不動産の取得者に対して，**登記がないことを主張する正当な利益がない**といえるからです。
- 区分所有者が自己所有の専有部分を**譲渡した後に死亡**し，相続が開始された場合，**相続人**は包括承継人であり，専有部分の**買主とは「当事者」の関係**に立つため，**買主**は**所有権の移転登記なくして**相続人に**当該専有部分の所有権を主張できます。**

用語
前頁⑤
他人のために登記申請をする義務のある者：
売主や買主から登記手続の代理を頼まれた司法書士等のこと

4 不動産登記の公信力

R2

不動産登記の公信力とは，真実の権利関係が異なっていたとしても，**不動産登記の内容を信じて取引関係に入った人（購入者等）を保護**するという効力です。

日本の法制度において，**不動産登記に公信力は認められていません。**

したがって，例えば，A所有の甲地について，**真実の所有者ではないBが偽造により甲地の登記名義人**となっていたために，CがBから甲地を買った場合，CがBの所有権登記を信じ，信じたことに過失がなかったとしても，**Cは甲地の所有者となることはできません（AはCに自己の権利を主張することができます）。**

5 物権変動と登記

R1・4

不動産の物権変動と登記で問題となる点は，次のような取扱いとなります。

1 所有権と所有権以外の権利

例えば，A所有の専有部分について，Bへの所有権の移転とCへの抵当権設定が行われた場合，Bの所有権とCの抵当権の優劣は，**どちらが先に登記をしたか**によって決まります。つまり，所有権と所有権以外の権利が競合する場合，**先に登記をした権利が優先**されます。

抵当権と賃借権，抵当権と抵当権のように，**所有権以外の権利同士の優劣**も，原則として，**登記の先後**によって決まります。

2 取消と登記

(1) 取消「前」の第三者

例えば，①AがBの詐欺によりA所有の専有部分をBに売却し，②さらにBがCにその専有部分を売却した後，③Aが詐欺を理由に契約を取り消した場合（=**取消「前」に第三者Cが登場**した場合），Cが**善意無過失**なら**Cの勝ち**ですが，Cが悪意か，または**善意でも過失がある**なら**Aの勝ち**です。この点で，AとCの優劣に**登記の有無は関係ありません。**

(2) 取消「後」の第三者

これに対し，①AがBの詐欺によりA所有の専有部分をBに売却し，②Aが詐欺を理由に契約を取り消した後，③BがCにその専有部分を売却した場合（=**取消「後」に第三者Cが登場**した場合）は，Cの善意・悪意や過失の有無は関係なく，AとCの**どちらが先に登記を得たかで優劣が決まり**ます。

取消「後」の第三者の場合，Aの取消しによってBのもとにあった専有部分の所有権がAに戻るという権利の変動があり，他方で，BがCに売却することでBからCへ専有部分の所有権が移転するという権利の変動が生じます。これは，**Bを起点にしてAとCに所有権が二重譲渡されたのと類似の状況**が生じるため，**登記で優劣が決まる**とされるわけです。

3 解除と登記

(1) 解除「前」の第三者

例えば，①AがBにA所有の専有部分を売却し，②さらにBがCにその専有部分を売却した後，③AがBの債務不履行を理由に契約を解除した場合（=**解除「前」に第三者Cが登場**した場合），取消前の第三者と異なり，第三者の主観（=善意・悪意や過失の有無）は問題とならず，**第三者Cが保護**されるには，**登記が必要**とされます。

(2) 解除「後」の第三者

他方，①AがBにA所有の専有部分を売却し，②AがBの債務不履行を理由に契約を解除した後，③BがCにその専有部分を売却した場合（＝**解除「後」に第三者Cが登場**した場合），取消後の第三者と同様，**二重譲渡に類似した状況**となるため，Cの善意・悪意や過失の有無は関係なく，AとCの**どちらが先に登記を得たか**で優劣が決まります。

解除「前」の第三者であれ，**解除「後」の第三者**であれ，結論的には，**先に登記を得た方が優先**することになります。

4　遺産分割と登記

（1）遺産分割「前」の第三者

例えば，Aが死亡し，相続人B・CがA所有の専有部分を共同相続（持分は各2分の1ずつ）したとします。

その後，遺産分割前にCがその専有部分を単独で所有している旨の登記を勝手にして，全部をDに売却した場合（＝**遺産分割「前」に第三者が登場**した場合），**Bは，自己の持分**である2分の1については，**登記なく**Dにその権利を**主張**できます。

B・C間でBが専有部分すべてを相続する旨の**遺産分割協議前**に，**C**がDに対して**Cの法定相続分**に当たる専有部分の持分を**譲渡**し，**D**が**所有権移転登記**をした場合，**B**はDに対してその**専有部分全部の所有権を主張することはで**きません。

（2）遺産分割「後」の第三者

先ほどの，「Aが死亡し，相続人B・CがA所有の専有部分を共同相続（持分は各2分の1ずつ）した」という例で，遺産分割によって，Bが単独でその専有部分の所有権を取得することになったとします。

この状況で，Cが遺産分割前に有していた自己の相続分である専有部分の2分の1をEに売却した場合（＝**遺産分割「後」に第三者が登場**した場合），Bは，**遺産分割に基づく**所有権移転登記なくしてEに対してその専有部分に係る**Cの法定相続分の権利の取得を**対抗できません。

この場合，Cを起点として，「CからBへ」および「CからEへ」と物権変動があり，**二重譲渡類似の関係が生ずる**ためです。

6 動産の物権変動

R5

動産とは，パソコン・自動車・家具等，**不動産以外の物**をいい，この動産の所有権等が，ある者から別の者に移転したりすることを動産の物権変動といいます。

1　動産に関する物権の譲渡の対抗要件

動産に関する物権の譲渡は，その動産の引渡し（**占有の移転**）がなければ，第三者に対抗することができません。例えば，BがAの所有するパソコンを譲り受けた場合でも，Bは，Aからパソコンの引渡しを受けないと，Bがそのパソコンの所有者である旨を第三者に主張することができません。

動産は転々と流通するため，不動産と異なり，登記のような制度で権利を公示するのは困難です。そこで，**引渡し（占有の移転）を対抗要件**としているのです。

2　即時取得

（1）即時取得の内容

動産を現実に所持（占有）している者がいても，その者がその動産の所有者であるとは限りません。この場合に，**動産に関する契約**等を**安心して**できるようにするためには，**動産の占有者が実際に権利を有しているか否かを問わず，その占有者から動産を取得した者を保護する制度が必要**です。

そこで，動産を無権利で占有している者がいて，その者から取**引行為（契約等）によって平穏・公然と動産の占有を始めた者**は，**善意かつ無過失**であるときは，**即時にその動産についての所有権を取得**することができるものとされています。これを「即時取得」といいます。

例えば，Aが，所有者Bから預かっていたパソコンをCに**売却**した場合，Cが**平穏・公然**とパソコンの占有を始め，そのパソコンがAのものではないことを知らず（**善意**），かつ知らないことについて過失がなかった（**無過失**）ときには，Cは**パソコンの所有権を即時取得**することとなります。

- **即時取得**は，**動産取引の安全を保護**するための制度ですので，動産の占有者から「**取引行為**」によって**占有を取得**する必要があります。
  ➡したがって，「**取引行為**」**がない**次のような場合は，**即時取得は成立しません。**

  - **盗人が放置**しておいた盗品を，平穏・公然，善意・無過失で拾得した場合
  - 相続によって**相続財産中にあった他人の動産**を相続財産に属するものと過失なく信じて，**現実に占有**を始めた場合

- 民法上，**占有者**は，**所有の意思**をもって，**善意**で，**平穏**に，かつ，**公然と占有**をするものと**推定**されます。
  ➡したがって，**即時取得を主張する側**はこれらを立証する必要はなく，**即時取得を否定したい側**がこれを**覆す立証**をする**必要**があります。
- 即時取得の要件である「**占有の取得**」が認められるには，**外観上従来の占有状態に「変更」を生ずるような形で占有を取得**しなければならないと解されています。
  ➡したがって，例えば，BがAの絵画を自己の物と称してCに売却し，Cがその絵画をBの所有物と過失なく信じていたとしても，**Bが絵画を以後Cのために占有する意思を示して現実の占有を継続**（＝いわゆる「**占有改定**」）した場合は，**Cは「占有を取得した」といえず，即時取得は成立しません。**

（2）即時取得の制限

即時取得の対象となる動産が**盗品**または**遺失物**であるときは，その被害者または遺失者は，盗難・遺失の時から**2年間**，占有者に対して**その物の回復を無償で請求**することができます。

ただし，盗品または遺失物の取得者が，「**競売もしくは公の市場**」において，または「**その物と同種の物を販売する商人**」から，**善意**で買い受けたときは，被害者・遺失者は，**取得者が支払った代価を弁償しなければ，その物を回復することができません。**

要するに，所有者は，盗まれたり無くしたりした動産を盗人や拾得者が転売し，仮に誰かに即時取得が成立する場合でも，**2年間はタダで取得者から取り戻せる**ということです。

コレが重要!! 確認問題

❶ Aが，Bとの間で，Aの所有する甲マンションの301号室の売買契約を締結し，その後，同室につきCとの間でも売買契約を締結した場合に関する次のア～エは○か×か。

ア　この場合，AC間の売買契約は無効であり，Cが301号室の所有権を取得することはない。過 H25

イ　この場合，Cが，Aとの売買契約締結時に，301号室を既にBがAから買い受けていることを知り得た場合には，Cが301号室の所有権を取得することはない。過 H25

ウ　この場合，Bが先に301号室の引渡しを受けていても，CがBより先に売買代金全額をAに支払ったときには，Cは，Bに対して自分が301号室の所有権者であることを主張することができる。過 H25

エ　この場合，Cが先に301号室の引渡しを受けていても，Bが所有権者として登記されたときには，Bは，Cに対して自分が301号室の所有権者であることを主張することができる。過 H25

❷ Aは，甲マンションの508号室を所有しているが，同室及び同室内の壁に飾ってあった風景画（以下「絵画」という。）をBに賃貸した。 過 R5

ア　Bが死亡し，その後Bを単独で相続した子Cが，絵画をBの所有物であり相続財産に属するものであると過失なく信じて，現実に占有していたときは，Cは，即時取得により所有権を取得するため，AがCに絵画の返還を請求しても認められない。

イ　無職のDがBが不在の間に508号室に侵入して絵画を盗み，Eに売却したところ，EがDの所有物であると過失なく信じていた場合において，絵画の占有が現実にDからEに移転されたときであっても，Aは，盗難の時から2年以内にEに絵画の返還を請求すれば認められる。

答 **❶ア×**：二重譲渡も契約として有効であり，CがBよりも先に登記を備えれば，Bに優先してCが所有権を取得する。 **イ×**：背信的悪意者でない限り，悪意者でも，登記を先に備えれば，所有権を取得する。 **ウ×**：第三者に対抗するためには，登記をその者より前に備える必要がある。代金の支払を先にしたとしても，対抗はできない。 **エ○** **❷ア×**：相続による占有開始は「取引行為によって占有を開始」といえず，即時取得は成立しない。 **イ○**

第6章　頻出度 A

共有と相隣関係

●共有物の管理・処分の方法
●相隣関係

1 共有

H26・27・28・R2・3

共有とは，**1つの所有権**を数人が**割合的に所有**することをいいます。例えば，ある専有部分を夫婦2人で共同所有する場合です。なお，賃借権を共有する等，数人で**所有権「以外」**の財産権を有する場合を「準共有」といいます。

> 共有は，区分所有法の深い理解にもつながる重要な項目です。

1　共有物に対する持分（250条）

持分とは，各共有者の共有物に対する**所有権等の割合**のことです。各共有者の持分は，原則として，**相等しい**と推定されます。

> **+1点!** 特約がある場合を除き，共有物を取得する際に負担した額によって持分が決まるわけではありません。

持分の例外には，①共有者間で持分の**特約**がある場合，②**区分所有法上の規定**（共用部分の持分は専有部分の床面積の割合による）等が挙げられます。

2　共有物の使用（249条）

（1）共有物の使用

各共有者は，**共有物の**「全部」について，原則として，その「持分に応じた使用」をすることができます。

- 各共有者は，持分にかかわらず「共有物の**全部**」を使用できますので，共有者の1人が**単独**で共有物全部を**使用**している場合，**他の共有者**は，**当然には共有物の明渡しを請求できません。**
- 「**持分に応じた使用**」とは，持分に応じた使用の**頻度**や**期間**等によって使用できるということで，例えば，専有部分の$\frac{1}{2}$の持分を有する場合であれば，「1年のうち半年分はその部屋を使うことができる」ことになります。

（2）使用の対価の償還義務

共有物を使用する共有者は，**原則**として，他の共有者に対し，**自己の持分を超える使用の対価を償還する義務**を負います。

ただし，共有者間に**別段の合意**（＝無償とする合意等）がある場合は，**償還義務を負いません**。

（3）善管注意義務

共有者は，善良な管理者の注意をもって，**共有物の使用**をしなければなりません。

3　共有物の管理（251条，252条，252条の2）

（1）共有物の管理の内容と要件

行為の分類	内容・具体例	要件
保存	共有物の現状を維持する行為 例・共有物の修繕 ・不法占拠者に対する返還請求	各共有者が単独でできる
管理・軽微変更	共有物の形状**又**は効用の著しい変更（＝重大変更）を伴わずに，共有物を**利用・改良**する行為 例・共有物の管理者の選任・解任 ・共有物に関する**下記期間**内の賃貸借契約の締結・解除 ① 樹木の栽植・伐採を目的とする山林の賃借権等：10年 ② ①の賃借権等以外の土地の**賃借権等**：5年 ③ 建物の**賃借権等**：3年 ④ 動産の賃借権等：6か月	各共有者の持分の価格の過半数で決する
重大変更・処分	共有物の形状**又**は効用の著しい変更（＝重大変更）を伴うものや，共有物全体の処分 例・共有建物の**建替え・増改築** ・共有物全部の**売却・抵当権の設定**	共有者全員の同意で決する

- 共有物「**全体**」**の処分**には，共有者**全員の同意**が必要です。
- 「**自己の持分を処分**」する行為は，他の共有者の同意がなくても，単独ですることができます。

借地借家法の適用のある賃借権の設定は，注意が必要です。
例えば，**一時使用目的**や**存続期間**が３年以内の定期建物賃貸借などを除き，**借地借家法が適用される建物賃貸借**（普通建物賃貸借）の場合，期間が満了しても**更新が前提**となり，当初約定された期間内での終了は確保されません。
そこで，こうした**普通建物賃貸借契約**は，期間が３年以内であったとしても，原則として**共有者全員の同意がなければ無効**と解されています。

（2）共有物を使用する共有者がいる場合の管理事項の決定

共有物を使用する共有者がいる場合でも，**各共有者の持分価格の過半数で管理行為・軽微変更に関する事項を決定**できます。

ただし，管理に関する事項の決定が，共有者間の決定に基づいて共有物を使用する共有者に**特別の影響**を及ぼすべきときは，その共有者の**承諾が必要**です。

（3）所在等不明共有者・賛否不明共有者がいる場合の管理

次のような管理ができます。

所在等不明共有者：必要な調査を尽くしても氏名等や所在が不明な共有者

	行為	要件
所在等不明共有者がいる場合 ※所在等不明共有者が共有持分を失う行為（抵当権の設定等）には利用不可。	重大変更	所在等不明共有者「**以外**」の共有者全員の同意で**共有物の変更ができる旨の裁判**により可能
	管理行為・軽微変更	所在等不明共有者「**以外**」の共有者の持分価格の過半数で**共有物の管理事項の決定ができる旨の裁判**により可能
賛否不明共有者がいる場合 ※重大変更や賛否不明共有者が共有持分を失う行為（抵当権の設定等）には利用不可。	管理行為・軽微変更	賛否不明共有者「**以外**」の共有者の持分価格の過半数で**共有物の管理事項の決定ができる旨の裁判**により可能

（4）共有物の管理者（252条の2）

共有者が共有物の管理に関する事項を決した場合，共有物の管理者は，**これに従って職務**を行わなければなりません。これに**違反**した行為は，**共有者に対してその効力を生じません**が，共有者は，善意の第三者に対抗できません。

共有物の管理者は，共有物の管理行為（軽微変更含む）をする権限を有する者で，**共有者の持分価格の過半数**により**選任・解任**されます。ただし，**共有者の全員の同意を得なければ，共有物に対する重大変更はできません。**

所在等不明共有者がいる場合，**裁判所**は，共有物の管理者の**請求**により，**所在等不明共有者「以外」の共有者の同意を得て共有物の変更ができる旨の裁判**をすることができます。

4　共有物に関する負担と債権（253条，254条）

各共有者は，**持分に応じて**管理の費用を支払い，その他共有物に関する負担を負います。そして，共有者が**1年以内**にこの義務を履行しないときは，他の共有者は，**相当の償金を支払ってその者の持分を取得**することができます。

また，共有者が他の共有者に債権を有する場合，その**特定承継人**（共有持分の譲受人等）にも債権を行使できます。

5　持分の放棄及び共有者の死亡（255条）

用語 特別縁故者：相続人以外の者で，被相続人と生計を同じくしていた者（内縁の相手方等）や療養看護に努めた者等のこと

共有者の１人が**持分を放棄**したり，**相続人・特別縁故者がなく死亡**したりした場合，その持分は**他の共有者に帰属**します。例えば，ある専有部分をＡ・Ｂ・Ｃの３人で共有し，Ａが相続人・特別縁故者がなく死亡した場合，専有部分に関するＡの共有持分は，他の共有者であるＢとＣに帰属します。

なお，**単独で所有する不動産**については，所有者が所有権を放棄したり，相続人・特別縁故者がなく死亡したりした場合には，その不動産は**国庫**に帰属します。

区分所有法上，**敷地利用権の共有**には，この**民法255条の規定は適用されません。**専有部分と敷地利用権の分離処分が生じないようにするためです。

6　共有物の分割請求（256条・258条・258条の2）

（1）分割請求の時期

1つの物の管理・処分を数人で行う共有は，権利関係が複雑になります。そこで，各共有者は，共有状態を解消するため，**いつでも共有物の分割を請求**することができます。

共有物の分割請求は，各共有者が**自由**にでき，分割請求をするにあたって「**正当な理由**」は**不要**です。

ただし，共有物の分割については，**5年を超えない範囲**で**分割をしない旨の特約**ができます。この特約は**更新**できますが，その期間は，**更新の時から5年を超えることができません**。

（2）分割の方法

共有物を分割するには，次の**3つの方法**があります。

①　現物分割	共有物を物理的に分割して，各共有者に帰属させる。 例 ある土地をAとBが共有している場合に，その土地を甲土地と乙土地とに分筆し，甲土地をAに，乙土地をBに，それぞれ帰属させる方法
②　賠償分割	特定の共有者に他の共有者の持分の全部又は一部を取得させ，その者に他の共有者に対する金銭支払債務を負担させる。 例 ある土地をAとBが共有している場合に，その土地をすべてAのものとし，その代わり，AがBの持分に相当する金銭をBに支払う方法
③　競売分割	共有物を競売によって第三者に売却し，その代金を各共有者で分割する。 例 ある土地をAとBが共有している場合に，その土地を競売によって第三者Xに売却し，売却代金をAとBとで分ける方法

各共有者は，他の共有者が分割によって取得した物について，売主と同じく，その持分に応じて**担保**（保証）**責任を負います**。

なお，共有物の分割について共有者間に**協議が調わない**とき，又は**協議をすることができない**ときは，その分割を裁判所に請求することができます。

裁判所は，この請求を受け，①**現物分割**，又は，②**賠償分割（＝価格賠償）**の方法で，共有物の分割を命ずることができます。
また，この①・②の方法で分割できない場合や，分割によって共有物の価値が著しく減少するおそれがある場合は，**例外**として，③**競売による分割**を命ずることができます。

（3）共有物の全部又は持分が相続財産に属する場合

① 原則

共有物の全部又は持分が相続財産に属する場合，**遺産の分割**をすべきときは，原則として，**裁判による共有物の分割（民法258条）の方法をとることはできず，遺産分割（民法907条）の方法による必要があります。**

用語 **遺産共有**：複数の相続人（共同相続人）が，遺産分割までの間，相続財産を共有している状態のこと。

遺産共有の解消は，**遺産全体の価値を総合的に把握した柔軟な方法が適します。**
これは，**共有物分割請求**は，「特定の共有物」について，地方裁判所の「訴訟」手続でなされるため，総合的・柔軟な配慮に**なじみませんが，遺産分割手続**は，遺産「全体」について，家庭裁判所の「審判」手続でなされ，そうした**配慮が可能**だからです。

ただし，遺産分割請求があった場合に，相続人が共有物の持分について裁判による共有物分割をすることに異議の申出（通知日から２ヵ月以内）をしたときは，この限りではありません。

② 例外

共有物の持分が相続財産に属する場合，**相続開始の時から10年を経過**したときは，相続財産に属する共有物の持分について，**裁判による共有物分割の方法**を取ることができます。

2 相隣関係

相隣関係とは，**隣接**している不動産の所有者相互において，その**利用の調整**を図るものです。

1 隣地使用権（209条）

隣地使用の際は，**使用の日時・場所・方法**は，**隣地使用者**（隣地の所有者・隣地を現に使用している者）**のために損害が最も少ないもの**を選ばなければなりません。

土地の所有者は，次の目的のため**必要な範囲内**で，隣地を使用できます。ただし，**住家**は，居住者のプライバシー等の保護のため，居住者の承諾がなければ，**立ち入ることはできません**。

① 境界またはその付近における障壁，建物その他の**工作物の築造，収去又は修繕**

② **境界標の調査又は境界に関する測量**

③ 233条3項（**土地所有者による竹木の枝の切除権**）による**枝の切取り**

その際，土地所有者は，**あらかじめ**，**目的・日時・場所・方法**を，隣地の所有者及び隣地使用者に**通知**しなければなりません。

ただし，**あらかじめ通知することが困難**なときは，**使用開始「後」に，遅滞なく，通知**することで足ります。

また，上記規定で，隣地所有者又は隣地使用者が**損害**を受けたときは，使用した者に対して，その**償金を請求**ができます。

従来は「**隣地使用『請求』権**」として，あくまで隣地の使用を「**請求できる**」だけでしたが，法改正により「**隣地使用権**」となり，上記①～③の目的であれば，隣地所有者の承諾がなくても，**隣地を使用できることになりました**。

2　他の土地の通行権（210条，211条，213条）

他の土地に囲まれた公道に通じない土地（**袋地**）の所有者には，公道に至るために，その土地を囲んでいる他の土地を**通行する権利**が発生します。

この場合，通行権を有する者は，通行の場所・方法について，**自己のために必要**であり，かつ，他の土地のために**損害が最も少ないもの**を選ばなければなりません。また，この通行権を有する者は，必要があるときは，通路を開設することができます。

また，**分割**によって**公道に通じない土地**が生じたときは，その土地の所有者は，公道に至るため，**他の分割者の所有地のみを通行**できます。その**土地の一部を譲り渡した場合も同様**です。

分割や譲渡の当事者は，公道に通じない土地が発生することを認識できるため，**償金の支払いは不要**です。

3　継続的給付を受けるための設備の設置権等（213条の2）

土地の所有者は，他の土地に設備を設置したり，他人が所有する設備を使用したりしなければ，**電気・ガス・水道水の供給等の継続的給付**を受けることができないときは，その必要な範囲内で，他の土地に設備を設置したり（＝**導管等設置権**），他人が所有する設備を使用したり（＝**導管等使用権**）することができます。

また，境界線上に設けた境界標，障壁等は，相隣者の共有に属するものと推定されます。

4　境界標の設置等（223条，224条，229条）

土地の所有者は，隣地の所有者と**共同の費用**で，**境界標**を設けることができます。その設置・保存の費用は双方が等しい割合で負担しますが，測量費用は面積に応じて分担します。

5　竹木の枝の切除及び根の切取り（233条）

土地の所有者は，**隣地の竹木の「枝」が境界線を越える**ときは，その**竹木の所有者に**，その枝を切除させることができます。その際，**竹木が数人の**共有に属するときは，**各共有者**は，その枝を切り取る**ことができます**。

ただし，**次の**場合は，**土地の所有者**は，自らその枝を切り取る**ことができます**。

> ①　竹木の所有者に**枝を切除**するよう**催告したにもかかわらず**，竹木の所有者が**相当の期間内に切除しない**とき。
>
> ②　竹木の**所有者**を**知ることができず**，**又は**その**所在**を**知ることができない**とき。
>
> ③　**急迫の事情**があるとき。

なお，**隣地の竹木の「根」が境界線を越える**ときは，**土地の所有者**は，その根を切り取る**ことができます**。

6　境界線付近の建築の制限（234条，235条）

建物を築造するには，境界線から**50㎝以上の距離**を保たなければなりません。

これに反して建築しようとする者がいるときは，隣地の所有者は，その建築を**中止・変更**させることができます。ただし，建築に**着手した時から１年を経過**し，またはその建物が**完成した後**は，**損害賠償の請求のみが可能**となります。

また，境界線から**１ｍ未満**の距離において他人の宅地を見通すことのできる窓または縁側（ベランダを含む）を設ける者は，**目隠し**を付けなければなりません。

コレが重要!! 確認問題

❶　Aが死亡し，その子B・C・Dが，各$\frac{1}{3}$の割合でAの財産を相続した。Aがマンションの一室の区分所有者であった場合で，Aの死亡前からAと同居していたBがそのままそのマンションに居住しているときには，遺産分割の前でも，C及びDは共同してBに対して，その明渡しを請求することができる。過 H24

❷　甲マンションの301号室の区分所有者が死亡したので，その子A・B・Cが同室の所有権を相続し，それぞれの相続分が$\frac{1}{3}$である場合，Aは，その共有持分を第三者に譲渡する場合には，B及びCの同意を得なければならない。過 H16

❸　甲マンションの301号室の区分所有者が死亡したので，その子A・B・Cが同室の所有権を相続し，それぞれの相続分が$\frac{1}{3}$である場合，301号室を第三者に賃貸しているときは，その者の債務不履行を理由に賃貸借契約を解除することは，A・B・Cのうち2人の賛成で決定することができる。過 H16

❹　Aが死亡し，その子B・C・Dが，各$\frac{1}{3}$の割合でAの財産を相続した。Aがマンションの一室の区分所有者であった場合で，Eにそれを賃貸していたが，Aの死亡前に，AE間の賃貸借契約が有効に解除され契約が終了していたときには，その後も退去していないEに対して，Cは単独でその明渡しを請求することができる。過 H24

❺　A，B及びCが，等しい持分の割合で，甲マンション201号室の区分所有権を共有している場合において，Aが201号室の持分権を放棄したときは，Aの持分権はBとCに帰属し，同室はBとCの共有となる。過 H28

❻　民法では，5年を超えない期間内は，共有物の分割をしない旨の契約をすることを妨げられていないが，当該契約の更新は認められない。過 R3

答　❶×：共有者は，共有物全体を持分に応じて使用できるため，他の共有者は当然には明け渡しを請求できない。　❷×：自己の共有持分の譲渡は，単独でできる。　❸○　❹○　❺○　❻×：更新も認められている（ただし，更新後の期間も5年以内）。

頻出度 S+

各種の契約

- 売買契約と契約不適合責任
- 賃貸借契約と借地借家法の概要
- 請負契約と委任契約の概要

本試験での「契約」については，**売買契約と賃貸借契約**に関連する出題が非常に多く見られます。また，管理委託契約が（準）委任と請負の性質をあわせ持つことから，ここでは**売買・賃貸借・委任・請負**の各契約を中心に学習しましょう。

1 契約の成立と種類

1 契約の成立

契約は，原則として，**申込み**と**承諾**の意思表示の合致によって成立します。

契約書は，契約後のトラブルを未然に防ぎ，万一訴訟になった場合の証拠とする目的で作成するものであるため，原則として，**これがなくても契約自体は成立します**。また，第三者に対して権利を主張するためのものにすぎない**登記**も，同様です。

2 契約の分類

契約は，①**お金を払うか否か**，②**当事者双方に義務が生ずるか否か**，③**契約の成立に物の引渡しが必要か否か**という3つの視点から，次のように分類されます。

① お金を払うか否か	有償契約 ➡お金を払う契約（例売買契約等）
	無償契約 ➡タダでする契約（例贈与契約等）
② 当事者双方に義務が生ずるか否か	双務契約 ➡当事者**双方**に義務が生じる契約（例売買契約等）

	片務契約 ➡当事者の**一方**にしか義務が生じない契約（例 贈与契約等）
③　契約成立に物の引渡しが必要か否か	諾成(だくせい)契約 ➡申込みと承「**諾**」だけで「**成**」立する契約（例 売買契約等）
	要物契約 ➡申込みと承諾だけでは足りず，物を引き渡してはじめて成立する契約（例 書面でしない金銭消費貸借契約等）

3　同時履行の抗弁権（533条）

同時履行の抗弁権とは，双務契約において，相手がやるべきこと（債務の履行に代わる損害賠償の債務の履行を含む）をやるのと「同時」でなければ，自分のやるべきことを「履行」しないと主張できる権利です。

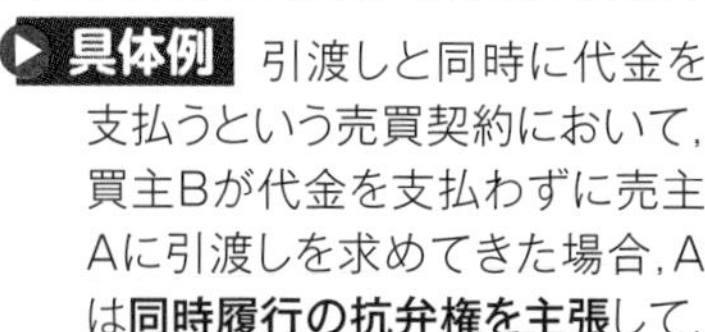

具体例　引渡しと同時に代金を支払うという売買契約において，買主Bが代金を支払わずに売主Aに引渡しを求めてきた場合，Aは**同時履行の抗弁権を主張**して，これを拒むことができます。

4　危険負担（536条）

（1）危険負担とは

危険負担とは，**双務契約**において，**一方の債務**が債務者の責めに帰することができない事由によって**履行不能**となった場合に，**他方の債務**（**反対給付**）の**履行を拒む**ことができるか否かという制度です。

履行不能について**債務者に帰責事由**があるときは，債務者は本来の債務に代わる**損害賠償義務**を負担することになるため，危険負担の規定の適用はありません。

これは，**履行不能となった債務を基準**として，次のように，**債権者と債務者のどちらが「危険（リスク）」を「負担」するのか**を決める制度です。

① 一方の債務が消滅したから，**他方の債務（反対給付）も履行を拒むことができるとする**結論
➡消滅債務の「**債務者**」がリスクを負う「**債務者主義**」

② 一方の債務は消滅したが，**他方の債務（反対給付）は履行しなければならない**とする結論
➡消滅債務の「**債権者**」がリスクを負う「**債権者主義**」

（2）危険負担の内容

① 当事者双方に帰責事由なく履行不能となった場合

当事者双方の責めに帰することができない事由によって**債務を履行することができなくなった**ときは，**債権者**は，**他方の債務（反対給付）の履行を拒むことができます**（＝「債務者主義」）。

例えば，Aが自己所有の専有部分をBに売却する契約を締結し，**引渡し前に地震で建物が全壊**してしまったとします。
この場合，Aの引渡し債務は，**当事者双方の責めに帰することのできない事由で履行不能**になっているため，**債権者B**は，**代金の支払い（反対給付）を拒むことができます。**

危険負担の効果は，**反対給付の「履行拒絶権」の発生**です。旧民法と異なり，**当然に反対債務が消滅するわけではなく**，履行を拒絶することができるにとどまります。
したがって，前述の例において，債権者Bが**反対債務（代金支払債務）を完全に消滅**させるためには，**別途契約解除の意思表示**をする必要があります。

② 債権者の帰責事由によって履行不能となった場合

債権者の責めに帰すべき事由によって**債務を履行することができなくなった**ときは，**債権者**は，**反対給付の履行を拒むことができません。**

ただし，この場合において**債務者**は，**自己の債務を免れたことによって利益を得た**ときは，これを債権者に償還しなければなりません。

例えば，Aが自己所有の木造家屋をBに売却する契約を締結し，**引渡し前にBの不注意で火災が発生して建物が全焼**してしまったとします。
この場合，**債権者Bの責めに帰すべき事由で履行不能**が生じているため，**債権者B**は，**反対債務**（ここでは代金支払債務）の履行を拒めません。
もっとも，**Aが建物を修繕してBに引き渡す**ことになっていたような場合には，建物の滅失により**修繕費用分が浮く**ことになるため，Aはこれを**B**に償還しなければなりません。

2 売買契約

H26・27・28・29・R2・5

1 売買契約とは（555条）

売買契約とは，当事者の一方がある**財産権**を相手方に**移転**することを**約束**し，相手方がこれに対して**代金の支払**を**約束**することで成立する，**有償・双務・諾成契約**です。

売買契約が成立すると，売主には売買の目的物を引き渡す義務が，また，買主には代金を支払う義務が生じます。

売買契約は**諾成契約**であり，申込みと承諾の**意思表示の合致のみで契約は成立**します。**契約書の作成や登記の移転等は，契約の成否とは無関係**です。

2 手付（557条）

（1）手付とは

手付とは，契約の締結に際して，当事者の一方から相手方に渡す金銭等です。手付の目的には，次のものがあります。

① 証約手付（しょうやくてつけ）	**契約を締結した証拠**として交付する手付。どんな手付でも，**最低限この性質**は認められる。
② 解約手付	相手方に債務不履行がなくても**契約解除を可能**とする趣旨で交付する手付
③ 違約手付	買主に**債務不履行**があった場合に，**違約金として没収**する趣旨で交付する手付

手付の目的は，当事者間の約定によって決まりますが，特に目的を定めなかった場合は，「**解約手付**」と**推定**されます。

自分が**履行に着手**していても，相手方が**履行に着手していない**間は，解除できます。

（2）解約手付による解除

相手方が契約の**履行に着手する**前であれば，**買主**は**手付を放棄**して，また，**売主**は**手付の倍額を現実に提供**して（**買主が受領しなくても可**），契約を**解除**することができます。

なお，**買主**が手付金を放棄して売買契約を**適法に手付解除**した場合は，それにより**売主に手付金額を超える損害**が生じても，買主に対して**損害賠償の請求はできません**（逆も同様です）。

解約手付が交付されている場合で，相手方に債務不履行があるときは，**解約手付**による契約解除と**債務不履行**による契約解除の，**どちらかの選択をすることができます。**

【①「**解約手付による解除**」を選択した場合】
手付による解除をしても，**債務不履行に基づく損害賠償請求はできません。**
➡債務不履行解除ではないためです。

【②「**債務不履行による解除**」を選択した場合】
損害賠償額の予定を兼ねる手付でない限り，手付の額と無関係に**債務不履行に基づく損害賠償請求ができます。**
➡この場合，手付交付者は**手付の返還**を請求できます。

なお，手付により契約の解除をした場合，**解除の効果**として当事者双方に**原状回復義務**が生じます。

したがって，例えば，買主が売主に**解約手付**を交付した後に**中間金**を支払っていた場合，買主は，売主が契約の履行に着手する前であれば，**手付を放棄**して売買契約を**解除**し，**中間金の返還を請求**することができます。

3　権利移転の対抗要件に係る売主の義務（560条）

売主は，買主に対し，**登記，登録その他の売買の目的である権利の移転についての**対抗要件を備えさせる義務を負います。

民法改正により，売主は，原則として「**対抗要件（第三者対抗要件）を備えさせる義務**」を負うことになりました。この義務を負わない場合には，その旨の特約が必要になります。

4　売主の担保責任

(1) 売主の担保責任とは

売主の担保責任とは，売買の目的物が契約した内容に適合しない場合等に，**売主が買主に対して負う責任**のことです。

担保責任は，**契約当事者間でのみ生じる責任です。**そのため，例えば，目的物がA➡B➡Cと譲渡された場合に，C➡Bに，また，B➡Aに担保責任を追及することはできますが，C➡Aに追及することはできません。

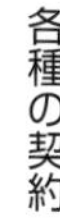

(2) 他人の権利の売買における売主の義務（561条）

売買契約では，**自己の権利**だけでなく，**他人の権利**を売買の目的物とすることもできます。

他人の権利（物）を目的物とする売買を「**他人物売買**」といいます。

そこで，**他人の権利**（権利の**一部**が他人に属する場合におけるその権利の一部を**含む**）を売買の目的としたときは，売主は，**その権利を取得して買主に移転する義務**を負います。

さらに，売主から買主に移転された**権利**が**契約の内容に適合しないもの**である場合（権利の**一部**が他人に属する場合においてその権利の一部を移転しないときを**含む**），後述する「物を対象とする売買における売主の責任（562条～564条）」が準用され（565条），**買主は**，追完請求，代金減額請求，損害賠償請求，解除**ができます**。

(3) 買主の追完請求権（562条）

①　追完請求の内容

引き渡された目的物が**種類・品質・数量に関して契約の内容に適合しないもの**（=「契約不適合」）であるときは，買主は，売主に対し，目的物の修補・代替物の引渡し・不足分の引渡し**によ**

契約不適合が**買主の責めに帰すべき事由によるもの**であるときは，買主は，**履行の追完**を請求できません。

る「履行の追完」を請求することができます。

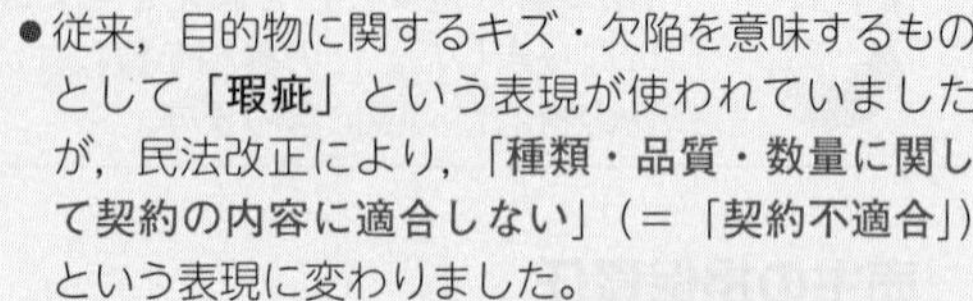

- 従来，目的物に関するキズ・欠陥を意味するものとして**「瑕疵」**という表現が使われていましたが，民法改正により，**「種類・品質・数量に関して契約の内容に適合しない」**（＝**「契約不適合」**）という表現に変わりました。
- 旧民法では，売主に対する担保責任の追及は，瑕疵が**「隠れたもの」**（＝買主が，契約締結時に瑕疵について**善意無過失**）であることが要件とされていました。しかし，買主に過失があるだけで一律に売主の責任を否定するのは適切ではなく，**目的物のキズ・欠陥が当事者の契約内容にどの程度織り込まれていたかを考慮すべき**であるとして，「隠れた」という要件が削除されました。

レベルUP!!

民法改正により，目的物に問題があった場合の**買主の救済**は，旧民法の**瑕疵担保責任という法定責任ではなく，契約不適合責任という契約責任によって実現**することになりました。
契約責任説によれば，売主はキズ・欠陥のない目的物を引き渡す契約上の義務があることになるため，売買の目的物に契約内容と適合しない問題がある場合は，一般の**債務不履行**と同じく，買主から売主に対して，**追完請求権（目的物の修補・代替物の引渡し・不足分の引渡しの各請求権）**が認められ，**損害賠償請求権**が発生します。

+1点! 契約不適合責任において，**損害賠償請求**は少なくとも**売主の過失が必要**であり（**過失責任**），責任の範囲も単に信頼利益にとどまるのではなく，**履行利益の賠償まで**認められます。なお，**追完請求**や**代金減額請求**は**売主の過失を問いません（無過失責任）**。

②　追完方法の選択

目的物が契約不適合である場合において，**どの方法（目的物の修補・代替物の引渡し・不足分の引渡し）で追完するか**については，**まず買主が選択権**を有します。

他方，買主が追完手段を選択したとしても，売主は，**買主に不相当な負担を課するのでなければ**，買主の選択した手段と**異なる手段での追完**をすることができます。

買主の保護を図りつつ，**売主に過度の負担とならないように**するためです。

（4）買主の代金減額請求権（563条）

売買の目的物に**契約不適合**がある場合，①買主が**相当の期間を定めて**履行の追完の催告をし，②その**期間内に履行の**追完がないときは，買主は，その**不適合の程度に応じて**代金の減額を請求することができます。

契約不適合が買主の**責めに帰すべき事由**によるものであるときは，買主は，**代金の減額を**請求できません。

もっとも，**次の場合**には，買主は，直ちに（＝無催告で）**代金の減額を請求**することができます。

① **履行の追完が**不能であるとき。

② 売主が**履行の追完を拒絶する意思を**明確に表示したとき。

③ 契約の性質・当事者の意思表示により，特定の日時・一定の期間内に履行をしなければ契約をした目的を達することができない場合において，売主が履行の追完をしないでその時期を経過したとき。

④ 上記①～③のほか，買主が催告をしても履行の追完を受ける見込みがないことが明らかであるとき。

- 代金減額請求は，法的には「**契約の一部解除**」であり，契約解除と類似の要件となっています。
- 代金減額請求権は，**形成権**の性質を有するため，売主の承諾を必要としません。
- 請求できるのは，「契約不適合の程度に応じた」**代金の減額**です。

債務不履行に基づく損害賠償請求は，債務者に**帰責事由がない場合**には請求できません。
これに対し，**契約不適合による代金減額請求**は，売主の帰責事由（故意・過失）の有無に関わりなく請求できるため，**売主に帰責事由**がない**場合**においてもすることができます。

(5) 買主の損害賠償請求・解除権の行使 (564条)

引き渡された目的物が契約不適合である場合，買主は，前述の **「追完請求権 (562条)」「代金減額請求権 (563条)」** を行使できることに加え，**「債務不履行を理由とする損害賠償請求権」・「契約の解除権」** も行使できます（➡ **p.325〜参照**）。

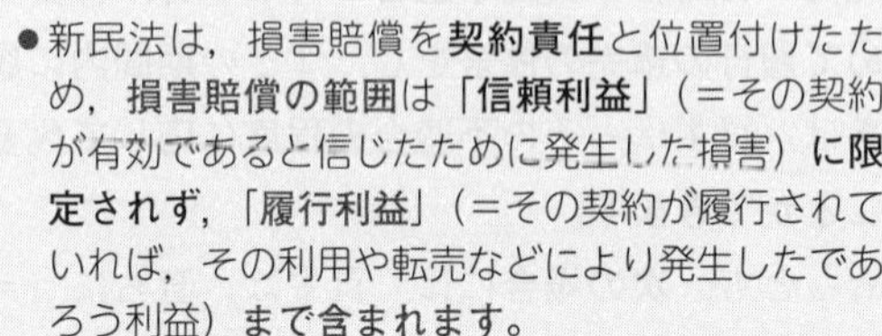

レベルUP!!

- 新民法は，損害賠償を**契約責任**と位置付けたため，損害賠償の範囲は **「信頼利益」**（＝その契約が有効であると信じたために発生した損害）**に限定されず，「履行利益」**（＝その契約が履行されていれば，その利用や転売などにより発生したであろう利益）**まで含まれます。**
- **債務不履行に基づく契約の解除**の可否は，債権者・債務者の帰責事由に応じて，次のようになります。売買契約でも，買主に帰責性があれば，買主は契約の解除ができません。

【債務不履行に基づく契約の解除の可否】

	債権者有責	債権者無責
債務者有責	×	○
債務者無責	×	○

○：解除可，×：解除不可

旧民法と異なり，改正民法では，**契約目的を達成できない場合か否かを問わず，**催告による解除や，所定の要件を満たす場合の無催告解除が認められます。

(6) 移転した権利が契約の内容に適合しない場合における売主の担保責任 (565条)

前述の **(3) 〜 (5)** の内容は，売主から買主に移転された**権利が契約の内容に適合しない**ものである場合（権利の一部が他人に属する場合においてその権利の一部を移転しないときを含む）について**準用**されます。

なお，**権利の契約不適合**とは，次のような場合をいいます。

① 目的物に予定外の**担保物権（抵当権等）**や**用益物権（地上権・地役権等）**が存していた場合

② 土地上にある建物のために存するとされていた**敷地利用権（土地賃借権・地上権）が存しなかった**場合

③ 不動産の上に**対抗力を有する賃借権**が存している場合

- **物の契約不適合**に適用される（3）～（5）の内容（562条～564条）を，**権利の契約不適合**にも**準用**し，一般の債務不履行として**統一的に扱う**ものです。
- これにより，権利の契約不適合の場合にも，**追完請求，代金減額請求，損害賠償請求・解除**ができます。

（7）目的物の種類・品質に関する担保責任の期間の制限（566条）

売主が**種類・品質**に関して契約の内容に**適合しない**目的物を買主に引き渡した場合において，**買主**がその**不適合を知った時から1年以内にその旨を売主に通知しない**ときは，**担保責任の追及**（追完請求・代金減額請求・損害賠償請求・契約解除）ができなくなります。

これは，種類・品質の契約不適合の場合，日々大量の商品を販売することも多いことから，目的物を引き渡したことで履行を完了したと考える**売主の期待を保護**し，**早期に法律関係を安定**させる必要があること，また，長期間が経過すると，種類・品質の**契約不適合の有無の判断が困難**になるためです。

この担保責任の期間制限は，「種類・品質」**の契約不適合**の場合のルールであって，「**数量**」**の契約不適合**や「**権利**」**の契約不適合**の場合には**適用されません。**「**数量**」**の契約不適合**や「**権利**」**の契約不適合**の場合の責任追及期間は，**消滅時効制度**によって規律（**主観的起算点から5年等**）されます。

旧民法の瑕疵担保責任では，買主の権利を保全するために，**具体的に瑕疵の内容とそれに基づく損害賠償請求をする旨を表明し，売主に担保責任を問う意思を明確に告げる必要**がありました。
しかし，**改正民法**では，買主が種類・品質の契約不適合を知った時から1年以内に，「**契約不適合であること**」を通知すれば足りるものとされ，**買主の負担が軽減**されています。

もっとも，この「通知」の趣旨は，目的物の種類・品質の欠陥等を早めに売主に知らせて認識・把握させることにあります。
このため，**抽象的に「不適合がある」ことを伝えるだけでは足りず，売主が不適合の内容を把握できる程度に，不適合の種類や範囲を伝える**ことが想定されています。

ただし，売主が引渡しの時にその不適合を知り，または重大な過失によって知らなかった（＝**売主**が契約不適合について**悪意または善意重過失**）場合，そのような売主を保護する必要はありません。そこで，このような場合は，**1年間の期間制限は**適用されません。

この期間制限とは別に，**通常の債権の消滅時効の規定も適用**されます。その結果，次の取扱いとなります。

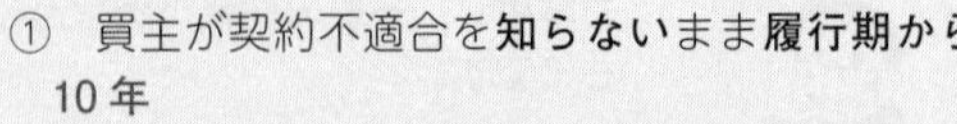

① 買主が契約不適合を**知らない**まま**履行期から10年**
➡**履行期から10年で時効により消滅。**

② 買主が契約不適合を**知り**ながら**通知せず**
➡**知ってから1年で買主の責任追及権は喪失。**

③ 買主が契約不適合を**知ってから1年以内に通知**
➡**知ってから5年か履行期から10年で時効により消滅。**

（8）目的物の滅失等についての危険の移転（567条）

なお，売主が契約内容に適合する目的物をもって，引渡し債務の履行を提供したにもかかわらず，買主が**受領を拒み**，または**受領が不可能**な場合において，その**履行の提供があった時以後**に当事者双方の帰責事由なく目的物が**滅失・損傷**したときも，**同様**です。

売主が買主に目的物を引き渡した場合，その**引渡しがあった時以後**にその目的物が**当事者双方の責めに帰することができない事由によって滅失・損傷**したときは，**買主**は，その滅失・損傷を理由として，**履行の追完の請求・代金の減額の請求・損害賠償の請求・契約の解除**をすることができません。また，この場合において，買主は，**代金の支払を拒む**ことができません。

目的物に関するリスクは，その「**支配**」をしている者が負うべきですが，**買主に引き渡された時以降**は，**買主が目的物の支配**をしているといえます。
そこで，目的物の引渡し以降，**当事者双方に帰責事由なく滅失・損傷**が生じた場合，**買主**は，**担保責任の追及ができない**とされています。

レベルUP!!

当事者双方に帰責事由なく債務を履行することができなくなったときは，債権者が反対給付の履行を拒絶できる「**危険負担**」という制度があります。
しかし，例えば売買契約において，**目的物が先に買主に引き渡された後**に，**当事者双方に帰責事由**なく（＝地震等で）**滅失・損傷**が生じた場合において，**危険負担**の制度をそのまま適用すると，買主が**代金支払いを拒絶できる**ことになってしまいます。これは，既に買主が引渡しを受けて目的物を「**支配**」している以上，**おかしな結論**です。
そこで，このような場合には，買主は，代金の支払を拒むことができないものとされています。

(9) 競売における担保責任等(568条)

競売とは，債権者が債権を回収する手段として，債務者等の財産を差し押さえ，強制的に売却する制度です。

この競売においては，競売の目的物の**種類・品質に関する不適合**(=物のキズ・欠陥)について，**担保責任の規定は**適用されません。

他方，種類・品質**「以外」**の不適合(=数量の欠陥，**権利の欠陥**等)について，民事執行法等の規定に基づく競売における買受人は，債務者に対し，**契約の解除・代金減額請求・損害賠償請求**等をすることができます。

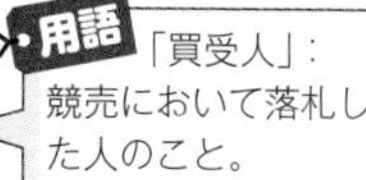

「買受人」:
競売において落札した人のこと。

競売は，目的物の**所有者の意思にかかわらず売却**がなされるものであることから，目的物や権利に想定と異なる**不適合**があったとしても，**所有者に追完させることは適切といえません。**
そのため，**買受人**に**追完請求権は認められません。**

(10) 抵当権等がある場合の買主による費用の償還請求(570条)

買い受けた不動産について**契約の内容に適合しない先取特権・質権・抵当権**が存していた場合において，**買主が費用を支出してその不動産の所有権を保存**したときは，買主は，売主に対し，その**費用の償還を請求**することができます。

先取特権または抵当権が実行され，買主が**所有権を失った**場合は，履行不能として，**債務不履行**の規定で処理されることになります。

(11) 担保責任を負わない旨の特約(572条)

売主は，**売主が担保責任を負わない旨の特約**をしたときであっても，**次のもの**については，**その責任を免れることができません。**

① **知りながら告げなかった事実**

② **自ら第三者のために設定し，または第三者に譲渡した権利**

- ①は，**目的物の欠陥を知りながら買主に告げずに**売った場合です。
- ②は，例えば，**売主が売買契約締結前に第三者に賃借権を設定**したり，**目的物を第三者に譲渡**したりした場合です。
- これらの場合，仮に担保責任を負わない旨の特約をしていたとしても，**売主を免責するのは適切ではない**ため，免責されないとされています。

(12) 権利を取得することができない等のおそれがある場合の買主による代金の支払の拒絶（576条）

売主が相当の担保を供したときは，支払を拒めません。
なお，売主は，買主に対して代金の供託を請求できます。

売買の目的について**権利を主張する者**があることその他の事由により，買主がその買い受けた権利の**全部・一部を取得することができず**，または**失うおそれ**があるときは，買主は，その**危険の程度**に応じて，**代金の全部・一部の支払を拒む**ことができます。

(13) 抵当権等の登記がある場合の買主による代金の支払の拒絶（577条）

この場合，売主は，買主に，遅滞なく抵当権消滅請求をするよう請求できます。
なお，売主は，買主に対して代金の供託を請求できます。

買い受けた不動産について**契約の内容に適合しない抵当権の登記**があるときは，買主は，**抵当権消滅請求の手続が終わるまで**，その**代金の支払を拒む**ことができます。契約の内容に適合しない先取特権・質権の登記がある場合も同様です。

3 賃貸借契約

H26・28・29・30・R1・2・3・4

1 賃貸借契約と賃借権の存続期間（601条，604条）

(1) 賃貸借契約とは

賃貸借とは，賃貸人（貸主）が，賃借人（借主）に目的物を使用・収益させることを**約束**し，相手方がこれに対してその**賃料を支払う**こと，および，引渡しを受けた物を**契約が終了したときに返還**することを**約束**することによってその効力を生ずる，**有償・双務・諾成**の契約です。

(2) 賃借権の存続期間

賃貸借の存続期間は，**最長50年**です。契約でこれより長い期間を定めたときであっても，その期間は50年となります。

この賃貸借の存続期間は更新することができますが，その期間は，更新の時から最長50年です。

「建物所有目的の土地賃貸借」と**「建物賃貸借」**の存続期間は，後述する**借地借家法によって規律**されます。したがって，民法の賃貸借の存続期間が適用されるのは，「建物所有目的ではない土地賃貸借」と「動産の賃貸借」に限られます。

2　不動産賃借権の対抗力（605条）

民法上，**不動産の賃貸借**は，これを登記したときは，その不動産について物権を取得した者その他の**第三者に対抗**することができます。

借地借家法を含めたものは，P.311参照。

例えば，A所有のマンションの１室をBが賃借し，その後にAがそれをCに売却した場合，Bに賃借権の登記があれば，BはCに賃借権を対抗することができます。

3　不動産の賃貸人たる地位の移転（605条の2）

（1）原則

不動産の賃借人が**賃貸借の対抗要件を備えた場合**において，その不動産が**譲渡**されたときは，その不動産の**賃貸人たる地位**は，その**譲受人に当然に移転します**。

▶ 具体例

例えば，Aが自己所有の物件をBに賃貸し，Bが賃借権の登記をした後，Aが当該物件をCに譲渡した場合です。

この場合，賃貸人の地位は，AからCに当然に移転します。

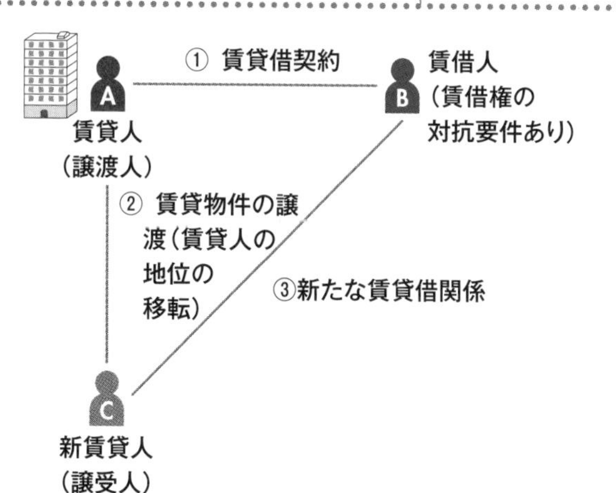

賃借人が**対抗要件を具備していない**場合，賃貸人の地位は，**譲渡人**（旧所有者）と**譲受人**（新所有者）との間で**賃貸人の地位を承継する旨の合意**があってはじめて，譲受人（新所有者）に移転します。

(2) 例外

不動産の譲渡人・譲受人が，**次の①・②の両方の合意**をしたときは，**賃貸人たる地位**は，**譲受人に移転しません**。

① **賃貸人たる地位を譲渡人に留保する旨の合意**

② **その不動産を譲受人が譲渡人に賃貸する旨の合意**

- 例えば，Aが自己所有の専有部分をBに賃貸して引き渡し，その後にAが当該専有部分をCに譲渡した場合，AC間で**賃貸人たる地位をAに留保**し（①），専有部分を**CがAに賃貸する旨の合意**（②）をしたときは，C➡A➡Bの**転貸借**の**関係**が作られることになります。
- 上記で譲渡人Aと譲受人Cとの間の**賃貸借が終了**したときは，譲渡人Aに留保されていた**賃貸人たる地位**は，**譲受人Cに移転**します。

(3) 賃貸人の地位の移転を主張するための登記

賃貸人たる地位の移転を賃借人に対抗するためには，賃貸物である不動産について**所有権の移転登記**をすることが必要です。

例えば，Aが自己所有の専有部分をBに賃貸して引き渡し，その後にAが当該専有部分をCに譲渡した場合，賃借権の譲渡があったかわからないBが，AとCに**二重に賃料を支払わなければならない危険**が生ずることを避ける必要があります。そのため，Cが新賃貸人としてBに**賃料を請求**するためには，**Cに目的物の所有権の登記が必要**となります。

(4) 費用償還債務および敷金返還債務の移転

不動産の譲渡により賃貸人たる地位が**譲受人**（**またはその承継**

人）に移転したときは，次の償還・返還債務は，譲受人（またはその承継人）が承継します。

① **必要費・有益費の償還**に係る債務
② **敷金の返還**に係る債務

4　合意による不動産の賃貸人たる地位の移転(605 条の 3)

不動産の譲渡人が賃貸人であるときは，その賃貸人たる地位は，賃借人の承諾を要しないで，**譲渡人と譲受人との合意**により，譲受人に**移転**させることができます。

賃借人に対抗要件が備わっていない場合，目的物が譲渡されても，**賃貸人の地位**は当然には移転しません。そのため，この場合に**賃貸人の地位を移転**するためには，**譲渡人**と**譲受人**との間で，賃貸人の地位を移転する旨の「**合意**」が必要となります。
その際，賃貸人の債務（目的物を賃借人に使用収益させる債務）は，所有者でありさえすれば誰でもできる債務であり，賃借人に影響はないので，**賃借人の承諾**は不要とされています。

5　不動産の賃借人による妨害の停止の請求等（605 条の 4）

不動産の**賃借人**は，対抗要件を備えた場合において，次の表の請求をすることができます。

状況	できる請求
不動産の占有を第三者が**妨害**	妨害停止（排除）**請求**
不動産を第三者が**占有**	返還**請求**

妨害「予防」請求は含まれていません。

- **「妨害停止（排除）請求」**は，例えば，第三者の所有する家具が賃借物である専有部分に残置されている場合のように，**「賃借物の占有『以外』の方法」によって賃借人が賃借権を侵害されている**ときの対抗措置です。
- **「返還請求」**は，例えば，第三者が賃借物である専有部分に居座って「全体」を占拠している場合のように，**「『賃借物の占有』の方法」によって賃借人が賃借権を侵害されている**ときの対抗措置です。

用語
サブリース契約：賃貸不動産の管理業者が賃貸人（所有者）から賃貸不動産を借り受け，さらに自らが転貸人として当該不動産を第三者（転借人）に転貸する事業形態のこと。
厳密には，賃貸人と賃借人の契約を「マスターリース契約」，転貸人（賃借人）と転借人の契約を「サブリース契約」といいます。

- 賃借権に基づく上記の請求は，典型的には，**サブリース契約**における**賃借人である賃貸管理会社が不法占拠者等に対して行使できる法的手段**として機能します。
- 605条の4は，「対抗要件を備えた場合」を前提とした規定ですが，**対抗要件が備わっていない場合**（賃借人が賃貸人から引渡しを受ける「**前**」）でも，判例上，「賃貸物件の不法占拠者に対する**賃貸人の所有権に基づく請求権を代位行使して賃借人が不法占拠者から直接賃借目的物件の引渡しを求めうる**」とされており，この解釈は否定されません。

+1点! この修繕義務は，**特約によって排除**することができます。もっとも，大規模な修繕については，特約があっても，原則として**賃貸人が負担**するとされます（判例）。

6　賃貸人による修繕等（606条・607条）

賃貸人は，賃貸物の使用及び収益に**必要な修繕をする義務**を負います。ただし，**賃借人の責めに帰すべき事由**によってその修繕が必要となったときは，**賃貸人に修繕義務はありません。**

なお，賃貸人が賃貸物の保存に必要な行為をしようとするときは，**賃借人**は**拒むことができません。**

賃貸人が**賃借人の意思に反して保存行為**をしようとする場合において，そのために**賃借人が賃借をした目的を達することができなくなるとき**は，賃借人は，**契約の解除**ができます。

7　賃借人による修繕（607条の2）

賃借物の**修繕が必要**である場合において，次のときは，**賃借人**は，その**修繕**をすることができます。

> ①　**賃借人が賃貸人に修繕が必要である旨を通知し，または賃貸人がその旨を知ったにもかかわらず，賃貸人が相当の期間内に必要な修繕をしない**とき。
>
> ②　**急迫の事情**があるとき。

8　賃借人による費用の償還請求（608条）

（1）必要費の償還請求

必要費とは，**目的物を使用・収益する上で必要不可欠な費用**をいい，目的物の**原状維持・原状回復のための費用**や，目的物を通常の用法に適する状態において**保存するための費用**が含まれます。例えば，台風での雨漏りの際，賃借人が自己の費用で業者に修繕を依頼した場合における修繕費用等です。

賃借人は，賃借物について**賃貸人の負担に属する必要費を支出**したときは，賃貸人に対し，**支出後直ちに**，その**全額の償還を請求**することができます。

（2）有益費の償還請求

有益費とは，**目的物を**改良し，**物の価値を客観的に増加させるための費用**をいいます。例えば，家屋の賃貸借契約で，和式であるトイレを洋式に替えることで家屋の価値を増加させた場合の費用等です。

賃借人が賃借物について**有益費を支出**したときは，賃貸人は，その価格の増加が現存する場合に限り，**賃貸借の終了の時**に，**賃貸人の選択**で，**支出額**または**価値の増加額**のどちらかを**償還**をしなければなりません。

ただし，裁判所は，賃貸人の請求により，その償還について相当の期限を許与（＝支払いを猶予）することができます。

7　各種の契約

- **有益費**は，必要費と異なり**必要不可欠な費用ではない**ため，支出後ただちに返還請求はできず，賃貸借終了の時にはじめて，**償還請求**ができます。
- 賃借人が**有益費を支出**した後，**賃貸人が交替**した場合は，特段の事情のない限り，新賃貸人が**有益費の償還義務者たる地位を承継**します。そのため，賃借人は，**旧賃貸人**に有益費の**償還を請求**することはできません（判例）。

【必要費と有益費の比較】

	必要費	有益費
内容	・原状維持・回復費用 ・通常の用法に適する状態に保存する費用	改良・価値増加の費用
償還時期	直ちに	賃貸借の終了時
償還額	全額	支出額 or 価値増加額

9　賃借物の一部滅失等による賃料の減額等（611条）

賃借物の**一部が滅失その他の事由で使用・収益できなくなった場合**において，**賃借人に帰責事由がないとき**は，賃料は，その使用・収益できなくなった部分の割合に応じて，減額されます。

なお，一部滅失等で使用・収益できなくなった場合に，残存する部分のみでは賃借人が賃借をした**目的を達することができないとき**は，賃借人は，**契約の解除**ができます。

- 上記の要件を満たす場合は，**賃借人が請求しなくても**，**当然に減額**されます。
- 賃借人が**有責**の場合は，**減額はされません**。
- 目的不達成の場合の**賃借人による解除**は，**賃借人が有責でも可能**です（➡賃貸人の損害は，損害賠償請求でカバー）。

10　賃借権の譲渡・転貸（612条・613条）

（1）賃借権の譲渡・転貸の意義

① **賃借権の譲渡**とは，賃借人が賃借権を別の者に譲渡することです。

▶ 具体例

賃借人Bが，**賃借権**をCに**譲渡**し，新たにAC間で賃貸借関係が成立する場合です。

この場合，**B**は，賃貸人Aとの契約関係から**離脱**します。

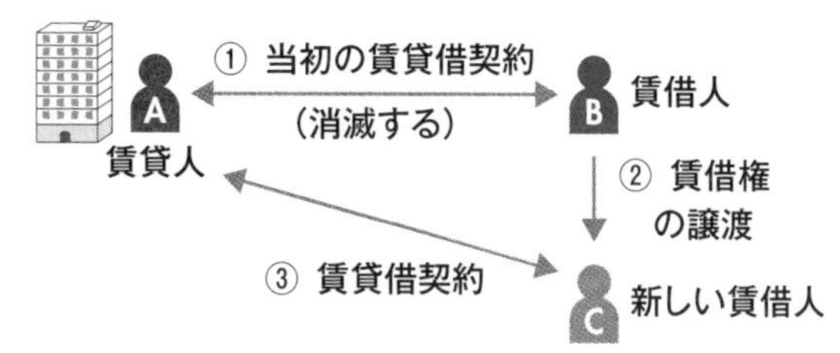

② **転貸**とは，いわゆる「又貸し」です。

▶ 具体例

賃借人Bが，賃貸人Aとの賃貸借関係を**継続**したまま，その目的物についてCとの間で**転貸借契約**を締結する場合です。

この場合，Bは，賃貸人Aとの契約関係から**離脱しません**。

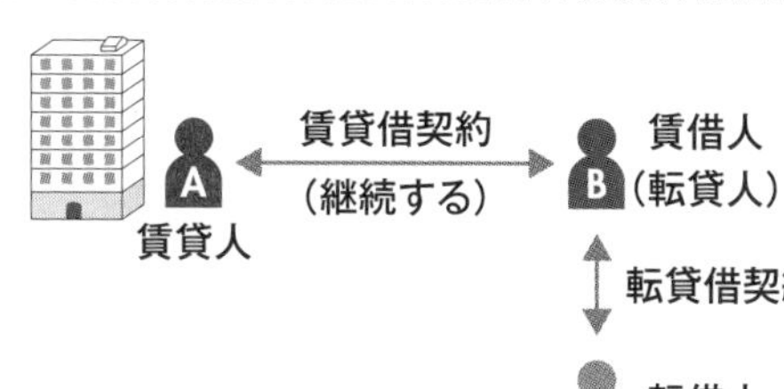

（2）賃借権の譲渡及び転貸の制限（612条）

賃借人は，**賃貸人の承諾を得なければ**，賃借権の譲渡や賃借物の転貸が**できません**。

そのため，これに反して，賃借人が**無断**で第三者に賃借物の使用や収益をさせた場合，賃貸人は，原則として，**賃貸借契約を解除**できます。

解除できる時期は，無断譲渡や無断転貸の「契約を締結した時点から」ではなく，第三者への引渡し等がなされ，実際に「**第三者が賃借物の使用・収益を開始した時点から**」です。

なお，賃貸人がいったん転貸・譲渡に関する「承諾」を与えた場合は，賃借人が賃借権の譲渡・転貸の契約を締結する**前**であっても，賃貸人が一方的に承諾を撤回することはできません（判例）。

+1点! この「**承諾**」は，書面である必要はなく，**口頭の承諾でも構いません**。

無断譲渡・無断転貸は，無効ではなく，賃借人と譲受人または転借人との間においては有効な契約として成立するもの，**賃貸人には対抗できないもの**として扱われます（判例）。

- 無断譲渡・無断転貸における譲受人や転借人は，賃貸人との関係で**不法占拠者**とされ，賃貸人は，**賃貸借契約を解除しなくても**，所有権に基づく**明渡請求**ができます（判例）。
- 無断譲渡・無断転貸があっても，それが**背信的行為**（賃貸人との信頼関係を破壊するような行為）にあたらない「特段の事情」がある場合には，賃貸人は**解除できません**（判例）。

（3）転貸借の効果（613条）

賃借人が，賃貸人の承諾を得て適法に賃借物を転貸したときは，**転借人**は，賃貸人と賃借人との間の**賃貸借に基づく賃借人の債務の範囲を限度**として，**賃貸人に対して転貸借に基づく債務を直接履行する義務**を負います。なお，この場合において，**賃料の**前払いをもって**賃貸人に対抗することはできません**。

+1点! 「**前払い**」か**否か**は，原賃貸借契約の支払期ではなく，「**転貸借契約で定められた支払期**」**が基準**となります（判例）。

- 有効な転貸借の場合，例えば，賃貸人Aは，賃借人Bへの賃料請求のみならず，**転借人Cに対しても**，**賃借料と転借料の範囲内**（少ない方の額）で，**賃料の支払請求**をすることができます。
- 賃貸人Aが賃借人Bと賃貸借契約を「**合意により**解除」した場合，Aはその解除の効果を，原則として，**転借人Cに対抗できません**。ただし，その**解除の当時**，Aが**Bの債務不履行による解除権**を**有していた**ときは，**合意解除**をCに**対抗すること**ができます。
- 賃貸人Aが賃貸借契約を賃借人Bの「**債務不履行**により解除」した場合，Aが**転借人Cに対して目**的物の返還を請求したときに，**BC間**の転貸借も，履行不能により**終了**します。

+1点! AがBとの賃貸借契約を解除するに際し，**転借人Cに対する催告は不要**です（判例）。

11　賃料の支払時期（614条）

賃料は，**特約がなければ**，動産，**建物**及び**宅地**については**当月分**を**毎月末**に，支払わなければなりません。

12　賃借人の通知義務（615条）

賃借物が**修繕**を要し，または賃借物について**権利を主張する者**

があるときは，賃借人は，遅滞なくその旨を**賃貸人に通知**しなければなりません。

> ただし，賃貸人が既にこれを知っているときは，賃貸人に通知する必要はありません。

13 賃貸借の終了

(1) 賃借物の全部滅失等による賃貸借の終了（616条の2）

賃借物の**全部**が滅失等により**使用・収益できなくなった場合**には，賃貸借は**終了**します。

賃借物の全部が使用不能となった**「原因」は問いません**。賃貸人または賃借人の**どちらかに帰責事由があったとしても**，使用不能となった時点で，賃貸借は**終了**します。
➡その後は，帰責事由のある当事者への**損害賠償**の問題へ。

(2) 期間の定めのない賃貸借の解約の申入れ（617条）

当事者が**賃貸借の期間**を定めた**とき**は，更新がなされない限り，**期間の満了**で賃貸借は**終了**します。

他方，当事者が**賃貸借の期間**を定めなかった**とき**は，各当事者は，**いつでも解約の申入れ**をすることができます。この場合，次の賃貸借は，解約の申入れの日からそれぞれ**表にある期間の経過**で**終了**します。

【賃貸借の期間を定めなかった場合における終了までの期間】

賃貸借の対象物	解約申入れ日から終了までの期間
土地の賃貸借	1年
建物の賃貸借	3カ月
動産等の賃貸借	1日

> 当事者が賃貸借の期間を定めた場合であっても，その一方または双方がその**期間内に解約をする権利を留保**したときは，同じく**この表にある期間の経過で終了**します。

(3) 賃貸借の解除の効力（620条）

賃貸借の解除をした場合には，その解除は，**将来に向かってのみその効力**を生じます。この場合においては，**損害賠償の請求を妨げません**。

解除の効果が契約時に遡及しないという「**解除の将来効**」は，**賃貸借契約の解除**のほか，**委任契約の解除**や雇用契約の解除でも同様です。

賃貸借の解除が「**将来に向かってのみ**」その効力を生ずるというのは，解除の効果が**契約時に遡及しない**ということです。
これは，賃貸借の解除の効果が遡及してしまうと，継続的にやり取りしてきたことをすべて元に戻さなければならなくなってしまい，清算が複雑になるからです。

（4）賃借人の原状回復義務（621条）

賃借人は，**賃借物を受け取った「後」に生じた損傷（通常損耗・経年変化**を除く）がある場合において，賃貸借が**終了**したときは，その**損傷を原状に復する義務を負います**。

ただし，その損傷について，**賃借人に帰責事由がない場合**は，原状に復する義務を**負いません**。

損傷等	原状回復義務の有無
賃借物受領「後」に生じた損傷	○
通常損耗・経年変化	×
賃借人に帰責事由のない損傷	×

○：原状回復義務あり，×：原状回復義務なし

特約により，通常損耗・経年変化の原状回復義務を**賃借人に負担**させることは可能です。
ただし，それには，①賃借人が補修費用を負担する通常損耗の範囲が賃貸借契約書の条項自体に明記されている場合か，または，②賃貸人が口頭で説明し，賃借人がそれを明確に認識して合意の内容とした場合など，**通常損耗補修特約が明確に合意されていること**が必要です。

（5）使用貸借の規定の準用（622条）

賃貸借契約の終了等について，**使用貸借の規定が準用**されます。その結果，次のような扱いになります。

① 賃貸借は，**期間の満了**によって，原則として**終了**する。

② 賃借人は，目的物の**受領「後」に附属させた物**がある場合，賃貸借が終了したときは，その附属させた物を**収去する義務**を負う（＝**賃借人の収去義務**）。

➡ただし，目的物から**分離不可能な物**・**分離に過分の費用**を要する物については，**収去義務は負わない**。

③ 賃借人は，目的物の**受領「後」に附属させた物**がある場合これを**収去**することができる（＝**賃借人の収去権**）。

④ 「賃貸人の，賃借人の**用法違反による損害賠償請求**」と「賃借人の，賃貸人に対する**費用償還請求**」は，賃貸人が**目的物の返還を受けた時から1年以内**にしなければならない。

※**損害賠償の請求権**については，**賃貸人が返還を受けた時から1年間，時効は完成しない。**

14 敷金（622条の2）

(1) 敷金とは

敷金とは，いかなる**名目**によるかを**問わず**，賃料債務その他の**賃貸借に基づいて生ずる賃借人の賃貸人に対する金銭の給付を目的とする債務を担保する目的**で，**賃借人が賃貸人に交付する金銭**をいいます。

要するに，賃借人が賃借物件を賃貸人に明け渡す（返還する）までに生じた，賃貸人に対する一切の債務を担保するために，賃借人から賃貸人に差し入れられる**金銭**のことです。

敷金は，**賃貸借契約の存続中**に賃借人が賃貸人に対して負担する未払賃料債務だけでなく，**賃貸借契約終了後，明け渡すまで**に賃借人が賃貸人に対して負担する不法占拠を理由とする**賃料相当額の損害賠償債務**をも担保します。

(2) 敷金の返還

賃貸人が敷金を受け取っている場合，次のときは，賃借人に対し，「**敷金の額**」から「**賃貸借に基づいて生じた賃借人の賃貸人に対する金銭の給付を目的とする債務の額**」を控除した残額を返還しなければなりません。

敷金を賃借人の債務に充当する旨の意思表示の必要性については，**充当する旨の別段の意思表示は不要**とされています。

① 賃貸借が**終了**し，かつ，賃貸物の**返還を受けた**とき。

② 賃借人が**適法に賃借権を譲り渡した**とき。

7 各種の契約

- ①から，賃借人の賃貸人に対する**敷金返還請求権**は，**目的物の明渡し**（＝返還）**をして初めて発生**することになります。
  ➡したがって，**敷金返還**と**目的物の明渡し**は，同時履行の関係になりません。
- ②から，賃借人が**適法に賃借権を譲渡**したときは，賃貸人と旧賃借人との間に別段の合意がない限り，**賃借権譲渡の時点で，賃貸人から賃借人に対する敷金返還債務が生じます。**

【賃貸借契約中における賃貸人・賃借人の変更と敷金】

賃貸人の変更	敷金返還債務は，旧賃貸人に対する未払賃料等を控除した**残額**について，賃借人の同意がなくても当然に新所有者（新賃貸人）に承継される（判例）。 ➡賃借人は，目的物の**明渡し後**に，新賃貸人に**敷金返還請求権を行使**できる。
賃借人の変更	賃貸人の承諾を得て賃借権が譲渡された場合，敷金に関する権利義務は，特段の事情がない限り，新賃借人には承継されない（判例）。 ➡**旧賃借人**は，自分が目的物を明け渡せば，賃貸人に**敷金返還請求権を行使**できる。

（3）賃貸借契約中の敷金の充当

賃貸人は，賃借人が賃貸借に基づいて生じた金銭の給付を目的とする債務を履行しないときは，**敷金**をその**債務の弁済に充てることができます。**

この場合において，**賃借人**は，賃貸人に対し，**敷金**をその**債務の弁済に充てること**を請求することはできません。

要するに，賃貸借契約中に賃借人の賃料滞納等が生じた場合，「**賃貸人から**」は**敷金**をその**債務の弁済に充てることができますが，「賃借人から」その請求**をすることはできないということです。

15　借地借家法

賃貸人に比べ立場が弱く，経済的にも不利な借家人や借地人を保護するため，**民法の規定の補充・修正**を行うものです。

借地借家法とは，建物所有を目的とする地上権・土地の賃貸借や，建物の賃貸借に関して定められた「**特別法**」です。

（1）借地権

借地権には，**普通借地権**と**定期借地権**がありますが，試験で特に押さえるべき**普通借地権**に関するポイントは，次のとおりです。

普通借地権：借地借家法が**原則として規定**している借地権
定期借地権：期間の更新がない，次の①～③の特殊な借地権
①**長期定期借地権**
　期間50年以上，建物買取請求権なし，書面が必要
②**建物譲渡特約付き借地権**　期間30年以上，建物譲渡特約あり，書面が不要
③**事業用定期借地権**
　期間10年以上50年未満（居住用は不可），建物買取請求権なし，公正証書が必要

① 借地権の存続期間は，**最低30年**です。

- **30年以上の期間を定めた場合は，定めた期間になる。**
- **30年未満の期間を定めても，存続期間は30年になる。**
- **契約で存続期間を定めなかった場合も30年になる。**

② 建物がある場合に，借地人から契約更新の通知を受けた借地権設定者(地主)が，**遅滞なく正当事由のある更新拒絶の通知をしなかった**ときは，借地契約は**更新**されたとみなされます。

- **借地権設定者が遅滞なく異議を述べた場合は，契約の更新はされない。**
- **建物がある場合に，借地上の建物を借地人がそのまま使用しているときには，地主が遅滞なく異議を述べない限り，借地契約は更新**されたものとみなされる。
- **更新後の存続期間は，1回目の更新は最低20年，2回目以降の更新は最低10年となる。**

③ 借地契約が更新されない場合，借地権者は，借地権設定者に対して，建物を時価で買い取るよう請求できます（**建物買取請求権**）。ただし，**借地権者の債務不履行**により借地権契約が**解除**された場合は，建物買取請求権は**認められません**。

建物買取請求権が行使された場合において，「**土地の賃貸人の建物代金債務**」と「**賃借人の建物土地明渡債務**」とは，同時履行の関係に立ちます。

本来，借地契約が**終了**した場合には，借地人は原状回復義務の履行として，土地を**更地**にして明け渡さなければなりません。しかし，既にある建物を壊すのは，**社会経済的な不利益**が大きいといえます。そこで，**建物買取請求権**が認められています。

明らかな一時使用目的による住居の賃貸借や使用貸借には，借地借家法は適用されません。しかし，**専ら事務所や店舗**としての賃貸借には，借地借家法は適用されます。

(2) 借家権

借家権に関するポイントは，次のとおりです。

① 借家権の存続期間は，**1年以上**としなければなりません。

- **最長期間の制限はない。**
- **期間を1年未満とした場合は，期間の定めがないものとなる。**

② **存続期間の定め**がある**借家契約**の場合，当事者が，期間の満了の1年前から6ヵ月前までの間に，相手方に対して更新をしない旨の**通知**をしないと，従前の賃貸借と**同じ条件で契約が更新**されたとみなされます。

正当事由は，契約当事者それぞれが建物を利用する必要性，交渉経過，周りの利用状況，他の賃借人の有無等にも左右されます。立退料の提供は，正当事由を補完する事情の1つです。

- **更新後は，存続期間の定めのない借家契約になる。**
- **通知をした場合でも，期間満了後，借家人が使用を継続する場合，賃貸人が遅滞なく異議を述べなかったときは，同様の更新をしたとみなされる。**
- **賃貸人が更新を拒絶するためには，正当事由が必要**

【借家契約の更新（存続期間の定めがある場合）】

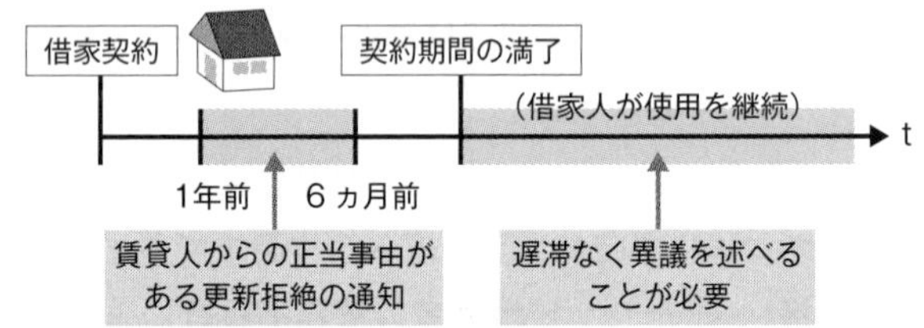

③ **存続期間の定めがない借家契約**の場合，各当事者はいつでも解約を申し入れることができます。

- **借家人から解約を申し入れる場合，申入れ後3ヵ月の経過で終了する。**
- **賃貸人から解約を申し入れる場合，正当事由が必要となり，申入れ後6ヵ月の経過で借家契約が終了する。**
- **借家契約の終了後，借家人が使用を継続する場合，家主が遅滞なく異議を述べないときは，更新したとみなされ，その後は存続期間の定めがない借家契約となる。**

【借家契約の更新（存続期間の定めがない場合）】

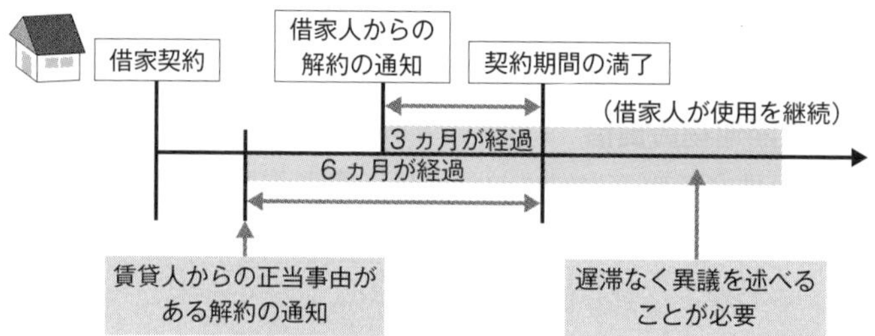

④ **建物の借賃**が経済事情の変動等により**不相応**となった場合，当事者は，**将来に向かって，借賃の増額または減額の請求**をすることができます。

- **「一定期間増額しない」旨の特約がある場合は，その期間は増額の請求をすることができない。**
- **「一定期間減額しない」旨の特約があっても，これは賃借人に不利益となる規定であるため，減額を請求することができる（判例）。**
- **賃料減額請求の裁判が確定した場合，既に支払いを受けた額が正当とされた建物の借賃の額を超えるときは，その超過額に年1割の割合による「受領の時から」の利息を付して，返還しなければならない。**

⑤ 賃借人は，**賃貸人の同意**を得て建物に付加した**造作**（エアコン，畳，建具等）を，賃貸借契約が期間の満了または解約申入れによって終了するときに，建物の賃貸人に対して，時

> もっとも，**造作買取請求権を認めない**旨の特約は有効です。

価で買い取るべきことを請求することができます。

⑥　賃貸借契約が「**賃借人の債務不履行**」を理由に**解除**された場合，転貸借契約は，**原賃貸人が転借人**に対して**目的物の返還請求をしたとき**に，転貸人の転借人に対する債務の履行不能により**終了**します。

⑦　賃貸借契約が「**合意解除**」により**終了**した場合は，原則として，賃貸人はその効果を転借人に対抗できません。ただし，その**解除の当時**，賃貸人が**賃借人の債務不履行による解除権を有していた**ときは，**合意解除**を転借人に対抗することができます。

（3）定期建物賃貸借

一般の借家契約の規定においては，家主からの更新拒絶には正当事由が必要であり，その正当事由も認められにくいという理由から，いわゆる“貸し渋り”が生じやすくなります。そこで，借地借家法には，貸し渋りを解消するため，**定期建物賃貸借**という更新がないタイプの建物賃貸借が規定されています。

①　**定期建物賃貸借の要件**

定期建物賃貸借の要件は，次のとおりです。

> 公正証書「**等**」の書面（電磁的方法を含む）で行われればよく，**公正証書でなければならないわけではありません。**

> この「書面（電磁的方法を含む）による説明」が**ない場合**は，更新がない旨の定めは**無効**となり，**通常の建物賃貸借**になります。

ア．**期間の定めのある賃貸借**であること（1年未満のものでもよく，例えば，6ヵ月と定めれば6ヵ月となる）

イ．**公正証書等の書面**（電磁的方法を含む）によって行われること

ウ．契約締結にあたって，賃貸人が賃借人に対し，**あらかじめ**，契約の更新がなく，期間満了によって賃貸借が終了することにつき，その旨を記載した**書面**（電磁的方法を含む）**を交付して説明すること**

> これらに反する特約で，賃借人に不利な特約は無効となります。

②　**定期建物賃貸借の終了**

定期建物賃貸借は，次の場合に終了します。

ア）賃貸人からの通知

期間が1年以上の賃貸借の場合，賃貸人は，**期間満了の1年前から6ヵ月前までの間**（通知期間）に，賃借人に賃貸借が**終了する旨の通知**をしなければ，その終了を賃借人に対抗できません。

ただし，**通知期間経過後**に賃借人に対しその旨を**通知**した場合は，通知の日から**6ヵ月**の経過によって**終了**します。

イ）賃借人からの中途解約

賃貸借の対象となる**床面積が200㎡未満の居住用建物の賃貸借**の場合で，**転勤，療養，親族の介護その他やむを得ない事情**によって**賃借人が建物を生活の本拠として使用することが困難**となったときは，賃借人は解約申入れができます。

なお，この場合，当該賃貸借は**解約申入れから1ヵ月で終了**します。

+1点! この「**終了の通知**」の方法は特に制限されていないため，**書面で行う必要はありません**。

賃借人の側から期間満了による終了を主張することはできます。

この中途解約は「**賃借人**」にのみ認められるものであって，「**賃貸人**」からすることはできません。

（4）賃借権の対抗要件

民法と借地借家法における，**賃借権の対抗要件**は，それぞれ次のとおりです。

民　法		賃借権の登記
借地借家法	借家	建物の引渡し
	借地	借地上の建物の登記

+1点! 借地上の建物の登記は，**表示の登記であっても構いません**。もっとも，対抗要件として認められるためには，「**自己名義**」の登記でなければならず，**家族名義の登記では対抗力は認められません**。

民法上の対抗要件は「賃借権の登記」ですが，**民法**では，賃貸人に登記への協力義務がなく，**賃借人の保護が不十分**でした。そこで**借地借家法**では，賃貸人の特別の協力がなくても賃借権の対抗要件が備わるようにし，**賃借人の保護**を図っています。

4 請負契約（632条）

R1

請負契約とは，当事者の一方（請負人）が**仕事を完成**させることを**約束**し，相手方（注文者）が仕事の完成に対して**報酬を支払うことを約束**することで成立する，**有償・双務・諾成**の契約です。

例えば，建築請負契約や清掃の業務委託契約等が，その代表例です。

1　請負人の義務

請負人には，契約上の**仕事を完成させる義務**があります。もっとも，仕事の完成自体が目的のため，さらに第三者に請け負わせて仕事を完成させること（**下請負**）もできます。

2　注文者の義務（633条）

+1点! なお，例えば**清掃業務**のように，**物の引渡しを要しない請負契約**の場合は，**業務終了後**（**清掃の完了後**）**に報酬を支払う必要**があります。

注文者は，**報酬**を，完成させた仕事の目的物の**引渡しと同時に支払う必要**があります。

請負契約の報酬は，**「仕事の完成」に対して**支払われます。したがって，「完成させた仕事の目的物の**引渡しと同時**に支払う」との部分は，仕事を完成させた後に報酬支払請求ができること，つまり，原則として，**報酬は後払い**であることを意味します。

3　注文者が受ける利益の割合に応じた報酬（634条）

次の場合において，請負人が**既にした仕事の結果**のうち，**可分な部分の給付で注文者が利益を受けるとき**は，その部分を仕事の完成とみなします。そのため，請負人は，**注文者が受ける利益の割合に応じて報酬を請求**することができます。

① **注文者に帰責事由なく仕事の完成が不能**になったとき。
② **請負が仕事の完成前に解除**されたとき。

レベルUP!!

この規定から，途中で仕事の完成が不能となった場合の請負人の報酬請求については，次のような取り扱いになります。

帰責性	報酬請求
注文者に帰責性あり	**未完成部分含めて全額可** （∵危険負担）
請負人に帰責性あり	**完成割合に応じた請求可** （上記①）
双方に帰責性なし	

4 請負人の担保責任（636条，637条）

（1）請負人の担保責任

請負人は，契約内容に適合した仕事を完成させる義務を負います。そのため，完成させた仕事の目的物が，その**種類・品質において契約内容に適合しない場合**，請負人は，仕事完成義務の不履行を理由とした**担保責任**を負います。

この請負人の**担保責任**については，**売買契約の担保責任**の規定が**準用**されるため，注文者は，請負人に対して，原則として，次の請求をすることが可能です。

① **履行の追完**の請求
② **報酬の減額**の請求
③ **損害賠償**の請求
④ **契約の解除**

修補に過分の費用を要するときは，取引上の社会通念に照らして**不能**と扱われます。そのため，履行不能の一般原則に従い，**履行の追完請求**はできません。

例えば，建築請負契約において，**約定した寸法の鉄筋よりも細いものが使われた**場合，仮に使用された鉄筋が，**建築基準法の基準をクリア**するもので，**建物の安全性には問題を生じさせない**ものであったとしても，「**品質に契約不適合**」があるとして，**担保責任が生じます。**

（2）請負人の担保責任の制限（636条）

注文者は，**注文者の提供した材料の性質**や**注文者の与えた指図**によって，**目的物の種類・品質に関する契約不適合**が生じた場合，請負人に**担保責任の追及**をすることが**できません**。したがって，この場合には，注文者は，履行の追完の請求・報酬の減額の請求・損害賠償の請求・契約の解除ができません。

ただし，**請負人**がその材料・指図が不適当であることを**知りながら告げなかった**ときは，**注文者**は**担保責任**を**追及できます**。

（3）種類・品質に関する担保責任の期間の制限（637条）

注文者は，目的物の契約不適合を**知った時から1年以内**にその旨を請負人に**通知しない**ときは，その不適合を理由として，履行の追完の請求，報酬の減額の請求，損害賠償の請求及び契約の解除をすることができません。

ただし，**引渡時**（引渡し不要の場合は，**仕事終了時**）において，請負人が**不適合を知り**，または**重大な過失によって知らなかったとき**は，この**期間制限の規定**は適用されません。

5　請負契約の解除（641条，642条）

注文者は，請負人が**仕事を完成させる前**であれば，**いつでも**損害を賠償して，契約を**解除**できます。

また，**注文者が破産手続開始の決定を受けたとき**は，請負人または破産管財人は，契約を**解除**できます。

用語 **破産管財人**：破産手続開始決定がなされた場合において，裁判所により選任され，破産者の財産の管理や処分等を行う者のこと

- 仕事完成**前**に解除できるのは，契約後に注文者が完成を望まなくなった場合，契約を**継続**させるのが**無意味**だからです。
- **注文者が破産**した場合の解除は，注文者の破産によって**報酬をもらえなくなる可能性**がある請負人を保護するためです。

5　委任契約

H27・30

1　委任契約とは（643条）

+1点! 委任者が，法律行為「**以外**」の事務を委託する場合を「**準委任**」といいます。一般に，**マンションの管理委託契約**は，**準委任契約と請負契約の性質を併せ持つ**といわれます。

委任契約とは，当事者の一方（＝委任者）が**法律行為（＝契約等）**をすることを相手方（＝受任者）に**委託**し，相手方がこれを**承諾**することによって**成立**する契約です。

受任者は，**特約がなければ**，委任者に対して**報酬を請求することができません**。したがって，委任契約は，**原則**として，無償・片務・諾成契約の性質を有しますが，**報酬支払の特約**をした場合は，有償・双務・諾成契約となります。

2　受任者の義務と権利（644条～650条）

（1）受任者の義務

+1点! 善管注意義務は，**委任契約が有償・無償いずれの場合でも**，等しく受任者に課されます。

①　**善管注意義務**

受任者は，委任の本旨に従い，善良な管理者の注意をもって，委任事務を処理しなければなりません（**善管注意義務**）。

これに**違反**した場合には，**債務不履行**となります。

② **自己執行義務**

委任契約は，委任者と受任者の信頼関係を基礎とするため，受任者は，原則として，**受任事務を自ら履行**しなければなりません。ただし，「**委任者の許諾**」を得たとき，または「**やむを得ない事由**」があるときは，**復受任者を選任**できます。

代理権を付与する委任で，受任者が代理権を有する復受任者を選任したときは，復受任者は，委任者に対して，その権限の範囲内において，受任者と同一の権利を有し，義務を負います。

③ **事務処理状況の報告義務**

受任者は，委任者から請求された場合，**いつでも委任事務の処理状況を報告**しなければなりません。また，委任の終了後は，**遅滞なく経過・結果を報告**しなければなりません。

④ **受任者による受取物の引渡し等**

受任者は，**委任事務を処理**するに当たって**受け取った金銭その他の物**を委任者に**引き渡さなければなりません**。

同様に，受任者は，委任者のために自己の名で取得した権利を委任者に移転しなければなりません。

⑤ **受任者の金銭の消費についての責任**

受任者は，委任者に引き渡すべき金額等を**自己のために消費**したときは，その**消費した日以後の利息**を支払わなければなりません。

加えて，損害があるときは，その賠償の責任も負います。

(2) 受任者の権利

① **受任者の報酬**

受任者は，原則として，委任者に対して報酬を請求することはできません。しかし，報酬支払の特約があれば，報酬を請求できます。

報酬支払の特約がある場合でも，受任者は，**委任事務を履行した後でなければ**，これを請求することができません。つまり，報酬は「**後払い**」ということになります。

ただし，期間によって報酬を定めたときは，その期間を経過した後に請求できます。

なお，受任者は，次のどちらかに該当する場合は，**既にした履行の割合に応じて報酬を請求**することができます。

7 各種の契約

ア　委任者に帰責事由なく委任事務が**履行不能**になったとき。
イ　委任が**履行の中途で終了**したとき。

受任者に**帰責事由がある場合でも**，委任事務の**一部が履行**されているのであれば，その割合**に応じて**報酬請求ができるのが合理的であるために，このような規定になっています。

委任者に帰責事由がある場合は，**危険負担**の適用により，未履行の部分も含めた「**全額**」**の請求**ができます。

【帰責事由の有無と報酬請求の内容】

帰責事由の有無	報酬請求の内容
委任者にあり	「全額」の請求可
受任者にあり	「既にした割合」での請求可
双方になし	「既にした割合」での請求可

委任事務の履行により得られる成果に対して報酬を支払うことを約した場合，**請負契約の報酬に関する規定が準用**されます。

② **成果等に対する報酬**

委任事務の履行により得られる**成果に対して報酬**を支払うことを約束した場合において，その成果が**引渡しを要するとき**は，**報酬**は，その成果の**引渡しと同時**に支払わなければなりません。

③ **費用前払請求権**

委任事務の処理に**費用が必要なとき**は，委任者は，受任者の請求があれば，その**前払**をしなければなりません。

④ **費用償還請求権**

受任者は，委任事務の処理に**必要な費用を支出**した場合，委任者に，その**費用**と**支出日以後の利息の償還**を請求できます。

+1点! **償還すべき費用**は，受任者が「**現に利益を受けている限度**」に限られず，「**費用と支出日以後の利息の全額**」となります。

⑤ **損害賠償請求権**

受任者は，委任事務の処理で**自己に過失なく損害**を受けた場合，委任者に対し，その賠償を請求ができます。

3 委任の終了（651条～653条）

（1）委任の解除

委任契約は，当事者間の信頼関係を基礎とするため，各当事者は，**相手方に債務不履行がなくても**，また，**相手方に不利な時期でも**，**いつでも**その解除をすることができます。

委任契約の**解除者**は，次の場合には，**相手方の損害を賠償**しなければなりません。ただし，やむを得ない事由があったときは，損害賠償は**不要**です。

① **相手方に不利な時期**に**委任**を**解除**したとき。

② 委任者が**受任者の利益（専ら報酬を得ることによるものを除く）をも目的とする委任**を**解除**したとき。

②のカッコ書きにあるとおり，**報酬支払の特約**をしているだけでは，②の「**受任者の利益をも目的とする委任**」には当たりません。

原則として，契約は解除すると，その契約は最初からなかったことになります（**解除の遡及効**）。
しかし，**委任契約**や**賃貸借契約**のような**継続的な契約**では，積み上げられてきた法律関係がすべて覆されるのはかえって複雑になるため，解除は遡及せず，**解除したときから将来に向かってのみ**，**効力を生じる**とされています。

（2）一定の事由が生じたことによる終了

委任契約は，次のとおり，一定の事由の発生で終了します。

	死亡	破産手続開始決定	後見開始の審判
委任者	終了	終了	終了しない
受任者	終了	終了	終了

委任者が後見開始の審判を受けたとしても，受任者は，既に委任された業務を行えばよいため，委任契約は終了しません。

6 その他の契約

H27・29・R1・4・5

> **贈与者**は，目的物を受贈者に引き渡すまでの間，善良な管理者の注意をもって目的物を保存する義務（**善管注意義務**）を負います。自己の財産に対するのと同一の注意をもって保存する義務では**不十分**だからです。

1 贈与契約（549条等）

贈与契約とは，当事者の一方がある財産を**無償**で**相手方に与える意思を表示**し，相手方が**受諾**をすることによってその**効力**を生ずる，**無償・片務・諾成**の契約です。

> ここでいう「**書面**」は，**贈与契約書に限らず，贈与者の慎重な意思が文書を通じて見て取れる程度のものであればよい**と解されています。
> なお，この**解除する権利**は，消滅時効にかからないと解されています。

（1）書面によらない贈与の解除（550条）

書面によらずに行われた**贈与契約**は，各当事者が**解除**することができます。これは，口頭の告知等書面によらない場合，贈与者の贈与の意思が必ずしも明確であるとはいえないからです。

ただし，**既に履行の終わった部分**については，**解除することができません**。

例えば，贈与契約が書面によらなかった場合であっても，贈与契約に基づいて**不動産の所有権移転登記がされた後**は，**贈与契約を解除**して，その**所有権移転登記の抹消を請求することはできません**。

（2）贈与者の引渡義務（551条1項）

贈与者は，贈与の目的である物・権利を，**贈与の目的として特定した時の状態**で**引き渡し**，または**移転**することを**約した**ものと**推定**されます。

> 受贈者は，債務不履行の規定により，損害賠償請求・契約の解除・履行の追完請求をすることができます。
> なお，受贈者の負担が金銭債務である負担付贈与の場合は，さらに，減額請求もできます。

贈与契約においても，**贈与者**は，種類・品質・数量に関して**契約内容に適合したものを引き渡す義務**があります。しかし，贈与契約は，売買契約と異なり**無償契約**であるため，**贈与者の担保責任を軽減する**のが合理的です。
そこで，贈与の目的物と**特定した状態での引き渡しを合意したと推定**することで，贈与者は，原則として「そのまま」渡せば足りることとされ，**担保責任が軽減**されています。

（3）負担付贈与（551条2項）

負担付贈与とは，受贈者にも一定の**義務を負担**させる**贈与**のことです。**負担の範囲内で実質的に当事者が対価関係**にあると評価できるため，有償・双務契約に関する規定が準用されます。

したがって，**贈与者**は，**負担の限度で売主と同様の担保責任**を負います。

+1点! 贈与者の死亡によって効力を生ずる贈与を「**死因贈与**」といい，その**性質に反しない限り**，**遺贈に関する規定が準用**されます（➡ **P.389 参照**）。なお，死因贈与契約は，書面による場合でもよらない場合でも，いつでも解除することができます。

2 使用貸借契約（593条等）

（1）使用貸借とは（593条）

使用貸借は，当事者の一方が**ある物を引き渡す**ことを**約し**，相手方がその受け取った物について**無償で使用及び収益**をして**契約が終了**したときに**返還**をすることを**約する**ことによって，その効力を生ずる**無償・片務・諾成契約**です。

諾成契約ですので，**使用貸借契約を成立**させるためには，合意があればよく目的物の引渡しをする必要はありません。

（2）借用物受取り前の貸主による使用貸借の解除(593条の2)

貸主は，借主が借用物を受け取るまで，**契約の解除**をすることができます。ただし，**書面による使用貸借契約**では，この解除は**できません**。

安易な口約束でも使用貸借契約は成立してしまうため，**借主が目的物を受け取るまでは**，契約の拘束力を緩和し，**貸主が契約を解除できる**としています。他方，書面による場合は，**契約の意思が明確**なため，この解除は**認められません**。

【借用物受取り前の解除の可否】

書面性	借用物受取り「前」の解除の可否
書面によらない使用貸借	○
書面による使用貸借	×

（3）借主による使用・収益（594条）

借主は，**契約**またはその**目的物の性質**によって定まった**用法**に従い，その物の**使用・収益**をしなければなりません。

また，借主は，**貸主の承諾**を得なければ，**第三者**に借用物の**使用・収益を**させることはできません。

+1点! **使用貸借契約における借主の権利**は，貸主に対して請求できるだけであり，貸主以外の第三者に一切対抗できません。
例えば，居住目的の使用貸借であっても，**貸主がその目的物を第三者に売却**した場合には，**使用借主**は，その第三者に対して，借主であることを主張できません。

7 各種の契約

借主がこれらの規定に**違反**して使用・収益をしたときは，貸主は，**契約の解除**をすることができます。

借主が負担する「**通常の必要費**」とは，**目的物の現状維持に必要な補修費や修繕費等**を指します。なお，**特別の必要費と有益費**は，貸主に**償還請求が可能**です。

(4) 借用物の費用の負担 (595条)

借用物の**通常の必要費**は，**借主が負担**します。

賃貸借契約と異なり，無償契約である使用貸借の貸主には，修繕義務がありません。

(5) 貸主の引渡義務等 (596条)

貸主は，使用貸借の目的である物・権利を，**使用貸借の目的として特定した時の状態**で**引き渡し**，または**移転**することを**約した**ものと**推定**されます。これは，贈与者の引渡義務等（551条1項・2項）の規定が準用されたものです（➡ **p.318参照**）。

(6) 期間満了等による使用貸借の終了 (597条)

使用貸借の終了のルールは，次のとおりです。

① **当事者が使用貸借の期間を定めたとき**は，使用貸借は，その**期間の満了**で**終了**する。

② **当事者が使用貸借の期間を定めなかった場合**で，**使用・収益の目的を定めたとき**は，使用貸借は，借主がその**目的に従い使用・収益を終えること**で**終了**する。

③ 使用貸借は，**借主の死亡**で**終了**する（＝**相続されない**）。

➡**貸主が死亡**しても，**当然には終了しない**。

(7) 使用貸借の解除 (598条)

使用貸借の**解除**のルールは，次のとおりです。

① **貸主**は，**当事者が使用貸借の期間を定めなかった場合**で，**使用・収益の目的を定めたとき**は，その目的に従い借主が**使用・収益をするのに足りる期間を経過**したときは，**契約の解除**をすることができる。

② 当事者が使用貸借の**期間**，**使用・収益の目的を定めなかった**ときは，**貸主**は，**いつでも契約の解除**をすることができる。

③ **借主**は，**いつでも契約の解除**ができる。

(8) 借主による収去等 (599条)

借主は，借用物を受け取った**後**にこれに**附属**させた物がある場合において，使用貸借が**終了**したときは，その附属させた物を**収去する義務**を負います（＝**収去義務**）。

また，借主は，借用物を受け取った**後**にこれに**附属**させた物を**収去することができます**（＝**収去権**）。

ただし，借用物から**分離できない物**や，分離するのに**過分の費用**を要する物については，**収去義務は生じません**。

借主は，借用物を受け取った**後に生じた損傷**がある場合において，使用貸借が**終了**したときは，その損傷を**原状に復する義務**（＝**原状回復義務**）を負います。

ただし，その損傷が**借主の帰責事由によらないもの**であるときは，**原状回復義務は生じません**。

(9) 損害賠償及び費用の償還の請求権についての期間の制限 (600条)

契約の本旨に反する使用・収益によって生じた**損害の賠償**，および借主が支出した**費用の償還**は，**貸主が返還を受けた時から1年以内に請求**しなければなりません。

損害賠償の請求権については，**貸主が返還を受けた時から1年を経過するまでの間は，時効は完成しません**。

【賃貸借と使用貸借の比較】

項目	賃貸借契約	使用貸借契約
契約の性質	有償・双務・諾成	無償・片務・諾成
貸主の修繕義務	あり	なし
通常の必要費	貸主負担	借主負担
借主死亡時	相続される	原則，契約終了
貸主死亡時	相続される	相続される
貸主の担保責任	売買の規定を準用	贈与の規定を準用

3 寄託契約 (657条等)

寄託は，当事者の一方が**ある物を保管**することを相手方に**委託**し，相手方がこれを**承諾**することによって，その**効力**を生ずる，**無償・片務・諾成**の契約です。

（1）寄託物受取り前の寄託者による寄託の解除等（657条の2）

寄託物受取り前における解除のルールは，次のとおりです。

> ① **寄託者**は，受寄者が**寄託物を受け取るまで**，**契約を解除**できる。
>
> ➡受寄者は，契約解除で損害を受けたときは，寄託者に対し，その賠償を請求することができる。
>
> ② **無報酬の受寄者**は，**寄託物を受け取るまで**，**契約を解除**できる。
>
> ➡書面による**寄託**については，この解除は**できない。**
>
> ③ **受寄者**（**無報酬**の寄託では，**書面**による寄託の受寄者に限る）は，受け取り時期を**経過**して寄託者が寄託物を**引き渡さない**場合，相当の期間を定めてその引渡しの**催告**をし，その期間内に引渡しがなければ，**契約を解除**できる。

（2）寄託物の使用・第三者による保管等（658条・659条）

なお，寄託物について権利を主張する第三者が受寄者に対して訴えを提起するなどしたときは，受寄者は，寄託者が既に知っている場合を除き，遅滞なくその事実を寄託者に通知しなければなりません。

寄託物の使用・第三者による保管のルールは，次のとおりです。

> ① 受寄者は，**寄託者の承諾**を得なければ，寄託物を使用することができない。
>
> ② 受寄者は，**寄託者の承諾**を得たとき，または**やむを得ない事由**があるときでなければ，寄託物を第三者に保管させることができない。

なお，**無報酬の受寄者**は，自己の財産に対するのと同一の注意をもって，寄託物を保管する義務を負います。

（3）返還請求・返還の時期（662条・663条）

この場合，受寄者は，寄託者がその時期の前に返還を請求したことによって**損害**を受けたときは，寄託者に対し，その**賠償を請求**できます。

① 寄託者による返還請求

当事者が寄託物の**返還の時期を定めたとき**であっても，寄託者は，**いつでも返還を請求**できます。

② 受寄者による返還

当事者が寄託物の**返還の時期**を定めなかったときは，受寄者は，いつでも**返還**できます。

返還の時期を定めたときは，受寄者は，やむを得ない事由がなければ，その**期限**前に**返還**できません。

コレが重要!! 確認問題

❶ Aが，Bに対し，令和２年８月20日に中古マンションを売却し，Bが引渡しを受けた後に当該マンションの天井に雨漏りが発見された場合において，Bが，Aに対して，雨漏りを発見した時から１年以内に損害額及びその根拠を示して損害賠償を請求しないときは，Bは損害賠償請求をすることができない。過 R2

❷ Aが，Bに対し，令和２年８月20日に中古マンションを売却し，Bが引渡しを受けた後に当該マンションの天井に雨漏りが発見された場合において，Bが，Aに対して，相当の期間を定めて雨漏りを補修するよう催告をし，その期間内に補修がされない場合において，雨漏りの範囲や程度が売買契約及び取引上の社会通念に照らして軽微でないときは，Bは売買契約の解除をすることができる。過 R2

❸ Aが建築業者Bに請け負わせて，引渡しを受けたマンションについて，Bの工事に契約不適合があり，その修補が可能である場合，Aは，Bに対し，修補の請求をすることなく，直ちに修補に要する費用相当額の損害賠償を請求することができる。過 H16

❹ 甲マンション管理組合（管理者A）が，敷地内の樹木の伐採および剪定について，造園業者Bと請負契約をした。業務完了後，業務内容に契約不適合があり，AがBに対して損害賠償の請求をする場合において，Aの損害賠償請求権とBの報酬残金請求権とは，相殺することができない。過 H22

❺ Aは，その所有する甲マンション１階の店舗部分（101号室）を，Bに対し賃貸し，Bは，引渡しを受けた後に，これをCに転貸し引き渡した。この場合，Aが，Bに対し，Cへの転貸を承諾した後，BがAへの賃料の支払を怠り，AとBとの間の賃貸借契約が有効に解除された場合，BとCとの転貸借契約はAがCに101号室の返還を請求した時に終了する。過 H24

❻ Aは，Bの所有する専有部分について，Bから賃借し，敷金を差し入れた上で，引渡しを受けてその使用を始めたが，Bが敷地利用権を有していなかったことから，専有部分の収去を請求する権利を有するCが，Bに区分所有権を時価で売り渡すべきことを請求する通知をした。本件通知の後に，AがCの承諾を得てDに対して賃借権を譲渡したときには，敷金に関するAの権利義務関係はDに承継される。過 R1

❼ AB間の負担付でない使用貸借契約に基づきBが借主となったA所有の301号室に契約不適合（排水管の腐食）があった場合，Aが当該不適合を知らないときは，特約のない限り，Bは，Aに対し，担保責任を追及することができない。過 H29改

答 ❶×：損害額及びその根拠を示さずとも，契約不適合である旨を示して請求すれば足りる。 ❷○ ❸○ ❹×：注文者の損害賠償請求権と請負人の報酬残金請求権とは，相殺できる。 ❺○ ❻×：賃借人の変更では，敷金に関する権利義務関係は新賃借人に承継されない。 ❼○

頻出度 S

債務不履行と契約の解除

ココが出る! 本試験のポイント

- 履行遅滞
- 履行不能
- 債権者代位権・詐害行為取消権
- 解除の効果

1 債務不履行

H27・29・R2・3

1 債務不履行の種類

債務不履行とは，債務者が，**債務の本旨**（契約の内容）**に従った履行をしないこと**です。これには，次の①～③の**3つ**の種類があります。

① 履行遅滞	債務を履行できるにもかかわらず，履行期を過ぎても違法に債務を**履行しない**こと
② 履行不能	**契約**その他の債務の発生原因・**取引上の社会通念**に照らして，**債務の履行ができなくなる**こと ※契約**後**に不能になった場合のみならず，契約**時**に既に不能であったものも含まれる。
③ 不完全履行	一応の履行がされたが，**完全ではない**こと

+1点! 履行をしない理由が，同時履行の抗弁権等を行使したことにある場合，履行しないことは違法ではないため，履行遅滞にはなりません。

不完全履行は，一部の履行遅滞あるいは一部の履行不能として扱われます。

債務不履行には，**契約の直接の目的である給付義務に違反**した場合（例えば，分譲業者が売却した専有部分を買主に引き渡さない）だけでなく，一定の重要な設備に関する説明を怠った（防火戸のスイッチの位置や作動方法を説明しなかった）といった，**契約に付随する義務に違反**した場合も**含まれ**，これらも損害賠償請求や契約解除の対象となり得ます。

改正前の民法では，例えば，マンション管理業者が臨時に雇用した者が職務について善管注意義務に違反した場合，その者（＝履行補助者）の故意・過失は，**管理業者自身の善管注意義務違反と同視**され，管理業者が債務不履行責任を負うとされていました（＝**履行補助者の故意・過失の理論**）。
しかし，民法の改正により，今後は，「**契約その他の債務の発生原因および取引上の社会通念に照らして」より個別具体的に判断**されます。

2　債務不履行による損害賠償等

（1）債務不履行による損害賠償（415条）

①　債務不履行による損害賠償の成立要件

債務者がその債務の本旨に従った履行をしないとき，または債務の履行が不能であるときは，債権者は，これによって生じた**損害の賠償を請求**することができます。

ただし，その債務の不履行が契約等の債務の発生原因・取引上の社会通念に照らして債務者の責めに帰することができない事由によるものであるときは，**損害賠償請求はできません**。

②　債務の履行に代わる損害賠償（填補賠償）

上記①で損害賠償の請求をすることができる場合において，債権者は，次のア～ウのどれかに該当するときは，**債務の履行に代わる損害賠償**の請求をすることができます。

ア　債務の履行が**不能**であるとき。

イ　債務者がその**債務の履行を拒絶する意思を明確に表示**したとき。

ウ　債務が契約によって生じたものである場合において，その**契約が解除**され，または債務の不履行による**契約の解除権が発生**したとき。

これは，債務の履行そのものではなく，**それに代わる損害の賠償（＝填補賠償）**を請求することを認めるものです。例えば，家屋の賃借人が借りた家屋を焼失させてしまった場合に，家屋の返却ではなく，**家屋の価値相当額の賠償**を求めることがこれに該当します。
なお，イとウの場合，債権者は，**履行請求権**と**填補賠償請求権**を選択的に行使できることになります。

（2）損害賠償の範囲（416条・417条）

損害賠償は，原則として，**金銭**でその額を定めます。そして，債務不履行に対する損害賠償の請求は，これによって**通常生ずべき損害の賠償**をさせることをその目的とします。

将来取得すべき利益についての損害賠償の額を定める場合に，その利益を取得すべき時までの利息相当額（＝**中間利息**）を**控除**するときは，その損害賠償の請求権が生じた時点での**法定利率**で行います。

もっとも，**特別の事情によって生じた損害**でも，当事者がその事情を予見すべきであったときは，債権者は，その**損害の賠償を請求**できます。

（3）過失相殺（418条）

過失相殺とは，**公平**の観点から，損害賠償額を決めるにあたり，**請求者の過失割合分を差し引くこと**をいいます。債務の不履行，損害の発生・拡大に関して**債権者に過失**があったときは，裁判所は，これを考慮して，損害賠償の責任・額を定めます。

例えば，売主の債務不履行で買主に100万円の損害が発生したものの，買主にも不注意があり，**売主と買主の過失の割合が「7：3」**であった場合には，買主が売主に請求できる損害賠償額は**70万円**となります。

（4）金銭債務の特則（419条）

管理費等の支払債務や売買代金債務のように，**金銭を目的とする債務**については，次の特則があります。

① 金銭債務の不履行の場合の損害賠償の額は，**原則**として債務者が遅滞の責任を負った最初の時点における**法定利率**となります。ただし，約定利率が法定利率を**超える**場合は，**約定利率**によります。

例えば，不法行為に基づく損害賠償請求の場合，加害者は不法行為の時から遅滞に陥るため，法定利率は，**不法行為時**のものとなります。

区分所有者が**管理費等を滞納**している場合，規約に**遅延損害金に関する定めがなくとも**，金銭債務の不履行として，管理組合は**法定利率での遅延損害金を付加して請求**できます。

令和２年４月１日より前に発生していた利息については，改正前の利率（当事者間で別段の合意がない限り，民事法定利率は年５％）が適用されます。

2020 年（令和２年）４月１日以降の法定利率は，次のルールで規律されます。

- 利息は，別段の意思表示がなければ，**利息が生じた最初の時点における法定利率**となる。
- 法定利率は，原則，**年３％**。
- 法定利率は，**３年を１期**として，**各期ごとに変動**する。
  ➡各期の法定利率は，法定利率の直近変動期における基準割合と当期における基準割合との差に相当する割合（１％未満の端数切捨て）を直近変動期における法定利率に加算，または減算した割合とする。

用語 「基準割合」：各期の初日の属する年の６年前の年の１月から前々年の 12 月までの各月における短期貸付けの平均利率の合計を 60 で除して計算した割合（その割合に 0.1％未満の端数は切り捨て）のこと。

法定利率そのものは変動を前提とするものの，**個々の債権に適用される法定利率**は，最初の利息発生時点（＝利息支払い義務が生じた最初の時点）の法定利率で固定されます。

② 金銭債務の不履行の場合，債権者は，債務不履行があったこと自体を証明すれば足り，**損害の発生を証明しなくても**，損害賠償請求をすることができます。

③ 金銭債務の不履行による損害賠償請求では，**債務者に不可抗力の抗弁は認められません**。そのため，債権者は，債務者に帰責事由がなくても，損害賠償請求ができます。

（５）損害賠償額の予定（420 条）

当事者は，債務不履行について**損害賠償額の予定**ができます。これは，債務不履行の場合に債務者が**賠償すべき額を，あらかじめ当事者間で定めておく**ものです。

違約金は，**賠償額の予定と推定**されます。

なお，損害賠償額の予定をしても，**履行の請求や解除**をすることはできます。

（6）損害賠償による代位（422条）

債権者が，**損害賠償**として，その**債権の目的物・権利の価額の全部の支払を受けた**ときは，債務者は，その物・権利について**当然に債権者に代位**します。

（7）代償請求権（422条の2）

債務者が，その債務の履行が**不能**となったのと**同じ原因**により債務の目的物の**代償**である権利・利益を**取得**したときは，債権者は，その受けた損害の額の限度において，債務者に対し，その**権利の移転・利益の償還を請求**できます。

例えば，家屋の売買契約において，第三者の放火によってその家屋が引渡し前に焼失した場合，債務者（＝売主）は，その第三者に対する**不法行為に基づく損害賠償請求権**や，保険会社に対する**火災保険請求権**を取得します。
この場合に，債権者（＝買主）は，**受けた損害額の限度**で，債務者に対し，その**権利の移転・利益の償還を請求**できます。

2 責任財産の保全

R5

1　責任財産の意義と責任財産保全の制度

責任財産とは，**強制執行の対象となる財産**のことをいいます。強制執行の前提として，その対象となる財産が**散逸しないように確保**することを「**責任財産の保全**」といい，そのための制度として，「**債権者代位権**」と「**詐害行為取消権**」があります。

2　債権者代位権（423条～）

（1）債権者代位権の意義

債権者代位権とは，債権者が，**自己の債権**（＝被保全債権）を**保全**するため**必要**があるときに，**債務者が第三者に対して有する権利**（＝被代位権利）を**代わりに行使**する権利のことです。

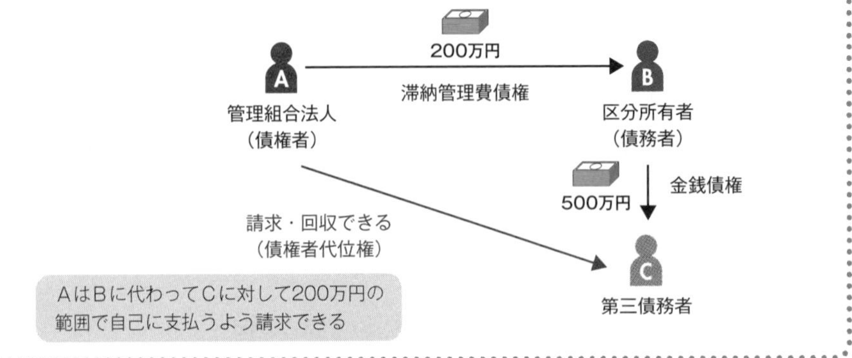

例えば，区分所有者Bが唯一の財産であるCに対する金銭債権（500万円）の行使を怠っている場合，Bに200万円の管理費債権を有する管理組合法人Aは，その債権の保全のため，Bに代位して，Cに200万円を請求できます。

（2）債権者代位権の要件

債権者代位権を行使するための要件は，**次の４つ**です。

① **債務者が無資力であること**	債務者がその権利を行使しないと，債権者が債権の回収が図れないこと。 ➡登記請求権等，**金銭債権以外の権利保全**が目的であれば，無資力でもよい。
② 債務者自らが**被代位権利を行使して「いない」こと**	債務者が**自ら権利行使**しているのであれば，**代位権の行使**はできない。
③ **原則，被保全債権の弁済期が到来していること**	ただし，**保存行為**（**時効の完成猶予等**）は，**弁済期到来前**でも行使可。
④ **債務者の一身専属権や差押え禁止債権でない**こと	●**時効援用権**は，代位行使可。 ●**慰謝料請求権**は，原則，代位行使不可。 ➡被害者が**権利行使**をして具体的な金額が確定した後は，代位行使可。

後述の**詐害行為取消権と**異なり，**被保全債権**は債権者代位権を行使する時に存在していればよく，被代位権利の成立より「前」に存在している必要はありません。

（3）債権者代位権の留意点

債権者代位権については，**次の点に留意**する必要があります。

- 債権者代位権は，**代理人としてではなく，「債権者の名」で「債権者の権利として」行使**する。
- 債権者代位権は，**裁判「外」で行使することも**できる。
- 被代位権利の目的が**可分**の場合，**自己の債権の額の限度においてのみ，被代位権利を行使**することができる。
- 被代位権利が**金銭支払請求**の場合，**債権者への直接の支払い**を求められる。
- 被代位権利の行使に対し，**相手方（第三債務者）**は，**債務者に対して主張できる抗弁（反対債権による相殺等）**をもって，**債権者に対抗できる**。

3　詐害行為取消権（424条～）

（1）詐害行為取消権の意義

詐害行為取消権とは，**債務者**が債権者の債権回収を困難にする**財産減少行為（＝詐害行為）**を行った場合に，**債権者**がその**詐害行為を取消し**，**債務者の責任財産を保全**する債権者の権利です。

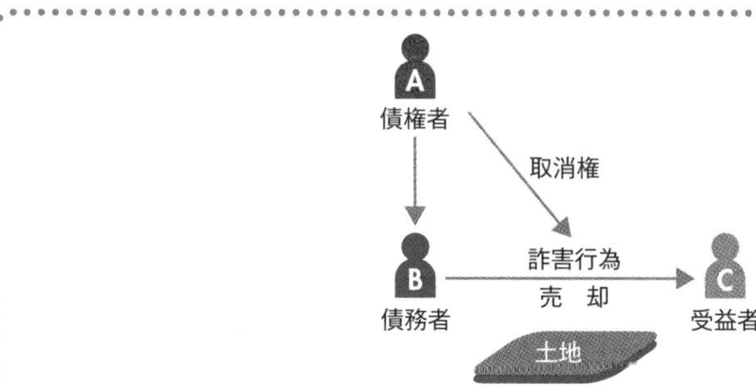

（2）詐害行為取消権の要件

詐害行為取消権を行使するための要件は，**次の５つ**です。

① **債権が詐害行為「前」に成立して**いたこと	詐害行為取消権は，債権者の「**債務者の財産から債権を回収できる**」という**期待を保護**するための制度であるため，先に債権者の債権が成立していないと「**詐害**」に**ならない**。 ➡**債権者代位権とは異なる**。
② **債務者が無資力**であること	債務者に十分な資力があれば，他の資産から債権を回収できるため，取消権を認める必要がない。 ➡「**無資力**」は，詐害行為時・取消権行使時の「双方」の**時点で必要**。
③ **その行為が財産権を目的としてい**たこと	**婚姻，養子縁組，相続の承認・放棄**は，詐害行為取消の対象には**ならない**。 ➡取り消しても債務者の責任財産の保全にならない。 ➡**離婚による財産分与**は，不相当に過大で，**財産分与に仮託してされた財産処分**と認められる特段の事情があれば，過大な部分の限度で，**取消の対象となる**。
④ **債務者に詐害意**思があったこと	詐害行為により**債権者を害することを知って**いたこと。 ➡財産減少で返済ができなくなることを知っていれば足り，債権者を害する意図までは不要
⑤ **受益者や転得者が，債権者を害することを知っていたこと**	**受益者**とは，詐害行為取消の対象行為によって利益を受けた人のことをいい，**転得者**とは，詐害行為取消の対象行為を元として，何らかの利益を受けた者で，直接の相手方以外の者のことをいう。 **詐害行為取消権**が成立するためには，**詐害行為の相手方も，詐害行為によって**債権者を害することを知っていた**ことが必要**となる。

（3）詐害行為取消権の留意点

詐害行為取消権については，**次の点に留意**しましょう。

- **詐害行為取消権**は，**必ず裁判上で行使する必要がある（詐害行為取消請求）**。
- 原告は債権者であり，**被告は受益者又は転得者**となる。
- 詐害行為取消請求にかかる訴えは，債務者が債権者を害することを知って行為をしたことを**債権者が知った時から2年**を経過したときは，提起できない（行為の時から10年を経過したときも同様）。
- 債権者が詐害行為の**取消を請求できる範囲**は，債務者がした**行為（詐害行為）の目的が**「可分」であれば，**債権者の有する被保全債権の額が限度**となる。
  ➡**不動産の売買・贈与など，詐害行為が**「不可分」の場合は，**債権者の債権額に関わらず**，売買・贈与の「**全体**」**を取り消す**ことができる。
- 詐害行為取消請求に基づく返還の請求が**金銭の支払又は動産の引渡し**を求めるものであるときは，受益者に対してその支払又は引渡しを，転得者に対してその引渡しを，**直接債権者自身に対して**することを求めることが**できる**。
  ➡**不動産の引渡し・移転登記を求めるものであるときは，直接債権者自身に対してこれらを請求はできない。**

3 契約の解除

H26・28・29・R2

1 契約の解除

契約の解除とは，契約が締結された後に，当事者の一方の意思表示によって，契約の効果を，はじめからなかったことにすることです。

「取消し」も「解除」も，さかのぼってはじめから無効（遡及的無効）になる点は同じですが，その**「原因」が異なります。**

- 「取消し」は，制限行為能力や錯誤，詐欺，強迫等，**「契約した時点」**で取消しの原因となる事情が存在する場合に用いられます。
- 「解除」は，債務不履行等，契約時点には問題はないものの，**「その後」**に解除の原因となる不履行が生じた場合に用いられます。

2　解除権の行使（540条）

契約や法律の規定により当事者の一方が解除権を有するときは，その**解除**は，**相手方に対する意思表示**によってします。

- 解除権の行使にあたり，**相手方の承諾**等は**不要**です。
- ひとたび**解除の意思表示**をした場合は，**撤回**できません。

3　催告による解除（541条）

+1点! **催告期間内に履行がされなかった場合**でも，当然に解除されたことになるのではなく，**原則**として，別途解除の意思表示が必要です。

当事者の一方が**債務を履行しない**場合（＝履行遅滞），相手方が**相当の期間を定めて履行の催告**をし，その**期間内に履行がない**ときは，相手方は，**契約の解除**をすることができます。その際，**債務者の帰責事由は不要**です。

ただし，その期間を経過した時における**債務の不履行**がその契約・**取引上の社会通念に照らして軽微**であるときは，**契約の解除はできません。**

- **履行遅滞**が生じても，債権者は**直ちに解除はできません。**履行遅滞の場合，いきなり解除するのではなく，**催告**で債務者に再度チャンスを与え，任意の履行を促すためです。
- 不相当な期間を定めた催告や，期間の定めのない催告も催告自体としては有効ですが，その場合は，**客観的に「相当な期間」を経過した後**に解除が認められることになります。

旧民法では，債務不履行による解除をするには「**債務者に帰責事由があること**」が要件とされていました。これは，債務不履行による解除を「**債務者に対する責任追及の制度**」と捉えていたからです。
しかし，改正民法では，債務不履行による解除を単に「**債権者を契約の拘束力から解放するための制度**」と位置付けました。そのため，改正民法では，債務不履行による解除をするにあたり，**債務者の帰責事由は不要**です。

4　催告によらない解除（542条）

次の場合には，債権者は，**催告をすることなく**，**直ちに契約の解除**をすることができます。

> これらの場合は，**催告により債務者に履行のチャンスを与える意味がない**ため，催告が不要とされています。

① **債務全部が履行不能**であるとき。

② **債務者が債務全部の履行拒絶の意思を明確に表示**したとき。

③ **債務の一部が履行不能**である場合，または**債務者がその債務の一部の履行拒絶の意思を明確に表示**した場合に，**残存する部分のみでは契約目的の達成が不可能**なとき。

④ **定期行為において，債務者の履行がない場合。**

⑤ ①～④のほか，**債務者がその債務の履行をせず，債権者が催告をしても契約目的達成に足りる履行がされる見込みがないことが明らか**であるとき。

> **用語** 「定期行為」：契約の性質・当事者の意思表示により，特定の日時・一定の期間内に履行をしなければ契約目的を達することができないもの。

なお，「債務の**一部**が**履行不能**であるとき」と「債務者がその債務の**一部**の**履行拒絶**の意思を**明確に表示**したとき」は，債権者は，催告をすることなく，**直ちに**契約の**一部の解除**をすることができます。

5　債権者の責めに帰すべき事由による場合（543条）

債務の不履行が債権者の帰責事由によるものであるときは，**債権者**は，**契約の解除**をすることができません。

改正民法では，解除の要件として「**債務者の帰責性**」は不要です。しかし，**債権者に帰責事由**がある場合に**債権者からの解除**を認めるのは**合理的と言えません。**
そこで，債務不履行が**債権者の帰責事由**によるものである場合は，**債権者の解除権を**否定しました。

6 解除権の不可分性（544条）

解除権が当事者のうちの**一人について消滅**したときは，**他の者についても消滅**します。

当事者の**一方が数人**ある場合には，契約の**解除**は，その**全員**から，またはその**全員**に対してのみ，することができます。

7 解除の効果（545条，546条）

（1）原状回復義務

原状回復義務は，互いに同時履行の関係に立つため，当事者は**相互に同時履行の抗弁権**を有します。

当事者の一方が解除権を行使した場合，契約ははじめからなかったものとなるため，各当事者は，**相互に相手方を原状に復させる義務**（＝**原状回復義務**）を負います。

（2）第三者の保護

契約が**解除**されると，それまでの**契約関係が解消**されることになりますが，既にその契約を前提に関与してきた「第三者」，すなわち**解除前の第三者を保護する必要**があります。そのため，解除の効果は，**解除前の第三者には主張することができません。**

なお，ここでいう「**解除前の第三者**」については，次の点がポイントとなります。

- **解除前の第三者は，**善意・悪意を問わず保護される。
- **解除前の第三者は，**登記を備えている**必要がある。**

例えば，Aが自己所有のマンションの専有部分をBに**売却**し，Bがそれをさらに C に**転売**して，Cが**移転登記を備えた後**に，AがBの代金債務の不履行を理由に**ＡＢ間の売買契約を解除**したような場合，Cは**解除前の第三者**であり，登記も備えているため，Aは，解除の効果を**Cに主張することができません。**

Cが，AがAB間の契約を解除した後に登場した者（**解除「後」の第三者**）である場合は，解除によるBからAへの復帰的な物権変動の後に，BからCへの物権変動が生じており，**Bを起点とした二重譲渡類似の関係**と捉えられます。したがって，**AとCは対抗関係**に立ち，**先に登記を備えた方が優先**することになります（➡ P.268 ～ 269 参照）。

（3）返還の内容

解除権の行使によって**金銭を返還**するときは，その**受領の時から利息**を付さなければなりません。また，**金銭以外の物を返還**するときは，その**受領の時以後に生じた果実**をも返還しなければなりません。

用語 「果実」：物から生ずる経済的な収益のこと。天然果実（果物，野菜等）と法定果実（地代，賃料等）の2つがあります。

● 例えば，売買契約が解除された場合，目的物の引渡しを受けていた**買主**は，原状回復義務の内容として，目的物の返還に加え，**解除までの間目的物を使用したことによる利益**（=法定果実）を**売主に返還すべき義務**を負います。

なお，解除権の行使は，損害賠償の請求を妨げません。したがって，損害が生じていれば，**解除権を行使**しつつ，**損害賠償請求**をすることもできます。

8　解除権者の故意による目的物の損傷等による解除権の消滅（548条）

解除権を有する者が故意・過失によって契約の目的物を**著しく損傷等**（損傷，返還不能，加工・改造による他の種類の物への変更）をしたときは，**解除権は消滅**します。

ただし，解除権を有する者がその解除権を有することを**知らなかったとき**は，**解除権は消滅しません**。

コレが重要!! 確認問題

❶ 甲マンションの管理組合（管理者A）は，区分所有者Bが管理費を5ヵ月分滞納していたため，Bに対して，何度も支払を督促していたところ，ある日，第三者Cから，「Bの管理費債務については，滞納分も将来分も，すべて私の方でその支払を引き受けることになりましたので，本日以降は私に請求してください。なお，この文書を受け取った旨を管理組合名で速やかにご通知ください」という内容証明郵便が到着した。この場合，Aは，Cから求められている当該文書の受領書をCに送付しないときには，Cに対して債務不履行責任を負う。過 H21

❷ Aは，その所有する甲マンション（管理組合乙）の店舗部分（102号室）において喫茶店を経営しており，その内装改修のため，工事業者Bに内装工事を発注した。この場合，工事契約で工期の遅延につき特別の合意をしていない場合に，Bの資材の調達の手違いにより内装工事の完成が約定工期より遅れ，喫茶店の開店が遅れたときは，Aは，Bに対して，開店が遅れたことによる営業上の損害につき損害賠償を請求することができる。過 H17

❸ 甲マンション301号室を所有するAは，その債権者Bを害することを知りつつ，301号室をCに贈与し，その旨の所有権移転登記がされた。過 R5

ア Bによる詐害行為取消請求に係る訴えは，AがBを害することを知って行為をした時から2年を経過したときは提起することができない。

イ BのAに対する債権がAのCに対する贈与の前の原因に基づいて生じたものではない場合には，Bは詐害行為取消請求をすることができない。

ウ 甲マンション301号室の時価が900万円，BのAに対する債権が400万円である場合には，Bは，400万円の限度においてのみ，Aのした贈与の取消しを請求することができる。

エ Bは，Cに対する詐害行為取消請求において，Aのした贈与の取消しとともに，直接自己に甲マンション301号室の所有権移転登記をするよう請求することができる。

答 ❶×：Cからの一方的通知があっても，AC間では何ら契約関係は生ぜず，受領書の不送達についても債務不履行とはならない。　❷○　❸ア×：2年の起算点は，債権者（本問のB）が知ってから。　イ○　ウ×：不動産の売買・贈与等，詐害行為が「不可分」の場合は，詐害行為「全体」を取り消すことができる。　エ×：不動産の引渡し・移転登記は，原則，直接債権者自身に対してするよう請求できない。

頻出度 B

債権譲渡と債務引受

- 債権譲渡の意義
- 債権譲渡と対抗要件
- 債務引受の意義と要件

1 債権譲渡

1 債権譲渡とは

債権譲渡とは，債権者が，自己が相手方に対して有している**債権を第三者に譲渡（売却）**することをいいます。

▶ 具体例

債権者Aが，債務者Bに対してまだ弁済期の来ていない1,000万円の債権を有している場合に，その**債権を弁済期前に現金化**するために，第三者Cに債権譲渡をしました。

➡債権者は，AからCへと変わります。

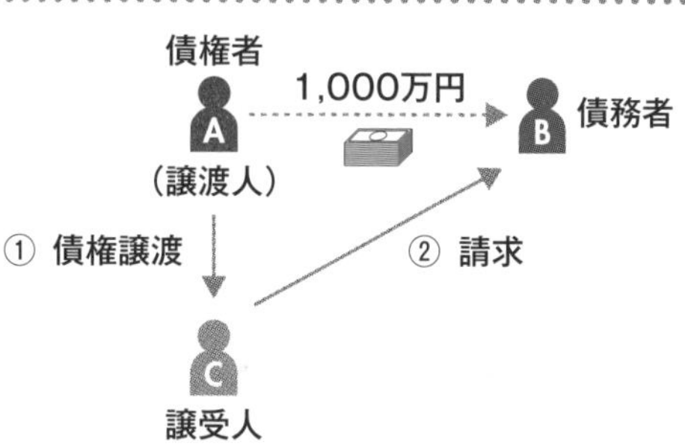

2 債権の譲渡性（466条）

（1）譲渡自由の原則

債権は，**譲渡人**である債権者と**譲受人**である第三者との**合意のみ**で，原則として**自由に譲渡**することができます。この債権譲渡に関し，債務者の**承諾は必要ありません**。

> そのほうが債権者に都合がよく，また，債務者にとっても相手方が変わるだけで，履行をすることに変わりない以上，通常は不利益が生じないからです。
> ただし，扶養請求権等，**債権の性質上，譲渡が許されない**ときは，**譲渡できません**。

（2）譲渡禁止の特約

当事者が債権の譲渡を禁止・制限する旨の意思表示（＝**譲渡制限特約**）をしたときであっても，**債権の譲渡**は，その**効力を妨げられません**。

しかし，譲渡制限特約がされたことを知り，または**重大な過失**によって知らなかった**譲受人その他の第三者**に対しては，債務者は，その債務の**履行を拒む**ことができ，かつ，譲渡人に対する**弁**

済その他の債務を消滅させる事由をもってその**第三者に対抗**することができます。

要するに，**譲渡制限特約**について「悪意」または「(善意だが) 重過失」の譲受人その他の第三者に対して，債務者は，**履行の拒絶**や，譲渡人への**弁済・相殺の対抗ができる**ということです。この点について，金銭債務であれば，債務者は**供託**もできます。

なお，債務者が債務を履行しない場合に，第三者が相当の期間を定めて譲渡人への履行の**催告**をし，その**期間内に履行がない**ときの債務者には，**適用**されません。

3　債権譲渡の対抗要件 (467条)

(1) 債務者に対する対抗要件

債権（現に発生していない債権を含む）の譲受人が債務者に対して**債権の譲受を主張**するためには，①**譲渡人から債務者に対する通知**，または②**債務者の承諾**が必要です。これは，債務者が，債権譲渡の事実を知らずに旧債権者に弁済してしまった後，新債権者（譲受人）からも弁済を求められて，二重に支払わざるを得なくなるのを避けるためです。

> **+1点!** ①の「**通知**」は，譲**受**人ではなく，譲**渡**人からされなければなりません。なお，譲受人が譲渡人に「**代位**」して債務者に通知することは**できません**が，譲渡人の「**代理人**」としてならば，譲受人が通知することが**できます**。

(2) 債権の二重譲渡の場合

債権が二重に譲渡された場合，ある譲受人が他の譲受人等（債務者以外の第三者）に対して自分が優先することを対抗するには，①**確定日付のある証書（内容証明郵便等）による譲渡人から**の通知，または②**確定日付のある証書による**債務者の承諾が必要です。

そして，**双方ともに確定日付のある証書**による通知を備えている場合は，その**日付の先後ではなく**，通知が債務者に「**到達した日時の早い方**」が優先的にその弁済を受けられます（判例）。

「確定日付のある証書による通知」が**同時に到達**した場合には，**譲受人双方**が債務者に対して**全額請求**することができ，債務者は，一方の譲受人の請求に対して，もう一方の譲受人に弁済した等の理由がない限り，**弁済を拒絶することはできません**（判例）。なお，この場合は，どちらかに弁済をするか，または，債権者不確知を理由として**弁済金を供託**することによって，債務を免れることができます。

4　債権の譲渡における債務者の抗弁（468条）

債権譲渡は，債務者の関与なしに行われるため，債権譲渡によって債務者が従来よりも不利な立場に置かれるのは不当です。

そこで，債務者は，**対抗要件具備の時までに譲渡人（旧債権者）に対して生じた事由**で**譲受人に対抗**することができます。

例えば，債権譲渡があったとしても，債務者が譲渡人（旧債権者）に主張できた権利（**同時履行の抗弁権**等）は，**新債権者に対しても主張**できます。

2　債務引受　H27

1　債務引受とは

債務引受とは，債務者の債務を，**第三者**（引受人）**が引き受けることを**いいます。

債務引受には，①引受人が新たに同一内容の債務を負担しつつ，債務者も引き続き債務を負担し，債務者と引受人が**連帯債務関係**になる「**併存的債務引受**」と，②債務者は債務を免れ，引受人が新債務者として代わりに同一内容の債務を負担する「**免責的債務引受**」があります。

2　併存的債務引受（470条）

（1）引受人の債務

併存的債務引受の引受人は，債務者と**連帯**して，債務者が債権者に対して負担する債務と**同一の内容の債務**を負担します。

引受人は，**併存的債務引受**により負担した自己の債務について，その**効力が生じた時に債務者が主張することができた抗弁**をもって債権者に**対抗**することができます。

（2）成立要件

① 債権者と引受人

併存的債務引受は，**債権者**と**引受人となる者**との契約によってすることができます。

② **債務者と引受人**

併存的債務引受は，**債務者**と**引受人となる者**との契約によってもすることができます。この場合，併存的債務引受は，**債権者が引受人となる者に対して**承諾**をした時**に，**効力**を生じます。

3 免責的債務引受（472条）

（1）引受人の債務

引受人は，**免責的債務引受**により負担した自己の債務について，その**効力が生じた時に債務者が主張することができた抗弁**をもって債権者に**対抗**することができます。

免責的債務引受の**引受人**は，債務者が債権者に対して負う債務と**同一の内容の債務を負担**し，債務者は自己の債務を免れます。

（2）成立要件

① **債権者と引受人**

免責的債務引受は，**債権者**と**引受人となる者**との契約によってすることができます。この場合，免責的債務引受は，**債権者が債務者に対してその契約をした旨を通知した時**に，**効力**を生じます。

② **債務者と引受人**

免責的債務引受は，**債務者**と**引受人となる者**が契約をし，**債権者が引受人となる者に対して**承諾**をすること**によってもすることができます。

併存的債務引受は，債務者が債権債務関係から**離脱せず**，債務者のまま残存するのに対して，**免責的債務引受**は，元の債務者が債権債務関係から**離脱する**点がポイントです。

コレが重要!! 確認問題

❶ Aは，甲マンションのA所有の301号室の改装工事を内装業者Bに発注し，改装工事の終了後同室をCに売却したところ，当該改装工事に契約不適合があることが判明したため，当該契約不適合についてCからAに苦情があった。この場合，Bの承諾を得なければ，Aは，AのBに対する当該契約不適合の損害賠償請求権を，Cに譲渡することができない。過 H19

❷ Aが，甲マンションの301号室の購入に際してB銀行から融資を受け，同室にBの抵当権を設定し，その旨の登記がなされた場合，Bが抵当権の被担保債権をD社に譲渡しようとするときは，Aの承諾が必要であり，Aが承諾しないときは，被担保債権及び抵当権はD社に移転するが，そのことをAに対抗することができない。過 H25

❸ 甲マンションの管理組合（管理者A）は，区分所有者Bが管理費を5ヵ月分滞納していたため，Bに対して，何度も支払を督促していたところ，ある日，第三者Cから，「Bの管理費債務については，滞納分も将来分も，すべて私の方でその支払を引き受けることになりましたので，本日以降は私に請求してください。なお，この文書を受け取った旨を管理組合名で速やかにご通知ください」という内容証明郵便が到着した。この場合，Aは，滞納管理費についてはBに対して請求できるが，新たに発生する管理費債権については，Cに十分な資力のあるときは，Cに対してのみ請求することができる。過 H21

答 ❶×：債権譲渡は原則として自由であり，債務者の承諾は不要である。❷×：債権譲渡は，①譲渡人から債務者への通知か，②債務者の承諾のいずれかがあれば，債務者に対抗できる。❸×：免責的債務引受は，債権者の関与がなければ認められない。

頻出度 S+

債権の担保

●抵当権　●保証・連帯保証の性質と効力
●不可分債権・不可分債務の具体例とその扱い

1 債権の担保

債権の担保とは，債務者等が**債務を弁済しないリスク**に備えて，**債務の弁済を確保する**（**肩代わりとなる**）**もの**をいいます。

これには，次の**2つ**のものがあります。

物的担保（担保物権）	物を担保に提供するもの（抵当権等）
人的担保	保証や連帯保証

2 物的担保（担保物権）の種類

H29・30・R2

1 抵当権（369条～398条）

抵当権とは，債務者または第三者が，**目的物を占有したまま**目的物の**価値だけ**を**債務の担保**（**保証**）**に供する**ことができるという仕組みです。債権者による目的物の占有を前提とせず，抵当権を設定した**後**も，**所有者が引き続き**目的物の**使用・収益・処分**を**自由に行うことができます**。

+1点! 抵当権の設定**後**に，第三者に専有部分を**賃貸し**，**賃料を収取**することもできます。その際も，**抵当権者の承諾は不要**です。

例えば，A所有の専有部分に**Bの抵当権が設定され登記**もされている場合において，Aが当該専有部分を**第三者に売却**したり，あるいは，Aが**Cから融資**を受けるために，当該専有部分に**さらに抵当権を設定**するにあたっては，**Bの承諾は不要**です。

+1点! 抵当権は，現に成立している債権の他，**将来発生する債権を目的**として，設定することもできます。

万一債務が弁済されない場合，債権者は，抵当権を設定した不動産等について裁判所に**競売の申立て**を行い（**抵当権の実行**），競売による売却代金から，他の債権者よりも**優先して**弁済を受けることができます（**優先弁済的効力**）。

- 抵当権で担保（保証）される債権者の債権を「**被担保債権**」といいます。また，抵当権を取得した債権者を「**抵当権者**」，自分の物に抵当権を設定した者を「**抵当権設定者**」といいます。
- 抵当権の設定については，①**債務者**が自己所有物に抵当権を設定する場合と，②債務者**以外**の第三者が自己所有物に抵当権を設定する場合の２つがあり，②の場合を「**物上保証**」，その第三者たる抵当権設定者を「**物上保証人**」といいます。

（1）抵当権設定契約と抵当権の目的物

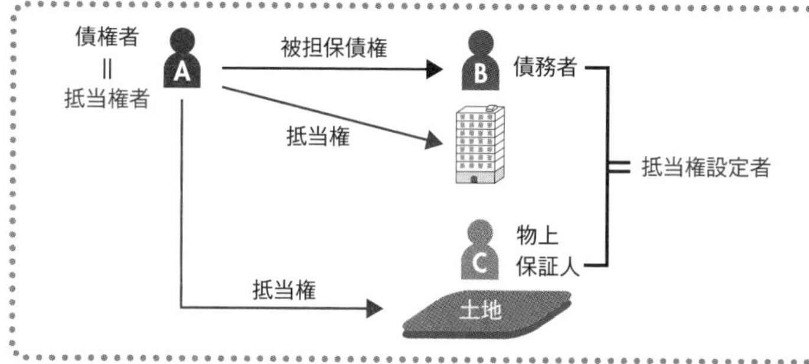

抵当権の設定契約は，抵当権者と抵当権設定者の**合意のみで成立**します。もっとも，抵当権自体は目に見えないため，**登記**をしなければ，抵当権設定契約後に賃借権を取得した者や目的物を譲り受けた者（**第三取得者**）に抵当権を**対抗できません**。

> 民法の規定上，抵当権の目的物となるのは，不動産（土地・建物）・地上権・永小作権に**限定**されています。したがって，**賃借権に抵当権を設定することはできません**。

（2）抵当権の性質

抵当権には，次の**４つの性質**があります。

① 付従性	例えば，債務者が借りたお金を**全額弁済**した場合，**被担保債権が消滅**することに従って（付従して）**抵当権も消滅**する
② 随伴性	例えば，**被担保債権が譲渡**された場合に，これに伴って（随伴して）**抵当権も譲受人に移転**する
③ 不可分性	債権者は，債権**全額の弁済を受けるまで**は，抵当目的物の**全体を競売**にかけて残債権を回収することができる

> 抵当権は，被担保債権を回収するための担保であり，被担保債権の存在が前提だからです。

④ 物上代位性	抵当権の目的物が**他の財産権に生まれ変わった場合**に，**その財産権に抵当権の効力**が及ぶ

競売の対象となるのは，2,000万円の価値の不動産「全体」ですが，売却代金から債権者が優先的に回収できるのは，残債権である300万円です。

「③ **不可分性**」は，例えば，1,000万円の貸金債権の担保のために，債務者所有の2,000万円の不動産に抵当権を設定した場合において，債務者が**一部弁済**をして残債務が300万円になったとしても，その**残債務の弁済をしなければ**，**不動産全体を競売**にかけることができるというものです。

「④ **物上代位性**」は，例えば，**火災保険**がかけられた建物に抵当権が設定された後，その建物が火災によって**焼失**した場合，**建物の生まれ変わりである火災保険請求権**に，**抵当権の効力が及ぶ**というものです。

物上代位で抵当権を行使するには，「払渡し**前**」に差押えをしなければなりません。そのため，④の例でも，保険金が支払われる**前**に火災保険請求権の**差押え**をすることが必要となるのです。

第三取得者や後順位抵当権者との関係では，**被担保債権とは別に20年の消滅時効**にかかります。

なお，**抵当権**は，**債務者及び抵当権設定者**に対しては，その被担保債権と同時でなければ，**時効によって消滅しません**。抵当権は，**債権の担保のための権利**ですから，被担保債権が消滅時効にかかっていないのに，**抵当権だけが消滅時効にかかるのを防ぐ必要**があるからです。

（3）抵当権の効力が及ぶ目的物の範囲

抵当権の効力が及び，競売の対象となるものは，以下のものです。

① 建物と土地（抵当不動産）

抵当権の効力は，その目的である土地や建物（**抵当不動産**）に及びます。ただし，建物と土地は**別々の不動産**なので，**建物のみに設定した抵当権の効力は土地に及ばず**，逆に，**土地のみに設定した抵当権の効力は建物には及びません**。

例えば，土地に定着して取外しが難しい石垣や庭木，区分所有の対象とならない建物の増築部分等が，これにあたります。

② 付加一体物

抵当権の効力は，抵当不動産に付加して一体となっている物（**付加一体物**）に及びます。付加一体物とは，**不動産の構成部分**となって**独立性を失っている物**をいい，付加された時期にかかわらず（抵当権設定の**前後いずれ**であっても），抵当権の効力が及びます。

③ **従物・従たる権利**

抵当権の効力は，抵当権設定当時に存在した**不動産の従物**（ある物（主物）の効用を助ける独立した物）についても及びます。また，借地上の建物に抵当権を設定した場合における，借地権等の**従たる権利**についても及びます（判例）。

例えば，建物に対する畳や建具，土地に対する取外し可能な庭石等が，これにあたります。

④ **果実**

果実とは，物から生ずる**経済的な収益**のことをいい，**天然果実**と**法定果実**の２つがあります。

用語
天然果実：
自然から生み出される生産物（果物，野菜，米等）のこと
法定果実：
物の使用の対価（地代，賃料等）のこと

抵当権は，被担保債権の債務不履行後に生じた**抵当不動産の果実**に及び，抵当権者がその果実を収取できます。

（4）被担保債権の範囲（375条）

抵当権によって担保される被担保債権の範囲について，**元本は全額担保**されますが，**利息や遅延損害金**は，**満期となった**最後の２年分に限って**担保**されます。

利息や遅延損害金が最後の２年分に**限定**されるのは，一番抵当権者の利息や遅延損害金の担保範囲を**制限**することで，**後順位抵当権者**（順位の劣る抵当権者）や**他の債権者**を**一定の範囲で保護**するためです。したがって，後順位の抵当権者や他の債権者が存在しない場合や，債務者または抵当権設定者に対する関係では，２年分に限定されず**全額**が担保されます。

（5）抵当権と賃借権の関係

① **抵当権設定登記前の賃借人**（605条，177条）

抵当権設定登記「前」に土地や建物に**賃借権**が設定されていた場合，その賃借権に**対抗要件**が備わっていれば，賃借人は，**抵当権者や競売による買受人**に賃借権を対抗できます。

② **抵当権設定登記後の賃借人**（605条，177条，387条）

抵当権設定登記「後」の**賃借権**は，その期間の長短を問わ

ず，たとえ対抗要件を備えていたとしても，原則として，**抵当権者や買受人に対抗することができません。**

ただし，賃借権の登記前に抵当権の設定登記をした**すべての抵当権者が同意し**，かつ，その**同意の登記**があるときは，同意をした抵当権者に**対抗**できます。

③ **建物明渡し猶予制度**（395条）

抵当権者に対抗できない建物の賃借権であっても，競売手続開始**前**から建物を使用・収益する者等は，その建物の競売における買受人が買い受けた時から**6ヵ月を経過**するまでは，その建物を買受人に**引き渡す必要はありません。**

2 留置権（295条）

債権の弁済を受けるまでは目的物を返還しないとすることで，**相手方に弁済を促す機能**を持ちます。

留置権とは，他人の物の占有者が，その物に関して生じた債権を有している場合に，債権の弁済を受けるまで**その物の返還を拒むことができる権利**です。

例えば，Aが，自己所有のマンションの専有部分をBに賃貸している場合，賃借人Bがその専有部分に必要な修繕をしたとき，Bは，その**必要費の償還**を受けるまでは，Aに対し，**留置権**に基づいて，専有部分の**返還を拒む**ことができます。

留置権のポイントは，次のとおりです。

- 留置権は物権であるため，**誰にでも主張できる。**
  ➡**債務者**のみならず，留置権成立後の**目的物の譲受人**に対しても主張できる。
- 留置権は，目的物を留置するだけの権利であり，抵当権と異なり，**物上代位性がない。**
- **不動産の二重売買**（所有者AがまずBに，次にCに売却）で，**C**がBより**先に登記**を備えた場合，**B**は，Aに対する履行不能に基づく填補賠償請求権を保全するため，その不動産について**留置権を主張することはできない。**
- 留置権は，他人の物の占有者が「その物」に関して生じた債権を有するときに，その弁済を受けるまで「その物」を留置できる権利。

➡例えば，ＡＢ間で建物の賃貸借契約が終了し，賃借人Ｂが賃貸人Ａに対して造作買取請求権を行使した場合，**造作買取請求権による代金は「造作」に関する債権であって「建物」に関して生じた債権ではない**ので，Ｂは，**建物について留置権を主張できない。**

3　先取特権（303条）

先取特権とは，一定の債権者が，債務者の財産につき，**他の債権者に優先**して，自己の債権の弁済を受けることができる権利をいいます。

先取特権は，法律の定める一定の場合に当然に発生する**法定担保物権**であり，その成立に**当事者間の合意は不要**です。

（1）先取特権の種類と内容

先取特権には，次の３つがあります。

①　一般の先取特権（306条～310条）	債務者の総財産から優先弁済を受けられるもので，ア）**共益の費用**，イ）**雇用関係に基づく債権**（給料等），ウ）**葬式費用**，エ）**日用品の供給**を原因として生じる。
②　動産の先取特権（311条～324条）	債務者の所有する**特定の動産**から優先弁済を受けることができるもので，不動産の賃貸借等を原因として生じる。
③　不動産の先取特権（325条～328条）	ア）不動産「**保存**」の先取特権（修繕費等），イ）不動産「**工事**」の先取特権（新築・増改築費等），ウ）不動産「**売買**」の先取特権（代金・利息）の３つがある。

先取特権には，**優先弁済的効力**のほか，抵当権と同様に，**付従性・不可分性・随伴性・物上代位性**があります。もっとも，一般の先取特権については，その対象が債務者の総財産に及ぶとされているため，物上代位性は問題になりません。

「②　**動産の先取特権**」は，例えば，**賃借人が家賃を滞納**している場合，賃貸人は，**賃借人の動産を競売**し，その代金から他の債権者に**優先**して**滞納した家賃の弁済**を受けることができるというものです。もし，**賃借権の譲渡・転貸**が行われた場合は，賃貸

建物の賃貸人の動産の先取特権は，**賃借人がその建物に備え付けた動産**（家具，時計，建物に持ち込んだ金銭・有価証券・宝石等）について**成立**します。

人の先取特権は，**譲受人・転借人の動産**や，それらの者が受けるべき**金銭**にも及びます。

先取特権の**目的物**である動産を第三者に**譲渡し，引き渡した場合**には，**譲り受けた第三者を保護**するために先取特権の追及力は制限され，動産の先取特権を**行使できなくなります**。

「③ **不動産の先取特権**」は，例えば，マンションの建築に際し，注文者が代金を支払わない場合，請負人は，そのマンションを競売にかけ，その代金から他の債権者に優先して請負代金の弁済を受けられるというものです（**不動産工事の先取特権**）。

（2）先取特権の順位

一般の先取特権と特別の先取特権とが同時に成立（競合）する場合，原則として，**特別の先取特権**（動産先取特権，不動産先取特権）が**一般の先取特権に優先**します。

これは民法における一般的な取扱いの説明であり，区分所有法の先取特権（➡p.27参照）の取扱いとはやや異なります。

民法上，一般の先取特権のうち，**共益費用の先取特権**については，特別の先取特権を含めて，**その利益を受けた**すべての債権者に優先します。これは，**特別の先取特権者も共益費用で利益を受けている**といえるため，共益費用の先取特権に優先権を認めないと，特別の先取特権者が不当に利益を得ることになるからです。

不動産に関して，一般の先取特権と抵当権が**競合**する場合は，次のような**優先関係**になります。

（○：登記あり　×：登記なし）

抵当権の登記の有無	一般先取特権の登記の有無	優　劣
○	○	登記の先後による
○	×	抵当権が優先
×	○	一般先取特権が優先
×	×	一般先取特権が優先

4 質権

質権とは，債権者が，債権の担保として債務者や第三者から**提供を受けた物を占有**し，その物につき，他の債権者に**優先**して自己の**債権の弁済を受ける**ことのできる権利です。

質権には，動産を対象とする**動産質**，不動産を対象とする**不動産質**と債権を対象とする**債権質**があります。

質権の設定は「処分」行為にあたるため，区分所有者が専有部分または敷地利用権のどちらか一方にのみ質権を設定することは，専有部分と敷地利用権の**分離処分禁止の原則に抵触**し，原則として認められません。

3 人的担保

H27・28・R1・2・3

1 保証・連帯保証（446条，450条）

保証とは，債務を弁済すべき本人（主たる債務者）が債務を履行しない場合，**保証人**がその債務を**肩代わりして履行**する義務を負う仕組みです。

用語 主たる債務：保証債務によって保証される債務のこと。この主たる債務を有する者を**主たる債務者**といいます。

保証契約は，主たる債務者と保証人との契約ではなく，「**債権者と保証人**」との契約です。

保証契約は，「債権者と保証人」の間の契約であるため，**主たる債務者の保証人に対する委託（保証委託）がなくても成立**します。したがって，例えば，Aがマンションの購入資金をB銀行から借り受け，当該債務について，Aの姉CがBとの間で，**Aの委託を受けずに連帯保証契約**を締結した場合であっても，Cは，**Aの委託がないことを理由に，本件保証契約を取り消すことはできません。**

なお，保証契約は，その重大性から，書面またはその内容を記録した**電磁的記録**でしなければ，**効力を生じません**。

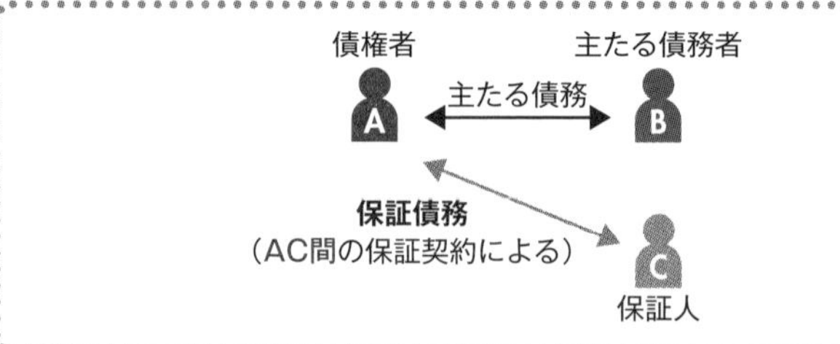

保証人には**誰でもなれます**が，契約等により主たる債務者が保証人を立てる義務があるときは，適切な保証人を立てなければならず，その場合は，保証人に**弁済の資力**があり，かつ，**行為能力者**であることが求められます。

付従性と**随伴性**は，**抵当権**で学習した内容と同様です。
➡ P.345 参照

（1）保証債務の性質

保証債務には，**付従性・随伴性・補充性**があります。

補充性とは「**主たる債務が履行されない場合にのみ**，保証債務が機能する」という性質で，その内容は，次のとおりです。

催告の抗弁権	債権者が，**主たる債務者に催告せずに直接保証人に請求**した場合，保証人は「まず主たる債務者に催告せよ」と主張できる権利
検索の抗弁権	債権者が主たる債務者に催告をした後であっても，保証人は「主たる債務者に弁済の資力があること」及び「強制執行が容易であること」の２点を証明すれば，「まずは主たる債務者の財産を検索して執行せよ」と主張できる権利

主たる債務と保証債務は**別々の債務**であり，契約当事者も異なるので，**保証債務についてのみ，違約金または損害賠償の額に関する特約**をすることは**可能です**。

（2）保証債務の範囲（447条，448条）

保証債務には，主たる債務のほか，**利息**，**違約金**，**損害賠償**等が含まれます。もっとも，主債務に対する付従性から，例えば，主たる債務が100万円なのに保証債務は150万円とする等，**保証債務を主たる債務よりも重い責任とすることはできません**。

- **保証人の負担**が債務の目的・態様において**主たる債務より重いとき**は，主たる債務の限度に減縮されます。
  ➡上記の例で，保証人の債務を150万円としても，主債務と同じ100万円に縮減されます。
- **主たる債務**の目的・態様が**保証契約の締結後に**加重されたときであっても，保証人の負担は加重されません。

(3) 主たる債務者について生じた事由の効力（457条）

主たる債務者について生じた事由の，保証人に対する効力は，次のとおりです。

- **主債務者**に対する履行の請求等による**時効の完成猶予・更新**は，**保証人に対しても効力**を生ずる。
  ➡逆に，**保証人**に対する履行の請求等による**時効の完成猶予・更新**は，主債務者に効力を生ずる旨の別段の意思を表示しない限り，**主債務者に対して効力を生じない**。
- 主債務者の債務が**時効消滅**した場合，**主債務者**が時効の利益を**放棄**しても，**保証人**は自ら主債務者の債務の消滅時効を援用し，**保証債務を免れる**ことができる。
- 保証人は，**主債務者が主張することができる抗弁**（＝相殺の抗弁，同時履行の抗弁等）をもって債権者に対抗できる。
- 主債務者が債権者に対して**相殺権・取消権・解除権**を有する場合，これらにより**主債務者が債務を免れるべき限度**で，保証人は，債権者に対して**債務の履行を拒むことができる**。

レベルUP!!

保証人は，主債務者自身ではないため，**主債務者の有する相殺権・取消権・解除権を「処分（＝自ら行使）」する権限はありません**。そのため，保証人は，あくまで主債務者が債務を免れるべき限度で**履行拒絶権**を有するにとどまります。

(4) 連帯保証

連帯保証とは，主たる債務者と連帯してその債務を保証する仕組みをいいます。連帯保証も保証の一種ではありますが，通常の保証（単純保証）とは，主に次の点で異なります。

単純保証において**保証人が複数**いる場合には，**分別の利益**（頭割りでの保証）がありますが，連帯保証では，連帯保証人が複数いても，**連帯保証人に分別の利益はありません**。そのため，連帯保証人が複数いる場合，連帯保証人全員が，それぞれ**全額について保証債務を負う**ことになります。

> ① **連帯保証人には，催告の抗弁権・検索の抗弁権がない**（補充性がない）。
>
> ② **分別の利益がない**。

旧民法では，連帯債務者の規定の準用により，連帯保証人に履行の請求があった場合には，主債務者に対してもその効力（＝例えば，旧民法における時効の中断効）が生ずるとされていました。
しかし，**改正民法**では，そうした履行の請求があったことを当然には知らない主債務者が予想外の損害を被る可能性があることを考慮して，**次のようなルール**に変わりました。

> ① **連帯保証人に対する履行の請求**は，**主債務者に対して効力を生じない**。
>
> ② **債権者と主債務者が**別段の**意思を表示**していた場合には，**連帯保証人に生じた事由**（履行の請求や時効の完成等）**の主債務者に対する効力**は，**その意思に従う**（＝主債務者にも効力を生ずる）。

(5) 保証人の求償権

① 委託を受けた保証人の求償権

委託を受けた保証人は，既にその債務が弁済期にあるとき等は，主たる債務者に対して，あらかじめ，求償権を行使することができます（**事前求償権**）。

保証人が**主たる債務者の委託を受けて保証**をした場合に，**保証人**が主たる債務者に代わって**弁済**その他**自己の財産をもって債務を消滅させる行為**をしたときは，その保証人は，主たる債務者に対して求償権を有します。

② 委託を受けない保証人の求償権

主たる債務者の**委託を受けずに保証**をした者が**弁済**その他**自己の財産をもって主たる債務者の債務を免除させた**ときは，主たる債務者は，その当時利益を受けた限度において償還をしなければなりません。また，主たる債務者の**意思に反して保証**をした者は，主たる債務者が現に利益を受けている限度においてのみ求償権を有します。

（6）情報提供義務

主債務者の委託を受けて**保証人**になった場合には，保証人は，債権者に対して，**主債務についての支払の状況に関する情報の提供**を求めることができます。

例えば，賃借人から委託を受けて**保証人**となった場合，保証人は，賃貸人に対して，**賃料の支払状況に関する情報**を求めることができます。

（7）個人根保証契約

① 個人根保証契約とは

一定の範囲に属する**不特定の債務を主たる債務とする保証契約**を「根保証契約」といい，そのうち**保証人が法人でないもの**を「個人根保証契約」といいます。

このルールは，改正民法が施行された**令和2年4月1日以降**に締結された契約に適用されます。

例えば，個人が**保証人**となる「**不動産の賃貸借に関する賃借人の一切の債務を保証する**」といった内容の保証契約がこれに該当します。

② 個人根保証契約と極度額

極度額とは，**保証の上限となる額**のことです。個人根保証契約では，極度額に関し，次のルールが設けられています。

- **極度額（上限額）の定めのない個人根保証契約**は「**無効**」。
- **極度額の定めは，書面（又は電磁的記録）でしなければならない。**

「法人」が**保証人**となる場合は，極度額の定めがなくても**有効**です。

10 債権の担保

個人が根保証契約を締結して保証人となった場合，**主債務の金額が未定**であるため，将来，**保証人が想定外の債務**を負うことになる**リスク**があります。そのため，このようなルールが設けられました。

③　個人根保証契約の元本確定事由

個人根保証契約においては，次の**元本確定事由**が生じた場合，**その後に発生する主債務が保証の対象外**となります。

> a）債権者が保証人の財産について**強制執行や担保権の実行**を申し立てたとき
>
> b）保証人が**破産手続開始の決定**を受けたとき
>
> c）主債務者又は保証人が**死亡**したとき

2　契約の当事者が複数となるその他の場合

（1）分割債権・分割債務（427条）

1つの債権・債務について複数の当事者がいる場合，各債権者または各債務者は，原則として，それぞれ**等しい割合で権利を有し**，義務を負います。

具体例

①　**分割債権**

A·B·Cの3人で**共有**している不動産を3,000万円でXに**売却**する場合，Xに対する代金債権は，原則としてA・B・C間で分割され，各自は1,000万円に**分割された代金債権を取得**します（分割債権）。

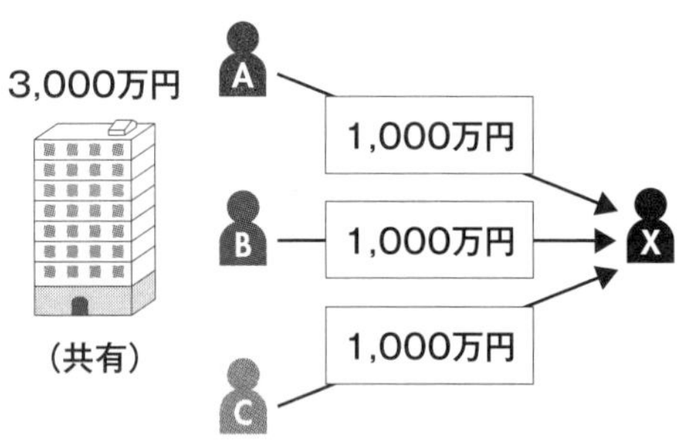

②　**分割債務**

区分所有者が**管理費等を滞納したまま死亡**し，**相続人が複数**いる場合，滞納管理費等の債務は，**相続分に応じて**相続人に**分割して帰属**します（分割債務）。

(2) 不可分債権・不可分債務

① 不可分債権(428条)

複数の債権者がいて，債権の目的が，その性質上分割できない場合を，**不可分債権**といいます。

例えば，A・Bが，ある専有部分を分譲業者Xから共同で購入した場合，A・BのXに対する引渡請求権は，性質上**分割できません。**Aに部屋の半分だけを引き渡す，ということが物理的に不可能だからです。

不可分債権関係では，**各債権者**は，それぞれ**単独で**すべての債権者のために**全部または一部の履行の請求**をできます。

また，**債務者**は，債権者のいずれかに対して履行をすることができます。

いずれか1人の債権者に履行をすれば，債務を免れます。

② 不可分債務(430条)

複数の債務者がいて，**債務の目的**が，その性質上**分割できない場合**を，**不可分債務**といいます。

例えば，A・Bで**共有している専有部分**について生じた**管理費等の支払債務**は，本来的には分割できる金銭債務ですが，共用部分の利用という一体化した不可分の利益の対価であるため，**債務自体が性質上「不可分」**と扱われます。

不可分債務では，債権者は，債務者の**1人に**，または同時・順次に**すべての債務者**に，**全部・一部の履行**を請求できます。

なお，マンションでは，**共有している専有部分の管理費等の支払債務**のほかに，次のものが不可分債務とされています。

- **専有部分を数人で共同して賃借する場合（共同賃借人）における，賃貸人に対する賃料債務**
- **共有する専有部分を賃貸する場合における，賃借人に対する専有部分の引渡債務**

(3) 連帯債権(432条)

連帯債権とは，**債権**の目的がその**性質上可分**である場合におい

連帯債権は，**債権者の数に応じた数個の独立した債権**です。
そのため，**原則**として，一人の債権者に生じた事由は**他の債権者に影響しません**（相対効）。
もっとも，**履行の請求や弁済**等の一定の事由は，**すべての債権者に効力**を生じます（絶対効）。

て，**法令の規定**または**当事者の意思表示**によって**数人が連帯して有する債権**のことです。

各債権者は，全ての債権者のために**全部または一部の履行を請求**することができ，**債務者**は，全ての債権者のために**各債権者に対して履行**をすることができます。

連帯債務者は，債権者に対してそれぞれ独立して債務を負うため，連帯債務者の一人について法律行為の無効・取消しの原因があっても，他の連帯債務者の債務は，その効力を妨げられません。

（4）連帯債務（436条）

連帯債務とは，**債務**の目的がその**性質上可分**である場合において，**法令の規定**又は**当事者の意思表示**によって**数人が連帯して負担する債務**のことです。

具体例

マンションを共同で購入するため，A・Bの2人が**連帯**してX銀行から2,000万円を**借り入れ**た場合，A・BはX銀行に対して，**各自2,000万円全額の支払義務**を負います。

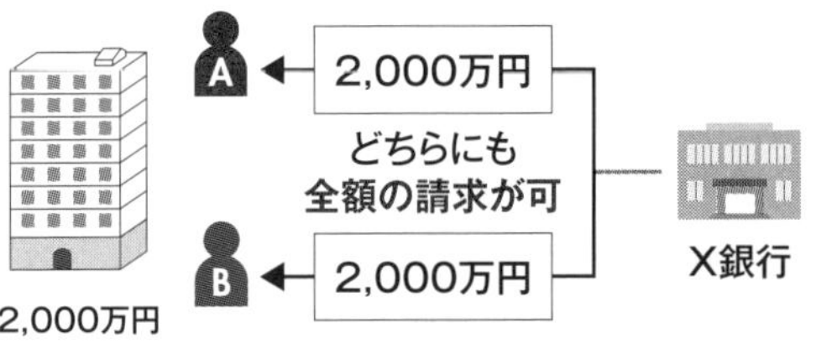

債権者は，連帯債務者のうちの**1人**に，または同時・順次に**すべての連帯債務者**に対し，**全部・一部の履行**を請求できます。

連帯債務者の1人に生じた事由は，原則として，**他の連帯債務者に影響しません**（相対効）。

しかし，**以下の事項**については，例外として，**他の連帯債務者に影響します**（絶対効）。

① **債務の履行（弁済）**

② **更改**（旧債務を消滅させ，新債務を発生させる契約）

③ **連帯債務者の1人が自己の有する反対債権で行う相殺**

④ **混同**（債務者が債権者を相続した場合のように，債権者の地位と債務者の地位が同一人に帰属すること）

なお，**旧民法**では，「**連帯債務者の一人に対する請求**」は**絶対効**の対象とされていましたが，**改正民法**では，**相対効**に変わりました。したがって，「**連帯債務者の一人に対する請求**」をしても，**他の連帯債務者には影響しません。**

こうした履行の請求があったことを当然には知らない**他の連帯債務者が予想外の損害を被る可能性があることを考慮**する必要があると考えられたためです。

また，同じく**旧民法で絶対効**とされていた「**連帯債務者の１人が他の連帯債務者の有する反対債権で行う相殺**」は，**改正民法**では，反対債権を有する連帯債務者が相殺を援用しない間，その連帯債務者の**負担部分の限度**で，他の連帯債務者が**債務の履行を拒絶できることとされました。**

他人の債権を直接相殺に供するのは，**他人の財産管理権に対する過剰な介入**だと考えられたためです。

連帯債務者は，**債権者に対しては，各自がそれぞれ全額の負担**をします。しかし，**連帯債務者同士の間**では，**内部的に，お互いがどの程度の負担をするか別に決める**ことができ，これを「**負担部分**」といいます。

連帯債務者の一人が弁済をするなどして**共同の免責**を得たときは，**免責を得た額が自己の負担部分を超えるかどうかにかかわらず**，他の連帯債務者に対し，その免責を得るために支出した財産の額（その財産の額が共同の免責を得た額を超える場合にあっては，その免責を得た額）のうち**各自の負担部分に応じた額の求償権**を有します。

+1点! この求償には，弁済等による免責があった日以後の法定利息や，避けることができなかった費用その他の損害の賠償が含まれます。

なお，連帯債務者の中に償還をする**資力のない者**があるときは，その**償還をすることができない部分**は，**各自の負担部分に応じて分割して負担**します。ただし，弁済等をした連帯債務者が速やかに求償していれば回収できたのに，長らく放置していたために連帯債務者の一人が無資力になった場合など，償還を受けられないことについて**求償者に過失**があるときは，他の連帯債務者に対して**分担を請求できません。**

例えば，ＡＢＣが連帯債務者としてDから900万円を借り受け（負担部分は平等），Aが600万円を弁済したもののB**に資力がなかった**場合，Bから200万円の償還を受けられないことにつきA**に過失がなければ，**A**は**C**に対して，**（Bから求償を受けられない分のCの分担分である100万円を足した）**300万円**を求償できます。
他方，逆にBから償還を受けられないことにつきA**に過失があれば，**B**の200万円**について**C**に分担を求めることはできず，**A**が**C**に求償できるのは**200万円の限度にとどまります。

コレが重要!! 確認問題

❶ Aが甲マンションの101号室を購入するに際してB銀行から融資を受け，AがBのために同室に抵当権を設定しその登記がなされていた場合について，次のア～ウは正しいか誤りか。過 H20

ア この場合，AのBに対する債務が消滅すれば，Bの抵当権の登記が抹消されていないときでも，Aは，当該抵当権の消滅を第三者に対抗することができる。

イ この場合，Aが101号室をCに売却するときは，Cは，Bの承諾を得ることなく同室の所有権を取得することができる。

ウ この場合，AのBに対する債務について連帯保証をしたDの保証債務は，Bから，AのBに対する債務が消滅した旨の通知がDに到達したときに消滅する。

❷ Aは甲マンションの201号室を所有しているが，Aは201号室を購入するにあたり，E銀行から融資を受け，同室にはE銀行のために抵当権が設定されその旨登記された。Aが融資金の返済を遅滞したため，E銀行はその抵当権に基づいて同室の競売手続をとった。この手続において，管理組合は，Aの滞納管理費分の金額について抵当権者に優先して配当を受けることができる。過 H23

❸ Aが，甲マンションの301号室の購入に際してB銀行から融資を受け，同室にBの抵当権を設定し，その旨の登記がなされた場合，301号室の一部が火災により損傷し，Aが火災保険金を受け取ることができる場合，Bは，当該火災保険金請求権を差し押さえてこれを行使することができる。過 H25

❹ 債権者Bが連帯保証契約に基づいて債務の履行を連帯保証人Cに対して請求した場合に，Cは，主債務者Aに弁済をする資力があり，かつ，Aの財産に対する執行が容易であることを証明することによって，Bの請求を拒むことができる。過 H28

❺ A及びその弟Bが，甲マンションの301号室の区分所有権を各$\frac{1}{2}$の割合で共有している場合，甲マンションの管理者は，A又はBのいずれに対しても，301号室の管理費の全額を請求することができる。過 H20

答 ❶ア○ イ○ ウ×：保証債務の付従性により，主たる債務が消滅した時点で，保証債務も消滅する。 ❷×：滞納管理費に関する先取特権は，一般の先取特権であるので，登記された抵当権には対抗できない。 ❸○ ❹×：連帯保証人には検索の抗弁権はない。 ❺○

10 債権の担保

頻出度 B

債権の消滅

- 弁済の効果と第三者による弁済
- 相殺の要件と効果

1 弁済

H28・30・R4

> 弁済によって，債務者は債務を免れます。

弁済（べんさい）とは，例えば，債務者が借りていた金銭を返済する等，債務者が債務の本旨（契約の内容）に従って給付をすることをいい，「**履行**」と同じ意味です。債務者が債権者に対して**債務の弁済**をしたときは，**その債権**は消滅します。

1　第三者による弁済（474条）

弁済は，**債務者以外の**第三者でも行うことができます。債権者は通常，弁済を受けられればそれでよいからです。

しかし，弁済をするについて**正当な利益を有しない第三者**は，**債務者の意思に反して弁済できません**。債務者自身が他人の恩義を受けることを望まないならば，**債務者の意思を尊重**する必要があるからです。

もっとも，債務者の意思に反することを債権者が知らないで受領することもありえます。そこで，**債権者の保護**を図るため，**債務者の意思に反する**ことを**債権者が知らなかったときは，有効な弁済となります**。

> 債権者の意思に反する弁済は**無効**となります。

また，債務者からの弁済を希望する**債権者の意思を尊重**するため，弁済をするについて**正当な利益を有しない第三者**は，原則として，**債権者の意思に反して弁済できません**。

ただし，第三者が**債務者の委託を受けて弁済**をする場合において，それを**債権者が**知っていたときは，**弁済は**有効です。

なお，次の場合には，第三者の弁済は**無効**です。

① その債務の**性質**が第三者の弁済を**許さない**とき

② 当事者が第三者の弁済を**禁止・制限**する旨の**意思表示**をしたとき

本試験と直接のかかわりは薄いですが，①に該当するものとして，**債務が一身専属的**であるもの，例えば，名優の演技や，労働者の労働等が挙げられます。

2 弁済の充当（488条，489条）

弁済の充当とは，同一の債権者に同種の複数の債務がある場合において，債務全額に**足りない**給付をしたときに，それが**どの債務に充てられるか**に関する制度です。

この点，弁済者と弁済受領者との間に**弁済の充当の順序に関する合意があるとき**（例えば，規定に充当の順序の定めがある等）は，**合意した順序で弁済を充当**します。これに対し，その合意がない場合は，以下の（1）～（3）によります。

（1）指定充当

債務者が，同一の債権者に対して同種の給付を目的とする**数個の債務**を負担する場合に，弁済として提供した給付がすべて**の債務を消滅させるのに足りない**とき（後述（3）は除く）は，**弁済をする者は**，給付の時に，その弁済を**充当すべき債務を指定**することができます（「**指定充当**」）。

また，弁済をする者がこの**充当の指定をしない**ときは，**弁済を受領する者**は，その**受領の時**に，その弁済を**充当すべき債務を指定**することができます。ただし，弁済をする者がその充当に対して直ちに**異議**を述べたときは，例外となります。

例えば，区分所有者Aが，①1月分の管理費等3万円と②2月分の管理費等3万円の**合計6万円を滞納**しているとします。

少し払えるお金ができ，Aが**4万円**を管理組合に支払った場合，6万円**全額の弁済には足りない**ため，**充当（指定充当）の問題**が生じます。
その際は，まず，①または②のどちらに充当するかを**Aが指定**できます。もしAが充当の指定をしない場合には，**管理組合が指定**をすることができます（ただし，管理組合が指定をした後，Aが**直ちに異議**を述べた場合には，**Aの指定**によります）。

（2）法定充当

弁済をする者及び弁済を受領する者のどちらも**弁済の充当の指定をしない**ときは，次の①～④の**順で**その弁済を**充当**します（「**法定充当**」）。

① 債務の中に，弁済期にあるものと弁済期にないものとがあるときは，**弁済期にあるものから先に充当**する。

② すべての債務が弁済期にあるとき，または弁済期にないときは，**債務者にとって弁済の利益が多いものから充当**する。

③ 債務者にとって弁済の利益が相等しいときは，**弁済期が先に到来したもの**，または先に到来すべきものから**充当**する。

④ ②の「弁済の利益」および③の「弁済期」が**相等しい**債務の弁済は，**各債務の額に応じて充当**する。

（3）元本・利息・費用を支払うべき場合の充当

債務者が1個または数個の債務について**元本のほか利息及び費用を支払う場合**に，弁済をする者がその**債務の全部を消滅させるのに足りない給付**をしたときは，**費用➡利息➡元本の順に充当**しなければなりません。

したがって，例えば，**賃料の不払分**（**10万円**）と**遅延損害金**の支払の催告に対して，賃借人が賃貸人に10万円しか支払わなかった場合，充当についての合意がなく，かつ，両者のどちらからも充当の指定がないときは，賃借人の支払った10万円は，**まず遅延損害金に充当**され，次に**残額が賃料元本に充当**されることになります。

用語 供託所：
供託される金銭・有価証券を保管し，供託事務を取り扱う国の機関（役所）のこと。法務局・地方法務局またはそれらの支局・出張所が該当します。

3　供託（494条）

供託とは，例えば，弁済を受領する等の債権者の協力が得られない場合に，国の機関である**供託所**に金銭等を預けることによって**弁済したのと同様の効果**を生じさせ，**債務者の債務を免れさせる**制度です。

弁済者は，次の場合には，債権者のために弁済の目的物を**供託**できます。この場合，弁済者が供託をした時に，**その債権は消滅**します。

① **弁済の提供**をしたが，債権者がその**受領を拒んだ**とき。
② 債権者が**弁済を受領することができない**とき。
③ 弁済者が**債権者を確知することができない**とき。
　※③は，弁済者に過失があるときは供託不可。

弁済の目的物・代金が**供託**された場合には，**債権者**は，**供託物の還付**を請求できます。
なお，債務者が債権者の給付に対して弁済をすべき場合には，債権者は，その**給付**をしなければ，供託物を受け取ることができません。

4　弁済による代位（499条）

第三者が債務者の債務の弁済を行った場合，肩代わりをして弁済した第三者は，**債務者に求償**することができます。その際，弁済をした第三者を保護するため，債権者が有していた債権や抵当権等の担保権をその**第三者に移転**させ，**債権者に代わって行使**することが認められています。これを「**弁済による代位**」といいます。

弁済による代位には，弁済者が弁済の**正当な利益を有する**場合である「**法定代位**」と，**それ以外**の場合である「**任意代位**」の2つの種類のものがあります。

「弁済の正当な利益を有する」とは，例えば，保証人等が弁済するような場合です。

法定代位と任意代位の違いは，**弁済の正当な利益の有無**と，代位を債務者や第三者に主張するための**対抗要件の要否**です。

種類	弁済の正当な利益	対抗要件の要否
法定代位	あり	不要
任意代位	なし	必要 （債権譲渡と同様）

2 相殺

H30

相殺とは，２人の者が相互に金銭債務等を負っている場合に，片方からの**一方的な意思表示**によって，**対当額**で互いの債権・債務を消滅させる制度です。

▶ 具体例 AがBに，マンションを売却した際の1,200万円の代金債権を有し，他方，BがAに，1,000万円の貸金債権を有する場合に，A（またはB）は，**一方的に1,000万円を限度**として，**自己の債務を消滅させる**ことができます。

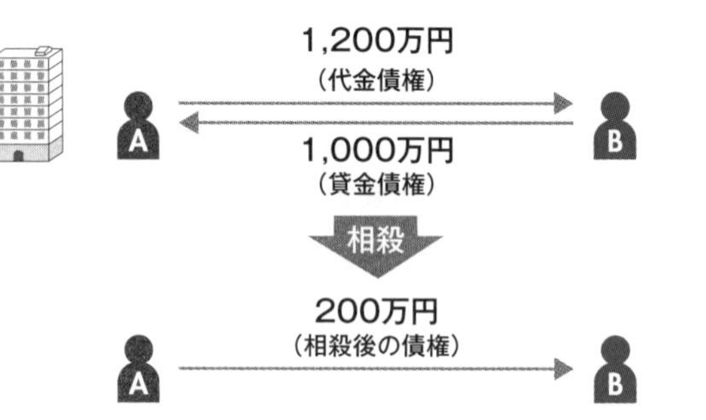

1 自働債権と受働債権

相殺を**する側**の債権を**自働債権**，相殺を**される側**の債権を**受働債権**といいます。

自働債権と受働債権は，相殺を「**する側**」から見て**相対的に決まります**。

- AがBに債権αを有し，BがAに債権βを有する場合に，「**Aが**」**相殺**をするのであれば，**債権α**が自働債権，**債権β**が受働債権となります。
- 逆に「**Bが**」**相殺**をするのであれば，**債権β**が自働債権，**債権α**が受働債権となります。

2 相殺の要件（505条）

相殺をするには，次の事由の**すべて**に該当し，相殺に適する状態（**相殺適状**）にあることが必要です。

① 両債権が対立していること	原則として，相殺者と被相殺者（相殺される者）とが，**相互に相手方に対して有する債権**であること。
② 両債権が同種の目的を有すること	● 例 両債権ともに，金銭の交付を目的とするものであること。 ● 「金銭の交付」と「物の引渡し」といった，異なる目的を有する場合には**不可**となる。
③ 双方の債務が弁済期にあること	● **原則**として，自働債権と受働債権の弁済期が共に到来していることが必要。 ● ただし，**相殺者**は，自ら**期限の利益**（＝弁済期までは支払いを猶予される利益）を放棄できるため，受働債権（＝相殺者の債務）が弁済期になくても相殺可。 ➡逆に，自働債権が弁済期にないと，**被相殺者の期限の利益を奪う**ことになるため，自働債権は弁済期にあることが必要。
④ 債務の性質が相殺を許さないものではないこと	**自働債権に抗弁権**（同時履行の抗弁権等）がついている場合は，相手の抗弁権を奪うことになるので，**相殺できない**（判例）。

3 相殺できない場合

相殺は，次の事由の**いずれか**に該当する場合は，することができません。

②の「**悪意**」は，故意では足りず，積極的な意欲（＝害意）まで求める概念です。

① 当事者間に**相殺禁止・制限特約**があるとき

➡第三者がこれを**知り**，または**重大な過失によって知らなかった**とき（＝第三者が悪意，または善意・重過失）に限り，その第三者に**対抗可**。

② **受働債権**が，悪意による**不法行為に基づく損害賠償の債務**であるとき

③ **受働債権**が，**人の生命・身体の侵害による損害賠償の債務**であるとき

④ **自働債権**が**受働債権の差押え**「**後**」**に成立**した場合　　等

②・③について：要するに，「加害者の側から」の**相殺は認められない**ということです。不法行為による損害賠償は，被害者救済のため現実に支払われるべきだからです。そのため，逆に「自働債権」が不法行為によって発生した債権である場合の相殺（「被害者の側から」の相殺）は，認められます。

コレが重要!! 確認問題

❶ 甲マンションの管理組合（管理者Ａ）は，区分所有者Ｂが管理費を５ヵ月分滞納していたため，Ｂに対して，何度も支払を督促していたところ，ある日，第三者Ｃから，「Ｂの管理費債務については，滞納分も将来分も，すべて私の方でその支払を引き受けることになりましたので，本日以降は私に請求してください。なお，この文書を受け取った旨を管理組合名で速やかにご通知ください」という内容証明郵便が到着した。この場合，Ｃ自らが弁済してＢの滞納管理費債務を消滅させることについて利害関係を有する場合，Ｃが同人の名義で滞納管理費をＡの管理費収納口座に振り込んだときは，Ａは，それを拒絶してＢに支払を求めることはできない。過 H21

❷ 区分所有者Ａの子Ｂ（40 歳）が，Ａの滞納分の管理費額を管理組合の事務所に持参してきたので，理事長はこれを受領した。翌日，Ａもこれを喜んでいる旨を管理組合に告げてきた。ところが，その後，ＡとＢが仲違いし，Ｂは，管理組合に対してＢが支払った管理費の返還を請求している。このとき，管理組合は返還に応じなければならない。過 H23

❸ Ａは，その所有する甲マンションの 101 号室を，敷金を 24 万円，月額賃料を８万円として，法人であるＢ社に賃貸し引き渡したが，Ｂ社が初めて１ヵ月分の賃料の支払いを失念したため，Ｂ社に対し，相当の期間を定めて１ヵ月分の賃料及びこれに対する遅延損害金の支払いを催告するとともにその支払いが無い場合には契約を解除する旨の意思表示をした。Ａの催告後，「相当の期間」が経過する前に，Ｂ社が８万円をＡに支払ったとき，Ａ及びＢ社間において充当についての合意がなく，かつ，両者のいずれからも充当の指定がない場合には，Ｂ社の支払額は，まず遅延損害金に充当され，残額が賃料元本に充当される。過 H28

❹ Ａが甲マンションの 101 号室の購入に際してＢ銀行から融資を受け，同室に抵当権の設定登記がされた。Ａの連帯保証人Ｃは，その融資の残額の全額をＡに代わって弁済した場合，ＢがＡに対して有していた債権及び抵当権を行使することができる。過 H18

❺ Ａがその所有する甲マンションの 101 号室を，賃料を月額 10 万円としてＢに賃貸し，これを使用中のＢが，Ａに対し，５月分の賃料 10 万円の支払を怠った場合において，ＡがＢに対して不法行為を行った結果，ＢがＡに対する悪意による不法行為に基づく損害賠償債権 30 万円を有しているとき，Ｂは，Ａに対し，損害賠償債権 30 万円のうち 10 万円と 101 号室の５月分の賃料 10 万円とを相殺することはできない。過 H30

答 ❶○　❷×：Ｂの支払は，弁済時にＡの意思に反せず，第三者弁済として有効であったため，後から返還に応じる必要はない。　❸○　❹○　❺×：加害者側からの相殺はできないが，被害者側からの相殺は認められる。

第12章　頻出度 S

不法行為等

- 一般の不法行為
- 工作物責任
- 使用者責任
- 事務管理

1 不法行為責任　H26・27

例えば，うっかり風呂の水をあふれさせ，階下の住居を水浸しにしてしまったマンションの住人は，階下の住民に生じた損害を賠償しなければなりません。**不法行為責任**とは，このように，わざと（**故意**），またはうっかりして（**過失によって**）他人の権利等を侵害した加害者に対し，**被害者に生じた損害を賠償する責任**を生じさせる仕組みをいいます。

胎児は，**損害賠償の請求権**については，既に生まれたものとみなされます。

不法行為責任は，当事者の契約関係の有無を問わず生じます。

- 管理組合と管理会社との間で生じた事案等，当事者間に**契約関係がある**場合には，債務不履行責任と不法行為責任は，それぞれ別々に生ずる問題となります。
- 無関係の私人間で生じたトラブル等，当事者間に**契約関係がない**場合は，原則として不法行為責任のみが問題となります。

2 一般の不法行為の成立要件と損害賠償の方法等　H26・27・28

一般の不法行為とは，次の「**3 特殊の不法行為**」（使用者責任や工作物責任等）**以外**の，不法行為の原則的な形態のことです。

（1）成立要件（709条）

一般の不法行為責任が成立するには，次の要件が必要です。

① 加害者に故意または過失がある	わざと（故意）・うっかり（過失）
② 加害者が他人の権利を違法に侵害した	適法であると主張し得る正当防衛等の事情がなく，他人の権利を侵害した
③ 被害者に損害が発生した	財産的な損害（治療費，修繕費等）や精神的な損害（慰謝料等）等，現実の損害が発生した

④ 加害行為（②）と損害（③）の間に因果関係がある	③の損害が②を原因として発生した
⑤ 加害者に責任能力がある	加害者に，自己の行為の責任を弁識する能力（責任能力）がある

損害が発生しても，**加害行為を原因とするものでなければ**，不法行為責任は**発生しません**。

この**責任能力**は，だいたい**10歳〜12歳くらいまでに備わる**ものとされています（判例）。

●**未成年者**の中にも**責任能力がある者**と**ない者**とがいることになりますが，加害者に**責任能力がない**ときは，その加害者（責任無能力者）自身は**不法行為責任を負いません**。この場合は，例えば，**親権者（親等）**をはじめ，責任無能力者を監督する法定の義務を負う者（**監督義務者**）等が，原則としてその**損害を賠償する責任を負います**。

+1点! 保育士等，監督義務者に代わって責任無能力者を監督する者（**代理監督者**）も，**同様の責任**を負います。

（2）損害賠償の方法（722条，723条）

不法行為による損害賠償は，原則として金銭の支払いによって行います（**金銭賠償主義**）。ただし，他人の**名誉を毀損**（きそん）した者に対しては，裁判所は，被害者の請求により，損害賠償に代えて，または損害賠償とともに，**名誉を回復するのに適当な処分**（謝罪文の掲示や謝罪広告等）を命ずることができます。

不法行為責任の追及では，金銭や名誉回復**以外**の，例えば被害者が加害者に**履行の追完（修補等）を求める**等は，できません。

不法行為に基づく損害賠償請求権は，損害が発生すると同時に被害者が加害者に行使できるため，**履行期**は「**不法行為がなされた時点**」となります。したがって，加害者の賠償義務は，**不法行為の時点から**履行遅滞となり，その時点以降の遅延損害金についても，あわせて請求することができます。

（3）過失相殺（722条）

損害の発生について**被害者側にも過失**があった場合，裁判所は，これを考慮して，**損害賠償の額を減額する等の措置**をとることができます。

債務不履行の場合と異なり，**不法行為における過失相殺**は，裁判所が**任意**に過失相殺をするかしないかを決することができます。

過失相殺は，加害者と被害者との間で**損害を公平に分担**するための制度です。したがって，「**被害者側の過失**」には，例えば，直接の被害者が幼児である場合の親等，被害者と身分上・生活関係上一体の関係にある者の過失も含まれます。

（4）不法行為による損害賠償請求権の消滅時効（724条，724条の2）

不法行為による損害賠償の請求権は，次の場合には，**時効**によって**消滅**します。

① **被害者**またはその**法定代理人**が**損害及び加害者を知った時から**「3年間」行使しないとき。

➡**人の生命・身体を害する不法行為**の損害賠償請求権の場合は，**損害及び加害者を知った時から**「5年間」

② **不法行為の時**から **20年間**行使しないとき。

不法行為の損害賠償請求に関する**消滅時効の起算点**は，被害者が，**損害と加害者の「両方」を知った時から**です。
ここで，例えば，区分所有者Aがマンションのベランダに干していた布団を誤って落下させ，自転車に乗っていたBに当たり，①**財産損害（Bの自転車の破損：時効期間3年）**と②**身体損害（Bのケガ：時効期間5年）**が発生した場合を考えてみましょう。
事故時にAが加害者であると判明していれば，「**損害**」と「**加害者**」**の双方が事故時に判明**しているため，①・②の不法行為に基づく損害賠償請求権に関する消滅時効の**起算点**は，**いずれも**「事故発生時（からそれぞれ3年と5年）」です。
もっとも，仮にBに**後遺症**が残り，その**症状固定の診断が事故の3か月後**であったという場合には，（「加害者」は既に分かっていますが）「**損害**」**を知ったのは症状固定の診断時**となるため，②**の身体損害に関する起算点**は，「診断時（から5年）」となります。

3 特殊の不法行為

H26・28・29・R2

1 使用者責任（715条）

使用者責任とは，事業のために他人を使用する**会社等**が，**被用者（従業員等）がその事業の執行について第三者に加えた損害を賠償する責任**のことです。例えば，管理会社の従業員が，業務を行うに際し管理組合に損害を与えた場合，使用者である管理会社は，その損害を賠償する責任を負います。

+1点! 使用者に代わって事業を監督する者（代理監督者）がいる場合，その者も**同様の責任**を負います。

（1）成立要件

使用者責任が成立するには，**次の要件がすべて必要**です。

① 使用者が，ある事業のために他人を使用していること	使用者と被用者との間に，「**使用関係（事実上の指揮監督関係で足りる）**」があること
② 被用者が，その事業の執行につき（業務上で）不法行為を行ったこと	職務**外**でまったくの**私的**に不法行為を行った場合は，この要件は**充足されない**。
③ 被用者と第三者との間に，一般不法行為が成立すること	使用者責任は，使用者が被用者の不法行為責任を肩代わりする「**代位責任**」の性質を有することから，**被用者自身に一般不法行為が成立**しなければならない。
④ 使用者に免責事由が認められないこと	使用者が**被用者の選任・監督**について**相当の注意**をしていたこと，または，**相当の注意をしても損害が生ずべき**であったことが**証明できないこと**

使用者が被用者の選任や事業の監督について相当の注意をしていたこと，または，相当の注意をしても損害が生ずべきであったことを証明した場合，**使用者は責任を負いません。**

なお，②について，何が「**業務上**」（職務の範囲内）に属するか否かについては，**被用者の行為の外形を基準として客観的に判断**されます（「**外形標準説**」，判例）。例えば，従業員が**勤務先所有の自動車を私用で運転**していたとしても，**外形的に職務の範囲内**と判断され，他の要件が満たされれば，**会社は使用者責任を負う**ことになります。

レベルUP!!

使用者責任は，あくまで「被用者（従業員等）」が**事業の執行について第三者に加えた損害**を**使用者（会社等）が賠償**する責任です。
したがって，例えば，管理組合Aとマンション管理業者であるBとの間で管理委託契約が締結されていたところ，Bの契約上の職務を行うについて，**Bの代表者であるC**が不法行為によりAの組合員Dに損害を加えた場合，**BがCの選任・監督上相当の注意**をしたことを証明しても，**Bは，Dに対する損害賠償責任を免れません**。なぜなら，CはBの代表者であり，**Cの不法行為は**B自身の不法行為と扱われるため，Bの責任はそもそも使用者責任ではなく，**使用者責任の免責規定の適用はない**からです。

（2）使用者責任と被用者の不法行為責任

使用者責任は，資力が足りない被用者への不法行為責任の追及だけでは被害者が**十分な救済**を受けられない場合に備えて，認められています。したがって，**使用者責任が成立**する場合，**被害者**は，被用者・使用者それぞれに損害の全額の請求をすることができます。

使用者が被害者に損害の**全額を賠償**した場合，使用者は**被用者に**対して，肩代わりして被害者に賠償した額を使用者に支払うよう請求（求償）することができます。もっとも，職務執行の状況等により，必ずしも使用者に対する全額の求償を認めるのが公平ではない場合もあるため，判例上，**求償の範囲**は，信義則上相当な範囲に限定されています。

2　請負契約の注文者の責任（716条）

注文者は，**請負人**がその仕事について**第三者に与えた損害**を賠償する**責任を負いません**。ただし，**注文または指図について**注文者に過失が**あったときは**，責任を負います。

3　工作物責任（717条）

例えば，マンションの外壁の剥落（はくらく）により歩行者がケガを負った場合等，**土地の工作物の設置または保存の瑕疵**によって他人に損

「土地の工作物」とは，マンション等の建物（外壁を含む）や塀，エレベーターや駐車場のゲート等，土地に接着して人工的に創り出されたあらゆるものをいいます。

害を生じさせたときは，その**工作物の**占有者**または**所有者は，被害者に対してその**損害を賠償する責任**を負います。これを「**工作物責任**」といいます。

(1) 成立要件

工作物責任が成立するには，次の要件すべてが必要です。

① **土地の工作物の設置**または**保存に瑕疵**があること
② **損害が発生**したこと
③ ①の瑕疵と②の損害との間に**因果関係**があること
④ **占有者には，免責事由がない**こと

用語
設置の瑕疵：
工作物が**設置された時から**存在している瑕疵
保存の瑕疵：
工作物の**設置後**に老朽化等により生じた瑕疵

(2) 占有者と所有者の責任の関係

土地工作物責任においては，①**第一次的**に工作物の**占有者**（建物の賃借人等）**が責任**を負いますが，**占有者**が損害の発生の防止に**必要な注意をした**ことを立証した場合は，**免責**されます（過失責任）。そして，占有者が免責される場合は，②**第二次的**に工作物の所有者が**責任**を負います。なお，**所有者**は，損害の発生を防止するのに**必要な注意**をしたことを立証したとしても，**免責されません**（無過失責任）。

このほか，ある住戸の道路側の外壁タイル（共用部分）が自然に落下して通行人が負傷した場合，当該住戸の**賃借人**が共用部分の維持管理に関与できる立場になく，そもそも損害発生の防止に必要な注意を払う義務もないときも，**賃借人は免責**されます。

(3) 損害の原因について他に責任を負う者がいる場合

例えば，マンションの外壁が剥落して歩行者がケガを負った場合，修繕を依頼された請負業者が粗悪な材料を使用したことが原因であっても，**占有者または所有者**は，**土地工作物責任**を負います。

しかし，原因を作った者にも何らかの負担を認めなければ公平ではありません。そこで，土地工作物責任に基づく損害の原因について**他にその責任を負う者**がいる場合は，占有者または所有者は，その者に対して**求償権**を行使することができます。

4 共同不法行為責任

数人が共同の不法行為によって他人に損害を加えたときは，**各自**が連帯してその**損害を賠償**する「**共同不法行為責任**」を負います。

例えば，次の場合がこれにあたります。
- A・B・Cの3人が**共同**して，マンションの外壁にペンキで落書きをした場合
- 建設業者と保守点検業者の**共同のミス**により，エレベーターの瑕疵による事故が生じた場合
- マンションの建築を担った設計士，施工業者，工事監理者の**注意義務違反**により，あるマンションがその建設当時から建物としての基本的な安全性を欠いていることで事故が生じた場合

12 不法行為等

（1）共同不法行為責任を負う場合

共同不法行為責任は，次の**各場合**に生じます。

① **数人が共同の不法行為によって他人に損害を加えた場合**
② **共同行為者のうちいずれの者がその損害を加えたのかわからない場合**
③ **行為者を教唆（きょうさ）（そそのかす）・幇助（ほうじょ）（手助けする）した場合**

（2）効果

各加害者は，**それぞれ**損害の全額について連帯して**責任**を負います。

4 失火責任法

H28

木造住宅の密集する日本では，火災が発生すると瞬（また）く間に被害が拡大し，火災を生じさせた者に再起不能の過大な損害賠償義務を生じさせるおそれがあります。そこで，**失火ノ責任ニ関スル法律（失火責任法）**は，**重大な過失がない**失火者に限って，不法行為責任が**免責**されるとして，**失火者の責任を軽減・限定**しています。

判例上，失火責任法における「**重過失**」とは，「通常人に要求される程度の相当な注意をしないでも，**わずかの注意**さえすれば，**たやすく違法有害な結果を予見することができた**場合であるのに，漫然と**見過ごした**ような，ほとんど**故意に近い著しい注意欠如の状態**を指す」とされています。

【失火責任法の適用の有無】

	債務不履行責任	不法行為責任
軽過失あり（重過失なし）	適用なし（免責されない）	適用あり（免責される）
重過失あり	適用なし（免責されない）	適用なし（免責されない）

失火責任法により免責されるのは，「**重過失のない**」失火者の「**不法行為責任**」**だけ**です。例えば，マンションの専有部分の賃借人Aが，軽過失による失火で自室と隣戸に損害を発生させた場合，賃貸人B及び隣戸の住人Cに対する「**不法行為**」に基づく損害賠償責任は**免責**されますが，賃貸人Bに対する「**債務不履行**」に基づく損害賠償責任は**免責**されません。

「**重過失**」の有無は，原則として**失火者本人**について判断します。

もっとも，**使用者責任**が問題となる場合，**使用者**が失火者である**被用者の選任・監督について故意または重過失がなくても**，被用者に故意または重過失があれば，**使用者責任**が生じます。また，**失火者が責任無能力者**である場合は，その責任無能力者の監督義務者（親等）の監督について，故意または重過失がなかったかによって判断します。

責任無能力者とは，未成年者の中で，**行為時**において，**自己の行為の責任を弁識するに足りる知能（10～12歳程度）を備えていない者**をいいます。代表例は，幼児等です。

【監督義務者・使用者が失火による不法行為責任を負う要件】

	失火者の重過失	使用者・監督義務者の重過失
失火者が被用者の場合	必要	不要（過失があればよい）
失火者が責任無能力者の場合	不要	必要

失火責任法は，**失火者自身がどのような場合に責任を負うのかという条件を規定したもの**であり，失火者を使用していた使用者が責任を負う条件を規定したものではありません。そのため，**失火者である被用者に**重大な過失があり，**使用者にその選任・監督について**不注意があれば，使用者は，**使用者自身に失火者の選任・監督について**重過失がなくても，**使用者責任を負う**ことになります（判例）。

5　事務管理

R5

1　事務管理とは

事務管理とは，**義務がないのに他人の事務を行った者**（＝事務管理において「管理者」という）に対し，**一定の義務**を負わせるとともに，かかった**費用の償還を受ける権利**を与える制度です。

2　事務管理の要件

事務管理が成立するための要件は，**次の４つ**です。

①　**他人の事務を管理すること**	「事務の管理」は，**保存・管理**のみならず，**処分**も含まれる

② **他人のためにする意思**があること	●自己のためにする意思と**併存**していても**可**。 ●本人が**誰か**知っている必要は**ない**。
③ **法律上の義務がない**こと	管理者が，法律・契約によりその事務を管理する義務を負っていないことが必要。 ➡**親権者**や**受任者**には事務管理は**不成立**。
④ 本人の意思に反しないこと・**本人に不利益であることが明らかでない**こと	「本人の意思」は**適法なもの**であることが必要。 ➡事務管理を欲しない本人の意思が**違法**である場合は，その本人の意思に**反しても事務管理は成立**。

3　事務管理の留意点

事務管理では，**次の点に留意**する必要があります。

- 管理者は，**本人の意思を知っている**とき，又はこれを**推知することができる**ときは，**その意思に従って事務管理**をしなければならない。
- 管理者は，本人の身体，名誉又は財産に対する**急迫の危害を免れさせるため**に**事務管理**をしたときは，**原則**として，これによって生じた**損害を賠償する責任を負わない**。
  ➡**悪意又は重大な過失**がある場合は，**損害を賠償**する必要あり。
- 管理者は，**本人が知らない場合には**，事務管理を始めたことを**遅滞なく本人に通知**しなければならない。
- 管理者は，本人・その相続人・法定代理人が**管理できるようになるまで**，事務管理を**継続**しなければならない。
  ➡ただし，事務管理の継続が本人の意思に**反し**，又は本人に**不利であることが明らか**な場合は，継続**不要**。
- 管理者は，**本人のために有益な費用を支出**したときは，本人に対し，その**償還を請求**することができる。

コレが重要!! 確認問題

❶ Aが，マンション業者Bが一級建築士Cに設計を依頼し，建築業者Dに新築させたマンションの1室をBから購入したところ，その直後，耐震強度が著しく低く建替えをせざるを得ないことが判明した。この場合，Dは，自ら手抜き工事をしたときは不法行為責任を負うが，Cの違法設計について過失がないときは不法行為責任を負わない。過 H18

❷ 甲マンションのA所有の201号室で火災が発生し，当該火災により，同室及びその直下のB所有の101号室にそれぞれ損害が生じた。当該火災がAの行為による場合，Bは，Aの過失の程度のいかんを問わず，Aに対して損害賠償請求をすることができる。過 H19

❸ 甲マンションの301号室の所有者Aが同室をB社の社宅として賃貸し，B社の社員Cが入居したところ，Cが不注意により洗濯機から溢水させ，同室及び直下の201号室（所有者D）に損害を与えた。この場合，Bは，Cの溢水行為が社宅内の出来事であるので，Cの使用者として，Dに対して損害賠償責任を負う。過 H15

❹ マンションの外壁のタイルが落下し，通行人に怪我を負わせた場合，落下の原因が外壁のタイル工事を実施した工事業者の施工不良にあっても，管理組合は通行人に対して責任を負う。過 H24

❺ 建設業者Aが建築した甲マンションの1室を買ったBが，共用部分であるエレベーターの瑕疵により負傷事故にあった。Bから区分所有者全員に対して設置の瑕疵を理由に損害賠償請求があった場合，区分所有者全員は，当該瑕疵の原因がAの施工上の故意に起因することを証明したときは，Bに対する損害賠償義務を免れることができる。過 H21

❻ 甲マンションでは，管理組合の集会で，共同で新たなインターネット通信設備を設置することが決議され，設備設置会社Aが当該設備の設置工事を行った。当該設置工事に伴う部屋の配線工事の際にAが過失により幼児Eに怪我を負わせたため，Eが損害賠償を請求する場合，区分所有者の子Eの親に監督上の過失があったときでも，その過失を理由に過失相殺により賠償額を減額することはできない。過 H21

答 ❶○ ❷×：失火責任法による不法行為責任の免責は，失火者に重過失がない場合に限られる。 ❸×：「事業の執行につき」発生した損害ではなく，使用者責任は成立しない。 ❹○ ❺×：土地工作物責任における所有者の責任は，無過失責任である。
❻×：「被害者の過失」には，未成年者が被害者である場合における，親の監督上の過失も含まれる。

12 不法行為等

第13章 頻出度 S

相続

- 相続人の種類と順位
- 相続の効力
- 相続の承認及び放棄

1 相続

H26・27・28・29・R4

> **用語** 死亡した人を「被相続人」といい、受け継ぐ人のことを「相続人」といいます。

相続とは、死亡した人が有していた**一切の権利・義務**を他の人に**受け継がせる**制度です。相続は、被相続人の死亡によって開始され、**死亡前に相続が開始**することは**ありません**。

数人の者が死亡した場合に、そのうちの一人が他の者の死亡後になお生存していたことが明らかでないときは、これらの者は、**同時に死亡したものと推定**され、これらの者の間で相続は生じません。
たとえば、AとAの子Bが同乗する飛行機の墜落事故で死亡したものの、AとBのどちらが先に死亡したか明らかでない場合は、**AとBは同時に死亡したと推定**され、AB間で相続は生じません。

1 相続人の範囲と順位（890条，887条，889条）

民法上、相続人となり得る人は、次のとおりです。

> **用語**
> 血族：血縁によってつながっている人のこと。養親子関係を含みます。
> 直系尊属：父母・祖父母等、自分と**縦の系統（直系）**にある、**自分より前の世代（尊属）**の親族のこと

① **配偶者**

被相続人の**配偶者**は、常に相続人となります。

② **血族相続人**

①**被相続人の子**，②**被相続人の**直系尊属，③**被相続人の**兄弟姉妹（けいてい・しまい）の「**順番**」で相続人となり、上の順位の者が1人でもいれば、下の順位の者は相続人にはなりません。

例えば、亡くなった被相続人Xに、子Aと直系尊属である親Bの2人の血族がいた場合、先順位である子Aのみが相続人となります。

また，被相続人の**直系尊属**として，父母と祖父母といった**親等（世代）の異なる者**がいる場合には，**被相続人と親等の近い**者（被相続人に近い世代の者）が優先して**相続人**となります。

例えば，亡くなった被相続人Xに，直系尊属である**母Aと祖父B**の２人の血族がいた場合，**Xと親等の近い母Aのみが相続人**となります。

「親等」とは，**親族関係**において**本人との近さ・遠さ**を示すもので，**世代を単位として計算**します。

- **直系**血族（縦の関係）では，**世代をそのまま計算**し，例えば，自分の親や子は**１親等**であり，祖父母や孫は**２親等**となります。
- 兄弟姉妹である**傍系**血族（横の関係）は，共通の祖先にさかのぼって計算します。例えば，自分の兄弟姉妹は，自分➡親（共通の祖先）➡兄弟姉妹となるので，**２親等**となります。

2 代襲相続

代襲相続とは，相続人となる予定だった人が**相続開始以前に死亡**した場合に，その人の子が**代わりに相続**をする制度です。例えば，Xの相続人となる予定だった子Aが，Xの死亡以前（相続開始以前）に死亡した場合に，**Aの子A′（Xの孫）がAの相続するはずだった分を代わりに相続**することになります。

代襲相続は，「被相続人の子」と「兄弟姉妹」について生じ，①「**被相続人の子**」が先に**死亡**している場合には，「その子（被相続人の孫）」や「その子の子（被相続人のひ孫）」等の直系卑属が，また，②「**被相続人の兄弟姉妹**」が先に**死亡**している場合には「その子（被相続人の甥や姪）」が**代襲相続人**となります。

代襲相続が発生する**「代襲原因」**は，①相続人となる予定だった人が**相続開始以前に既に死亡**していた場合のほか，②**相続欠格**や③**廃除**により相続権を失った場合です。**相続人が自ら相続を放棄した場合には，その相続人の子に代襲相続は認められません。**

相続欠格：
遺言書を偽造する等，一定の事由に該当する行為をしたことで，**当然に**相続人となる資格が失われる制度

廃除：
相続人となる予定だった人が被相続人に虐待等をした場合に，**被相続人が家庭裁判所に請求**することによって，相続権を失わせる制度

3　相続の効力（896条）

（1）法定相続（900条）

相続人は，原則として，すべての**権利義務を承継**します。

相続人が複数いる場合，各相続人の相続分（法定相続分）は，次のように決められています。

相続人	法定相続分	
配偶者と子が相続人の場合	配偶者	$\frac{1}{2}$
	子	$\frac{1}{2}$
配偶者と直系尊属が相続人の場合	配偶者	$\frac{2}{3}$
	直系尊属	$\frac{1}{3}$
配偶者と兄弟姉妹が相続人の場合	配偶者	$\frac{3}{4}$
	兄弟姉妹	$\frac{1}{4}$

なお，**同順位**の血族相続人（子，直系尊属，兄弟姉妹）が**複数**いる場合，**各自の法定相続分**は，原則として，**相等しい**とされます。

▶ 具体例

被相続人Xの相続人として，配偶者Yと子3人（A･B･C）がいる場合，**Yの相続分は$\frac{1}{2}$**，**子の相続分が子全体で$\frac{1}{2}$**となりますが，同順位の血族相続人である**子が3人**いるためA･B･Cの相続分は**各自$\frac{1}{6}$ずつ**となります。

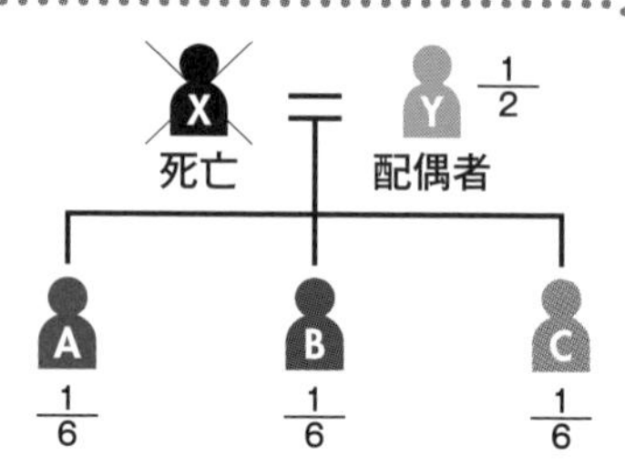

遺言➡ P.389 参照

このように，民法では法定相続分が規定されていますが，被相続人は，生前，遺言によって**相続分を指定**することができます（**指定相続分**）。したがって，法定相続分は，**指定相続分が定められなかった場合に適用されるルール**です。

（2）共同相続の効力（898条，899条）

相続人が数人いる場合，相続財産はその**共有**に属し，各共同相続人は，その相続分に応じて**被相続人の権利義務を承継**します。

例えば，専有部分の所有者Xが死亡し，配偶者Yと子A・Bが相続した場合，その専有部分は，**遺産分割が行われるまで**の間は，原則としてYが$\frac{1}{2}$，A・Bがそれぞれ$\frac{1}{4}$の持分をもった共有となります。

相続による権利の承継は，遺産の分割によるものかどうかにかかわらず，**相続分を超える部分**については，登記等の対抗要件を備えなければ，**第三者に対抗することができません。**

(3) 金銭債権・金銭債務の相続

金銭債権・金銭債務は，原則として，相続開始と同時に，**遺産分割手続を経ずに**，各相続人の相続分に応じて法律上当然に分割して帰属します。

銀行等に対する預貯金債権は，現金に近いものとして，当然には分割はされず，**遺産分割の対象となります**（判例）。ただし，小口の資金需要に対応するため，各相続人は，預貯金債権のうち「**相続開始時の債権の3分の1に法定相続分をかけた額**」は，**単独で行使**できます（909条の2）。

例えば，Xが管理費等20万円を滞納した状態で死亡し，配偶者Yと子A・Bが相続した場合（相続分の指定はないとする），Xの滞納管理費等の支払債務は，**遺産分割手続を経由せず，相続開始と同時にYに10万円，子A・Bにそれぞれ5万円ずつ帰属**します。

相続人の間で全額をYが負担すると合意しても（**免責的債務引受➡P.342参照**），**債権者の承諾**が得られない限り，債権者には合意の内容を主張できません。

レベルUP!!

共同相続の場合における**管理費等の滞納**については，①被相続人の**生前の滞納管理費等**，②**相続開始後から遺産分割まで**の共同相続人による滞納管理費等，③**遺産分割後**の相続人による滞納管理費等の3つを区別する必要があります。

- ①は，**相続分に応じて**相続人に**当然に分割帰属**するため，各相続人は分割帰属した金額を負担します。

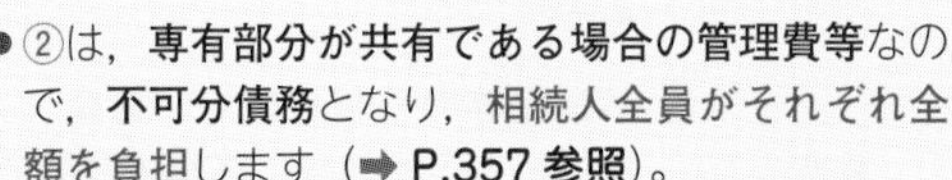

- ②は，**専有部分が共有である場合の管理費等**なので，**不可分債務**となり，**相続人全員がそれぞれ全額を負担**します（**➡ P.357参照**）。
- ③は，遺産分割で専有部分を取得した者のみが負担します。

4　遺産の分割（906条～909条，911条）

遺産の分割とは，複数の相続人間で**遺産を分割**し，その**帰属する人を具体的に決めること**です。例えば，「夫の遺産のうち，不動産Aは妻に，不動産Bは子に帰属させる」等です。

遺産の分割は，遺産に属する物や権利の種類等や各相続人の生活の状況その他**一切の事情を考慮**して行います。

(1) 遺産の分割の協議・審判（907条）

共同相続人は，原則として，いつでも，その**協議**で，**遺産**の全部又は一部の**分割**をすることができます。これにより，**共同相続人**は，被相続人が「**相続開始の時から5年を超えない期間を定めて，遺産分割を遺言によって相続分を指定**」した場合でも，それと異なる割合による遺産分割をすることが**できます**（**協議分割**）。

ただし，**次のどちらか**の場合にはそれが**できません**。

> ① **被相続人が，遺言で，禁じた場合**
>
> ② **共同相続人間で5年以内の期間を定めて分割をしない旨の契約をした場合**

この場合，特別の事由があれば，**家庭裁判所**は，5年以内の期間を定めて，**遺産分割を禁ずる**ことができます（5年以内**の期間**で禁止期間の**更新も可**）。ただし，禁止期間の更新の場合も含め，その**期間の終期**は，**相続開始の時から**10年以内です。

なお，遺産の分割について，**共同相続人間に協議が調わない**とき，又は**協議をすることができない**ときは，各共同相続人は，その全部又は一部の**分割を**家庭裁判所に請求することができます（**審判分割**）。

(2) 遺産分割の方法

相続開始後に**相続人が複数**いる場合における**遺産の共有**は，あくまで一時的なもので，この**遺産分割手続**によって，**最終的な財産権の帰属**が決まります。

遺産分割には，次の**4つ**の方法があります。

① **現物分割**	遺産を現物で分ける方法
② **代償分割**	遺産を取得する代償として，他の相続人に金銭等を交付する方法
③ **換価分割**	遺産を売却して金銭に換えた上で，その金銭を分ける方法
④ **共有分割**	不動産等の分割しにくい遺産を，複数の相続人で，各相続人の相続分に応じて共同で所有する形にする方法

相続における**共有状態の解消**については，次の**2つを区別**しておく必要があります。

① **相続開始による共有状態の解消** ➡ 遺産分割手続（家裁の管轄）
② **遺産分割による共有状態の解消** ➡ 共有物分割手続（地裁の管轄）

①は，相続人が複数いる場合（**共同相続**の場合）に，**遺産を共有している状態を解消**するための手続です。ただし，**遺産分割の協議中に共同相続人の1人が共有持分権を第三者に譲渡**した場合は，**その第三者との共有関係解消の手続**は，共有物分割手続となります。
これに対し，②は，「遺産分割の結果」，**ある財産が複数の者に帰属**する状態となった場合において，その後，**その共有状態を解消**するための手続です。

（3）遺産分割の方法の指定・遺産分割の禁止（908条）

①　被相続人ができること

被相続人は，**遺言**で，次のことができます（**指定分割**）。

① **遺産分割の方法を定める**こと
② 遺産分割の方法を定めることを**第三者に委託する**こと
③ **相続開始の時から5年を超えない期間**を定めて，**遺産の分割を禁ずる**こと

②　共同相続人ができること

共同相続人は，**5年以内**の期間を定めて，遺産の全部又は一部について，その**分割をしない旨の契約**をすることができます。

> ただし，**その期間の終期**は，**相続開始の時から10年以内**です。
> また，この契約は，**5年以内の期間**を定めて**更新**することができますが，その期間の終期も，**相続開始の時から10年以内**です。

（4）遺産分割の効力と共同相続人間の担保責任（909条，911条）

遺産の分割は，原則として，**相続開始の時にさかのぼってその効力**が生じます。

そして，各共同相続人は，他の共同相続人に対して，その**相続分に応じて担保責任**を負います。例えば，共同相続人の1人が遺産分割で取得した不動産（専有部分）に**問題**があった場合，他の共同相続人に対して，**相続分に応じて売主と同じ担保責任（損害賠償請求等）を追及すること**ができます。

13 相続

区分所有者Xが死亡し，子A・B・Cが共同相続人となった場合に，遺産分割によってXの専有部分をA・Bが取得したとします。この場合，その専有部分は「最初から（＝相続開始時から）**A・Bが$\frac{1}{2}$ずつの持分で相続していた**」という扱いになるため，**相続開始後遺産分割までの間の滞納管理費等の債務**について，遺産分割をするまでA・Bと共に専有部分を共有（遺産共有）していたCは，**遺産分割「後」は不可分債務を負いません。**

5　相続の承認と放棄（915条等）

相続は，原則として，**資産**のみならず，**借金等の負債も承継**する制度です。しかし，相続人に不利益なものも含めてすべての債権債務の相続を強制されては，相続人も困ります。

そこで，相続人には，次の**3つ**の相続の方法が認められています。

+1点! **限定承認**をする場合，自己のために相続の開始があったことを知った時から**3ヵ月以内**に，相続財産の目録を作成して家庭裁判所に提出し，限定承認をする旨を申述する必要があります。

+1点! **相続の放棄**をする場合，その旨を**家庭裁判所に申述**しなければなりません。

+1点! **承認・放棄**をするにあたり，詐欺や強迫を受けた等の事情がある場合には，例外的に取り消すことができます。

①　単純承認	相続人が，被相続人の**権利義務一切を無限定に承継**すること。**相続分に応じて**，不動産や債権等の**資産**（プラスの財産）と借金等の**負債**（マイナスの財産）といった相続財産を全面的に承継する。
②　限定承認	①と同様，相続分に応じて相続財産をすべて承継するが，**負債**についてはプラスの財産の限度内でのみ責任を負う。
③　放棄	**一切の相続財産の承継を拒否**すること。相続の放棄をした者は，その相続に関して，初めから相続人とならなかったものとみなされ，被相続人の資産や負債を一切承継しない。

相続人は，**自己のために相続開始のあったことを知った時**から**3ヵ月以内**に，単純承認・限定承認・放棄のどれかを**選択**しなければなりません。そして，**ひとたび承認・放棄**をした場合，3ヵ月設けられた考慮のための期間（**熟慮期間**）内であっても，原則として撤回することはできません。

- 熟慮期間の起算点は，「**自己のために相続開始のあったことを知った時**」からです。したがって，**相続人ごと**に承認・放棄ができる**期限は異なります**。
- 熟慮期間は，**利害関係人または検察官の**請求によって，家庭裁判所が伸長することができます。単に届出をするだけで伸長されるわけではありません。

なお，次の場合，相続人は，単純承認をしたものとみなされます。

① 相続人が**相続財産の**全部・**一部を処分**したとき
➡**保存行為及び一定の期間**（**土地**：５年，**建物**：３年，**動産**：６ヵ月）**を超えない賃貸**は，これに**該当しない**

② 相続人が**自己のために相続の開始があったことを知った時から**３ヵ月**以内**に**限定承認・相続の放棄をしなかった**とき

③ 相続人が，**限定承認・相続の放棄**をした後であっても，相続財産の全部・一部を隠匿し，私（ひそか）にこれを消費し，または悪意でこれを相続財産の目録中に記載しなかったとき
➡その相続人が相続を**放棄**したことで**相続人となった後順位の者**が相続の**承認**をした後は，これに**該当しない**

相続人が３ヵ月の熟慮期間内に限定承認または相続放棄を**しなかった**としても，被相続人に**相続財産**が全くないと信じたことに相当の理由があると認められる場合には，熟慮期間は，相続人が相続財産の全部または一部の存在を**認識し，または認識できた時から起算すべき**とされています（判例）。したがって，その場合には，当初の熟慮期間としての３ヵ月を過ぎたとしても，**限定承認または相続の放棄**が可能です。

また，**共同相続**の場合における限定承認については，相続人が全員で共同して行わなければならず，個々の相続人単位で行うことはできません。

13 相続

6　相続人の注意義務（918条，940条）

もっとも，**相続放棄をした者**は，その放棄の時に相続財産に属する財産を現に占有しているときは，相続人又は相続財産の清算人に対して当該財産を引き渡すまでの間，**自己の財産におけるのと同一の注意**（=「固有財産におけるのと同一の注意」）をもって，その財産を保存しなければなりません。

相続人は，その固有財産におけるのと同一の注意をもって，相続財産を管理しなければなりません。ただし，相続の承認または放棄をしたときは，**この義務を負いません**。

レベルUP!!

「固有財産におけるのと同一の注意」義務とは，**自己の財産を管理し，または自己の事務を処理する際に払う程度の注意義務**です。これは，債務者の職業や社会的・経済的地位に応じて，取引上一般的に要求される程度の注意義務である「**善管注意義務**」と比べて，**注意義務の程度が軽減されています**。

7　相続人の不存在（958条の2，959条）

➡ P.24 参照

相続人の不存在とは，被相続人に**相続人**がまったく**存在しない場合**をいいます。相続人**全員**が相続を**放棄**した場合も，これにあたります。

用語 特別縁故者：被相続人と生計を同じくしていた者（**内縁の配偶者**，**事実上の養子**等）や，被相続人の療養看護に努めた者等，被相続人と特別の縁故があった者のこと

そして，所定の期間内に相続人としての権利を主張する者がないときは，家庭裁判所は，相当と認めるときは，**特別縁故者の請求**により，これらの者に相続財産の**全部または一部を与えることができます**。

そして，相続も特別縁故者への相続財産の分与等も行われなかった相続財産は，原則として**国庫に帰属**します。ただし，**例外**として，例えば**専有部分を共有していた場合**，**共有物の共有持分**は，**他の共有者に帰属**します。

特別縁故者に対する相続財産の分与は，**相続人がいない場合**に相続財産の帰属先を決めるための制度なので，**相続人が1人でもいる場合**においては，**この分与は行われません**。

相続人のあることが明らかでないときは，**相続財産は法人**となり（=**相続財産法人**），家庭裁判所は，利害関係人又は検察官の請求によって，**相続財産の清算人を選任**しなければなりません。

2 遺言と遺贈

H30

1 遺言(いごん)(961条)

(1) 遺言とは

遺言とは，ある人がした**意思表示の効力**をその人の**死後に生じさせるもの**のことです。

15歳に達した者であれば，単独で遺言をすることが認められています。また，遺言者の**意思を重視**するため，**遺言の代理は認められていません。**

> 遺言は，遺言をした人（遺言者）の最終的な意思（死亡時に一番近い時点での意思）を尊重し，それを実現することを目的とします。

(2) 遺言の撤回

遺言者は，いつでも，**遺言の方式に従って**，その遺言の全部または一部を撤回**することができます**。なお，遺言が**公正証書**でなされた場合でも，その**撤回は可能**です。

2 遺贈(いぞう)(964条)

遺贈とは，**遺言**によって財産を他人に**無償で与える**ことをいい，遺贈によって財産をもらう側を**受遺者**といいます。遺言では，原則として誰に何を譲渡するかということを自由に決められますが（遺贈の自由），**遺留分による制約**があります。

> **用語** 遺留分：遺言によっても処分できないものとして，一定の相続人に最低限保障されている一定額の財産を取得できる権利。遺留分は，兄弟姉妹以外の相続人（配偶者，直系卑属，直系尊属）に限って認められています。

遺贈には，遺言者が遺言者の財産のうち特定の財産のみを遺贈する「**特定遺贈**」と，遺言者の財産の全部または割合的な一部を遺贈する「**包括遺贈**」があり，包括遺贈を受けた包括受遺者は，相続人と同一の権利義務を有します。

遺言者の最終的な意思を尊重する趣旨から，次のような扱いがなされます。

- 前の遺言が後の遺言と**抵触**する場合，その抵触する部分については，後の遺言で前の遺言を撤回したものとみなされます（最新の遺言の部分が有効）。
- **遺言後に対象物を売却**する等，**遺言の内容と遺言の後の生前の処分とが抵触**する場合も，抵触する部分の遺言を撤回したものとみなされます。
- 遺言者が遺言書を**故意に破棄**した場合も，その破棄した部分の遺言を撤回したものとみなされます。

13 相続

3 配偶者居住権等

R2

①の「配偶者居住権」及び②の「配偶者短期居住権」は，**令和2年4月1日に施行**された制度です。これ以前に開始した相続では適用されません。

ただし，配偶者居住権は，被相続人が相続開始の時に居住建物を**配偶者**「以外」**の者と共有**していた場合は，**取得できません**。

1　配偶者居住権（1028条）

（1）配偶者居住権とは

配偶者居住権とは，被相続人の配偶者が，**被相続人の財産に属する建物に**相続開始時に居住**していた場合**において，建物の全部について無償で**使用・収益**をする権利です。

具体的には，次のどちらかに**該当**するときに，**配偶者居住権を取得**することができます。

① **遺産の分割**によって**配偶者居住権を取得**するものとされたとき。

② **配偶者居住権が**遺贈**の目的**とされたとき。

従来，配偶者が居住建物を取得する場合は，**その分，受け取れる他の財産（預貯金等）が少なく**なってしまいました。そのため，配偶者は，居住建物を取得して住む場所を確保しても，**生活費等に不安が生ずる状態**に陥ることがありました。
そこで，遺産分割の際等に，**配偶者**が「**配偶者居住権**」を取得し，**配偶者**以外**の相続人**が「**負担付きの建物所有権**」を取得することができるようにし，居住建物の評価額を低くすることを認めたのが「**配偶者居住権**」の制度です。
これにより，配偶者は，従来どおり自宅に住み続けながら，預貯金などの他の財産をより多く取得できるため，**配偶者の生活の安定が確保**されることになります。

（2）配偶者居住権の主なポイント

配偶者居住権の主なポイントは，次のとおりです。

- 存続期間は，原則として，配偶者の終身である。
  - ➡配偶者居住権における**「配偶者」**は，**民法上の配偶者**，すなわち，**婚姻の届出をした者**をいい，内縁関係にある者は含まない。
- 配偶者居住権は，登記することができる。
  - ➡居住建物の所有者は，配偶者居住権を取得した配偶者に，配偶者居住権設定の**登記を備えさせる義務**を負う。
  - ➡**登記**すれば，配偶者居住権を第三者に対抗できる。
- 配偶者居住権は，譲渡することができない。
- 配偶者は，従前の用法に従い，**善良な管理者の注意**をもって，居住建物の**使用・収益**をしなければならない。
- 配偶者は，居住建物の所有者の承諾を得なければ，居住建物の**改築・増築**をし，または**第三者に居住建物の使用・収益をさせる**ことができない。
- 配偶者は，居住建物の使用・収益に**必要な修繕ができる**。
- 配偶者は，居住建物の通常の必要費（建物の固定資産税等）を負担する。

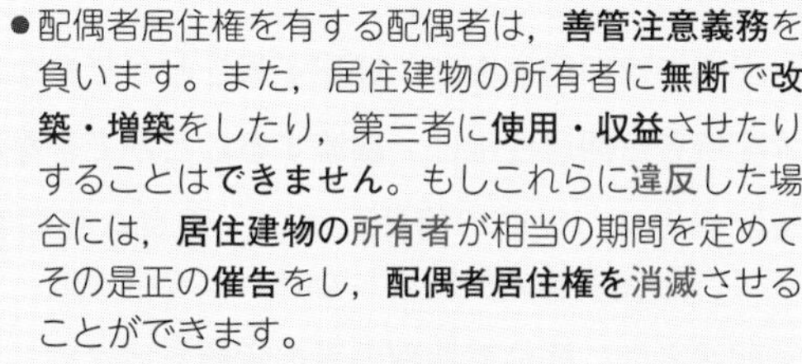

- 配偶者居住権を有する配偶者は，**善管注意義務**を負います。また，居住建物の所有者に**無断**で**改築・増築**をしたり，第三者に**使用・収益**させたりすることは**できません**。もしこれらに違反した場合には，**居住建物の**所有者が相当の期間を定めてその是正の**催告**をし，**配偶者居住権を**消滅させることができます。
- 配偶者居住権を有する配偶者は，居住建物の**通常の必要費を負担**しますが，これには，建物の固定資産税等が該当します。そのため，例えば，遺産分割協議によって当該建物の所有権を取得した**他の相続人**が，納付期限が迫っていたためにその**建物の固定資産税を納付**した場合，その相続人は，**配偶者居住権を有する配偶者に**対し，支払った固定資産税の求償ができます。

配偶者が，相続開始の時において居住建物に係る**配偶者居住権を取得**したときは，「**配偶者短期居住権**」は成立しません

2　配偶者短期居住権（1037条）

（1）配偶者短期居住権とは

配偶者短期居住権とは，被相続人の配偶者が，**被相続人の財産に属した建物に**相続開始時に無償で居住**していた場合**において，居住建物の所有権を相続・遺贈により取得した者（＝「**居住建物取得者**」という）に対し，一定の短期間，**居住建物を**無償で使用**することを主張できる権利**のことです。

配偶者短期居住権の存続期間は，原則として，「**遺産の分割により居住建物の帰属が確定した日**」または「**相続開始の時から6カ月を経過した日**」のいずれか遅い日まででです。

- 配偶者短期居住権の制度により，被相続人が居住建物を**遺贈**した場合や，**反対の意思**を表示した場合であっても，配偶者の居住を保護することができます。
- 常に最低6カ月間は**配偶者の居住が保護**されます。

（2）配偶者短期居住権の主なポイント

配偶者短期居住権の主なポイントは，次のとおりです。

- 配偶者短期居住権は，**登記することができない**。
- 配偶者短期居住権は，**譲渡することができない**。
- 配偶者は，従前の用法に従い，**善良な管理者の注意**をもって，居住建物の**使用**をしなければならない。
- 配偶者は，居住建物取得者の承諾を得なければ，**第三者に居住建物の使用**をさせることができない。
  ➡配偶者居住権と異なり，居住建物の「収益」**権限は**認められない。
- 配偶者は，居住建物の使用に**必要な修繕ができる**。
- 配偶者は，居住建物の**通常の必要費**を負担する。

コレが重要!! 確認問題

❶ Aは甲マンションの201号室を所有しているが，Aが死亡し，Bが$\frac{1}{2}$，C及びDがそれぞれ$\frac{1}{4}$の割合で共同相続人となった場合，管理組合は，B，C及びDのいずれに対してもAが滞納している管理費の全額の支払を請求することができる。過 H23

❷ 甲マンションの201号室の区分所有者Aは，管理費を10万円滞納したまま死亡した。この場合，遺産分割前であっても，管理組合の管理者Bは，Aの相続人である子CまたはDのいずれに対しても，Aの死亡後遺産分割までの間に発生した管理費の全額を請求することができる。過 H21

❸ 区分所有者Aは，甲マンション管理組合（管理者B）に対し，管理費（20万円）を滞納したまま死亡した。Aに，妻C並びにAC間の子D及びEがいる場合，Bは，相続人間で20万円をCが負担するとの合意がなされた場合でも，Cに対し10万円，D及びEに対し各5万円を請求することができる。過 H19

❹ 甲マンション303号室の所有者Aが死亡し，Aの子であるB及びCがAを共同で相続した。Aの遺産は，303号室と現金1,000万円である場合，BC間の遺産分割の協議により，303号室を売却して，その売却代金と1,000万円をBCで平等に分割する旨の遺産分割をすることができる。過 R4

❺ 甲マンションの401号室の区分所有者Aが多額の債務をかかえたまま死亡し，Aに子B及び子Cの相続人がいた場合，Bが先に相続の開始を知って3ヵ月以内に限定承認または相続放棄をしなかった場合には，CがBより後に相続の開始を知ってから3ヵ月の期間が満了する前であっても，Cは相続の放棄をすることができなくなる。過 H24

❻ Aが甲マンション（管理組合乙）の201号室を購入し，管理費等を滞納したまま死亡し，Aに相続人として妻Bと成人の子Cがいた場合，Cが乙に対して限定承認をした旨の通知をしたときでも，Bが限定承認をしていないとき，乙は，Bに対して，滞納管理費等の全額を請求しなければならない。過 H17

❼ 甲マンションの301号室を所有するAが死亡し，Aの妻B及びAの子Cが相続人である場合，Cは相続人として，その固有財産におけるのと同一の注意をもって甲マンションの301号室を管理する義務を負うが，相続の承認をしたときは，この限りでない。過 H28

答 ❶×：Aの滞納管理費債務は，金銭債務として，各共同相続人が「相続分に応じて分割された債務」を負担する。 ❷○ ❸○ ❹○ ❺×：承認・放棄の期限は，「自己のために相続の開始があったことを知った時から3ヵ月以内」である。 ❻×：限定承認は，相続人全員が共同して行っていなければ，その効果は発生しない。 ❼○

13 相続

第4編

その他法令

建替え等円滑化法は，例年１問出題され，建替組合や権利変換，マンション敷地売却決議，敷地分割等がポイントになります。また，**不動産登記法**は，単独では例年１問の出題ですが，区分所有法等に絡めて数問にわたることもあります。登記記録の基本構成に加え，マンションの登記に特有の内容を押さえましょう。

上記以外では，**被災マンション法の各種決議**や**宅建業法の重要事項説明**，**担保責任の特約の制限**，**品確法の瑕疵担保責任**の各項目について，重点的に確認しておきましょう。

頻出度 S+

マンションの建替え等の円滑化に関する法律（建替え等円滑化法）

- 用語の定義
- 建替組合の設立と組織
- 権利変換の概要

この法律は，**区分所有法の建替え決議成立後における手続をより円滑に行うため**のマンション建替事業や，**耐震性が不足しているために**除却する必要のあるマンションに係る特別の措置，マンション敷地売却事業**及び**敷地分割事業について定めることによって，**マンションの良好な居住環境の確保**や**地震によるマンションの倒壊，老朽化したマンションの損壊その他の被害から国民の生命，身体及び財産の保護**を図り，もって国民生活の安定向上と国民経済の健全な発展に寄与することを目的としています。

1 用語の定義（2条）

本法で用いられる用語の定義は，次のとおりです。

① マンション	2以上の区分所有者が存する建物で**人の居住の用に供する専有部分**のあるもの
② マンションの建替え	現に存する1または2以上のマンションを除却し，当該マンションの敷地（隣接する土地を含む）にマンションを新たに建築すること
③ 再建マンション	マンションの建替えにより新たに建築されたマンション
④ マンション建替事業	建替え等円滑化法の一定の規定に従って行われるマンションの建替えに関する事業及び付帯事業
⑤ 施行者	マンション建替事業を施行する者
⑥ 施行マンション	マンション建替事業を施行する，現に存するマンション（建替え前の旧マンション）
⑦ 施行再建マンション	マンション建替事業の施行により建築された再建マンション（建替え等円滑化法を利用して建て替えたマンション）

③ **再建マンション**
（民法による全員合意での建替えを含む）
↓
↑
⑦ **施行再建マンション**
（建替え等円滑化法を利用して建て替えたマンション）

⑧　マンション敷地売却	現に存するマンション及びその敷地（マンションの敷地利用権が借地権であるときは，その借地権）を売却すること
⑨　マンション敷地売却事業	建替え等円滑化法で定めるところに従って行われるマンション敷地売却に関する事業
⑩　マンションの建替え等	マンションの建替えまたは除却する必要のあるマンションに係るマンション敷地を売却すること
⑪　敷地分割	団地内建物（区分所有法69条1項に規定する団地内建物をいい，その全部又は一部がマンションであるものに限る）の団地建物所有者の**共有**に属する当該**団地内建物の敷地又はその借地権を分割**すること
⑫　敷地分割事業	建替え等円滑化法に従って行われる敷地分割に関する事業
⑬　分割実施敷地	敷地分割事業を実施する団地内建物の敷地

2 マンション建替事業の施行（5条）

マンション建替事業の施行には，①**マンション建替組合が行うもの**（組合施行）と，②**マンションの区分所有者**またはその同意を得た者が**1人または数人共同して行うもの**（個人施行）とがあります。

本試験対策としては，「**組合施行**」を押さえておけば十分です。

3 マンション建替組合の設立と組織

H26･R1･5

1　マンション建替組合の位置付け（6条）

設立された建替組合は法人とされ，**団体自体が権利義務の主体**になるため，建替組合の名義で工事請負契約の締結や資金の借入れ等を行うことができます。

2　マンション建替組合の設立等（9条～14条）

2以上の建替え決議マンションの建替え合意者は，共同して組合設立の認可申請を行い1つの建替組合を設立できます。

(1) マンション建替組合の設立の認可

区分所有法の建替え決議の内容でマンションの建替えを行う旨の合意をしたものとみなされた者（建替え合意者）は，①5人以上共同して，②定款及び事業計画を定め，③都道府県知事（市の区域内にあっては，当該市の長。以下「都道府県知事等」）の認可を受けて**建替組合を設立**することができます。

マンションの区分所有権または敷地利用権を有する者であって，その後に当該建替え決議の内容により当該マンションの建替えを行う旨の同意をしたものを含みます。

- 認可を受けるにあたっては，**「定款」と「事業計画」の双方が必要**になりますので，認可「前」に事業計画を定めなければなりません。
- **認可の基準**として，施行マンション及び施行再建マンションの**住戸数が**それぞれ5以上であること等が必要です。

(2) 建替え合意者の同意

認可を申請しようとする建替え合意者は，組合の設立について，**建替え合意者の$\frac{3}{4}$以上の同意**を得なければなりません。なお，同意した者の区分所有法上の議決権の合計が，建替え合意者の区分所有法上の議決権の合計の$\frac{3}{4}$以上となる場合に限ります。

「なお，…」の部分は，要するに「建替え合意者の中で，区分所有法上の**議決権の$\frac{3}{4}$以上**の同意がある」という意味です。

建替組合の認可の申請があった場合，都道府県知事等は，次のように，事業計画を**公衆の縦覧**に供する必要があります。

施行マンションの所在地が市の区域内にある場合	当該市の長は，当該事業計画を2週間公衆の縦覧に供する
施行マンションの所在地が町村の区域内にある場合	都道府県知事は，当該町村の長に当該事業計画を2週間公衆の縦覧に供させなければならない

そして，都道府県知事等は，認可基準を満たす場合は**認可**をし，組合の名称・施行マンションの名称・敷地の区域・施行再建マンションの敷地の区域・事業施行期間等を**公告**しなければなりません。

建替組合は，都道府県知事等の「**認可」で成立**し，「**公告**」によってはじめて組合員その他の第三者に対抗できます。つまり，対抗要件は「公告」であり，建替組合の法人登記ではありません。

3　売渡請求（うりわたしせいきゅう）（15条）

建替組合は，認可の公告の日から2ヵ月以内に，建替えに参加しない旨を回答した区分所有者（その承継人を含み，その後に建替え合意者となったものを除く）に対し，区分所有権及び敷地利用権を時価で売り渡すべきことを請求することができます。この請求は，正当な理由がある場合を除き，建替え決議等の日から**1年以内**にしなければなりません。

> 売渡請求にあたり，都道府県知事等の承諾は不要です。

4　組合員・参加組合員（16条，17条，35条，36条）

施行マンションの**建替え合意者等**は，すべて当然に建替組合の**組合員**となります。また，①**建替事業に参加を希望**し，かつ，②**必要な資力・信用を有する者**で，③**定款で定められたもの**は，参加組合員として組合の組合員となることができます。

> **用語**
> 建替え合意者：
> 建替え決議の内容でマンションの建替えを行う旨の合意をしたとみなされた者（区分所有権や敷地利用権を有し，その後に建替え決議の内容により建替えを行う旨の同意をした者を含む）のこと

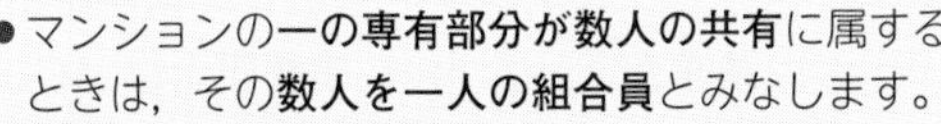

- マンションの**一の専有部分が数人の共有**に属するときは，その**数人を一人の組合員**とみなします。
- 建替事業の遂行には多額の費用や建築のノウハウ等が必要になるため，**参加組合員制度**によって，デベロッパー（開発業者）等の専門家の事業への参加を可能としています。なお，建替え不参加者でも，①～③のすべての要件を満たせば，参加組合員になることができます。

組合員及び参加組合員は，それぞれ次の費用の負担をしなければなりません。

組合員	建替事業の経費に充当する賦課金
参加組合員	権利変換計画の定めるところに従い取得する施行再建マンションの区分所有権及び敷地利用権に相当する額の負担金
	建替事業の経費に充当する分担金

> 賦課金・負担金・分担金の納付について，組合員及び参加組合員は，相殺をもって組合に対抗することはできません。

5　建替組合の組織

(1) 建替組合の役員等 (20条～23条)

建替組合には，次の役員等を置きます。

役職	人数	選任	任期
理事長	1人	理事の互選	3年以内 (定款で定める)
理事	3人以上	総会の選挙	
監事	2人以上		
審査委員	3人以上	総会で選任	—

審査委員は，土地及び建物の権利関係または評価について特別の知識経験を有し，かつ，公正な判断をすることができる者から選任します。

理事及び監事は，組合員（法人にあっては，その役員）から総会で選任します。ただし，**特別の事情**があるときは，組合員**以外**の者からでも総会で選挙できます。

なお，組合員は，総組合員の$\frac{1}{3}$**以上の連署**をもって，代表者から組合に対し，理事または監事の**解任の請求**をすることができます。この請求があった場合，建替組合は，直ちに請求の要旨を公表して組合員の投票に付さなければならず，理事または監事は，投票において**過半数の同意**があったときはその**地位を失います**。

(2) 建替組合の総会 (26条，29条)

建替組合の**総会**は，総組合員で組織します。総会は，総組合員の半数以上の出席がなければ議事を開くことができず，その議事は，建替え等円滑化法に特別の定めがある場合を除いて，出席者の議決権の過半数で決します。なお，**可否同数**のときは，**議長**の決するところによります。

議長は，**標準管理規約と異なり**，当初の決議では議決権を行使しません。そのため，議長を除いて可否同数となったときは，否決ではなく，議長の決するところによるとされています。

（3）総会における特別の議決事項（30条）

次の重要な議決事項は，決議要件が**加重**されています。

①　定款の変更及び事業計画の変更のうち，一定の重要な事項 ②　施行者による施行再建マンションについての管理規約の設定 ③　組合の解散（権利変換期日「前」まで）	組合員の議決権及び持分割合の各$\frac{3}{4}$以上
権利変換計画及びその変更	組合員の議決権及び持分割合の**各$\frac{4}{5}$以上**

円滑化法において，「議決権」は，組合員が各１個を有し，「持分割合」は，組合の専有部分が存しないものとして算定した施行マンションについての共用部分の持分の割合で定まります。

（4）総代会（31条，32条，33条）

①　総代会

組合員の数が50人を超える建替組合は，総会に代わってその権限を行わせるために**総代会**を設けることができます。そして，この総代会が設けられた建替組合においては，理事長は，通常総会を招集する必要はありません。

②　総代

総代は，定款で定めるところにより，組合員が組合員（法人の場合は，その役員）のうちから選挙します。この総代の任期は，３年を超えない範囲内で定款で定めます。

総代会は，総代をもって組織します。そして，総代の定数は，組合員の総数の$\frac{1}{10}$を下らない範囲内で定款で定めます。ただし，組合員の総数が200を超える組合では，20人以上であれば足ります。

（5）議決権及び選挙権

組合員及び総代は，定款に特別の定めがある場合を除き，**各１個の議決権及び選挙権**を有します。

- **組合員**は「書面または代理人」によって，**議決権及び選挙権を行使**することができます。ただし，**代理人**は，同時に**５人以上の組合員**を代理することができません。
- **総代**は「書面」によって，**議決権及び選挙権**を行使することができます。しかし，組合員と異なり，代理人による議決権及び選挙権の行使は認められていません。

6　建替組合の解散（38条）

建替組合は，次の理由で解散します。

① 設立についての認可の取消し
② 総会の議決
③ 事業の完成，またはその完成の不能

②の議決は，権利変換期日「前」に限り，行うことができます。また，②③を理由に解散する場合，都道府県知事等の認可を受けなければならず，また，借入金があれば，解散について債権者の同意が必要です。

4 マンション建替事業

H26・R1・3・5

1　権利変換手続（けんりへんかんてつづき）

権利変換手続とは，区分所有権や敷地利用権，さらには専有部分に対して金融機関の有する抵当権等，建替え前の旧マンションに存在する**権利関係**を，**建替え後の新マンション**（施行再建マンション）**にそっくり移行**させることです。

例えば，建替えによって旧マンションが滅失すると，本来は，旧マンションの専有部分に存在した抵当権も消滅します。しかし，それでは抵当権者の同意が得られず，建替えの遂行が困難となるため，権利変換により権利義務を移行させることで，建替えの遂行を円滑に行えるようにしています。

2　建替組合による建替事業

区分所有法の建替え決議が成立した後，建替組合によって建替事業を行う場合の流れは，次のようになります。

①区分所有法による建替え決議の成立 → ②建替組合設立の認可・公告 ＊1 → ③権利変換手続開始の登記 → ④権利変換計画の決定・認可 ＊2 → ⑤権利の変換（権利変換期日） → ⑥権利変換の登記 → ⑦施行マンション等の明渡し → ⑧施行再建マンションの建築 施行マンションの取壊し・ → ⑨工事完了等に伴う措置（公告）

＊1：建替組合から建替え不参加者に対する売渡請求

＊2：権利変換計画の決議に賛成しない組合員から建替組合に対する買取請求

＊2：建替組合から権利変換計画の決議に賛成しない組合員に対する売渡請求

（1）権利変換手続開始の登記（55条）

建替組合は，建替組合設立認可の公告等があったときは，遅滞なく，権利変換手続開始の登記を申請しなければなりません。この登記後に，組合員が，区分所有権や敷地利用権を処分する場合は，建替組合の承認を得る必要があります。

施行マンションの区分所有権または敷地利用権を有する者は，建替組合の設立認可の**公告**のあった日から30日以内に，権利の変換を希望せず，金銭の給付を希望する旨を施行者に申し出ることができます。

（2）権利変換計画の決定・認可（57条等）

建替組合は，手続に必要な期間の経過後，遅滞なく，権利変換計画を定め，都道府県知事等の認可を受けなければなりません。

①　権利変換計画の認可の要件（57条）

認可を申請する場合，次の両方の要件を満たす必要があります。

> ア）権利変換計画について，総会の議決（組合員の議決権及び持分割合の各$\frac{4}{5}$以上の多数）を経ること
>
> イ）原則として，施行マンションや敷地について権利を有する者（組合員を除く）及び，隣接施行敷地がある場合には隣接施行敷地について権利を有する者の同意を得ること

隣接施行敷地：隣接する土地を，施行マンションの敷地に合わせて施行再建マンションの敷地とする場合における，その隣接する土地のこと

イ）の「権利を有する者の同意」とは，例えば，施行マンションにおける借家権を有する賃借人の同意等のことです。

なお，区分所有権等（区分所有権，敷地利用権，敷地の所有権及び借地権並びに借家権）「**以外**」の権利を有する者から同意を得られない場合は，同意を得られない理由，及び同意を得られない者の権利に関し損害を与えないようにするための措置を記載した書面を添えれば，権利変換計画の認可を申請することができます。

- 例えば，抵当権者から権利変換計画に関する同意が得られない場合には，この規定に基づいて，理由等を記載した書面を添えて，認可申請ができます。
- これに対して，借家権はこの規定から除外されているため，借家権を有する**賃借人**については，その全員の同意が必要です。

② 権利変換計画に対する審査委員の関与（67条）

建替組合は，**権利変換計画**を定め，または変更しようとするとき（軽微な変更を除く）は，審査委員の過半数の同意を得なければなりません。

③ 売渡請求と買取請求（かいとりせいきゅう）（64条）

権利変換計画について総会の議決があった場合，建替組合及び一定の組合員は，それぞれ次の請求を行うことができます。

建　替　組　合	権利変換計画に関する総会の議決の日から**2ヵ月以内**に，議決に賛成しなかった組合員に対し，区分所有権及び敷地利用権を時価で売り渡すように請求できる。
権利変換計画に関する総会の決議に賛成しなかった組合員	総会の議決の日から**2ヵ月以内**に，組合に対して区分所有権及び敷地利用権を，時価で買い取るように請求できる。

「建替え決議・建替組合の設立に賛成はしたが，その後，**権利変換計画の決定の段階でその内容に納得がいかない**」ということは起こり得ます。このような場合に備えて，**建替組合**が組合員を建替事業から離脱させたり，**組合員**が自らの意思で離脱したりできるよう，建替組合からの売渡請求と組合員からの買取請求の両方について定めています。

（3）権利の変換（70条～73条）

権利変換期日において，施行マンションは建替組合（施行者）に帰属します。そして，次の①～④以外の権利は，原則として消滅します。

①　敷地利用権	権利変換期日において，施行マンションの敷地利用権は失われ，施行再建マンションの敷地利用権は，新たに当該敷地利用権を与えられる者が取得する。
②　区分所有権	建築工事の完了の公告の日に，新たに施行再建マンションの区分所有権を与えられる者が取得する。
③　借家権	施行マンションについて借家権を有していた者は，建築工事の完了の公告の日に，施行再建マンションの部分について借家権を取得する。
④　施行マンションの区分所有権や敷地利用権について存する担保権等の登記に係る権利（抵当権等）	権利変換期日以後は，施行再建マンションの区分所有権または敷地利用権の上に存在するものとされる。

前出「**2　建替組合による建替事業**」のフローからもわかるように，**権利変換期日**（⑤）の段階では，まだ何ら建替工事は行われておらず，**施行再建マンションも存在しません。**そのため，敷地利用権等の「**敷地**」に関する権利は**権利変換期日に移行**するものの，区分所有権や借家権等の「**建物**」に関する権利は，権利変換期日ではなく，施行再建マンションに関する**建築工事の完了の公告の日**（⑨）に移行します。

（4）権利変換の登記（74条）

建替組合は，権利変換期日**後**，遅滞なく，施行再建マンションの敷地（保留敷地を含む）につき，権利変換後の土地に関する権利について必要な**登記を申請**しなければなりません。

> **用語**　保留敷地：施行マンションの敷地のうち，施行再建マンションの敷地にならないもの

なお，権利変換期日以後においては，施行再建マンションの敷地（保留敷地を含む）に関しては，登記がされるまでの間は，他

の登記をすることができません。

（5）補償金（75条）

マンション建替組合等の施行者は，権利変換計画に基づき**補償金**を支払う必要がある者に対して，権利変換期日までに，その**補償金を支払わなければなりません。**

補償金の支払いは，権利変換期日「**後**」ではなく，権利変換期日「**前**」**にする必要**があります。

（6）施行マンション等の明渡し（80条）

明渡しの期限は，請求をした日の翌日から起算して**30日を経過した後の日**でなければなりません。

建替組合は，権利変換期日**後**に，マンション建替事業に係る工事のため必要があるときは，施行マンションや敷地（隣接施行敷地を含む）を占有している者に対し，期限を定めて，その**明渡し**を求めることができます。

（7）工事完了に伴う措置（81条，82条）

建替組合は，施行再建マンションの**建築工事が完了**したときは，速やかにその旨を**公告**するとともに，施行再建マンションについて権利を取得する者に**通知**しなければなりません。また，遅滞なく，施行再建マンション及び施行再建マンションに関する権利について，必要な**登記を申請**しなければなりません。

5 除却する必要のあるマンションに係る特別の措置（102条～） H27・28・29・30・R2・4

築40年を超えるマンションの数は，令和元年末現在の92万戸から10年後には約2.3倍の214万戸，20年後には約4.2倍の385万戸となることが想定され，**今後，老朽化や管理組合の担い手不足が顕著な高経年マンションが急増する見込み**です。

こうした中，老朽化を抑制し，周辺への危害等を防止するための維持管理の適正化や，老朽化が進み維持修繕等が困難なマンションの再生に向けた取組みの強化が緊急の課題となっています。

そこで，**マンション管理適正化法により維持管理の適正化**を図りつつ，**マンション建替え等円滑化法**では，**維持修繕等が困難な**

マンションの再生の円滑化の推進という観点から，「容積率の緩和特例」「マンション敷地売却事業」「団地における敷地分割事業」といった制度を設けています。

1　除却の必要性に係る認定（102条）

（1）除却の必要性に係る認定の申請

マンションの**管理者等**は，**特定行政庁**に対し，当該マンションを除却する必要がある旨の認定（要除却認定）を申請することができます。

用語　「管理者等」：区分所有法25条1項の管理者（管理者がないときは，区分所有者集会で指定された区分所有者）又は管理組合法人の理事のこと

そして，特定行政庁は，この申請があった場合において，申請に係るマンションが次の**いずれかに該当**するときは，その旨の**認定**をします。

① **耐震性の不足**（102条2項1号）
➡地震に対する安全性に係る基準に適合していないと認められるとき

② **火災に対する安全性の不足**（102条2項2号）
➡火災に対する安全性に係る基準に適合していないと認められるとき

③ **外壁等の剥落により周辺に危害を生ずるおそれ**（102条2項3号）
➡外壁，外装材等が剥離し，落下することにより周辺に危害を生ずるおそれがあるものとして所定の基準に該当すると認められるとき

④ **給排水管の腐食等により著しく衛生上有害となるおそれ**（102条2項4号）
➡給水，排水等の配管設備（その改修に関する工事を行うことが著しく困難な一定のものに限る）の損傷，腐食等の劣化により著しく衛生上有害となるおそれがあるものとして所定の基準に該当すると認められるとき

⑤ **バリアフリー基準への不適合**（102条2項5号）
➡高齢者，障害者等の移動等の円滑化の促進に関する法律に規定する建築物移動等円滑化基準に準ずる所定の基準に適合していないと認められるとき

①～⑤による認定を「**要除却認定**」といい，そのうち①～③を「特定要除却認定」といいます。

(2) 除却の必要性に係る認定の根拠と適用される制度

要除却認定がなされた**理由**により，「容積率の緩和特例」「マンション敷地売却事業」「団地における敷地分割事業」の制度のうち，次のように**適用されるもの**が決まります。

<table>
<tr><th colspan="2">認定根拠</th><th>容積率緩和の特例</th><th>マンション敷地売却事業</th><th>団地における敷地分割事業</th></tr>
<tr><td rowspan="3">特定要除却認定</td><td>耐震性不足</td><td rowspan="5">○</td><td rowspan="3">○</td><td rowspan="3">○</td></tr>
<tr><td>火災に対する安全性不足</td></tr>
<tr><td>外壁等の剥落により周辺に危害を生ずるおそれ</td></tr>
<tr><td colspan="2">給排水管の腐食等により著しく衛生上有害となるおそれ</td><td rowspan="2">×</td><td rowspan="2">×</td></tr>
<tr><td colspan="2">バリアフリー基準への不適合</td></tr>
</table>

2　容積率の緩和（105条）

要除却認定マンションの建替えによって新たに建築されるマンションで，**政令で定める規模以上の敷地面積**を有し，特定行政庁が市街地の**環境の整備改善に資すると認めて許可**したものについては，その許可の範囲内において，**容積率の制限が緩和**されます。

3　マンション敷地売却決議等（108条）

特定要除却認定マンションの区分所有者は，**区分所有者集会**を開くことができます。

従来，マンションを除却してその敷地を売却する行為は，民法の規定に従って**共有者全員の同意**がなければできず，耐震性不足等のマンションの建替えはなかなか進みませんでした。そこで，「特定要除却認定マンション」では，**決議要件を緩和**した「**マンション敷地売却決議**」の制度が設けられました。

(1) マンション敷地売却決議の要件

マンション敷地売却決議の要件は，次のとおりです。

① 特定要除却認定マンションであること

② 敷地利用権が数人で有する所有権か借地権であること

③ 区分所有者，議決権及び敷地利用権の持分の価格の各$\frac{4}{5}$以上の多数で，特定要除却認定マンション及びその敷地（敷地利用権が借地権のときは借地権）を売却する旨の決議（マンション敷地売却決議）が成立すること

また，マンション敷地売却決議では，次の事項を定めなければなりません。

① **買受人**（マンション敷地売却組合が設立された場合は，組合から特定要除却認定マンションを買い受ける者）となる者の**氏名**・名称

② **売却による代金の見込額**

③ 売却によって各区分所有者が取得することができる金銭（＝「**分配金**」）**の額の算定方法**に関する事項

(2) マンション敷地売却決議にかかる買受人（109条）

マンション敷地売却決議が予定されている**特定要除却認定マンション**について，マンション敷地売却決議があった場合にこれを買い受けようとする者（**買受人**）は，**特定要除却認定マンション**ごとに，マンション敷地売却決議がされた特定要除却認定マンション（**決議特定要除却認定マンション**）の買受け及び除却並びに代替建築物の提供等に関する計画（買受計画）を**作成**し，**都道府県知事等**の認定を申請することができます。

買受人となる者は，ディベロッパー（開発業者）等が想定されます。

そして，この認定を受けた買受人（**認定買受人**）は，**マンション敷地売却決議**があった**とき**は，遅滞なく，その旨を**都道府県知事等**に届け出なければなりません。

(3) マンション敷地売却組合の設立（120条）

マンション敷地売却決議の内容により，マンション敷地売却を行う旨の合意をしたものとみなされた者（「マンション敷地売却合意者」）は，５人以上共同して，定款および資金計画を定め，

マンション敷地売却組合は，その**名称中**に「マンション敷地売却組合」という文字を**用いなければなりません**。逆に，マンション敷地売却組合でない者は，その名称中にマンション敷地売却組合という文字を用いてはなりません。

都道府県知事等の認可を受けて，**マンション敷地売却組合を設立**することができます。

この認可の申請には，組合の設立について，**マンション敷地売却合意者の $\frac{3}{4}$ 以上の同意**を得なければなりません。

マンション敷地売却組合は，①設立についての**認可の取消し**，②**総会の議決**，③**事業の完了またはその完了の不能**，の3つの事由によって**解散**します。ただし，②は，**権利消滅期日「前」に限られます。**

(4) 売渡請求（124条）

マンション敷地売却組合は，組合の設立の認可の**公告の日から2ヵ月以内**に，マンション敷地売却に**参加しない旨を回答した区分所有者**（その承継人を含み，その後にマンション敷地売却合意者となったものを除く）に対し，区分所有権及び敷地利用権を時価で**売り渡すべきことを請求**することができます。

マンション敷地売却決議があった「**後**」に当該区分所有者から敷地利用権のみを取得した者（その承継人を含み，その後にマンション敷地売却合意者となったものを除く）の敷地利用権についても，**同様**です。

この売渡請求は，正当な理由がない限り，**マンション敷地売却決議の日から1年以内**にしなければなりません。

(5) 組合員（125条）

売却マンションのマンション敷地売却合意者（その承継人を含み，組合は除く）は，**すべて組合の組合員**となります。

マンションの1つの専有部分が数人の共有に属する場合，その数人は，**1人の組合員**とみなされます。

(6) マンション敷地売却組合の役員（126条）

マンション敷地売却組合には，次の役員等を置きます。

役職	人数	選任	任期
理事長	1人	理事の互選	1年以内（定款で定める）
理事	3人以上	総会の選挙	
監事	2人以上		
審査委員	3人以上	総会で選任	（なし）

- 建替組合の役員と異なり，任期は「1年」です。
- **審査委員**は，土地及び建物の権利関係・評価について特別の知識経験を有し，かつ，公正な判断をできる者のうちから**総会で選任**します。

（7）総会（127条，129条）

組合の総会は，**すべての組合員で組織**されます。組合員は，定款に特別の定めがある場合を除き，**各1個の議決権及び選挙権**を有しています。

総会は，**総組合員の半数以上の出席**がなければ議事を開くことができず，その議事は，原則として，**出席者の議決権の過半数**で決し，**可否同数**のときは，**議長の決するところ**によります。

なお，組合員の数が50人を超えるマンション敷地売却組合は，総会に代わってその権限を行わせるために，**総代会**を設けることができます。

組合員は「書面」または「代理人」により，また，総代は「書面」により，それぞれ**議決権及び選挙権を行使**することができます。

（8）特別の議決（130条，128条）

マンション敷地売却組合の総会の決議において，**定款の変更のうち政令で定める重要な事項**及び**組合の解散**にかかる事項は，**組合員の議決権及び敷地利用権の持分の価格の各**$\frac{3}{4}$以上で決します。

（9）分配金取得手続等（141条）

分配金取得手続とは，マンションの区分所有権・敷地利用権等の**マンションに関する様々な権利を一括して移転・消滅**させ，**認定買受人**に**権利の制限のないマンションの所有権・敷地利用権**を譲渡するための，特別の措置です。

① 分配金取得手続開始の登記

マンション敷地売却組合は，**組合設立の認可の公告**があったときは，遅滞なく，登記所に，売却マンションの区分所有権及び敷地利用権（既登記のものに限る）について，**分配金取得手続開始**

の**登記を申請**しなければなりません。

そして，この**登記**の後は，組合員は，当該登記に係る売却マンションの区分所有権または敷地利用権を**処分**する場合は，組合の承認を得なければなりません。

組合は，事業の遂行に重大な支障が生ずることその他正当な理由がなければ，この承認を拒むことができません。

② 分配金取得計画

マンション敷地売却組合は，**組合設立の認可の公告後**，遅滞なく，**分配金取得計画**を定める必要があります。この場合においては，**都道府県知事等の認可**を受けなければなりません。

また，組合が**分配金取得計画について認可を申請**しようとするときは，分配金取得計画について，あらかじめ，**総会の普通決議**（議決権の過半数）を経る必要があります。

組合は，分配金取得計画を定め，または変更しようとするとき（軽微な変更を除く）は，**審査委員**の過半数の同意を得なければなりません。

売却マンションの**敷地利用権**が賃借権であるときは，**売却マンションの**敷地の所有権を有する者の同意を得なければなりません。賃借権の無断譲渡の問題が生ずるからです。

③ 分配金取得計画の内容

分配金取得計画には，次の事項を定めなければなりません。

ア）組合員の氏名または名称・住所

イ）組合員が売却マンションについて有する区分所有権または敷地利用権

ウ）組合員が取得することとなる分配金の価額

エ）売却マンションまたはその敷地に関する権利（組合員の有する区分所有権及び敷地利用権を除く）を有する者で，権利消滅期日において当該権利を失うものの氏名または名称及び住所，失われる売却マンションまたはその敷地について有する権利並びにその価額

オ）売却マンションまたはその敷地の明渡しにより，上記エ）の者（売却マンションまたはその敷地を占有している者に限る）が受ける損失の額

カ）補償金の支払に係る利子またはその決定方法

キ）権利消滅の期日　　等

+1点! 分配金取得計画に定める権利消滅期日以後は，売却マンション及びその敷地に関する権利について，**組合の申請により必要な登記**がされるまでの間，他の登記をすることはできません。

(10) 分配金取得計画に基づく組合の処分（147条）

マンション敷地売却組合は，**分配金取得計画やその変更の認可を受けたときは**，遅滞なく，**その旨を公告し，関係権利者に関係事項を書面で通知しなければなりません。**

(11) 権利消滅期日における権利の帰属等（149条）

分配金取得計画で定める権利消滅期日において，売却マンションとその敷地利用権は**組合に帰属**し，マンションとその敷地利用権に係る借家権・担保権は**消滅**します。

組合は，権利消滅期日までに組合員に分配金を支払うとともに，借家権者に対して補償金を支払う必要があります。

【マンション敷地売却制度】

4　団地における敷地分割決議等（115条の2～4，164条～207条）

(1) 敷地分割決議の意義

団地型マンションにおいては，団地を構成する**一部の棟や区画でのみ**耐震性不足等を理由に**敷地を分割する意向**がある場合があります。しかし，民法上，敷地を分割するには，**原則**として，**敷地共有者等全員の同意**が必要です。

こうした場合に，棟や区画ごとのニーズに応じ，**他の棟をそのままにしておきつつ，一部の棟の建替え・敷地売却**を行うため，耐震性不足や外壁の剥落等により危害が生ずるおそれのあるマンション等で除却の必要性に係る認定を受けたマンションを含む団地において，全員合意によらず，**多数決により敷地の分割を可能**

1　マンションの建替え等の円滑化に関する法律（建替え等円滑化法）

とする「**敷地分割決議**」の**制度**が設けられています。

【敷地分割制度を活用した事業のイメージ】

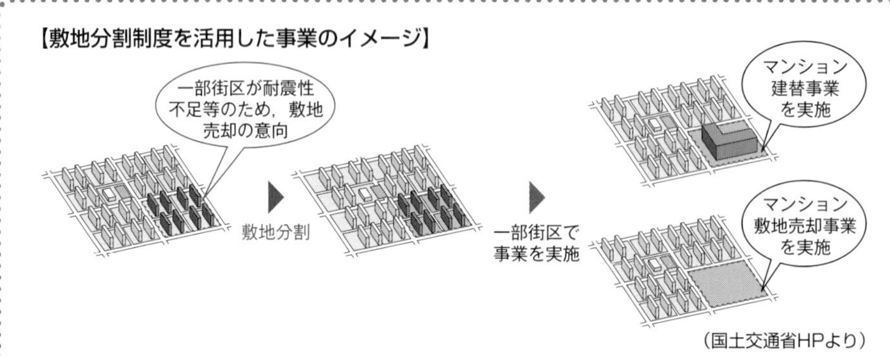

（国土交通省HPより）

(2) 敷地分割決議の内容

特定要除却認定を受けた場合においては，団地建物所有者集会において，**特定団地建物所有者及び議決権の各** $\frac{4}{5}$ **以上**の多数で，その特定団地建物所有者の共有に属する団地内建物の敷地又はその借地権を分割する旨の決議（**敷地分割決議**）をすることができます。

(3) 敷地分割事業の流れ

敷地分割事業は，①**準備段階**，②**検討段階**，③**計画段階**，④**敷地分割段階の４段階**に分かれます。②の検討段階で敷地の分割の必要性が判断され，③の計画段階でデベロッパー（不動産開発業者）等の選定が終わった後の敷地分割事業の流れは，次のようになります。

③ **計画段階**	(1) 特定要除却認定申請のための決議 (2) 除却の必要性に係る認定 (3) 敷地分割決議
④ **敷地分割段階**	(1) 敷地分割組合の設立認可 (2) 敷地権利変換計画の決定・認可 (3) 敷地権利変換計画に基づく清算 (4) 敷地分割，組合の解散 (5) 旧団地管理組合の消滅，新たな管理組合の設立

（4）敷地分割組合

敷地分割決議の内容により**敷地分割を行う旨の合意をしたものとみなされた者**（敷地分割合意者）は，**5人以上共同**して，**定款**および**事業計画**を定め，**都道府県知事等の認可を受けて敷地分割組合を設立することができます**。この敷地分割組合は，敷地分割事業を実施することができます。

敷地分割組合は，法人格を有し，その名称中に「敷地分割組合」という文字を用いなければなりません。
なお，敷地分割合意者は，すべて敷地分割組合の組合員となります。

認可を申請しようとする敷地分割合意者は，敷地分割組合の**設立**について，**敷地分割合意者の4分の3以上の同意**（同意した者の議決権の合計が敷地分割合意者の議決権の合計の4分の3以上となる場合に限る）を得なければなりません。

なお，**敷地分割組合**は，次に掲げる理由により解散します。

一　設立についての**認可の取消し**

二　**総会の議決（組合員の議決権及び分割実施敷地持分の各4分の3以上）**

※この議決は，**敷地権利変換期日前に限り**できます。

三　**事業の完了**又はその**完了の不能**

（5）敷地権利変換

敷地分割組合は，当該組合の**設立認可の公告**後，遅滞なく，登記所に，分割実施敷地に現に存する団地内建物の所有権（専有部分のある建物にあっては，区分所有権）及び分割実施敷地持分（既登記のものに限る）について，**敷地権利変換手続開始の登記を申請**しなければなりません。

この登記があった後においては，組合員は，当該登記に係る団地内建物の所有権及び分割実施敷地持分を**処分**するときは，「**敷地分割組合**」の承認を得なければなりません。

そして，敷地分割組合は，**設立認可の公告**後，遅滞なく，敷地権利変換計画を定め，**都道府県知事等の**認可を受けなければなりません。

ただし，その所有権をもって敷地分割組合に対抗することができない者については，同意は不要です。

敷地分割組合は，**敷地権利変換計画の認可を申請**しようとするときは，**敷地権利変換計画**について，あらかじめ，**総会の議決（普通決議）**を経るとともに，組合員**以外**に分割実施敷地について**所有権**を有する者があるときは，その者の**同意**を得る必要があります。

敷地権利変換計画では，**除却マンション敷地となるべき土地に現に存する団地内建物の特定団地建物所有者**に対して，**除却敷地持分**が与えられるように定めなければなりません。また，**非除却マンション敷地となるべき土地に現に存する団地内建物の特定団地建物所有者**に対しては，**非除却敷地持分等**が与えられるように定める必要があります。

敷地権利変換期日においては，敷地権利変換計画の定めるところに従い，分割実施敷地持分は失われ，**除却敷地持分または非除却敷地持分等**は**新たにこれらの権利を与えられるべき者が取得**します。

コレが重要!! 確認問題

❶　建替え合意者は，５人以上共同して，定款及び事業計画を定め，都道府県知事（市の区域内にあっては，当該市の長）の認可を受けてマンション建替組合を設立することができる。過 R5

❷　マンション建替組合の設立の認可を申請しようとする者は，建替組合の設立について，建替え合意者の$\frac{3}{4}$以上の同意を得なければならない。過 H24

❸　建替組合が設立された際には，その法人登記を行わなければ，第三者に対抗することができない。過 H17

❹　建替組合において，権利変換計画について総会の議決があったときは，建替組合は，当該議決に賛成しなかった組合員に対し，当該議決があった日から２月以内に，区分所有権及び敷地利用権を時価で売り渡すべきことを請求できる。過 H23

❺　マンション建替組合の総会の決議事項のうち，権利変換計画及びその変更，組合の解散については，組合員の議決権及び持分割合の各５分の４以上の多数による決議が必要である。過 R1

❻　マンション敷地売却組合には，役員として，理事３人以上及び監事２人以上を置く。過 H27

❼　マンション敷地売却組合の総会の決議において，定款の変更のうち政令で定める重要な事項及び組合の解散についての事項は，組合員の議決権及び敷地利用権の持分の価格の各$\frac{3}{4}$以上で決する。過 H28

❽　マンション敷地売却合意者は，５人以上共同して，定款及び事業計画を定め，国土交通省で定めるところにより，都道府県知事等の認可を受けて組合を設立することができる。過 H28

❾　組合員及び総代は，書面又は代理人をもって，議決権及び選挙権を行使することができる。過 H28

❿　総会の議決によりマンション敷地売却組合を解散する場合の当該議決については，分配金取得計画に定める権利消滅期日後に限り行うことができる。過 H30

⓫　敷地権利変換手続開始の登記があった後においては，組合員は，当該登記に係る団地内建物の所有権及び分割実施敷地持分を処分するときは，都道府県知事の承認を得なければならない。過 R4

答　❶○　❷○　❸×：建替組合設立の第三者対抗要件は，法人登記ではなく設立認可の「公告」である。　❹○　❺×：組合の解散の決議要件は「4分の3以上」である。　❻○　❼○　❽×：「事業計画」ではなく「資金計画」である。　❾×：総代は，代理人によって行使することはできない。　❿×：解散の決議は，権利消滅期日「前」に限られる。　⓫×：開始登記後の処分に必要なのは，敷地分割組合の承認。

第2章 頻出度 S

被災区分所有建物の再建等に関する特別措置法（被災マンション法）

- 被災マンション法の意義・目的
- 区分所有建物が全部滅失した場合の措置
- 区分所有建物が一部滅失した場合の措置

1 被災マンション法の意義・目的 R4

政令指定災害としては，1995年の阪神大震災，2011年の東日本大震災，2016年の熊本地震があります。

被災マンション法は，政令で指定された大規模な災害によって，全部または一部が滅失した区分所有建物に関し，次のことを容易にする特別の措置を講ずることで，被災地の健全な復興に資することを目的にしています。

「全部の滅失」は，災害により区分所有建物が**大規模滅失**した場合において，**取壊し決議**又は区分所有者**全員の同意**に基づき取り壊されたときを含みます。

① **全部が滅失**した区分所有建物の再建・その敷地の売却
② **一部が滅失**した区分所有建物・その敷地の売却，区分所有建物の取壊し等

区分所有法には，①②の場合に備えた規定がなく，民法が適用されることから，原則として「共有者全員の合意」が必要となります。しかし，それでは復興が迅速にできません。ここに，**被災マンション法の必要性**があるのです。

2 区分所有建物の全部が滅失した場合における措置 H26・29・30・R3・4・5

1 敷地共有者等集会等（2条，3条）

用語 敷地共有者等：建物に係る敷地利用権の共有持分等を有する者のこと。区分所有者**以外**の敷地の共有者は含まれません。

（1）開催の期限

政令で定める大規模な災害で，区分所有建物の全部が滅失した場合，敷地共有者等は，**その政令の施行の日から起算して3年が経過する日**までの間は，**集会（敷地共有者等集会）**を開き，管理者を置くことができます。そして，区分所有法の集会に関する規定及び管理者に関する規定の多くが，敷地共有者等集会に準用されます。

規約を定めることはできません。

- **敷地共有者等集会**とは，敷地共有持分等を有する**敷地共有者等の集会**です。これは，「専有部分を所有するための」**敷地に関する権利**（＝区分法2条6項の**敷地利用権**）を前提としているため，**区分所有者**以外**の敷地の共有者**は，敷地共有者等集会の構成員にはなりません。
- 敷地共有者等集会は，区分所有建物が**全壊**（一部滅失後に全員合意で全部を取り壊した場合も含む）した場合を前提としています。そのため，**従来の区分所有建物で管理者**として定められた者がいたとしても，建物が全壊するのに伴い管理者としての地位を失い，別途敷地共有者等集会で管理者と定められない限り，再建決議等をするための集会を招集することはできません。

（2）集会の招集

① **管理者が**置かれている場合，原則として，**管理者**が集会を**招集**します。ただし，**議決権の$\frac{1}{5}$以上**を有する敷地共有者等は，管理者に対し，会議の目的たる事項を示して，敷地共有者等の集会の招集を請求することができます。管理者が，この請求から**2週間以内**に，**4週間以内の日を会日とする招集通知を**発しない場合，請求者は，敷地共有者等集会を招集できます。

② **管理者が**置かれていない場合，**議決権の$\frac{1}{5}$以上**を有する敷地共有者等は，会議の目的たる事項を示して，自ら敷地共有者等の集会を招集することができます。

+1点! 敷地共有者等の集会を招集する者が，**敷地共有者等の所在を知ることができない**場合には，集会の招集の通知は，滅失した区分所有建物の**敷地内の見やすい場所への掲示**によって行うことができます。
ただし，敷地共有者等集会を招集する者がその**所在を知らないことについて**過失**があった**ときは，到達の効力を生じません。

敷地共有者等集会は，規約を定めることができないため，上記①②**の定数**（**議決権の$\frac{1}{5}$以上**）を規約で減ずることはできません。

2　再建決議（4条）

（1）内容

敷地共有者等集会においては，**敷地共有者等の議決権**の$\frac{4}{5}$**以上**の多数で，**少なくとも従前の敷地の一部を含む土地**に建物を建築する旨の決議（再建決議）をすることができます。

なお，再建決議では，次の事項を定めなければなりません。

敷地共有者等集会における「**議決権**」は，敷地共有持分等の**価格の割合**によります。
なお，区分所有建物の全部が滅失した**後**に区分所有建物の敷地利用権を**第三者に譲渡**した敷地共有者等は，**再建決議**における**議決権**を有しません。

① 再建建物の設計の概要

② 再建建物の建築に要する費用の概算額

③ ②の費用の分担に関する事項

④ 再建建物の区分所有権の帰属に関する事項

(2) 手続

この「2ヵ月」の期間は，規約で短縮することはできません。

再建決議を会議の目的とする**敷地共有者等集会**を招集する場合，その**招集通知**は，当該敷地共有者等集会の会日より少なくとも**2ヵ月前**に発しなければなりません。

- **決議案の要領**のほか，**再建を必要とする理由**も通知する必要があります。
- 敷地共有者等集会を招集した者は，当該敷地共有者等集会の会日より少なくとも**1ヵ月前**までに，当該招集の際に通知すべき事項について敷地共有者等に対し説明を行うための**説明会を開催**する必要があります。

なお，再建決議をした敷地共有者等集会の議事録には，その決議についての**各敷地共有者等の賛否**をも**記載**し，又は**記録**しなければなりません。

(3) 再建決議後の流れ

この文書を受け取ってから2ヵ月以内に再建に参加するという回答をしなかった者は，再建に参加しないことになります。

この請求がされると，再建に参加しない敷地共有者の権利は，請求をした者に**時価で売り渡されたことになります。**

再建決議がされると，集会を招集した者は，決議に**賛成しなかった**敷地共有者に対して，**再建に参加するか**どうかを**2ヵ月以内に回答することを求める文書**を出さなければなりません。

また，再建決議に**賛成**した者・再建に**参加**するという回答をした者・これらの者の**全員一致で敷地の権利を買い取ることを認められた者**は，**再建に参加しない敷地共有者**に対し，その権利を時価で売り渡すよう請求することができます。

区分所有建物が**全部滅失**した場合，専有部分に関する**区分所有権は消滅**しますが，敷地利用権であった土地所有権は消滅しません。
そのため，滅失した区分所有建物の敷地利用権に設定されていた抵当権は，**再建決議**がなされて建物が再建された場合でも消滅しません。

3　敷地売却決議（5条）

敷地共有者等集会においては，**敷地共有者等の議決権の$\frac{4}{5}$以上の多数**で，**敷地売却決議**をすることができます。

敷地売却決議では，次の事項を定めなければなりません。

① 売却の相手方となるべき者の氏名または名称
② 売却による代金の見込額

敷地売却決議の手続は，基本的に**再建決議の場合（前述の2（2））とほぼ同様**です。

4　敷地共有持分等に係る土地等の分割請求の特例（6条）

政令で定める災害により，**全部が滅失**した区分所有建物に係る敷地共有者等は，その政令施行日から起算して**1ヵ月を経過する日の翌日**から，その施行日から起算して**3年を経過する日**までの間は，敷地共有持分等に係る土地やこれに関する権利について，原則として**分割請求できません**。

ただし$\frac{1}{5}$を超える**議決権を有する敷地共有者等**が分割の請求をする場合等，再建決議や敷地売却決議等をすることができない顕著な事由がある場合は，**分割制限期間内**であっても，分割請求できます。

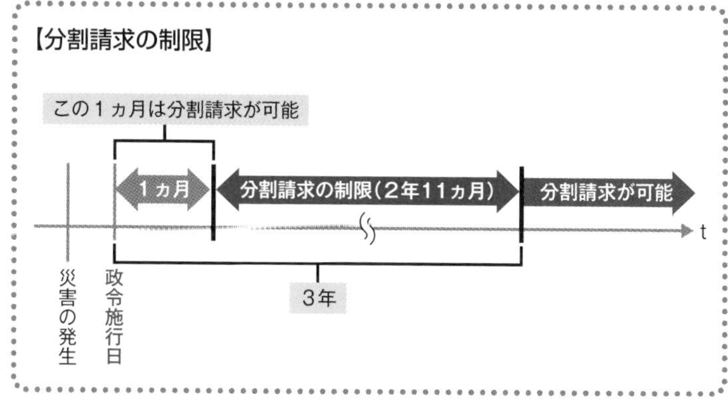

2
被災区分所有建物の再建等に関する特別措置法（被災マンション法）

民法は，「共有物の各共有者は，原則としていつでも分割請求できる」としていますが，これを自由に認めると，マンションの再建等を行うために必要な，安定した土地の共有関係が保てません。そこで，政令施行日から１ヵ月を経過する日までの間は分割請求が可能としながらも，その翌日以降で政令施行日から３年を経過する日までの間（実質２年11ヵ月）は，**原則として分割請求を制限**しています。

3 区分所有建物の一部が滅失した場合における措置 H26・R1・2

1 区分所有者集会の特例（7条）

政令で定める災害で，区分所有建物の一部が滅失した場合，区分所有者は，その政令施行日から起算して**1年を経過する日までの間**は，区分所有法34条の規定による集会（**区分所有者集会**）を開くことができます。

なお，「区分所有建物の**一部が滅失**した場合」というのは，政令で定める災害により区分所有法61条5項の一部滅失，すなわち，「建物の価格の$\frac{1}{2}$を超える部分が滅失した場合」（＝**大規模滅失**）のことを意味しています。

2 区分所有者集会の招集の通知に関する特例（8条）

区分所有者集会には，**原則**として，区分所有法の集会の招集に関する規定が**準用**されます。しかし，大規模災害の場面に，平時における招集手続の規定をそのまま準用すると，不都合が生じますので，次のような**特例**が設けられています。

①　区分所有者集会の招集通知は，区分所有者が災害発生後に管理者に対して通知を受けるべき場所を通知していたときは，その場所に宛ててすれば足りる。

②　区分所有者集会を招集する者が**区分所有者**（災害後に通知場所を通知した区分所有者を除く）**の所在を知ることができない場合には**，招集通知は，**区分所有建物またはその敷地内の見やすい場所に掲示してすることができる。**

※当該通知は，**掲示をした時に到達**したものとみなされる。ただし，招集者が当該区分所有者の**所在を知らないことについて過失**があったときは，**到達の効力を生じない**。

3　建物敷地売却決議（9条）

用語　**建物敷地売却決議**：現状有姿のままで建物と敷地を共に売却することを決議すること

（1）内容

政令で定める災害で，区分所有建物の**一部が滅失**した場合，区分所有者集会において，区分所有者，議決権及び当該敷地利用権の持分の価格の**各$\frac{4}{5}$以上**の多数で，区分所有建物及びその敷地を売却する旨の決議（**建物敷地売却決議**）をすることができます。

（2）手続

建物敷地売却決議を会議の目的とする**区分所有者集会**を招集する場合，その**招集通知**は，当該区分所有者集会の会日より少なくとも２ヵ月前に発しなければなりません。

この「２ヵ月」の期間は，規約で短縮することはできません。

- **決議案の要領**のほか，①建物及びその敷地の売却を**必要とする**理由，②復旧又は建替えを**しない**理由，③**復旧に要する費用の概算額**も通知する必要があります。
- 区分所有者集会を招集した者は，当該区分所有者集会の会日より少なくとも１ヵ月前までに，当該招集の際に通知すべき事項について区分所有者に対し説明を行うための**説明会を開催**する必要があります。

なお，建物敷地売却決議をした区分所有者集会の議事録には，その決議についての**各区分所有者の賛否**をも**記載**し，又は**記録**し

この文書を受け取ってから2ヵ月以内に売却に参加するという回答をしなかった者は，売却に参加しないことになります。

売渡請求がなされると，建物及び敷地の売却に参加しない区分所有者の権利は，請求をした者に時価で売り渡されたことになります。

用語 建物取壊し敷地売却決議：現存する建物を取り壊し，更地となった敷地を売却することを決議すること

建物取壊し敷地売却決議の手続は，基本的に**建物敷地売却決議の場合（前述の3（2））とほぼ同様**です。

用語 取壊し決議：現存する建物を取り壊すことを決議するもので，更地となった敷地をそのまま共有すること

取壊し決議の手続は，基本的に**建物敷地売却決議の場合（前述の3（2））とほぼ同様**です。

なければなりません。

（3）建物敷地売却決議後の流れ

建物敷地売却決議がされると，集会を招集した者は，決議に**賛成しなかった**区分所有者に対して，**建物及びその敷地の売却に参加するか**どうかを**2ヵ月以内に回答することを求める文書**を出さなければなりません。

また，建物及びその敷地の売却に**賛成**した者・売却に**参加**するという回答をした者・これらの者の**全員一致で権利を買い取ることを認められた者**は，**売却に参加しない区分所有者**に対し，その権利を時価で売り渡すよう請求することができます。

4　建物取壊し敷地売却決議（10条）

政令で定める災害で，区分所有建物の一部が滅失した場合，区分所有者集会において，区分所有者，議決権及び敷地利用権の持分の価格の**各$\frac{4}{5}$以上**の多数で，区分所有建物を取り壊し，かつ，これに係る建物の敷地を売却する旨の決議（**建物取壊し敷地売却決議**）をすることができます。

5　取壊し決議（11条）

政令で定める災害で，区分所有建物の一部が滅失した場合，区分所有者集会において，区分所有者及び議決権の**各$\frac{4}{5}$以上**の多数で，当該区分所有建物を取り壊す旨の決議（**取壊し決議**）をすることができます。

なお，取壊し決議や，区分所有者全員の同意に基づいて取り壊された場合は，その区分所有建物に係る敷地共有者等は，政令施行日から起算して**3年を経過する日**までの間は，敷地共有持分等に係る土地やこれに関する権利について，原則として分割請求をすることができません。

POINT整理　被災マンション法における各決議要件の比較

	決議の種類	決議要件	決議の期限
全部滅失	再建決議	敷地共有者等の議決権の$\frac{4}{5}$以上	政令施行日から3年以内
	敷地売却決議等		
一部滅失	建物敷地売却決議	①区分所有者，②議決権，③敷地利用権の持分の価格の各$\frac{4}{5}$以上	政令施行日から1年以内
	建物取壊し敷地売却決議		
	取壊し決議	①区分所有者及び②議決権の各$\frac{4}{5}$以上	

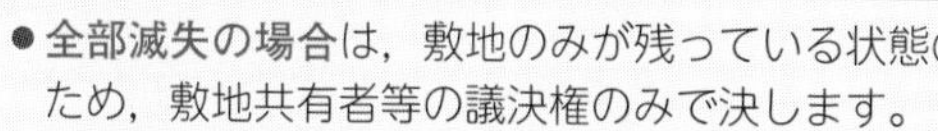

- **全部滅失の場合**は，敷地のみが残っている状態のため，敷地共有者等の議決権のみで決します。
- **一部滅失の場合**は，建物と敷地が両方残っている状態のため，「建物敷地売却決議」と「建物取壊し敷地売却決議」のように，建物の売却に加えて**敷地の売却も含まれる場合**には，①**区分所有者**と②**議決権**に加えて③**敷地利用権の持分の価格**で決します。これに対し，単なる「取壊し決議」のように，**敷地の売却を含まず建物の処分だけの場合**には，①**区分所有者**と②**議決権**だけで決します。

コレが重要!! 確認問題

❶ 区分所有建物の全部が滅失した場合，区分所有建物において管理者として定められていた者は，敷地共有者等によって管理者と定められていなくても，再建決議をするための集会を招集することができる。過 R3

❷ 大規模な火災，震災その他の災害で政令で定めるものにより区分所有建物の全部が滅失した場合において，区分所有建物に係る敷地利用権が数人で有する所有権その他の権利であったときにその権利を有する者（「敷地共有者等」という。）は，政令の施行の日から起算して３年が経過する日までの間は，集会を開き，規約を定め，及び管理者を置くことができる。過 H29

❸ 大規模な火災，震災その他の災害で政令で定めるものにより区分所有建物の全部が滅失した場合において，敷地共有者等のうち$\frac{1}{5}$を超える議決権を有する者は，政令の施行の日から起算して１月を経過する日の翌日以後当該施行の日から起算して３年を経過する日までの間に，敷地の共有物分割の請求をすることができる。過 H29

❹ 敷地共有者等の集会を開くに際し，敷地共有者等に管理者がない場合の集会の招集権者は，議決権の$\frac{1}{5}$以上を有する敷地共有者等であって，この定数を規約で減ずることはできない。過 H30

❺ 大規模な火災，震災その他の災害で政令で定めるものにより区分所有建物の一部が滅失した場合において，区分所有者集会の招集の通知は，区分所有者が災害前に管理者に対して通知を受けるべき場所を届け出ていた場合には，その場所に宛ててすることができる。過 R1

❻ マンションの建物の全部が滅失した場合における「敷地売却決議」は，敷地共有者等集会において，敷地共有者等の議決権の$\frac{4}{5}$以上の多数でしなければならない。過 H26

❼ マンションの建物の一部が滅失した場合における「建物敷地売却決議」は，区分所有者集会において，区分所有者，議決権及び敷地利用権の持分の価格の各$\frac{4}{5}$以上の多数でしなければならない。過 H26

❽ マンションの建物の一部が滅失した場合における建物の「取壊し決議」は，区分所有者集会において，区分所有者，議決権及び敷地利用権の持分の価格の各$\frac{4}{5}$以上の多数でしなければならない。過 H26

答 ❶×：できない。 ❷×：規約を定めることはできない。 ❸○ ❹○ ❺×：災害前ではなく，災害が発生した時「以後」。 ❻○ ❼○ ❽×：取壊し決議の場合，決議要件に「敷地利用権の持分の価格」はない。

第3章　頻出度 B

宅地建物取引業法（宅建業法）

●重要事項説明の手続・内容
●瑕疵担保責任の特例

1 宅地建物取引業法（宅建業法）の意義

宅建業法は，不動産取引に関する知識と経験の少ない一般消費者（購入者等）を保護し，宅地・建物の流通の円滑化を図るために，宅地建物取引業者（**宅建業者**）について免許制度を実施し，重要事項説明義務等，事業に関する様々な規制・監督を行う法律です。

宅建業とは，①「**自ら契約当事者**」としてする，**宅地や建物**（マンションの１室のような建物の一部も含む）の「**売買・交換契約**」や，②**宅地や建物の**「**売買・交換・貸借契約の代理や媒介**（仲介）」で，**業として行う行為**をいいます。

> なお，**マンションの建設・管理**や，**自ら**契約当事者として**貸借する行為**等は，「宅建業」には該当しません。

2 重要事項の説明（35条）

マンション等の取引（購入・賃借等）は，それに係る権利関係や取引条件が極めて複雑であるため，一般の消費者（購入者等）が十分に調査・確認しないで契約を締結すると，当初予定していた利用ができなかったり，予想外の損害を被ったりするおそれがあります。

そこで，宅建業者は，契約内容に関する一定の重要事項を，購入者等に対し，**契約締結前**にあらかじめ宅地建物取引士（**宅建士**）**をして説明**させ，**宅建士が記名した書面**（重要事項説明書）**を交付**しなければなりません。

> この書面の交付は，相手方等の承諾を得て，**電磁的方法による提供**とすることもできます。以下，「書面等」と表現します。

1　重要事項説明の手続

重要事項説明の手続のポイントは，次のとおりです。

説明時期	契約が成立するまでの間（契約成立前）	
説明義務者	宅建業者	
説明の相手方	売買契約	買主のみ
	交換契約	両当事者
	貸借契約	借主のみ
説明する者	宅建士	
説明の方法	宅建士が記名した書面等を交付し，宅建士証を提示して説明する	

重要事項説明書面には，**宅建士による記名は必要**ですが，書面自体を「**作成**」するのは「宅建業者」です。

- 重要事項説明は，**買主の承諾**があっても，省略できません。ただし，買主が宅建業者の場合は，**書面等の交付だけ**でよく，宅建士による説明は不要です。
- 説明する宅建士は，専任である必要はありませんが，説明の際には，相手方からの請求がなくても，必ず**宅建士証を提示**しなければなりません。

ＩＴを活用した重要事項の説明を開始した後，映像を視認できない又は音声を聞き取ることができない状況が生じた場合には，直ちに説明を中断し，その状況が解消された後に説明を再開する必要があります。

なお，**重要事項の説明**（売買取引・交換取引・貸借取引すべて）は，次のすべての事項を満たしている場合に限り，テレビ会議等の**ＩＴを活用したオンライン**で行うことができます（ＩＴ重説）。

① 宅地建物取引士及び重要事項の説明を受けようとする者が，図面等の書類及び説明の内容について**十分に理解できる程度に映像を視認**でき，かつ，**双方が発する音声を十分に聞き取ることができる**とともに，**双方向でやりとりできる環境**において実施していること

② 宅地建物取引士により記名された**重要事項説明書及び添付書類**を，重要事項の説明を受けようとする者に**あらかじめ交付**（電磁的方法による提供を含む）していること

③ 重要事項の説明を受けようとする者が，重要事項説明書及び添付書類を**確認しながら説明を受けることができる状態**にあること並びに**映像及び音声の状況**について，宅地建物取引士が重要事項の説明を**開始する前に確認**していること

④ 宅地建物取引士が，**宅地建物取引士証を提示**し，重要事項の説明を受けようとする者が，当該宅地建物取引士証を画面上で視認できたことを確認していること

2 売買契約の場合に説明すべき重要事項

（1）売買契約で説明すべき**重要事項**の内容は，次のとおりです。

物件に関する事項	① 登記簿上の権利
	② 都市計画法・建築基準法等の法令に基づく制限の内容
	③ 私道に関する負担（私道負担の有無とその内容）
	④ 飲用水・電気・ガスの供給施設，排水施設の整備状況
	⑤ 未完成物件の場合，完成時の形状や構造
取引条件に関する事項	⑥ 目的物が既存建物（中古建物）の場合 ア）**建物状況調査**（実施後1年を経過していないもののみ）を実施しているか否か，及び，実施しているときはその結果の概要 イ）**設計図書・点検記録**その他の建物の建築・維持保全の状況に関する**書類（建築確認済証・建物状況調査報告書等）の保全**の状況
	⑦ 代金等以外に授受される金銭の額・授受の目的（手付金等）
	⑧ 契約の解除に関する事項
	⑨ 損害賠償額の予定・違約金に関する事項
	⑩ 手付金等の保全措置の概要（業者が自ら売主の場合）
	⑪ 支払金・預り金を受領する場合の保全措置の概要
	⑫ 代金に関する金銭の貸借（ローン）のあっせんの内容・ローンが成立しないときの措置
	⑬ 種類または品質に関して契約の内容に適合しない場合におけるその不適合を担保すべき責任の履行措置の概要（保証保険契約等の措置を講ずるか否か，また，講ずる場合にはその概要）
その他の事項	⑭ 造成宅地防災区域内にあるときは，その旨
	⑮ 土砂災害警戒区域内にあるときは，その旨
	⑯ 津波災害警戒区域内にあるときは，その旨
	⑰ 水害ハザードマップに物件の位置が表示されているときは，同ハザードマップ上の物件の所在地（ない場合は「ない旨」を説明）
	⑱ 石綿（アスベスト）の使用の有無の調査結果が記録されているときは，その内容
	⑲ 耐震改修法に定める一定の耐震診断を受けたものである場合は，その内容（昭和56年6月1日以降に新築工事に着手したものを除く）
	⑳ 住宅性能評価を受けた新築住宅であるときは，その旨

建物状況調査が実施されていない場合でも，宅建業者自ら当該調査を実施する義務はありません。

「水害ハザードマップ」は，法文上，「**水防法施行規則11条1号の規定により当該マンションが所在する市町村の長が提供する図面**」とされています。

②～⑥については，規約がまだ**「案」の段階であっても**，その案の内容を説明する**必要**があります。なお，②～⑥，⑧については，**定めも案もなければ説明は不要**です。

(2) マンションの売買契約の場合には，次の事項を**説明に追加**します。

追加事項	① 敷地に関する権利（敷地権）の種類及び内容
	② 共用部分に関する規約の定め
	③ 専有部分の用途，その他の利用制限に関する規約の定め
	④ 専用使用権に関する規約の定め
	⑤ 一棟の建物の計画的な維持修繕のための費用等を，特定の者にのみ減免する旨の規約の定め
	⑥ 計画修繕積立金に関する事項の規約の定め，滞納額，積立総額
	⑦ 区分所有者が負担する通常の管理費用の額，滞納額
	⑧ 建物・敷地の管理の委託先（委託を受けている者の氏名，住所，法人の場合，商号または名称，主たる事務所の所在地）
	⑨ 一棟の建物の維持修繕の実施状況が記録されているときは，その内容

- 「**引渡し時期**」「天災その他不可抗力での**損害の負担**に関する事項」「所有権の保存（移転）**登記の申請の時期**」は，説明事項に含まれません。
- 「建物及び敷地の管理の**委託先**」の説明（商号や事務所所在地等）は**必要**ですが（⑧），「管理委託契約のうち**管理事務の内容**及びその実施方法」や「**専任の管理業務主任者の氏名**」は，説明事項に含まれません。

3 貸借契約の場合に説明すべき重要事項

(1) 貸借契約の場合に説明すべき重要事項の内容は，次のとおりです。

最良の独学合格ルートがここにあります！

独学で資格試験に
TAC出版と資格の学
う独学のメリットを活
独学者向けに考え抜
気講師によるポイント
が含まれています。

教材は売上シェアNo.1*のTAC出版の書籍を使用！

「独学道場」では、売上シェアNO.1*の人気と実績のある市販書籍を、教材として使用しています。

TACの合格メソッドがギュッと詰まった各書籍については、テキストを利用して知識をインプット➡問題集でトレーニング➡予想模試で総仕上げという流れで、学習段階に応じて使用しますので、初学者の方でも着実に合格レベルへとステップアップできます。

＊ マン管・管業受験対策書籍 紀伊國屋書店・三省堂書店・TSUTAYA・丸善ジュンク堂書店(五十音順)調べ 各社POSデータをもとに弊社で集計(2015年1月～2023年12月)

独学者専用講義がセットでさらに学習効果UP！

「独学道場」のオリジナルWeb講義は、ポイントを押さえた独学者向けならではの解説で理解度がグッと上がり、記憶に残りやすくなるため、テキストを読むだけの学習に比べ、学習時間が短縮することができます。

また、カリキュラムがコンパクトですので、時間的に余裕のない方にも負担感が小さく、継続して学習できるよう設計されています。

マンション管理士試験の合格には、区分所有法・民法・規約等の「法令系」、民事訴訟法・会計等の「実務・会計系」、さらには「建築・設備系」といった広範かつ膨大な学習が必要で、「覚えるべきこと」も相当な量です。この独学道場では、単なる「丸暗記」ではなく「理解に基づいた学習」を行い、効率よく合格するためのヒントを最大限に盛り込んで講義しています。私の講義が、皆様の限られた時間を合格への“強力な後押し”に変えますので、「独学道場」をフル活用して、是非、本年度の合格を勝ち取ってください！

平柳 将人 講師

マンション管理士独学道場 Web講義担当

管理業務主任者試験は、法律や建築分野、税・会計と広範な分野から出題されますが、すべてを完璧にしようとすると膨大な時間がかかり、合格が遠のきます。試験には「頻出論点」と「そうでない論点」、「得点しやすい科目・論点」と「得点しにくい科目・論点」があり、これを踏まえた対策により短期合格が可能となります。独学道場では押さえるべきポイントを、“そのポイントが本試験でどのように出題されているか”という視点からスピーディに講義します。
独学道場で合格を勝ち取りましょう！

小澤良輔 講師

管理業務主任者独学道場 Web講義担当

チャレンジする方にとっての「最良の独学合格ルート」をご提供したい!その思いから、
校TACのコラボにより、誕生したのが「独学道場」です。マイペースで学習できるとい
かしつつ、講座のエッセンスをプラスしました。
いた「コンパクトで無理やムダのないカリキュラム」と「わかりやすい教材」、そして「人
を押さえた講義」に加え、資格の学校TACの『全国公開模試』まで、合格に必要な内容
ぜひ、この「独学道場」を活用して、合格を勝ち取ってください!

公開模試&法改正対策で総仕上げ!

「独学道場」のカリキュラムには、TACマンション管理士・管理業務主任者講座による『全国公開模試』が含まれています。最新の試験傾向を分析して練り上げた予想問題を、本試験と同形式で解くことで、今までの学習成果を試すと同時に弱点分野が把握でき、本番に向けての最終調整に役立ちます! また、独学では情報が不十分になりがちな法改正情報についても、出題範囲にかかわるポイントをコンパクトにまとめた『法律改正点レジュメ』をお届けしますので、対策も万全です!

いつでもどこでもスキマ時間で視聴できるWeb講義!

「独学道場」のWeb講義は、インターネットが繋がる環境なら、時間や場所にしばられず視聴できるので、スキマ時間を利用した学習にも効果を発揮します。

また、アプリで講義動画のダウンロードも可能なので、いつでもどこでも速度制限を気にすることなく、効率的に学習をすすめられます!

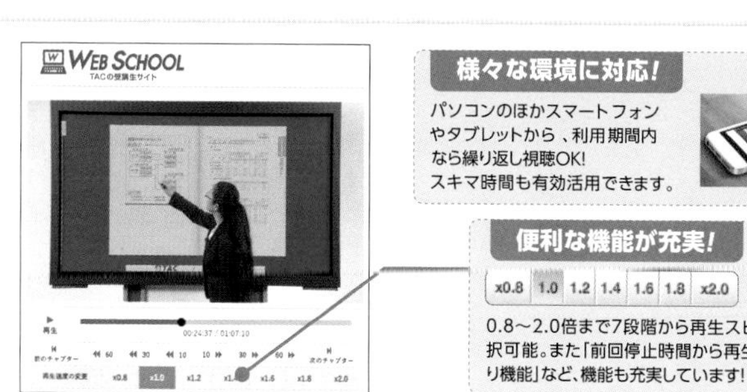

※スマートフォン・タブレット端末をご利用の場合、一定期間に定められた(データ)通信量以上の通信を行うと、ご契約の各キャリア・プランにおいて通信速度の制御を実施される可能性があります。なお、TAC WEB SCHOOLの動画は「約500〜700MB/2時間半」となります。
※アプリにダウンロードした動画は2週間視聴可能です。利用期間内であれば何度でもダウンロード可能です。
※Web講義の視聴期間は、2024年度マンション管理士・管理業務主任者、各本試験当日までとなります。

TAC出版 + TAC マンション管理士・管理業務主任者講座による独学者向けコース

2024年合格目標 マンション管理士

「マンション管理士 独学道場」は、短期間で効率よく学習できるように、「合格に十分な知識量」と「読みやすさ」を兼ね備えた『らくらくわかる!マンション管理士 速習テキスト』をメイン教材として使用しています。
コンパクトなカリキュラムでありながら、テキストの著者・平柳講師自らによる**合格エッセンス**を凝縮したWeb講義、法改正情報や公開模試など、合格に必要なものがすべてセットになっているので、ムリ・ムダなく合格を目指すことができます!

使用教材・カリキュラム

※お申込み時点で発送予定を過ぎているものは、初回発送時にまとめてお届けします。

学習準備 → 基礎学習+論点マスター
学習目安 学習スタート〜2024年10月

●学習ガイドブック (1冊)

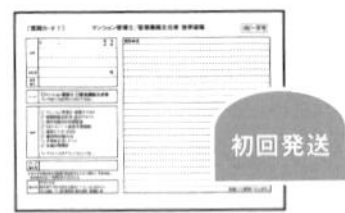

●質問カード (5回)

※学習ガイドブックの巻末にございます。

★

●らくらくわかる! マンション管理士 速習テキスト (1冊)

●らくらくわかる! マンション管理士 速習テキスト準拠 速攻マスターWeb講義 (約17.5時間/全8回)

★

●マンション管理士 項目別過去8年 問題集 (1冊)

●マンション管理士 項目別過去8年問題集 過去問攻略Web講義 (約2.5時間/全1回)

講義担当講師

平柳 将人 講師

こちらから平柳講師の体験講義が視聴できます!

料 金 (10%税込)

※料金には、教材費・発送費・消費税が含まれます。

フルパック	33,000円
『テキスト』『問題集』なしパック★	28,600円

申込締切日 2024年10月14日(月)

★『テキスト』『問題集』なしパックは、すでに2024年度版の『速習テキスト』および『項目別過去8年問題集』をお持ちの方向けで、この2冊が含まれないパックです。

※『全国公開模試』は、期日内に別途手続きを済ませれば、会場受験も可能です。手続の締切は2024年10月上旬を予定しておりますので、会場受験をご希望の方は、余裕をもってお申込みください。
なお、10/2以降に「独学道場」をお申込の方につきましては、自宅受験のみとさせていただきます。

※『全国公開模試』受験権利が重複した場合(例:「独学道場」および「TACの本科生」をお申込みの場合)は、先に提出された答案のみ成績処理されます。

直前対策

学習目安 2024年8月〜11月

●ラストスパート
マンション管理士
直前予想模試 (1冊)

●法律改正点レジュメ (1冊)

会場受験も選択できます!

TACマンション管理士講座『全国公開模試』は多数の受験生が受験する、全国規模の公開模擬試験です。独学道場をお申込みの方は、この全国公開模試を、自宅受験または、手続きを行うことで会場で受験することが可能です。

*状況により、会場受験を見合わせる場合がございます。

●TACマンション管理士講座
全国公開模試 (全1回)

本試験合格!

2024年合格目標 管理業務主任者

「管理業務主任者 独学道場」は、毎年多くの受験生から支持されている『管理業務主任者 基本テキスト』をメイン教材として使用しています。
講師経験豊かな小澤講師が独学者向けに講義を展開。TAC合格メソッドに基づき、**重要論点をわかりやすく解説**しているので、基礎からしっかり学習できます。加えて、法改正情報や公開模試など、合格に必要なものがすべてセットになっているので、安心して合格を目指すことができます!

使用教材・カリキュラム

※お申込み時点で発送予定を過ぎているものは、初回発送時にまとめてお届けします。

学習準備 → **基礎学習+論点マスター**
学習目安 学習スタート～2024年10月

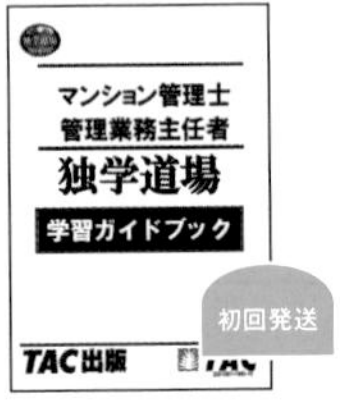

●学習ガイドブック(1冊)

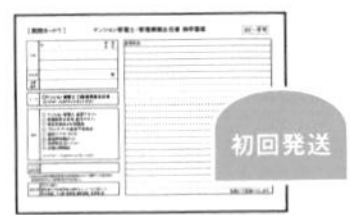

●質問カード(5回)

※学習ガイドブックの巻末にございます。

★

●管理業務主任者 基本テキスト(1冊)

●管理業務主任者 基本テキスト準拠 速攻マスターWeb講義(約15時間/全6回)

★

●管理業務主任者 項目別過去8年問題集(1冊)

●管理業務主任者 項目別過去8年問題集 過去問攻略Web講義(約2.5時間/全1回)

講義担当講師

小澤 良輔 講師

こちらから小澤講師の体験講義が視聴できます!

料 金 (10%税込)

※料金には、教材費・発送費・消費税が含まれます。

フルパック	26,400円
『テキスト』『問題集』なしパック★	22,000円

申込締切日 2024年10月20日(日)

★『テキスト』『問題集』なしパックは、すでに2024年度版の『基本テキスト』および『項目別過去8年問題集』をお持ちの方向けで、この2冊が含まれないパックです。

※『全国公開模試』は、期日内に別途手続きを済ませれば、会場受験も可能です。手続の締切は2024年10月中旬を予定しておりますので、会場受験をご希望の方は、余裕をもってお申込みください。
なお、10/9以降に「独学道場」をお申込の方につきましては、自宅受験のみとさせていただきます。

※『全国公開模試』受験権利が重複した場合(例:「独学道場」および「TACの本科生」をお申込みの場合)は、先に提出された答案のみ成績処理されます。

直前対策

学習目安 2024年8月～11月

●ラストスパート
管理業務主任者
直前予想模試 (1冊)

●法律改正点レジュメ (1冊)

会場受験も選択できます!

TAC管理業務主任者講座『全国公開模試』は多数の受験生が受験する、全国規模の公開模擬試験です。独学道場をお申込みの方は、この全国公開模試を、自宅受験または、手続きを行うことで会場で受験することが可能です。

*状況により、会場受験を見合わせる場合がございます。

●TAC管理業務主任者講座
全国公開模試 (全1回)

本試験合格!

貸借契約の場合の重要事項	
	① 登記簿上の権利
	② 都市計画法・建築基準法等の法令に基づく制限の内容
	③ 私道に関する負担に関する事項（注：建物の賃貸借では不要）
	④ 飲用水・電気・ガス等の供給施設，排水施設の整備状況
	⑤ 未完成物件の場合，完成時の形状や構造等
	⑥ 借賃以外に授受される金銭の額・授受の目的（敷金等）
	⑦ 契約の解除に関する事項
	⑧ 損害賠償額の予定・違約金に関する事項
	⑨ 支払金・預り金を受領する場合の保全措置の概要
	⑩ 物件が造成宅地防災区域内にあるときは，その旨
	⑪ 物件が土砂災害警戒区域内にあるときは，その旨
	⑫ 物件が津波災害警戒区域内にあるときは，その旨
	⑬ 水害ハザードマップに物件の位置が表示されているときは，同ハザードマップ上の物件の所在地（ない場合は「ない旨」を説明）
	⑭ 石綿（アスベスト）の使用の有無の調査結果が記録されているときは，その内容
	⑮ 物件が耐震診断を受けたものである場合，その内容（昭和56年6月1日以降に新築工事に着手したものを除く）

(2) 貸借契約に特有の追加記載事項は，次のとおりです。

追加事項	
	① 台所・浴室・便所等の整備状況
	② 契約期間・契約の更新に関する事項
	③ 定期借地権・定期借家権・終身建物賃貸借に関する事項
	④ 金銭（敷金）の契約終了時の精算に関する事項

(3) **マンションの貸借契約**に特有の追加記載事項は，次のとおりです。

> ①については，規約がまだ**「案」の段階であっても**，その案の内容を説明する必要があります。
> また，①②いずれも，**定めも案もなければ説明は不要**です。

マンションの貸借契約に特有の追加事項
① 専有部分の用途，その他の利用制限に関する規約の定め
② 建物及び敷地の管理の委託先

重要事項説明は，事情を知らなかったことで**契約締結後にトラブルが生ずるのを防止**する目的で行われます。したがって，「買主ならば契約締結前に知っておきたいはずの事情」「借主ならば契約締結前に知っておきたいはずの事情」が，それぞれ説明の対象となります。

3 担保責任の特約の制限（40条）

H26

1 宅建業法上の原則

民法上，売主は，引き渡した目的物が**種類**，**品質または数量に関して契約の内容に適合しない**もの（＝「**契約不適合**」）であるときは**担保責任を負います**が，これは売主に厳しい責任であるため，特約で「契約不適合責任を負わない」とすることも認められています。

しかし，宅建業者が自ら売主となる場合，不動産取引に関する知識や経験の浅い一般消費者を保護する必要があります。そこで，**宅建業法**では，原則として，**民法の規定よりも買主に不利な特約はできず**，これに**反する特約は無効**となり，民法の規定に従うとされています。

逆に，買主に有利な特約はしても構いません。したがって，例えば「売主は，民法の規定に基づく責任を負うとともに，買主からの履行の追完の請求にも応ずる」という特約は有効です。

例えば，次のような特約はすべて無効となり，**民法**の契約不適合責任に基づく責任を負います。

- 売主に故意または過失がある場合にのみ担保責任を負う。
- 売主は担保責任を負わない。
- 担保責任の追及として，買主は損害賠償請求はできるが，契約の解除はできない。

2 担保責任（たんぽせきにん）を負う期間に関する例外

民法の種類・品質に関する担保責任の追及のための**通知期間**は，「買主が**契約不適合を知った時から1年**」です。しかし，宅建業者は，日常的に多数の不動産の売買等を行うため，すべてがこの前提では，長期間にわたって大きな負担になります。そこで，宅建業者が**自ら売主**となる場合は，担保責任の追及のための通知期間について「目的物の**引渡しの日から２年以上**」となる特約をすることができます。なお，これに反する特約は，当然に無効です。

例えば，担保責任追及のための通知期間について，「引渡しの日から２年」，「引渡しの日から３年」とする特約は**有効**です。しかし，「契約締結の日から２年」，「引渡しの日から１年」といった特約は**無効**であり，民法の原則に戻って，種類・品質に関する担保責任の追及のための通知期間は「買主が契約不適合を**知った時から１年**」となります。

コレが重要!! 確認問題

❶ マンションの売買に際し，宅地建物取引業者が，規約については，案しかできていなかったので，売買契約成立後に説明することとしたことは，宅地建物取引業法第35条の規定に違反しない。 過 H13

❷ 買主Aは，宅地建物取引業者Cの媒介で，売主である宅地建物取引業者Bから甲マンションの201号室を購入する契約を締結し，入居した。この場合，本件契約は３割の値引きをしたので，Bは現状のまま売り渡すこととし，担保責任を負わない旨の特約をした場合，この特約は有効である。 過 H13

❸ 宅地建物取引業者であるAは，Bに対して，平成31年４月１日に，担保責任期間を引渡しの日から１年間とする特約をして中古マンションの一室を売却し，同年５月１日にこれを引き渡した。その後，Bが令和２年５月10日に浴室設備に契約内容との不適合を発見し，同年６月10日にAに対して損害賠償請求をすれば，Aは担保責任を免れない。 過 H24

答 ❶×：規約については「案」の説明も必要である。また，説明時期は，契約成立前でなければならない。　❷×：この特約は，買主に不利であり，無効である。　❸○

頻出度 S

住宅の品質確保の促進等に関する法律（品確法）

- 住宅性能表示制度
- 瑕疵担保責任

1 品確法の目的（1条）

品確法は，次の施策により，住宅の品質確保の促進，住宅購入者等の利益の保護及び住宅に係る紛争の迅速かつ適正な解決を図ることを目的としています。

① **住宅の性能に関する表示基準・評価制度**

② **住宅に係る紛争処理体制の整備（指定住宅紛争処理機関）**

③ **新築住宅の請負契約・売買契約における瑕疵担保責任**

2 用語の定義

品確法上の「**住宅**」「**新築住宅**」「**瑕疵**」の定義は，次のとおりです。

住　宅	人の居住の用に供する家屋または家屋の部分（人の居住の用**以外**の用に供する家屋の部分との共用に供する部分を含む）
新築住宅	新たに建設され，まだ人の居住の用に供したことのない住宅（**建設工事完了日**から起算して**1年を経過したもの**を除く）
瑕　疵	**種類または品質に関して契約の内容に適合しない状態**

品確法では，民法改正後も「瑕疵」という表現が残っています。

- **店舗・事務所部分**は，「住宅」ではありません。
- 人の居住の用に供したことがなくても，**建設工事完了から1年を経過**した場合には，「新築住宅」にあたりません。

3 住宅性能表示制度（3条～）

H28・30

この制度は，住宅の性能（構造耐力，遮音性，省エネルギー性等）に関する表示の適正化のため，表示の方法や評価の方法の基準に関する共通のルール（「**日本住宅性能表示基準**」等）を設け，消費者が住宅の性能を相互に比較できるようにするものです。

住宅性能表示制度は，新築・中古住宅ともに適用されます。

住宅性能表示制度は**任意の制度**であり，これを利用するか否かは，住宅供給者または住宅取得者が選択することになります。

1　住宅性能評価書

第三者機関である登録住宅性能評価機関が検査をし，基準に達していれば，住宅性能評価書が申請者に交付されます。

住宅性能評価書には，次の**2つの種類**があります。

設計**住宅性能評価書**	**設計図書の段階**での評価結果をまとめたもの
建設**住宅性能評価書**	施工・完成段階での検査を経て，その評価結果をまとめたもの

この評価書が交付されると，記載された性能が保証されたこととなります。

評価に関しては，等級が設けられており，**等級の数字が大きいほど性能が**高くなります。なお，等級は，1～（項目により最大）7までとなっています。

2　表示項目

住宅の性能に関しては，次の項目を等級等で表示し，原則として，評価書に表示された性能を有することを保証します。

（○＝必須項目　△＝選択項目）

項　目	内　容	新築住宅
①　構造の安定に関すること	地震や風等の力が加わった時の建物全体の強さ	○
②　火災時の安全に関すること	火災発生時の避難のしやすさや建物の燃えにくさ	△
③　劣化の軽減に関すること	建物の劣化（木材の腐食等）を防止・軽減するための対策	○
④　維持管理・更新への配慮に関すること	給排水管とガス管の日常における維持管理のしやすさ	○

⑤　温熱環境・エネルギー消費量に関すること	暖冷房時の省エネルギーの程度	○
⑥　空気環境に関すること	内装材のホルムアルデヒド放散量の少なさや換気の方法	△
⑦　光・視環境に関すること	開口部の面積の大きさや位置	△
⑧　音環境に関すること ※	居室の外壁開口部に使用されるサッシの遮音性能	△
⑨　高齢者等への配慮に関すること	加齢等に伴って身体機能が低下した時の移動のしやすさや介助のしやすさ	△
⑩　防犯に関すること	開口部の侵入防止対策	△

※：既存住宅では⑧は対象外であり，他はすべて「選択項目」となる

上記⑨に関する性能につき，高齢者等配慮等級5（最高等級）の主な基準は，次のとおりです。

共用階段の手すりの位置	両側に，かつ，踏面の先端からの高さが700～900㎜の位置	
エレベーター・エレベーターホール	出入口の寸法	有効幅員800㎜以上
	かごの寸法	奥行1,350㎜以上
	ホールの寸法	一辺1,500㎜とする正方形の空間を確保
共用廊下	幅員1,400㎜以上	

4　瑕疵担保責任（94条～97条）

H27

品確法では，「新築住宅」の請負契約・売買契約において，民法の担保責任の特則として，**注文者や買主を保護する制度**を設けています。そして，これに**反する特約**で，**注文者や買主に不利なものは無効**とされます。

「構造耐力上主要な部分」とは，基礎，柱，梁，床，構造壁等を指します。また，「雨水の浸入を防止する部分」とは，屋根，外壁，開口部に設ける戸，わくその他の建具，屋根や外壁の内部・屋内にある雨水排水管を指します。

1　対象となる契約・部分

特例の対象となる契約・部分は，次のとおりです。

対象となる契約	①　新築住宅の「**請負**」契約 ②　新築住宅の「**売買**」契約
対象となる部分	①　構造耐力上主要な部分 ②　雨水の浸入を防止する部分

瑕疵担保責任の特例の対象部位は，「**構造耐力上主要な部分**」と「**雨水の浸入を防止する部分**」に限定されます。したがって，それ**以外**の部分には，**民法**や**宅建業法**の瑕疵担保責任の規定が適用されます。

2 瑕疵担保責任として請求できる内容と手続

(1) 瑕疵担保責任として請求できる内容

新築住宅の注文者又は買主は，それぞれ**請負人**または**売主**に対して，**次の請求**をすることができます。

> 民法改正により，民法では「瑕疵担保責任」が「契約不適合責任」と変わりましたが，品確法では「瑕疵担保責任」という「表現」自体は残っています。

① 債務不履行による**損害賠償請求**
② 催告による**解除**
③ 催告によらない**解除**
④ **履行の追完請求**
⑤ **報酬または代金減額請求**

- 追及できる内容は，**民法の売買契約・請負契約の場合と同様**です。
- 2020年の民法改正で，次の点が変わりました。

① 瑕疵担保責任（契約不適合責任）に基づく損害賠償責任は，一般の民法の原則に従い，**無過失責任から**過失責任へと変わりました。

② **品確法上**，土地工作物の請負契約**の担保責任**においても，契約の解除が可能となりました。

③ 引き渡された目的物が種類・品質・数量に関して契約の内容に適合しないものである場合は，注文者または買主は，報酬の減額を請求することができます。

④ 売買における瑕疵担保責任の追及にあたり，**瑕疵**は「隠れた」ものでなくても構わないことになりました。

(2) 瑕疵担保責任の請求に必要な手続

請負人・売主が**瑕疵**のある**目的物**を注文者・買主に**引き渡した場合**において，**注文者・買主**がその瑕疵を知った時から1年以内にその旨を請負人または売主に通知しないときは，注文者・買主は，その瑕疵を理由として，**履行の追完の請求**，**報酬または代金の減額の請求**，**損害賠償の請求及び契約の解除**をすることができません。

もっとも，請負人・売主が目的物を注文者・買主に**引き渡した時において瑕疵を知り**，または**重大な過失によって知らなかったとき**は，上記の「**通知期間**」による制限を受けません。

3　瑕疵担保責任を負う期間

請負の注文者や売買の買主は，その新築住宅を**他に売り渡して所有権を喪失しても**，10年間の残存期間は，請負人・売主に対して瑕疵担保責任を追及することができます。

品確法上，請負人・売主が責任を負う**期間**は次のとおりです。

新築住宅の請負契約	**注文者**に引き渡した時から10年間
新築住宅の売買契約	●**買主**に引き渡した時から10年間 ●ただし，新築住宅が**住宅新築請負契約**により請負人から売主に引き渡されたものである場合は，その引渡しの時から10年間

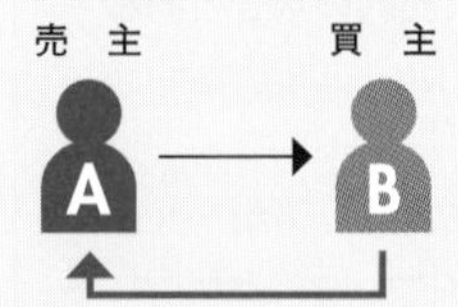

品確法上，新築住宅の**売買契約**では，例えば，売主Aは買主Bに対し，「AがBに**引き渡した時から**」**10年間**責任を負うのが原則です。

AはBに対し，AがBに引き渡した時から10年間責任を負う

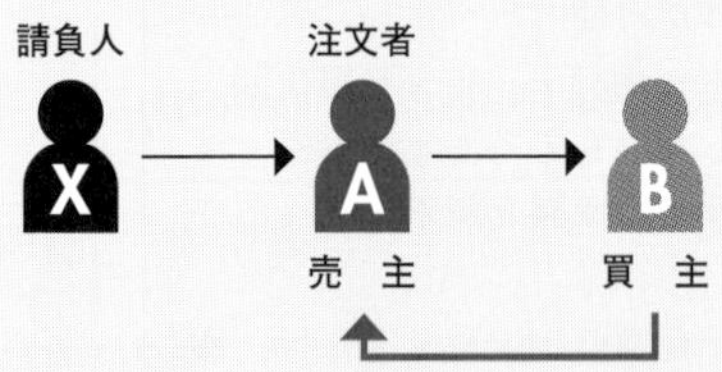

しかし，住宅が，**請負契約に基づいて**建築請負業者Xから売主Aに引き渡されたものである場合は，AはBに対し「XがAに**引き渡した時から**」**10年間**責任を負います。

AはBに対し，XがAに引き渡した時から10年間責任を負う

なお，この「請負人または売主が瑕疵担保責任を負うべき期間」は，特約で，注文者または買主に引き渡した時から**20年以内**とすることができます。

瑕疵担保責任を負う期間を「**20年以内**」と延ばす場合，その対象は，「構造耐力上主要な部分」及び「雨水の浸入を防止する部分」のみならず，**それ以外の部分も含めた**「**全体**」とすることも可能です。注文者または買主にとって有利だからです。

5 住宅瑕疵担保履行法

R1

1　住宅瑕疵担保履行法の意義

品確法では，新築住宅の請負契約や売買契約において，注文者または買主を保護するために，請負人または売主に対し，**種類・品質の不適合に関する瑕疵担保責任**を課しています。

正式名称は，「特定住宅瑕疵担保責任の履行の確保等に関する法律」といいます。

しかし，いくら責任を課しても，実際に損害賠償金を支払う財産がなければ，注文者や買主は保護されません。

そこで，品確法の規定による新築住宅に係る瑕疵担保責任の履行を確保するために，資力確保措置等を定めた法律が「**住宅瑕疵担保履行法**」です。

2　適用対象

(1) 対象者

住宅瑕疵担保履行法で後述する資力確保措置を講ずべき対象となるのは，次の者です。

① **自ら売主**となって，**新築住宅**を，**宅地建物取引業者でない買主に売却**して引き渡した**宅地建物取引業者**

② **住宅を新築**する建設工事の請負契約に基づき発注者に引き渡した**建設業者**

(2) 対象物・対象契約

住宅瑕疵担保履行法が適用される住宅は，「**新築住宅**」の**請負契約**および**売買契約**で，新築住宅の定義は**品確法と同じ**です。

新築住宅であれば，賃貸住宅も含まれます。

3　資力確保措置

住宅瑕疵担保履行法では，品確法の瑕疵担保責任の履行を確保するための措置として，**建設業者**や**宅地建物取引業者**に，次の「保険」「供託」のいずれかの資力確保措置をとることが義務化されています。

- **建設業者：**

  新築の注文住宅について，「住宅建設瑕疵担保保証金の供託」または「住宅建設瑕疵担保責任保険契約」を締結。

- **宅地建物取引業者：**

  自ら売主となって買主に引き渡す新築住宅について，「住宅販売瑕疵担保保証金の供託」または「住宅販売瑕疵担保責任保険契約」を締結。

コレが重要!! 確認問題

❶　住宅の品質確保の促進等に関する法律に基づく住宅性能表示制度では，新築住宅については高齢者等配慮対策等級が定められているが，既存住宅については定められていない。 過 H28

❷　甲マンション（管理組合の管理者A）は，請負人Bから注文者Cに令和2年4月1日に引き渡された新築マンションで，売主Cから専有部分の全部が同年10月1日に買主に引き渡されたものである場合に関する次のア～ウの記述は，正しいか否か。 過 H18

ア　Aが，令和3年3月31日に当該マンションの構造耐力上主要な部分等の瑕疵があることを知ったときにおけるCに対する履行の追完請求をするための通知は，令和4年3月31日までに行わなければならない。

イ　Aは，当該マンションの構造耐力上主要な部分等の瑕疵について，Cに対し，令和2年10月1日から10年間履行の追完の請求をすることができる。

ウ　甲マンションの専有部分の売買契約において，Cが当該マンションの構造耐力上主要な部分等の瑕疵についての担保の責任を負うべき期間は，買主に引き渡した時から20年以内とすることができる。

❸　住宅品質確保法により瑕疵担保責任を負う期間が引渡しから10年間であるとされた場合において，買主が当該建物を他に売り渡し建物の所有権を喪失したときでも，10年間の残存期間に限り，買主は，瑕疵担保責任を追及することができる。 過 H23

答　❶×：既存住宅にも定められている。　❷ア○　イ×：責任期間である10年間の起算は，「請負人から注文者（売主）に引き渡された時」からである。　ウ○　❸○

第5章 頻出度 S+

不動産登記法

- 不動産登記記録の構成
- 区分建物（専有部分）の登記記録の特徴

1 登記記録の構成（12条）

> **用語** 不動産登記簿：磁気ディスクで作成される，登記記録が記録される帳簿。記録は，登記官によって行われる。

登記とは，登記所にある不動産登記簿に**登記事項**（その不動産に固有の情報）**を記録**することをいいます。そして，土地と建物は各々別の不動産であるため，一筆の土地（1つの土地）または1個の建物ごとに，それぞれ登記記録が作成されます（一不動産一登記記録の原則）。

登記記録は，次のような構成になっています。

> **用語** 表題部（**表示**に関する登記）：登記記録に**不動産の物理的現況**（形状や位置等）を記載したもので，これを公示することを主たる目的とする。

> **用語** 権利部（**権利**に関する登記）：登記記録に**不動産に関する権利を記載**したもので，不動産取引の安全と円滑を図ることを主な機能とする。

表題部		不動産の客観的な物理的現況（形状や位置等）を記録 例 土地については，所在，地番，地目，地積等 建物については，所在，種類，構造，床面積等
権利部	甲区	所有権に関する登記事項を記録 例 所有権の保存・移転，処分禁止の仮処分，所有権の買戻し，差押え等の各登記
	乙区	所有権**以外の権利**に関する登記事項を記録 例 地上権，抵当権，賃借権等の各登記

【登記記録の構成】

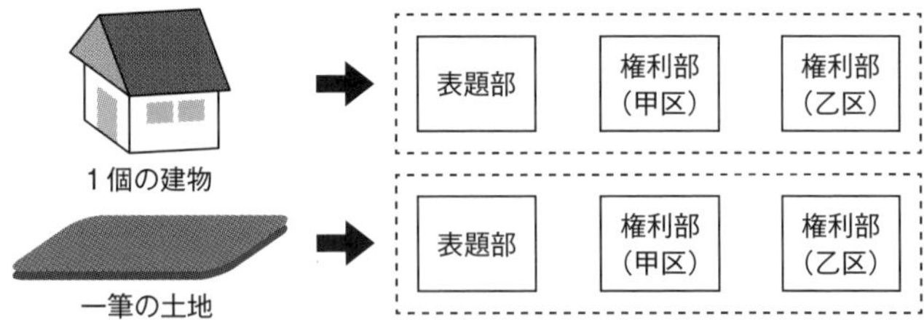

表題部は，不動産の物理的現況を記録する部分のため，「固定資産税評価額」は記載されません。

2　登記の申請手続

H30・R5

1　表示に関する登記の申請（36条，47条）

新たに生じた土地や新築した建物等の所有権を取得した者は，**所有権の取得の日から**1ヵ月以内に，表題登記（表示に関する登記のうち，**表題部に最初にされる登記**）を申請しなければなりません。

表題部の記載事項に**変更**があったり，不動産が**滅失**した場合も，原則として，その日から1ヵ月以内にその旨の登記の申請が必要です。

表示に関する登記は，課税等の**公益的な目的**もあることから，このような**申請義務**が課されています。

課税等の公益的な目的から，登記官は，当事者の**申請がなくても**，職権で表示に関する登記をすることができます。

2　変更の登記

表題部所有者**の単なる**氏名**や**住所**の**変更**の登記**または更正の登記は，表題部所有者**以外**の者は，申請することが**できません**。

そして，表題部所有者自体または**その持分の変更の登記**は，表題部所有者が当該不動産について**自己名義で所有権の保存登記を**した後，その所有権の**移転の登記**をしなければなりません。

用語

変更の登記：登記事項に**登記後に変更**があった場合に当該登記事項を**変更**（**登記後の不一致を是正**）する登記のこと

更正の登記：登記事項に**錯誤または遺漏**（**誤字・脱字等**）があった場合に当該登記事項を**訂正**（**登記前からの不一致を是正**）する登記のこと

これらの変更の登記は，表題部所有者について**相続等の一般承継**があった場合は，相続人等の一般承継人が，**被承継人の資格**（名義）で**申請できます**。

3　権利に関する登記の申請（60条）

権利に関する登記は，不動産の物権変動を第三者に対抗するために行う私益的な（個人の利益を守るための）ものです。そのため，原則として，権利に関する登記の申請は**任意**です。

登記官の職権による登記も，原則として認められません。

（1）共同申請主義

権利に関する登記の申請をする場合，原則として，**登記権利者**及び**登記義務者**が，共同してしなければなりません。

用語

登記権利者：権利に関する登記をすることにより，登記上，直接に利益を受ける者

登記義務者：権利に関する登記をすることにより，登記上，直接に不利益を受ける登記名義人のこと

登記名義人となることで対抗力を取得して**利益**を得る者（登記権利者）と，登記名義人ではなくなることで対抗力を失って**不利益**を被る者（登記義務者）との共同で申請させれば，虚偽のない，**真実を反映した登記**となることが期待できるからです。

(2) 共同申請主義の例外・所有権の保存の登記

所有権の保存の登記とは，最初に行う**所有権に関する登記**のことです。それ以前に所有権の登記を行った者がいないため，表題部所有者やその相続人等による単独での申請ができます。

不動産登記簿に表示された**滞納区分所有者が死亡**し，敷地権付き区分建物につき**相続を原因とする所有権移転登記手続がなされていない**場合，管理組合の管理者は，相続人に代位して，**その登記を申請できます。**

これは，民法の**債権者代位権（民法423条）**に基づくものであり，**区分所有法7条の先取特権の実行による競売（担保不動産競売）**を申し立てたりするために行います。

4 登記の申請の方法

(1) 申請情報の提供（18条）

登記の申請は，**ア）インターネットを利用するオンライン申請の方法**，または**イ）申請情報を記載した書面**（磁気ディスクを含む）**を提出する方法**，のどちらかによって，次のような一定の申請情報を登記所に提供して行わなければなりません。

登記原因：
売買等，登記する権利の変動の発生原因のこと

① **申請人の氏名・住所**
② **登記の目的（どういう権利にどのような登記をするか）**
③ **登記原因とその日付**
④ **土地や建物の所在地等，不動産を識別するのに必要な情報**

(2) 登記識別情報（とうきしきべつじょうほう）の提供（22条）

登記識別情報：
登記名義人自身が登記を申請していることを確認するための情報（12桁のコード番号）で，登記名義人を識別することができるもの

登記権利者と登記義務者が共同で権利に関する登記の申請をする場合，申請人**双方**は，**申請情報**とあわせて，原則として，登記義務者の登記識別情報を提供しなければなりません。ただし，申請人があらかじめ登記識別情報の通知を希望しない旨の申出をしたため，登記識別情報がない場合等，申請人がこれを提供できない正当な理由がある場合は，除きます。

（3）登記原因証明情報の提供（61条）

権利に関する登記を申請する場合，申請人双方は，原則として，**申請情報**とあわせて，**登記原因証明情報**（売買契約書等の記載事項）を提供しなければなりません。

5　相続登記の義務化

相続登記とは，**被相続人が所有していた不動産の名義**を相続人の名義へ変更することをいいます。

所有権の登記名義人について**相続の開始**があったときは，当該**相続により所有権を取得した者**は，①**自己のために**相続の開始**があったことを**知り，**かつ，**②**当該**所有権を取得**したことを**知った日から「3年以内」に，**所有権の移転の登記を**申請しなければなりません。

> 遺贈（相続人に対する遺贈に限る）により所有権を取得した者も，同様です。

> 相続による登記がされた後に遺産の分割があったときは，当該遺産の分割によって当該相続分を**超えて**所有権を取得した者は，当該**遺産の分割の日から3年以内**に，**所有権の移転の登記を申請**しなければなりません。

なお，申告義務違反者は，**10万円以下の過料**に処せられます。

これまで，不動産の所有者が死亡したのに**相続登記がされない**ことによって，登記簿を見ても所有者が分からない「**所有者不明土地**」が全国で増加し，周辺の環境悪化や民間取引・公共事業の阻害が生ずるといった**社会問題**が生じていました。
そこで，この問題を解決するため，令和6（2024）年4月1日から，従来任意であった相続登記が義務化されることになりました。
※令和6年4月1日より**前に相続**した不動産も，相続登記がされていないものは，**義務化の対象**になります。その場合は，**令和9年3月31日までに相続登記**をする必要があります。

3　登記することができる権利（3条）

登記は，**所有権・地上権・先取特権・抵当権・賃借権**等について，行うことができます。

> **使用借権**は，登記することができません。

4　複数の登記の優劣（4条）

登記した権利の優劣は，次のように決まります。

●甲区の登記同士の優劣 ●乙区の登記同士の優劣	順位番号の先後
甲区の登記と乙区の登記の優劣	受付番号の先後

レベルUP!!

●順位番号は，甲区内と乙区内で独立した番号で，**同じ区の中**での登記の優劣の基準となります。

●受付番号は，甲区・乙区を合わせて受付順に付けていく「通し番号」で，甲区と乙区という**異なる区の中**での登記の優劣の基準となります。

5 登記の対抗力

表示及び権利に関する登記の対抗力は，次のとおりです。

表示に関する登記	原則	対抗要件としての効力はなし
	例外	●規約共用部分としての対抗力あり ●借地借家法上の借地権としての対抗力あり
権利に関する登記	物権変動の対抗要件としての効力あり	

6 区分所有建物に関する登記

H26・27・28・29・R1・2・3・4

不動産登記法上の「区分建物」とは，区分所有法上の「専有部分」のことを指します。

区分所有建物の登記記録は，「**一棟の建物全体の表題部**」と「区分建物（**専有部分**）**ごとの表題部・権利部**（甲区・乙区）」から構成されます。また，建物とは別に，敷地についても「表題部・権利部（甲区・乙区）」の登記記録があります。

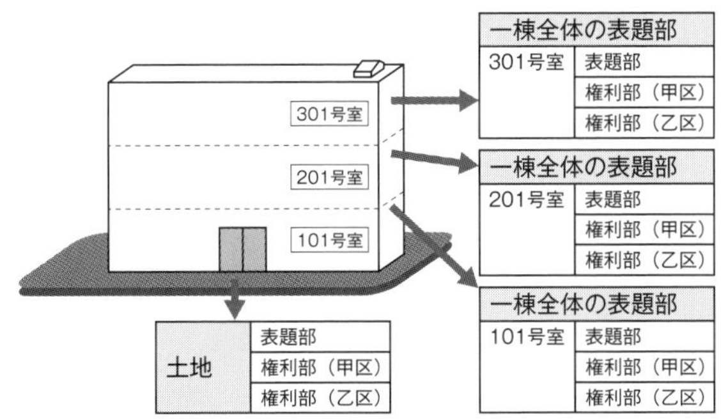

【参考①】一棟の建物の表題部

○○××　　　　区分建物全部事項証明書

専有部分の家屋番号	○○××－101　○○××－102　……			
【表題部】（一棟の建物の表示）		調製　余白	所在図番号	余白
【所在】	○○××	余白		
【建物の名称】	Aマンション	余白		
【①構造】	【②床面積】㎡	【原因及びその日付〔登記の日付〕】		
鉄筋コンクリート造 陸屋根3階建	1階　○○○：○○ 2階　○○○：○○ 3階　○○○：○○	〔令和○○年△月×日〕		

【表題部】（敷地権の目的である土地の表示）				
【①土地の符号】	【②所在及び地番】	【③地目】	【④地積】㎡	【登記の日付】
1	○○××	宅地	○○○：○○	令和○年○月○日

【参考②】専有部分の表題部

【表題部】（専有部分の建物の表示）			不動産番号	○○○○○○○○○○
【家屋番号】	○○××□□		余白	
【建物の名称】	○○		余白	
【①種類】	【②構造】	【③床面積】　㎡	【原因及びその日付〔登記の日付〕】	
居宅	鉄筋コンクリート造1階建	1階部分○○○：○○	令和○年○月○日新築 〔令和○年○月○日〕	
【表題部】（敷地権の表示）				
【①土地の符号】	【②敷地権の種類】	【③敷地権の割合】	【原因及びその日付〔登記の日付〕】	
1	所有権	○○○分の○○	令和○年○月○日敷地権 〔令和○年○月○日〕	
【所有者】	○○××　株式会社○○不動産			

【参考③】専有部分の権利部（甲区・乙区）

【権利部】（甲区）（所有権に関する事項）			
【順位番号】	【登記の目的】	【受付年月日・受付番号】	【権利者その他の事項】
1	所有権保存	令和○年○月○日 第○○○号	原因　令和○年○月○日売買 共有者 　○○○ 　持分６分の５ 　A 　○○○ 　６分の１ 　B

【権利部】（乙区）（所有権以外の権利に関する事項）			
【順位番号】	【登記の目的】	【受付年月日・受付番号】	【権利者その他の事項】
1	抵当権設定	令和○年○月○日 第○○×号	原因　令和○年○月○日保証委託契約に 　基づく求償債権令和○年○月○日設定 債権額　金 3,000 万円 損害金　年 14.5％（年 365 日の日割計算） 連帯債務者 　○○○ 　A 　○○○ 　B 抵当権者 　○○○ 　○○信用株式会社

【参考④】敷地権である旨の表示

（敷地権が所有権の場合）

【甲区】（所有権に関する事項）				
【順位番号】	【登記の目的】	【受付年月日・受付番号】	【原因】	【権利者その他の事項】
1	所有権保存	令和○年○月○日 第○○号	令和○年 ○月○日	所有者　○○○ 　　　　C
2	所有権移転	令和○年○月○日 第○○号	令和○年 ○月○日売買	所有者　△△△ 　　　　A
3	**所有権 敷地権**	余白	余白	建物の表示　□□□ 一棟の建物番号　Aマンション 令和○年○月○日登記

（敷地権が賃借権の場合）

【乙区】（所有権以外の権利に関する事項）				
【順位番号】	【登記の目的】	【受付年月日・受付番号】	【原因】	【権利者その他の事項】
1	賃借権設定	令和○年○月○日 第○○号	令和○年 ○月○日設定	目的　建物所有 賃料　○○円 支払時期　毎月月末 存続期間　○年 賃借権者　××× 　　　　　A
2	**１番賃借権 敷地権**	余白	余白	建物の表示　□□□ 一棟の建物番号　Aマンション 令和○年○月○日登記

1　表題登記の申請等（47条，48条）

区分建物（専有部分）が属する一棟の建物が新築された場合，**原始取得者**は，表題部所有者として，その区分建物の表題登記の申請を，その建物の**他の区分建物についての表題登記の申請と**あわせてしなければなりません。

用語 原始取得者：最初に建物全部を所有する分譲業者等のこと

また，**区分建物**が，**表題登記のある区分建物でない建物に接続して新築**された場合，当該区分建物の所有者がする**表題登記の申請**は，表題登記のある建物についての**表題部の変更の登記の申請と**あわせてしなければなりません。

区分建物を新築した場合において，その所有者について**一般承継（相続や会社等の合併）**があったときは，相続人その他の一般承継人も，『被承継人』を表題部所有者とする当該建物についての**表題登記を申請**することができます。

登記手続の便宜から，その建物のすべての専有部分の**表題登記の申請**を，一括して行わなければならないということです。

なお，登記の際の床面積は，次の基準で算定・記録します。

一棟の建物の床面積	壁・柱の中心線を基準とする**壁心計算**
区分建物（専有部分）の床面積	壁その他区画の内側線で囲まれた部分の水平投影面積（内のり計算）

2　所有権の保存の登記（74条）

区分建物では，表題部所有者（原始取得者）から売買契約で所有権を取得した者も，直接**自己の名義で**所有権の保存登記を申請できます。この場合，敷地権付き区分建物であるときは，その**敷地権の登記名義人の承諾**を得る必要があります。

所有権の保存登記は権利に関する登記であるため，登記の申請の際は，**登記原因証明情報**を提供しなければなりません。

例えば，表題部所有者（原始取得者）の分譲業者Xが，専有部分である101号室をYに売却した場合，「①Xが101号室の所有権の保存登記をした上でYに移転登記をする」「②Yがいきなり101号室の所有権の保存の登記をする」の両方が可能です。

3　共用部分の登記（58条）

(1) 法定共用部分

法定共用部分は，登記できません。

(2) 規約共用部分

区分所有法上，**規約共用部分**は，共用部分である旨の登記をしないと**第三者に対抗できません**。この「共用部分である旨の登記」は，専有部分や附属の建物の登記記録の「**表題部**」にされます。

例えば，専有部分を規約共用部分とした場合，区分所有権は消滅します。その結果，登記上も，権利部（甲区・乙区）が職権で抹消されることになるため，**規約共用部分である旨の登記**は，専有部分の表題部（原因及び日付欄）にされます。
このことから，その専有部分に，抵当権の登記等の**所有権**以外の権利に関する登記がある場合は，その登記名義人（抵当権者等）の承諾が必要になります。

(3) 共用部分の登記の手続

共用部分である旨の登記は，その旨の登記をする建物の「表題部所有者」または「所有権の登記名義人」以外の者は，申請することができません。

そして，登記官は，共用部分である旨の登記をするときは，職権で，当該建物について，**表題部所有者の登記**または**権利に関する登記**を抹消しなければなりません。

登記官が「職権」で**抹消**することが義務付けられているため，所有者による「申請」は必要ありません。

(4) 共用部分である旨を定めた規約を廃止した場合

共用部分である旨の登記がある区分建物について共用部分である旨を定めた**規約を廃止**した場合には，**当該区分建物の所有者**は，当該規約の**廃止の日から**1ヵ月以内に，当該区分建物の**表題登記を申請**しなければなりません。

> 共用部分である旨を定めた規約を**廃止した後**に当該区分建物の所有権を**取得した者**は，その所有権の取得の日から1ヵ月以内に，当該区分建物の表題登記を申請しなければなりません。

4 敷地権の登記

(1) 敷地権（44条）

敷地権とは，専有部分との分離処分が禁止される敷地利用権で，登記されたものをいいます。

敷地利用権となり得る権利には，所有権・地上権・賃借権・使用借権があります。このうち，「所有権・地上権・賃借権」は登記が認められているため，敷地権になり得ます。しかし，「使用借権」は登記が認められていないため，敷地権にはなり得ません。使用借権は，**登記することで対抗のできない**，弱い権利なのです。

敷地を専有部分の底地ごとに区画し，各区分所有者が各区画を単独で所有する**タウンハウス形式**の区分所有建物では，専有部分の登記簿の表題部に敷地権は表示されません。

(2) 建物の表題部における敷地権の登記記録

①　一棟の建物全体の表題部への記録

敷地権の登記をする場合，一棟の建物全体の表題部の「敷地権の目的たる土地の表示」という項目には，次の事項が記録されます。

①　土地の符号　②　所在及び地番
③　地目（宅地等）　④　地積
⑤　登記の日付

敷地権の対象となる土地に関する情報等が，建物の登記記録を見れば，わかるようになっています。

②　区分建物（専有部分）の表題部への記録

敷地権の登記をする場合，区分建物（専有部分）の表題部の「敷地権の表示」という項目には，次の事項が記録されます。

①　土地の符号
②　敷地権の種類（所有権，賃借権等）
③　敷地権の割合（「○○○分の○○」等）
④　原因及びその日付　⑤　登記の日付

敷地権は，専有部分を所有するための敷地の権利であるため，その専有部分に関する**敷地利用権自体の内容**等を記録します。

(3) 敷地権である旨の登記（46条）

建物と土地の登記記録は別々であるため，**区分建物**の登記記録に敷地権の表示の登記がされた場合は，敷地権として分離処分が禁止される旨が，**土地**の登記記録上でも明らかである必要があります。

そこで，登記官は，**区分建物**の敷地権について表題部に最初に登記をする場合，敷地権の目的である**土地**の登記記録について，職権で，その登記記録中の所有権等の権利が敷地権である旨の登記をしなければなりません。この敷地権である旨の登記は，土地の登記記録の「**権利部の相当区（甲区または乙区）**」に記録します。

敷地権が「所有権」であれば，土地の登記記録の「**甲区**」に，「所有権以外の権利（地上権，賃借権）であれば，「**乙区**」に記録されます。

5　敷地権の登記の効力（73条）

敷地権の登記をすると，その後の物権変動の登記記録は，区分建物についてのみ行われます。

そして，敷地権付き区分建物についての所有権や担保権（抵当権等）に係る権利に関する登記は，原則として，敷地権である旨の登記をした土地の敷地権について行われた登記としての効力を有します。つまり，区分建物の甲区や乙区にされた登記は，**土地の敷地権**に対しても，**同じ登記をしたものと扱われます**。

要するに，敷地権付き区分建物では，**建物**について一定の**登記**をすると，敷地権の対象である**土地**についても同様の効果が生ずるということです。
したがって，例えば，敷地権付き区分建物について，相続を原因とする**所有権の移転の登記**をする場合，あらためて敷地権の移転の登記をする必要はありません。

担保権に係る権利に関する登記にあっては，**当該登記の目的等**（登記の目的，申請の受付の年月日および受付番号ならびに登記原因及びその日付をいう）が当該敷地権となった土地の権利についてされた担保権に係る権利に関する登記の目的等と同一であるものは，**敷地権である旨の登記をした土地の敷地権についてされた登記としての効力**を有します。

ただし，**次の登記**については，**敷地権である旨の登記をした土地の敷地権についてされた登記としての効力**を有しません。

① **敷地権付き区分建物**についての**所有権**または**担保権**に係る権利に関する**登記**であって，**区分建物に関する敷地権の登記をする「前」に登記**されたもの

② **敷地権付き区分建物**についての**所有権**に係る**仮登記**であって，区分建物に関する**敷地権の登記をした**「後」**に登記**されたものであり，かつ，その**登記原因**が当該建物の**当該敷地権が生ずる**「前」**に生じた**もの

③ **敷地権付き区分建物**についての**質権**または**抵当権**に係る権利に関する**登記**であって，区分建物に関する**敷地権の登記をした**「後」**に登記**されたものであり，かつ，その**登記原因**が当該建物の**当該敷地権が生ずる**「前」**に生じた**もの

④ **敷地権付き区分建物**についての**所有権**または**質権**もしくは**抵当権**に係る権利に関する**登記**であって，区分建物に関する**敷地権の登記をした**「後」**に登記**されたものであり，かつ，その**登記原因**が当該建物の**当該敷地権が生じた**「後」**に生じた**もの（区分所有法22条の規定する**分離処分の禁止**に該当する場合**を除く**）

区分所有法により専有部分と敷地利用権とを分離して処分することができない場合は，敷地権である旨の登記をした土地の敷地権についてされた登記としての効力を有します。

また，敷地権の登記をした場合，敷地権である旨の登記をした「土地」と「敷地権付き区分建物」には，それぞれ次のようなルールが適用されます。

	ア）敷地権である旨の登記をした土地	イ）敷地権付き区分建物
原則	敷地権の移転**の登記**，または敷地権を目的とする担保権**に係る権利に関する**登記は不可	その建物のみの所有権の移転**を登記原因とする所有権の登記**，またはその建物のみを目的とする担保権**に係る権利に関する**登記は不可
例外	次のどちらかについては，上記の**登記**をすることができる ① その土地が敷地権の目的となった「後」にその登記原因が生じたもの（分離処分が禁止されている場合を除く） ② 敷地権についての**仮登記・質権・抵当権**に係る権利に関する登記で，その土地が敷地権の目的となる「前」にその登記原因が生じたもの	次のどちらかについては，上記の**登記**をすることができる ① その建物の敷地権が生じた「後」にその登記原因が生じたもの（分離処分が禁止されている場合を除く） ② その建物のみの所有権についての**仮登記**・その建物のみを目的とする**質権・抵当権**に係る権利に関する登記であって，その建物の敷地権が生ずる「前」にその登記原因が生じたもの

なお，敷地権の登記をした場合，敷地権の登記をした土地と区分建物との一体性の原則から，「**土地**のみ」または「**建物**のみ」

の**登記**は，原則としてできません。

レベルUP!!

- 上記ア）の「**例外**①」は，例えば，敷地権が生ずる**前**に**土地のみに設定されていた抵当権**が，敷地権が生じた後に実行されて差押えの登記をする場合等のことです。この場合，敷地権である旨を登記した土地については，敷地権の移転登記または敷地権を目的とする担保権に関する登記を**制限できない**ため，認められています。
- ア）の「**例外**②」は，土地が敷地権の目的となる**前の登記原因**に基づくものであるため，認められています。
- イ）の「原則」の「担保権」には，不動産の先取特権は含まれていないため，敷地権付き区分建物には，**建物のみを目的とする不動産の先取特権に係る権利に関する登記**をすることができます。

6　その他の登記

（1）建物の合体による登記（49条）

建物の合体による登記とは，独立した**数個の建物**が**増築等**の工事により構造上一個の建物となった場合に行う**登記**をいいます。

例えば，所有権の登記のある区分建物が，これと接続する所有権の登記のある別の区分建物との**隔壁を除去**するなどして**一個の建物**となった場合に行う登記のことです。この場合，当該各区分建物の所有権の登記名義人は，**合体の日から1ヵ月以内**に，①合体「**後**」の建物についての**建物の表題登記**，及び，②合体「**前**」の建物についての建物の表題部の登記の抹消を申請しなければなりません。

合体「**前**」の建物について行うのは，**表題部の「変更」登記ではなく「抹消」登記**です。

（2）建物の分割の登記（54条）

+1点! したがって，例えば，抵当権の登記がある区分建物の附属建物に関する建物の分割の登記について，**抵当権の登記名義人が申請することはできません。**

建物の分割の登記とは，表題登記がある建物の**附属建物**を，当該表題登記がある建物の登記記録から**分割**して，登記記録上別の一個の建物とする登記のことをいいます。

この登記は，**表題部所有者又は所有権の登記名義人以外**の者は，**申請することができません。**

例えば，１つの登記記録に主たる建物として居宅，附属建物として倉庫が登記されている場合に，附属建物だけを売却するにあたり，倉庫を分割して別の乙建物とする登記のことです。

(３) 建物の区分の登記（54条）

建物の区分の登記とは，表題登記がある建物または附属建物の**部分**であって**区分建物に該当するもの**を，登記記録上**区分建物とする登記**をいいます。

これは，**もともと区分建物に該当するもの**を登記記録上**区分建物として登記するだけ**ですから，１棟の建物を物理的に区分して２棟の建物とするものではありません。

この登記は，**表題部所有者又は所有権の登記名義人**以外の者は，**申請することができません**。

例えば，住居・店舗の複合用途型建物や２世帯住宅等において，区分建物とする登記のことです。

(４) 建物の合併の登記（54条）

建物の合併の登記とは，表題登記がある**建物**を，登記記録上**他の表題登記がある建物の附属建物とする登記**，または表題登記がある**区分建物**を，登記記録上これと**接続する他の区分建物である表題登記がある建物もしくは附属建物に合併して一個の建物とする登記**をいいます。要するに，数個の独立した建物を１個の建物にする登記です。

例えば，甲建物を乙建物の附属建物とする登記のことです。なお，「１個の建物にする」といっても，**あくまで**登記記録を１個にするだけであり，**構造上は２個以上の建物のまま変わりません**。

この登記は，**表題部所有者又は所有権の登記名義人**以外の者は，**申請することができません**。

建物の「**合体**」**登記**と「**合併**」**登記**の違いは，**前者**は，工事等で物理的に一つの建物になった場合に行われる登記であるのに対し，**後者**は，物理的な変更はなく，複数の建物の登記簿が登記簿上一つの建物にする場合に行われる登記である点にあります。

なお，次に掲げる建物の合併の登記はできません。

5　不動産登記法

① 共用部分である旨の登記又は団地共用部分である旨の登記がある建物の合併の登記

② **表題部所有者又は所有権の登記名義人が相互に異なる建物の合併の登記**

③ 表題部所有者又は所有権の登記名義人が相互に持分を異にする建物の合併の登記

④ 所有権の登記がない建物と所有権の登記がある建物との建物の合併の登記

⑤ 所有権等の登記以外の一定の権利に関する登記がある建物の，建物の合併の登記

7 登記事項の証明等（119条）

登記記録に記録されている事項のうち，現に効力を有するものが記載されているものは「現在事項証明書」といいます。

誰でも，登記官に対し，手数料を納付して，登記記録に記録されている事項の全部または一部を証明した書面（**登記事項証明書**）や，登記記録に記録されている事項の概要を記載した書面（**登記事項要約書**）の交付を請求できます。

なお，「登記事項証明書」の交付は，**請求人の申出**により，送付の方法（郵送）で行うことができますが，「登記事項要約書」については，そのような規定はありません。**登記事項要約書**は，**閲覧に代わるもの**であり，郵送による交付になじまないからです。

コレが重要!! 確認問題

❶ マンションの登記簿は，その建物全体に関する一棟の建物を表示する表題部，その一棟の建物に属する区分された建物ごとの表題部並びに甲区及び乙区から構成される。過 H13

❷ 一棟の建物の表題部の敷地権の目的たる土地の表示には，敷地権の種類，敷地権の割合，原因及びその日付，登記の日付が記載される。過 H19

❸ 区分建物に関する敷地権について表題部に登記がされたときは，当該敷地権の目的である土地の登記記録に，職権で，敷地権である旨の登記がされる。過 H21

❹ 敷地権付き区分建物について相続を原因とする所有権の移転の登記をする場合，同時に，敷地権の移転の登記をしなければならない。過 R4

❺ 区分建物の敷地権の表示を登記する場合の敷地権の種類は，土地所有権又は登記された地上権に限られる。過 H19

❻ マンションの近傍にある駐車場を規約により敷地とした場合，規約により敷地となった日から１月以内に建物の表題部の変更登記を申請しなければならない。ただし，規約に別段の定めはないものとする。過 H22

❼ 共用部分である旨の登記を申請する場合において，当該共用部分である建物に所有権以外の権利に関する登記があるときは，当該権利の登記名義人の承諾を得なければならない。過 H22

❽ 共用部分である旨の登記をするときは，一棟の建物の表題部にその旨が記録される。過 H21

❾ 共用部分である旨の登記は，当該共用部分である旨の登記をする区分建物の，所有権の登記名義人以外の者は申請することができない。過 H28

❿ 共用部分である旨の登記申請に際しては，当該区分建物について，表題部所有者の登記又は権利に関する登記の抹消についても申請しなければならない。過 H28

⓫ 共用部分である旨を定めた規約を廃止した場合には，当該区分建物の所有者は，当該規約の廃止の日から１ヵ月以内に，当該区分建物の表題登記を申請しなければならない。過 H28

答 ❶○　❷×：「敷地権の目的たる土地の表示」には，敷地権の種類，敷地権の割合，原因及びその日付は記載されない。これらは，区分建物（専有部分）の表題部の「敷地権の表示」における記載事項である。　❸○　❹×：敷地権付き区分建物の権利に関する登記は，原則として，敷地権の対象である土地についても同様の効果が生ずるため，別途敷地権の移転の登記は不要。　❺×：登記できる敷地利用権は，所有権，地上権のほか賃借権も含まれる。　❻○　❼○　❽×：共用部分である旨の登記は，「区分建物の表題部」に記録される。　❾×：共用部分である旨の登記をする建物の「表題部所有者」も申請できる。　❿×：登記官が職権で行う。　⓫○

第5編

マンションの実務・会計

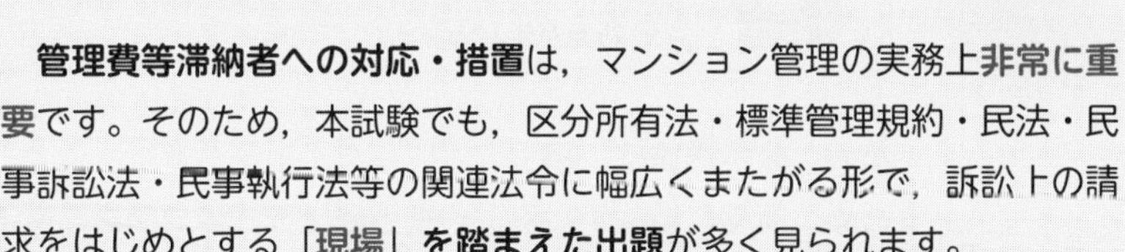

管理費等滞納者への対応・措置は，マンション管理の実務上**非常に重要**です。そのため，本試験でも，区分所有法・標準管理規約・民法・民事訴訟法・民事執行法等の関連法令に幅広くまたがる形で，訴訟上の請求をはじめとする「**現場」を踏まえた出題**が多く見られます。

また，管理組合の**会計**は例年**2問**の出題で，1問は財務諸表に関するものであることが多く，残る1問は仕訳や税務が出題されます。**解答のパターンは決まっています**ので，ここでの「具体例」をしっかりマスターしておきましょう。

第1章 頻出度 B

管理費等滞納者に対する訴訟等

- 通常訴訟
- 少額訴訟
- 支払督促
- 強制執行

1 通常訴訟

> **管理組合**は，法人であるか否かを問わず，民事訴訟における当事者（原告または被告）となる資格（＝当事者能力）があります。

> 不動産に関する訴訟の場合は，**140万円以下であっても**，地方裁判所に提出することが可能です。

1 通常訴訟とは

通常訴訟（民事訴訟）では，訴えを提起した者を**原告**（げんこく），訴えられた者を**被告**（ひこく）といいます。原告が訴状を裁判所に提出することで，訴えが提起され，そして訴状が被告に送達されることによって，裁判が始まります（**訴訟係属**（そしょうけいぞく））。第一審の民事訴訟事件は，原則として，**訴額が**140万円を超える**場合**は地方裁判所が，140万円以下の場合は簡易裁判所が，管轄権を有します（事物管轄）。

なお，通常訴訟においては，被告が**住所不定や行方不明**で訴状を送達できない場合でも，「**公示送達**」の制度を利用することで訴訟を行うことができます。

公示送達は，事実を公示することで，実際に訴状等を送らなくても「**送達した」と扱う制度**です。具体的には，「①裁判所書記官が送達すべき書類を保管し，いつでも送達を受けるべき者に交付が可能な状態である旨を裁判所の掲示場に掲示」➡「②掲示を始めた日から原則として**2週間**が経過した時点でその効力が生じる」という仕組みです。

なお，**公示送達**は，相手方の関与なく手続が進行することになるため，簡易に結論が出るような手続（後述の**少額訴訟**や**支払督促**）では**利用することができません**。

手　続	公示送達利用の可否
通常訴訟	○
少額訴訟	×
支払督促	

2　和解（わかい）

和解とは，当事者が互いに譲歩して，紛争を終わらせることを約束することをいいます。

例えば，管理費等の滞納区分所有者Ａが，専有部分をＢに売却した場合，「管理組合とＢとの間」で，Ａの滞納管理費等についてはＢが支払う旨の**和解**が成立しているときには，Ａはその効力を，管理組合に**主張することができます**。

一方，「ＡＢ間」で，Ａの滞納管理費等についてはＢが支払う旨の和解が成立していたとしても，債権者である管理組合が和解内容に関与していない以上，ＡＢ間の和解の効力を管理組合に主張することはできません。

3　訴えの取下げ

（1）訴えの取下げ

訴えは，判決が確定するまで，その全部または一部を**取り下げることができます**。訴えの取下げは，**相手方**が本案について準備書面を提出し，弁論準備手続で申述をし，または**口頭弁論をした後**では，原則として相手方の同意を得なければ，その効力を生じません。

> **用語**　本案：裁判を求める請求権本体に係る内容のこと

> **訴えの取下げ**は，口頭弁論等の期日に口頭で行う場合を除き，書面でしなければなりません。

（2）訴えの取下げの効果

訴訟は，**訴えの取下げがあった部分**については，**初めから係属していなかったものとみなされます**。そして，本案について**終局判決があった後に訴えを取り下げた者**は，**同一の訴えを提起することができません**。

したがって，例えば，管理組合が滞納者に対する訴えを提起した場合において，滞納者が必ず支払う旨の誓約書を提出したために訴えを取り下げたとしても，それが**終局判決の「前」になされた**のであれば，その後，支払がなされないときは，**再び訴えを提起することができます**。

2 少額訴訟

少額訴訟とは，訴訟の目的の価格が60万円以下の金銭の支払の請求を目的とする訴えについて，**簡易裁判所**に，通常訴訟よりも**簡易・迅速な審理及び裁判**を求める手続です。

少額訴訟は，訴額が60万円以下の金銭支払請求の場合に利用できますが，あくまで**通常訴訟の「他に」少額訴訟も利用できる（＝メニューが増える）**だけで，「訴額が60万円以下の場合には**少額訴訟によらなければならない」わけではありません。**

少額訴訟を提起するには，次の条件を満たす必要があります。

① 訴額が60万円以下の金銭の支払請求であること

② 同一の簡易裁判所で，同一の年に10回を超えて少額訴訟による審理を求めるものではないこと

③ 訴えの提起の際に，少額訴訟による審理及び裁判を求める旨の申述をすること

- ①から，訴額が60万円を超える金銭支払請求を少額訴訟で行うことはできません。なお，例えば，滞納管理費の**総額が60万円を超えていた**としても，**制限額（60万円）以下に分割して請求**するのであれば，**少額訴訟を利用することができます。**
- ③の申述をする際，少額訴訟を提起する簡易裁判所に，その年に少額訴訟による審理及び裁判を求めた回数を届け出なければなりません。

少額訴訟には，通常訴訟と異なる，次のような特徴があります。

（1）反訴（はんそ）の禁止

反訴とは，原告が提起した訴訟手続の中で，逆に原告を相手として，被告が提起する訴えをいいます。少額訴訟で反訴を認めると，訴訟の審理を簡易・迅速に行うことができなくなるため，**反訴は禁止**されています。

(2) 一期日審理の原則

少額訴訟においては，**原則として即日で判決**が下されるため，特別の事情がある場合を除いて，**最初にすべき口頭弁論期日**において，**審理を完了**させなければなりません。

(3) 証拠調べの制限・証人等の尋問

一期日で審理が終わることとの関係で，「証拠調べ」は**即時に取り調べることができる証拠**に限られます。また，証人の尋問は，宣誓なしで行うことが可能です。

(4) 通常の手続への移行

被告が最初の口頭弁論の期日で**弁論**をしたり，その期日が**終了**した場合を除いて，**被告**は，訴訟を通常の手続（**通常訴訟**）に移行させる旨の申述をすることができます。

(5) 判決の言渡し（いいわたし）・判決による支払の猶予

判決の言渡しは，相当でないと認める場合を除いて，口頭弁論の終結後直ちに行われます。この場合，判決の言渡しは，判決書の原本に基づかずにすることができます。

また，裁判所は，請求認容判決をする場合，被告の資力等の事情を考慮して特に必要があると認めるときは，判決の言渡しの日から３年を超えない範囲内において，**支払の猶予や分割払い**等を命じることができます。

> 請求認容判決（原告の請求を認める判決）については，裁判所は，職権で，担保を立てて，または立てないで，それぞれ仮執行をすることができる旨を宣言しなければなりません。

(6) 控訴（こうそ）の禁止・異議

簡易・迅速に事件を解決するため，少額訴訟の終局判決に対しては，**控訴**（上級裁判所への不服申立て）ができません。

もっとも，少額訴訟の終局判決に対しては，判決書等の送達を受けた日から**２週間の不変期間**内に，その判決をした裁判所に対して**異議の申立て**ができます。

> **用語** 不変期間：法律により定められた，裁判所が期間の伸縮をすることのできない期間のこと

少額訴訟の終局判決に対して**適法な異議**があった場合，その判決をした裁判所において，通常の手続（**通常訴訟**）で，再度その審理及び裁判を行います。この通常訴訟の終局判決に対しては，**控訴をすることができません**。

1　管理費等滞納者に対する訴訟等

3 支払督促

支払督促とは，金銭その他の代替物または有価証券の一定の数量の給付を目的とする請求について，債権者の申立てに係る請求に理由があると認められる場合に，裁判所が支払督促を発する手続です。

1 支払督促の申立てと発送

支払督促の申立ては，債務者の普通裁判籍の所在地を管轄する簡易裁判所の裁判所書記官に対して行います。この申立てに対する支払督促は，債務者への審尋（しんじん）なしで発します。

審尋：言い分を聞く機会を与えること

2 督促異議（とくそくいぎ）

債務者は，支払督促に対して，**督促異議の申立て**ができます。適法な督促異議の申立てがあった場合，その異議の申立てを受けた支払いの請求は，支払督促の申立ての時に，支払督促を発した裁判所書記官の所属する簡易裁判所か，その所在地を管轄する地方裁判所に対して，訴えの提起があったものとみなされます。

少額訴訟と異なり，**支払督促**については**訴額に上限がありません。**そのため，訴額が**140万円超**である支払督促について債務者から督促異議がされた場合には「**地方**裁判所」に，そして訴額が**140万円以下**である支払督促について債務者から督促異議がされた場合には「**簡易**裁判所」に，訴えの提起があったとみなされます。

(1) 仮執行の宣言前の督促異議

仮執行の宣言**前**に適法な**督促異議**の申立てがあったときは，支払督促は，その督促異議の限度で**効力を失います**。

(2) 仮執行の宣言

債務者が支払督促の送達を受けた日から**2週間以内**に督促異議の申立てをしないとき，債権者は，**仮執行の宣言の申立て**を行うことができます。この場合，裁判所書記官は，支払督促に手続の費用額を付記して，仮執行の宣言をしなければなりません。

債権者が，仮執行の宣言の申立てをすることができる時から30日以内に申立てをしない場合，支払督促は，効力を失います。
なお，**支払督促**は，上記の期間内に**仮執行の宣言の申立てをしないことによってその効力を失った場合**は，時効の更新の効力を生じません（終了から6ヵ月の間，時効の完成が猶予されます）。

(3) 仮執行宣言後の督促異議

仮執行の宣言を付した支払督促の送達を受けた日から**2週間**の不変期間を経過したときは，債務者は，その支払督促に対し，督促異議の申立てをすることができません。

3 支払督促の効力

仮執行の宣言を付した支払督促に対し，督促異議の申立てがない場合，または督促異議の申立てを却下する決定が確定した場合は，支払督促は，**確定判決と同一の効力**を有します。

4 強制執行

1 債務名義

民事訴訟は，「権利の存否と範囲」を明らかにする手続であり，債権者の勝訴判決の確定等によって，履行をしない債務者の財産を強制的に競売にかけること（**強制執行**）が可能となります。

この確定判決のように，ある請求権（債権）について強制執行が可能であることを証明する文書のことを「**債務名義**」といい，主に次のものがあります。

① **確定判決**

② **仮執行宣言付判決**（判決は確定していないが，債権者のために仮に執行できるようにしたもの）

③ **和解調書**

④ **調停調書**

⑤ **仮執行宣言付支払督促**

⑥ **公正証書**（請求内容が金銭・その代替物・有価証券で，執行認諾文言がある公正証書に限る）

確定判決の債務名義による強制執行は，口頭弁論終結「**後**」の承継人に対しては，別途，債務名義を得なくても行うことができます。しかし，口頭弁論終結「**前**」の承継人に対しては，**別途，債務名義**を得なければ，強制執行できません。

2　執行文の付与（ふよ）

債務名義があっても，すぐに強制執行ができるわけではありません。強制執行する前に債務者が弁済を完了した等，債務名義の執行力がなくなっている場合もあるからです。そこで，債務名義の執行力が現在でも有効であると認めてもらうためのものが「執行文の付与」です。

なお，**支払督促・少額訴訟**の判決では，執行文の**付与がなくても執行が可能**です。

POINT整理　少額訴訟制度と通常訴訟制度

	少額訴訟	通常訴訟
対　象	金銭支払請求の案件のみ	金銭支払請求に限られず，物の引渡請求等も含む
請求額	60万円以下……簡易裁判所	140万円以下……簡易裁判所 140万円超………地方裁判所
期　日	原則として，1回の期日で審理を終了し，口頭弁論終結後，ただちに判決が言い渡される	―
利用回数の制限	同一の簡易裁判所で，同一年内に10回以内	―
不服申立て	異議申立て可 （控訴不可）	控訴・上告可

コレが重要!! 確認問題

❶ Aは，B所有の中古マンションの1室を取得したところ，管理組合からBの管理費滞納分を請求された。この場合，「管理組合とBとの間に，Bが滞納分の全額を支払う旨の和解が成立しているから，私に支払義務はない」というAの主張は，適切である。過 H14

❷ 甲マンションの区分所有者が管理費を滞納している場合における管理組合（管理者A）の滞納管理費の請求等に関して，滞納者が法人でその代表者が管理費の支払について連帯保証をしていた場合において，当該法人に滞納管理費の支払を命ずる判決が確定したときは，Aは，その判決を債務名義として，当該法人の代表者の個人財産に強制執行をすることができる。過 H21

❸ 管理者が区分所有者に対して管理費の支払を請求する訴訟を提起し，第一審の勝訴判決を得て，その判決が確定した場合，口頭弁論の終結前に専有部分の譲渡を受けた特定承継人の財産に対しては，別途債務名義を得なければ，強制執行をすることができない。過 H16

❹ 管理費の滞納者が行方不明の場合にも，管理組合は，その者に対して滞納額の支払いを求める訴訟を提起することができる。過 H14

❺ 甲マンション管理組合の区分所有者Aが管理費を滞納している場合，甲が裁判所にAに対する支払督促の申立てを行った場合において，Aがそれに対し適法な異議の申立てを行ったときは，甲の支払請求は，通常の訴訟に移行することになる。過 H15

答 ❶○　❷×：法人の代表者が連帯保証をしていたときでも，債務名義に表示された当事者（本問では滞納者である法人）及び口頭弁論終結後の承継人等ではない代表者に強制執行はできない。　❸○　❹○　❺○

第2章 頻出度 S+

会計

- 財務諸表の理解
- 仕訳の方法
- 修正仕訳の理解

1 会計の種類

会計には，営利の追求を前提とする**営利会計**と，営利の追求を前提としない**非営利会計**とがあります。営利会計の代表例には企業会計が，非営利会計の代表例には公益法人会計があり，それぞれに会計処理の基準があります。

2 管理組合の会計基準

現在，管理組合の会計処理を直接規律する会計基準は，存在しません。そこで，管理組合の会計は，一般に世の中で広く使われている**企業会計**基準をベースにしつつ，営利を目的としない点で，団体としての性質が管理組合と類似する**公益法人会計**基準に沿って，修正を図る形で処理を行うのが望ましいとされています。

1 管理組合会計の一般会計原則

管理組合会計の処理をする際に従うべき規範は，企業会計の7原則のうち，次の6つです。

あと1つの「資本取引・損益取引区分の原則」は，営利を前提としているため，非営利である管理組合会計の一般会計原則からは外されています。

① **真実性の原則**	② **正規の簿記の原則**
③ **明瞭性の原則**	④ **継続性の原則**
⑤ **保守主義の原則**	⑥ **単一性の原則**

上記6つのうち，内容がわかりづらい4つ（②④⑤⑥）について，それぞれの意味を見てみましょう。

②　正規の簿記の原則	管理組合のすべての取引について，検証可能な資料に基づき，整然・明瞭に記録した会計帳簿とそれに基づく財務諸表を作成しなければならない。
④　継続性の原則	管理組合が採用した会計処理の基準・手続を毎年継続して適用して，みだりにこれを変更してはならない。
⑤　保守主義の原則	管理組合の財政に不利益な影響を及ぼす可能性がある場合は，これに備えて適当に健全な会計処理をしなければならない。
⑥　単一性の原則	総会提出・信用目的・租税目的等，種々の目的のために異なる形式の財務諸表を作成する必要がある場合でも，それらの内容は，すべて同一の会計帳簿に基づいて作成しなければならない。

発生の不確実な遅延損害金は計上せず，既に発生している費用は漏れなく計上して，健全な財務体質を維持します。

2　予算準拠主義

管理組合会計は，営利を目的としていないため，適切に予算を立て，そのとおりに厳密に執行することが重視される「予算準拠主義」に基づいて行われます。

予算準拠主義の下では，予算と決算の**差異が少ないほど良い**とされます。したがって，予算執行の場面では，常に勘定科目ごとの残高を把握し，実績との比較をしながら予算を執行して，ムダのない効果的な収支管理を行います。また，決算の場面では，予算と決算との差異を対比・分析し，予算の執行の良否や責任の所在を把握することで予算執行の評価を行い，次期予算の編成の際の参考として，収支の均衡や合理化を図ります。

企業会計のように**営利を目的**とする会計では，立てた予算より**低いコスト**で同じ目的を実現することができたほうが良いとされます。それだけ利益につながるためです。

3　目的別会計

管理組合が組合員から徴収する管理費や修繕積立金は，それぞれ，「経常的な出費に充てるための費用」と「計画修繕に充てるための費用」であり，目的が異なります。もし，管理費に不足が生じたために修繕積立金を流用するようなことが起きた場合は，予算の適正な管理が望めません。

そこで，管理費会計と修繕積立金会計を**明瞭に区分して管理・執行**することを求めるのが，目的別会計です。

3 会計書類

H26･27･29･30･R2･3･4･5

収支報告書は，一定の「期間内」における管理組合の収支の状況を示すものです。

1 収支報告書（収支計算書）とは

管理組合の，一会計**年度内**の収入と支出の状況を示したものです。予算に対する決算（実績）として作成（対比表示）され，一定期間の収入と支出を記載します。

【管理費会計の収支報告書の例】

令和○年度一般会計収支報告書

自　令和○○年　4月　1日　　　至　令和○○年　3月 31 日

○○○○マンション管理組合　　　　　　　　　　　　（単位：円）

項　　目	決　算	予　算	差　額	備　　考
（収入の部合計）				
管理費				
雑収入				
受取利息				
（支出の部合計）				
管理事務委託費				
水道光熱費				
電気料				
水道料				
ガス料				
損害保険料				
排水管洗浄費				
什器備品費				
小修繕費				
組合運営費				
雑費				
予備費				
（当 期 収 支 差 額）				
（前期繰越収支差額）				
（次期繰越収支差額）				

当期収支差額は，次の計算式で算出します。

当期収支差額＝［収入の部の合計］－［支出の部の合計］

また，次期繰越収支差額は，次の計算式で算出します。

次期繰越収支差額＝［前期繰越収支差額］＋［当期収支差額］

上記の計算式から，仮に当期収支差額がマイナスであるとすると，次期繰越収支差額は，前期繰越収支差額よりも**必ず減少**することになります。

2　貸借対照表（たいしゃくたいしょうひょう）とは

貸借対照表は，ある一定の「時点」における管理組合の財産の状況を示すものです。

管理組合の会計年度**末時点**における**資産・負債・正味財産**といった財産状況を示すものです。

【管理費会計の貸借対照表の例】

一般会計貸借対照表

（令和○○年　3月31日）
○○○○マンション管理組合

資産の部		負債・正味財産の部	
項　目	金　額	項　目	金　額
現金・預貯金		未払金	
現金 普通預金（○○銀行） 定期預金（△△銀行） 預け金		前受金	
未収金		管理費 駐車場使用料 専用庭使用料	
管理費 駐車場使用料 専用庭使用料 前払金		正味財産（次期繰越金）	
管理事務委託費 損害保険料		（うち正味財産増加額）	
合　　計		合　　計	

貸借対照表においては，「資産の部」の合計と「負債・正味財産の部」の合計は，必ず一致します。

収支報告書の管理費収入は，後述する「**発生主義**」により記載されるため，未収入金を含めて，各住戸月額の 12 ヵ月分が計上されます。したがって，管理費の一部に未収金が発生していても，管理費収入が当初の予算を下回るといった影響はありません。

3　収支報告書と貸借対照表の関係

管理組合の会計処理では，「資金の範囲は，現金預金，未収金，前払金，未払金及び前受金とする」等のように「資金の範囲」を限定する場合があります。そして，収支報告書と貸借対照表には，資金の範囲の限定の有無，資金の範囲外の取引の有無に応じて，次のような関係が成り立ちます。

(1) 資金の範囲を限定しない場合

[収支報告書の次期繰越収支差額] ＝ [貸借対照表の正味財産の額]

(2) 資金の範囲を限定する場合

① 資金の範囲外の取引が「ない」場合

[収支報告書の次期繰越収支差額] ＝ [貸借対照表の正味財産の額]

② 資金の範囲外の取引が「ある」場合

[収支報告書の次期繰越収支差額] ≠ [貸借対照表の正味財産の額]

「資金の範囲外の取引がある場合」とは，例えば，資金の範囲を「現金預金，未収金，前払金，未払金及び前受金とする」と限定したときに，これに含まれない「積立保険料」等が他にある場合です。

1～**5**以外の会計書類として，**財産目録**や**什器備品台帳**があります。

4　比較貸借対照表（ひかくたいしゃくたいしょうひょう）とは

次のように，当期（会計処理をするべき期間）の貸借対照表と前期の貸借対照表とを，**並べて表**にしたものです。

【甲マンション管理組合（管理費会計）の例】（単位：千円）

項目	令和５年度	令和４年度	項目	令和５年度	令和４年度
現金預金	445	200	未払金	30	30
未収金	65	110	前受金	40	20
前払金	60	30	正味財産	500	290
合計	570	340	合計	570	340

例えば，資金の範囲が「現金預金，未収金，前払金，未払金及び前受金」とされていれば，上記には資金の範囲外の取引はありません。したがって，令和５年度の比較貸借対照表における**正味財産の額**は，同年度の収支報告書における**次期繰越収支差額**と一致します。

5　比較収支報告書とは

次のように，当期の**収支報告書**とそれ以前の**収支報告書**とを，**並べて表**にしたものです。

【甲マンション管理組合（管理費会計）の例】（単位：円）

科目	令和３年度	令和４年度	令和５年度
管理費収入	300,000	300,000	300,000
駐車場使用料収入	50,000	50,000	40,000
収入合計	350,000	350,000	340,000
委託業務費	250,000	260,000	220,000
水道光熱費	35,000	33,000	32,000
支払保険料	20,000	20,000	20,000
支出合計	305,000	313,000	272,000
当期収支差額	45,000	37,000	68,000
前期繰越収支差額	290,000	335,000	372,000
次期繰越収支差額	335,000	372,000	440,000

ある年度の収入から支出を引いたものが「**当期収支差額**」であり，これに前期からの繰越収支差額を加えたものが「**次期繰越収支差額**」となります。そして，この「次期繰越収支差額」が，**翌年度の**「**前期繰越収支差額**」となります。

4 仕訳

H26・27・28・29・30・R1・2・3・4・5

1 仕訳の意義と目的

管理組合会計における簿記上の**仕訳**とは，取引を帳簿に記録するために，取引を**資産・負債・収入・支出**の４つの項目に分類し，「Ｔフォーム」と呼ばれる，次のようなＴ字型の勘定に，借方（左側）と貸方（右側）に振り分けて記入する作業のことです。

（単位：円）

（借方）		（貸方）	
修繕費	100,000	普通預金	100,000

仕訳は，管理組合という団体における，「お金（**現金や預金）の出入り自体**」と「**その原因**」とを，左右に振り分けて記入し，一覧にするための作業です。

「**仮払金**」は，内容や金額が未定の状態で「**仮に**」支払った金銭を計上する際の勘定科目です。内容・金額が確定すれば後から費用に振り替えますが，それまでは費用として確定しておらず，そのまま返ってくる可能性もあるので「**資産**」になります。
他方，「**仮受金**」は，内容や金額が未定の状態で「**仮に**」受け取った金銭を計上する勘定科目です。内容・金額が確定すれば後から振り替えますが，それまでは確定しておらず，そのまま返金しなければならない可能性もあるので「**負債**」になります。

2 勘定科目と仕訳のルール

勘定科目（かんじょうかもく）とは，仕訳を勘定に記入する際の個々の名称のことです。主な勘定科目は，次のとおりです。

		勘定科目
貸借対照表項目	資産	現金，普通預金，未収（入）金，前払金，保険積立金（積立保険料），預け金，仮払金等
	負債	借入金，未払金，前受金，預り金，仮受金等
収支計算書項目	収入	管理費収入，修繕積立金収入，専用使用料等
	支出	管理委託費，清掃費，修繕費，損害保険料（支払保険料）等

これらの勘定科目は，次のように，その増減により借方・貸方どちらに記入するかのルールが決められています。

	借方	貸方
資産	増加した場合に記入	減少した場合に記入
負債	減少した場合に記入	増加した場合に記入
収入	—	発生した場合に記入
支出	発生した場合に記入	—

3 発生主義と経過勘定科目（けいかかんじょうかもく）

(1) 発生主義

「費用及び収益は，その支出及び収入に基づいて計上し，発生した期間に正しく割り当てられるように処理しなければならない」という原則のことです。**当期に発生したもの**と，**そうではないもの**が区別できるよう，**異なる名称**（勘定科目）を使って計上します。

例えば，ある年の3月に，3月分と4月分の清掃費をまとめて普通預金から支払ったとします。この場合，3月を当期とすると，**3月分は当期**に発生していますが，**4月分は翌期**の発生となります。そこで，発生主義では，3月分は「**清掃費**」，4月分は後述する「**前払金**」として計上し，当期発生のものか否かの区別がつくように計上するのです。

（2）経過勘定科目

発生主義の採用との関係で，**当期に発生**しているものの**出入金がなされていない**場合や，**出入金がなされている**ものの，**当期に発生していない**場合に用いる勘定科目です。

代表的なものは，次の①〜④の4つです。

資産科目	①　未収入金	例	管理費等の滞納が生じた場合
	②　前払金		翌期分の保険料等を当期に支払った場合
負債科目	③　未払金		実施した修繕工事の代金が支払われていない場合
	④　前受金		翌期分の管理費等を当期に受け取った場合

（3）経過勘定科目と現金預金の関係

当期に経過勘定科目が発生した場合，これが発生しなかった場合と比べると，次のような現金預金に対する影響が生じます。

①　当期に「未収入金」が発生	当期にあるはずだった「現金預金の入金」がなかった。 ➡当期の現金預金の「減少」となる。
②　当期に「前払金」が発生	当期に発生する費用ではないものの支出がなされた。 ➡当期の現金預金の「減少」となる。
③　当期に「未払金」が発生	当期に発生した費用について支払っていない。 ➡当期の現金預金の「増加」となる。
④　当期に「前受金」が発生	当期に発生する収入ではないものの入金がなされた。 ➡当期の現金預金の「増加」となる。

4　仕訳の基本（当期に出入金がある場合）

当期に具体的な出入金が「ある」場合の仕訳は，次のルールに従って行うとシンプルです。

① 当期がいつかを確認する。

② 当期における現金・預金の出入りを確認し，次のルールで計上する。

- **入金の場合➡**Ｔフォームの左側（借方）に「現金」または「普通預金」の名目で「○○円」と記入する。
- **出金の場合➡**Ｔフォームの右側（貸方）に「現金」または「普通預金」の名目で「○○円」と記入する。

③ ②で記入した**逆側**に，**発生主義**に注意しつつ，出入金の**原因**となる勘定科目・金額を記入する。

※当期に**発生している場合**には**具体的な名称**の勘定科目で，当期に**発生していない場合**には，**経過勘定科目**（未収入金，前払金，未払金，前受金）で計上する。

④ Ｔフォームの左右（借方・貸方）それぞれの合計金額が一致していることを確認して検算する。一致しない場合には，記入漏れを確認する。

では，以下，「**具体例**」を用いて仕訳を行ってみましょう。

（1）令和６年３月分の管理費100万円が，同月，組合員から管理組合名義の普通預金口座に入金された。同月の仕訳はどうなるか。

① 当期は**令和６年３月**です。

② 同月に普通預金に「**入金**」がありますので，**左側（借方）**に「**普通預金100万円**」を計上します。

③ ②の入金は**当期発生の管理費**に関するものなので，**右側（貸方）**に，「**管理費収入100万円**」を計上します。

④ 左右（借方・貸方）それぞれの合計金額は**一致**していますので，検算終了です。仕訳は次のようになります。

（借方）		（貸方）	
普通預金	1,000,000	管理費収入	1,000,000

（2）令和６年４月分の清掃費10万円を，同月に現金で管理会社に支払った。同月の仕訳はどうなるか。

① 当期は**令和６年４月**です。

② 当期に現金による「**出金**」がありますので，**右側（貸方）**に「**現金 10 万円**」を計上します。

③ ②の出金は，**当期発生の清掃費**ですので，**左側（借方）**に，「**清掃費 10 万円**」を計上します。

④ 左右（借方・貸方）それぞれの合計金額は**一致**していますので，検算終了です。仕訳は次のようになります。

（借方）		（貸方）	
清掃費	100,000	現金	100,000

（3）金融機関からの借入金のうち，当期である令和６年３月返済分の 20 万円を普通預金口座から支払った。同月の仕訳はどうなるか。

① 当期は**令和６年３月**です。

② 当期に普通預金口座からの「**出金**」がありますので，**右側（貸方）**に「**普通預金 20 万円**」を計上します。

③ ②の出金は，**借入金**に関するもの（返済）ですので，**左側（借方）**に，「**借入金 20 万円**」を計上します。

④ 左右（借方・貸方）それぞれの合計金額は**一致**していますので，検算終了です。仕訳は次のようになります。

（借方）		（貸方）	
借入金	200,000	普通預金	200,000

「**借入金**」という勘定科目は，入金に対する原因として**右側（貸方）**に計上すれば「**借りた**」ことを，そして，出金に対する原因として**左側（借方）**に計上すれば「**返した**」ことを意味します。

（4）令和６年３月分の管理費 100 万円と修繕積立金 150 万円が，同月，組合員から管理組合名義の普通預金口座に入金された。同月の仕訳はどうなるか。

① 当期は**令和６年３月**です。

② 同月に普通預金に「**入金**」がありますので，**左側（借方）**に

「**普通預金 250 万円**」を計上します。

③ ②の入金は**当期の管理費・修繕積立金**に関するものなので，**右側（貸方）**に「**管理費収入 100 万円**」「**修繕積立金収入 150 万円**」を計上します。

④ 左右（借方・貸方）それぞれの合計金額は**一致**していますので，検算終了です。仕訳は次のようになります。

（借方）		（貸方）	
普通預金	2,500,000	管理費収入	1,000,000
		修繕積立金収入	1,500,000

②の作業は，「原因」を考慮せず，単純に出入金を記入するだけですので，合計金額である 250 万円を普通預金に計上します。他方，③の作業は，発生主義に基づいて「原因」を考慮し，勘定科目ごとに「管理費」と「修繕積立金」を分けて計上します。

（5）令和６年３月に，当月から使用を開始した敷地内駐車場使用者から敷金８万円を徴収し，管理組合の普通預金口座に預け入れた。同月の仕訳はどうなるか。

① **当期は令和６年３月**です。

② 同月に普通預金に「**入金**」がありますので，**左側（借方）**に「**普通預金８万円**」を計上します。

③ ②の入金は「**敷金**」ですが，敷金は，借主が退去する際に精算して**返還することを前提**としている金銭ですので，「**預り金**」という勘定科目を使います。したがって，**右側（貸方）**に，「**預り金８万円**」を計上します。

④ 左右（借方・貸方）それぞれの合計金額は**一致**していますので，検算終了です。仕訳は次のようになります。

（借方）		（貸方）	
普通預金	80,000	預り金	80,000

（6）令和６年３月に，３月分と４月分の清掃費合計 20 万円（各月 10 万円）を普通預金口座から支払った。同年３月の仕訳はどうなるか。

① 当期は**令和６年３月**です。

② 同月に普通預金から「**出金**」がありますので，**右側（貸方）**に「**普通預金 20 万円**」を計上します。

③ ②の出金は，**当期発生の清掃費**（３月分の 10 万円）と**翌期発生の清掃費**（４月分の 10 万円）です。したがって，発生主義を考慮した上で，**左側（借方）**に３月分として「**清掃費 10 万円**」，４月分として「**前払金 10 万円**」を計上します。

④ 左右（借方・貸方）それぞれの合計金額は**一致**していますので，検算終了です。仕訳は次のようになります。

（借方）		（貸方）	
清掃費	100,000	普通預金	200,000
前払金	100,000		

（7）甲マンション管理組合は，令和６年４月１日にＡ保険会社との間で，次の条件による保険契約を締結し，同日に５年分の保険料 120 万円を一括して普通預金から支払った。令和６年４月に甲が行う仕訳はどうなるか。ただし，会計処理は発生主義の原則により，会計年度は令和６年４月１日から令和７年３月 31 日までとする。

［保険契約条件］

- 積立保険と掛捨部分で構成される積立型保険
- 保険期間は，令和６年４月１日から５年間
- 保険料は，総額 120 万円の初年度一括払い
- ５年後の満期返戻金は，80 万円
- 掛捨保険料総額は，40 万円（年８万円）

積立保険は，「積立部分」と「掛捨部分」の２つから成り立ちます。**積立部分**は，支出した時に全額を資産である「**積立保険料**」として計上します。他方，**掛捨部分**は，**当期の分**については「**支払保険料**」として，**次期以降の分**については「**前払保険料**」として，それぞれ計上します。

【積立保険の勘定科目】

積立保険料（積立部分）		資産	積立保険料（保険積立金）
危険保険料（掛捨部分）	当期分	支出	支払保険料（危険保険料）
	次期以降分	資産	前払保険料（前払金）

① 当期は**令和６年４月**です。

② 当期に普通預金からの「**出金**」がありますので，右側（貸方）に「**普通預金 120 万円**」を計上します。

③ 発生主義をもとに②の出金の原因を考えると，５年後の**満期返戻金 80 万円**は，**全額が資産計上**される積立保険部分であり，**左側（借方）**に「**積立保険料 80 万円**」と計上します。他方，**掛捨保険料 40 万円**は，**毎年発生**する費用ですので，**当期分**の支払保険料（８万円）と**翌期以降**の前払金（32 万円）とに分けて，**左側（借方）**に「**支払保険料８万円**」，「**前払金 32 万円**」と計上します。

④ 左右（借方・貸方）それぞれの合計金額は**一致**していますので，検算終了です。仕訳は次のようになります。

（借方）		（貸方）	
積立保険料	800,000	普通預金	1,200,000
前払金	320,000		
支払保険料	80,000		

5　仕訳の応用（当期に出入金がない場合）

当期に具体的な出入金が「ない」場合の仕訳は，次のルールに従って行うとシンプルです。

①　当期がいつかを確認する。

②　もし当期に現金・預金の出入りがあったならば，出金・入金どちらだったかを確認し，次のルールで計上する。

- 当期に入金されるはずだった場合
  ➡Tフォームの左側（借方）に「現金」または「普通預金」の名目で計上するはずだったが，実際には入金はない。そこで，既に受け取っていたならば「前受金」，まだ受け取っていないならば「未収入金」で計上する。
- 当期に出金されるはずだった場合
  ➡Tフォームの右側（貸方）に「現金」または「普通預金」の名目で計上するはずだったが，実際には出金はない。そこで，既に支払っているならば「前払金」，まだ支払っていないならば「未払金」で計上する。

③　②で記入した逆側に，発生主義に注意しつつ，出入金の原因となる勘定科目・金額を記入する。

④　Tフォームの左右（借方・貸方）それぞれの合計金額が一致していることを確認して検算する。一致しない場合には，記入漏れを確認する。

それでは，以下，具体例を用いて，仕訳を行ってみましょう。

（1）令和６年４月に実施された清掃費10万円について，同月に支払をせず，翌５月に支払うこととした。同年４月の仕訳はどうなるか。

①　当期は令和６年４月です。

②　当期に現実に出入金はないので，現金や普通預金という勘定科目は使えませんが，「当期に出金されるはずだった」費用で，まだ支払われていないので，右側（貸方）に「未払金10万円」と計上します。

③　②の未払金は，当期発生の清掃費に関するものなので，左側

（借方）に，「**清掃費 10 万円**」と計上します。

④　左右（借方・貸方）それぞれの合計金額は**一致**していますので，検算終了です。仕訳は次のようになります。

（借方）		（貸方）	
清掃費	100,000	未払金	100,000

（2）令和６年４月に，令和６年３月に既に管理組合の普通預金口座に入金されていた令和６年４月分の管理費 100 万円及び修繕積立金 120 万円の処理をした。同年４月の仕訳はどうなるか。

①　当期は**令和６年４月**です。

②　令和６年３月に既に管理組合の普通預金口座に 220 万円が入金されており，現実には当期の入金ではないので，現金や普通預金という勘定科目は使えません。しかし，「当期に**入金されるはずだった**」収入で，**先に受け取っている**ため，**左側**（**借方**）に「**前受金 220 万円**」と計上します。

③　②の前受金は，**当期に発生**する**管理費及び修繕積立金**に関するものなので，発生主義を考慮し，**右側**（**貸方**）に，「**管理費収入 100 万円**」「**修繕積立金収入 120 万円**」を計上します。

④　左右（借方・貸方）それぞれの合計金額は**一致**していますので，検算終了です。仕訳は次のようになります。

（借方）		（貸方）	
前受金	2,200,000	管理費収入	1,000,000
		修繕積立金収入	1,200,000

（3）令和６年３月分の管理費 100 万円と修繕積立金 150 万円につき，管理費 80 万円と修繕積立金 120 万円が，同月，組合員から管理組合名義の普通預金口座に入金され，残りは未収となった。同月の仕訳はどうなるか。

①　当期は**令和６年３月**です。

②　同月に普通預金に管理費 80 万円と修繕積立金 120 万円の合計 200 万円の「**入金**」があるので，**左側**（**借方**）に「**普通預金 200 万円**」と計上します。

他方，管理費20万円と修繕積立金30万円の合計50万円は，「当期に**入金されるはずであった**」のにまだ**入金されていない**ため，**左側**（**借方**）に「**未収入金50万円**」と計上します。

③ ②は**当期の管理費・修繕積立金**に関するものなので，**右側**（**貸方**）に，「**管理費収入100万円**」「**修繕積立金収入150万円**」と計上します。

④ 左右（借方・貸方）それぞれの合計金額は**一致**していますので，検算終了です。仕訳は次のようになります。

（借方）		（貸方）	
普通預金	2,000,000	管理費収入	1,000,000
未収入金	500,000	修繕積立金収入	1,500,000

（4）管理組合が集金代行会社を通じて当月分の管理費，修繕積立金を当月に徴収している場合において，集金代行会社が，令和6年3月に当月分の管理費50万円及び修繕積立金60万円を徴収したが，まだ管理組合の口座には入金されていない。同月の仕訳はどうなるか。

① 当期は**令和6年3月**です。

② 集金代行会社が110万円を徴収してはいますが，まだ管理組合の口座には入金されていません。これは，管理組合にとって「集金代行会社に**預けている**」状態であるため，「**預け金**」という勘定科目を用います。そこで，**左側**（**借方**）に「**預け金110万円**」と計上します。

③ ②の預け金は，**当期の管理費及び修繕積立金**に関するものなので，発生主義を考慮し，**右側**（貸方）に，「**管理費収入50万円**」「**修繕積立金収入60万円**」と計上します。

④ 左右（借方・貸方）それぞれの合計金額は**一致**していますので，検算終了です。仕訳は次のようになります。

（借方）		（貸方）	
預け金	1,100,000	管理費収入	500,000
		修繕積立金収入	600,000

（5）令和６年３月に，マンションの高架水槽の撤去と給水管更新工事を行い，工事会社から以下の内容の請求書が届いた。支払いは同年５月末日の予定である。同年３月の仕訳はどうなるか。

（請求内訳）

高架水槽撤去工事費	500,000 円
給水管更新工事費	2,000,000 円
合　計	2,500,000 円

① 当期は**令和６年３月**です。

② 本件工事費の支払いは「同年５月予定」ですので，当期に出金はないため，現金や普通預金という勘定科目は使えません。しかし，「当期に**出金されるはずだった**」ことから，**右側（貸方）**に「**未払金 250 万円**」と計上します。

③ ②の未払金は，当期発生の「高架水槽撤去工事」と「給水管更新工事」についてのものです。ここで，「**高架水槽撤去工事**」は，**固定資産としての高架水槽を撤去**する（失くす）工事であるため，**その際の損失を処理**するための勘定科目として「固定資産除却損」というものを使用します。また，「**給水管更新工事**」は，管理組合にとって**経済的利益をもたらす附属設備としての給水管の取得**にかかる工事であるため，勘定科目として「建物附属設備」というものを使用します。

以上から，左側（借方）に「**固定資産除却損 50 万円**」「**建物附属設備 200 万円**」を計上します。

④ 左右（借方・貸方）それぞれの合計金額は一致していますので，検算終了です。仕訳は次のようになります。

（借方）		（貸方）	
固定資産除却損	500,000	未払金	2,500,000
建物附属設備	2,000,000		

2 会計

（6）令和６年３月に，敷地内駐車場を使用している組合員から，管理組合の普通預金口座に合計 1,000,000 円の入金があった（内訳は下記のとおり）。この場合において，同年３月の仕訳はどうなるか。なお，３月分の駐車場使用料のうち 20,000 円については，３月末現在，入金されていない。

（令和６年３月入金の内訳）

３月分駐車場使用料	100,000 円
４月分駐車場使用料	850,000 円
新規契約分敷金	50,000 円
合　計	1,000,000 円

①　当期は**令和６年３月**です。

②　まず，当期に普通預金口座に 100 万円の「**入金**」がありますので，**左側（借方）**に「**普通預金　100 万円**」を計上します。さらに，３月分の駐車場使用料のうち２万円が「**入金されていない**」とあるので，**左側（借方）**に「**未収入金　２万円**」を計上します。

③　②の逆側である右側（貸方）に，②で計上した内容の内訳を，**発生主義**をもとにして計上します。

まず，「３月に発生している駐車場使用料」は，実際に入金のあった 10 万円と未収入金分の２万円であるので，「**駐車場使用料収入　12 万円**」を**右側（貸方）**に計上します。

次に，４月分の駐車場使用料は，３月には発生していない収入を先に受け取っているものなので，「**前受金　85 万円**」を**右側（貸方）**に計上します。

最後に「**敷金**」ですが，敷金は，借主が退去する際に精算して返還することを前提としている金銭ですので，「**預り金**」という勘定科目を使います。したがって，**右側（貸方）**に，「**預り金　5 万円**」を計上します。

④　左右（借方・貸方）それぞれの合計金額は一致していますので，検算終了です。

仕訳は次のようになります。

（借方）		（貸方）	
普通預金	1,000,000	駐車場使用料収入	120,000
未収入金	20,000	前受金	850,000
		預り金	50,000

6　修正仕訳

修正仕訳とは，**誤った仕訳**をした場合において，それを**修正**するために**追加して行う仕訳**のことをいいます。

仕訳では，誤った勘定科目を修正するために，その逆側に（貸方の勘定科目を消したければ借方に，借方の勘定科目を消したければ貸方に），同じ勘定科目で修正したい金額を計上すると，誤りが帳消しにされるというルールがあります。それでは，具体例を考えてみましょう。

（1）借方に「A　10,000」，貸方に「B　10,000」と計上するはずだったが，誤って貸方に「C　10,000」と計上した場合

① **既に行われた誤った仕訳**

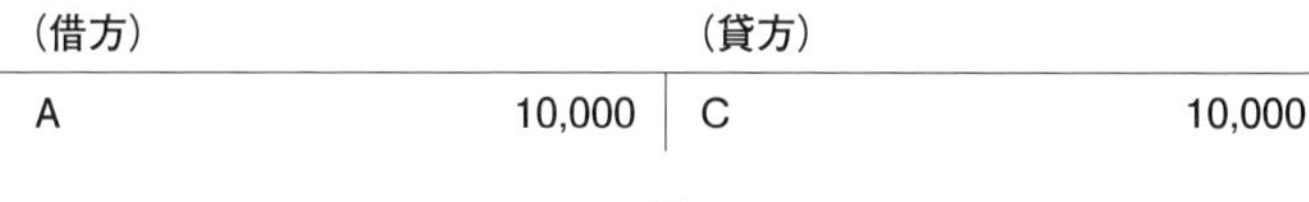

(借方)		(貸方)	
A	10,000	C	10,000

↓

② **修正仕訳の追加**による修正

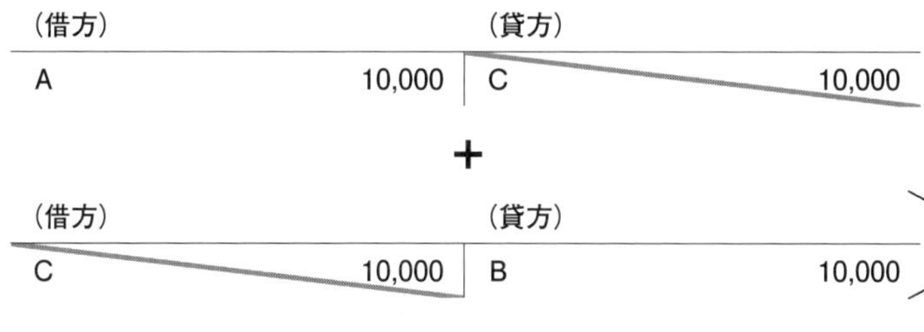

(借方)		(貸方)	
A	10,000	~~C~~	~~10,000~~

＋

(借方)		(貸方)	
~~C~~	~~10,000~~	B	10,000

この仕訳が，修正のために追加された「修正仕訳」です。

↓

③ 修正された結果としての**正しい仕訳**

(借方)		(貸方)	
A	10,000	B	10,000

元の仕訳の貸方「C　10,000」を消して，「B　10,000」としたいので，**修正仕訳の借方をC 10,000**とします。もっとも，これだけでは左右の「C　10,000」が消されて貸方が空欄になってしまいますので，**修正仕訳の貸方をB 10,000**とします。

2 会計

（2）令和６年３月に普通預金口座に入金され，令和６年３月分の管理費収入として処理した100万円のうち，５万円分については令和６年４月分の管理費であったことが，決算作業中に判明した。この場合の修正仕訳はどうなるか。

① 既に行われた誤った仕訳

（借方）		（貸方）	
普通預金	1,000,000	管理費収入	1,000,000

② **修正仕訳の追加**による修正

（借方）		（貸方）	
普通預金	1,000,000	管理費収入	1,000,000

＋

（借方）		（貸方）	
管理費収入	50,000	前受金	50,000

この仕訳が，修正のために追加された「修正仕訳」です。

③ 修正された結果としての**正しい仕訳**

（借方）		（貸方）	
普通預金	1,000,000	管理費収入	950,000
		前受金	50,000

①の仕訳のうち，**修正の必要**があるのは，貸方の管理費100万円のうち**５万円分だけ**です。そこで，この管理費５万円分だけを消して，前受金５万円とするために，**借方を管理費収入50,000，貸方を前受金50,000**とする修正仕訳を追加します。

コレが重要!! 確認問題

以下，会計期間は４月１日から翌年３月 31 日までとし，会計処理は発生主義の原則によるものとする。

❶　甲マンション管理組合の理事会において，会計担当理事が管理費会計の収支報告書案について行った「３月分の管理費の一部に未収金が発生したため，管理費収入が当初の予算を下回っています」という説明は，適切である。過 H19

❷　総会において，会計担当理事が管理費会計の収支報告書又は貸借対照表に関して行った「現金預金が増加しているのは，管理費の前受金が増加していることによります。この結果，次期繰越収支差額は増加しております」という説明は，適切である。過 H21

❸　令和６年８月に完了予定の修繕工事の工事費 80 万円のうち，着手金として令和６年３月に 30 万円を支払い，工事完了時に 50 万円を支払う予定である。この場合，令和５年度（令和５年４月１日～令和６年３月 31 日）の仕訳として，借方に「前払金　300,000 円」，貸方に「現金預金　300,000 円」と計上する。過 H28

❹　令和５年４月に，建物の事故等に備え，保険期間３年の積立型マンション保険に加入し，３年分の保険料総額 30 万円（１年間の掛捨保険料は８万円，３年後の満期返戻金は６万円）を支払った。この場合，令和５年度（令和５年４月１日～令和６年３月 31 日）の仕訳として，借方に「支払保険料　80,000 円，前払金　160,000 円，積立保険料　60,000 円」，貸方に「現金預金　300,000 円」を計上する。過 H28

❺　令和４年度の貸借対照表に計上されていた管理費の未収金 10 万円のうち，８万円が令和５年度に入金されたが，２万円はまだ入金されていない。この場合，令和５年度（令和５年４月１日～令和６年３月 31 日）の仕訳として，借方に「現金預金　80,000 円，未収金　20,000 円」，貸方に「管理費収入　100,000 円」を計上する。過 H28

答　❶×：収支報告書の管理費収入は発生主義により記載され，未収入金を含めて，各住戸月額の 12 ヵ月分が計上されるため，管理費の一部に未収金が発生しても，管理費収入が当初の予算を下回ることはない。　❷×：前半は適切だが，現金預金も前受金も貸借対照表の勘定科目であって，収支報告書のものではないので，収支報告書上の次期繰越収支差額には増減は生じない。　❸○　❹○　❺×：前年度の管理費収入の未収金 80,000 円が現金預金で入金されたため，借方には「現金預金　80,000 円」を，貸方には「未収金 80,000 円」を計上する。なお，入金されていない２万円は，令和５年度には計上しない。

2
会計

第3章 頻出度 B

税　務

- マンション管理に関わる税の種類
- 消費税の理解

1 法人税（国税）

H27・30・R3

> 移動体通信事業者との間で**携帯電話基地局設置**のため，屋上の使用を目的とした**建物賃貸借契約**を結び**設置料収入**を得ている管理組合の行為は，収益事業の不動産貸付業に該当します。

法人では**ない**管理組合と管理組合**法人**は，どちらも法人税法上，**公益法人等と同様に扱われます**。したがって，**法人税**については，**収益事業所得に対しては課税**されますが，**非収益事業所得に対しては非課税**です。

収益事業に該当するか否かは，例えば，マンション内の駐車場の使用についてであれば，次のようになります。

【駐車場の使用者と収益事業性】

区分所有者のみ使用	非収益事業
区分所有者と外部の第三者が，区別・優劣はなく，同条件で使用	すべてが収益事業
区分所有者と外部の第三者が区別され，区分所有者が優先的に使用	外部の第三者の使用部分のみが収益事業

後述のように，**消費税**については，基準期間の課税売上高が1,000万円以下の場合に消費税が**免除されるという制度**があります。しかし，**法人税**については**そのような制度はありません**。

2 所得税（国税）

所得税は，原則として，個人に係る税金（国税）であるため，管理組合の収益に対して所得税が発生するケースはほとんどありません。ただし，管理組合が，普通預金や定期預金口座を開設している場合，当該預金から得られる**受取利息**に対しては，**所得税が課税されます**。

3　消費税（国税）

H27・30・R3

消費税の納税義務者は，事業者（法人・個人事業者）とされており，法人格のない社団も消費税法上，法人とみなされます。したがって，法人ではない管理組合と管理組合法人は，どちらも事業者として，納税義務者となります。

1　基準期間と消費税の課税

当事業年度における消費税の納税義務は，**基準期間**（**前々事業年度**）の課税売上高が**1,000万円を超える場合に発生します**。例えば，課税売上高について，前々事業年度が1,300万円，前事業年度が950万円，当事業年度が900万円であった場合，当事業年度は納税義務者となって，消費税の納税義務を負うことになります。

逆に，基準期間における課税対象売上高が1,000万円**以下**の場合には，当事業年度における消費税の納税義務が，原則として免除されます。

課税売上高には，**備品の譲渡による臨時収入**も含まれますので，例えば，基準期間（前々事業年度）に第三者に使用させた駐車場使用料の合計が980万円，備品の譲渡による売上高が45万円であった場合は，合計1,025万円の課税売上高となり，当年度は消費税の納税義務者となります。

ただし，基準期間（前々事業年度）における課税売上高が1,000万円以下であっても，**前事業年度開始日から6ヵ月間**（**特定期間**）の課税売上高が**1,000万円を超えた場合**は，当年度において消費税の納税義務は免除されません。

なお，特定期間における課税売上高が1,000万円を超えるかの判定は，**管理組合がその特定期間に支払った給与等の金額の合計額が1,000万円を超えるか否かにより行うこと**もできます。
したがって，管理組合の**特定期間の「課税売上高」が1,000万円を超えていた**としても，**特定期間の「給与等支払額」が1,000万円以下**であれば，「給与等支払額」により**免税事業者**と判定することも可能です（どちらの基準によるかは，**納税者（管理組合）の選択**によります）。

2　具体的な課税の有無の例

> **用語**
> 不課税：対価性がなく，資産の譲渡等に該当せず，消費税法上，課税対象となっていないもの
> 非課税：消費税の課税対象である資産の譲渡等には該当するが，主に政策的な理由で課税しないこととされているもの

不課税取引	収入	①組合員から徴収する管理費・修繕積立金
		②「組合員」から徴収するマンション敷地内の駐車場収入
		③専用庭使用料等の専用使用料
		④大規模修繕のための借入金の元金部分
	支出	管理組合が雇用している従業員の給与
非課税取引	収入	預貯金や貸付金の受取利息
	支出	①共用部分に係る火災保険料等の損害保険料
		②大規模修繕のための借入金の支払利息部分
課税取引	収入	「組合員以外の第三者」から徴収する敷地内の駐車場収入等の使用料
	支出	①管理組合が支払う水道光熱費・電話料
		②管理会社に対して支払う管理委託料
		③管理組合が修繕工事代金の振込みを行う際の金融機関に支払う振込手数料

4　地方税

H27・30

> **用語**
> 均等割：資本金の額や従業員数等を基準に課税するもの。なお，均等割については，地方公共団体が条例で減免措置を講じています。
> 法人税割：法人税の額に対して課税するもの

1　都道府県民税・市町村民税

これらの税には**均等割**と**法人税割**とがあり，管理組合（非法人）と管理組合法人においては，次のように区別されます。

			法人税割	均等割
管理組合	収益事業	なし	非課税	非課税
		あり	課　税	課　税
管理組合法人	収益事業	なし	非課税	課　税※
		あり	課　税	課　税

※：条例により免除・減免される場合がある

2　事業税・事業所税

管理組合・管理組合法人ともに，事業税，事業所税については，**収益事業所得についてのみ課税**されます。

コレが重要!! 確認問題

❶　収益事業を行っていない管理組合及び管理組合法人においては，法人税の申告義務はないが，法人住民税（都道府県民税と市町村民税）の均等割額は，収益事業を行っていない場合でも課税される。過 H24

❷　収益事業を行っている管理組合及び管理組合法人においては，収益事業から得た所得が 1,000 万円を超えていない場合は課税事業者に該当しないので，法人税の申告義務はない。過 H24

❸　収益事業を行っている管理組合法人は，法人税が課税されるが，管理組合法人の場合，法人税法上，公益法人等とみなされ，法人税率については，法人でない管理組合よりも低い税率が適用される。過 R3

❹　法人でない管理組合の場合には，移動体通信事業者との間でマンション屋上に携帯電話基地局設置のための建物賃貸借契約を締結し，その設置料収入を得ているときは，収益事業には該当しないため，法人税は課税されない。過 H30

❺　駐車場が恒常的に空いているため，区分所有者及び区分所有者以外の者に対して，募集は両者を分けず広く行い，利用方法は区分所有者の優先性を設けず，常に同一条件で駐車場の賃貸を行っている管理組合の場合，区分所有者に対する賃貸及び区分所有者以外の者に対する賃貸は，すべてが収益事業に該当するため法人税が課税される。過 R3

❻　管理組合法人の場合には，収益事業を行っているときは，基準期間における課税売上高が 1,000 万円以下でも，消費税の納税義務は免除されない。過 H30

❼　消費税法上，課税期間の基準期間（前々事業年度）における課税売上高が 1,000 万円以下であっても，その課税期間の特定期間（前事業年度開始の日以後６月の期間）における課税売上高が 1,000 万円を超えた場合は，消費税の納税義務は免除されない。過 R3

❽　法人でない管理組合の場合には，収益事業を行っていないときは，地方税法上は法人とはみなされず，法人住民税（都道府県民税と市町村民税）の均等割額は課税されない。過 H30

答　❶×：管理組合法人においては，収益事業を行わない場合でも法人住民税の均等割額が課税される。これに対して，管理組合においては，収益事業を行わない場合は非課税である。　❷×：法人税において，収益事業から得た所得が 1,000 万円以下である場合に，法人税の申告義務を免除する旨の規定は存在しない。なお，消費税については，基準期間の課税売上高が 1,000 万円以下の場合には，免除される。　❸×：法人ではない管理組合と管理組合法人は，どちらも法人税法上，公益法人等と同様に扱われ，税率の違いもない。　❹×：収益事業に該当し，法人税が課される。　❺○　❻×：法人であっても 1,000 万円以下なら，消費税は免除される。　❼○　❽○

第6編

建築・設備・維持保全

建築・設備・維持保全は，例年 10 問程度出題されます。構造や耐震改修といった建築関連から，遮音や断熱等の建築環境，給排水・消防・電気・エレベーター等の設備，さらにはマンションの劣化・調査診断・維持保全に関する内容まで，**非常に幅広い内容がまんべんなく出題**されます。

範囲が広いだけに，通常の学習レベルでは捕捉しきれない細かい知識を問う出題もありますが，受験生の間で**差がつくのは基本事項**ですので，**テキストで強調されている部分をしっかり押さえましょう。**

第1章

マンションの建築構造

頻出度 S+

●建築構造の種類と特徴
●耐震構造と耐震改修

1 建築構造の材料の主な分類と特徴

H26・29・R1・4・5

1 鉄骨構造（S造）

構造上主要な部分に，形鋼等の**鋼材**（こうざい）を用いて**柱と梁を主体とした骨組みを構成**する構造です。主に，**低層用の**軽量鉄骨を用いたものと，**中層以上用の**重量鉄骨を用いたものがあります。

長　　所	短　　所
●鉄筋コンクリート構造に比べて軽量（自重が軽い） ●高層の建物や大スパン構造の建物が可能 ●粘り強く（じん性が高く），耐震性が高い	●被覆のない鋼材は，500℃以上の熱で強度が半減する等，熱に弱いため，耐火被覆が必要 ●腐食しやすく，防錆処理が必要 ●圧縮力で鉄骨が横に折れ曲がりやすい（座屈しやすい） ●鉄筋コンクリート構造に比べて耐火性・遮音性・耐振動性に劣るため，マンションでの採用例は少ない

用語
大スパン構造：柱と柱の間が大きく空いており，広い面積がとれる構造のこと

2 鉄筋コンクリート構造（RC造）

引張力に強い**鉄筋**と圧縮力に強い**コンクリート**という，両者の**特性を活かして合理的に組み合わせた一体構造**で，**マンションでは最も一般的**です。強度の高いコンクリートの開発に伴い，近年は**高さ20mを超える**中高層マンションでも，鉄筋コンクリート構造が採用されるようになっています。

事前に成形された部材を用いる「**プレキャストコンクリート工法**」で使用される鉄筋コンクリート部材については，**工場で生産**される場合と，**現場の構内で製造**する場合とがあります。また，プレキャストコンクリートと現場打ちコンクリートの**併用**（**ハーフプレキャスト**）も，現在多く用いられています。

長所	短所
●耐火性・耐久性・耐震性に優れる ●形態の自由度が高い	●建物が重い（自重が大きい） ●大部分が現場施工であり，品質に差が生じやすい

鉄筋コンクリート構造（ＲＣ造）や鉄骨鉄筋コンクリート構造（ＳＲＣ造）の施工には，多量の水を使用する湿式工法が用いられます。

3　鉄骨鉄筋コンクリート構造（ＳＲＣ造）

鉄骨の骨組みを**鉄筋コンクリートで被覆**したものを主要な構造部材とする構造で，鉄筋コンクリート構造よりも**強さとねばりが高い耐震耐火構造**です。

長所	短所
●耐火性・耐久性・耐震性に優れる ●高層の建物に適しており，大スパン構造の建物も可能	●施工工程が長期にわたる ●施工管理により品質のバラツキが生じやすい ●施工費がかかる

4　鋼管（こうかん）コンクリート構造（ＣＦＴ造）

円形または角形鋼管にコンクリートを充填した柱に，鉄骨の梁等を組み合わせた構造です。鋼管にコンクリートを充填することによって，それぞれが有する材料特性以上の相乗効果を発揮することから，Ｓ造・ＲＣ造・ＳＲＣ造に続く第４の構造として注目されています。

大スパンが可能であり，コンクリートが空気に触れないために中性化が生じにくいといった特長もあります。

長所	短所
●耐震性が高い ●型枠が不要で施工性がよい ●空間自由度が大きい	●コストが高い ●一般的には耐火被覆が必要

2 建築構造の構造形式による分類と特徴

H29・R2・5

1 ラーメン構造

柱・梁等の部材の接点を，しっかり接合して固定（**剛接合**）し，それにより構成された“枠”（ラーメン）によって，荷重や外力に対応して建物を支える構造です。**低層から高層まで**幅広い建物に対応でき，鉄骨構造，鉄筋コンクリート構造，鉄骨鉄筋コンクリート構造等で採用されます。耐震壁をフレームに包含した**耐震壁付きラーメン構造**が，一般的です。

+1点! ラーメン構造において**耐力壁**を設ける場合，その耐力壁は，**柱や梁と構造的に一体**となるようにします。

【ラーメン構造】

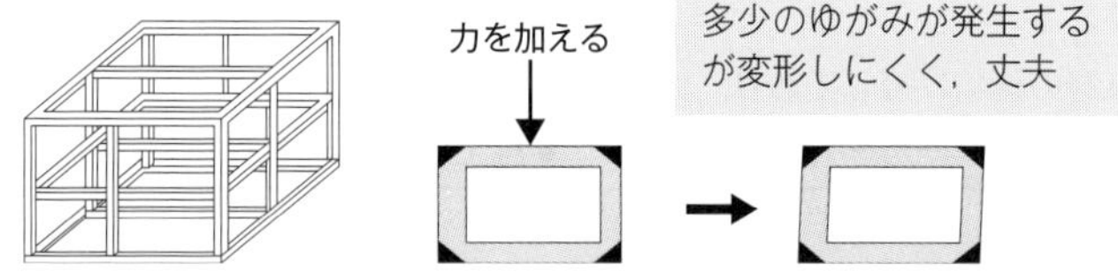

2 壁式構造

柱を用いず，**耐力壁と床**といった**平面的な構造体**のみで構成される構造です。壁の多い住宅等の**中低層の建物**に適し，柱型が内部に出ないというメリットがあります。

【壁式構造】

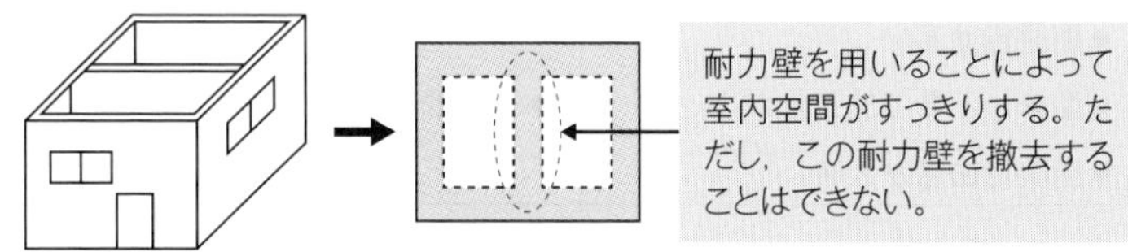

3 マンションの住棟形式

R1・2・4

マンションの住棟形式には，次のようなものがあります。

住棟形式	内容
タウンハウス型	●**低層の棟割長屋形式の集合住宅。** ●上下に他の住戸が重ならない。 ●各戸が専用庭を持つ。 ●駐車スペース，共用庭等の共有敷地あり。 ●**戸建住宅の**独立性**と集住化することによる**経済性を併せ持つ。
階段室型	●階段室から直接各住戸にアプローチする形式。 ●廊下型に比べて**独立性が高い。** ●エレベーターを設置する場合，**1基あたりの利用戸数が**少なく，コストメリットが低い。
廊下型	●**中廊下型**（共用廊下の両側に居室）と**片廊下型**（共用廊下の片側に居室）とがある。 ●**中廊下型**は，異なる日照条件を持つ住戸計画となり**日照や通風等の居住性に劣るため採用例は少ない**（タワーマンション等での採用にとどまる）。 ●**中廊下型**を採用する場合は，住棟を南北軸に配置することが多い。
スキップフロアー型	●高層住宅で，**廊下型と階段室型を組み合わせたもの。** ●**廊下を3階層程度ごと**に設け，**エレベーターをその階のみに停止**させるため，エレベーターの運行が**経済的。** ●エレベーターが**停止しない階は共用廊下が不要**になるため，その分**住戸の面積を広げる**等することができる。 ●エレベーター停止階**以外**の住戸の**独立性**が高まる。 ●停止階**以外**を考えると**バリアフリーとはいえない。**
センターコア型	●高層マンションや超高層マンションで，**住棟中央部**に共用廊下・階段室・エレベーターホール等があるもの。
ボイド型	●高層マンションや超高層マンションで，**住棟中央部**に吹き抜けがあり，その**吹き抜けに面した共用廊下から各住戸にアプローチ**するもの。

長期優良住宅の普及の促進に関する法律によれば，**長期優良住宅**は，**構造及び設備の**変更の容易性や**維持保全の容易性**などのほか，住宅の省エネルギー性能やバリアフリーなどの確保が求められます。

このほか，マンションの供給方式として，次のようなものがあります。

● **センチュリー・ハウジング・システム**（CHS）
➡ **長期間にわたって快適に住み続けられる住宅を提供**するための**設計・生産・維持管理**にわたる**トータルシステム**の考え方。

● **スケルトン・インフィル住宅**（SI住宅）
➡ 建物を**躯体**（**S：スケルトン**）と**内装設備**（**I：インフィル**）とに分離して計画するもの。
➡ 維持・補修，交換・更新等の容易性が確保されるように配慮され，将来的に**間取りの変更も可能**となる。

● **コンバージョン**
➡ 一般に，**既存建物の利用目的を**別の目的に変える**こと**をいう。近年，既存のオフィスビルを住宅に改造するコンバージョンが注目されている。

● **コーポラティブハウス**
➡ 組合を結成した人たちが共同して住宅を取得する方式のことをいう。

4 マンションと地震

H26・27・28・30・R1・2・5

1 建物にかかる荷重

(1) 荷重とは

荷重とは，建築物の骨組みや地盤に加わるさまざまな力のことをいいます。

(2) 荷重の種類

建築物にかかる主な荷重には，次のような種類があります。

荷重の種類	内容
固定荷重	●躯体・仕上げ材料，固定されている設備機器等の「建築物自体」の重量（自重）**による荷重**。 ●**鉛直方向**に働く力。 ●屋根，床，壁等の建築物の部分別に定められた数値により計算する。
積載荷重	●建築物内の人間や家具・調度・物品等，移動が比較的簡単にできるもの（固定荷重に含まれないもの）の重量**による荷重**。 ●**鉛直方向**に働く力。 ●住宅の居室，事務室，自動車車庫等，室の種類別に定められた数値により計算する。
積雪荷重	●屋根等に降り積もった雪の重量による荷重。 ●鉛直方向に働く力。
風圧力	●風によって建物外周の各面に働く荷重。 ●主に水平方向に働く力。
地震力	●地震により建築物が揺れるときに生じる慣性力による荷重。 ●**水平方向**に働く力。
土圧・水圧	建物の地下部分の壁などに周囲の土や地下水から働く荷重。

2　震度とマグニチュード

地震の規模は「マグニチュード」で表され，値が1増えるごとにエネルギーが約32倍になります。他方，**揺れの強さ**は「震度」で表され，日本では10階級に区分されています。

震度の階級は，0・1・2・3・4・5弱・5強・6弱・6強・7の10階級です。この判定は，計測震度計で自動測定されます。

3　耐震基準

建築基準法における耐震関連の規定については，十勝沖地震（1968年）等の大地震をきっかけに，まず1971年（昭和46年）に，鉄筋コンクリート造の柱の帯筋の間隔を狭める等の柱のせん断補強筋に関する耐震基準の改正が行われました。その後，現行の耐震基準規定（**新耐震基準**）は，1981年（**昭和56年**）6月1日以降に建築確認を受けた建物に適用されています。

旧耐震基準により建設された鉄筋コンクリート造マンションのうち，1971年5月より前に建設されたものは，耐震診断及び耐震改修を行う必要性が一層高いといえます。

建築基準法の新耐震基準は，次のことを目標としています。

中規模地震（震度５強程度）	ほとんど損傷しない
大規模地震（震度６強～７程度）	倒壊・崩壊しない

大規模地震（震度6強～7程度）で「**倒壊・崩壊しない**」とあるのは，「建物にある程度の被害がでるのはやむを得ないが，**建物の中や周辺にいる人に被害がでないようにする**」ことを目標にするものです。つまり，地震で建物が壊れないようにすることではなく，**建物を使う人等の安全を確保すること**が，その目標です。

なお，**旧耐震基準の建物でも，耐震性が低いとは必ずしもいえません。中層の鉄筋コンクリート造の壁式構造やプレキャストコンクリート工法で造られた建物は，壁量が多いため，旧耐震基準のものでも一般に耐震性は高く**，例えば**阪神淡路大震災**でも，**大きな被害**を受けたものは**少数**でした。

4　地震に対する構造

地震に対する構造には，主に次の3つがあります。

①　耐震構造（たいしんこうぞう）

建物自体の強度（剛性）を高めることで，大きな地震に対しても建物が壊れたり倒れたりしないようにした構造です。

②　免震構造（めんしんこうぞう）

一般に，建物基礎と上部構造との間に**積層ゴム等の免震装置**を設け，免震層が設けられている構造です。免震層の柔らかいバネ特性によって建物の揺れを緩和し，そこで**地震のエネルギーを吸収して**上部構造への伝達を低減させます。

そして，免震装置は，次の「アイソレータ（支承材）」と「ダンパー（減衰材）」から構成されています。

アイソレーター（支承材）	●建物を支える**土台**となり，かつ，地震時に**周期が短く激しい揺れを長い周期の揺れに変える**ことで，**建物をゆっくりと移動**させる装置。 ●**積層ゴム**，滑り支承，転がり支承といったものがある。

ダンパー (減衰材)	●アイソレーターによる**建物の長周期の揺れを抑え，できるだけ早く止める**ための装置。 ●**揺れを吸収し建物を止める役割**があるにとどまり，**土台として建物を支える役割はない。** ●オイルダンパー，鋼材ダンパー，鉛ダンパーといったものがある。

このように，**免震装置**には，建築物に伝わる地震の揺れを和らげる**機能**と揺れのエネルギーを減衰させる**機能**があります。

【免震構造と耐震構造の違い】

ゆっくり揺れる

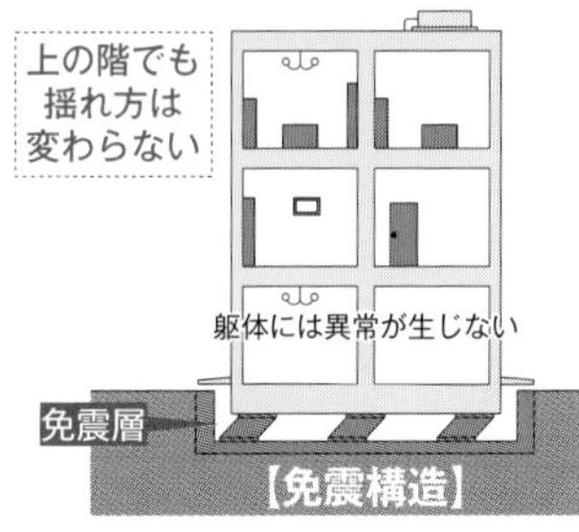

免震装置で地震の揺れを大幅に低減させ，揺れを抑える

大幅にガタガタ揺れる

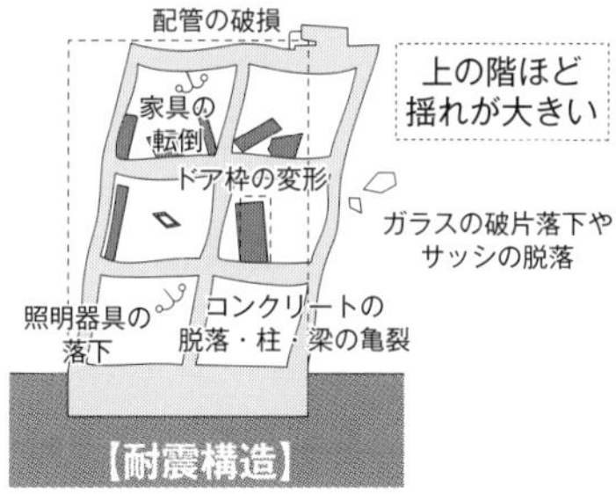

地震の揺れが建物に直接伝わる

●**新築時に免震装置を設置**する工法のほか，既存マンションにおいて，免震改修工法によって事後的に**免震構造化**することもできます。
●耐震改修において，**免震装置**を**既存建築物の**柱の途中に**設置**する工法もあります。

③ 制震構造（せいしんこうぞう）

建物の骨組みにダンパー等の制震装置を取り付け，建物に生ずる揺れを吸収・抑制する構造です。**地震による長周期地震動や風揺れを低減する効果**を発揮し，居住性の向上を図ることができます。

【制震構造】

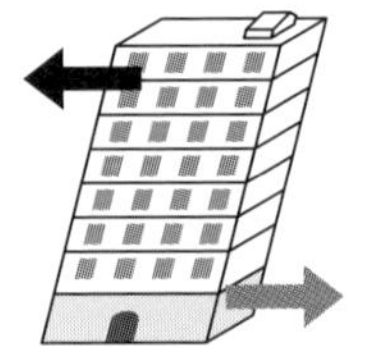

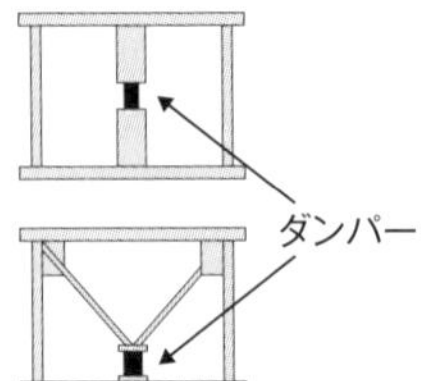

地震の際，制震装置が地震の揺れと逆方向に動くことで，建物の揺れを抑える構造

耐震構造は，大地震でも建物が倒壊しない等の効果が見込まれます。しかし，建物は倒れなくても揺れをモロに受けるため，建物内にいる人の生命や財産を守るには十分とはいえません。そこで現在では，建物が倒壊しないだけでなく，建物内の人の生命や財産も守れるよう，建物に揺れが影響しにくい構造（地震力をゼロにはできないが低減する構造）として，免震**構造**や制震**構造**が注目されています。

5　地震に弱い建築物

ピロティ：1階部分に壁がなく，柱だけで建物を支えているような吹きさらしの空間。屋外でも雨にさらされにくいため，駐輪場や駐車場として使われることが多い。

次のような建物は，地震に弱い可能性があります。

①　ピロティを採用している建物

- 壁の量が少なく，地震の際にそこから建物が崩壊する危険性がある。
- 耐震補強として，耐震壁の増設や枠付きの鉄骨ブレースの設置を行う。

②　コの字型，L字型の建物

- 地震の際に曲がっている部分に大きな力が加わり，そこから建物が崩壊する危険性がある。
- 崩壊を回避するためには，「エキスパンション・ジョイント」を用いることが効果的である。

「**エキスパンション・ジョイント**」とは，地震で建物に働く力等の制御や，コンクリートの硬化収縮によるひび割れの防止を目的とするもので，その建物を2以上の直方体に区切って隙間をもたせ，その隙間を伸縮金具で覆う形で接合する「**伸縮可能な継ぎ手**」のことです。

なお，**2以上の部分**をエキスパンション・ジョイントのみで接続する建物は，構造計算上，**別の建物**とみなされます。

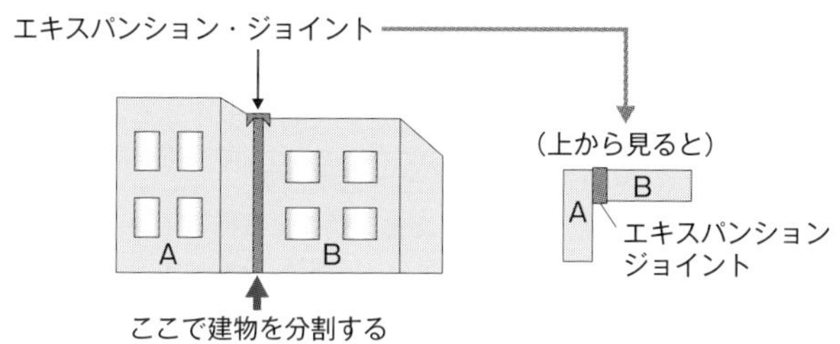

③　剛心（水平力に対する強さの中心）と重心（建物の重さの中心）が離れている建物

剛心と重心は近いほうがよいとされます。なぜなら，剛心と重心とが離れていると，地震時の水平力で，剛心を回転軸の中心，重心をおもりとして建物に**ねじれの力が大きく働き**，建物が崩壊する危険性があるからです。

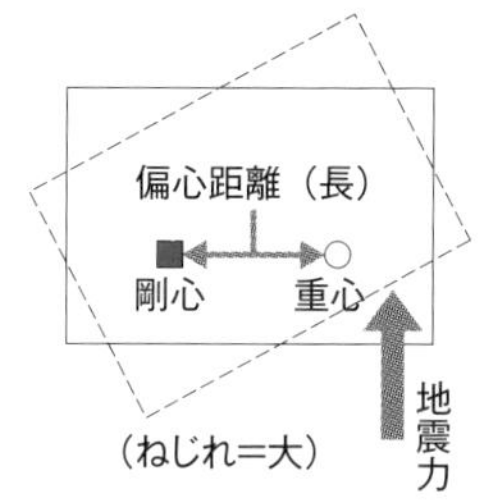

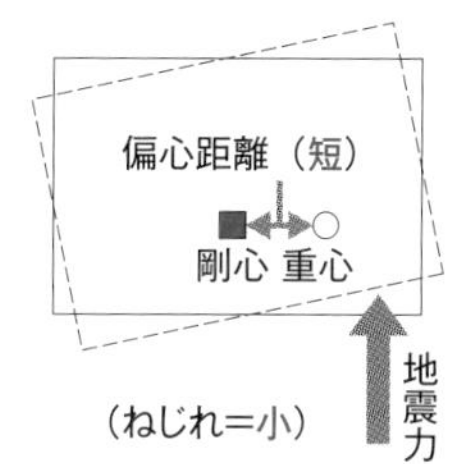

④　耐力壁等が均等に配置されていない建物

耐力壁等の配置の**バランスが悪い**建物は，地震時に建物が崩壊する危険性があります。

⑤　上層部と下層部で構造形式が異なる建物

上層階が鉄筋コンクリート造（RC 造），**下層階**が鉄骨鉄筋コンクリート構造（SRC 造）である等，**上層部と下層部で構造形式が異なる建物**では，**構造形式が切り替わる付近の階で，層崩壊等の被害が集中するおそれ**があります。

用語　層崩壊：上層部と下層部で構造形式が異なる建物等，**階によって耐震壁の量に違い**があり，各階（層）の**剛性**（変形のしやすさ）**が異なる場合**に，地震によって剛性の小さな階に変形が集中し，その階（層）が潰れてしまうこと

中低層鉄筋コンクリート造の既存マンションに対して一般的に行われている**耐震診断の評価方法**には，「**第１次**診断法」「**第２次**診断法」「**第３次**診断法」の３つがあります。
このうち，「**第１次診断法**」は簡易な診断法であるため，耐震性能があると判定するために必要な**構造耐震判定指標の値が高く設定**されています。

6　耐震補強

耐震補強は，その目的に応じ，次のような工法があります。

目的	耐震補強の内容
①　構造上のバランスの改善	●耐震壁の増設 ●鉄筋コンクリート壁増設等 ●柱と一体化したそで壁による補強　➡＊１ ●垂れ壁や腰壁に関する耐震スリットの新設　➡＊２
②　強度の向上	●鉄筋コンクリート壁増設等 ●柱と一体化したそで壁による補強　➡＊１ ●枠付き鉄骨ブレース補強　➡＊３ ●外付けフレーム補強　➡＊４ ●バットレス（控え壁）補強　➡＊５
③　じん性能の向上	●柱に関する鋼板巻き立て・炭素繊維巻き補強　➡＊６ ●垂れ壁や腰壁に関する耐震スリットの新設　➡＊２ ●梁に関する炭素繊維巻き補強
④　地震力の低減	●制震装置の組入れ ●建物の免震構造化

＊１：柱と一体化したそで壁による補強

既存建物の柱に，鉄筋コンクリート造の**そで壁**を新設し，**柱と一体化**して**強度を向上**させる補強方法です。

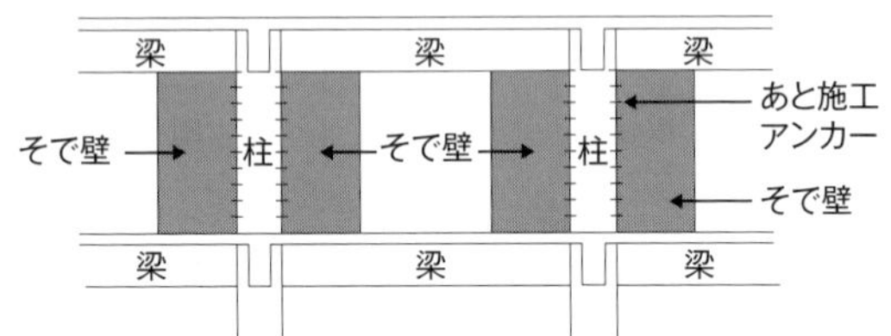

用語
腰壁：
腰の高さまでの壁のこと
垂れ壁：
天井から垂れ下がった壁のこと

＊２：耐震スリットの新設

腰壁や垂れ壁を柱と**連結**すると，柱が拘束されて**短柱化**し，地震時の水平荷重によって**せん断破壊**が生じます。

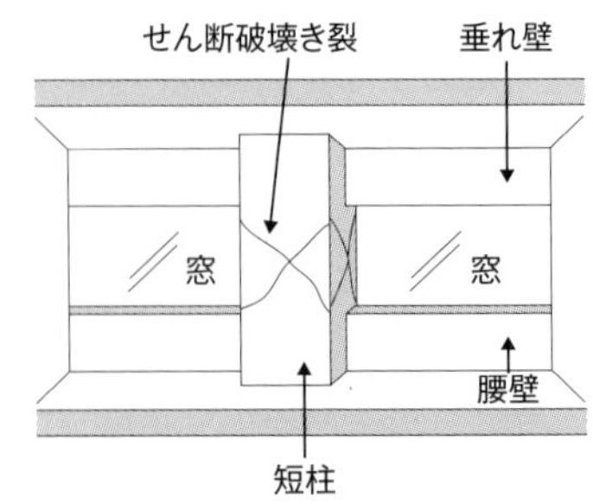

「せん断」とは，ハサミで紙を切るときのように，別々の支点に逆向きの力を加えて，挟まれたものにズレを生じさせることです。柱が腰壁や垂れ壁によって拘束されて短柱化すると，柱にせん断破壊による「き裂」（×印のひび割れ）が生じます。

そこで，腰壁等と柱の間に隙間（耐震スリット）を設け，柱を解放して**短柱化を防ぎ，じん性の向上や構造上のバランス改善**を図ります。

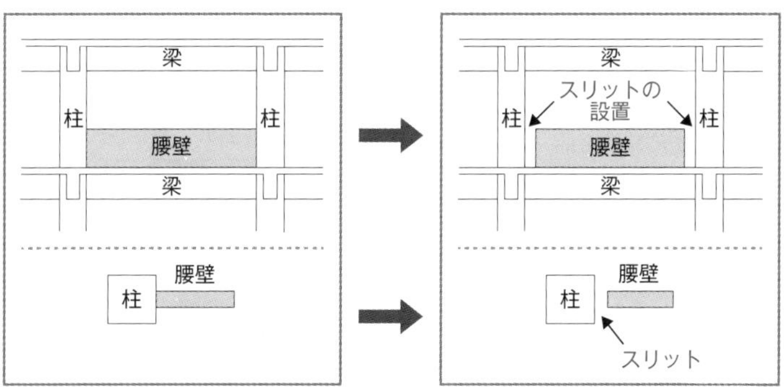

＊３：枠付き鉄骨ブレース補強

既存建物の柱・梁フレーム内に，枠付きの**鉄骨ブレース（筋交い）**を挿入することで，**強度を向上**させる補強方法です。

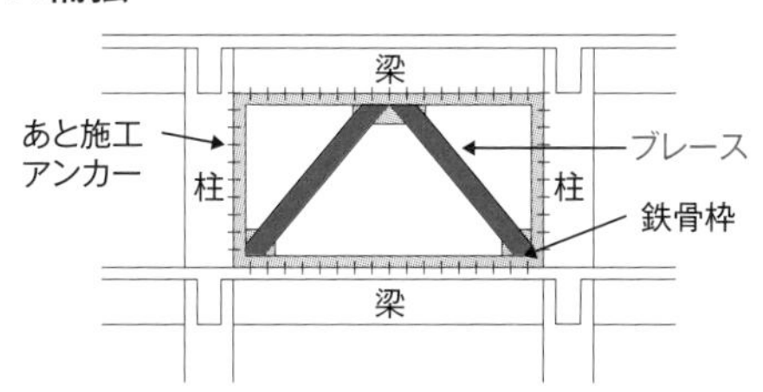

＊４：外付けフレーム補強

既存建物の柱・梁フレームの外側に，**新たに外付けフレーム**を設けて**強度を向上**させる補強方法です。

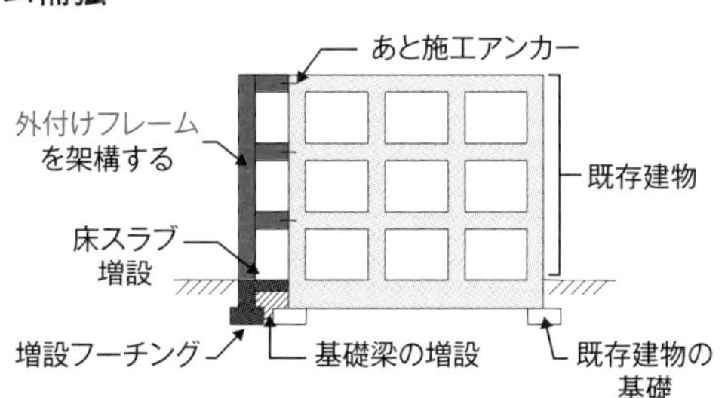

外付けフレーム補強は，既存の建物の「外」に枠を設ける形で補強するものなので，専有面積の減少は生じませんが，バルコニー面積の増減や，専用庭や駐車場等の面積の減少を生じる場合があります。

用語 バットレス：壁を補強するため，その壁から直角に突出して作られる短い壁のこと。「控え壁」ともいう

＊５：バットレス補強

既存建物の外側に，**新たにバットレス**を設けて**強度を向上**させる補強方法です。

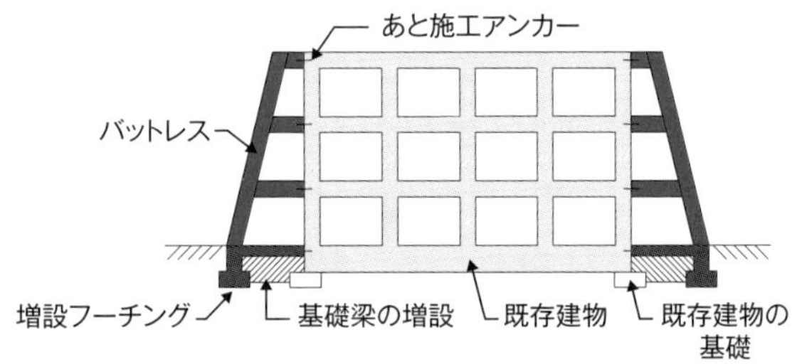

＊６：柱に関する鋼板巻き立て・炭素繊維巻き補強

既存建物の柱に**鋼板**や**炭素繊維を巻く**ことで，**柱のじん性（ねばり強さ）を向上**させる補強方法です。

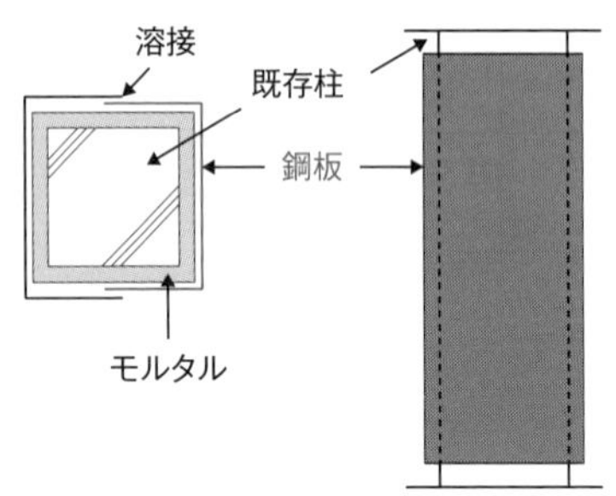

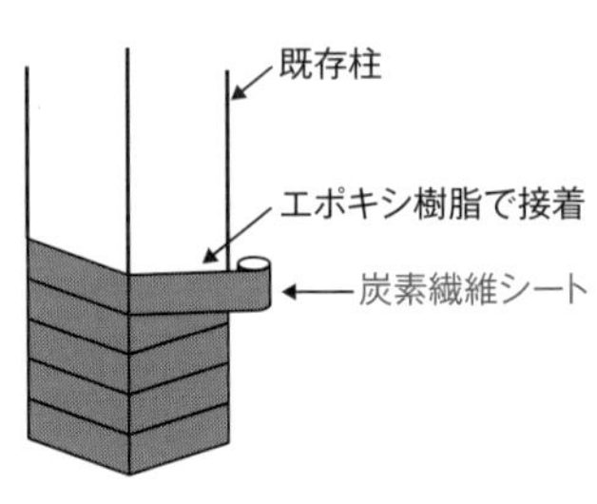

5 基礎構造

H30

基礎とは，建物の最下部で建物の**荷重**を地盤に伝え，さらに建物と地盤とを固定する部分の総称です。基礎には，①**直接基礎**や②**杭基礎**（くいきそ）等の種類があります。

① 直接基礎

建物の荷重を直接地盤に伝えるもので，建物の**規模が小さく軽量**である場合や，地表近くに支持層となる**良質の土層**がある場合に採用される基礎です。次の**フーチング基礎**（**布基礎**（ぬのきそ））や**ベタ基礎**等があります。

フーチング基礎（布基礎）	柱や壁の直下で，建物の荷重や外力を地盤面に分散させる機能を持つ基礎
ベタ基礎	許容地耐力に比較して建築物の荷重が大きい場合に，建物の全平面にわたって一体となったフーチングを設ける基礎

用語 フーチング：地盤の支持力を向上させるために，基礎の底面を逆T字型にして幅を持たせた部分のこと

② 杭基礎（くいきそ）

建物の規模が大きく重量がある場合や，軟弱な土層が地表から相当深い場合等，直接基礎では安定的に建物を支えるのが難しいときに，建物の重量を下部地盤に伝達させる杭を使って支持させる基礎です。次の**支持杭**や**摩擦杭**等があります。

支持杭	杭を使い，建物を深い位置の硬い層で支持する基礎
摩擦杭	支持層が深いところにあり，杭の先端を支持層に到達させるのが難しい場合に，杭周面の摩擦力で建物を支える基礎

【基礎の種類】

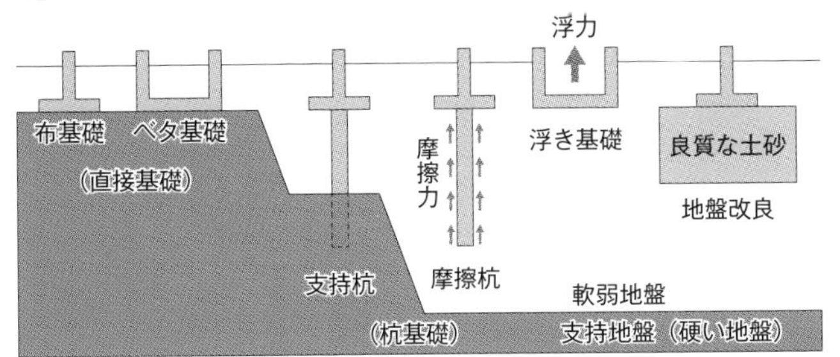

1 マンションの建築構造

1つの建築物で高さが部分的に異なる場合であっても，部分的に異なる構造方法による基礎を用いること（**基礎の混用**）は，不同沈下による建築物の損傷の一因となりうるため，**避ける必要**があります。

6 液状化現象

R4

地震による振動によって，普段は噛み合っている土の粒子がばらばらになり，地下水の中に浮いたような状態となることで，水と砂が地中から噴き上げてくる現象のことをいいます。海岸や川のそばの，**比較的地盤がゆるく地下水位が高い砂地盤**が，**液状化現象**（えきじょうかげんしょう）を起こしやすいといえます。

［地震前］

砂等の緩く積もった地盤で，砂の粒子が互いにくっついて骨格を作り，その間に水がある状態。骨格は弱く壊れやすい。

地震発生

［地震時（液状化発生）］

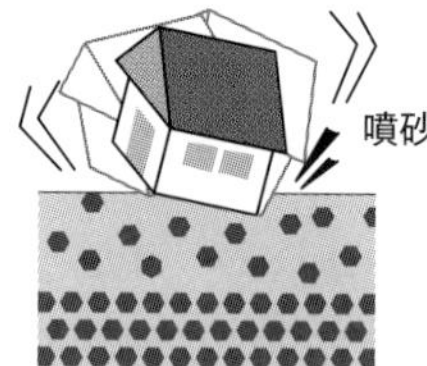

地震の揺れにより，砂の粒子は下層では密になり，上層では液体状になって，建物が傾き始める。地表では噴砂が起こることもある。

沈下発生

［地震後］

地震後，地盤が沈下して，建物が傾いたり沈んだりする（不同沈下）。

液状化現象等への対策として行われる**地盤改良**に用いられる工法は複数ありますが，**土の間隙部分，特に間隙水をどう処理するかがポイント**となります。

コレが重要!! 確認問題

❶ ラーメン構造は，柱と梁を剛接合して建物の骨組みを構成し，荷重及び外力に対応する構造形式であり，構造耐力を増すために耐力壁を設ける場合もある。過 H29

❷ 壁式構造は，壁や床などの平面的な構造部材を一体として構成し，荷重及び外力に対応する構造形式であり，高層の建物より中低層の建物に採用されることが多い。過 H29

❸ 鉄筋コンクリート構造は，鉄筋とコンクリートのそれぞれの長所を活かすように組み合わせた構造形式であるが，施工現場において鉄筋及び型枠を組み立て，コンクリートを打つ必要があり，工業化はされていない。過 H29

❹ 鉄骨構造は，外力に対して粘り強い構造形式であるが，耐火被覆や防錆処理が必要となるだけでなく，鉄筋コンクリート構造に比べて揺れが大きくなりやすい。過 H29

❺ マンションの建物の耐震改修工法として，免震構造は，基礎と上部構造の間などに免震装置を設置したもので，建物への地震による外力を無くする構造である。過 H21

❻ マンションの建物（鉄筋コンクリート造）の一般的な耐震改修工法である枠付き鉄骨ブレースによる柱・梁の補強は，構造耐力の向上を目的とする。過 H19

❼ 昭和 56 年 5 月 31 日以前に建築確認を申請し，同年 6 月 1 日以降に確認通知を受けて着工した建築物は，現行の耐震基準が適用されていない。過 H18

❽ 免震構造は，建築物の基礎と上部構造との間に免震装置を設ける構造であるため，建築物の新築時から免震装置を設置しておかなくてはならない。過 H28

❾ 建築基準法による耐震基準は，震度 6 強から震度 7 程度の地震に対して，主要構造部は被害を受けないことを目標としている。過 H28

❿ 耐震改修工法については，壁やブレース，柱，梁を増設，補強する工法だけではなく，逆に柱に取り付く壁と柱の間に隙間を設けることで耐震性能を改善する工法もある。過 H28

⓫ 摩擦杭は，地盤の土と杭周面の摩擦力及び強固な支持層による杭先端の支持力によって建築物の重量を支えるものである。過 H26

答 ❶○ ❷○ ❸×：プレキャスト工法等，工業化もされている。 ❹○ ❺×：免震構造は，基礎と上部構造との間に設ける免震装置により，地震力を「低減」させるものであり，「無くする」ものではない。 ❻○ ❼×：現行の耐震基準（新耐震基準）は，昭和 56 年 6 月 1 日以降に建築確認を受けたものに対して適用される。 ❽×：事後的な免震構造化も可能。 ❾×：被害を受ける可能性があることを前提としつつ，倒壊・崩壊しないことが目標。 ❿○ ⓫×：杭先端の支持力で支えるのは支持杭である。

1 マンションの建築構造

頻出度 S

建築環境

●床衝撃音の遮音と界壁の遮音
●断熱と結露対策

1 音と遮音

H27・28・29・R3・5

固体伝搬音：
建物の**構造躯体を伝わる振動**によって居室内の**壁面や天井面等から発生**する音

空気伝搬音：
発生源から**空気**を伝わり，**窓や壁等を透過**して聞こえる音

加齢による難聴は，**高い周波数から**始まり，次第に**低い周波数にも**及んでいきます。

マンションにおける快適な居住環境の確保には，①**固体伝搬音**（こたいでんぱんおん）と，②**空気伝搬音**（くうきでんぱんおん）の両方の遮音が，適切に行われることが重要です。

（1）音の強さ（音圧）と音の高さ

音の強さとは，音の持つエネルギーの大小のことで，単位はデシベル（dB）で表わします。**数値が大きいほど音が強く**，大きな音であることを意味します。

他方，**音の高さ**は**周波数**で示され，単位は Hz（ヘルツ）です。**数値が大きいほど高い音**であることを意味します。

人間が聴き取ることのできる周波数帯は**約 20Hz ～ 20,000Hz** とされ，また，聴き取ることのできる最小の音圧は，周波数によって**大きく異なります。**

（2）騒音の種類と原因

騒音は，建物外部からの**外部騒音**と，室内での**内部騒音**に分けられます。外部騒音は，交通機関等から発生し，地形や近隣の建物との関係等に影響されます。また，内部騒音は，在室者の声や歩行，室内の機械・器具等から発生します。

「日本建築学会推奨基準」（室内騒音評価）によると，集合住宅の居室等の標準的な騒音レベルは，40dB 相当とされています。

（3）床の遮音

床を伝わる固体伝搬音である床衝撃音には，①**軽量床衝撃音**と②**重量床衝撃音**の２つがあります。床衝撃音に対する遮音等級は「**L 値**」で表わされ，**値が小さいほど床の遮音性能が高い**ことを意味します。

例えば L-50 よりも L-40 のほうが，床衝撃音に対する遮音性能が高いということです。

L 値の L は，「Level（レベル）」のことで，**遮音された結果の音の値**を示します。そのため，値が小さいほうが「遮音されることにより小さな音になる」＝「遮音性が高い」ことになります。

【L 値の比較】

遮音等級		L-40	L-45	L-50	L-55
集合住宅としての等級	軽量床衝撃	特級	１級	２級	
	重量床衝撃	特級		１級	２級
遮音等級別の生活状態	軽量 L_L	ほとんど聞こえない	サンダル音は聞こえる	料理の音などは聞こえる	スリッパでも聞こえる
	重量 L_H	遠くから聞こえる感じ	聞こえるが気にならない	ほとんど気にならない	少し気になる
	住宅での生活状態	気兼ねなく生活できる	少し気をつける	やや注意して生活する	注意すれば問題ない

軽量床衝撃音の遮音等級は，L_L（レベルライト）と表記されます。

重量床衝撃音の遮音等級は，L_H（レベルヘビー）と表記されます。

①　軽量床衝撃音

コップのように**比較的小さくて軽い物体が床に落下**した場合等に下階に発生する音のことです。

この場合の遮音性能の評価には，軽量床衝撃音発生器（タッピングマシン）を使用し，下階における音圧レベルを測定します。

軽量床衝撃音に対する遮音は，表面に柔軟な弾性材料を用いる（じゅうたん等を敷く）等，衝撃力が少ない表面材の処理をすることが有効です。マンションでよく使用される床仕上げ材の軽量床衝撃音の遮音効果は，次のようになります。

遮音効果小 ← → 遮音効果大				
木質フローリング				
	発泡塩化ビニルシート			
		ニードルパンチカーペット		
				畳

この場合の遮音性能の評価には，重量床衝撃音発生器（バングマシン）を使用し，上階床を加振させることによって測定します。

② **重量床衝撃音**

子どもが飛び跳ねるときの音のように，比較的重く硬い物体が床に落下した場合等に下階に発生する音のことです。**重量床衝撃音**の遮音性能は，次のように躯体の特性で決まります。

- コンクリートスラブ（床）が**厚い**ほど，**密度が高い**ほど，そして**剛性が高い**ほど，重量床衝撃音の**遮音性が高く**なる。
- 同じ厚さ・材質のコンクリートスラブ（床）であれば，梁で区画されたスラブの面積が**小さい**ほど（梁の間隔が**狭い**ほど），重量床衝撃音の**遮音性が高く**なる。

- 重量床衝撃音は，軽量床衝撃音の場合と異なり，例えば「床にじゅうたんを敷く」というような，**床に柔軟な弾性材料**を用いることによる遮音効果は，ほとんどありません。
- 重量床衝撃音への対策としては，新築であれば**コンクリートスラブを厚く**したり，**小梁**等を設けたりするなどして**スラブ剛性を高める**ことが有効です。既存住宅では，**二重床にして制振効果・防振効果に優れた材料を用いる**ことが有効です。

なお，近年，次のような「**ΔL（デルタ・エル）等級**」を用いる場合もあります。これは，**等級の値が大きい**ほど，**遮音性能が**

高いことを示します。

床衝撃音	等級
軽量床衝撃音	ΔLL－1～ΔLL－5（ΔLL－5が最高性能）
重量床衝撃音	ΔLH－1～ΔLH－4（ΔLH－4が最高性能）

（4）界壁の遮音

界壁の遮音性能は，主に壁の密度と厚さで決まります。界壁の遮音等級は「**D値**」で表わされ，**値が大きいほど遮音性能が高い**ことを意味します。

例えば，D－50よりもD－55のほうが，界壁の**遮音性能**が高いということです。

【D値】

特級	1級	2級	3級
D－55	D－50	D－45	D－40

D値のDは「Difference（差）」のことで，壁等に直接当たった音と壁等を透過してから出た音との音圧レベルの差（**透過損失**）を表します。したがって，値が大きいほうが「音がたくさん失われた」＝「遮音性が高い」ことになります。

（5）開口部の遮音

静かな居住環境の確保には，道路騒音等の外部騒音を開口部で遮音するために，ドアを遮音タイプのものにしたり，サッシを遮音タイプのものや**二重サッシ**にしたり，**消音タイプの換気スリーブ**を採用したりすること等が，効果的です。

用語
換気スリーブ：
給気口として，外壁を貫く形で設ける筒型の器具のこと。消音タイプのものは，フードを消音機能付きにしたり，換気口の中に円筒形の消音部材を入れたりすることで消音する。

窓サッシやドア等の開口部の遮音性能については，JIS（日本産業規格）で定められる「T値」で表わされます。

T値は，開口部において**透過してくる音の減衰量**（透過損失）を示すもので，**値が大きいほど遮音性能が高い**ことを意味します。

2　熱環境と省エネ対策

H26・28・29・R2・3・5

良好な居住環境を確保するには，**断熱**により熱環境を整えることが重要です。断熱が不十分だと，結露によるカビ等の発生や，冷暖房効率の低下等，様々な支障が生じます。

1　温熱要素

人間が感じる暑さ・寒さといった感覚を**温熱感覚**といい，**温熱感覚に影響を与える要因**を温熱要素といいます。

温熱要素には，**環境側の要素**（周囲の物理的な条件）として４つ，**人体側の要素**（人の行動や衣服に係る条件）として２つのものがあります。**環境側の要素**を「温熱４要素」といい，一般に，「温熱要素」という場合は，これらを指します。さらに，この４つに**人体側の要素を加えたもの**を「温熱６要素」といいます。

環境側の要素	①　気温
	②　湿度
	③　気流（風速）
	④　放射（周壁面温度）
人体側の要素	⑤　代謝量（作業量）
	⑥　着衣量

2　熱に関する用語

熱に関する重要な用語とその内容は，次のとおりです。

熱損失係数	建物内部から外界へ逃げる「１時間あたりの熱量」を，床面積で割った数値で，建物全体における熱の失われやすさを表す。値が小さいほど断熱性能が高いことを意味する。
熱伝導率	●ある物質の内部における熱の伝わりやすさを表す値で，値が小さいほど断熱性能が高いことを意味する。
	●一般に，アルミニウムや鋼材のように密度の高い物質は，熱伝導率が高いため，断熱性が低くなり，逆に，グラスウールや硬質ウレタンフォームのように密度の低い物質は，熱伝導率が低いため，断熱性が高くなる。
	●既存の外壁に断熱材を取り付ける場合，厚さが同じであれば，熱伝導率が小さい断熱材を取り付けるほうが，熱の損失を軽減する効果が大きく，断熱性を高めることができる。
	●断熱材の熱伝導率は，一般に水分を含むと大きくなる。
	●建築材料の熱の伝わりにくさを示す熱伝導抵抗（熱抵抗）は，**熱伝導率の逆数に材料の厚さを掛けること**で求めることができる。

用語

グラスウール：けい酸ガラスを溶融し，繊維状ガラスとしたもので，居室の断熱に不可欠の材料。配管の保温剤としても使用される。

硬質ウレタンフォーム：ポリウレタン樹脂を主成分として発泡させた，スポンジ状の断熱材のことで，高い耐熱性を発揮する。

熱伝達率	●材料表面とそれに接する周辺空気の間の，熱の伝わりやすさを表す値 ●一般に，材料表面の空気の動きに影響される。 ●壁面とこれに接する空気の間の熱伝達は，もっぱら対流と放射により生じる。
熱貫流率	●外壁や屋根・間仕切等を伝わって流れる熱の大小を表す数値で，建物各部位における熱の伝わりやすさを表す。 ●熱貫流率は，熱伝導率と熱伝達率の２つから成り，値が小さいほど断熱性能が高いことを意味する。
コールドドラフト	冬期に室内に低温の気流が流れ込む，またはガラスなどの冷壁面で冷された冷風が下降する現象

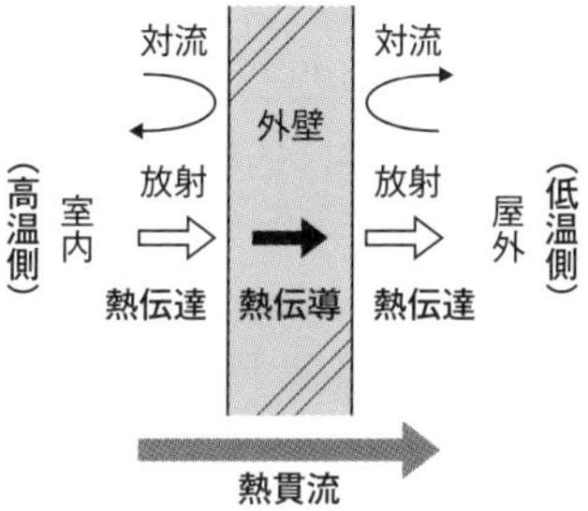

熱貫流率の逆数（掛け合わせて１になるもの）を熱貫流抵抗といい，値が大きいほど断熱性能が高いことを意味します。

「熱貫流（率）＝熱伝導（率）＋熱伝達（率）」という関係にあります。「熱伝導」は，「このフライパンは熱伝導がいい」等の表現のように，ある物質の内部における熱の伝わりやすさのことです。また，「熱伝達」は，空気からある物質へ，ある物質から空気へというように，相互の熱の伝わりやすさのことです。

材質	材料名	熱伝導率（W／(m・K)）
金　属	アルミニウム	210
	鋼材	45
セメント・ガラス	コンクリート	1.4
	れんが	0.80
	板ガラス	0.78
	ALC	0.17
木　材	軽量材（杉）※	0.14
断熱材	グラスウール	0.05
その他	空気	0.02

熱伝導率　高い↑↓低い

※：気乾状態（含水率 80%）による

3　結露（けつろ）と断熱（だんねつ）

例えば，冬季に石油ストーブを使うと，空気が急激に温められて膨張し，大量の水蒸気を含んで室内を循環します。その空気が窓や外壁の付近等で急激に冷やされて飽和水蒸気量が下がり，**限界を超えた分が水滴として付着**したものが，結露です。

この結露には，目に見える所で生ずる「**表面結露**」と，壁内や床下などの目に見えない所で生ずる「**内部結露**」の２つがあります。

用語
飽和水蒸気量：空気中に溶け込む水蒸気の限界量のこと

表面結露の対策は，**断熱材**を用いること等です。また，**内部結露**の対策は，**壁内部に防湿層**を設けること等です。

温度が下がって**空気中の水蒸気の圧力が飽和水蒸気圧に達する温度**を「露点温度」といい，**それ以下の温度**になると壁などの表面で結露が生じます。

結露の対策としては，以下の方法が有効です。

（1）水蒸気を大量に含んだ空気の発生の防止

「**輻射**（ふくしゃ）」とは，熱が電磁波の形で物体から物体へ「**直接**」伝えられる現象のことです。輻射による暖房（床暖房等）は，空気中に水蒸気が溶け込むのを抑えることができるため，**結露対策として有効**です。

例えば，たき火にあたると暖かいのは，周囲の気温が高くなったからではなく，たき火から体に「直接」熱エネルギーが届くからです。自分の前に人が立つと，とたんに寒くなることからも，それがわかります。**床暖房等の輻射による暖房**は，石油ストーブ等と異なり，**空気を高温化・膨張させず，結露の発生を抑えられます。**

（2）水蒸気を大量に含んだ空気の屋外への排出

水蒸気を大量に含んだ空気が生じても，換気によってそれを室外に放出してしまえば，結露のモトがなくなります。したがって，**換気**は結露対策として極めて有効です。

（3）開口部や外壁等の断熱の強化

①　外壁の断熱化

既存の外壁に**熱伝導率の小さい断熱材**を取り付ければ，熱の損失を軽減する効果が大きくなり，断熱化が図れるため，結露の発生を抑えることができます。

断熱には**内断熱**と**外断熱**とがありますが，**内断熱**の場合，躯体の内側に断熱層を設けるため，居室の床面積が減少します。

なお，既存の外壁に同一種類・厚みの断熱材を取り付ける場合，室外側・室内側**いずれに取り付けても**，断熱材と外壁を合わせた熱伝導抵抗は等しくなります。

用語

内断熱：躯体の屋内側に断熱層を設けること

外断熱：躯体の屋外側に断熱層を設けること

なお，室外と室内を連結するバルコニー等は，熱を伝えやすく断熱を妨げる「**熱橋（ヒートブリッジ）**」を形成することがあります。

内断熱	断熱層が躯体の内側にあるため，**躯体そのものは外気温に近い温度**になる。すると，冬季は躯体が冷やされ，それがバルコニー等の「熱橋」によって室内に伝わるため，結露が生じやすくなる。
外断熱	断熱層は躯体の外側にあるため，**躯体そのものは室温に近い温度**になる。すると，熱橋が生じにくくなり，結露は生じにくくなる。

一般に，結露対策という観点から見ると，**外断熱のほうが，結露の発生を抑えやすい**といえます。

内断熱は，外断熱と比べて施工が容易でコストを安く抑えることができます。

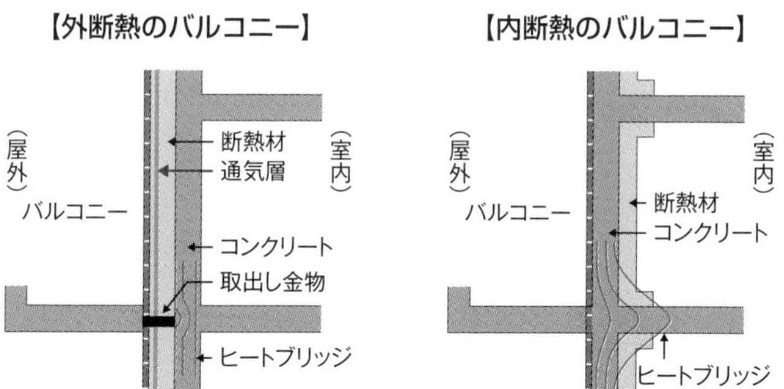

②　サッシの二重化

窓サッシを二重にすることは，**窓の熱貫流率を**小さくし**断熱性を**高めるため，結露対策として有効です。

③　複層ガラスへの交換

複層ガラス（2枚の板ガラスの間に乾燥空気を閉じ込めたもの）は，**窓の熱貫流率が**小さくなり**断熱性を**高めるため，結露対策として有効です。

他にも，暖房効率が格段に高い「**高断熱複層ガラス**」や，日射熱を一定程度反射することで夏の冷房効率を向上させる「**遮熱断熱複層ガラス**」，標準的な複層ガラスや単板ガラスよりもより高い断熱性能を実現する「**低放射複層ガラス（Low-E ガラス）**」等があります。

【複層ガラス】

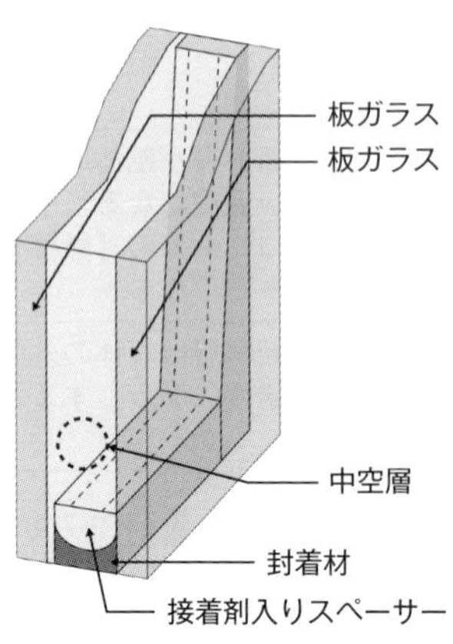

低放射複層ガラス（Low-E 複層ガラス）は，中空層側のガラス面に特殊な金属をコーティングするもので，金属膜を**室内側**ガラスにコーティングすると，**断熱性能がより高くなり寒冷地に適します**。他方，**屋外側**ガラスにコーティングすると，**日射遮蔽性能がより高くなり寒冷地以外に適します**。

なお，冬季の結露対策に関し，**窓にカーテン**を設置しても窓の熱貫流率は小さくならず，**ガラス面の結露は減少しません**。また，**単板ガラスの厚さを２倍**にしても，断熱性能の改善はわずかで，**結露の量は大きく減少しません**。

POINT整理 結露対策

目的	有効な方法
水蒸気を大量に含んだ空気の発生の防止	輻射による暖房
水蒸気を大量に含んだ空気の屋外への排出	換気
開口部や外壁等の断熱の強化	●外壁の断熱化 ●サッシの二重化 ●複層ガラスへの交換

コレが重要!! 確認問題

❶ JIS（日本産業規格）によると，床の遮音等級はL値で示し，値が小さいほど遮音性が高く，界壁の遮音等級はD値で示し，値が大きいほど遮音性が高い。過 H27

❷ 同じ厚さのコンクリート床の場合，普通コンクリートは，軽量コンクリートに比べ重量床衝撃音に対する遮音性能は低くなる。過 H27

❸ 同じ厚さのコンクリート床の場合，梁で区画されたスラブ面積を小さくすると，重量床衝撃音に対する遮音性能は低くなる。過 H25

❹ 床の仕上げ材による遮音効果は，軽量床衝撃音に対しては大きく，重量床衝撃音に対しては小さい。過 H25

❺ マンションの界壁の遮音は，空気伝搬音より固体伝搬音の対策を重視しなければならない。過 H28

❻ 外部騒音による生活への影響を低減するためには，遮音型サッシ，遮音ドア，消音タイプの換気スリーブの採用等が有効である。過 H21

❼ 熱貫流率とは，熱伝導率と熱伝達率の２要素により決まり，値が大きい外壁は熱を通しやすく，値が小さい外壁は保温性が高いことを示す。過 R5

❽ 既存の外壁に，同じ厚さであれば熱伝導率が大きい断熱材を取り付ける方が，熱の損失を軽減する効果が大きくなる。過 H20

❾ 夏期の日射熱による冷房負荷を軽減するため，窓のサッシをかぶせ工法により取り換え，遮熱断熱複層ガラスをはめ込むことは，マンションの環境等に配慮した改修工事といえる。過 H20

❿ 既存の外壁に，同じ厚さの同じ断熱材を，室外側に取りつけた場合でも室内側に取りつけた場合でも，断熱材と外壁を合わせた熱伝導抵抗は等しい。過 H20

⓫ 窓サッシを二重化すると，窓の熱貫流率が小さくなり，室内の温度を安定させるとともに，結露の発生を抑制することができる。過 H28

⓬ 低放射複層ガラス（Low-E 複層ガラス）は中空層側のガラス面に特殊な金属膜をコーティングしたものであるが，金属膜を屋外側ガラスにコーティングした場合と室内側ガラスにコーティングした場合とでは，室内環境に及ぼす効果が異なる。過 H29

答 ❶○　❷×：遮音性能は高くなる。　❸×：梁で区画されたスラブ面積を小さくすると，重量床衝撃音に対する遮音性能は高くなる。　❹○　❺×：界壁の遮音では，空気伝搬音対策を重視すべきである。　❻○　❼○　❽×：熱伝導率が大きいと，熱を伝えやすいため，断熱性は低くなる。　❾○　❿○　⓫○　⓬○

2 建築環境

第3章 頻出度A

建築材料

- コンクリートの特徴
- 防水の種類と特徴

建築物を構成する材料（部材）は，コンクリートや鋼材等，建物の主要な部分を構成する材料である「構造材料」と，木材等の仕上材や防水材等，それ以外の材料である「非構造材料」とに分けられます。

1 構造材料

H30

1 セメント

セメントとは，物を膠着（こうちゃく）させる材料の総称で，通常，**ポルトランドセメント**（主成分は石灰石や粘土等であり，焼成した後に石膏を混ぜ微粉砕したもの）をいいます。セメントは，**水と混ぜると水和反応を起こして固まります**。

2 コンクリート

骨材は，粒径によって細骨材と粗骨材に分けられ，直径5mmを境として，小さいものを細骨材，大きいものを粗骨材といいます。

一般にコンクリートは，**セメント**，**水**，**空気**，**細骨材**（砂），**粗骨材**（砂利）を混ぜて，硬化させたものです。セメント・水・空気を混ぜたものを「セメントペースト」といい，コンクリートの容積の約30％を占めます。これに細骨材（砂）を混ぜたものを「モルタル」，さらに粗骨材（砂利）を混ぜたものを「コンクリート」といい，コンクリートの容積の約70％が骨材です。また，コンクリートの性質改善のため，必要に応じて**混和材料**を混ぜます。

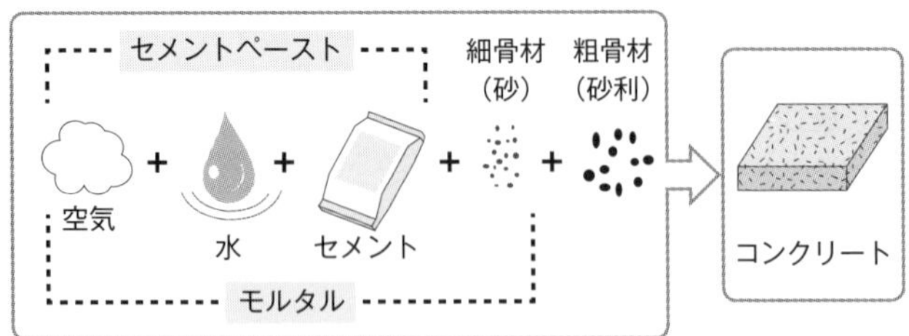

種　類	内　容
普通コンクリート	川砂・川砂利・砕石等を骨材としたもの
軽量コンクリート	**比重 2.0 以下**のもので，骨材に**軽量骨材**が用いられるもの
重量コンクリート	鉄粉・磁鉄鉱等の骨材を用いたもので，放射線の透過防止等に使われるもの

- **固まらない状態のコンクリート**を「フレッシュコンクリート」といいます。
- **工場で製造**され，その状態で，**コンクリートミキサーによって現場に運ばれるコンクリート**を「レディミクストコンクリート」といいます。いわゆる「生コン」のことです。
- 後述する**混和材料を含まないコンクリート**を「プレーンコンクリート」といいます。

(1) コンクリートの特徴

コンクリートは，防火・防水・防錆効果に優れており，**圧縮力に強い**という長所があります。また，コンクリートと鋼材は，温度上昇に伴う**膨張の程度がほぼ等しく**，相性がよいといえます。もっとも，コンクリートは，**靭性が低い**上に**引張力にも弱く**，圧縮力の限界の$\frac{1}{10}$程度の力にしか耐えられません。

【コンクリートの特徴】

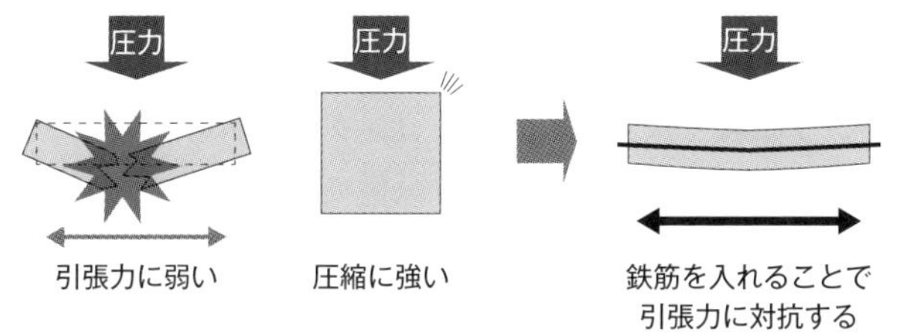

コンクリートの特徴として，下記の点を押さえておきましょう。

【長所】

- 耐火性に優れる　● 圧縮強度が大きい
- 剛性（曲げやねじれの力に対する耐性）が高い
- 自由な成形ができる
- 鋼材と温度変化に伴う膨張の程度がほぼ等しく，相性が良い

【短所】

- **引張強度**が小さい　● **ひび割れ**が生じやすい
- **乾燥収縮**が大きい

（2）水セメント比

水セメント比とは，コンクリートを調合する際の**セメントに対する水の重量比**のことです。これにより，コンクリートの圧縮強度やワーカビリティ（作業性）が左右されます。

具体的には，次のような計算式で算出します。

$$水セメント比（\%）= \frac{水（kg）}{セメント（kg）} \times 100（\%）$$

例えば，セメント100kgに対して，①**水50kgを入れた場合**と，②**水20kgを入れた場合**とで比べると，水セメント比が大きいのは①です。つまり，**水セメント比が大きい**と，「単位セメントkgあたりの**水の量が多い**」ことになり，**強度は下がります**が，**ワーカビリティは上がります**。

	水セメント比：小	水セメント比：大
コンクリート強度	高	低
ワーカビリティ	低	高

一般的に，水を多くするほどワーカビリティと経済性は高まるものの，乾燥収縮による亀裂が生じやすく，圧縮強度・耐久性が低下するとされます。

（3）スランプ試験

スランプ試験とは，フレッシュコンクリートの軟らかさやワーカビリティを，スランプ値という数値で表わすものです。鉄製の「**スランプコーン**」にコンクリートを入れ，それを引き抜いた直後のコンクリートの下がり具合を「**スランプ値**」，コンクリートの広がり具合を「**スランプフロー値**」として測定します。

【スランプ試験】

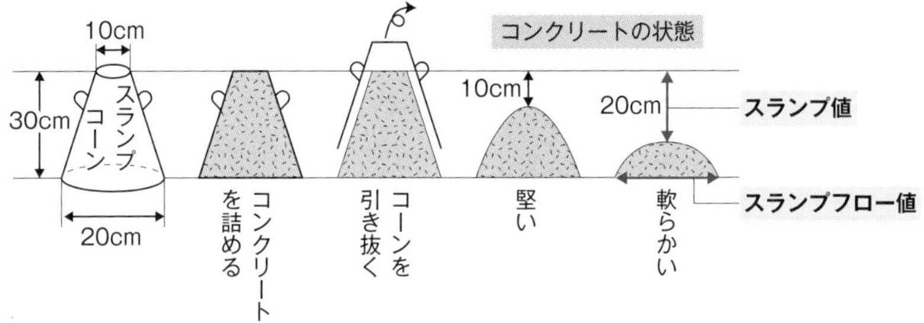

(4) 混和材料（こんわざいりょう）

混和材料とは，コンクリートやモルタルに添加して，その性質を**改善**したり，**新たな性質を付与**したりするものをいい，主として次のような種類があります。

ＡＥ剤 （空気連行剤）	コンクリートのワーカビリティ及び耐久性を向上させる。
減水剤	セメントの粒子を分散させて使用水量を減少させ，コンクリートの均質性，作業性を改善し，強度，水密性を増進させる。過度の使用は強度低下を引き起こす。
フライアッシュ	微粉炭を燃焼させたすすのこと。水酸化カルシウムの流出防止，ワーカビリティの改善，乾燥収縮の抑制等の効果がある。

2 非構造材料（仕上材料）

H26・27・29・30・R4・5

1 木質材料

木質材料には，次のようなものがあります。

木材	●加工しやすく，強くて軽いことに加え，比較的熱伝導率も小さい。 ●火に弱く，吸水・吸湿性が大きく，腐朽しやすい。
合板	薄い単板（ベニヤ）を繊維方向が直交するように重ねて接着剤で積層したもの。単板に比べて温度変化によるズレや膨張収縮の度合いが少ない。

集成材	挽き板（ラミナ）や小角材等を，繊維方向を平行に組み合わせて，接着剤で集成したもの。柱や梁等に使用する。
ファイバーボード	植物繊維を主な原料とする板状の建築材料
パーティクルボード	木材の小片（チップ）に接着剤を付けて熱圧成形をした面材。チップボードとも呼ばれる。
フローリング	木質系の材料をもとに床用材に加工されたもの。単層フローリングと複合フローリングとがある。

PB（プラスターボード）ともいわれ，防水処理を施したものは，洗面所や台所等の水回りの下地としても使われます。

2 石膏（せっこう）ボード

石膏を主体に，軽量の骨材を混ぜたものを芯にして，その両面をサンドイッチのように厚紙で挟んで板状にしたものです。**防火性，遮音性，加工性，寸法安定性に優れ**，壁や天井の**内外装下地材**として多く使われるほか，化粧石膏ボードのように**天井の仕上げ材**として使われるものもあります。もっとも，**耐水性・耐衝撃性に劣るため**，**床仕上げ材としては用いられません**。

3 断熱材等

（1）押出し法ポリスチレンフォーム

ポリスチレン樹脂に発泡剤を加えて押出成形した，発泡プラスチック系断熱材です。**外壁の外断熱**等に使用されます。

（2）グラスウール

けい酸ガラスを溶融し，繊維状ガラスとしたものです。居室の断熱に不可欠で，配管の保温剤としても使用されます。**内断熱**の場合，屋外に近いコンクリート躯体が外気温と同調するため，**コンクリートに接する室内側部分**に断熱材を設置します。

（3）防湿（ぼうしつ）フィルム

湿気を帯びた空気を通さないポリエチレンやアルミ圧着フィルム等のことで，壁内への湿気の流入を防いで**壁内結露を防止**します。内断熱において，コンクリート躯体の室内側にグラスウールを設置した場合，それには水分を遮断する性能がないため，この防湿フィルムを結露防止のために，**グラスウールの室内側に配置**して，水蒸気の供給を遮断します。

【内断熱の場合における材料の配置例】

(室内側) | 室内仕上材(ビニールクロス) | 石膏ボード | 防湿フィルム | 断熱材(グラスウール) | コンクリート躯体 | 外部仕上材(塗装) | (屋外側)

4 防水材料等

マンションの**防水**には，次のものがあります。

メンブレン防水	不透水性の**被膜を形成して防水層**を作る防水の総称。屋根・屋上・廊下・バルコニー等，漏水を避けたい箇所に施工する。
シーリング防水	コンクリートの打ち継ぎ部や目地部等，部材の接合部からの雨水等の浸入を防ぎ，美観を保つために行う**線状の防水**

(1) メンブレン防水の種類と特徴

露出アスファルト防水	① 2～3層のアスファルトルーフィングを溶融アスファルトで接着・一体化した防水工法 ② 軽歩行には耐えられるが日常歩行には適さない。
アスファルト防水コンクリート押え(保護アスファルト防水)	① アスファルト防水の上に一定の厚さの押えコンクリートを打設したもの。押えコンクリートは，縦横3m程度の間隔で，伸縮目地を設ける。 ② 「歩行用アスファルト防水」と呼ばれ，ルーフテラスや屋上に用いられる。
改質アスファルト防水	① アスファルトにポリマーを添加したもので，通常は1層で用いられる。 ② 非歩行用の箇所への防水で採用される。 ③ 通常のアスファルト防水に比べ，溶融温度が低く，溶融アスファルトの臭気等による影響が少ないことから，改修の際の採用例が多い。

用語
メンブレン：「膜」という意味で，**一面に防水層を敷くような防水**のこと
シーリング：「シール」，つまり「封印」「密封」といった意味があるため，**目地等を線状に封印する防水**のこと

用語
アスファルトルーフィング：有機天然繊維を主原料とした原紙にアスファルトを浸透・被覆し，表裏面に鉱物質粉末を付着させたもののこと

アスファルトは，経年により硬くなるため，アスファルト防水層の**劣化**が進むと，**引張強度や伸びが小さく**なります。また，アスファルトの硬さを示す**針入度も小さく**なります(針入度試験)。

屋上の保護アスファルト防水の改修では，撤去工法（既存防水層を撤去して新たな防水層を施工）ではなく，かぶせ工法（劣化した部分のみを撤去し，部分的に下地の調整をおこないながら新しい防水層を入れる工法）が一般的です。

3 建築材料

シート防水	① 1層のシートを接着剤等で貼り付けるもので，ゴム系と塩ビ系がある。 ② **ゴム系**は，柔らかい非歩行用の部位に使用され，トップコートを塗る。 ③ **塩ビ系**は，軽歩行用として使用され，トップコートは塗らない。
塗膜防水	① 液状の防水材を塗り重ね，**表面にトップコート**を塗る。 ② 施工が容易であり，改修ではバルコニー防水工法の主流として採用される。

次の①～③の３つが基本知識として重要です。

- ①「**露出アスファルト防水**」は，アスファルト防水層が表面部分に露出しているものです。そのため，日常歩行には適しません。
- ②「**アスファルト防水コンクリート押え**」は，アスファルト防水層の上にコンクリートを流し込むもので，表面部分がコンクリートとなるため，日常歩行用に使用することができます。
- ③「**塗膜防水**」は，施工の容易性からバルコニー防水の主流です。

（2）シーリング防水の種類と特徴

コンクリートの打継ぎ部や各種部材の接合部等のシーリング目地は，紫外線や地震，気温や日照等の影響を受けて劣化するので，適宜，打替えを行う必要があります。

ウレタン系シーリング材	① 性能・価格が**標準的**で，**最も多用**される。 ② そのままでは**紫外線に弱く**，**劣化が早い**ため，一般に外壁塗装と一緒に**表面塗装**できる箇所に使用する。 ③ コンクリート目地やサッシ枠回り，パイプ貫通回り等で使用される。 ④ コンクリートひび割れ補修のUカットシーリング材としても使用される。
ポリサルファイド系シーリング材	① ウレタン系より耐候性・伸縮性に優れる。 ② タイルの伸縮目地や金属間の目地等に使用される。
変成シリコーン系シーリング材	① 性能は，ポリサルファイド系と同等 ② 表面塗装の剥がれや変色等がないため，使用箇所が制限されず，汎用的なシーリング材として使用する。

シリコーン系シーリング材	①　最も性能が高い。
	②　周辺の壁面等を汚染させる傾向があるので，金属・ガラス間等に使用箇所が制限される。
	③　表面に塗装は不可

標準的で最も多用される「ウレタン系シーリング材」と，最も性能の高い「シリコーン系シーリング材」の２つの特徴をしっかり押さえましょう。

コレが重要!! 確認問題

❶　鉄筋コンクリート構造は，引張強度は高いが圧縮強度は劣るコンクリートを，圧縮強度が高い鉄筋によって補った構造形式である。過 H23

❷　ＡＥ剤は，コンクリートのワーカビリティや耐久性を向上させるための混和剤として使用される。過 H17

❸　コンクリートは，調合の際に水セメント比を小さくすれば，圧縮強度が増すとともに打ち込み作業が行いやすくなる。過 H15

❹　壁下地材等の内装材として使用されているせっこうボードは，防火性だけではなく遮音性を有している。過 H29

❺　屋上防水のアスファルト防水コンクリート押え工法は，防水層の上にコンクリートの保護層（縦横３ｍ程度の間隔で，伸縮目地を設ける。）を設けるもので，耐久性が高く，屋上を歩行用に開放する場合の防水工法として適している。過 H27

❻　シリコーン系シーリング材は，耐久性及び接着性が高く，目地周辺を汚染しないので，使用箇所が限定されない。過 R4

答　❶×：鉄筋コンクリート構造は，引張強度は低いが圧縮強度が高いコンクリートを，圧縮強度は低いが引張強度が高い鉄筋によって補った構造形式である。　❷○　❸×：水セメント比を小さくすると，圧縮強度は増すが，打ち込み作業は行いにくくなる（ワーカビリティが低下する）。　❹○　❺○　❻×：周辺の壁面等を汚染させる傾向があるので，金属・ガラス間等に使用箇所が制限される。

第4章 頻出度 S+

給水設備・給湯設備・ガス設備

- 水道の種類と管理基準
- 給水方式の種類と内容及び給水関連設備
- 給湯設備の種類と特徴
- ガス設備の構造・設置，安全システム

1 マンションの給水計画

H27・30・R2・3・4・5

> **大便器への給水圧力**は，**ロータンク**（洗浄水を貯める水槽）**があるものは一般の給水栓と同じです**が，**ロータンクのない洗浄弁方式**では，より高くなります。

マンションにおける必要な水量は，一般に1人当たりの1日の使用水量を200～350リットルで計算します。また，使用箇所ごとに必要な**最低給水圧力**は，**一般水栓で30kPa**（キロパスカル），**シャワーで70kPa**，**ガス給湯器**（**22～30号**）で**80kPa**とされ，住戸内の給水管における給水圧力の**上限**を，一般的には300～400kPaとします。

2 水道法の規制

H26・27・28・29・30・R1・2・3・4・5

水道による水の供給は，次のように行われます。

【水道の分類】

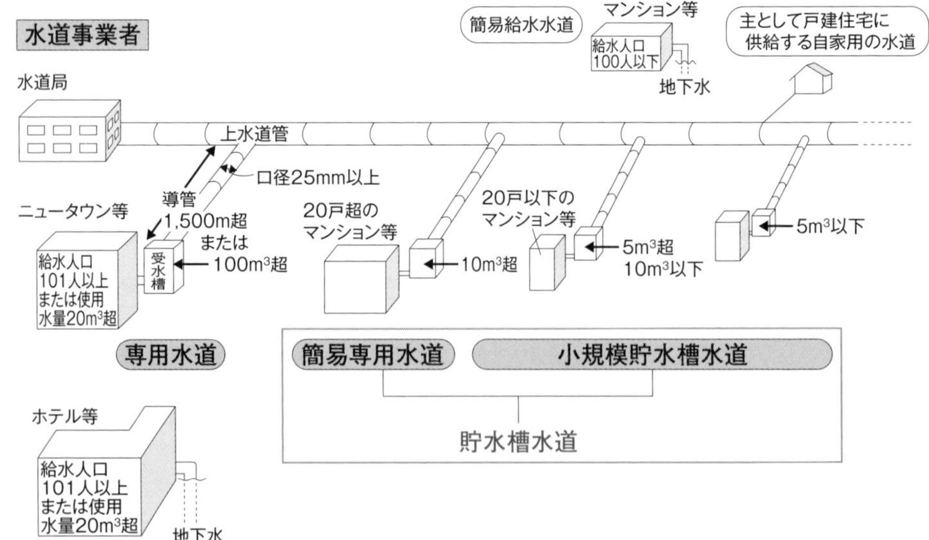

1　水道法上の用語の定義

水道法上の主な用語の定義は，次のとおりです。

水道	導管及びその他の工作物により，人の飲用に適する水として供給する施設の総体
水道事業	一般の需要に応じ，水道で水を供給する事業
専用水道	寄宿舎・社宅・療養所等における自家用の水道その他水道事業用の水道以外の水道で，以下の**どちらか**に該当する一定のもの（受水槽の有効容量100㎥超） ① 100人を超える者に居住に必要な水を供給するもの ② 1日の最大給水量が政令基準（20㎥）を超えるもの
簡易専用水道	水道事業用の水道及び専用水道以外の水道で，**水道事業用の水道から供給を受ける水のみを水源**とし，水槽の有効容量の合計が10㎥を超えるもの
貯水槽水道	水道事業用の水道及び専用水道以外の水道で，水道事業用の水道から供給を受ける水のみを水源とするもの。なお，貯水槽水道の設置者は，水道事業者の定める供給規程に基づいて管理責任を負い，水道事業者は，設置者に対して，指導・助言・勧告を行うことができる。
給水装置	需要者に水を供給するために**水道事業者が施設した配水管から分岐して設けられた給水管**，及び**これに直結する給水用具**のこと

①②は，どちらかを満たせばよいため，例えば，90人に対して居住に必要な水を供給するものでも，1日の最大給水量が20㎥を超えれば，専用水道になり得ます。

例えば，水道本管からの水圧だけでは給水が難しい3階建て以上のマンション等で受水槽を設けてポンプ等で給水する場合で，受水槽の有効容量が10㎥を超える場合が簡易専用水道にあたります。

貯水槽水道のうち，受水槽の有効容量が10㎥を超えるものが**簡易専用水道**です。

- **専用水道**には，「**上水道**」が水源のものと，「**地下水**」が水源（自己水源）のものとがあります。
- 専用水道と異なり，**貯水槽水道・簡易専用水道**の水源は，「水道事業の用に供する水道から供給を受ける水のみ」，つまり**上水道のみ**です。したがって「地下水」が水源（自己水源）のものは，貯水槽水道・簡易専用水道にはなり得ません。

2　専用水道と簡易専用水道に関する規制の比較

本試験で重要な，**専用水道**と**簡易専用水道**に関する規制は，次のとおりです。

(1) 残留塩素の測定

専用水道	①　専用水道の設置者が毎日測定する。
	②　平時で遊離残留塩素濃度が0.1mg／ℓ以上必要
簡易専用水道	簡易専用水道の設置者が測定すべき旨の水道法上の規制はない。

(2) 管理基準・検査等

【設置者の義務】

専用水道	①　原則，**水道技術管理者**を１人置く。
	②　定期・臨時の**水質検査**を行う（検査記録は５年間保存）。
	③　消毒等衛生上必要な措置を講ずる。
	④　供給する水が**人の健康を害するおそれ**があることを知ったときは，直ちに給水を停止し，かつ，水の使用が危険である旨を関係者に周知させる措置を講じなければならない。
	⑤　**定期の水質検査**として，おおむね１ヵ月に１回以上行う項目，３ヵ月に１回以上行う項目とに分けて検査を行う。
	⑥　水道業務の**従事者**について，おおむね６ヵ月ごとに**健康診断**を行う。
	⑦　水質検査は水道技術管理者が実施する。 ⬅検査施設がない場合，地方公共団体の機関又は国土交通大臣及び環境大臣の登録を受けた者に**委託**する。
簡易専用水道	①　水槽の**掃除**を毎年１回以上定期に実施する。
	②　水槽の点検等**有害物**，**汚水等で水が汚染**されるのを**防止**するために必要な**措置**を講ずる。
	③　給水栓の水の色，濁り，臭い，味等の状態で，供給する水に異常を認めたときは，水質基準に関する省令で規定される**51の水質基準項目**のうち，**必要な検査**を行う。
	④　供給する**水が人の健康を害するおそれ**があることを知ったときは，直ちに給水を停止し，かつ，水の使用が危険である旨を関係者に周知させる措置を講ずる。
	⑤　毎年１回以上，地方公共団体の機関又は国土交通大臣及び環境大臣の登録を受けた者の**定期検査**を受けなければならない。なお，これを怠った場合は，100万円以下の**罰金**に処せられる。

+1点! 都道府県知事は，簡易専用水道の管理の適正を確保するために必要があると認めるときは，簡易専用水道の設置者から簡易専用水道の管理について**必要な報告**などをさせることができます。

⑤の「**定期検査**」の内容は，「簡易専用水道に係る施設及びその管理の状態に関する検査」「給水栓における水質の検査」「書類の整理等に関する検査」です。

- 前記表中「**簡易専用水道**」における③の「**異常を認めたときの必要な検査**」には，「残留塩素に関する検査」は含まれていません。他方，⑤の「毎年１回以上**受ける定期検査**」では，「残留塩素に関する検査」が含まれています。
- 同様に，前記表中「**簡易専用水道**」における⑤の「**定期検査**」については，以下の点に**留意**しましょう。
  ア）**簡易専用水道に係る施設及びその管理の状態に関する検査**は，水質に害を及ぼす恐れがあるものか否かを検査するものであるため，**当該水槽の水を抜かずに行います。**
  イ）給水栓における臭気・味・色・色度・濁度・残留塩素に関する検査は，あらかじめ給水管内に停滞していた水が新しい水に入れ替わるまで放流**してから採水**します。

3　水道事業者の供給規程

水道事業者は，料金，給水装置工事の費用の負担区分その他の供給条件について，**供給規程**を定めなければなりません。

具体的には，次のような**技術的細目**があります。

① **水道事業者の責任に関する事項**
　ア）**貯水槽水道の設置者に対する指導・助言・勧告**
　イ）**貯水槽水道の利用者に対する情報提供**

② **貯水槽水道の設置者の責任に関する事項**
　ア）**貯水槽水道の管理責任及び管理の基準**
　イ）**貯水槽水道の管理の状況に関する検査**

貯水槽水道が設置される場合においては，貯水槽水道に関し，水道事業者及び当該貯水槽水道の**設置者の責任に関する事項**が，適正かつ明確に定められていることが必要です。

3 給水方式の種類と特徴

H26・28・29・30・R2

1　給水方式の種類

受水槽を用いるか否かで，次のように分類されます。

（1）直結式給水（受水槽なし）	① 水道直結直圧方式
	② 水道直結増圧方式（増圧直結給水方式）
（2）受水槽式給水（受水槽あり）	① 高置水槽方式（重力方式）
	② 圧力タンク方式
	③ タンクレスブースター方式（ポンプ直送方式）

(1) 直結式給水

① 水道直結直圧方式

水道本管から給水管を直接分岐して建物内に引き込み，各住戸に直接給水する方式です。

【水道直結直圧方式】

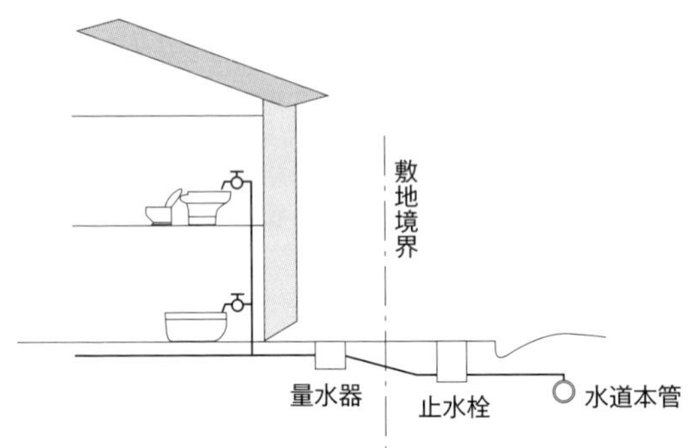

② 水道直結増圧方式（増圧直結給水方式）

水道本管から分岐して引き込んだ水を，増圧給水ポンプを経て直接各住戸に給水する方式です。

給水ポンプ本体に使用される主な材質としては，鋳鉄製とステンレス鋼製のものがあります。また，給水ポンプを**防振架台上に設置**する場合，地震時にポンプが飛び出さないように，耐震ストッパを設ける必要があります。

【水道直結増圧方式】

吸排気弁
4階
3階
2階
1階
増圧給水設備（ポンプ）
量水器
水道本管

【増圧給水ポンプ】

従来用いられていた空気抜弁でも空気を吸い込みますが，吸気量が少なく，逆流の防止ができないため，吸排気弁が用いられるようになりました。

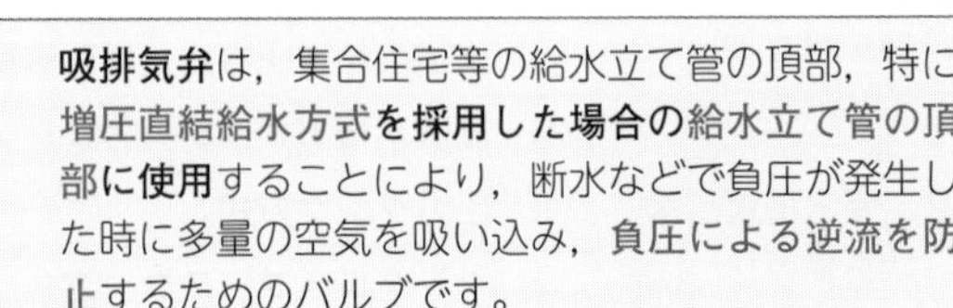

吸排気弁は，集合住宅等の給水立て管の頂部，特に**増圧直結給水方式を採用した場合の給水立て管の頂部に使用**することにより，断水などで負圧が発生した時に多量の空気を吸い込み，負圧による逆流を防止するためのバルブです。

- 改修時に受水槽式から**水道直結増圧方式**に切り替えられることがあります。
- 基本的に**中規模程度の中高層マンションに適用**される方式ですが，増圧給水ポンプを**多段的に直列**に設置して超高層のマンションで適用したり，**並列**に設置して**より大規模なマンション**で適用したりする例もあります。
- 水道本管（配水管）が負圧になったときに水道本管へ建物内の水が逆流しないよう，**逆流防止装置**を設けます。

(2) 受水槽式給水

①　高置水槽方式（重力方式）

水道本管から分岐して引き込んだ水を**受水槽**へ一時的に貯水し，**揚水ポンプ**で屋上に設置されている**高置水槽**へ揚水して，そこから**重力**によって各階の住戸に給水する方式です。

> **高層マンションで高置水槽方式を採用する際**，中間階に水槽を設ける，もしくは減圧弁を設ける等，**「ゾーニング」**という手法が用いられることがあります。

【高置水槽方式（重力方式）】

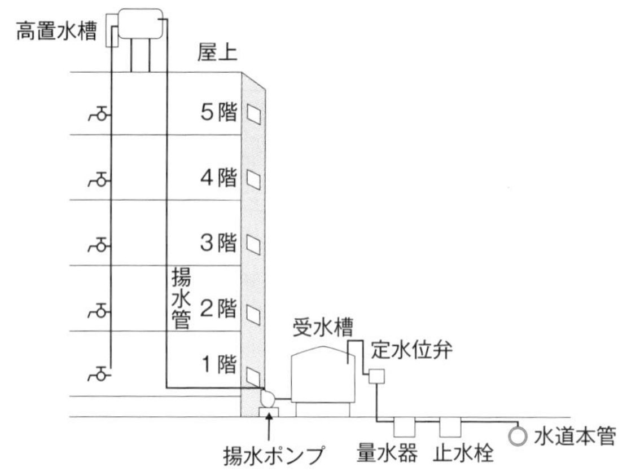

> 高置水槽方式の揚水ポンプは，故障時の断水防止等のため，**通常2台設置して自動交互運転**とします。

4　給水設備・給湯設備・ガス設備

② 圧力タンク方式

水道本管から分岐して引き込んだ水をいったん**受水槽**へ貯水した後，**加圧（給水）ポンプ**で**圧力タンク**に給水し，圧力タンク内の空気を圧縮・加圧して各住戸に給水する方式です。

【圧力タンク方式】

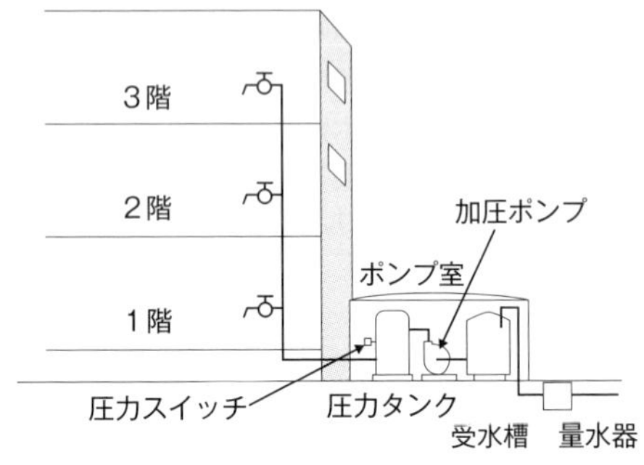

ポンプ直送方式には，ポンプの吐水側に取り付けた給水管内の圧力または流量を感知する圧力スイッチや流量計等によりポンプの台数制御を行う**定速ポンプ方式**と，吐水側圧力を感知してポンプの回転数制御を行う**変速ポンプ方式**があります。

③ タンクレスブースター方式（ポンプ直送方式）

水道本管から分岐して引き込んだ水をいったん**受水槽**へ貯水した後，**加圧（給水）ポンプ**で**加圧**して各住戸に給水する方式です。給水圧力の安定のため，ポンプの運転台数を制御したり，回転数を制御したりする方法が用いられます。

- 流量が少ない時にポンプに負荷がかかりすぎて焼き切れるのを回避するため，一般に，**小流量時用の圧力タンク**が備えられています。
- 加圧給水ポンプを**多段的に直列に設置して超高層のマンションに適用**する例もあります。

【ポンプ直送方式】

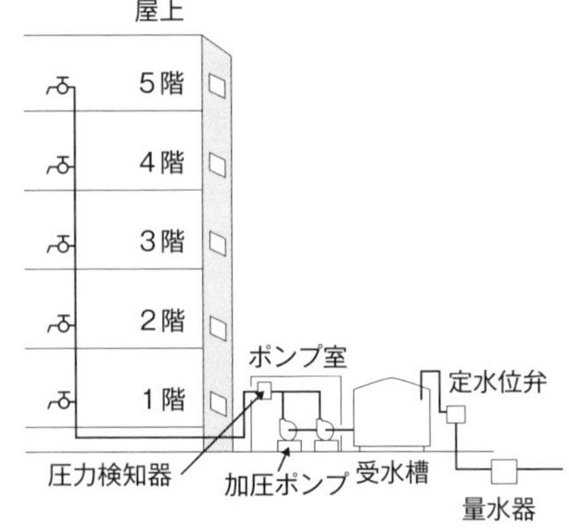

2　給水方式の特徴

各種給水方式の特徴は，次のとおりです。

(1) 直結式給水

水道直結直圧方式	①　衛生的
	②　受水槽・高置水槽はない。
	③　設備費が安い。
	④　低層建築物に適する。
	⑤　断水時は給水できない。
	⑥　停電時も給水できる。
水道直結増圧方式 (増圧直結給水方式)	①　衛生的
	②　受水槽・高置水槽はない。
	③　受水槽式と比べ，省スペース化・設備コストが低減できる。
	④　中規模程度までの建築物が対象だが，ポンプを多段的に設けることで超高層マンションにも対応可
	⑤　断水時は給水できない。
	⑥　停電時でも，下層階への給水は可能であり，全戸断水は回避できる。

- **衛生的な水**を供給するためには，①**水を貯めない**，②**短時間・短距離で供給**することが必要です。その点で，受水槽を用いない直結式給水は衛生面で優位に立ちます。
- **水道直結増圧方式で停電が生じた場合**，増圧給水ポンプは停止しますが，直結式であるため，水道本管の給水圧力は生きています。したがって，高いところまで水を押し上げられなくはなりますが，下層階では引き続き給水が可能です。

(2) 受水槽式給水

① 高置水槽方式（重力方式）	① 受水槽・高置水槽がある。
	② 高置水槽から重力で給水する。
	③ 圧力変動はほとんどない。
	④ 上階では水圧不足，下階では水圧過大になりやすい。
	⑤ 断水時でも，受水槽と高置水槽に残っている水は供給可能
	⑥ 停電時でも，高置水槽の水は供給可能
② 圧力タンク方式	① 受水槽はあるが，高置水槽はない。
	② 小規模マンションで採用が多い。
	③ 給水圧力の変動が大きい。
	④ 断水時でも，受水槽の水は供給可能
	⑤ 停電時には，給水は不可能
③ タンクレスブースター方式（ポンプ直送方式）	① 受水槽はあるが，高置水槽はない。
	② 設備費が高額
	③ 大規模な団地や高層マンションで用いられる。
	④ 断水時でも，受水槽の水は供給可能
	⑤ 停電時には，給水は不可能

停電が生じた場合，高置水槽方式では，揚水ポンプは停止するものの，高置水槽に残っていた水は重力で給水できます。しかし，圧力タンク方式とポンプ直送方式では，停電でポンプ等が止まり，受水槽から水を引き出せなくなるため，給水は不可能となります。

4 給水設備等

H26・28・29・30・R1・2・4・5

FRP製は安価で多用されますが，**光透過性**があるために藻類が発生しやすく，**定期的な清掃等十分な管理が必要**です。

1 受水槽

建物内の給水設備に供給する水をいったん貯留する目的で設置するタンクのことで，鋼板製，ステンレス製，FRP（繊維強化プラスチック）製等があります。

受水槽の容量はマンション全体での１日の使用水量の$\frac{1}{2}$程度，**高置水槽**は$\frac{1}{10}$程度で設定されるのが一般的です。なお，断水せずに受水槽の清掃や保守点検等を行うためには，受水槽は**２槽式か，中間仕切りでの分割**が望まれます。

+1点! 受水槽からの給水分岐部に「**緊急遮断弁**」を設けると，**飲料用水槽の震災対策**として有効です。

【受水槽の構造】

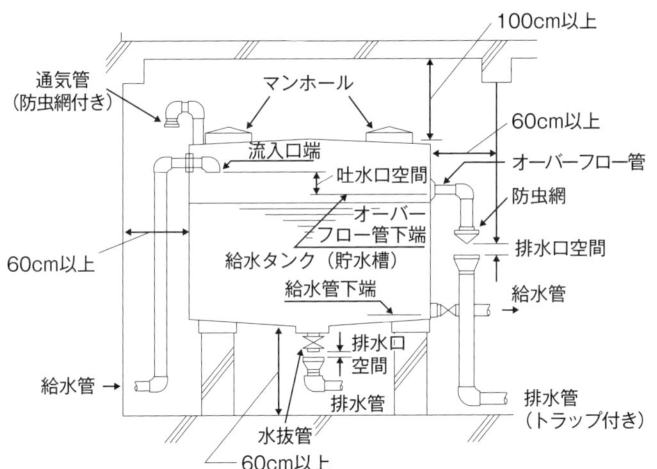

なお，受水槽内の水位は，水道から受水槽への給水系統に**主弁と副弁**で構成される**定水位弁**を設けて制御します。

小流量は副弁のボールタップ等で給水し，大流量は主弁で給水します。

【定水位弁の仕組み】

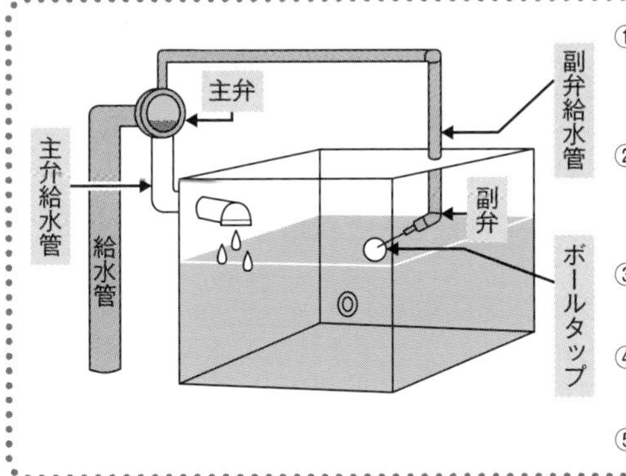

① **水が利用されて水位が下がる**と共にボールタップも下がり，副弁が開いて副弁給水管の水が流れて受水槽内に給水される

② **副弁給水管の水が抜ける**ことで，副弁給水管内の水の圧力で閉じていた主弁が開き，水が主弁給水管から受水槽内に流れて給水される

③ 給水により槽内の**水位が上がると共に**ボールタップも上がり，副弁が閉じる

④ **副弁が閉じると**，次第に副弁給水管が満水となり，その水圧で主弁も閉じて槽内への給水が完了する

⑤ ④➡①に戻る

2　受水槽に関する設置基準等

受水槽の設置基準は，次のとおりです。

① 外部から受水槽の天井，底または周壁の保守点検（**六面点検**）を容易かつ安全に行うため，**天井は1m以上，周壁と底部は60cm以上**の距離を置いて設置する。

② 受水槽の天井，底または周壁は，建築物の**他の部分と兼用しない**。

③ 内部には，飲料水の配管設備**以外**の配管設備を設けない。

④ 内部の保守点検を容易かつ安全に行うことができる位置に，**直径60cm以上の円が内接**することができる構造としたマンホールを設ける。

⑤ ④のほか，水槽底部には$\frac{1}{100}$**以上の勾配**を設け，最低部に設けたピット等に水抜管を設置する等，内部の保守点検を容易に行うことができる構造とする。

⑥ 圧力タンク等を除き，ほこりその他衛生上有害なものが入らない構造の**オーバーフロー管**を有効に設ける。

⑦ 圧力タンク等を除き，ほこりその他衛生上有害なものが入らない構造の**通気のための装置**を有効に設ける（有効容量が**2㎥未満**の給水タンク等については**不要**）。

+1点! マンホール面は，受水槽上面より10cm以上立ち上げ，ふたは防水密閉型とします。

+1点! 平常時は閉じられている**水抜管**には，防虫網を設ける必要はありません。しかし，常時外気に開放されている**オーバーフロー管及び通気管**には，外部からの害虫等の侵入を防ぐために，先端に防虫網を設ける必要があります。

3　配管の材料

① 亜鉛(あえん)メッキ鋼管(こうかん)

白ガス管とも呼ばれ，1960年代後半まで多用されました。しかし，水道管内部や継手の腐食で錆が赤水として溶出したり，錆が進行すると配管に穴があいて漏水が生じたりする等の問題が生じたため，現在ではほとんど採用されません。

② 硬質塩化ビニルライニング鋼管

鋼管内面を硬質塩化ビニルでライニング（被覆）したもので，合成樹脂である塩化ビニルの耐食性と，鋼管の剛性・耐衝撃性・耐火性を併せ持ちます。なお，従来，直管部よりも継手の接合部（管端部）に集中して腐食が生じたため，1990年代

排水用硬質塩化ビニルライニング鋼管の配管の接続には，排水鋼管用可とう性の継手を用います。

前半以降，**管端防食継手**が採用されています。

③　耐熱性硬質塩化ビニル管

耐熱性があり，高温の排水がされる**食洗器の排水管等**に用いられます。また，耐食性に優れ，接着接合での施工が容易ですが，直射日光・衝撃・凍結に弱いという欠点があります。

④　水道用架橋ポリエチレン管・水道用ポリブテン管

いずれも合成樹脂管で，耐熱性と高い強度を持つため，**主に専有部分内の給水・給湯配管**に用いられます。また，**可とう性**（屈曲性・柔軟性）があるため，**さや管ヘッダー方式**で採用されます。

さや管ヘッダー方式
➡ P.544 参照

4　衛生的な水を確保するための仕組み等

衛生的な水の確保には，次の点に留意する必要があります。

吐水口空間の確保	給水管への逆流による飲料水の汚染を防ぐために，給水管の**流入口端**からオーバーフロー管の**下端**までの間に，吐水口空間を設ける。
排水口空間の確保	オーバーフロー管や水抜管には，水槽への排水の逆流による飲料水の汚染を防ぐため，間接排水管の管端と一般排水系統に直結している水受け容器又は排水器具のあふれ縁との間の鉛直距離である**排水口空間**（垂直距離で最小 150㎜）を設け，間接排水とする。
クロスコネクションの禁止	飲料水用の配管設備と，それ以外の用途の配管設備とを直接連結させる「**クロスコネクション**」は，飲料水の衛生面に重大な影響を与えることから，**禁止**されている。
ウォーターハンマー現象の防止	●給水配管内のバルブを急に閉じると，水流が急停止して，水流の慣性によって給水配管をハンマーで叩いたようになり（水撃），不快な騒音や配管等の損傷を生ずることがある（ウォーターハンマー現象）。 ●防止するには，流速を小さくする（1.5 ～ 2.0m ／ s 程度），エアチャンバー等のウォーターハンマー防止器を設置する，**振動・騒音を防止・低減させる機能を有する給水器具を選定**する等の対策をとることが必要である。

用語 吐水口：
給水栓等の水の出口となる筒先の部分

用語 排水口：
機器や器具の排水を排出するための排水接続部または排水を受ける口

給水立て管から各住戸へ配水する分岐管には，他の給水系統へ影響を与えることなく専有部分の給水管の更新工事ができるように「**止水弁**」を設けます。

逆流を防止する「**逆止弁**」ではなく，単に水を止める「止水弁」である点に注意すること。

4 給水設備・給湯設備・ガス設備

【ウォーターハンマー現象】

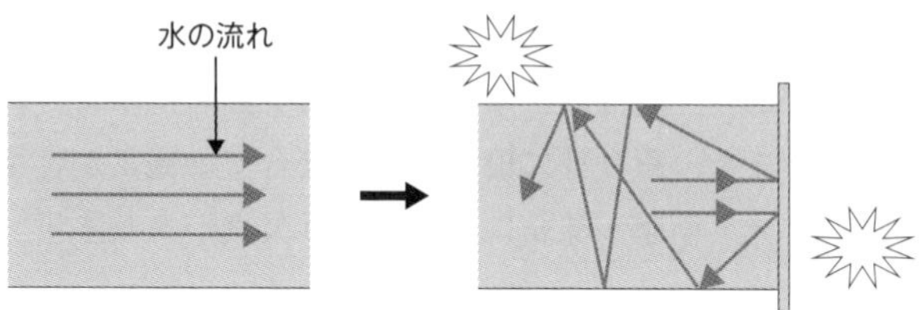

5 給湯設備

H27・28・29・30・R1・2・3・4・5

1 給湯方式

給湯方式には，次のような種類があります。

マンションの給湯方式において，一般的に採用されるのは住戸セントラル方式ですが，住棟セントラル方式（中央式）が用いられることもあります。

局所給湯方式	必要な給湯箇所ごとに小型給湯器を設ける方式。配管が短く，維持管理が簡単
住戸セントラル方式	各住戸ごとに1ヵ所の給湯器から台所・風呂・洗面等へ給湯する方式
住棟セントラル方式（中央式）	共用の機械室等に大型ボイラーや貯湯タンクを設け，各住戸の給湯箇所へ配管で給湯する方式

2 給湯器の種類

① **ガス給湯器**

パイプシャフト内や，バルコニー，浴室等に設置されます。なお，ガス給湯器の湯を給湯する出湯能力は「号数」で表され，**1号**とは，**入水温度を25℃上昇させた湯を毎分1リットル出湯**できる能力をいいます。

「**号数**」は，出湯できる「**リットル数**」**に対応**します。例えば，水温15℃の水を40℃に上昇させた湯を**毎分24リットル**出湯できる場合は，「**24号**」です。

② **電気温水器（貯湯式局所給湯方式）**

貯湯する加熱器を設置し，配管により必要な箇所へ給湯する方式です。一般電灯配線とは別に，深夜電力専用配線（200V）を設置し，一定時間（8時間または5時間）通電し，タンク内のヒーターで 85℃程度に加熱して貯湯します。

③ **自然冷媒ヒートポンプ式給湯器（エコキュート）**

電気温水器の一種で，割安な深夜電力で夜間に高温の温水を沸かし，貯湯タンクに蓄えて，それ以外の時間帯の給湯をまかなう給湯器です。大気の熱を吸収した冷媒(二酸化炭素)を圧縮し，高熱にして熱源とする給湯方式で，**エネルギー消費効率が高い**という特徴があります。

①**貯湯タンクユニット**と②**ヒートポンプユニット**，③**これらを繋ぐ配管**，の３つで構成され，各ユニットを設置するためのスペース等が必要です。

④ **潜熱回収型ガス給湯器（エコジョーズ）**

潜熱を使って水をあらかじめ温め，その予熱された水を加熱して湯にするタイプの給湯器です。予熱してから湯を沸かすため，**エネルギー消費効率が高い**という特徴があります。

用語 潜熱：ガスの燃焼に伴って発生する高温の水蒸気が水に変化する際に放出する熱のこと

- 潜熱の回収時に熱交換器により**凝縮水が発生**するので，それを排出するために**排水管を設置する**必要があります。
- 自然冷媒ヒートポンプ式給湯器と異なり，貯湯タンク等がないため，設置に必要な**スペースは比較的小さく**なります。

⑤ **家庭用燃料電池（エネファーム）**

都市ガス等から**水素**を作り，それと空気中の酸素を反応させて電気を作るとともに，その反応時の排熱を利用して給湯用の温水を作る設備機器です。**エネルギー消費効率が高い**という特徴があります。

3 その他の給湯関連事項

(1) 元止(もとど)め式と先止(さきど)め式

元止め式とは，給湯器の**流入側**にある栓を操作することで給湯する方式です。他方，**先止め式**とは，給湯器の**出湯側**にある栓を操作することで給湯する方式です。

- 元止め式は，**1台の給湯機で**1ヵ所**へ給湯**するもので，例えば，昔の住宅によくあった，流し台のすぐ上に設置された，台所だけに給湯する給湯器等のことです。
- 先止め式は，**1台の給湯器で**複数箇所**へ給湯**するもので，例えば，住戸セントラル方式等で用いられます。

（2）さや管ヘッダー方式

樹脂製のさや管の中に本来の給水管を通す，**二重構造の配管方法**のことで，ヘッダーと呼ばれる給水・給湯を一元的に分配するユニットから，各水栓まで供給されます。さや管ヘッダー方式は，次のような特徴があります。

①　さや管・給水管のどちらも**樹脂管**（水道用架橋ポリエチレン管・ポリブテン管）を使用しているため，腐食や赤水の発生が少ない。

②　接続箇所がヘッダー部と水栓部のみで，点検や管理が容易

③　ヘッダーで分岐し，それ以降各給水栓までは途中に分岐がないため，複数の水栓を同時に使用した場合でも水量変化が少なく，**安定した給水・給湯量**が得られる。

④　架橋ポリエチレン管に**弾性**があり，水撃を軽減できる。

⑤　中の給水管が劣化した場合，**抜き出して簡単に交換**できるので，壁や天井等を壊す必要がない。

⑥　管が細いため加温性能が高まり，**湯待ち時間が短く**なる。

【さや管ヘッダー方式】

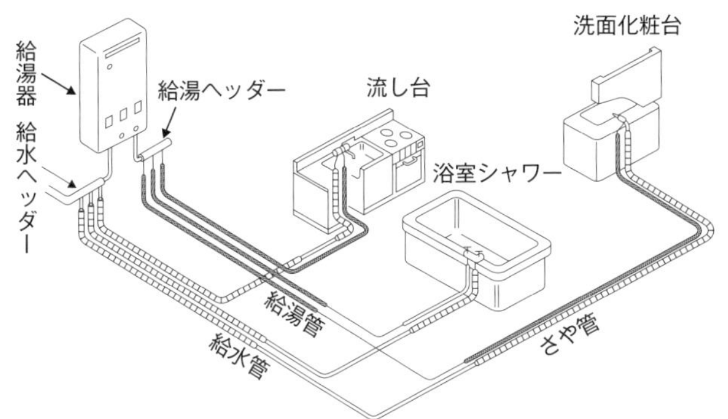

6 ガス設備

H27・28

マンションでは，シャワー，給湯，追炊きのガス湯沸器，調理用のガス器具等でガスが使用されます。使用されるガスの種類は，都市ガスとＬＰＧ（液化石油ガス）がありますが，マンションでは，**主として都市ガス**が供給されています。

1 ガス設備の構造・設置に関する基準

ガスの使用にあたっては，十分な換気と，万一ガス漏れが生じた場合に早期に対処するための警報器の設置が重要です。

(1) ガスの配管設備に関する基準

3階以上の階を共同住宅とする建築物の住戸に設けるガス栓の構造は，次のどちらかによらなければなりません。

> バルコニーその他漏れたガスが滞留しない場所に設けるものは除きます。

① ガスを使用する設備または器具に接続する金属管，金属可とう管または強化ガスホース（金属線入りのものに限る）と，**ねじ接合**することができるものであること

② ガスが過流出した場合に自動的にガスの流出を停止することができる，**過流出安全弁等の機構**を有するものであること

もっとも，ガス漏れ警報設備を，ガスの種類に応じて一定の設置の基準に適合させた場合は，例外が認められます。

（2）使用するガス管に関する基準

従来，建物に引き込むガス管の埋設部分には，**白ガス管**（**亜鉛メッキ鋼管**）が用いられていましたが，白ガス管は，**長期間**（20年程度）**の埋設により腐食**し，**ガス漏れ被害が生ずるおそれ**がありました。そこで，現在はガス事業法により，土中埋設部に白ガス管を新設することは禁止され，代わりに，耐食性・耐震性に優れる**ポリエチレン管等が使用**されています。

2　ガス設備の安全システム

（1）ガス漏れ警報器の有効期間

都市ガス用のガス漏れ警報器の**有効期間**は，5年です。

（2）マイコンメーター

マイコンメーターとは，ガスメーター（**計量器**）のほか，「ガスの**遮断機能**」と「**警報表示機能**」を有する機器です。

このうち，「ガスの遮断機能」は，次の場合に自動的にガスを止めるものです。

> ①　**感震器が大きな地震（震度5弱以上）を感知した場合**
> ②　**ガスの圧力が低下した場合**
> ③　**ガスが異常に長い時間流量の変動なく流れ続けた場合**
> ④　**多量にガスが流れたり，急に流れが増加したりした場合**

また，「警報表示機能」は，ガスの微量漏れ等，30日以上連続してガスが流れ続けたときに，警報を表示するものです。

（3）ガス栓

一般に使用されるガス栓は，**ヒューズ機能付き**とされています。

（4）ガスのふろがま

ガスのふろがまには，「**立消え安全装置**」「**過熱防止**装具」「**空だき防止**装置」の装着が，法令で義務付けられています。

コレが重要!! 確認問題

❶　給水設備の計画において，居住者１人当たりの１日の使用水量を250ℓとしたことは，適切である。過 R2

❷　自家用の井戸を水源とし，有効容量の合計が10㎥以下の水槽が設置されているものは，貯水槽水道である。過 H17

❸　簡易専用水道の管理について技術上の業務を担当させるため，水道技術管理者１人を置かなければならない。過 H21

❹　水槽の有効容量の合計が20㎥の貯水槽水道の設置者は，水槽の掃除を毎年１回以上定期に行わなければならない。過 R4

❺　簡易専用水道の設置者は，給水栓における水の色，濁り，臭い，味その他の状態により供給する水に異常を認めたときは，水道水質基準の項目のうち必要なもの及び残留塩素について検査を行わなければならない。過 H28

❻　高層マンションにおいては，高置水槽が不要な給水方式である水道直結増圧方式及びポンプ直送方式は採用することができない。過 H28

❼　ポンプ直送方式の給水方式における受水槽の有効容量を，マンション全体の１日の使用水量の２分の１程度に設定する。過 R4

❽　ポンプ直送方式では，水道本管（配水管）から引き込んだ水を一度受水槽に貯水した後，加圧（給水）ポンプで加圧した水を各住戸に供給するため，高置水槽は不要である。過 H29

❾　受水槽を屋内に設置する場合に，受水槽の天井，底及び周壁と建築物との間に，保守点検ができるように，全ての躯体面で60cmの空間を設けたことは適切である。過 R1

❿　飲料水用水槽には給水管への逆流を防ぐために，給水管の流入口端からオーバーフロー管下端までに吐水口空間を設ける必要がある。過 H18

⓫　自然冷媒ヒートポンプ式給湯機は，エネルギー消費効率が高く貯湯タンクも必要としないので，省スペースが図れる。過 H22

答　❶○　❷×：地下水を水源とするものは，貯水槽水道にはあたらない。　❸×：簡易専用水道の設置者には，水道技術管理者の設置は義務付けられていない。　❹○　❺×：異常を認めた場合の検査に残留塩素は含まれていない。　❻×：ポンプを直列に配置することで高層マンションでも採用可能。　❼○　❽○　❾×：上面は100cm以上の空間が必要。　❿○　⓫×：自然冷媒ヒートポンプ式給湯機は，エネルギー消費効率が高いが，比較的大きなスペース等が必要である。

頻出度 S+

排水・通気・浄化槽・換気設備

●排水の種類と方式
●排水設備
●通気・換気・排気・給気
●浄化槽の保守点検・清掃

1 排水設備

H26・27・28・29・30・R1・2・3・4・5

1 マンションからの排水の種類

マンションからの**排水**は，次のように分類されます。

① 汚水	トイレからのし尿等の排水
② 雑排水	台所，洗面所，風呂，洗濯機等からの排水
③ 雨水	屋根，バルコニー等からの排水

2 排水方式の分類

排水は，「敷地内」と「敷地外（公共下水道）」の排水方式に分かれ，**どの排水を一緒に流すか**によって，それぞれに**合流式**と**分流式**があります。

敷地内の排水系統	分流式	①汚水／②雑排水／③雨水
	合流式	①汚水＋②雑排水／③雨水
敷地外の排水系統（下水道）	分流式	①汚水＋②雑排水／③雨水
	合流式	①汚水＋②雑排水＋③雨水

- 敷地「**内**」排水の「分流式」と「合流式」は，雨水を別系統とした上で，**汚水と雑排水を一緒にするか否か**で区別されます。
- 敷地「**外**」排水の「分流式」と「合流式」は，汚水と雑排水を一緒にした上で，**雨水を一緒にするか否か**で区別されます。

3 排水の方法

排水は，通常，排水が生ずる箇所が，下水管よりも上にあるため，高所から低所に自然に流下させる「**重力式排水**」が一般的です。

下水管よりもさらに地下深い部分から排水が生ずる場合には，**排水槽**を設置し，排水ポンプで高所へと押し上げて排水する「**機械式排水**（圧送排水）」が用いられます。

用語 排水槽：下水管よりも下の部分から排水がでるため，自然流下による重力式排水では排水できない場合に，ポンプ等で押し上げて排水をするために，排水を貯めておく槽のこと

4 トラップ

トラップとは，排水管を曲げる等して溜まった水（**封水**）によって排水管にフタをした状態をつくり，**排水管内の臭気や衛生害虫等の移動（室内に侵入すること）を有効に防止するための配管設備**をいいます。

(1) トラップの形状と封水深

トラップには，右図の「**Sトラップ**」のほか，「**わんトラップ**」「**逆わんトラップ**」「**Pトラップ**」「**Uトラップ**」「**ドラムトラップ**」等，様々な形状のものがあります。

【Sトラップ】

「**逆わんトラップ**」は，お椀型の形状のフタを逆さにしたトラップで，洗濯機からの排水やユニットバスの床排水を受ける防水パンに用いられます。

トラップにおける封水の深さ（**封水深**）は，トラップの形状を問わず，**5cm以上10cm以下**（**阻集器**を兼ねる排水トラップについては**5cm以上**）と定められています。浅すぎるとフタの役割を果たす封水が失われやすく（**破封**），逆に深すぎると，トラップの**自浄作用**がなくなるからです。

用語 阻集器：飲食店で排出される大量の油や，美容院で排出される大量の毛髪等，排水障害を生じさせるおそれのある物質の流下を阻止・分離・収集し，公共下水道への流下を防止するための装置のこと

排水管内に正圧または負圧が生じたときの排水トラップの封水保持能力のことを，「**封水強度**」といいます。

5 排水・通気・浄化槽・換気設備

(2) 破封（はふう）

破封とは，封水が失われて，**トラップに空気が流入する状態**になることをいいます。破封が生ずると，排水管のフタの役割を果たすものがなくなるため，**臭気や害虫が室内に侵入**してしまうことになります。

破封の主な原因は，次のとおりです。

> **+1点!** 水受け容器中に吐き出された水，使用された水，またはその他の液体が給水管内に生じた**負圧**による吸引作用のため，給水管内に**逆流**することを「逆サイホン作用」といいます。

① **自己サイホン作用**	大量の水が一気に流れてサイホン作用（吸引作用）が生じ，封水まで一緒に連れ去られる現象。トラップごとに**各個通気管**を設ければ解消できる。 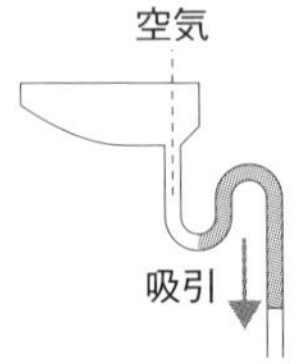
② **誘導サイホン作用**	排水立て管の上部から満水の状態で排水が流れると，**誘導**されて排水横引管付近が**負圧**となり，サイホン作用（吸引作用）を生じて排水立て管側に封水が吸い出される現象。**通気**を適切に行うことで解消できる。 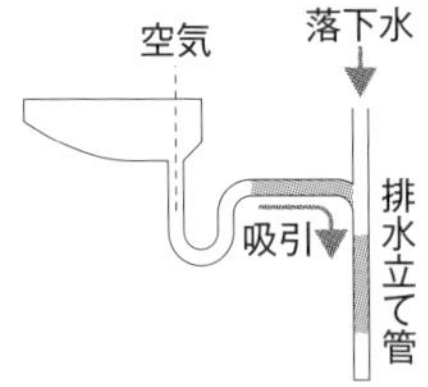
③ **はね出し作用**	排水立て管の下方が満水状態のときに，さらに上方から排水が流れた場合，**挟まれた中間部分が正圧**となって圧力が高まり，中間部分にある排水トラップの**封水が室内側に飛び出す**現象。 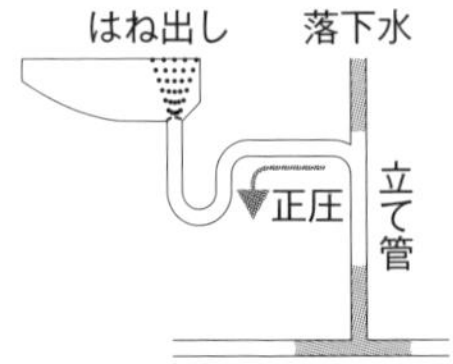
④ **毛細管現象**	トラップのウェア（あふれ面）に，毛髪や糸等が引っかかって垂れ下がったままになっている場合に，**毛細管現象**によって封水を次第に吸い出してしまう現象。 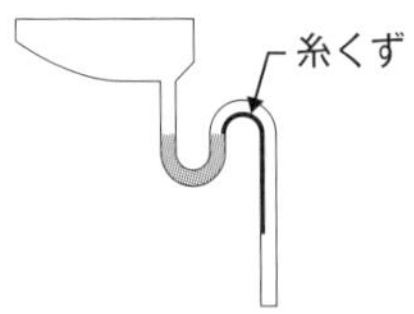
⑤ **蒸発**	**長期間排水を流さない**場合に，**封水が蒸発**して破封した状態となる現象。 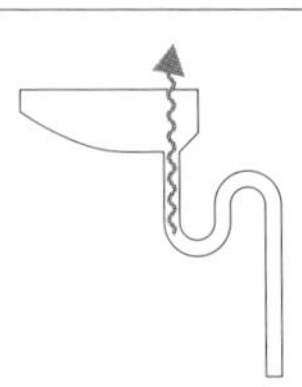

（3）二重トラップの禁止

2個以上のトラップを1つの排水系統に直列に設置したものを**二重トラップ**といい，トラップで挟まれた部分に空気だまりが生じて排水障害を起こすため，その設置が**禁止**されています。

5 排水管

排水管の管径は，トラップの口径以上で，かつ30㎜以上とし，地中または地階の床下に埋設される排水管の管径は，50㎜以上**とするのが望ましい**とされています。なお，排水管の管径は，排水横引管・排水立て管のいずれも，**排水の流下方向の管径を小さくしてはなりません**。

+1点! 排水管の材料は，金属性・非金属性の様々なものがあります。
現在，**内側**に「硬質塩化ビニル管」，**外側**に「モルタル性耐火管」を用いることで，硬質塩化ビニル管に耐火性を持たせた「排水・通気用耐火二層管」が多く使用されています。

（1）排水横引管の勾配

排水は，排水横引管の勾配が緩やかすぎると，流速が遅くなって汚物が付着しやすくなり，逆に急勾配にしすぎても，水だけが流れ，汚物が残ってしまいます。したがって，排水横引管の**適切な勾配を確保**することが重要です。

排水横引管の勾配は，次のように管径（かんけい）で決まり，管径が**太い**ほど勾配は緩やかに，管径が**細い**ほど勾配が急になります。

管径	勾配	用途
65mm 以下	最小 $\frac{1}{50}$	雑排水等
75mm，または 100mm	最小 $\frac{1}{100}$	雑排水等
125mm	最小 $\frac{1}{150}$	汚水等
150 ～ 300mm	最小 $\frac{1}{200}$	汚水等

台所や浴室の排水横引管と，便所の排水横引管を比較した場合，**「便所のほうが勾配は緩やか」**になります。便所は固形物が流れるため，台所や浴室と比べて**管径が「太く」なる**からです。

（2）排水立て管の管径

排水立て管には，排水横引管からの排水が流入します。そのため，継手（接続）部分で排水障害が生じないよう，**排水立て管の管径**は，**接続する排水横枝管の最大管径以上**とする必要があります。また，どの階の管も，**最下部の最も大きな排水負荷を負担する部分の管径と同一管径**としなければなりません。

(3) 排水管の清掃

排水立て管には，**最上階または屋上**，**最下階**，**3階以内ごとの中間階**，または15m（5階程度）以内ごとに，排水管の汚れの付着等を取り除くための「**掃除口**」を設けるのが望ましいとされます。

用語 掃除口：
排水管に排水の流れと直角または反対に開口するように設けられ，平常時は閉鎖し，排水管内の掃除・点検の際に使用する開口部のこと

「3階以内ごと」というのは，「**掃除口の相互の間隔**」のことを指しています。したがって，掃除口は1階・5階・9階といった位置関係，すなわち，「5階層おき」に設置すれば良いことになります。ただし，立て管については「15 m以内ごとに設ける」という規制もあるため，**一般的には4階層ごと程度となることが多い**ようです。

なお，**排水管の清掃方法**には，次のようなものがあります。

① 高圧洗浄法	**高圧の水を噴射**し，その噴射力で管内に付着した汚れ等を除去する方法。前方噴射・後方噴射タイプがあり，**後方タイプ**は洗浄機能に加えて**自走機能**もある
② スネークワイヤ法	**ピアノ線をコイル状**に巻いたものの**先端**に，**管内の付着物を除去するための器具**を取り付けて清掃を行う方法
③ 圧縮空気法	**閉塞管内に水を送り**，**圧縮空気を一気に放出**して，その衝撃で閉塞物の除去を行う方法。ウォーターラム法ともいう

6 排水槽

排水槽には，**汚水槽**，**雑排水槽**，**湧水槽**，**雨水槽**の4種類があります。

排水槽は，自然流下による重力式排水が使えない場合に設けられます。内部の保守点検のため，**直径60cm以上の円が内接できるマンホール**を設ける必要があります。また，タンクの底に吸込みピット（くぼみ部分）を設け，ピットに向かって$\frac{1}{15}$**以上**$\frac{1}{10}$**以下の勾配**を設ける必要があります。さらに，通気管は，直接外気に開放しなければなりません。

なお，排水を吸い上げる排水ポンプは，運転用と予備用の**2台**を設置し，通常は1台ずつ**交互に自動運転**とします。

交互に自動運転とするのは，予備用のポンプを**長期間使用しない**でいるとポンプやモーターのシャフトが錆びつき，**いざというときに運転できなくなる**からです。

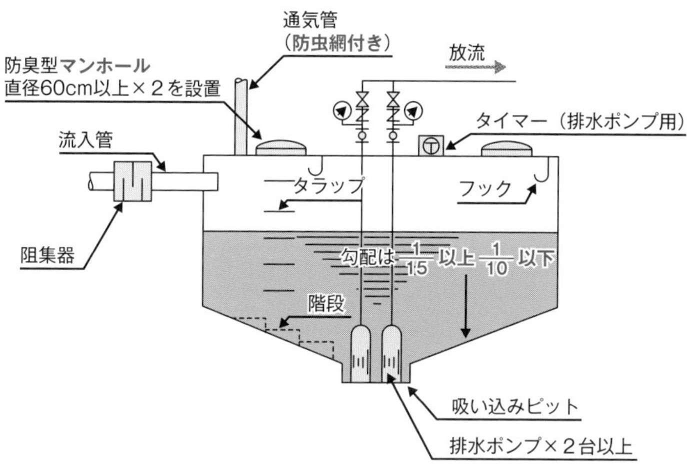

7 ディスポーザ排水処理システム

ディスポーザとは，キッチンの排水口付近に設置され，**生ゴミ等を破砕**して排水管に流して**廃棄する装置**をいいます。破砕したものを直接下水道に流すと，下水道での処理の負荷が大きくなるため，ディスポーザ単体での設置は認められず，ディスポーザ・専用排水管・排水処理槽等からなる「**ディスポーザ排水処理システム**」の採用が求められます。

+1点! 下水道が整備されていない地域でも，ディスポーザ対応型の合併処理浄化槽を設けるか，または，ディスポーザ排水専用処理槽を設けて合併処理浄化槽に排水する方法をとれば，ディスポーザを設置することができます。

このシステムでは，「**ディスポーザ排水＋台所排水**」を排水処理槽で処理した後，下水道に放流します。その際，他の雑排水（浴室，洗面所からの排水等）とは**合流させません**。

8 雨水排水（うすいはいすい）

雨水排水の設備には，次のものがあります。

① **ルーフドレン**	屋根やバルコニーに降った雨水を雨水排水立て管に導くもので，ゴミや木の葉が雨水排水立て管に直接流れて詰まったりしないような装置（ストレーナー）が内部にある。

② **雨水排水立て管**	雨水専用とする必要があり，汚水や雑排水との兼用や連結は，**原則として**禁止される。
③ **雨水排水ます**	敷地等に降った雨水を集めたり，土中埋設雨水管の枝管接続や点検・掃除をしたりするために設置するますのこと。
④ **インバートます**	一般に汚水用**のます**で，ますの底部に，流れをスムーズにする溝が付いているもの。
⑤ **トラップます**	２系統以上の排水管をまとめて合流させる会所ますの１つで，臭気の逆流を防ぐためにトラップ**構造**としたもの。

ただし，敷地内で雨水排水管と排水横主管をつなげることは認められており，その場合，臭気が雨水排水管に逆流するのを防止するため，**トラップます**を設けなければなりません。

雨水排水ますの底部には，**150mm 以上の泥だめ**を設け，土砂が直接下水管等に流れ込まないような構造とする必要があります。

- **排水ます**は，下記の箇所に**設置**します。
  ①　敷地排水管の**起点**，**屈曲点**，**合流点**
  ②　敷地排水管の管径・管材料・勾配の**変化点**
  ③　敷地排水管の延長が**配管の内径の** 120 倍を**超えない範囲**の適切な位置
  ➡例えば，敷地内に埋設する排水横管の**管径が** 150mm の場合，延長が 18 m を**超えない範囲**に，保守点検・清掃を容易にするための排水ますを設置。

【雨水排水ます】

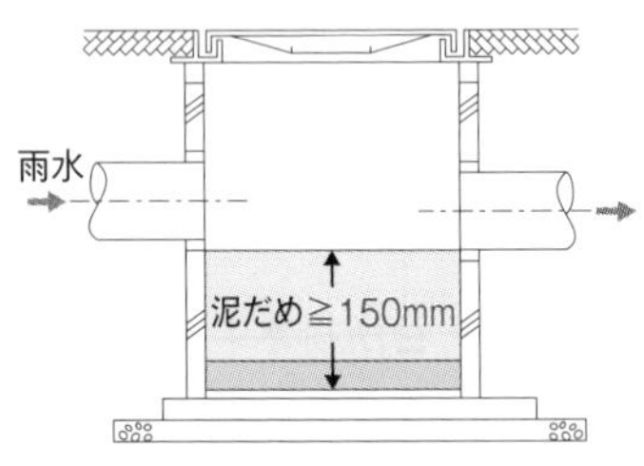

【トラップます】

格子ふた
封水深
泥だめ

【排水管の種類】

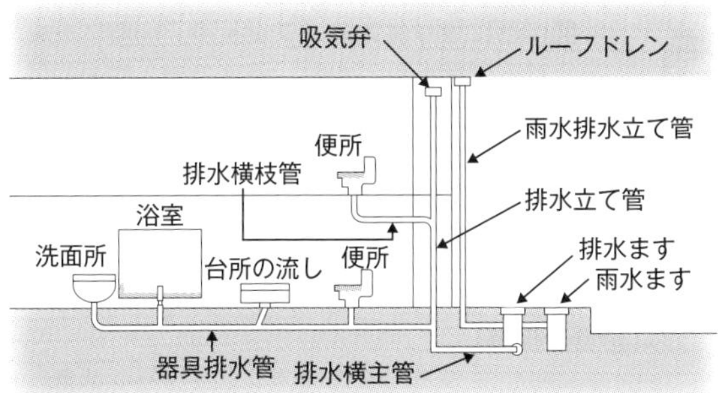

雨水排水管径の算定に用いる降水量は，各地域ごとの「最大」**降水量**を採用します。

2　通気設備

H26・27・28・R1・2・5

通気設備は，排水により生ずる配水管内の圧力変動を緩和し，**排水を円滑**にするための設備です。

1　通気管の種類

通気管には，次のような種類があります。

①　**各個通気管**	1個のトラップを**単独で通気**するため，トラップ下流から取り出し，上方で通気系統へ接続するか，大気中に開口するように設けた通気管
②　**ループ通気管**	**複数のトラップの通気**のため，最上流の器具排水管が排水横枝管に接続する点のすぐ下流から立ち上げ，通気立て管や伸頂通気管に接続する通気管
③　**伸頂通気管**	一番上の排水横管が排水立て管に接続した点から，さらに上に排水立て管を伸ばして大気中に開放し，通気管に使用する部分
④　**結合通気管**	**排水立て管内の圧力変化を防止・緩和**するために排水立て管から分岐して，通気立て管へ接続する逃し通気管（**空気の流通を円滑にする通気管**）

通気には最良で，自己サイホン作用も防止できますが，設置費は最も割高です。

自己サイホン作用は防止できないものの，誘導サイホン作用は防止できます。

高層マンションで用いられる結合通気管は，**通気立て管と排水立て管を一定の間隔ごとに接続**する配管で，排水管内の正圧と負圧を緩和する効果があります。

5　排水・通気・浄化槽・換気設備

「ベントキャップ」という設備についても知っておきましょう。これは，**外壁に設置する給気・排気の開口部に取り付ける「フタ」**で，一般に，丸型のガラリの形状をしており，**雨水の浸入や虫の侵入を防ぐ役割**を果たします。
雨水排水立管への土砂，ゴミ，木の葉などの流入を防ぐためにルーフドレンに設けられる「**ストレーナー**」とは異なります。

【通気配管の構成】

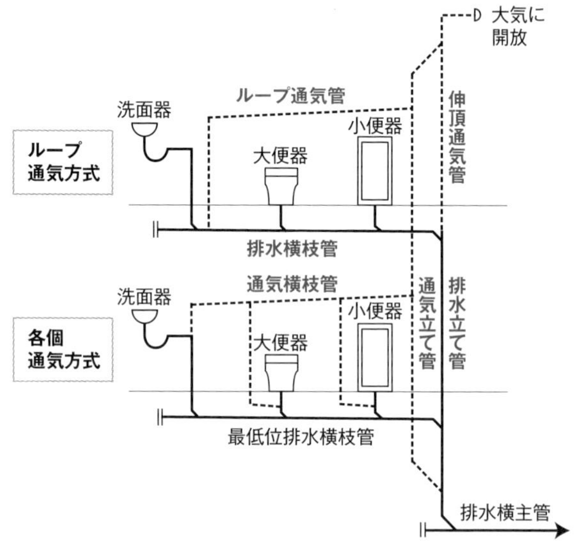

排水通気管の端部には，**排水管内に生じる負圧**を緩和する可動弁として**通気弁**を用います。一般に，通気弁の役割は，「**負圧**」を緩和することにあり，「**正圧」を緩和することではない**点に注意しましょう。

2　マンションの通気方式

マンションの通気方式には，大きく「**通気立て管方式**」と「**伸頂通気方式**」の２つがあります。

(1) 通気立て管方式

主に**下層階**で生じた正圧を逃がすためのもので，次のものがあります。

① 排水立て管と通気立て管を設け（二管式），両管を頂部の伸頂通気管と排水立て管の脚部の２ヵ所で接続する方式

② 排水立て管の脚部から通気立て管を分岐して大気に開放したり，通気横主管に逃したりする方式

③ 高層マンション等で通気立て管方式を採用した場合に，下層階で生じた**正圧**を逃して上層階で生じた**負圧**も緩和するために，**10階程度ごと**に，通気立て管と排水立て管とを**結合通気管**で結ぶ方式

(2) 伸頂通気方式（しんちょうつうきほうしき）

① 従来継手方式（じゅうらいつぎてほうしき）

伸頂通気管で通気を行う方式で，一般に，**従来継手**（JIS規格のＴＹ継手，ＳＴ継手等）が用いられます。**許容排水流量が少なく**，通常，**低層・中層**マンションに使用されますが，同時に大きな排水負荷が生じない場合（汚水単独系統の排水立て管等）は，高層マンションで採用されることもあります。

② 特殊継手方式

通気立て管を設けず，排水立て管の管径も二管式に比べてほぼ同径で間に合うように，**特殊継手**（特殊な工夫を施した継手）を使用する**通気方式**です。

【特殊継手(旋回方式)】

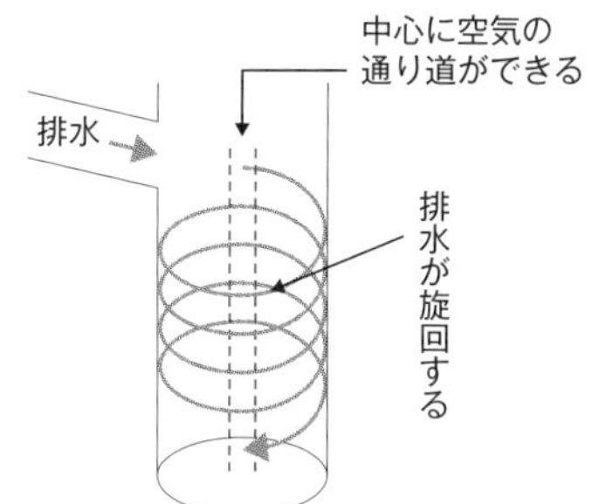

5 排水・通気・浄化槽・換気設備

特殊継手排水システムは，**複数の排水横枝管（汚水系統や雑排水系統）からの排水を１つの継手に合流させて排水させる機能**があるため，系統別の排水立て管を集約して数を減らすことができるというメリットもあります。

特殊継手方式(特殊継手排水システム)は，排水が排水立て管を流れる際に，**らせん状**に流れるように設計されたものです。らせん状に流れることで，**中心部**に台風の目のような「**空気の通り道**」ができ，**排水立て管自体が通気立て管の役割をも**果たします。これにより，通気立て管を省略することはできますが，１つの管で排水・通気の両方をまかなうため，排水立て管の上部を開放しなければ通気がなされないので，伸頂通気管だけは省略できません。

3 浄化槽設備

浄化槽法では「終末処理下水道…で処理する場合を除き，浄化槽で処理した後でなければ，し尿を公共用水域等に放流してはならない。」と規定されています。

下水道が整備されていない地域で，「自前の汚水（し尿）処理設備」として設けるものが**浄化槽**です。

1 水質検査

（1）新設・変更の場合の水質検査

７条検査といい，浄化槽が適正に設置され，期待どおりの機能を発揮しているかどうかを検査し，欠陥があれば早期にそれを是正するために行われます。

浄化槽の**新設**や構造・規模の**変更**をした場合，使用開始後３ヵ月を経過した日から５ヵ月間以内に，**浄化槽管理者**（浄化槽の所有者，**占有者**等で浄化槽の管理の権原を有するもの）は，指定検査機関の行う**水質検査**を受けなければなりません。

（2）新設・変更以外の場合の水質検査

新設・変更の場合を**除き**，浄化槽管理者は，毎年１回，指定検査機関の行う**水質検査**を受けるのが原則です。

2 保守点検・清掃

（1）保守点検・清掃

浄化槽管理者は，浄化槽の保守点検を，条例で登録制度がある場合は**登録された保守点検業者**に，登録制度がない場合には**浄化槽管理士**に委託できます。また，浄化槽の清掃は，浄化槽清掃業者に委託できます。

浄化槽管理者は，**最初の保守点検**を，使用開始の直前に行い，**それ以後**は，原則として毎年１回，浄化槽の**保守点検**と浄化槽の**清掃**をしなければなりません。ただし，**全ばっ気方式の浄化槽の清掃**は，おおむね６ヵ月ごとに１回以上とされています。

（2）保守点検または清掃の記録の作成・保管

浄化槽管理者は，保守点検または清掃の記録を作成し，**３年間保存**しなければなりません。

3 技術管理者の設置義務

処理対象人員が**501 人以上**の規模の浄化槽管理者は，その浄化槽の保守点検及び清掃に関する技術上の業務を担当させるため，原則として，浄化槽管理士の資格を有した**技術管理者**を置かなければなりません。

4 換気設備

H27・R2・3・5

近年のマンションは高断熱・高気密化が進んでおり，換気不足による「結露やカビの発生」という問題が生じています。そのため，適切な**換気**をすることにより，これらの問題に対処し，良好な居住環境を確保する必要があります。

法令上も室内環境に関する様々な規制があり，例えば建築基準法では，**シックハウス対策**（建築基準法➡ P.660 ～参照）として，原則として，すべての建物において24時間換気システムの設置が義務付けられています。
なお，家具などからの放出があるため，**ホルムアルデヒドを発散する建築材料を使用しない場合でも**，居室には，原則として**換気設備の設置が必要**です。

1 換気の方式

建物における換気方式には，次の２つがあります。

(1) 機械換気方式

機械換気方式とは，給気と排気の双方または一方に機械（ファン）**を用いて，強制的に換気**を行う方式です。これには，①**第一種機械換気方式**（給気・排気の両方とも機械），②**第二種機械換気方式**（給気のみ機械，排気は自然），③**第三種機械換気方式**（給気は自然，排気のみ機械）の３つがあります。

① 第一種機械換気方式

給気と排気の両方を機械（給気機・排気機）によって行う方式です。主にレストランの厨房等，大量の給気・排気を強制的に行う必要がある場合に用いられます。

なお，**熱交換型**の換気扇は，**第一種換気方式**となります。

マンションでよく用いられる**第三種機械換気方式**（給気：自然，排気：機械）では，例えば冬季において，**排気として換気扇によって室内の温かい空気が排出**される反面，**室外の冷たい空気がそのまま給気として流入**するため，暖房効率が悪くなります。そこで，**新鮮な空気を室内に取り入れることで生ずる外気による熱負荷を軽減するために，熱交換器**を用いて，**排気の熱を回収して給気の冷気に伝え，給気の冷気を少し温めた状態で室内に取り込む**，第一種機械換気方式の一種である熱交換型の換気扇が用いられることがあります。

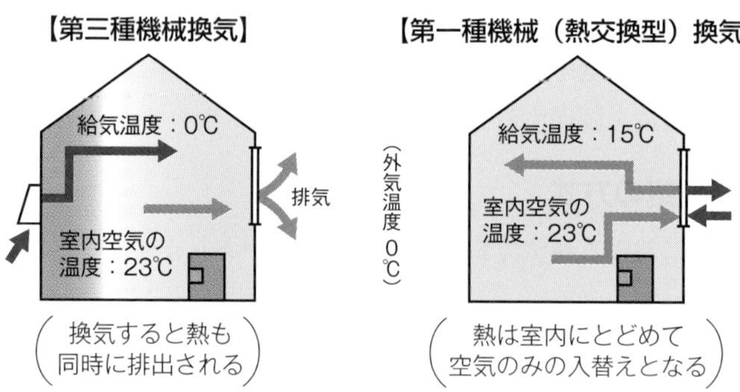

② **第二種機械換気方式**

給気のみを機械で強制的に行う方式で，手術室や工場のクリーンルーム等，清潔な空気が必要な場合に用いられます。室内の気圧は「**正圧**」になるため，汚染空気が室内に流れ込むのを防止できます。

> シックハウス対策として第三種換気設備を設置する場合，台所レンジフードファンや浴室・洗面所・便所などのサニタリーファンに**常時換気用の低風量モード**を用いる方式があります。

③ **第三種機械換気方式**

排気のみを機械で強制的に行う方式で，台所やトイレ，お風呂場等，換気扇で排気のみをする必要がある場所に用いられます。室内の気圧は「**負圧**」になるため，他の部屋に汚染空気が流れていくのを防止できます。

【①第一種換気設備】

給気ファン
正圧，負圧
排気ファン

【②第二種換気設備】

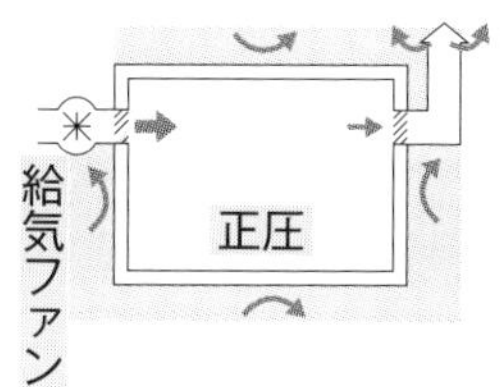

【③第三種換気設備】

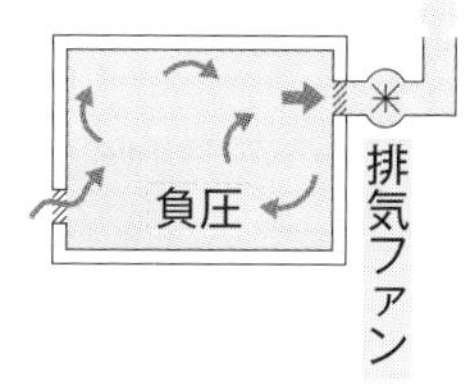

(2) 自然換気方式

自然換気方式とは，**給気も排気も機械を使わず**，給気口と排気口を設け，温度差（**気圧差**）によって自然に換気を行うものです。

自然換気において，室内外の温度差による換気量は，**温度差の平方根及び開口部の面積に比例**します。

POINT整理　第一種・第二種・第三種換気方式

換気方式		給気の方法	排気の方法
機械換気	①　第一種機械換気方式	機械	機械
	②　第二種機械換気方式		自然
	③　第三種機械換気方式	自然	機械
自然換気方式			自然

2　給気（きゅうき）の重要性

換気は，給気と排気の両輪で成り立っているため，**適切に換気**が行われるためには，**排気量に見合った給気**を適切に行う必要があります。それができないと，部屋の内外で気圧差が生じて，扉の開閉が困難になる，隙間から風切音が聞こえる等の支障が生じます。

特に**住宅での採用が多い第三種機械換気方式**では，排気のみを機械で強制的に行うことから給気が不足しがちになるため，**より一層，排気に見合う十分な給気の確保が重要**になります。

換気効率の指標の一つである「**空気齢**」とは，窓や給気口等の開口部から室内に入った空気が，**室内のある地点に到達するまでの時間**を表します。
空気齢は，その**数値が大きいほど，その地点に供給される空気が**汚染されている可能性が高いことを意味します。

コレが重要!! 確認問題

❶ 伸頂通気管は，排水横枝管の上流部分に接続し，屋上に立ち上げ，大気に開口する管で，排水横管内の流れをよくするために設けられる。過 H14

❷ 結合通気管は，排水立て管と通気立て管を接続し，排水立て管の下層階で生じた負圧，上層階で生じた正圧を緩和するために用いる。過 H28

❸ 高層や超高層のマンションで採用されることが多い特殊継手排水システムは，伸頂通気管と通気立て管を設置することなく，汚水や雑排水を排水できる。過 H27

❹ トラップは，排水管中の臭気の逆流や害虫の侵入を防ぐために設置されるが，二重トラップとならないように設置し，容易に掃除ができる構造とする。過 H23

❺ 排水トラップの封水深は，トラップの形状を問わず，50㎜以上 100㎜以下とする。過 H18

❻ 台所や浴室の雑排水横枝管の勾配は，便所の汚水横枝管の勾配より大きくするのが一般的である。過 H16

❼ 敷地内に設置する排水横主管の管径が 125mm の場合，円滑な排水ができるための最小勾配は 1/200 である。過 R3

❽ 高層のマンションの排水立て管では，最上部及び最下部とともに，3階以内ごと又は 15 m以内ごとに管内清掃用の掃除口を設置することが望ましい。過 R4

❾ 処理方式等の別にかかわらず，2年に1回，浄化槽の保守点検及び清掃を行わなければならない。過 H14

❿ 浴室等で使用する第三種換気方式は，必要換気量を確保するため，換気扇の運転時に十分に給気を確保できるように給気口を設置する必要がある。過 H22

⓫ 熱交換型換気扇は，室内から排気する空気の熱を回収し，屋外から給気する空気に熱を伝えることで熱損失を少なくさせた第二種機械換気設備である。過 R2

答 ❶×：伸頂通気管は，排水立て管の頂部を延長して大気中に開口したものをいう。排水横枝管の上流部分に接続するものではない。 ❷×：下層階の「正圧」，上層階の「負圧」を緩和する。 ❸×：特殊継手排水システムでは，通気立て管は省略できるが，伸頂通気管の省略は不可。 ❹○ ❺○ ❻○ ❼×：排水横主管の管径が 125mm であれば，必要最小勾配は 1/150。 ❽○ ❾×：浄化槽の保守点検・清掃の頻度は，処理方式によって異なる。 ❿○ ⓫×：熱交換型換気扇は，第一種機械換気設備。

消防法・消防用設備

● 消防用設備等の分類・設置基準・特徴
● 防火管理者の選任とその業務内容

1 消防用設備等の設置義務と種類（17条，令6条，7条）

マンションの**関係者**は，消防の用に供する設備，消防用水及び消火活動上必要な施設（消防用設備等）を，一定の基準に従って**設置・維持**しなければなりません。

設置すべき消防用設備等の分類と主な設備は，次のとおりです。

1 消防の用に供する設備	消火設備	● 消火器及び簡易消火器具 ● 屋内消火栓設備 ● スプリンクラー設備（11階以上） ● 水噴霧消火設備（駐車場） ● 泡消火設備（駐車場） ● 不活性ガス消火設備（駐車場） ● ハロゲン化物消火設備（駐車場） ● 粉末消火設備（駐車場）
	警報設備	● 自動火災報知設備 ● 非常警報設備（非常ベル，自動式サイレン，放送設備） ● 非常警報器具（警鐘，携帯用拡声器，手動式サイレンその他）　＊1
	避難設備	● 避難器具（すべり台，避難はしご，救助袋，緩降機，避難橋その他） ● 誘導灯及び誘導標識
2 消防用水		防火水槽，またはこれに代わる貯水池その他の用水
3 消火活動上必要な施設		● 連結送水管 ● 非常コンセント設備（11階以上） ● 排煙設備　＊2

用語 関係者：防火対象物等の所有者，管理者または占有者のこと

消防長または消防署長は，消防用設備等が設備等技術基準に従って設置・維持されていないと認めるときは，**マンションの関係者に**必要な措置を命ずることができます。

+1点! 「警報設備」に属する「**非常警報器具**（警鐘，携帯用拡声器，手動式サイレンその他）」（＊1）と「消火活動上必要な施設」に属する「**排煙設備**」（＊2）は，消防法上**マンションにおいて**設置義務はありません。

「1　消防の用に供する設備」は，消防隊が到着するまでの間，居住者等が**使用する設備**です。他方，「2　消防用水」と「3　消火活動上必要な施設」は，建物に到着した消防隊が**使用する設備**です。

2 主な消防用設備等の概要

H26・28・29・R1・3・4

1　消防の用に供する設備

一般に用いられる**粉末消火器**（ABC粉末）は，普通火災（A火災），油火災（B火災），電気火災（C火災）のすべての**火災に対応**できます。

（1）消火設備

① **消火器**

消火器は，居住者等が**初期消火**で使用する消火設備であり，階ごとに，当該**共同住宅の各部分**から一の消火器具に至る**歩行距離**が20m以下となるように配置しなければなりません。

【設置基準】

消火器	●延べ面積150㎡以上の場合
	●地階・無窓階・3階以上の階で床面積50㎡以上の場合

② **屋内消火栓設備**

一部のマンションでは，設置が免除されています。

消火器で対処できない火災において，居住者等が**初期消火**のために使用する消火設備です。

【設置基準】

屋内消火栓	●延べ面積700㎡以上の場合
	●主要構造部が耐火構造で壁・天井の室内に面する部分の仕上げを難燃材料でした場合は2,100㎡以上の場合

この**屋内消火栓**には，「1号**消火栓**」「易操作性1号**消火栓**」「2号**消火栓**」があります。

- **1号消火栓**は，放水の際ホースをすべて引き出す必要があり，操作に通常**2人以上**が必要です。
- **易操作性1号消火栓**は，放水量は1号消火栓と同程度ですが，ホースをすべて引き出さなくても放水が可能であり，**1人でも操作**できます。
- **2号消火栓**は，放水量は1号消火栓よりも少ないのですが，ホースをすべて引き出さなくても放水が可能で，**1人でも操作**できます。

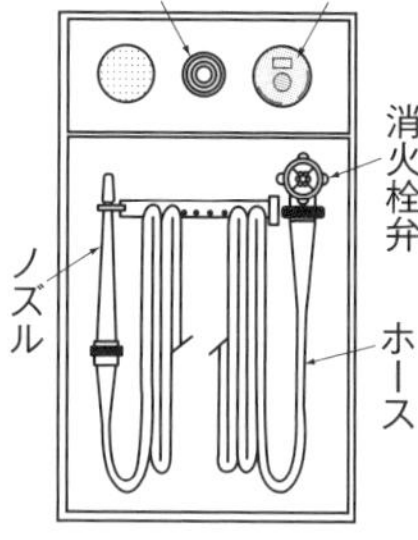

【1号消火栓】

ノズルを持って消火に向かう人と，
消火栓弁を開放する人の2人で操作する。

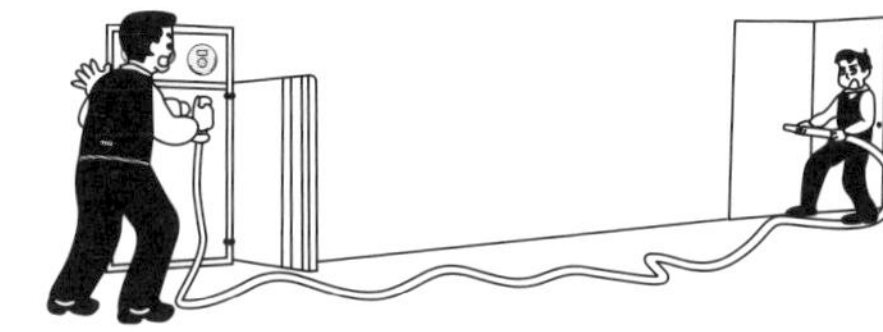

消火栓弁
ノズル
円形を保つ保形ホース

【2号消火栓】

1人でノズルの開閉コックを操作して消火する。

停電時の非常電源として自家発電設備を用いる屋内消火栓設備は，**有効に30分間以上作動**できるものでなければなりません。

③　スプリンクラー設備

火災の熱を感知すると，室内天井面に取り付けられた散水装置(スプリンクラーヘッド)から水が噴出し，消火する装置です。

【設置基準】

スプリンクラー設備	● 11 階以上の階

一部のマンションでは，設置が免除されています。

スプリンクラーは，大きく**閉鎖型**と**開放型**の２つに分けられ，閉鎖型はさらに**湿式・乾式・予作動式**に分類されます。

マンションでは，閉鎖型の中の湿式と予作動式が一般的に用いられます。

【スプリンクラー（閉鎖型）の種類】

湿式	給水源からスプリンクラーヘッドまでの**配管内は常に満水**状態で，火災時の熱でスプリンクラーヘッドが作動すると，直ちにヘッドから放水される。
乾式	乾式流水検知装置からスプリンクラーヘッドまでの**配管内は圧縮空気で常に加圧**されている。熱でスプリンクラーヘッドに取り付けられている感知器が作動すると，管内の空気がヘッドから排出され，乾式流水検知装置が開いて水が流れ，スプリンクラーヘッドから放水される。
予作動式	スプリンクラーヘッドとは別に，室内に熱等を検出する火災感知器を設ける。予作動式流水検知装置からスプリンクラーヘッドまでの**配管内は圧縮空気で常に加圧**されており，火災時に火災感知器が作動すると，①まず予作動式流水検知装置が開いて水が流れ，②さらに火災の熱でスプリンクラーヘッドに取り付けられている感知器が作動すると，放水されるという，**二重の仕組み**となっている。

【湿式】

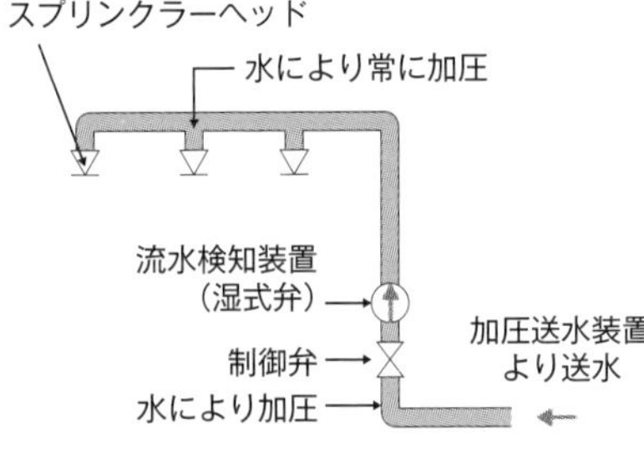

【乾式】

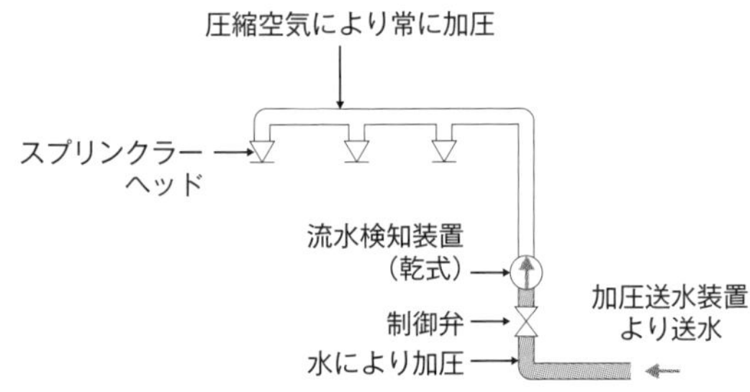

【予作動式】

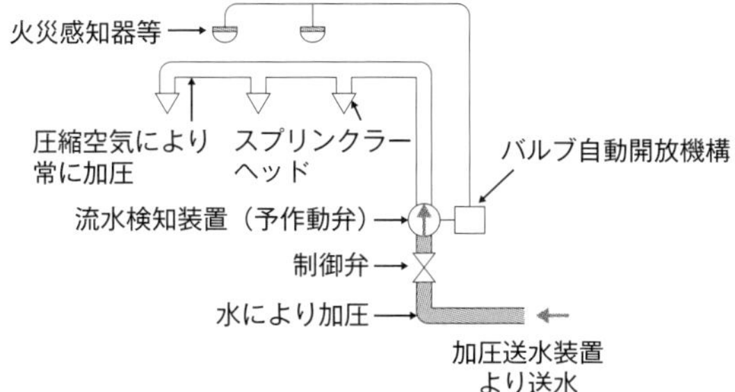

- **湿式スプリンクラー設備**は，**寒冷地を除いて**広く一般的に用いられます。
- **乾式スプリンクラー設備**は，**寒冷地**で，配管内の水が凍結して火災時に放水ができなくなる恐れのある建物に用いられます。
- **予作動式スプリンクラー設備**は，火災が生じていないのにもかかわらず，感知器の誤作動やスプリンクラーヘッドの破損等によって誤って放水されるのを防止するため，「**火災感知器**」と「**スプリンクラーヘッド**」の両方が作動しなければ放水されません。

④　泡消火設備（あわしょうかせつび）

水と泡消火薬剤を一定比率で混合した水溶液に，空気を吸い込ませ，それを泡ヘッド等から放射して消火する設備です。燃焼部分を泡で覆って空気を遮断（窒息作用）し，泡の水分で燃焼物を冷やすこと（冷却作用）で，火災を鎮火します。

【設置基準】

泡消火設備	● **1階の屋内駐車場**で床面積500㎡以上（地階・2階以上の階では200㎡以上，屋上では300㎡以上）の場合
	● **機械式駐車場**で収容台数10台以上の一定の場合

（2）警報設備

①　自動火災報知設備

感知器が火災時の熱や煙を感知して受信機に火災信号等を送り，受信機が火災の発生場所を受信機に表示して，警報を発して火災を報知する設備です。

一部のマンションでは，設置が免除されています。

【設置基準】

自動火災報知設備	●延べ面積500㎡以上の場合 ●11階以上の階 ●地階・無窓階・3階以上の階で，それぞれ床面積が300㎡以上の場合 ●共同住宅の地階・2階以上の階で，駐車の用に供する部分の存する階（駐車するすべての車両が同時に屋外に出ることができる構造の階を除く）のうち，駐車の用に供する部分の床面積が200㎡以上の場合

なお，停電時の非常電源として蓄電池を用いる自動火災報知設備は，**有効に10分間以上作動する**ものでなければなりません。

「非常警報設備」（非常ベル，自動式サイレン，放送設備）の設置とは異なり，**マンション**においては，「**非常警報器具**」（警鐘，携帯用拡声器，手動式サイレン等）の**設置は義務付けられていません。**

② **非常警報設備**

火災を自動または手動により不特定多数の人に報知するもので，非常ベル・自動式サイレン・放送設備の3種類の設備があります。

【設置基準】

非常警報設備	●収容人員50人以上の場合 ➡非常ベル，自動式サイレン，放送設備の「どれか」を設置 ●収容人員800人以上または11階以上，地階の階数が3以上の場合 ➡「放送設備」（必須）＋「自動式サイレンまたは非常ベル」（どちらかを選択）を設置

+1点! 消防機関から著しく離れた場所等にあるものを除き，**延べ面積1,000㎡以上**のマンション等には，「**消防機関へ通報する火災報知設備**」の設置が必要です。

（3）避難設備

① **避難器具**

火災時等に避難する場合の**安全を補助する**器具のことで，避難はしご，救助袋，緩降機等のことをいいます。

【設置基準】

避難器具	●2階以上の階・地階で，収容人員が30人以上の場合 ➡避難器具の個数は，収容人員100人以下は1個，以降100人を超えるごとに1個増やすこととされ，すべてのバルコニーに避難器具を設けなければならないわけではない。

② 誘導灯（ゆうどうとう）

火災時等に避難する通路や方向を誘導するための**照明設備**で，避難口の位置を示す**避難口誘導灯**，避難の方向を示して避難に必要な床の明るさも確保する**通路誘導灯**があります。

+1点! 誘導灯の光源の種類としては，白熱灯や蛍光灯のみならず，ＬＥＤランプも認められています。

【設置基準】

誘導灯	●地階・無窓階・11 階以上の部分

【避難口誘導灯】

【通路誘導灯】

消防法上の「**誘導灯**」**と区別**すべきものとして，建築基準法上の「**非常用の照明装置**」があります（➡ **P.664 参照**）。

- 「**誘導灯**」は，非常用の予備電源で「**20 分以上**」の点灯が義務付けられています。
- 「**非常用の照明装置**」は，非常用の予備電源で「**30 分以上**」の点灯が義務付けられています。

用語 **非常用の照明装置**：災害等で電力が遮断された場合に，自動的に非常用の予備電源に切り替わり，一定時間点灯するもの

2　消防用水

消防用水とは，消防隊が消火活動をする際に必要な水源となる**防火水槽**または**用水**のことです。

【設置基準】

<table>
<tr><td rowspan="2">消防用水</td><td>●敷地面積が 20,000㎡以上で，１階と２階の床面積の合計が①耐火建築物では 15,000㎡以上，②準耐火建築物では 10,000㎡以上の場合</td></tr>
<tr><td>●高さ 31 m超で，延べ面積が 25,000㎡以上（地階の面積を除く）の場合</td></tr>
</table>

3　消火活動上必要な施設

(1) 連結送水管

連結送水管は，1階に設ける**送水口**，耐水圧性を有する**配管**（屋内消火栓設備との兼用も可能），3階以上の各階に設ける**放水口**等から構成され，消防ポンプ車から送水口を通じて送水し，消防隊が放水口にホースを接続することで消火活動を行います。

一定の階数・規模以上のマンションでは，火災の際にハシゴ付消防自動車等で外部から消火しようとしても，内部の燃焼部分に注水・消火するのが困難な場合があります。そこで，建物内部に**配管設備**と**放水口**を設けて，消防隊**による消火活動を容易**にするための設備が，連結送水管です。

連結送水管には，配管を満水にしておく「**湿式**（しっしき）」と，空管にして圧縮空気を入れる「**乾式**（かんしき）」とがありますが，寒冷地を除いては一般に「湿式」が用いられています。

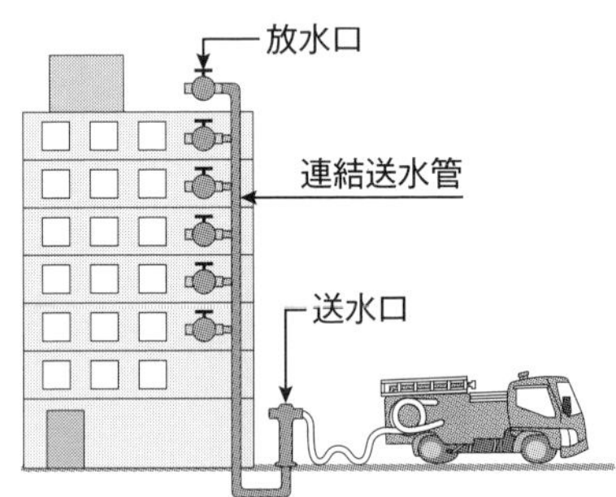

【設置基準】

連結送水管	● 5階（地階を除く）以上で延べ面積 6,000㎡以上の場合
	● 7階（地階を除く）以上の場合

設置後10年を経過した**屋内・屋外消火栓設備や連結送水管の「消防用ホース」**についても，**同様**です（易操作性1号・2号消火栓ホースは除く）。

従来，連結送水管については外観点検の義務しかなく，配管の老朽化等のリスクが見過ごされてきました。そこで現在は，**設置（製造年月）後10年を経過**した連結送水管については，原則として3年ごとに，配管に所定の水圧をかけて漏水しないことを確認する**耐圧性能試験**が義務付けられています。

(2) 非常コンセント設備

消防隊が消火活動の際に使う，電気を必要とする設備（ドリルや照明器具等）に，電源供給を行うためのものです。

非常電源，非常コンセント保護箱，表示灯等から構成されます。

【設置基準】

非常コンセント設備	● 11階（地階を除く）以上の場合
	● 11階以上の階の，消防隊が有効に消火活動をできる場所（階段室や非常用エレベーターの乗降ロビー等）に設置

POINT整理 マンションの主な消防用設備等の設置基準

消火器	延べ面積 150㎡以上の場合等
屋内消火栓設備	延べ面積 700㎡以上の場合等
スプリンクラー設備	11 階以上の場合（「11 階以上」の階に設置義務）
自動火災報知設備	延べ面積 500㎡以上の場合等
避難口誘導灯及び通路誘導灯	地階・無窓階・11 階以上の部分
連結送水管	①7階以上（地階を除く）の場合，及び ②5階以上（地階を除く）かつ延べ面積が 6,000㎡以上の場合 ➡放水口は３階以上の階に設置
非常コンセント設備	11 階以上（地階を除く）の場合 ➡ 11 階以上の階の消防隊が有効に消火活動をできる場所（階段室や非常用エレベーターの乗降ロビー等）に設置

3　消防用設備等の点検及び報告（17 条の 3 の 3）

H29・R2・3・4

1　点検資格者

マンションの関係者は，**消防用設備等**について，定期に，次の点検資格者による**点検**を行い，その結果を，**消防長または消防署長に報告**しなければなりません。

区分	消防用設備等の点検資格者
延べ面積 1,000㎡以上で，消防長または消防署長が指定するマンション	消防設備士免状の交付を受けている者等による点検が必須
上記以外 （延べ面積 1,000㎡未満）	関係者または防火管理者等による点検でも可

2　点検の種類・期間と報告の期間

(1) 点検の種類

消防用設備等の点検には，**機器点検**と**総合点検**があります。

機器点検	次の事項につき，消防用設備等の種類等に応じ，告示で定める基準に従い確認しなければならない。 ① 消防用設備等の非常電源（自家発電設備に限る）または動力消防ポンプの正常な作動 ② 消防用設備等の機器の適正な配置，損傷等の有無，その他主に外観から判別できる事項 ③ 消防用設備等の機能について，外観から，または簡易な操作により判別できる事項
総合点検	消防用設備等の全部・一部の作動，または当該消防用設備等の使用により，消防用設備等の総合的な機能を，消防用設備等の種類等に応じ，一定の基準に従って確認しなければならない。

（2）非特定防火対象物であるマンションでの点検・報告期間

機器点検及び総合点検は，必要なものについて次の頻度で行い，結果は，まとめて消防長または消防署長に報告します。

種類	点検期間	報告期間
機器点検	6ヵ月に1回	3年に1回 （まとめて報告）
総合点検	1年に1回	

4 住宅用防災機器

住宅用防災警報器：住宅における火災の発生を未然にまたは早期に感知し，及び報知する警報器であって，感知部，警報部等で構成されたもの
住宅用防災報知設備：住宅における火災の発生を未然にまたは早期に感知し，及び報知する火災報知設備であって，感知器，中継器，受信機及び補助警報装置で構成されたもの

住宅での火災予防に役立つ一定の機械器具または設備をいい，火災を感知した場所で警報を鳴らす**住宅用防災警報器**と，それ以外の住戸内の場所にも補助警報装置で警報を鳴らす**住宅用防災報知設備**とがあります。

従来，就寝中の火災で，気が付かずに逃げ遅れたという事例が多かったことから，これを防止するために，新築・既存を問わず，すべての住宅に**設置**が**義務付け**られています。

（1）設置・維持義務

住宅である防火対象物（一部が住宅以外である防火対象物では，住宅以外の部分を除く）の**関係者**（所有者，管理者または占有者）は，住宅用防災機器の設置・維持の基準に従って，住宅用防災機器を**設置・維持**しなければなりません。

(2) 感知器を設置すべき場所

住宅用防災機器の感知器は，原則として，**次の住宅の天井や壁の屋内に面する部分**（天井のない場合は，屋根や壁の屋内に面する部分）に，火災の発生を未然にまたは早期に，かつ，有効に感知できるように**設置**しなければなりません。

> ① **就寝の用**に供する居室
>
> ② **就寝の用**に供する居室がある階（**避難階を除く**）から直下階に通ずる階段（屋外に設けられたものを除く）

用語 避難階：**直接地上に通ずる出入口のある階**のこと。通常は1階ですが，建物が建っている場所により，2階以上の階が地上に通じている場合には，その階も避難階に該当します。

就寝中の逃げ遅れ防止のため，まずは**寝室に感知器**を設置します。また，火災発生の早期報知のため，**避難階を除き，寝室がある階の階段**（2階に寝室があれば，2階の階段部分）にも設置します。

住宅用防災警報器及び住宅用防災報知設備の感知器に関する具体的な設置基準は，次のとおりです。

「住宅用防災警報器」のうちスイッチの操作（手動）で火災警報を停止することができるものは，その操作により火災警報を停止した際は，15分以内に**自動的に適正な監視状態に復旧するもの**でなければなりません。

設置場所	設置基準
天井	壁またははりから0.6 m以上離れた屋内に面する部分
壁	天井から下方0.15 m以上0.5 m以内の位置にある屋内に面する部分で，かつ，換気口等の空気吹出し口から1.5 m以上離れた位置

(3) 例外

住宅の部分に**スプリンクラー設備**（一定の閉鎖型スプリンクラーヘッドを備えているものに限る）または**自動火災報知設備**を，それぞれ一定の基準に従って**設置等した場合**には，その設備の有効範囲内にある住宅の部分への**住宅用防災機器の設置は不要**です。

スプリンクラー設備や自動火災報知設備が設置された場合は，その有効範囲内において，**住宅用防災機器が果たすべき役割は果たしている**ため，重ねて，住宅用防災機器を設置する必要はないということです。

5 消防法上の防火管理（8条, 8条の2, 令1条の2, 令3条, 令4条） H27・30・R2・3

用語 管理権原者：防火対象物の管理について権原を有する者のこと。マンションでは，通常，**管理者**または**理事長**が，これにあたります。

+1点! 『管理権原者』は，共同住宅の廊下，階段，避難口その他の**避難上必要な施設**について**避難の支障になる物件が放置され，またはみだりに存置されないように管理**し，かつ，**防火戸**についてその**閉鎖の支障になる物件が放置され，又はみだりに存置されないように管理**しなければなりません。

1 防火管理者の選任

防火対象物の**管理権原者**は，防火対象物の区分に応じて定められた一定の資格を有する者で，防火対象物において防火管理上必要な業務を適切に遂行することができる**管理的または監督的な地位**にあるものから**防火管理者を選出し**，防火管理業務を行わせなければなりません。

建物の種類	収容人員	防火管理者の要否	延べ面積	区分・講習
特定防火対象物	30人以上	必要	300㎡以上	甲種
			300㎡未満	乙種
	30人未満	不要	——	——
非特定防火対象物	50人以上	必要	500㎡以上	甲種
			500㎡未満	乙種
	50人未満	不要	—	—

- 一般の**マンション**は，**非特定防火対象物**にあたり，収容人員が**50人以上**（居住者数で換算します）の場合にのみ，防火管理者の選任が必要となります。
- 防火管理者となる講習の種類には**甲種**と**乙種**があり，**甲種**の講習を終えた者は**建物の規模を問わず**防火管理者となることができますが，**乙種**の講習を終えただけの者は**規模の小さな建物**（500㎡未満等）の防火管理者にしかなることができません。

2 防火管理者の選任の届出等

管理権原者は，防火管理者を**定めた**ときは，遅滞なくその旨を，**所轄消防長または消防署長に届け出**なければなりません。**解任**したときも同様です。

消防長または消防署長は，防火管理者が定められていない場合には，管理権原者に対し，防火管理者を定めるべきことを命ずることができます。また，防火管理者の行う防火管理業務が法令や消防計画に従って行われていない場合には，管理権原者に対し，必要な措置を講ずべきことを命ずることができます。

3　防火管理者の業務と責務

防火管理者は，次の**防火管理上必要な業務**を行います。

① **消防計画の作成**
② **消防計画に基づく消火，通報及び避難の訓練の実施**
③ **消防の用に供する設備，消防用水または消火活動上必要な施設の点検及び整備**
④ **火気の使用または取扱いに関する監督**
⑤ **避難または防火上必要な構造及び設備の維持管理**
⑥ **収容人員の管理**
⑦ **その他防火管理上必要な業務**

また，**防火管理者**は，次のような**責務**を負います。

① **防火管理に係る消防計画の作成，所轄消防長または消防署長への届出**
② **消防計画に基づく，防火管理上必要な業務の遂行**
③ **「防火管理上必要な業務（上記①～⑦）」にあたり，必要に応じて管理権原者の指示を求め，誠実にその職務を遂行すること**
④ **消防用設備等の点検・整備，火気の使用・取扱いに関する監督を行う場合，火元責任者等の防火管理業務に従事する者に必要な指示を与えること**

4　防火管理者の外部からの選任

防火管理者は，本来，管理組合の役員や組合員から選任すべきですが，それが困難な場合，一定の要件の下で，防火管理者を**管理業者の従業員等外部の者から選任することが認められています。**

6
消防法・消防用設備

具体的には「防火対象物であるマンションで，管理的または監督的な地位にある者のいずれもが遠隔の地に勤務していること等の事情により，防火管理上必要な業務を適切に遂行することができないと**消防長または消防署長が認めている**」場合であり，かつ，受託者が，次の要件を満たすことが必要です。

① 管理権原者から，防火管理上必要な業務を適切に遂行するために**必要な権限が付与**されていること

② 管理権原者から防火管理業務の内容を明らかにした**文書を交付**され，その内容の**十分な知識**を有していること

③ 管理権原者から防火対象物の位置・構造・設備の状況等**防火管理上必要な事項の説明**を受け，かつ，それについて**十分な知識**を有していること

5 統括防火管理者

用語

統括防火管理者：防火対象物の全体について防火管理上必要な業務を統括する防火管理者のこと。①消防計画の作成，②消防計画に基づく消火，通報及び避難の訓練の実施，③防火対象物の廊下，階段，避難口その他の避難上必要な施設の管理の3つを行います。

高さ 31m を超える**高層建築物**等の防火対象物で，その管理について権原が分かれているものの**管理権原者**は，統括防火管理者を協議して定め，**防火対象物の全体についての防火管理上必要な業務**を行わせなければなりません。

そして，管理権原者は，統括防火管理者を**選任・解任**した場合，所轄消防長または消防署長に届け出なければなりません。

分譲マンションでは，**各区分所有者が各自の専有部分についての管理の責任**を負っているため，「権原が分かれている」といえます。したがって，高さが 31m を超えていれば，統括防火管理者を定める必要があります。

6 防炎規制（消防法８条の３）

H26・28・R1・3・5

高さ31 mを超えるマンション等（高層建築物）は，火災時に避難が困難になりやすいため，特に火災の拡大を抑制する必要性が高いといえます。そこで，このような建築物で使用する，カーテンその他の物品で政令で定めるもの（**防炎対象物品**）は，政令で定める基準以上の**防炎性能**を有するものでなければなりません。

+1点! 高さ31 mを超える共同住宅では，**階数にかかわらず**，すべての住戸で使用されるカーテンは，政令で定める基準以上の防炎性能を有するものでなければなりません。

防炎対象物品には，**カーテン**・**布製のブラインド**・**暗幕**・**じゅうたん人工芝**等が含まれますが，**寝具**は含まれていません。

なお，防炎性能を有する旨の表示については，以下のルールがあります。

① 防炎性能を有する防炎対象物品（防炎物品）には，その防炎性能を有する旨の表示（防炎表示）を付することができる。

② 防炎対象物品は，防炎表示等が付されていなければ，防炎物品として**販売等してはならない**。

注：防炎性能を有する防炎対象物品（防炎物品）を購入した場合，高さ31 m超のマンション等の関係者による防炎表示は不要

③ **高さ31 mを超えるマンション等の関係者**は，当該防火対象物において使用する**防炎対象物品**について，当該防炎対象物品若しくはその材料に**防炎性能を与えるための処理**をさせ，または防炎性能を有する旨の表示が附されている生地その他の材料からカーテンその他の**防炎対象物品を作製**させたときは，総務省令で定めるところにより，**その旨**（「防炎処理品」である旨等）**を明らかにしておかなければならない**。

注：防炎性能を有しない防炎対象物品を購入し，**防炎性能を与えるための処理等**をさせた場合の規定である

コレが重要!! 確認問題

❶ 地階のない4階建てのマンションで延べ面積が150㎡以上のものには，消火器又は簡易消火用具を設置しなければならない。過 H16

❷ 屋内消火栓設備において，易操作性1号消火栓及び2号消火栓は，火災時に1名でも操作ができる。過 H22

❸ 閉鎖型のスプリンクラー設備には，配管内を常時充水しておく湿式と空管としておく乾式等があり，寒冷地を除き，乾式が一般的である。過 H17

❹ 地階のない4階建てのマンションで延べ面積が500㎡以上のものには，自動火災報知設備を設置しなければならない。過 H23

❺ 建物の1階に床面積が300㎡の屋内駐車場を設ける場合には，泡消火設備を設置する必要がある。過 R3

❻ 地階のない4階建てのマンションで延べ面積が1,000㎡以上のものには，連結送水管を設置しなければならない。過 H23

❼ 消防用設備において，設置後10年を経過した連結送水管については，原則として，2年ごとに耐圧性能試験を行わなければならない。過 H21

❽ 消防用設備等は，消防設備士等の資格者により，6ヵ月に1回の機器点検及び1年に1回の総合点検を行い，その都度，消防長又は消防署長に報告しなければならない。過 H19

❾ 100人が居住する共同住宅では，防火管理者は，消防計画に基づき，消火，通報及び避難の訓練を行わなければならない。過 H27

❿ マンション（居住者50人）の管理について権原を有する者（管理権原者）は，防火管理者を選任する場合，管理組合の役員又は組合員から選任するものとされ，管理業務を委託している管理会社等からは選任することができない。過 H22

⓫ 高さ50mの共同住宅であって，その管理について権原が分かれているものの管理について権原を有する者は，統括防火管理者を協議して定めなければならない。過 H27

答 ❶○　❷○　❸×：寒冷地では乾式，寒冷地以外では湿式が一般である。　❹○　❺×：1階の屋内駐車場で泡消火設備が必要なのは，駐車場の床面積が500㎡以上の場合。　❻×：連結送水管は，①7階以上（地階を除く）のマンション等か，②5階以上（地階を除く）かつ延べ面積が6,000㎡以上のマンション等に設置する。　❼×：設置後10年を経過した連結送水管は，原則として，3年ごとに耐圧性能試験を行わなければならない。　❽×：消防用設備等は，6ヵ月に1回の機器点検，1年に1回の総合点検を行う。そして，点検結果の報告は，マンション（非特定防火対象物）では「3年に1回」である。　❾○　❿×：一定の条件を満たせば，管理業務を委託している管理会社等から選任することもできる。　⓫○

第7章　頻出度A

電気設備・避雷設備

- 電力の引き込み方法と受変電設備
- 配線方式と省エネに役立つ電気設備
- 電気工作物の分類と自家用電気工作物
- 避雷設備の設置基準

1 電気設備

H26・27・30・R3

1　建物への電力の引き込み

建物への**電力の引き込み方法**には，次のものがあります。

種類	供給電圧	契約電力	変電設備
低圧	200V または 100V	50kW 未満	不要
高圧	6,000V 以上	50kW 以上 2,000kW 未満	必要
特別高圧	20,000V 以上	2,000kW 以上	

マンションでは，各住戸と共用部分の契約電力の総量により，低圧引き込みまたは高圧引き込みの採用が大多数です。

(1) 低圧引き込み

各住戸と共用部分の契約電力の総量が**50kW 未満**の場合に，原則として用いられる引き込み方法で，主に小規模のマンション等で採用されます。受電電圧は100V または200V で，**電力会社の管理対象範囲**は**引込線の接続点**（**責任分界点**）**まで**となり，それより**先**は，**電力受給者側の管理対象範囲**です。

住宅用分電盤内の設備と所有者は，次のとおりです。

対象物	機能	所有者
サービスブレーカー（アンペアブレーカー／電流制限器）	分電盤の左側についているブレーカーで，**契約以上の電気**が流れた場合に**自動的に遮断**するもの	電力会社
漏電ブレーカー（漏電遮断器）	屋内配線や電気機器の**漏電**を感知した場合に**自動的に遮断**するもの	消費者

用語
住宅用分電盤：電気を安全に使用するために必要な，①サービスブレーカー（電流制限器），②漏電ブレーカー（漏電遮断器），③安全ブレーカー（配線用遮断器）を**1つにまとめた箱**のこと

安全ブレーカー（配線用遮断器）	分電盤から各部屋へ電気を送る各分岐配線に取り付けられ，電気器具やコードの故障によって許容電流を超えた電流（過電流）となった場合，自動的に遮断するもの	消費者

（2）高圧引き込み

各住戸と共用部分の契約電力の総量が**50kW以上**である場合に原則として用いられる引き込み方法で，主に**大規模のマンション**等で採用されます。受電電圧は6,000V以上と高圧のため，変電設備を設けて電圧を低圧へと変えた上で，必要箇所に供給します。

変圧方法には，次のものがあります。

① 借室・借棟方式	●電力会社が建物内の1室を変圧器室として無償で借りたり（借室），敷地内に設置する変圧器棟を借りたり（借棟）して，受変電設備を設置して変圧する方式。**受電容量（トランス容量）に制限がなく**，建物の規模にかかわらず採用できる。 ●借室・借棟の内部空間と受変電設備等は電力会社の管理対象物となり，借室・借棟には電力会社関係者の立会いがないと入室できず，維持管理一切は電力会社が行う。
② 集合住宅用変圧器（パットマウント）方式	屋外にコンパクトな集合住宅用変圧器（パットマウント）を設けて変圧する方式。**受電容量（トランス容量）に制限があるが**，1戸50Aの契約で最大100戸程度まで供給が可能
③ 借柱方式	敷地内の電柱上に変圧器を設置して変圧を行う方式。トランス容量に制限がある。

2 自家用受変電設備

共用部分の契約電力だけで**50kW以上**になる場合，**借室受変電設備等とは別**に，自家用受変電設備を設置します。自家用受変電設備には，借室電気室内に電力会社が設置する高圧断路器から分岐して高圧電力が供給され，**自家用**電気室からは**共用部分**へ，**借室**電気室からは**各住戸**へと送電されます。

3　高圧一括受電

マンションの居住者は，通常，各戸で電力会社と**個別契約**（**低圧契約**）を結んでいます。

これに対し，**管理組合等がマンション１棟分の電気を一括で契約**（**高圧契約**）し，**各戸の居住者へ低圧に変換して供給**するものを「高圧一括受電」といいます。高圧一括受電は，各戸ごとの契約からマンション一括での契約に変更することにより，電気料金を削減します。

この場合，高圧電力から各戸用の低圧電力へ変圧するための**受変電設備**，**各住戸の電力量計**（**電気メーター**）**の設置・維持管理**は，**電力会社ではなく**管理組合側で行う必要があります。

4　配線方式

受変電設備から電灯・コンセント系統への配電においては，次の単相２線式や単相３線式といった配線方式があります。

①　**単相２線式**	主に小規模のマンション等に用いられる方式で，電圧線と中性線の２本の線を利用するため，100V のみの使用となる。
②　**単相３線式**	**２本の電圧線**とそれに挟まれた**１本の中性線**という３本の電線を利用する方式で，**電圧線と中性線**を接続すれば 100V の，また，**電圧線同士**を接続すれば 200V の電圧が使用できる。近年，200V の電圧を必要とする大型家電も増えてきたため，マンションでもよく採用されている。

単相２線式・単相３線式は「電灯・コンセント系統」のものですが，中規模建築物の「動力系統（ポンプやファン等）」に用いられるものとして「三相３線式」というものもあります。

単相３線式において，中性線が切れたり，接触不良を起こしたりした状態を「**中性線欠相**」といい，その場合，テレビや冷蔵庫等 100V 用の電気機器に 100V 超の電圧が加わるため，電気機器の故障や火災のおそれもあります。そのため，単相３線式では，それに備えて電気を自動的に止める，**中性線欠相保護機能付き**の漏電遮断器を設置する必要があります。

【単相2線式100Vの配線図】

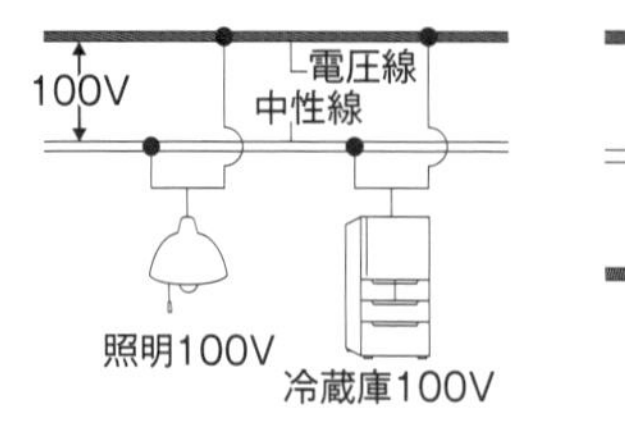

【単相3線式100V・200Vの配線図】

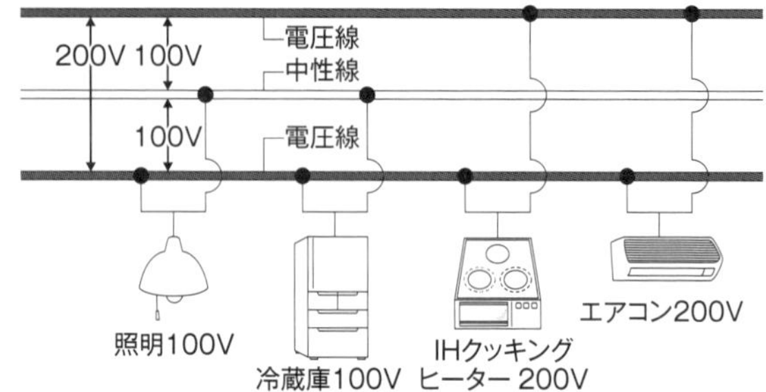

5　省エネルギーに役立つ電気設備

省エネルギーに役立つ電気設備には，次のものがあります。

インバータ	モーターの電源周波数を自由に変えることで，**モーターの回転数を制御**するための装置。例えば，必要に応じてエアコンの風量の調整ができる等，省エネルギーに役立つ。
照度センサー付照明設備	照度センサーにより，暗くなると点灯し，明るくなると消灯する仕組みの照明設備
人感センサー付照明設備	赤外線等を利用して，人の動きを検知して，人が近づくと点灯し，離れると消灯する仕組みの照明設備
高周波点灯方式蛍光灯	●交流電流をインバータ装置により，高周波に変換して点灯する。 ●省エネルギー化とともに，すばやく点灯し，ちらつきが少なく，安定器の音も小さくできる。
ＬＥＤ照明	●発光ダイオードを利用した照明 ●長寿命，低消費電力，低発熱性という特長を有する。 ●ＬＥＤ単体も発熱しており，LED照明器具の本体を通じて，外へ放熱している（ただし，高温にはなりづらい）。

白熱電球・電球形蛍光ランプ・LED電球は，明るさがほぼ同じですが，**白熱電球を電球形蛍光ランプに交換**することは，**電球形蛍光ランプをLED電球に交換**することよりも，**節電効果が増大**します。

6　電気工作物

建築物に設置される，電気の使用等のために設置する**電気設備等**のことをいい，次のように分類されます。マンションに関係が深いのは，**一般用電気工作物**と**自家用電気工作物**です。

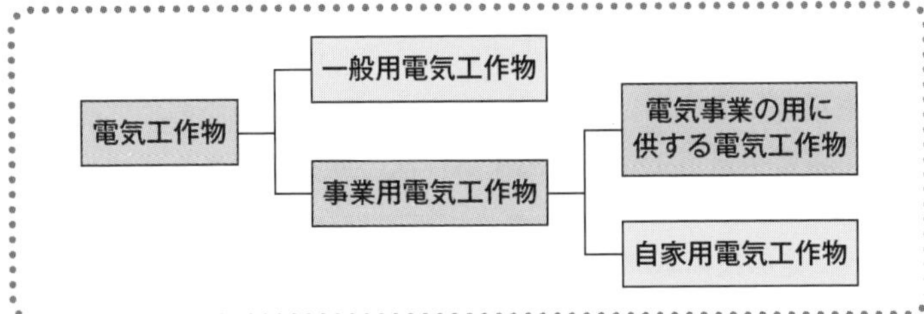

- 「**一般用電気工作物**」と「**事業用電気工作物**」の分類は，電気工作物の「**規模・危険性**」によります。つまり，「**一般用**」は限定された場所で使用される**規模が小さく比較的危険性の低い**電気工作物を指し，「**事業用**」は**規模が大きく比較的危険性の高い**電気工作物を指します。
- **事業用電気工作物**は，さらに「電気事業の用に供する電気工作物」と「**自家用電気工作物**」に分類されますが，これは，電気事業に用いるか自家用かという「**用途**」によります。

(1) 一般用電気工作物

一般用電気工作物は，電圧が低く**小規模**で，**比較的安全性の高い**電気設備のことです。具体的には次のものが該当します。

① **一般住宅や小規模な店舗等のように，電気事業者から低圧(600V 以下)の電圧で受電している場所等の電気工作物**

② **次の小出力発電設備**

- 出力50kW未満**の太陽電池発電設備**
- 出力10kW未満**の一定の燃料電池発電設備**　等

（2）自家用電気工作物

電気事業の用に供する電気工作物及び**一般用電気工作物以外**の電気工作物をいいます。例えば，マンションで，共用部分の契約電力だけで50kW以上となる場合に設置される自家用受変電設備等，一般電気工作物と比べて電圧も高く**大規模**で，**比較的危険性の高い**電気設備が該当します。

自家用電気工作物は，事業用電気工作物の一種なので，設置者には，**事業用電気工作物**に関する，次の義務が課されます。

① 一定の技術基準に適合するよう維持する義務
② 保安規程の制定・届出・遵守義務
③ 主任技術者の選任・届出義務

自家用電気工作物では，次の２種類の特例があります。

● ① **許可主任技術者の選任**：
主任技術者免状の交付を受けていない一定の者でも，**許可を受ければ主任技術者**にできるとするものです。

● ② **保安管理業務外部委託承認制度**：
主任技術者の雇用が困難な場合に，一定の要件を満たす者と電気保安業務を委託する契約をし，経済産業大臣の承認を受けた場合に，**主任技術者の選任義務を免除**するものです。

自家用電気工作物の多くは，この保安管理業務外部委託承認制度により，保安がなされています。

(3) 電気工事の資格者

一般用電気工作物に係る電気工事の作業，例えば，マンション内に分電盤（一般用電気工作物）を取り付ける作業は，**第一種電気工事士**または**第二種電気工事士**でなければ，原則として従事してはなりません。また，自家用電気工作物に係る電気工事の作業は，第一種電気工事士でなければ，原則として従事してはなりません。

電気工事の作業の対象	資格者
一般用電気工作物	第一種電気工事士 または第二種電気工事士
自家用電気工作物	第一種電気工事士のみ

住宅用分電盤の設置工事だけでなく，**安全ブレーカーの増設・変更**も，第１種電気工事士または第２種電気工事士が作業をしなければなりません。

2 避雷設備

H30

1 設置基準

高さ 20m を超える**建築物**には，有効に**避雷設備**（ひらいせつび）を設けなければなりません。この場合，高さ 20m を超える部分を雷撃から保護するように設置します。なお，**周囲の状況で安全上支障がない**場合は，避雷設備を設ける**必要はありません**。

「周囲の状況によって安全上支障がない場合」とは，周囲の建物の方が相当程度高く，その周囲の建物に設置された避雷設備の保護範囲内にあるような場合です。

避雷設備は，雷を安全に大地に逃がして，雷撃による損傷を最小限に抑えるための設備で，「雷を避ける」ための設備ではなく，「(雷が落ちることを前提に) **落雷による被害を軽減する**」ための設備です。

2 避雷設備の構造

避雷設備は，次の構造としなければなりません。

2003年改正のJISでは，保護レベルを保護効率の高い順にⅠ～Ⅳの**4段階**に区分し，各レベルでの保護効率（Ⅰ：0.98，Ⅱ：0.95，Ⅲ：0.90，Ⅳ：0.80）を明確にしています。なお，2003年のJIS改正以前の基準（A 4202－1992）に適合するものは，現在の国土交通省告示に適合するものとみなされます。

① 雷撃によって生ずる電流を建築物に被害を及ぼすことなく安全に地中に流すことができるものとして，国土交通大臣が定めた構造方法を用いるもの，または国土交通大臣の認定を受けたものでなければならない。

② 雨水等により腐食のおそれのある部分にあっては，腐食しにくい材料を用いるか，または有効な腐食防止のための措置を講じたものでなければならない。

③ 構造方法については，2003年に改正されたJIS（日本産業規格）A 4201－2003に規定する外部雷保護システムに適合する構造とする必要がある。

コレが重要!! 確認問題

❶ 第二種電気工事士は，マンション内に配電盤を取り付ける一般用電気工作物の電気工事を行うことができる。過 H14

❷ 電磁誘導加熱式調理器（IHクッキングヒーター）に対応できるように，共用幹線のケーブル等を取り替え，専有部分の電気配線を単相3線式としたことは，適切である。過 H20

❸ 借室電気室は，建物内に電気を供給するための変電設備を設置したスペースで，電力会社が借り受け，設備の維持管理はすべて電力会社が行う。過 H13

❹ 電気を低圧引込みから高圧引込みに変更する場合，100戸を超える規模のマンションに一般的に用いられるものとして，集合住宅用変圧器方式にする方法がある。過 H16

❺ 小規模のマンションで，各住戸の契約電力と共用部分の契約電力の総量が50kVA未満の場合には，原則として低圧引込みにより電気が供給される。過 R3

❻ 高さ20mを超える建物には，落雷による損傷の危険の減少のため，周囲の状況に応じて安全上支障がない場合を除き，有効に避雷設備を設けなければならない。過 H24

答 ❶○　❷○　❸○　❹×：集合住宅用変圧器方式（パットマウント方式）は，トランス容量に制限があり，採用規模は，最大100戸程度「まで」である。　❺○　❻○

第8章 エレベーター設備

頻出度 B

- エレベーターの駆動方式
- エレベーターの保守契約の種類と内容
- エレベーターの運行管理に関する指針の内容

1 エレベーターの駆動方式

エレベーターには，次のような**駆動方式**（くどうほうしき）があります。

> 他に，リニアモーター式や水圧式といったものもあります。

ロープ式	●エレベーターシャフト（**昇降路**）**上部**に**機械室**を設け，ワイヤーでかごを吊して駆動する方式 ●近年は，機械室をなくし，エレベーターシャフト内に必要な機器を設置する「**マシンルームレス型エレベーター**」が主流
油圧式	エレベーターシャフト**下部**に**機械室**を設け，パワーユニットで油を油圧ジャッキに注入してかごを昇降させる方式

なお，乗用エレベーターは，**用途・積載量・最大定員**（重力加速度を9.8 m／s² と，１人当たりの体重を65kg として計算した定員）**を明示した**標識をかご内の見やすい場所に掲示しなければなりません。

【ロープ式エレベーター】

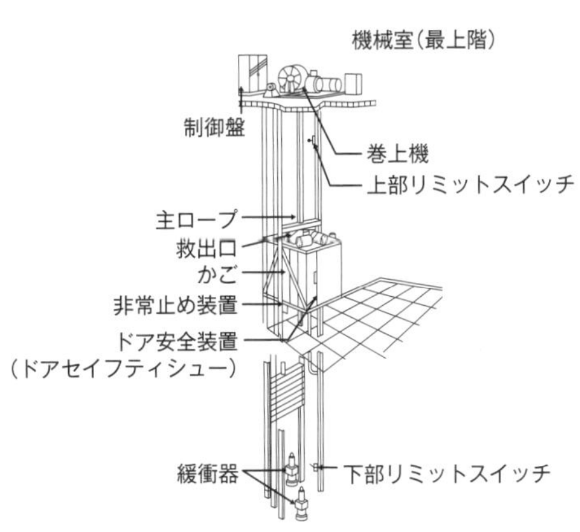

【油圧式エレベーター】

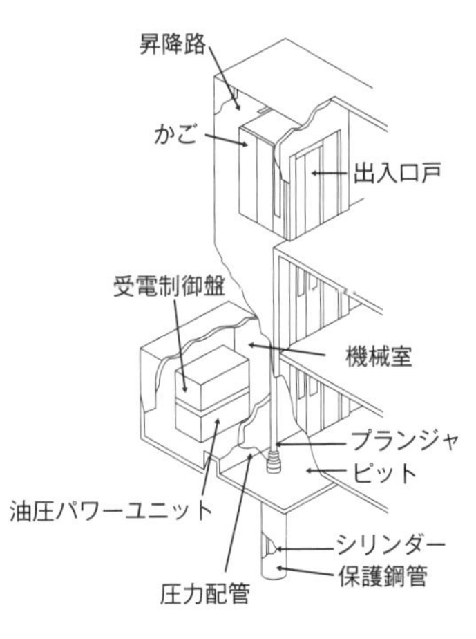

8 エレベーター設備

2 エレベーターの保守契約

H29

マンション標準管理委託契約書では，FM方式とPOG方式のどちらかを「**選択**」することとされています。

エレベーターを快適かつ安全に使い続けるには，メーカーやメンテナンス会社等の専門家と保守契約を締結し，定期的なチェックを受ける必要があります。この保守契約には，「**フルメンテナンス契約**」と「**ＰＯＧ契約**」の２種類があります。

<table>
<tr><th>保守契約の種類</th><th>内容・特徴</th></tr>
<tr><td rowspan="3">フルメンテナンス契約
(Full Maintenance)</td><td>① エレベーターの定期点検，調整，修理及び部品の取替えを状況に合わせて行う契約</td></tr>
<tr><td>② カバー範囲が広いが，保守契約額はＰＯＧ契約よりも割高</td></tr>
<tr><td>③ 乗場扉・三方枠の塗装，新機能の付加，新規取替え等は含まれず，別途の費用計上が必要</td></tr>
<tr><td rowspan="3">ＰＯＧ契約
(Parts Oil Grease)</td><td>① 消耗部品付き契約</td></tr>
<tr><td>② カバー範囲が狭いが，保守契約額はフルメンテナンス契約よりも割安</td></tr>
<tr><td>③ 定期点検・管理仕様範囲内の消耗品の交換や，建築基準法12条に基づく定期検査（法定点検）は含まれるが，それ以外の部品の取替え等は，原則として含まれず，別途の費用計上が必要</td></tr>
</table>

POINT整理 フルメンテナンス契約とＰＯＧ契約の差異

<table>
<tr><th>項目</th><th>フルメンテナンス</th><th>ＰＯＧ</th></tr>
<tr><td>定期点検（法定点検を含む）・調整等</td><td rowspan="3">含まれる</td><td rowspan="2">含まれる</td></tr>
<tr><td>消耗品交換</td></tr>
<tr><td>部品交換・修理</td><td rowspan="2">含まれない</td></tr>
<tr><td>本体の交換</td><td>含まれない</td></tr>
</table>

3 エレベーターの安全装置

H29・R1

エレベーターにおいては，次のような安全装置があります。

名　称	内　容
戸開（こかい）走行保護装置	駆動装置または制御器に故障が生じ，かご及び昇降路のすべての出入口の戸が閉じる前にかごが昇降した場合等に，自動的にかごを制止する装置
地震時管制運転装置	地震時に**初期微動**（P 波）や**主要動**（S 波）を感知して，自動的にエレベーターを最寄り階で停止して開扉させる装置
火災時管制運転装置	火災時にエレベーター監視盤のキースイッチまたは火災報知器と連動して，自動的にエレベーターを避難階まで走行させ，停止して開扉させる装置

新設する乗用エレベーターに設置する地震時等管制運転装置には，**予備電源**を設ける必要があります。

建築基準法上，戸開走行保護装置と地震時管制運転装置の２つについては，設置義務があります。

コレが重要!! 確認問題

❶ 油圧式エレベーターの場合，一般に最上階に機械室を設置することが多い。過 H13

❷ エレベーターのいわゆるＰＯＧ契約は，定期点検及び管理仕様範囲内の消耗品の交換を含み，それ以外の部品の取替え及び修理は，原則として含まない。過 H21

❸ 最近の新築マンションでは，エレベーター昇降路内等に機器を設置したマシンルームレス型エレベーターが主流となっている。過 H21

❹ 新設する乗用エレベーターに設置する地震時等管制運転装置には，予備電源を設ける。過 R1

答 ❶×：油圧式エレベーターの機械室は，一般にエレベーターシャフト（昇降路）の下部に機械室を設ける。 ❷○　❸○　❹○

第9章 頻出度 S+

マンションの劣化と調査・診断

●鉄筋コンクリートの劣化と調査・診断
●外壁タイル等の調査・診断，補修方法

1 劣化の種類

マンションの**劣化**には，主に次のものがあります。

物理的劣化	●使用による減耗等，物理的要因による劣化
	●雨水や二酸化炭素等，化学的要因による劣化
機能的劣化（陳腐化）	●建設後の技術の向上により，当初設置された機器等が相対的に陳腐化する劣化
	●竣工後の法改正により，**新法に対応していない**という意味で，相対的に陳腐化する劣化
社会的劣化	社会的要求水準等の変化による劣化

2 建物診断の流れ

建物診断は，一般的に，①**予備調査**，②**本調査**，③**調査・診断報告書の作成**，④**修繕基本計画の作成**の順で行われます。

現地調査・対象建築物の状況を実地確認し，設計図書や過去の診断・補修の記録等の確認や，住民へのアンケート調査を実施したりします。

① 予備調査	診断の際には，依頼者からの調査目的をよく確認し，**最適の診断方法を決定**するための予備調査を行う。その上で，調査・診断計画書を作成する。
② 本調査	**経済性**を考慮し，調査目的に応じて簡易診断（一次診断）から始め，それで判断がつかない場合には，二次診断・三次診断と，**より詳細な調査**へと段階を踏むのが一般である。
③ 調査・診断報告書の作成	「②本調査」の結果は，「**調査・診断報告書**」という形でまとめられ，補修の要否の判断や長期修繕計画の策定等に利用される。
④ 修繕基本計画の作成	調査・診断の結果，修繕の必要性があると判断された場合は，「②本調査」の結果を元に，**修繕基本計画を作成**する。

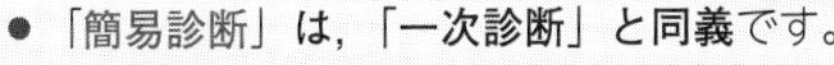

- 「簡易診断」は，「一次診断」と同義です。
  - ➡診断方法を決定するための「予備調査」とは異なります。
- 「詳細診断」は，「二次診断・三次診断」と同義です。
  - ➡**二次診断**で行われる**非破壊試験**とは，被検体である材料あるいは製品の材質や形状，寸法に変化を与えないで，その健全性を調べる試験のことです。
  - ➡**三次診断**で行われる**局部破壊試験**には，鉄筋のはつり出し，コンクリートのコア抜き試験や配管の抜管試験などがあります。

3 鉄筋コンクリートの劣化と調査・診断等 H26・27・28・29・30・R1・3・4・5

1 鉄筋コンクリートの劣化

(1) コンクリートの中性化

コンクリートの**中性化**とは，コンクリートのアルカリ性が，空気中の**二酸化炭素（炭酸ガス）で失われる現象**のことです。鉄筋を錆(さび)から守るアルカリ性が失われると，**鉄筋が錆びて強度が低下**し，躯体全体の強度が下がります。また，鉄筋は錆びると**膨張**するため，**外壁の剥落(はくらく)**や**鉄筋露出**等の**劣化現象**につながります。なお，**中性化の進行を遅らせるためには**，モルタル塗り等の仕上げが有効です。

＋1点! 中性化の原因は，二酸化炭素（炭酸ガス）であって，空気中の**酸素ではありません**。また，酸性雨も，中性化の原因の1つにはなり得ますが，空気中の二酸化炭素と異なり，常にコンクリートに接しているわけではないため，「主」原因ではありません。

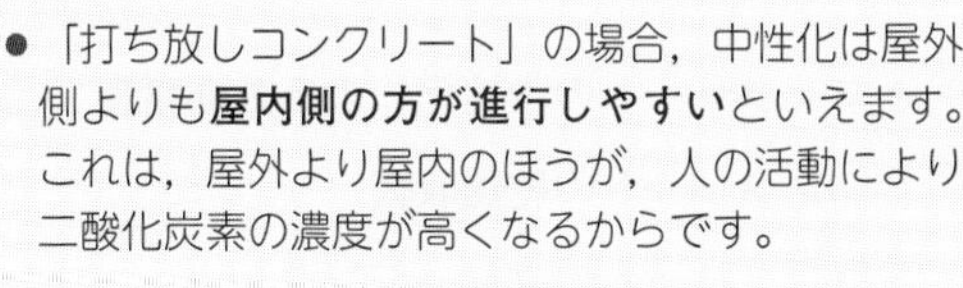

- 「打ち放しコンクリート」の場合，中性化は屋外側よりも**屋内側の方が進行しやすい**といえます。これは，屋外より屋内のほうが，人の活動により二酸化炭素の濃度が高くなるからです。
- 中性化が進行した場合に生ずるのは，「**鉄筋の**」強度低下です。「**コンクリート自体の**」**強度が低下するわけではありません。**
- 中性化は，通常，**外壁表面から徐々に進行**するため，コンクリート表面と内部鉄筋との距離（かぶり厚さ）が**不足**していると，より早く内部鉄筋の腐食が生じます。

鉄筋に対するコンクリートのかぶり厚さは，耐力壁以外の壁・床は2cm以上，耐力壁，柱・はりは3cm以上，直接土に接する壁・柱・床・はり・布基礎の立上り部分は4cm以上，基礎（布基礎の立上り部分を除く）は捨コンクリートの部分を除いて6cm以上とします。
鉄骨に対するコンクリートのかぶり厚さは，5cm以上とします。

（2）鉄筋腐食

コンクリートの中性化やひび割れ，化学物質や漏洩電流により鉄筋が発錆することです。

（3）鉄筋露出

新築時の**かぶり厚さ不足**等が原因で，腐食した鉄筋が表面のコンクリートを押し出して剥離させ，露出した状態のことです。

（4）ブリージング

コンクリートの打ち込み後，硬化中のコンクリート表面に練り混ぜた水の一部が浮いてくる現象のことです。

（5）ポップアウト

> 凍害やアルカリ骨材反応等が原因で発生します。なお，コンクリートの乾燥収縮は，その原因には含まれません。

コンクリート内部の部分的な**膨張圧**で，コンクリート表面の小部分が**円錐形のくぼみ状に破壊**された状態のことです。

（6）アルカリ骨材反応

> アルカリ骨材反応を抑制する方法には，「コンクリート中の**アルカリ総量の抑制**」「**抑制効果のある混合セメント**の使用」「**安全な骨材**の使用」の3つがあります。構造物に使用するコンクリートは，このうち**どれか1つを満たしているか**，**確認**を取る必要があります。

骨材の周囲にある**アルカリ分**と**骨材**中の物質とが反応し，**膨張**を起こす現象のことです。コンクリート表面に，**亀甲状のひび割れ**や骨材の**ポップアウト現象**が生じます。

（7）ひび割れ

コンクリートに，耐えられる限界（許容応力度）以上の応力が生じ，部分的に破壊される現象のことです。主に次のようなことが原因で発生します。

- ①　**コンクリートの中性化による鉄筋腐食**
- ②　**コンクリートの乾燥収縮**
- ③　**コンクリートのブリージング**
- ④　**コンクリートのアルカリ骨材反応**
- ⑤　**建物の不同沈下**

> 他にも，温度変化や水分の凍結融解等が，ひび割れの原因となります。

①　コンクリートの中性化による鉄筋腐食を原因とするもの

中性化により鉄筋が腐食すると，**鉄筋は膨張**します。そのため，コンクリートの表面に，鉄筋の配筋に沿って**規則性**をもった**直線状のひび割れ**が生じます。

②　コンクリートの乾燥収縮を原因とするもの

コンクリートの**乾燥収縮**とは，乾燥によるコンクリート中の水分の蒸発によって，コンクリートの体積が減少して収縮する現象です。使用水量・水セメント比が**大きい**コンクリートほど，乾燥収縮の度合いも大きくなります。

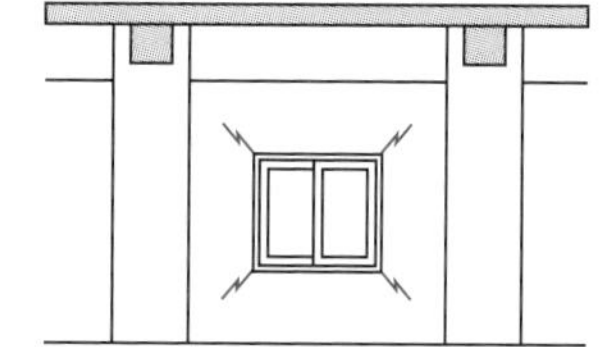

この乾燥収縮が，窓等の開口部の周囲で生じた場合，**隅角部から斜め（放射状）にひび割れ**が生じます。

③　コンクリートのブリージングを原因とするもの

ブリージングにより，水平鉄筋等の上面に，規則性のある**直線状のひび割れ**が生じます。

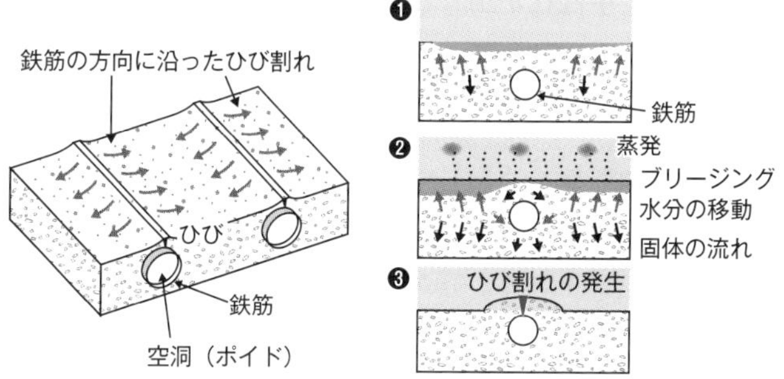

④　コンクリートのアルカリ骨材反応を原因とするもの

アルカリ骨材反応による**膨張**で，コンクリート表面に**不規則な亀甲状のひび割れ**が生じます。**ポップアウト現象**につながることもあります。

⑤　建物の不同沈下（ふどうちんか）を原因とするもの

不同沈下とは，地盤の状態や基礎の耐力不足などの理由で，建物が場所により異なる沈

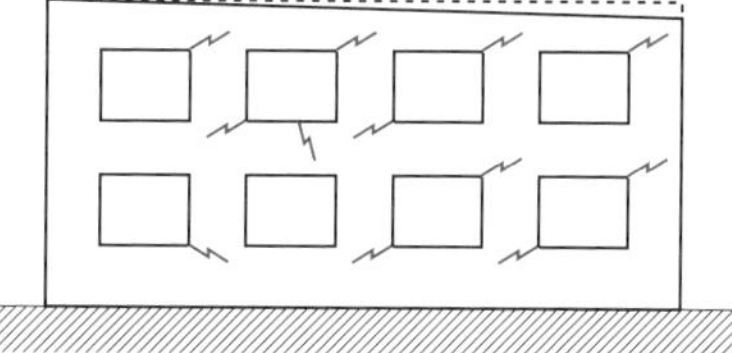

下をすることです。これにより，建物が**傾いたり**等するため，斜めにひび割れが生じます。

(8) コールドジョイント

打設（コンクリートの流し込み）を中断したり遅延させたりした場合に，先に打ち込んだコンクリートが凝結して生ずる，一体化していないコンクリートの**打ち継ぎ目**（うつめ）のことです。一般に，気温が高い方が発生しやすいとされています。

(9) 豆板（まめいた）（ジャンカ）

材料の分離や締固め不足等により，硬化したコンクリート中の一部に粗骨材が集まって露出した，**空隙**の多い部分のことです。豆板の**周囲**では，**中性化**が生じやすくなります。

(10) 漏水（ろうすい）

水が部材の断面を透過してしみ出たり，部材間の隙間から漏出したりする現象のことです。前述したひび割れ，コールドジョイント，豆板（ジャンカ）等が原因となります。

(11) 大たわみ

鉄筋の腐食やひび割れ，外力や熱作用により，主として水平部材が大きく変形する現象のことです。

(12) 浮き

仕上材が躯体から剥離した状態や，躯体コンクリートの鉄筋のかぶりが浮いている状態のことです。

> **+1点!** コンクリート**表面**に軽微な**剥がれ**や**剥落**が発生している場合の修繕には，**ポリマーセメントモルタル充てん工法**などが適用されます。

(13) 剥落（はくらく）

仕上材やコンクリートが，躯体から剥（は）がれ落ちる現象です。

(14) 錆汚れ

腐食した鉄筋の錆がひび割れ部から流出し，コンクリートの表面に付着した状態のことです。

(15) エフロレッセンス（白華現象（はっかげんしょう））

コンクリート中の**可溶性物質（石灰等）**が水に溶けて表面に浸み出し，空気中の炭酸ガスと化合して固まって**白色の粉状**等になった状態のことです。

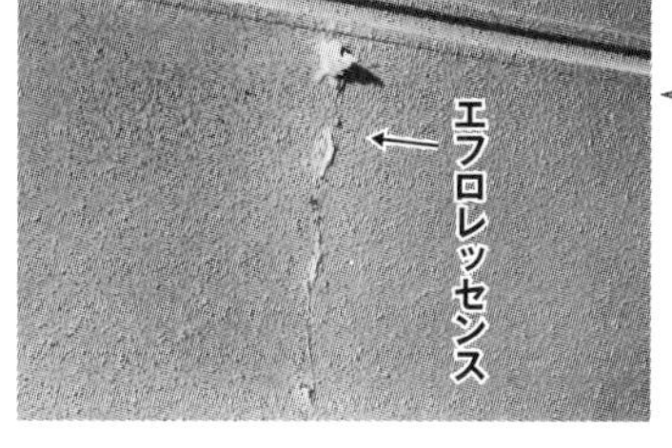

+1点! **紫外線**は，エフロレッセンスの原因とはなりません。

2 鉄筋コンクリートの劣化の調査・診断

(1) 中性化診断

円筒状に**コア抜き**したコンクリートに，**フェノールフタレインを噴霧（ふんむ）**等して行います。フェノールフタレインは，**アルカリ性**に対して赤色に変色し，**中性化**の進行している部分では無色のまま変色しません。

中性化が進行した場合，内部鉄筋は腐食によりその強度が下がりますが，コンクリート自体の強度が下がるわけではありません。

中性化深さは，スケール付きの**内視鏡**（コンクリートチェッカー）や**ノギス**（長さ等を測る工具）等を用いて測定します。

レベルUP!!

中性化診断には，次のような「ドリル削孔(粉末)法」という方法も用いられます。

① ろ紙に**フェノールフタレイン**を噴霧し，吸収させる。

② ①の試験紙を，ドリルで削った粉末が落ちる箇所に保持し，コンクリート壁等を垂直に**電動ドリル**でゆっくり**削孔**する（その際，落下した粉末が試験紙の一部分だけに集中しないよう，試験紙をゆっくり回転させる）。

③ ドリルで削った**コンクリート粉末**が試験紙に触れて**赤紫色に変色**したとき削孔を**停止**する。

④ ノギスを用いて**孔の深さを測定**し，中性化深さとする。

⑤ 上記試験終了後，削孔した孔をモルタル等を充てんし，修復する。

(2) コンクリート中の塩分量診断

コンクリート中の**塩分**は，**鉄筋の腐食を促進**させます。塩分量の診断は，コア抜きしたコンクリートを試験場に持ち込み，**塩化物含有量測定器**を用いて塩化物イオンの量を測定して行います。

塩分量が多いと，内部鉄筋は腐食によって強度が下がりますが，**コンクリート強度が下がるわけではありません。**この点で，鉄筋コンクリートへの影響は，中性化の進行の場合と同程度です。

(3) 鉄筋の腐食（ふしょく）診断（しんだん）

電磁波レーダー法：コンクリート表面に向けて電磁波を放射し，鉄筋で反射された電波を受信して，送信から受信までの時間によって，鉄筋の配筋位置やかぶり厚さを測定する調査方法

コンクリートについて，中性化が鉄筋まで達していた場合や，塩分量が多い場合は，鉄筋の腐食状態を診断する必要があります。

その際，**腐食により変化する鉄筋の電位を測定**することで，**鉄筋腐食を診断**する電気化学的方法として，**自然電位法**があります。また，コンクリートのかぶり厚さや鉄筋の配筋位置等を調べる方法としては，**電磁波レーダー法**があります。

(4) コンクリートの圧縮強度診断

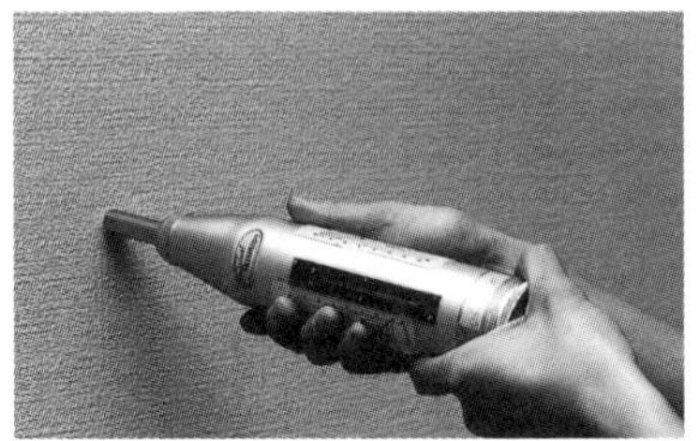

診断する方法としては，対象物の破壊を伴わない簡易な**非破壊検査**と，対象物の一部損壊を伴う**破壊検査**とがあります。

コンクリートの**非破壊検査**は，コンクリートの表面を**リバウンドハンマー**（**シュミットハンマー**ともいいます）で打撃し，その跳ね返りの程度からコンクリートの圧縮強度を測定するものです（「反発度法」ともいいます）。

強度が高ければ，跳ね返りの程度も大きくなります。

他方，コンクリートの**破壊検査**は，コア抜きしたコンクリートを試験器にかけ，破壊までに必要な圧縮力から強度を測定するものです。

リバウンドハンマー（シュミットハンマー）を用いた反発（度）法によるコンクリートの圧縮強度推定は，破壊試験よりも強度が高めに出ることがあるなど，試験結果の**精度が高いとはいえず，耐震診断においての適用は一般的ではありません。**

（5）ひび割れ診断

コンクリートの**ひび割れ**は，**漏水箇所や劣化の原因と深い関連性**があります。例えば，**ひび割れの幅が0.3mm以下**であっても，漏水の原因になり得ます。また，ひび割れの形状等によって原因を推測することも可能であるため，ひび割れの調査は，ひび割れの**幅**に加え，その**形状**や**全体的な分布状態**（パターン）も，あわせて調査する必要があります。

POINT整理 鉄筋コンクリートにおける主な調査・診断と方法

調査・診断内容	調査・診断方法
中性化診断	フェノールフタレイン＋ノギス等
コンクリート圧縮強度診断	リバウンドハンマー（シュミットハンマー）
コンクリート中の鉄筋の位置の調査	電磁波レーダー法
鉄筋の腐食診断	自然電位法
コンクリート内部の調査 （厚さや空洞の有無）	超音波法
ひび割れ診断	●幅：クラックスケール ●深さ：超音波法等

3　ひび割れの補修

ひび割れの補修方法には，その割れ幅に応じて次のような種類があります。

（1）シール工法

ひび割れ幅が**小さい場合**（**0.2mm未満**）に用いられる補修工法で，ひび割れの生じている表面の部分に，エポキシ樹脂等を塗布（シール）して補修します。ひび割れ部分に**挙動がある**場合は，一般に「**可とう性エポキシ樹脂**」を用います。

挙動があるということは，建物に加わる様々な力によって，ひび割れ部分付近に「**動き**」が生ずるということです。硬い補修材料でひび割れ部分を固めても，挙動によって結局またひび割れてしまうため，挙動があるひび割れの補修には，「可とう性（柔軟性）」をもった補修材料を用いる必要があります。

（2）樹脂注入工法

ひび割れ幅が **0.2mm ～ 1.0mm** である場合や，ひび割れ幅が **1.0mm を超える場合でも挙動がない場合**等に，エポキシ樹脂の**注入**によって補修を行う工法です。

樹脂注入工法により補修する場合，確実に樹脂を注入するには，**自動低圧注入器等で「低速低圧」で注入**する方法が一般的です。これは，高圧高速で注入すると，かえってひび割れを広げてしまったり，ひび割れている部分の隅々まで樹脂が行き届かなかったりするおそれがあるからです。なお，**挙動がある場合**には，**可とう性の補修材**を使用します。

（3）Uカットシール材充てん工法

ひび割れ幅が **0.2mm ～ 1.0mm で挙動がある**場合や，ひび割れ幅が **1.0mm を超える**場合等において，ひび割れ部分全体をＵ字型（またはＶ字型）に削り取り，その部分にシール材を充てんして補修を行う工法です。ひび割れに**挙動がある**場合には，補修材として**可とう性エポキシ樹脂**や，**シーリング材**等を用います。

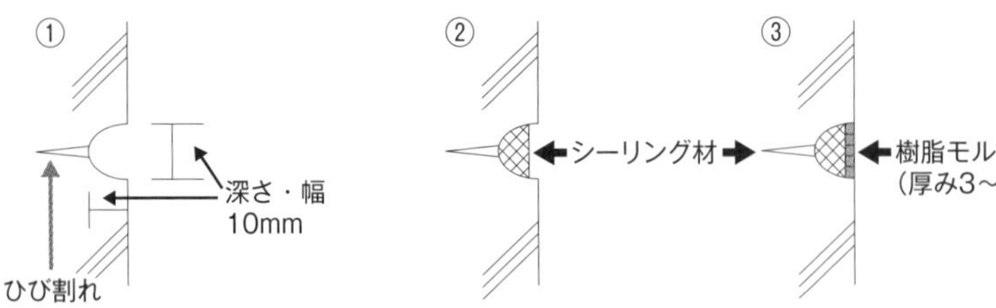

4　水の浸入・塩化物イオンの浸透等の抑制

水の浸入や塩化物イオンの浸透等があると，内部鉄筋が腐食します。そこで，**浸透性の吸水防止材**を塗布し，水の浸入や塩化物イオンの浸透を**抑制**する工法を用います。

4　外壁タイル・モルタルの劣化と調査・診断　H26･27･28･29･30･R1･4･5

外壁タイルやモルタルの劣化現象には，剥落・欠損，浮き，エフロレッセンス（白華現象），ひび割れ，錆汚れ，はらみ，汚れ・水漏れ等があります。**外壁タイルのひび割れ**は，主に下地のモルタルやコンクリートに原因があります。

1　外壁タイル・モルタルの調査・診断

外壁タイルやモルタルの調査・診断には，次の方法があります。

調査の精度を上げるため，複数の調査を組み合わせて併用するのが有効です。

調査方法	内容
外観目視	目視や双眼鏡，トランシット等を用いて不具合の有無を確認する調査
打撃診断	●テストハンマー（パールハンマー，外壁打診用ハンマー）でタイル等を叩き，打音で**浮きの有無や程度**を診断する調査
	●**タイル面**：浮き部は「高く硬い音」 ●**モルタル塗り面**：浮き部は「低くこもった音」
	●建築基準法12条1項の**特定建築物定期調査**では，手の届く範囲をテストハンマーによる打診等により確認し，その他は必要に応じて双眼鏡等を使用し目視により確認する。**異常**が認められた場合は，落下により歩行者等に**危害を加えるおそれのある部分**を**全面的に打診等により確認**する。
	●竣工後または外壁改修後10年を超え，かつ**3年以内**に落下により歩行者等に危害を加えるおそれのある部分について全面的なテストハンマーによる**打診等を実施していない**場合には，原則として，当該部分を全面的に打診等により確認する。
反発（度）法	タイルやモルタルに打撃を与え，跳ね返りの程度によって浮き等の有無や程度を診断する調査

用語
トランシット：三脚の上に据え付ける等して角度を計測する測量機器の1つ

打診以外の調査方法として，**無人航空機による赤外線調査**であって，テストハンマーによる打診と同等以上の精度を有するものも可能とされています。

赤外線法（赤外線サーモグラフィ法）	●外壁タイル等の剥離部と健常部の温度差を赤外線カメラで測定し，**浮き等の有無や程度**を診断する調査 ●撮影で温度差による変化が明確に出るよう，日照や１日の温度変化の大きい日に調査するのが適切
付着強度試験（引張試験）	外壁タイル等に機器を取り付け，目地等に切り込みを入れて建研式接着力試験器で引っ張り，タイルが剥がれるのに必要な力を測定して，**付着力**を診断する調査

赤外線法では，赤外線カメラで外壁等の**温度差**を撮影します。浮きが生じている部分では，外壁タイル等と躯体部分との間に**空気層**があり，外壁タイル等に当たった日射熱が躯体に伝導せずにとどまるため，周囲の部分と比べて温度が高くなります。

外壁パネル等の目地のシーリング材の補修は，既存のシーリング材を**除去**して**新規のシーリング材を施工**するシーリング再充填工法（打替え工法）が一般的です。

2　外壁タイル等の修繕方法

外壁タイル等の修繕方法には，次のものがあります。

①　注入口付きアンカーピンニングエポキシ樹脂注入工法	タイルやモルタル等の仕上げ層の浮き部分に，注入口付きの金属製アンカーピンによりエポキシ樹脂を注入する工法
②　外壁複合改修工法（ピンネット工法）	既存のタイルやモルタル等の仕上げ層を**撤去**せずに，アンカーピンによる仕上げ層の剥落防止と繊維ネットによる既存仕上げ層の一体化により安全性を確保する工法

5　外壁塗装の劣化と調査・診断

H26･29･30･R1･4

1　外壁塗装の劣化現象

仕上材として多用される塗装や吹付けは，意匠性（美観・耐汚染性），耐候性，下地の保護性（コンクリートの中性化抑制）等の役割を担っています。

外壁塗装の劣化現象には，次のものがあります。

塗装の表面の劣化	汚れの付着・光沢度の低下・変退色・ 白亜化（チョーキング）・摩耗
塗装の内部の劣化	ふくれ・割れ・剥がれ・摩耗

白亜化とは，**チョーキング**とも呼ばれ，雨や紫外線に長期間さらされることで充てん材が離脱しやすくなり，**塗装の表面に劣化**が生じて，**塗料の成分がチョーク**のような粉状になって消耗していく現象のことです。外壁の塗り替えの目安になります。なお，白亜化は**塗装の劣化**であり，エフロレッセンス等のコンクリートそのものの劣化とは異なります。

チョーキングの程度は，**無色透明な市販の粘着テープ**を用いて診断することもできます。

2　外壁塗装の診断方法

外壁塗装の調査・診断方法には，次のものがあります。

調査方法		内容
外観目視		色見本等との比較や，分光測色計等の機器を使用して行う。チョーキングについては，手で塗膜表面をこする指触診断等を行う。
付着力診断	引張試験	建研式接着力試験器を用いて，塗料等の仕上材の表面引張強度を調査・診断する。
	クロスカット試験	塗膜に，カッターナイフ等で格子状に切り込みを入れてテープを貼り付け，引き剥がした後に残る塗膜の状態によって，付着力を判断する。

+1点! 仕上げ塗材の付着の強さを調べる調査方法である「**プルオフ法**」は，金属**面への塗装**及びコンクリート面**への塗装**のいずれにも**用いることができます。**

6　アルミサッシの劣化と調査・診断

H26

1　アルミサッシの劣化

アルミサッシの劣化には，表面の汚れ，ガラスと窓枠を固定するシール部分の劣化，割れ，剥離，破断等があり，**アルミニウム合金が腐食**すると，白色の点食が生じます。

+1点! アルミ製品の調査・診断は，**主に目視調査**で耐久性を推定しますが，光沢度・塗膜付着性等について**計測機器等を使用して計測する方法**もあります。

2　アルミサッシの修繕

アルミサッシに点食や錆が発生した場合，専用洗浄剤による錆等のクリーニング・除去を行い，その後，場合によっては塗装をすることが一般的です。もっとも，次のようにサッシの取替え等を行うこともあります。

+1点! 建築後36～45年程度に行う大規模修繕工事では，アルミサッシを改修する必要があります。

工法		内容
かぶせ工法	外付け二重サッシ工法	既存サッシの**外側**に，新規にアルミサッシを取り付ける工法
	内付け二重サッシ工法	既存サッシの**内側**に，新規にアルミサッシを取り付ける工法
	カバー工法	既存サッシの枠を残したまま，新規にサッシを**被せる**工法。工期を短縮できるが，既存サッシよりも開口寸法が小さくなる。
	ノンシール工法	既存サッシの枠を残したまま，新規にサッシ枠を**被せる**工法。外部からのシール（防水）工事を必要とせず，主にトイレや浴室等の比較的**小型**のサッシに採用される。
撤去工法	引き抜き工法	●既存のサッシを枠ごと引き抜いて撤去し，新しいサッシと**交換**する工法 ●はつり工法と比較して，騒音が発生しにくい。
	はつり工法	●コンクリートを削る等の「はつり」によって既存サッシ枠を**除去**し，新しいサッシを**取り付ける**工法 ●はつりを伴うため，振動・粉じんが多く，周囲への影響が大きい。

7 給排水管の劣化と調査・診断

R4

給排水管においては，**腐食の程度や肉厚の減少，錆こぶの有無や程度を診断**する必要があります。そのための調査としては，**破壊検査**としての**抜管**（ばっかん）試験と**非破壊試験**としてのＸ線法や内視鏡検査（ファイバースコープ）があります。

8 防水の劣化と調査・診断

R2·4

1　メンブレン防水の劣化と調査・診断

メンブレン防水の劣化現象には，その種類により，次のようなものがあり，**漏水等の問題**が生じます。

工法	劣化現象
露出工法 (露出アスファルト防水)	立上り部の**はらみ**
	立上り部の**ずれ落ち**
	立上り部**隅角部の浮き**
保護コンクリート工法 (アスファルト防水 コンクリート押え)	**パラペット**(屋根周囲の立ち上がりの壁)の**押出し**
	平面部の**伸縮目地材の飛出し**
	立上り部の**乾式保護板の倒れ**

➡ P.527 参照

- メンブレン防水の調査・診断では,**竣工図**で,防水材料,工法,納まりを確認し,**漏水箇所**の有無及び**防水材料の劣化状況**等の調査結果と照合して,**漏水の原因や今後の耐久性を推定**します。
- **室内への漏水**は,**屋根周辺**からだけでなく,**外壁**やサッシまわりからの漏水の場合もあります。

2 シーリング防水の劣化と調査・診断

シーリング防水の劣化現象には次のようなものがあり,**漏水等の問題**や**美観・意匠面の問題**が生じます。

(1) 防水機能関連

劣化現象	定義
はく離	シーリング材が被着面からはく離する現象。
破断	シーリング材に発生したひび割れが被着体まで達し,完全に破断している状態。
変形	目地のムーブメント等によりシーリング材が外部方向へ膨れたり,くびれたりする現象。
軟化	紫外線・熱等によりシーリング材が柔らかくなる現象。

- **シーリングの早期の剥離や破断**の原因には,当初施工時のプライマー不良やシーリング厚さ不足等の施工不良があります。

（2）美観・意匠関連

しわ	目地ムーブメントやシーリング材の収縮等によりシーリング材が波打つ現象。
ひび割れ	シーリング材表面に微細なひび割れが発生する現象。
変退色	シーリング材表面の汚れ，又はシーリング材の成分の一部が被着体の表面に付着して汚れる現象。
チョーキング	**シーリング材**表面が**粉状になる現象**。白亜化ともいう。

- シーリング材のチョーキングは，**美観・意匠面での劣化現象**であり，防水機能に影響する劣化現象ではありません。
- シーリング材のチョーキングは，**紫外線・酸化・雨水等が原因**で生じます。
  - ➡「シーリング材の皮膜の収縮」は原因ではありません。
  - ➡「混入されている顔料の性質」は原因ではありません。

コレが重要!! 確認問題

❶ 鉄筋コンクリートの中性化が進むと，コンクリート強度の低下により躯体の耐久性の低下につながる。過 H13

❷ エフロレッセンスの原因の一つは，コンクリートのアルカリ骨材反応である。過 R3

❸ ポップアウトとは，コンクリート表面の小部分が円錐形のくぼみ状に破壊された状態で，凍害，アルカリ骨材反応等が原因で発生する。過 H24

❹ コンクリートの中性化は，外壁のコンクリートの表面にフェノールフタレイン溶液を噴霧して変色の程度によって評価する。過 H26

❺ 反発度法により推定されたコンクリート強度は，試験結果の精度が高いので，耐震診断においても一般的に適用されている。過 H28

❻ コンクリート中の塩化物イオンは，鉄筋腐食に影響を与えるほどの濃度でない場合（1.2kg/㎥未満）でも，コンクリートの強度に直接影響を与えるので注意が必要である。過 H27

❼ 外壁のコンクリートのひび割れの調査の結果，ひび割れ幅が 0.2mm ～ 0.4mm の範囲だったので，漏水の可能性があると判断した。過 H27

❽ 挙動があるマンションの打放しコンクリートの外壁のひび割れを充てん工法により補修する場合は，可とう性のエポキシ樹脂やシーリング材を使用することが一般的である。過 H20

❾ コンクリート部分に発生しているひび割れの補修工事で樹脂注入工法を行う場合，注入する圧力は，樹脂を行き渡らせるために，できるだけ高圧とすることが一般的である。過 H29

❿ モルタル塗り仕上げ部分に発生している幅が 1.0㎜を超えるひび割れで，ひび割れ幅が変動する場合の補修は，Uカットシール材充填工法とし，充填材にシーリング材を用いるのが一般的である。過 R5

答 ❶×：中性化の進行は，コンクリート強度が低下するわけではない。 ❷×：エフロレッセンスとは，硬化したコンクリートの表面に出た白色の物質をいい，セメント中の石灰等が水に溶けて表面に染み出し，空気中の炭酸ガスと化合してできたものが主成分であり，コンクリート中への水の浸透等が原因で発生する。 ❸○ ❹×：フェノールフタレインは，外壁表面に対してではなく，外壁を一部円筒状にコア抜きしたものに噴霧して行う。 ❺×：反発度法は精度が高いとはいえず，耐震診断では一般的に適用されていない。 ❻×：塩化物イオンは，コンクリートの強度には直接影響を与えない。 ❼○ ❽○ ❾×：ひび割れを樹脂注入工法により補修する場合は，低圧低速で注入する方法（自動低圧注入）が一般的である。 ❿○

頻出度 S⁺

長期修繕計画

● 長期修繕計画作成ガイドライン
● 修繕積立金ガイドライン

1 長期修繕計画作成ガイドライン等

H26・28・29・30・R1・2・3・4・5

> 管理組合が長期修繕計画について理解し，比較検討を容易にするために，従来，作成者ごとに異なっていた様式について，「標準的な様式」として，「長期修繕計画標準様式」を策定しました。

平成 20 年 6 月，国土交通省は「**長期修繕計画標準様式**」と「**長期修繕計画作成ガイドライン及び同コメント**」を公表しました。これらは，管理組合が適切な長期修繕計画を作成し，それに基づく**修繕積立金の額を設定**して，適切な計画修繕を可能とするためのものです。その後，令和 3 年 9 月に改訂がなされています。

長期修繕計画資金計画に関しては，住宅金融支援機構の「**マンション共用部分リフォーム融資**」の利用の検討も必要になることがあります。この融資を管理組合が利用する場合の条件としては，①修繕積立金が **1 年以上定期的**に積み立てられており，管理費や組合費と区分して経理されていること，②修繕積立金の滞納割合が原則 **10％以下**であること等が挙げられています。

本試験で重要な「**長期修繕計画作成ガイドライン及び同コメント**」の主なポイントは，以下のとおりです。

〈留意すべき用語の定義〉

① **推定修繕工事**：長期修繕計画において，**計画期間内に見込まれる修繕工事**（補修工事（**経常的に行う補修工事を除く**）を含む）及び**改修工事**をいいます。

② **計画修繕工事**：**長期修繕計画**に基づいて**計画的に実施**する**修繕工事及び改修工事**をいいます。

③ **大規模修繕工事**：建物の**全体又は複数**の部位について行う**大規模な計画修繕工事**（**全面的な外壁塗装等を伴う工事**）をいいます。

④　**修繕積立金**：計画修繕工事に要する費用に充当するための**積立金**をいいます。

⑤　**推定修繕工事費**：**推定修繕工事**に要する**概算の費用**をいいます。

⑥　**修繕工事費**：**計画修繕工事**の実施に要する**費用**をいいます。

⑦　**推定修繕工事項目**：推定修繕工事の**部位**，**工種等による項目**をいいます。

〈主な内容〉

1）長期修繕計画は，単棟型のマンションの場合，管理規約に定めた組合管理部分である敷地，建物の共用部分及び附属施設（共用部分の修繕工事または改修工事に伴って修繕工事が必要となる専有部分を含む）を対象とします。

　また，団地型のマンションの場合は，一般的に，団地全体の土地，附属施設及び団地共用部分並びに各棟の共用部分を対象とします。

2）マンションの快適な居住環境を確保し，資産価値を維持するためには，**適時適切な修繕工事**を行うことが必要であり，必要に応じて建物及び設備の**性能向上を図る改修工事**を行うことも望まれます。

　そのためには，**次に掲げる事項を目的とした長期修繕計画を作成**し，これに基づいて**修繕積立金の額を設定**することが不可欠です。

①　将来見込まれる修繕工事及び改修工事の**内容**，**おおよその時期**，**概算の費用等**を明確にする。

②　計画修繕工事の実施のために積み立てる**修繕積立金の額の根拠**を明確にする。

③　修繕工事及び改修工事に関する長期計画について，**あらかじめ合意**しておくことで，計画修繕工事の**円滑な実施**を図る。

+1点!「時期や費用等」は，「おおよそのものを明確にする」ことが目的であり，「確定すること」が目的なのではありません。

3）長期修繕計画の作成では，次の事項を前提条件とします。

①　推定修繕工事は，建物・設備の性能等を新築時と同等水準に維持・回復させる修繕工事を基本とする。

②　区分所有者の要望など必要に応じて，建物及び設備の性能を向上させる改修工事を設定する。

③　計画期間において，法定点検等の点検及び経常的な補修工事を適切に実施する。

④　計画修繕工事の実施の要否，内容等は，事前に調査・診断を行い，その結果に基づいて判断する。

4）管理規約に，長期修繕計画の作成及び修繕積立金の額の設定に関する事項について，マンション標準管理規約と同趣旨の規定を定めることが必要です。また，長期修繕計画及び修繕積立金の額を**一定期間（5年程度）ごとに見直し**を行う規定を定めることも望まれます。

5）耐震性が不足するマンションは，区分所有者・周辺住民等の生命・身体が脅かされる危険性があることから，**昭和56年5月31日以前に建築確認済証が交付（いわゆる旧耐震基準）されたマンション**においては，**耐震診断**を行うとともに，その結果により**耐震改修の実施について検討**を行うことが必要です。この点，耐震改修工事の費用負担の問題から実施が困難なときは，**補助**及び**融資**の活用を検討したり，**推定修繕工事項目として設定した上で段階的に改修**を進めたりすることも考えられます。高経年のマンションの場合は，必要に応じて「マンションの建替えか修繕かを判断するためのマニュアル(国土交通省)」等を参考とし，建替えも視野に入れて検討を行うことが望まれます。

6）計画期間は，30年以上で，「**かつ**」**大規模修繕工事が2回含まれる期間以上**とします。ただし，新築時に計画期間を30年とした場合であっても，**窓のサッシ等の建具の取替え**や**給排水管の取替え**などは，**修繕周期が計画期間を上回り**，**計画期間内に含まれていないことがあります**ので，見直しの際には注意が必要です。

7）修繕周期は，新築マンションの場合，推定修繕工事項目ごとに，マンションの仕様，立地条件等を考慮して設定します。また，既存マンションの場合，さらに建物及び設備の劣化状況等の調査・診断の結果等に基づいて設定します。設定に当たっては，経済性等を考慮し，推定修繕工事の集約等を検討します。

修繕工事を集約すると，直接仮設や共通仮設の設置費用が軽減できるなどの経済的なメリットがあります。ただし，過剰な集約は，修繕積立金の一時的な不足にもつながるため，注意が必要です。

8）単価は，修繕工事特有の施工条件等を考慮し，**部位ごとに仕様を選択**して，**新築**マンションの場合，設計図書，工事請負契約による請負代金内訳書等を参考として，また，**既存**マンションの場合，過去の計画修繕工事の契約実績，その調査データ，刊行物の単価，専門工事業者の見積価格等を参考として設定します。

なお，**現場管理費・一般管理費**・法定福利費，大規模修繕瑕疵保険の保険料等の諸経費および消費税等相当額を上記とは**別途設定する方法**と，前述の諸経費について，**見込まれる推定修繕工事ごとの総額に応じた比率の額を単価に含めて設定する方法**があります。

また，**主に労務費の単価には地域差**があることから，これを考慮することも重要です。

9）推定修繕工事費は，推定修繕工事項目の詳細な項目ごとに，算出した数量に設定した単価を乗じて算定します。

修繕積立金の運用益，借入金の金利及び物価変動について考慮する場合は，作成時点

において想定する率を明示します。また，消費税は，**作成時点の税率**とし，会計年度ごとに計上します。

10）長期修繕計画は，不確定な事項（①建物・設備の**劣化状況**，②**社会的環境・生活様式**の変化，③**新たな材料・工法**等の開発と**修繕周期・単価**等の変動，④修繕積立金の**運用益**・借入金の**金利・物価・工事費価格・消費税率**等の変動）を含んでいますので，**5年程度ごと**に調査・診断を行い，その結果に基づく見直しが必要です。また，長期修繕計画の見直しに併せて修繕積立金の額も見直します。

長期修繕計画の見直しの時期は，次の**3つ**があります。

① 大規模修繕工事と大規模修繕工事の**中間の時期に単独で**行う場合
② 大規模修繕工事の**直前**に基本計画の検討に併せて行う場合
③ 大規模修繕工事の実施の**直後**に修繕工事の結果を踏まえて行う場合

したがって，その時期は，おおよそ大規模修繕工事の直前又は直後とその中間程度となります。

11）修繕積立金の積立ては，長期修繕計画の作成時点において，計画期間に積み立てる修繕積立金の額を均等にする積立方式（以下「**均等積立方式**」という。）を**基本**とします。
　なお，均等積立方式でも，５年程度ごとの計画の**見直し**により，計画期間の推定修繕工事費の累計額の増加に伴って修繕積立金の額が**増加**しますので，留意が必要です。

修繕積立金について，計画期間に積み立てる修繕積立金の額を**段階的に増額**する積立方式とする場合は，計画の見直しにより，計画の作成当初において推定した増加の額からさらに増加しますので，特に留意が必要です。

2 修繕工事項目と修繕周期の例　H30

長期修繕計画標準様式に記載されている，**修繕工事項目**と**修繕周期**の例は，次のとおりです。

【修繕工事項目と修繕周期の例】

	修繕工事項目	工事区分	修繕周期
Ⅰ 仮設	**1　仮設工事**		
	①　共通仮設	仮設	12～15年
	②　直接仮設	仮設	12～15年

10 長期修繕計画

屋上防水は，アスファルト防水層の上に押えコンクリートがある「保護防水」か，防水層が露出している「露出防水」かにかかわらず，補修の修繕周期は12～15年です。

建具関係は，取替えまでの周期が34～38年と長いため，当初の長期修繕計画には含まれず，見直しの際に検討が必要となります。
また，金属製の**手すり**の点検では，手すり上部の錆の状況だけでなく，支柱の埋込部の腐食の状況の確認が重要です。

Ⅱ 建物	**2 屋根防水**		
	① 屋上防水（保護）	補修・修繕	12～15年
		撤去・新設	24～30年
	② 屋上防水（露出）	補修・修繕	12～15年
		撤去・新設	24～30年
	③ 傾斜屋根	補修・修繕	12～15年
		撤去・葺替	24～30年
	④ 庇・笠木等防水	修繕	12～15年
	3 床防水		
	① バルコニー床防水	修繕	12～15年
	② 開放廊下・階段等床防水	修繕	12～15年
	4 外壁塗装等		
	① 躯体コンクリート補修	補修	12～15年
	② 外壁塗装（雨掛かり部分）	塗装	12～15年
		除去・塗装	24～30年
	③ 外壁塗装（非雨掛かり部分）	塗装	12～15年
		除去・塗装	24～30年
	④ 軒天塗装	塗替	12～15年
		除去・塗装	24～30年
	⑤ タイル張補修	補修	12～15年
	⑥ シーリング	打替	12～15年
	5 鉄部塗装等		
	① 鉄部塗装（雨掛かり部分）	塗替	5～7年
	② 鉄部塗装（非雨掛かり部分）	塗替	5～7年
	③ 非鉄部塗装	清掃・塗替	12～15年
	6 建具・金物等		
	① 建具関係	点検・調整	12～15年
		取替	34～38年
	② 手すり	取替	34～38年
	③ 屋外鉄骨階段	補修	12～15年
		取替	34～38年
	④ 金物類（集合郵便受等）	取替	24～28年
	⑤ 金物類（メーターボックス扉等）	取替	34～38年
	7 共用内部		
	① 共用内部	張替・塗替	12～15年
Ⅲ 設備	**8 給水設備**		
	① 給水管	更生	19～23年
		取替	30～40年
	② 貯水槽	補修	12～16年
		取替	26～30年

③ 給水ポンプ	補修	5～8年
	取替	14～18年
9 排水設備		
① 排水管	更生	19～23年
	取替	30～40年
② 排水ポンプ	補修	5～8年
	取替	14～18年
10 ガス設備		
① ガス管	取替	28～32年
11 空調・換気設備		
① 空調設備	取替	13～17年
② 換気整備	取替	13～17年
12 電灯設備等		
① 電灯設備	取替	18～22年
② 配電盤類	取替	28～32年
③ 幹線設備	取替	28～32年
④ 避雷針設備	取替	38～42年
⑤ 自家発電設備	取替	28～32年
13 情報・通信設備		
① 電話設備	取替	28～32年
② テレビ共聴設備	取替	15～20年
③ インターネット設備	取替	28～32年
④ インターフォン設備等	取替	15～20年
14 消防用設備		
① 屋内消火栓設備	取替	23～27年
② 自動火災報知設備	取替	18～22年
③ 連結送水管設備	取替	23～27年
15 昇降機設備		
① 昇降機	補修	12～15年
	取替	26～30年
16 立体駐車場設備		
① 自走式駐車場	補修	8～12年
	建替	28～32年
② 機械式駐車場	補修	5年
	取替	18～22年

Ⅳ 外構・その他	17　外構・附属施設		
	①　外構	補修・取替	24～28年
	②　附属施設	取替・整備	24～28年
	18　調査・診断，設計，工事監理等費用		
	①　点検・調査・診断		10～12年
	②　設計等		12～15年
	③　工事監理		12～15年
	④　臨時点検（被災時）		－
	19　長期修繕計画作成費用		
	見直し		5年

長期修繕計画には，「調査診断，設計，工事監理の費用」や，「長期修繕計画の作成（見直し）費用」も含まれています。

3 修繕積立金ガイドライン

H26・27・29・R3

国土交通省は，平成23年4月，修繕積立金に関する基本的な知識や修繕積立金の額の目安を示した「マンションの修繕積立金に関するガイドライン」を策定・公表し，その後，令和3年9月に改訂がなされています。主な内容は，次のとおりです。

① 修繕積立金は，共用部分について管理組合が行う修繕工事の費用に充当するための積立金であり，専有部分について各区分所有者が行うリフォームの費用は原則として含まれません。

② 修繕積立金の額の目安として，計画期間全体における修繕積立金の平均額の算出方法（㎡当たり月単価）は，次のとおりです。

計画期間全体における修繕積立金の平均額（円／㎡・月）
Z＝（A＋B＋C）÷X÷Y

- Z：計画期間全体における修繕積立金の平均額（円／㎡・月）
- A：計画期間当初における修繕積立金の残高（円）
- B：計画期間全体で集める修繕積立金の総額（円）
- C：計画期間全体における専用使用料等からの繰入額の総額（円）
- X：マンションの総専有床面積（㎡）
- Y：長期修繕計画の計画期間（ヶ月）

③ 計画期間全体における修繕積立金の平均額の目安（機械式駐車場分を除く）は，次の表のとおりです。

地上階数／建築延床面積		月額の専有面積あたりの修繕積立金額	
		事例の３分の２が包含される幅	平均値
20階未満	5,000㎡未満	235円～430円／㎡・月	335円／㎡・月
	5,000㎡以上～10,000㎡未満	170円～320円／㎡・月	252円／㎡・月
	10,000㎡以上～20,000㎡未満	200円～330円／㎡・月	271円／㎡・月
	20,000㎡以上	190円～325円／㎡・月	255円／㎡・月
20階以上		240円～410円／㎡・月	338円／㎡・月

④　機械式駐車場がある場合の加算額

機械式駐車場がある場合の加算額の算定式は，次のとおりです。

【機械式駐車場がある場合の加算額】

機械式駐車場１台あたりの修繕工事費（次表）×台数÷マンションの総専有床面積（㎡）

【機械式駐車場の１台あたりの月額の修繕工事費】

機械式駐車場の機種	機械式駐車場の修繕工事費（１台あたり月額）
２段（ピット１段）昇降式	6,450円／台・月
３段（ピット２段）昇降式	5,840円／台・月
３段（ピット１段）昇降横行式	7,210円／台・月
４段（ピット２段）昇降横行式	6,235円／台・月
エレベーター方式（垂直循環方式）	4,645円／台・月
その他	5,235円／台・月

- **超高層マンション**（一般に地上階数**20階以上**）は，外壁等の修繕のための**特殊な足場**が必要となるほか，**共用部分の占める割合が高くなる**等のため，**修繕工事費が増大する傾向**にあります。また，**地上20階未満のマンション**については，**建築延床面積の規模に応じて修繕工事費の水準が異なる傾向**が見られます。
- 駐車場の維持管理・修繕工事費や駐車場使用料について，管理費や修繕積立金と**区分**して経理している場合など，機械式駐車場の修繕工事費を**駐車場使用料収入で賄う**こととする場合には，「**機械式駐車場がある場合の加算額**」を加算する**必要はありません**。

⑤「修繕積立金の額の目安」は，長期修繕計画の事例から導き出したもので，建物の規模

以外の変動要因を考慮していません。このため，目安の設定では，平均値とともに，事例の$\frac{2}{3}$が含まれる幅を示すこととしています。

したがって，分譲会社から提示された購入予定のマンションの修繕積立金の額が，この幅に収まっていなくとも，その水準が直ちに不適切になるわけではありません。

⑥ 修繕積立金の積立方法には，**均等積立方式**（長期修繕計画で計画された修繕工事費の累計額を，計画期間内に均等に積み立てる方式）のほか，**段階増額積立方式**（当初の積立額を抑えて段階的に積立額を値上げする方式）があります。

段階増額積立方式や修繕時に一時金を徴収する方式等，将来の負担増を前提とする積立方式は，増額しようとする際に，区分所有者間の合意形成ができず，修繕積立金が不足する事例も生じていることに留意が必要です。

将来にわたって安定的な修繕積立金の積立てを確保する観点からは，均等積立方式が望ましいといえます。

- 均等積立方式は，**安定的**な修繕積立金の積立が行えますが，**修繕資金需要に関係なく均等額の積立金を徴収**するため，**段階増額積立方式に比べて多額の資金を管理する状況が生じる**という点には留意が必要です。
- なお，購入時にまとまった額の基金（修繕積立基金）を徴収することや，修繕時に一時金を徴収するまたは金融機関から借り入れたりすることを前提とした積立方式を採用する場合もあります。

⑦ 新築マンションの場合は，段階増額積立方式を採用している場合がほとんどで，あわせて，分譲時に修繕積立基金を徴収している場合も多くなっています。このような方式は，購入者の当初の月額負担を軽減できるため，広く採用されています。

⑧ 「均等積立方式」を採用した場合であっても，その後，修繕積立金の額の見直しが不要となるわけではなく，長期修繕計画の見直しの際，増額が必要となる場合もあります。

⑨ マンションの修繕工事費は，建物の形状や規模・立地・仕上げ材や設備の仕様に加え，区分所有者の機能向上に対するニーズ等，様々な要因によって変動するものであり，設定される修繕積立金の額も，当然，これらの要因によって変化します。主に，以下の変動要因があります。

- 建物が階段状になっている等複雑な形状のマンションや超高層マンションでは，外壁等の修繕のために建物の周りに設置する仮設足場やゴンドラ等の設置費用が高くなるほか，施工期間が長引く等により，修繕工事費が高くなる傾向があります。
- 一般的に建物の規模が大きくまとまった工事量になるほど，施工性が向上し，修繕工事の単価が安くなる傾向があります。
- エレベーターや機械式駐車場の有無・設置場所，エントランスホール・集会室等の規模等により，修繕工事費が変動します。近年の新築マンションでは，空調機の設置された内廊下，ラウンジやゲストルーム等，充実した共用施設が備えられていたり，温泉やプールがあるマンションもありますが，このようなマンションは，修繕工事費が高くなる傾向があります。

- 建物に比べて屋外部分の広いマンションでは，給水管や排水管等が長くなる他，アスファルト舗装や街灯等も増えるため，修繕工事費が高くなる傾向があります。
- 塩害を受ける海岸に近いマンションや，寒冷地のマンション等，立地によって劣化の進行度合いや修繕の内容が異なり，修繕工事費に影響を与える場合があります。
- 修繕工事費のうち，**材料費や仮設材のリース費**等については地域差がほとんどない一方，**労務費**は一定の地域差があります。特に大規模修繕工事においては主要な３工種（とび工（仮設工事），防水工（防水・シーリング工事），塗装工（塗装工事））について，必要に応じて考慮することも重要です。
- 手摺り等には，鉄，アルミ，ステンレスなど様々なものが用いられますが，近年の新築マンションでは，錆びにくい材料（アルミ製やステンレス製）が多く使用されるようになってきており，金属部分の塗装に要する修繕工事費は少なくて済むようになる傾向があります。
- 共用の給水管や排水管について，近年の新築マンションでは，ステンレス管やプラスチック管等の腐食しにくい材料が使われており，それにより更生工事の必要性が低下し，取替え工事も遅らせることができるようになっていることから，給排水管に関する修繕工事費は少なくて済むようになる傾向があります。
- 近年の新築マンションの中には，生活利便性や防犯性を考慮して，様々な種類の付加設備（ディスポーザー設備，セキュリティー設備等）が設置されているものが見られます。このような設備が多いほど，修繕工事費は増加する傾向があります。
- 新築時に設置されていなくても，その後に居住者のニーズの高まりや消防法等の法制度の改正を受けて新たな設備を付加等する場合があります。また，耐震性に劣っている場合や，居住者の高齢化に対応できていない場合は，耐震改修やバリアフリー改修等を行うことが望まれます。こうした改修工事が見込まれる場合は，所要の費用を計画的に積み立てておくことが重要となります。

4 マンション長寿命化促進税制

区分所有者の高齢化や修繕工事費用の上昇で，大規模修繕工事に必要な修繕積立金が不足し，長寿命化工事が適切に行われないことで，外壁の剥落や廃墟化の進行，周囲住民等への悪影響，さらには，その解消への行政負担の増加が懸念されています。

そこで，**必要な修繕積立金の確保や適切な長寿命化工事の実施に向けた管理組合の合意形成を後押し**するため，マンション長寿命化促進税制が令和５年度税制改正により創設されました。これにより，次の一定の要件を満たすマンションで，建物部分の固定資産税額が減額されます。

① 築20年以上が経過している
② 総戸数が10戸以上である
③ 過去に長寿命化工事（外壁塗装等工事，床防水工事及び屋根防水工事）を行っている
④ 管理計画認定マンション（④-1）又は
助言指導に係る管理者等の管理組合に係るマンション（④-2）

※区分所有のマンション（分譲マンション）が対象

④-1 管理計画認定マンション

【具体的要件】
- 令和3年9月1日以降に修繕積立金の額を管理計画の認定基準まで引き上げたこと

※管理計画の認定基準，修繕積立金の額の引上げ基準はp2をご参照ください。

④-2 助言又は指導に係る管理者等の管理組合に係るマンション

【具体的要件】
- 長期修繕計画に係る助言又は指導を受けて，長期修繕計画の作成又は見直しを行い，長期修繕計画が一定の基準に適合することとなったこと

※長期修繕計画の基準，修繕積立金の額の基準は別途資料がございます。

長寿命化工事（外壁塗装等工事，床防水工事及び屋根防水工事）を実施

【具体的要件】
- 令和5年4月1日～令和7年3月31日に工事が完了したこと
- 工法・部材等が「建築工事標準仕様書・同解説JASS（一般社団法人日本建築学会）」や「建築保全標準・同解説JAMS（一般社団法人日本建築学会）」，「公共建築改修工事標準仕様書（建築工事編）令和4年版（最終改定 令和4年5月10日 国営建技第1号）」を参考としたものであること

長寿命化工事完了翌年度の建物部分の固定資産税額を1/6～1/2の範囲内で減額

【具体的要件】
- 区分所有者の専有部分が居住用部分であること
- 100㎡相当分まで

（出典：国土交通省資料）

コレが重要!! 確認問題

❶ 「長期修繕計画作成ガイドライン及び同コメント」によれば，推定修繕工事は，建物及び設備の性能・機能を修繕工事実施時点の一般的住宅水準に向上させる工事を基本とする。過 R1

❷ 「長期修繕計画作成ガイドライン及び同コメント」及び「マンションの修繕積立金に関するガイドライン」によれば，外壁塗装やシーリング材などに耐久性の高い材料が使われているので，外壁塗装等の修繕周期を 14 年として計画したことは，適切である。過 H25

❸ 「長期修繕計画作成ガイドライン及び同コメント」によれば，修繕積立金の積立方法における均等積立方式は，計画期間中の修繕積立金の額が均等となるように設定する方式であり，長期修繕計画の見直しによる修繕積立金の額の変更は生じない。過 H21

❹ 長期修繕計画の計画期間は，30 年以上，又は大規模修繕工事が２回含まれる期間以上とする。過 R4

❺ 修繕積立金の積立方法のうち段階増額積立方式は，将来的な負担増にも臨機応変に対応することができるので，安定的な修繕積立金の積立てを確保する観点から望ましい方式といえる。過 H26

❻ 長期修繕計画作成ガイドラインでは，長期修繕計画の目的の一つに，将来見込まれる修繕工事及び改修工事の内容，概算の費用等を明確にし，実施の時期を確定することがあるとされている。過 R5

❼ 修繕工事を集約すると，直接仮設や共通仮設の設置費用が増加するなどの経済的なデメリットがある。過 R5

答 ❶×：修繕工事実施時点の一般的住宅水準に向上させるのではなく「新築時と同等水準に維持・回復」させる。 ❷○ ❸×：均等積立方式による場合でも５年程度ごとの計画の見直しにより，計画期間の推定修繕工事費の累計額の増加に伴って必要とする修繕積立金の額が増加する。 ❹×：30 年以上「かつ」２回含まれる期間以上。 ❺×：安定的な修繕積立金の積立てを確実にする点から望ましいのは，段階増額方式ではなく，均等積立方式である。 ❻×：確定するのではなく，おおよそのものを明確にするとされている。 ❼×：増加ではなく減少。

頻出度 S+

大規模修繕・防犯に係る設計

- 大規模修繕の方式
- 防犯に配慮した共同住宅に係る設計指針

1 大規模修繕の流れ

H28・30・R1・3

大規模修繕とは，主に，**計画修繕**のうち，時間の経過その他により傷んだ建物の各部を，原状または実用上支障のない状態にまで**性能・機能を回復させるための大規模な修繕**をいいます。その際，必要に応じて性能や機能を付加する「グレードアップ」の要素を含めた改修工事が行われることもあります。

大規模修繕は，一般的に，次のような流れで行われます。

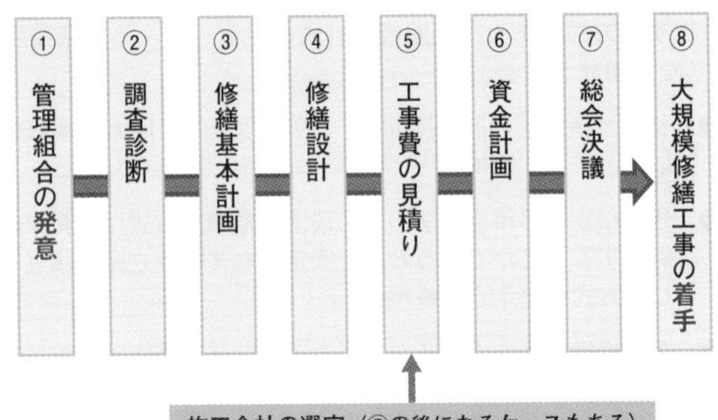

- 計画修繕工事の実施の時期や内容は，長期修繕計画で設定した時期や内容を目安に，**専門家に調査・診断を依頼した結果に基づいて検討**することが必要です。
- 計画修繕工事の施工会社の選定に当たっては，まず，参加資格を定めた上で工事費見積書を提出させ，さらに，修繕工事の仕様書及び設計図を配布しての現場説明を行わせることが望まれます。

1　工事費用

大規模修繕工事では，実際に工事をやってみてはじめて，施工数量の変動や設計変更の必要性が明らかになり，工事費の変動が生ずることがあります。そこで，工事費用については「**実費精算方式**」がよく採用されます。

特に，コンクリートのひび割れ長さ・タイルの浮きの枚数等は，足場が掛かっていない段階で完全に数量を確定することは困難です。

実費精算方式では，設計時点で，調査や経験に基づいて仮に算定した数量で見積りや契約を行い，工事終了時点で，あらためて設計監理者が，施工会社が提出した工事精算書案の精査を行い，妥当性があると判断した場合に，管理組合にその旨を報告して，管理組合と施工会社の合意の下，精算額が確定します。

したがって，**最終工事代金は，工事請負契約の金額とは必ずしも一致せず**，生じた一定の増減については**精算**が行われることとなります。

2　大規模修繕の方式

大規模修繕の方式には，次のものがあります。

①　**設計監理方式**	●設計事務所等を選び，当該設計事務所等に調査診断・修繕設計から，施工会社選定・資金計画・総会決議までの専門的・技術的・実務的な部分を担当させる。
	●施工段階では，当該設計事務所等は工事監理を担当し，施工は別の施工業者が担当する。
②　**責任施工方式**	●施工会社数社に呼びかけ，調査診断から工事費見積・傘下の下請会社選定までを一括して依頼し，そのうちの１社を選んで大規模修繕工事も請け負わせる。
	●設計・工事監理に加え，施工も含めて１社に依頼する方式のため，技術や品質等に関して客観性を持たず，費用の適正性の判断が難しい。 ●初期の段階から工事中の仮設計画や工事実施手順等に配慮した検討を行うことができる。
③　**管理業者主導方式**	管理業者の主導により工事の準備・実施を行う方式

設計・工事監理と施工とを分離することで，工事の厳正な監理が可能となる方式です。責任施工方式に比べて，**工事内容と費用内訳の関係が**明確になりやすいといえます。

厳正なチェックは期待できません。

近年，専門家が発注者の立場に立って，発注・設計・施工の各段階におけるマネジメント業務を行うことで，全体を見通して効率的に工事を進める方式である「**CM（コンストラクションマネジメント）方式**」も採用されています。

3　情報の管理

管理組合は，分譲時に交付された設計図書の他，引渡し後に実施した点検や調査・診断の報告書，計画修繕工事の設計図書等も整理・保管しておくことが必要です。そして，修繕を実施した場合は，実施した修繕の時期・箇所・費用等や点検の報告書等の情報について，**管理組合が整理・保管**しておくことが，今後の修繕等の適切な実施のために有効です。

2　防犯に配慮した共同住宅に係る設計指針　H29・30・R1・2・3・5

住宅侵入・窃盗犯罪等が増加してきたことを受けて，国土交通省が警察庁と連携し，「**防犯に配慮した共同住宅に係る設計指針**」を策定・公表しています。

1　基本原則とその内容

防犯に配慮した共同住宅に係る設計指針では，次の①～④が基本原則とされています。

①　監視性の確保	周囲からの見通しを確保する。
②　領域性の強化	居住者の帰属意識の向上やコミュニティ形成の促進を図る。
③　接近の制御	犯罪企図者の動きを限定し，接近を妨げる。
④　被害対象の強化・回避	部材や設備等を破壊されにくいものとする。

「**周囲からの見通しを確保する**」ことが防犯の重要な要素の一つとなるため，次のような視点を持っておきましょう。

- **管理人室**は，共用玄関，共用メールコーナー（宅配ボックスを含む。）及びエレベーターホールを**見通せる構造**とし，又は**これに近接した位置に配置**する。
- **通路**（道路に準ずるものを除く）は，道路等，共用玄関，屋外駐車場等を結ぶ特定の通路に**動線が集中するように配置**する。
- **エレベーターのかご及び昇降路の出入口の扉**に，エレベーターホールから**かご内を見通せる構造の窓を設置**しても，エレベーターの**かご内には，防犯カメラを設置**する。

2 主な設計指針

照明設備について，次の基準が設けられています。

共用出入口の照明設備	**【共用玄関の照明設備】** ●内側の床面において概ね 50 ルクス以上の平均水平面照度を確保する。 ●外側の床面において，極端な明暗が生じないよう配慮しつつ，概ね 20 ルクス以上の平均水平面照度を確保する。
	【共用玄関以外の共用出入口の照明設備】 床面において概ね 20 ルクス以上の平均水平面照度を確保する。
共用のメールコーナーの照明設備	床面において概ね 50 ルクス以上の平均水平面照度を確保する。
エレベーターホールの照明設備	**【共用玄関の存する階のエレベーターホールの照明設備】** 床面において概ね 50 ルクス以上の平均水平面照度を確保する。
	【その他の階のエレベーターホールの照明設備】 床面において，概ね 20 ルクス以上の平均水平面照度を確保する。
エレベーターのかご内の照明設備	床面において概ね 50 ルクス以上の平均水平面照度を確保する。

共用廊下・共用階段の照明設備	極端な明暗が生じないよう配慮しつつ，床面において概ね20ルクス以上の平均水平面照度を確保する。
自転車置場・オートバイ置場の照明設備	極端な明暗が生じないよう配慮しつつ，床面において概ね３ルクス以上の平均水平面照度を確保する。
駐車場の照明設備	極端な明暗が生じないよう配慮しつつ，床面において概ね３ルクス以上の平均水平面照度を確保する。
通路の照明設備	極端な明暗が生じないよう配慮しつつ，路面において概ね３ルクス以上の平均水平面照度を確保する。

そして，**照度の目安**と**照明設備**の設置については，次のとおりです。

必要照度	照度の目安	設置場所
50ルクス	人の顔，行動を明確に識別できる程度以上の照度（＊１）	●共用玄関の内側の床面 ●共用メールコーナー ●共用玄関の存する階のエレベーターホール ●エレベーターのかご内
20ルクス	人の顔，行動を識別できる程度以上の照度（＊２）	●共用玄関の外側の床面 ●共用玄関以外の共用出入口 ●共用玄関の存する階以外のエレベーターホール ●共用廊下・共用階段
３ルクス	人の行動を視認できる程度以上の照度（＊３）	●自転車置場・オートバイ置場 ●駐車場 ●通路

（＊１）10m先の人の顔，行動が**明確に**識別でき，誰であるか**明確に**わかる程度以上の照度

（＊２）10m先の人の顔，行動が**識別**でき，誰であるかわかる程度以上の照度

（＊３）４m先の人の挙動，姿勢等が識別できる程度以上の照度

コレが重要!! 確認問題

❶ 設計監理方式は，責任施工方式に比べて，工事内容と費用内訳の関係が不明瞭となりやすい。過 R3

❷ 責任施工方式とは，修繕設計を設計事務所に委ね，工事施工と工事監理を同一施工業者に委ねる方式を指すのが一般的である。過 H15

❸ 大規模修繕工事を責任施工方式で行う場合は，設計者と施工者との意思疎通が図りやすいため，修繕工事の厳正なチェックが期待できる。過 H28

❹ 予防保全とは，計画的に点検，調査・診断，修繕等を行い，不具合や故障を未然に防止するための保全のことをいう。過 H18

❺ 共用玄関の存する階のエレベーターホールの照明設備は，床面において概ね 50 ルクス以上を確保する。過 H22

❻ エレベーターのかご内の照明設備は，床面において概ね 20 ルクス以上の平均水平面照度を確保することが望ましい。過 H20

❼ 共用玄関ホールは，床面において概ね 50 ルクス以上の平均水平面照度を確保する。過 H18

❽ 共用廊下・共用階段の照明設備は，極端な明暗が生じないよう配慮しつつ，床面において概ね 20 ルクス以上を確保する。過 H22

❾ 自転車置場，オートバイ置場の照明設備は，10 m先の人の挙動，姿勢等が識別できる程度以上となるよう，床面において概ね３ルクス以上の平均水平面照度を確保することができるものとする。過 H24

❿ 駐車場の照明設備は，極端な明暗が生じないよう配慮しつつ，床面において概ね３ルクス以上の平均水平面照度を確保することができるものとする。過 H29

⓫ 共同住宅に関する設計指針によれば，「通路（道路に準ずるものを除く。以下同じ。）は，周辺環境，夜間等の時間帯による利用状況及び管理体制等を踏まえて，道路等，共用玄関，屋外駐車場等を結ぶ特定の通路に動線が集中しないように配置することが望ましい。」とされている。過 R5

答 ❶×：「明瞭」になりやすい。 ❷×：責任施工方式とは，一般的に修繕設計・工事施工・工事監理を同一の施工業者に委託する方式を指す。 ❸×：責任施工方式は，設計・工事監理と施工とが分離されていないため，工事の厳正なチェックが期待できない。 ❹○ ❺○ ❻×：エレベーターのかご内の照明設備は，床面において概ね 50 ルクス以上の平均水平面照度を確保することが望ましい。 ❼○ ❽○ ❾×：自転車置場・オートバイ置場の照明設備は，4m先の人の挙動，姿勢等が識別できる程度以上となるよう，床面で概ね3ルクス以上の平均水平面照度を確保する。 ❿○ ⓫×：動線が集中するように配置する。

11 大規模修繕・防犯に係る設計

第7編

建築関連法規

建築関連の法規は，例年**5問**程度出題されます。例年出題される頻出項目として，**都市計画法**，**建築基準法**，**消防法**，**水道法**等があり，それ以外に警備業法等が出題されることがあります。

難易度は年度によってまちまちで，出題もバリエーションが豊富ですが，基本事項で差がつくことは「建築・設備・維持保全」分野と同じですので，この**テキストで強調されている部分をしっかり押さえましょう。**

第 1 章　頻出度 S+

都市計画法

- 区域区分
- 補助的地域地区
- 用途地域
- 地区計画

1 都市計画法の意義（1条）

都市計画法は，都市の健全な発展と秩序ある整備を図り，国土の均衡ある発展と公共の福祉の増進に寄与することを目的とします。

街づくりにあたって，土地の所有者による好き勝手な造成工事や建物の建築を放置すると，整備された快適な街になりません。そこで，街づくり（**都市計画**）に関する具体的な内容や都市計画事業等の計画的なルールを定めているのが，**都市計画法**です。

2 都市計画法の全体像

都市計画は，まず，計画的な街づくりのための「都市計画区域」の指定からスタートし，次の流れに沿って，対象地域の特性に応じたきめ細かいルールを定めていきます。

① 都市計画区域の指定（計画的な街づくりの区域を決める）→ ② 都市計画の決定（街づくりの方向性・設計を決める）→ ③ 都市計画制限（②の方向性に反する行為を制限する）→ ④ 都市計画事業（決められた方向性に従って街をつくる）

3 都市計画区域・準都市計画区域

H26・27・29・R1・3

1 都市計画区域（5条）

都市計画は，原則として**都市計画区域**内に定められます。

都市計画区域は，**必要があれば**，都府県や市町村の区域を**越えて**指定することができます。

都市計画区域とは，計画的に街づくりをする場所のことです。その指定は，「市または一定の町村の中心の市街地を含み，かつ，自然的・社会的条件並びに人口，土地利用，交通量等に関する現況及び推移を勘案して，**一体の都市として総合的に整備し，開発し，及び保全する必要がある区域**」について行われます。

都市計画区域の指定は，**原則**として，**都道府県**が行いますが，都市計画区域が**2以上の都府県にまたがる場合**には，国土交通大臣が指定します。

都市計画区域に定められる都市計画は，**都道府県が定める都市計画**のみならず，**市町村が定めるもの**についても，当該都市計画の区域の整備・開発・保全の方針に則したものでなければなりません。

2 準都市計画区域（5条の2）

準都市計画区域とは，「計画的に街づくりを進める都市計画区域外で，そのまま土地利用を整序し，または環境を保全するための措置を講ずることなく**放置**すれば，将来における一体の都市としての整備，開発及び保全に支障が生じるおそれがあると認められる一定の区域」について，都道府県によって**指定**される区域です。

例えば，都市計画区域「外」における，高速道路のインターチェンジの周辺や幹線道路沿いなどが対象となります。

その指定が行われると，土地の開発や一定の建築物の建築等が規制されます。

POINT整理 都市計画区域・準都市計画区域

都市計画区域	原則	都道府県が指定
	例外	2以上の都府県にわたるときは，国土交通大臣が指定
準都市計画区域	都道府県が指定	

3 区域区分（市街化区域・市街化調整区域）（7条）

区域区分とは，都市計画区域を，①**積極的に街づくりをする**「市街化区域」と，②**農林漁業用の地域として街づくりを抑制する**「市街化調整区域」に分ける（＝線引きする）ことです。

都市計画で必要があるときは，都市計画区域に市街化区域と市街化調整区域との**区分を定めることができます**。

区域区分は任意であるため，「日本の国土」は，①区域区分の定められた都市計画区域，②区域区分の定められていない都市計画区域（非線引き区域），③準都市計画区域，④その他（①～③にあたらない区域）の4つに分けられます。

②は，地方自治法に規定する指定都市の区域の全部または一部を含む都市計画区域（指定都市の区域の一部を含む都市計画区域では，その区域内の人口が50万未満であるものを除く）をいいます。

区域区分については，「**定めることが『できる』**」と規定されているにとどまるため，**すべて**の都市計画区域で区域区分を**定めるわけではありません**。ただし，①三大都市圏の一定の区域，②大都市に係る都市計画区域として政令で定めるものについては，**区域区分を定めなければなりません**。

市街化区域	既に市街地を形成している区域及びおおむね10年以内に優先的かつ計画的に市街化を図るべき区域
市街化調整区域	市街化を抑制すべき区域
非線引き区域	市街化区域及び市街化調整区域に関する都市計画の定められていない都市計画区域

非線引き区域にも，用途地域を定めることはできます。

なお，計画的な市街地形成を図るため，道路・公園・下水道等の公共施設の整備と合わせて宅地の利用増進や建築物の整備を一体的かつ総合的に進める「**市街地開発事業**（土地区画整理事業や市街地再開発事業等）」というものがあります。この市街地開発事業は，**市街化区域または非線引都市計画区域**で定めることができるものとされています。

したがって，市街化調整区域，準都市計画区域に定めることはできません。

4 地域地区（8条，9条）

H26･29･30･R1･2･4

地域地区とは，土地の使い方を分け，計画的な「住みよい街づくり」を実現する都市計画です。

地域地区の中で最も基本的なもので，「基本的地域地区」とも呼ばれます。

1 用途地域

建物の「用途」により，土地を**住居系・商業系・工業系**の各「地域」に分け，制限等をするものです。

市街化区域については，少なくとも用途地域を定めるとし，**市街化調整区域**については，原則として用途地域は定めないとしています。

+1点! 準都市計画区域においても，都市計画に**用途地域**を定めることができます。

- **市街化区域**は，街づくりを積極的に進めていく区域である以上，**少なくとも**（＝必ず）用途地域を定めるものとされています。
- **市街化調整区域**は，市街化を抑制して農林漁業用の土地として確保すべき区域であるため，**原則**として用途地域は**定めません**。もっとも，「定められない」と規定されているわけではないので，必要に応じて用途地域を定めることは可能です。

（1）用途地域の種類と内容

用途地域には，次のような種類があります。

住居系	第一種低層住居専用地域	低層住宅に係る良好な住居の環境を保護するための地域
	第二種低層住居専用地域	主として低層住宅に係る良好な住居の環境を保護するための地域
	第一種中高層住居専用地域	中高層住宅に係る良好な住居の環境を保護するための地域
	第二種中高層住居専用地域	主として中高層住宅に係る良好な住居の環境を保護するための地域
	第一種住居地域	住居の環境を保護するための地域
	第二種住居地域	主として住居の環境を保護するための地域
	準住居地域	道路の沿道としての地域の特性にふさわしい業務の利便の増進を図りつつ，これと調和した住居の環境を保護するための地域
	田園住居地域	農業の利便の増進を図りつつ，これと調和した低層住宅に係る良好な住居の環境を保護するため定める地域
商業系	近隣商業地域	近隣の住宅地の住民に対する日用品の供給を行うことを主たる内容とする商業その他の業務の利便を増進するための地域
	商業地域	主として商業その他の業務の利便を増進するための地域
工業系	準工業地域	**主として**環境の悪化をもたらすおそれのない工業の利便を増進するための地域
	工業地域	主として工業の利便を増進するための地域
	工業専用地域	工業の利便を増進するための地域

これらの用途地域の目的を達成するために，さらに**建築基準法**で，その地域内における建築物の建築制限が行われます。たとえば，**共同住宅**は，原則として，用途地域のうち工業専用地域**には**建築することができません（他の用途地域には建築することができます）。

(2) 用途地域において定めるべき事項

用途地域には，その種類に応じて次の事項を定めます。

> **用語**
> 容積率：建築物の延べ面積の敷地面積に対する割合
> 建蔽率：建築面積の敷地面積に対する割合

容積率	「すべて」の用途地域において，必ず定める
建蔽率	「**商業地域以外**」のすべての用途地域において，必ず定める
敷地面積	その「最低限度」を，必要な場合に限って定める
建築物の高さ	「第一種低層住居専用地域」・「第二種低層住居専用地域」・「田園住居地域」内において，10m または12m で都市計画で必ず定める
壁面位置	「第一種低層住居専用地域」・「第二種低層住居専用地域」・「田園住居地域」内において，外壁の後退距離として定める

> 外壁の後退距離は，低層住宅の良好な環境を保護するため必要な場合に限り，定められます。

2 補助的地域地区

用途地域**以外**の地域地区は，「主に用途地域を補完する役割を果たす」という意味で，**補助的地域地区**といいます。

試験上重要なものとしては，主に次のものがあります。

① **特別用途地区**	② **特定用途制限地域**
③ **特例容積率適用地区**	④ **高層住居誘導地区**
⑤ **高度地区**	⑥ **高度利用地区**
⑦ **特定街区**	⑧ **防火地域・準防火地域**
⑨ **風致地区**	

① 特別用途地区

例えば，商業地域に学校がある場合，子どもに悪影響を与えるような風俗店舗等を**規制する必要**があります。そこで，「用途地域内の一定の地区の特性にふさわしい土地利用の増進，環境の保護等の特別の目的の実現を図るため」に，**用途地域による指定を補完**するために定められる地区が，**特別用途地区**です。

②　特定用途制限地域

用途地域が**定められていない**土地の区域（市街化調整区域を除く）内で，良好な環境の形成・保持のため，地域の特性に応じて合理的な土地利用が行われるように，**制限すべき特定の建築物等の用途の概要**を定める地域です。

例えば，用途地域の定めがなく比較的自由な区域において，風俗産業施設や環境に影響を与える工場等，「**特定**」の「**用途**」の建築物の建築等を「**規制**」します。

- 「①**特別用途地区**」は，「用途地域が**定められている区域**」で指定されるのに対し，「②**特定用途制限地域**」は，「用途地域が**定められていない**区域（市街化調整区域を除く）」で指定されます。
- **市街化調整区域**には，原則として用途地域は定められていませんが，**特定用途制限地域を定めることはできません**。これは，市街化調整区域が自然を残しておきたいエリアのため，そもそも建物の建築について大きく制限されるからです。

③　特例容積率適用地区

建築物の容積率の限度からみて**未利用**となっている建築物の**容積の活用を促進**して，土地の高度利用を図るために，建築物の高さの**最高限度**を定める地区です。第一種中高層住居専用地域，第二種中高層住居専用地域，第一種住居地域，第二種住居地域，準住居地域，近隣商業地域，商業地域，準工業地域または工業地域内の，適正な配置及び規模の公共施設を備えた土地の区域で定めることができます。

市街地の環境を確保するために**必要な場合に限ります**。

比較的大きな数値の容積率が認められている都心部等では，歴史的建造物等をそのまま維持するため，容積率を消化していない敷地が少なくありません。**この未利用の容積率を他の敷地に上乗せし，土地の有効活用**を図るための地区です。
老朽化したマンションの建替えや，密集市街地における**建築物の共同化**等への利用が想定されているため，**低層住居専用地域（第一種・第二種），田園住居地域と工業専用地域**には**定められません**。

1　都市計画法

④　**高層住居誘導地区**

容積率制限と斜線制限が緩和され，日影規制は適用除外されます。

住居と住居以外の用途とを適正に配分し，利便性の高い高層住宅の建設を誘導するために定められる地区です。第一種住居地域，第二種住居地域，準住居地域，近隣商業地域または準工業地域で，都市計画において，建築物の容積率が$\frac{40}{10}$または$\frac{50}{10}$と定められたものの内において，建築物の**容積率の**最高限度，建築物の**建蔽率の**最高限度及び建築物の**敷地面積の**最低限度を定めます。

高層住居誘導地区は，**中高層住居専用地域には定められません。**高層住居誘導地区は「**住居**と**住居以外**の用途を適正に**配分**」するための地区で，**住居専用**の地域は**対象外**だからです。

⑤　**高度地区**

用途地域内において市街地の環境を維持し，または土地利用の増進を図るため，建築物の**高さの**最高限度**または**最低限度を定める地区です。

⑥　**高度利用地区**

用途地域内の市街地での土地の合理的かつ健全な高度利用と都市機能の更新とを図るため，建築物の**容積率の**最高限度**及び**最低限度，建築物の**建蔽率の**最高限度，建築物の**建築面積の**最低限度**並びに壁面の位置の制限**を定める地区です。

高度地区と高度利用地区は，いずれも「**用途地域内**」においてのみ定めることができる点で共通します。しかし，**高度地区**は「**高さ**」のルールを定める地区であり，**高度利用地区**は容積率等の「**高さ以外**」のルールを定める地区である点で異なります。また，積極的な街づくりを行う区域ではない準都市計画区域では，高さを制限する高度地区は定められますが，土地の効率的な利用を図る高度利用地区は定められません。

⑦　**特定街区**

市街地の整備改善を図るため街区の整備または造成が行われる地区について，その**街区内**における**建築物の容積率ならびに建築物の高さの最高限度**，および，**壁面の位置の制限**を定める街区です。

建築基準法における本来の容積率等の制限が適用されず，**その街区に特有**の容積率や高さの最高限度，壁面の位置の制限を定めるものです。代表例として，超高層ビルが立ち並ぶ東京の霞が関や新宿新都心などがあります。

⑧　**防火地域・準防火地域**

市街地での**火災の危険を防除**するために定める地域です。

防火地域・準防火地域は，準都市計画区域に定めることはできません。これは，準都市計画区域が街づくりを目的とする区域ではなく，「**市街地**における火災の危険を防除」という目的が当てはまらないためです。

⑨　**風致地区**

都市の風致を維持するため定める地区です。街にある自然を守り，良好な環境を保つため，地方公共団体の条例で，建物の建築等を制限します。

準都市計画区域については，都市計画に，**下記の８つ**の地域または地区を定めることができます。

①　用途地域　②　特別用途地区
③　特定用途制限地域　④　高度地区
⑤　景観地区　⑥　風致地区
⑦　緑地保全地域
⑧　伝統的建造物群保存地区

このことから，「高度利用地区」，「防火地域」，「準防火地域」，「特例容積率適用地区」，「高層住居誘導地区」，「特定街区」等は，準都市計画区域に定めることができません。

5 都市施設（11条） R3・4

特に必要があるときは，**都市計画区域外においても**都市施設を定めることができます。

都市施設とは，**都市を構成する上での基本的な施設**をいい，道路・公園・水道・ガス供給施設・下水道・学校・図書館・病院・保育所等がこれにあたります。

道路・公園・下水道	市街化区域・非線引き区域内には必ず定める
義務教育施設	住居系の用途地域には必ず定める

6 市街地開発事業（12条） H28

「都市計画事業」とは，都市計画に従って都市施設を作ったり，市街地開発を行ったりする事業のことをいいます。

市街地開発事業とは，**「市街化区域」**や**「非線引都市計画区域」内**において，**一体的に開発または整備**を図るための都市計画事業の1つです。この**市街地開発事業**は，市街化調整区域や準都市計画区域では定めることができません。

土地区画整理事業については，これに加え，**公共施設の配置及び宅地の整備に関する事項**を，都市計画に定めなければなりません。

市街地開発事業については，都市計画に，**市街地開発事業の種類・名称・施行区域**を定めるとともに，**施行区域の面積**その他の政令で定める事項を定めるよう努めるものとされています。

7 地区計画（12条の5） H28・R3・4・5

地区整備計画では，**建築物等の用途の制限**，建築物の容積率の最高限度又は最低限度，建築物の建蔽率の最高限度，建築物の敷地面積又は建築面積の最低限度，**建築物等の形態又は色彩その他の意匠の制限**のほか，建築物の緑化率の最低限度も定めることができます。

地区計画とは，建築物の建築形態，公共施設その他施設の配置等から，その**区域の特性**にふさわしい良好な環境の街区を整備・開発・保全する計画です。**小規模の地区レベル**で，課題や特徴を踏まえ，住民と市区町村とが連携して将来像を設定し，実現に向けて街づくりを進めていく手法です。

地区計画は，その地区の**将来像**を示す「地区計画の方針」と，**道路・公園・広場等の配置や建築物を建築する際のルール等**を具体的に定める「地区整備計画」で構成されます。

地区計画は，**「小さいエリア」を対象とした都市計画**のため，実情に詳しい**「市町村」が定めます。**ただし，市町村が定めた都市計画が，**都道府県が定めた都市計画と抵触**するときは，その限りで，都道府県が定めた都市計画が優先します。

1 地区計画を定められる区域

地区計画は，定めることができるか否かが，区域により異なります。

地区計画は，その種類により，定められる区域が具体的に決まっています。
例えば，一定規模以上の店舗，映画館，アミューズメント施設，展示場等の大規模な建築物の建築を可能とする**「開発整備促進区」**は，①**第二種住居地域**，②**準住居地域**，③**工業地域**，④**用途地域が定められていない土地の区域（市街化調整区域を除く）**で定めることができるとされています。

（○＝定められる　×＝定められない）

区域		地区計画を定められるか否か
都市計画区域	市街化区域	○
	市街化調整区域	○
	非線引き都市計画区域	○
準都市計画区域		×
未指定区域		×

- 都市計画区域内で用途地域**「内」**の場合，無条件（すべての土地の区域）で地区計画を定めることができます。
- 都市計画区域内で用途地域**「外」**の場合，次のいずれかの区域において地区計画を定めることができます。
  - ①　住宅市街地の開発や，建築物・敷地の整備に関する事業が行われる，または行われた土地の区域
  - ②　不良な街区の環境が形成されるおそれがある土地の区域
  - ③　優れた街区の環境等が形成されている土地の区域

現に土地の利用状況が著しく変化しつつあり，又は著しく変化することが確実であると見込まれる土地の区域の地区計画では，都市計画に**「再開発等促進区」**（土地の合理的かつ健全な高度利用と都市機能の増進とを図るため，一体的かつ総合的な市街地の再開発又は開発整備を実施すべき区域）を定めることが『できます（＝任意）』。

2 地区計画等の案の作成

都市計画に定める地区計画等の**案**は，意見の提出方法等について，条例で定めるところにより，その案に係る**区域内の土地の所有者等，利害関係を有する者の意見**を求めて作成します。

1 都市計画法

あくまで「意見を求めて作成」することが求められているだけですので，「同意」を得る必要はありません。

3　地区計画で定める内容

地区計画で定める内容は，次のとおりです。

「努力義務」とは，達成する義務ではなく，あくまで達成できるように努力すること自体が求められている義務です。

義務の種類	定める内容
義務	①　地区計画等の種類・名称・位置・区域
	②　地区施設・地区整備計画
努力義務	③　区域の面積
	④　当該地区計画の目標
	⑤　当該区域の整備・開発・保全の方針

地区計画を都市計画に定める際，当該地区計画の一部または全部について**地区整備計画を定めることができない特別の事情**があるときは，定めないことも可能です。

4　地区計画内における規制

地区計画の区域（一定の再開発等促進区・開発整備促進区，又は**地区整備計画**が定められている区域に限る）で，土地の**区画形質の変更**，建築物の**建築**等を行う者は，「当該行為に着手する日の30日前までに」，一定事項を**市町村長**に届け出なければなりません。

必要なのは，**事前の届出**であり，許可は不要です。

コレが重要!! 確認問題

❶　準都市計画区域については，都市計画に，高度地区，景観地区，防火地域又は準防火地域を定めることができる。過 H24

❷　都市計画区域については，必ず市街化区域と市街化調整区域との区分を定めるものとされている。過 H22

❸　市街化区域は，すでに市街地を形成している区域であり，市街化調整区域は，おおむね 10 年以内に計画的に市街化を図る予定の区域である。過 H26

❹　市街化区域については，少なくとも用途地域を定めるものとされており，市街化調整区域については，用途地域を定めてはならないものとされている。過 H27

❺　商業地域では，都市計画に建築物の建ぺい率を定める必要がない。過 H17

❻　高度地区は，建築物の容積率の最高限度及び最低限度を都市計画に定めるものとされている地域地区である。過 H19

❼　特定用途制限地域は，用途地域のうち，その良好な環境の形成又は保持のため当該地域の特性に応じて合理的な土地利用が行われるよう，制限すべき特定の建築物等の用途の概要を定める地域である。過 H23

❽　特例容積率適用地区は，建築物の容積率の最高限度及び最低限度を都市計画に定めるものとされている地域地区である。過 H19

❾　特定街区については，市街地の整備改善を図るため街区の整備又は造成が行われる地区について，その街区内における建築物の容積率並びに建築物の高さの最高限度及び壁面の位置の制限を定めるものとされている。過 R1

❿　都市計画区域については，都市計画に，道路，公園，緑地，教育文化施設等の都市施設を定めることができるが，特に必要があるときは，当該都市計画区域外においても，これらの施設を定めることができる。過 H24

⓫　都市計画区域のうち，市街化調整区域内においては，地区計画を定めることができない。過 H28

答　❶✕：準都市計画区域には，高度地区・景観地区等を定めることはできるが，防火地域・準防火地域を定めることはできない。　❷✕：市街化区域と市街化調整区域との線引きは，必ず定めるものではない。　❸✕：市街化調整区域は，市街化を抑制すべき区域であり，おおむね 10 年以内に優先的かつ計画的に市街化を図るべき区域は，市街化区域に含まれる。　❹✕：市街化調整区域では，原則として用途地域を定めないが，「定められない」わけではない。　❺○　❻✕：高度地区は，「建築物の高さの最高限度または最低限度」を定める地区である。　❼✕：特定用途制限地域は，「用途地域が定められていない土地の区域(市街化調整区域を除く)」に定められる。　❽✕：特例容積率適用地区は，建築物の「高さの最高限度」を定める地区である。　❾○　❿○　⓫✕：できる。

第2章 頻出度 S

建築基準法上の制度

- 用語の定義
- 建築確認の要否
- 定期調査・定期検査

国民が生活し，活動していく上で不可欠の存在である建築物に関して，その生命・健康・財産を守るために，地震や火災等に対する安全性や建築物の敷地や周囲の環境等に関して**必要最低限の基準**を定めているのが，建築基準法です。

1 建築基準法における用語の定義（2条，令1条） H30・R2

本試験では，用語の定義そのものが出題されることがあるため，これらの定義は内容をきちんと押さえておきましょう。

「**建築設備**」は，建築基準法上，すべて「**建築物**」に含まれます。

建築基準法上の主な用語の定義は，次のとおりです。

建築物	土地に定着する工作物のうち，屋根及び柱もしくは壁を有するもの等をいい，建築設備を含む。
特殊建築物	防災上特殊な用途の建築物で，**共同住宅等**が含まれる。
建築設備	建築物に設ける電気，ガス，給水，排水，換気，暖房，冷房，消火，排煙もしくは汚物処理の設備または煙突，昇降機もしくは避雷針
居室	居住，執務，作業，集会，娯楽その他これらに類する目的のために継続的に使用する部屋
敷地	**一の建築物**または**用途上不可分の関係にある二以上の建築物**のある一団の土地
地階	床が地盤面下にある階で，床面から地盤面までの高さ（h）が，その階の天井の高さ（H）の$\frac{1}{3}$以上のもの （天井） H 地盤面 h（床面） h：床面から地盤面までの高さ H：床面から天井までの高さ ⬇ $h \geqq \frac{1}{3}H$のとき地階となる。

主要構造部

主として防火上の見地からの主要な部分で，**壁**，**柱**，**床**，**はり**，**屋根**または**階段**をいい，次のような一定のものが**除外**される。

主要構造部	除外される主な部分（構造上重要でないもの）
壁	間仕切壁
柱	間柱，付け柱
床	揚げ床，最下階の床
梁	小ばり
屋根	ひさし
階段	局部的な小階段，屋外階段

構造耐力上主要な部分

基礎，基礎ぐい，壁，柱，小屋組，土台，**斜材**（**筋かい**，方づえ，火打材等），床版，屋根版または横架材（はり，けた等）で，建築物の自重もしくは積載荷重，積雪，風圧，土圧もしくは水圧または地震等の震動・衝撃を支えるもの

耐水材料

れんが，石，人造石，**コンクリート**，アスファルト，陶磁器，**ガラス**等の耐水性の建築材料

延焼の恐れのある部分

＊：③の「2以上の建築物」の延べ面積の合計が500㎡以内の建築物は，1の建築物とみなす

①隣地境界線，②道路中心線または③同一敷地内の2以上の建築物相互の外壁間の中心線から，それぞれ**1階**では3m以下，**2階以上**では5m以下の距離にある建築物の部分

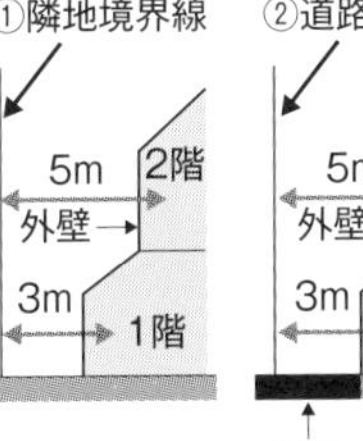

耐火構造

壁，**柱**，**床等**の建築物の部分の構造のうち，耐火性能に関して一定の基準に適合する鉄筋コンクリート造等で，一定の構造方法を用いるもの等

準耐火構造

壁，**柱**，**床等**の建築物の部分の構造のうち，準耐火性能に関して一定の基準に適合し，一定の構造方法を用いるもの等

主要構造部は，主として「**防火**」上の見地から定められているため，防火に役立たない基礎は**そもそも含まれていません**。

ただし，①防火上有効な公園，広場，川等の空地・水面または耐火構造の壁その他これらに類するものに面する部分と，②建築物の外壁面と隣地境界線等との角度に応じて，当該建築物の周囲において発生する通常の火災時における火熱により燃焼するおそれのないものとして国土交通大臣が定める部分（熱の影響を受けにくい部分）は除かれます。

用語

耐火性能：通常の火災が終了するまでの間，その火災による建築物の**倒壊**及び**延焼**を**防止**するために必要とされる性能

準耐火性能：通常の火災による**延焼**を**抑制**するために必要とされる性能

用語

防火性能：建築物の周囲において発生する通常の火災による**延焼**を**抑制**するために外壁または軒裏に必要とされる性能

不燃性能：通常の火災時における火熱により**燃焼しないこと**その他の政令で定める性能

用語

新築：更地に建築物を建てること

増築：床面積を増加させること

改築：建物を取り壊して用途・構造・規模がほぼ同じ建築物に建て直すこと

移転：建築物を同一敷地内で移動すること

防火構造	建築物の**外壁・軒裏**の構造のうち，防火性能に関して一定の基準に適合する鉄網モルタル塗・しっくい塗等の構造で，一定の構造方法を用いるもの等
不燃材料・準不燃材料・難燃材料	建築材料のうち，不燃性能に関して次の基準（不燃性能）に適合するもので，国土交通大臣が定めたもの等 不燃材料：20分間 準不燃材料：10分間 難燃材料：5分間
耐火建築物	①**主要構造部が耐火構造**または耐火建築物の主要構造部に関する技術的基準に適合する建築物で， かつ， ②**外壁の開口部で延焼のおそれのある部分に防火設備**を設けた建築物
準耐火建築物	①主要構造部が準耐火構造または準耐火構造と同等の準耐火性能を有する建築物の技術的基準に適合する建築物で， かつ， ②外壁の開口部で延焼のおそれのある部分に防火設備を有する建築物
建築	建築物の新築・増築・改築・移転
大規模の修繕	建築物の主要構造部の１種以上について行う過半の**修繕**
大規模の模様替	建築物の主要構造部の１種以上について行う過半の**模様替**

不燃材料	20分間
準不燃材料	10分間
難燃材料	5分間

「大規模の修繕・大規模の模様替」は，「主要構造部の一種以上」を含む必要があります。例えば「最下階の床を全面的に模様替する」工事は，工事自体の規模がいくら大きくても，主要構造部を含まないため，「大規模の模様替」にはあたりません。

2 面積，高さ等の算定方法（令2条）

建築基準法上，面積や高さ等は，次のように算定します。

① 敷地面積	原則として，敷地の**水平投影面積**による。ただし，都市計画区域及び準都市計画区域内で特定行政庁が指定する幅員4m未満の道路に接する敷地では，道路の中心線から水平距離で2m後退した線までの部分は算入されない。 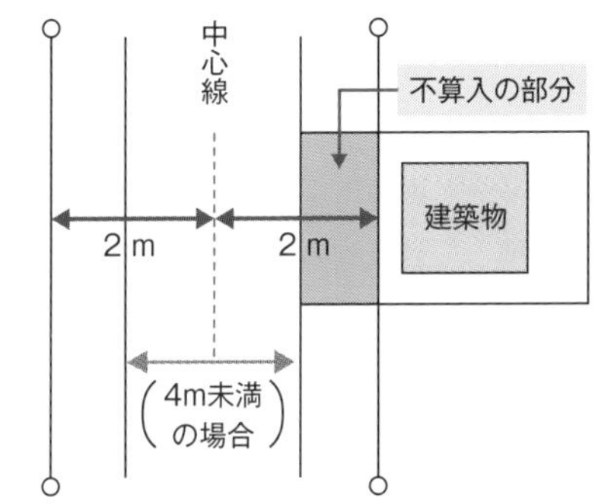
② 建築面積	建築物（地階で地盤面上1m以下の部分を除く）の外壁や，これに代わる柱の**中心線**で囲まれた部分の水平投影面積による。ただし，軒，ひさし，バルコニー等で，外壁や柱の中心線から水平距離1m以上突き出したものがある場合は，その先端から水平距離で1m後退した線で囲まれた部分となる。 **【建築面積に不算入の部分】** 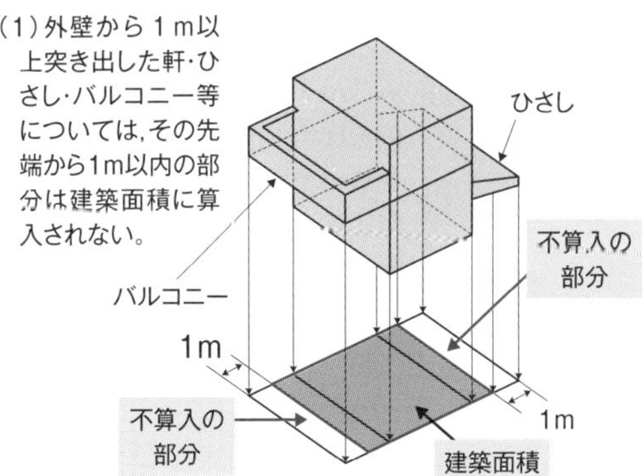

> **用語**
> 水平投影面積：
> 土地や建物を真上から見たときの面積で，土地・建物にある凸凹や斜面の部分を水平だとして測った面積のこと

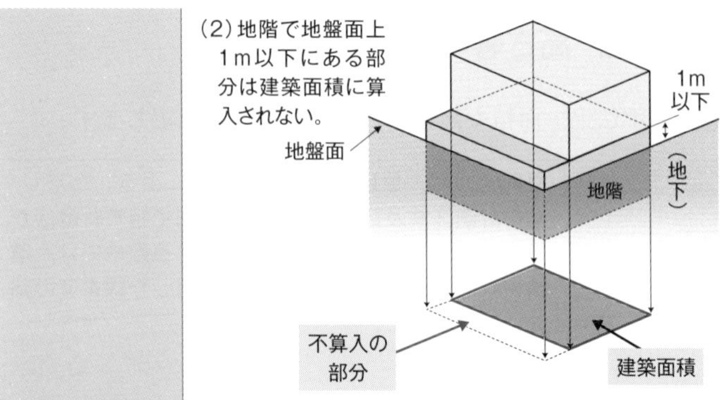

③ **床面積**	壁その他の区画の**中心線**で囲まれた部分の水平投影面積による（壁心計算）。
④ **延べ面積**	建築物の各階の床面積の合計
⑤ **建築物の高さ**	原則として，**地盤面からの高さ**による。ただし，次の①②の部分は算入されない。 ① 棟飾，防火壁の**屋上突出部等** ② **屋上の階段室や昇降機塔等**で，その水平投影面積の合計が当該建築物の建築面積の$\frac{1}{8}$以内の場合，その高さの12 mまでの部分

【建築物の高さ】

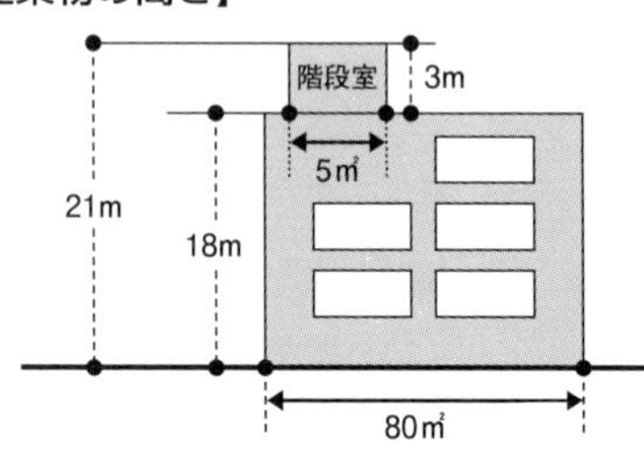

例えば，上図の場合，屋上の階段室の水平投影面積が5㎡で，建築面積（80㎡）の$\frac{1}{8}$**以内**であるため，階段室の高さ（3 m）は建築物の高さに算入しない。

標準管理規約の専有部分の床面積の算定方法と同様です。なお，区分所有法では，専有部分の床面積は，壁その他の区画の「**内側線**」で囲まれた部分の水平投影面積で測定（内のり計算）するため，測定方法が異なります。

避雷設備（➡ P.659参照）が必要となる「高さ20 m超」の算定については，**階段室等の高さ**も，その面積に関係なく**算入します**。

⑥　**建築物の階数**	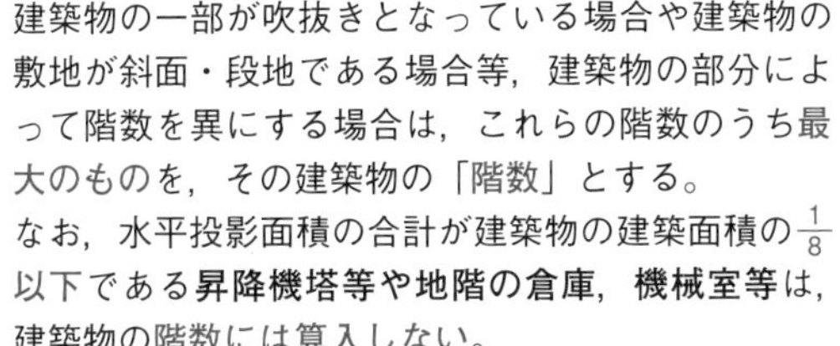建築物の一部が吹抜きとなっている場合や建築物の敷地が斜面・段地である場合等，建築物の部分によって階数を異にする場合は，これらの階数のうち最大のものを，その建築物の「階数」とする。 なお，水平投影面積の合計が建築物の建築面積の$\frac{1}{8}$以下である**昇降機塔等や地階の倉庫**，**機械室等**は，建築物の階数には算入しない。 **【階数の算定方法】** 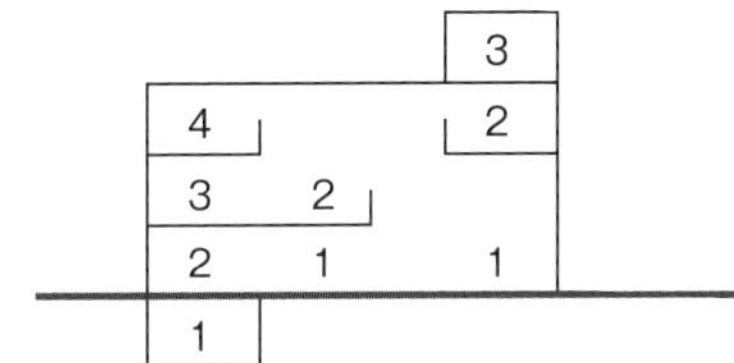 ➡ **この建築物の階数**は，「**4**」となる。
⑦　**地盤面**	建築面積・建築物の高さ・軒の高さ等を算定する際に建築物が周囲の地面と接する位置の**平均の高さにおける水平面**（平均地盤面）をいう。ただし，その接する位置の高低差が**3ｍを超える場合**には，その高低差3ｍ以内ごとの平均の高さにおける水平面をいう。

例えば，**傾斜した敷地**に建築物が建っている場合は，平均地盤面からの高さがその**建築物の高さ**となります。

3 建築確認（6条）

H28･30･R4･5

建築確認とは，建築工事の着手前に，その計画が**建築基準関係規定**に適合していることの確認を義務付ける制度です。

「**建築主**」は，原則として，建築等の工事着手「**前**」に，その計画が**建築基準関係規定**に適合することについて，建築確認の申請書を提出し，**建築主事**（または**指定確認検査機関**）の**確認**を受け，確認済証の交付を受けなければなりません。

建築主：建築物に関する工事の請負契約の注文者または請負契約によらないで自らその工事をする者

建築主事：都道府県知事または市町村の長の指揮監督のもとで，確認申請に係る事務を司る者

1　特殊建築物である共同住宅の建築確認

「共同住宅用の床面積が200㎡超の特殊建築物」の	① 新築	①～④すべてで建築確認が必要（例外あり）
	② 増築・改築・移転	
	③ 大規模の修繕・大規模の模様替	
	④ 用途変更	

共同住宅としての用途の床面積の合計が200㎡を超える**特殊建築物**は，上記①～④のいずれの場合でも，原則として建築確認が必要です。

ただし，「②**増築・改築・移転**」だけは，それが「**防火地域及び準防火地域外**」で行われ，かつ，増築・改築・移転にかかる部分の**床面積の合計が**「**10㎡以内**」である場合は，**建築確認は**不要です。

- 「③大規模の修繕・大規模の模様替」は，**主要構造部の１種以上を含む，過半の修繕・模様替**である場合を前提としています。したがって，例えば，**最下階の床の全面模様替え**の場合は，主要構造部を含まないため，建築確認は**不要**です。
- 「④用途変更」とは，建築物の用途を変更し，変更した**床面積の合計を200㎡超の特殊建築物**にする場合をいいます。例えば，共同住宅の一部を床面積の合計200㎡超のカフェに変更しようとする場合には，建築確認が必要です。
  - ➡なお，「**各階床面積300㎡の共同住宅の１Ｆ部分を事務所にする**」など，用途変更「**後**」の建物が，そもそも**特殊建築物に**「**該当しない**」**場合**は，**確認申請不要**です。

2　建築確認における消防長・消防署長の同意

建築確認をする場合，原則として建築主事等は，工事施工地やその所在地を管轄する**消防長**または**消防署長の同意**を得なければなりません。

4 維持保全（8条）

H29・R4

1 維持保全の努力義務

建築物の**所有者・管理者・占有者**は，建築物の敷地・構造・建築設備を，**常時適法な状態に維持**するように努めなければなりません。

2 準則・計画の作成義務

一定の特殊建築物の**所有者・管理者**は，必要に応じ，建築物の**維持・保全に関する準則または計画を作成**し，その他適切な措置を講じなければなりません。

準則・計画に定めるべき内容は，①建築物の利用計画，②**維持保全の実施体制**，③維持保全の責任範囲，④占有者に対する指導等，⑤点検，⑥修繕，⑦図書の作成・保管等，⑧**資金計画**，⑨計画の変更等です。

- **共同住宅**の場合，床面積の合計が**100㎡超**のものが対象です（ただし，**200㎡以下**の場合は**階数が3以上**のもののみ）
- 占有者は，維持・保全の努力義務は課されますが，準則・計画の作成義務は課されません。

5 定期調査・定期報告制度（12条）

H29

1 定期検査・定期報告制度の必要性

建築基準法には，建築物が建築基準関係規定に適合するかどうかの工事前**のチェック制度**として「**建築確認**」**制度**，完成後**のチェック制度**として「**完了検査**」**制度**が設けられています。しかし，デパート・ホテル等を始めとして，不特定多数の人が利用する特殊建築物等では，**老朽化や設備の不備等**があると，**大きな事故や災害につながる恐れ**があります。

そこで，そうした**事故を未然に防ぐ**ため，**所有者等**に対し，専門の調査・検査資格者をして建物や設備を定期的に調査・検査させ，その**結果を特定行政庁に報告**することを義務付ける制度が設けられています。

2 定期検査・定期報告制度の内容

(1) 特定建築物定期調査

一定の共同住宅（床面積が200㎡を超える場合で特定行政庁が

指定するもの等）の敷地・構造・建築設備については，おおむね６ヵ月～３年の間で特定行政庁が定める時期ごとに，一級建築士・二級建築士・特定建築物調査員（特定建築物調査員**資格者証の交付**を受けている者）にその状況の**調査**をさせて，その結果を**特定行政庁に報告**しなければなりません。

- これらの**建築物の敷地及び構造**についての損傷・腐食その他の劣化の状況の点検を含みます。
- これらの建築物の建築設備及び防火戸その他の政令で定める防火設備（「**建築設備等**」）についての，**以下の（2）～（4）の検査を除く**ことに注意。

（２） 建築設備定期検査

次の建築設備で特定行政庁の指定したものについては，おおむね６ヵ月～１年（ただし，国土交通省令で定める検査の項目については，１年から３年）の間で特定行政庁が定める時期ごとに，一級建築士・二級建築士・建築設備検査員（建築設備検査員**資格者証の交付**を受けている者）に**検査**をさせて，その結果を**特定行政庁に報告**しなければなりません。

- **機械換気設備**
- **排煙設備**
- **非常用の照明装置**
- **給排水設備**

- これらの建築設備についての損傷・腐食その他の劣化の状況の点検を含みます。
- 昇降機は含まれません（次の（3）があるため）。

（３） 昇降機等定期検査

昇降機等については，おおむね６ヵ月～１年（ただし，国土交通省令で定める検査の項目については，１年から３年）の間で特定行政庁が定める時期ごとに，一級建築士・二級建築士・昇降機等検査員（昇降機等検査員**資格者証の交付**を受けている者）に**検査**をさせて，その結果を**特定行政庁に報告**しなければなりません。

(4) 防火設備定期検査

防火設備（防火戸，防火シャッター等）については，おおむね6ヵ月～1年（ただし，国土交通省令で定める検査の項目については，1年から3年）の間で特定行政庁が定める時期ごとに，一級建築士・二級建築士・防火設備検査員（防火設備検査員**資格者証の交付**を受けている者）に**検査**をさせて，その結果を**特定行政庁に報告**しなければなりません。

建築基準法上，「**防火設備検査員**」「**昇降機等検査員**」「**建築設備検査員**」は，「建築設備『等』検査員」として**一括りで定義**されていますが，同法施行規則によって，**各資格者を区分して定義**しています。

POINT整理　定期調査・定期検査・その報告

○：できる　×：できない

	特定建築物定期調査	建築設備定期検査	昇降機等定期検査	防火設備定期検査
検査・報告（原則）	おおむね6ヵ月～3年ごと	おおむね6ヵ月～1年ごと		
一級建築士・二級建築士	○			
特定建築物調査員	○	×		
建築設備検査員	×	○	×	
昇降機等検査員	×		○	×
防火設備検査員	×			○

6 既存不適格建物・違反建築物に対する措置

H26・R2・5

1　既存不適格建物に対する措置（10条，11条）

既存の建築物等で，建築基準法の改正等によって改正後の規定に適合しなくなった建築物を，**既存不適格建築物**といいます。改正後の規定には適合していないものの，**現状での維持**が認められ，違反建築物にはなりません。

ただし，**新たに増改築等**を行う場合は，改正後の規定に適合させなければなりません。

もっとも，**特定行政庁**は，一定の既存不適格建築物について，次のような措置をとることができます。

（1）著しく保安上危険な建築物等の所有者等に対する勧告及び命令

特定行政庁は，**劣化**が進み，そのまま放置**すれば著しく保安上危険**となり，または**著しく衛生上有害**となるおそれがあると認める場合においては，建築物またはその敷地の所有者・管理者・占有者に対して，**相当の猶予期限**を付けて，その建築物の除却，移転，改築，増築，修繕，模様替，使用中止，使用制限等の必要な措置をとることを**勧告**することができます。

特定行政庁は，建築物の敷地・構造・建築設備が**著しく保安上危険**であり，又は**著しく衛生上有害**であると認める場合（「おそれ」ではない）においては，その所有者・管理者・占有者に対して，相当の**猶予期限**を付けて，建築物の除却，移転，改築，増築，修繕，模様替，使用禁止，使用制限その他保安上又は衛生上**必要な措置**をとることを命ずることができます。

●特定行政庁は，**正当な理由なく勧告に係る措置をとらなかった**場合，特に必要があると認めるときは，**相当の猶予期限**を付けて，その勧告に係る措置をとることを命ずることができます。

（2）公益上著しい支障のある建築物に対する措置

特定行政庁は，建築物の敷地，構造，建築設備又は用途が**公益上著しく支障**があると認める場合，その建築物の所在地の市町村の議会の同意を得た場合に限り，その建築物の所有者・管理者・占有者に対して，**相当の猶予期限**を付けて，その建築物の除却，移転，修繕，模様替，使用禁止又は使用制限を命ずることができます。

この場合，**所在地の市町村**は，その命令に基づく措置によって通常生ずべき損害を時価によって**補償**しなければなりません。

2　違反建築物に対する措置（9条）

用語 違反建築物：建築基準法令の規定またはこの法律の規定に基づく許可に付した条件に違反した建築物のこと

特定行政庁は，**違反建築物**に対して，次の措置をとることを命じることができます。

（1）施工停止・是正措置命令

特定行政庁は，違反建築物等の建築主等に対し，工事の施工の停止を命じ，または，相当の猶予期限を付けて，建築物の**除却・移転・改築・増築・修繕・模様替・使用禁止・使用制限**その他**違反の是正に必要な措置**をとることを命ずることができます。

是正措置を命じられた者が措置を履行しないときは，**行政代執行法**の定めに従い，特定行政庁自身で義務者がすべき行為をすることができ，特定行政庁はその**費用を義務者から徴収**することができます。

この場合，特定行政庁は，あらかじめ，その措置を命じようとする者に対し，命じようとする措置等を記載した**通知書を交付**し，意見書及び自己に有利な証拠を提出する**機会**を与えなければなりません。そして，この通知書の交付を受けた者は，交付を受けた日から３日以内に，特定行政庁に対して，意見書の提出に代えて，公開による意見の聴取を行うことを請求することができます。

特定行政庁は，公開による意見の聴取を行う場合，命じようとする措置並びに意見の聴取の期日及び場所を，期日の２日前までに命令の相手方等に通知するとともに，公告しなければなりません。

（２）緊急時における，仮の使用禁止・使用制限命令

特定行政庁は，**緊急の必要**がある場合においては，**（１）**に定める意見書の提出等の手続によらないで，**仮に**，使用禁止・使用制限の命令をすることができます（この「緊急時の仮命令等」は，特定行政庁だけでなく，建築監視員も行うことができます）。

この命令を受けた者は，命令を受けた日から３日以内に，特定行政庁に対して，公開による意見の聴取を行うことを請求することができます。

意見の聴取は，その請求があった日から５日以内に行わなければなりません。

（３）違反の明らかな建築物に対する施工停止命令

特定行政庁は，建築基準法や施行令の規定に基づく許可に付した条件に**違反することが明らか**な建築・修繕・模様替の工事中の建築物に対して，**緊急**の必要があって，**（１）**に定める手続によることが**できない**場合に限り，これらの手続によらずに，その建築物の建築主等に対して，工事の施工の停止を命ずることができます。

（２）（３）の特定行政庁の権限は，市町村・都道府県の職員のうちから命ぜられた**建築監視員も行使**することができます。

コレが重要!! 確認問題

❶ マンション（延べ床面積2,000㎡）の改修工事において，最下階のすべての床の模様替えは，確認申請を要しない。過 H13

❷ 各階の床面積がそれぞれ250㎡の5階建ての共同住宅の1階部分の用途をカフェーに変更しようとするときは，建築主事または指定確認検査機関による確認を受けなければならない。過 H22 改

❸ 各階の床面積がそれぞれ300㎡の3階建ての共同住宅について，その1階部分の用途を事務所に変更しようとする場合は，建築確認を受ける必要はない。過 R5

❹ 防火地域又は準防火地域において共同住宅を改築しようとする場合，その改築に係る部分の床面積の合計が10㎡以内であれば，建築確認を受ける必要はない。過 R4

❺ 床面積の合計が200㎡を超える共同住宅（国，都道府県又は建築主事を置く市町村が所有し，又は管理するものを除く。）の場合，その所有者又は管理者は，その建築物の敷地，構造及び建築設備を常時適法な状態に維持するため，必要に応じ，その維持保全に関する準則又は計画を作成し，その他適切な措置を講じなければならない。過 R4

❻ 共同住宅に設ける昇降機の所有者（所有者と管理者が異なる場合においては，管理者）は，定期に，一級建築士もしくは二級建築士又は建築設備等検査員資格者証のうち昇降機等検査員資格者証の交付を受けている者に検査をさせて，その結果を特定行政庁に報告しなければならない。過 H29

❼ 特定行政庁が，緊急の必要がある場合において，仮に，違反建築物の使用禁止又は使用制限の命令をすることができ，この場合，当該命令を受けた者は，特定行政庁に対して公開による意見聴取を求めることはできない。過 H21

❽ 特定行政庁は，建築基準法令の規定に違反することが明らかな建築工事中の建築物については，当該建築物の建築主等に対して当該工事の施工の停止を命じなければならない。過 R2

答 ❶○ ❷○ ❸○ ❹×：防火地域または準防火地域内の共同住宅等の増改築等では，床面積にかかわらず建築確認が必要である。 ❺○ ❻○ ❼×：命令を受けた日から3日以内に，特定行政庁に対して，公開による意見の聴取を行うことを請求できる。 ❽×：緊急の必要があり，ほかに定める手続によることができない場合に限り，停止を命じることができるにとどまる。

頻出度 S+

単体規定（建築基準法）

- 居室等
- 各種配管等の設備
- 石綿その他の物質（アスベスト等）の飛散または発散に対する衛生上の措置

単体規定とは，全国一律に建築物の種類に応じて適用されるもので，**すべての建築物が備えるべき，技術的な**最低限の基準を定めた規定です。

1 防火壁等

R1

延べ面積が **1,000㎡を超える建築物**は，防火上有効な構造の**防火壁**または**防火床**によって有効に**区画**し，かつ，**各区画**の床面積の合計をそれぞれ **1,000㎡以内**としなければなりません。

ただし，耐火建築物・準耐火建築物などでは，不要です。

2 居室等の基準

H27・28・29・30・R1・2・3・4

1 居室の採光・換気（28条）

住宅等の**居室**には，**採光**のための窓等の**開口部**を設け，**採光に有効な部分の面積**は，居室の床面積に対して，住宅では原則として $\frac{1}{7}$ 以上としなければなりません。なお，所定の基準で照明設備の設置・有効な採光方法の確保等を行えば，$\frac{1}{10}$ **まで緩和**できます。

> ふすま，障子その他随時開放することができるもので仕切られた２室は，**１室とみなされます。**

> 採光に有効な部分の面積の算定方法は，開口部の方位にかかわらず同じで，**窓の実面積**に**採光補正係数**をかけて算出しますが，この係数は，**隣地境界線等までの水平距離等により異なります。**

また，居室には**換気**のための窓等の**開口部**を設け，**換気に有効な部分の面積**は，居室の床面積に対して，原則として $\frac{1}{20}$ 以上としなければなりません。

居室の採光の有効開口面積	床面積の $\frac{1}{7}$ 以上
居室の換気の有効開口面積	床面積の $\frac{1}{20}$ 以上

ガス機器を使用する台所に設置する換気扇の必要換気量は，設置されている**ガス機器の燃料消費量に比例**します。

2 調理室・浴室等の換気設備（28条，令20条の3）

建築物の調理室・浴室等でコンロ等**火を使用する設備**等を設けたものには，原則として，**換気設備**を設けなければなりません。

もっとも，**密閉式燃焼器具**（いわゆるクリーンヒーター）等のみ設置の居室では，排気が直接屋外に排出されるため，換気設備を設ける**必要はありません**。

3 居室の天井の高さ（令21条）

居室の**天井の高さ**は2.1 m以上でなければなりません。

なお，1室で天井の高さが**異なる部分**がある場合は，その**平均**の高さによります。

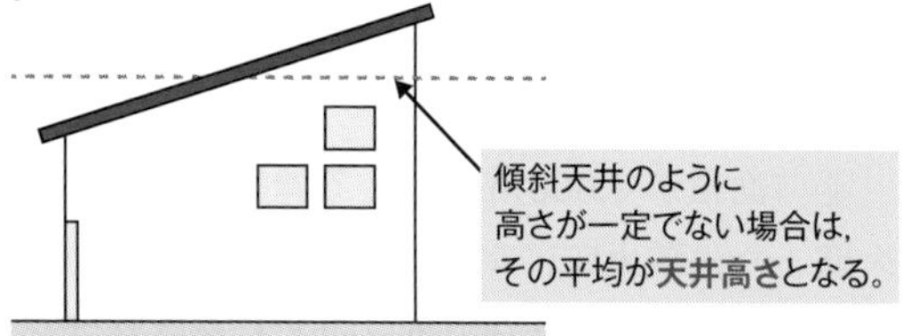

4 地階における居室の防湿の措置等（29条，令22条の2）

地階に設ける居室は，壁・床の防湿の措置等につき，からぼり等の**空地に面する開口部**を設ける等，衛生上必要な一定の基準に適合させなければなりません。

【防湿の措置】

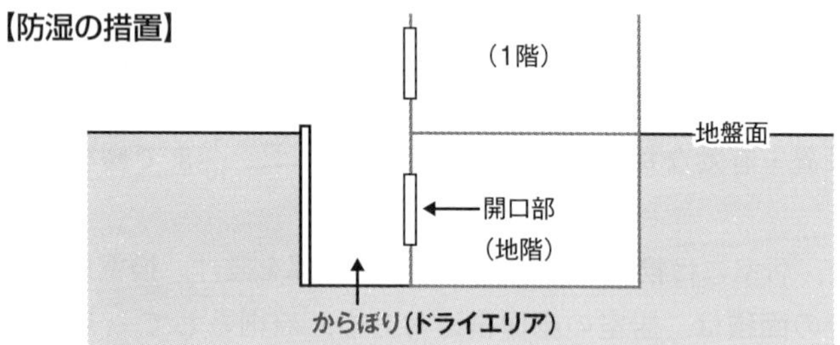

用語 遮音性能：隣接する住戸からの日常生活に伴い生ずる音を衛生上支障がないように低減するために界壁に必要とされる性能

5 共同住宅の各戸の界壁（30条，令114条）

（1）遮音関係

共同住宅の各戸の界壁は，原則として，**小屋裏または天井裏に達するもの**とし，**遮音性能**に関して，一定の技術的基準に適合する構造方法を用いるもの等としなければなりません。

もっとも，共同住宅の天井の構造が，**隣接する住戸からの日常生活に伴い生ずる音を衛生上支障がないように低減する一定の基準に適合する**もので，国土交通大臣が定めた構造方法を用いるか，国土交通大臣の認定を受けたものである場合は，**小屋裏または天井裏に達する必要はありません**。

小屋裏または天井裏を通じて隣戸の音が漏れないようにするため，**原則**として，**共同住宅の各戸の界壁**は，**小屋裏または天井裏に達するもの**としなければなりません。
しかし，共同住宅の天井の構造を界壁と同等の遮音性能を有するものとした場合には，**当該共同住宅の各戸の界壁を**小屋裏又は天井裏に達するものとしなくてもよいということです。

（2）防火関係

共同住宅の各戸の界壁は，少なくとも**準耐火構造**とし，火災に備えて，原則として，**小屋裏または天井裏に達するもの**としなければなりません。

もっとも，**自動スプリンクラー設備**等の設置および天井を**強化天井**とすることによって，遮音関係の場合と同様に，**当該共同住宅の各戸の界壁を**小屋裏又は天井裏に達するものとしなくてもよいとされています。

また，共同住宅の界壁は，**防火区画**の１つとされ，火災の際に火炎や煙が拡大するのを防ぐ機能を有しています。そこで，界壁を貫通する配管や風道（ダクト）がある場合には，次の基準を満たす必要があります。

用語 防火区画：火災の際に，火炎が急激に燃え広がることを防ぐための区画

3　単体規定（建築基準法）

給水管・配電管等の管が界壁を貫通する場合	●管と界壁とのすき間は，モルタルその他の不燃材料で埋めなければならない。 ●管の貫通する部分，及び，そこからそれぞれ**両側に１m以内**の距離にある部分は，不燃材料で造らなければならない。 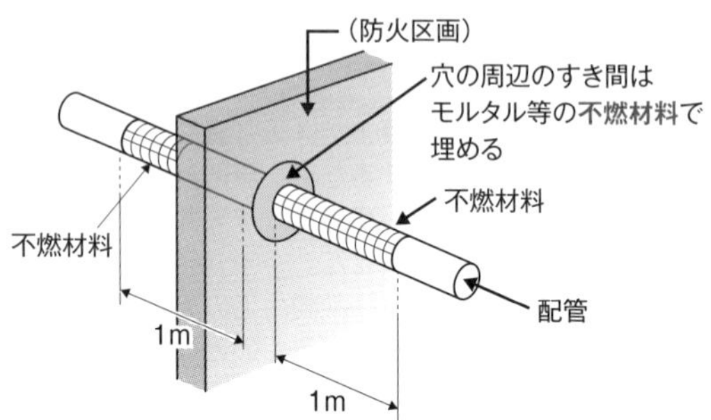
換気・冷暖房設備の風道（ダクト）が界壁を貫通する場合	●風道（ダクト）と界壁のすき間は，モルタル等の不燃材料で埋めなければならない。 ●防火区画の近くに煙感知器，または熱感知器と連動して自動的に閉鎖する防火ダンパーを設けなければならない。 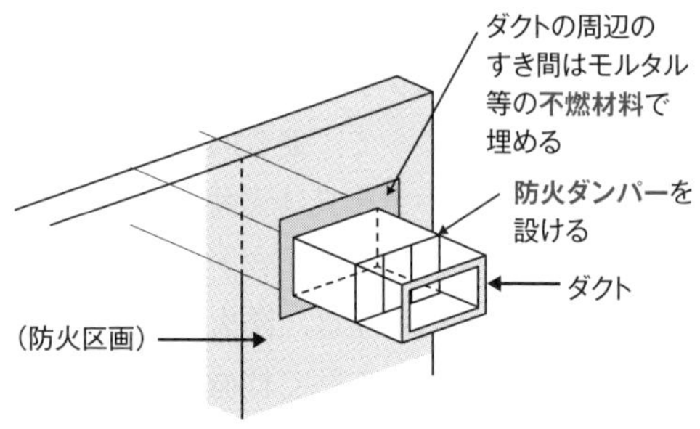

防火区画を貫通する配管や風道（ダクト）がある場合，火災時に界壁の**反対側へ火が回る危険性**があるため，このような規制が行われています。なお，**ダクト**には**防火ダンパー**が設けられるため，給水管等と異なり，「管の貫通する部分と両側に１m以内の距離にある部分を不燃材料で造らなければならない」旨の定めは**ありません**。

6　階段（令23条，令25条）

共同住宅に階段を設ける場合には，次の基準を満たす必要があります。

直上階の居室の床面積の合計が200㎡を超える地上階における共同住宅の共用階段において，**階段の踊り場**は，**高さ4m以内ごと**に設ける必要があります。

(1) 階段の幅・寸法についての基準

階段の所在	階段及び踊り場の幅	けあげの寸法	踏面の寸法
①　直上階の居室の床面積の合計が200㎡超の地上階	120cm以上	20cm以下	24cm以上
②　居室の床面積の合計が100㎡超の地階または地下工作物内のもの	120cm以上	20cm以下	24cm以上
③　①②以外	75cm以上	22cm以下	21cm以上

【けあげと踏面（ふみづら）】

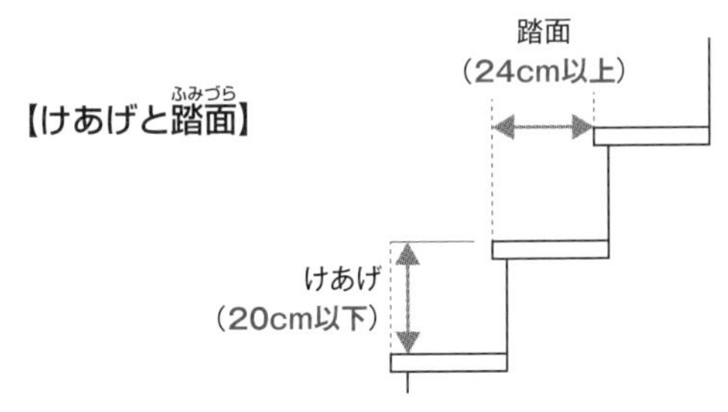

手すり，及び階段の昇降を安全に行うための設備で，高さが50cm以下のもの（「手すり等」）が設けられた場合における階段・その踊り場の幅は，10cmを上限として，手すり等の幅をないものとみなして算定します。

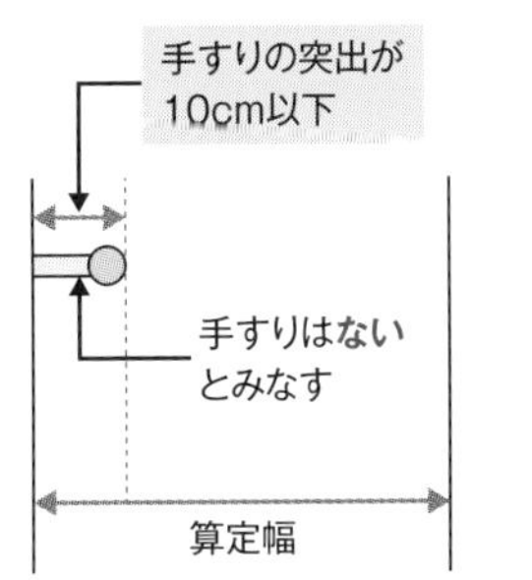

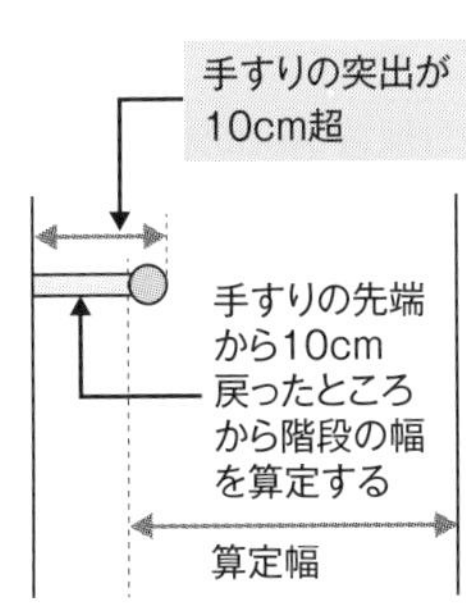

3　単体規定（建築基準法）

回り階段の踏面の寸法は，踏面の**狭い方**の端から**30㎝**の位置において測ります。

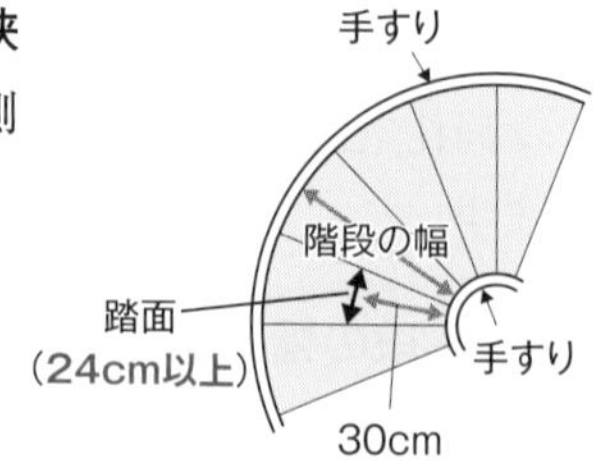

+1点! 階段の幅が3m超の場合，**中間に手すり**を設けなければなりません。
ただし，けあげが15㎝以下で，かつ，踏面が30㎝以上の場合は不要です。

（2）手すり・側壁

高さ１ｍ超の階段には，**手すり**を設置しなければなりません。また，高さ１ｍ超の階段・踊り場の両側（手すりが設けられた側を除く）には，**側壁**等を設置する必要があります。

手すりを設けた場合は，設けた側の側壁は省略できます。しかし逆に，側壁を設けても手すりの省略はできません（＝手すりは必須です）。したがって，高さ１m超の階段の両側に手すりを設け，両側の側壁を省略する（手すりしかない階段にする）ことは可能ですが，両側に側壁を設けて，それにより両側の手すりを省略することはできません。

（3）階段に代わる傾斜路の勾配

階段に代わる傾斜路の**勾配**は，$\frac{1}{8}$**を超えてはなりません**。また，表面は粗面とするか，すべりにくい材料で仕上げる必要があります。

$\frac{1}{8}$の傾斜とは，「横に８，縦に１」の傾斜です。これより「急」な傾斜は禁止されるため，「$\frac{1}{6}$，$\frac{1}{5}$」等にすることはできません。

3 各種配管等の設備に関する基準（令129条の2の4）

H26·27·28·R1·3

1　給排水等の配管設備に共通の主な基準

給排水等の配管設備の基準は，次のとおりです。

構造耐力上主要な部分を貫通する配管の基準	構造耐力上主要な部分を**貫通**して**配管**する場合は，構造耐力上支障を生じないようにしなければならない。

エレベーターの昇降路内における配管等の敷設の禁止と例外	●エレベーターの昇降路内に配管等を設けてはならない。 ●ただし，地震時にも昇降機や配管設備の機能に支障が生じないとして，国土交通大臣が定めた構造方法を用いるもの等は，設けることができる。

従来，昇降路には「昇降に必要な」配線等のみ敷設が認められていました。しかし，ＩＴ環境の整備から，「昇降に支障が生じない」一定の配線等の敷設もできるよう基準が改正され，**光ファイバーケーブル等を敷設することが可能**になりました。

2　飲料水の配管設備の設置・構造

飲料水の配管設備の設置基準は，次のとおりです。

クロスコネクションの禁止	飲料水の配管設備とその他の配管設備は，**直接連結させてはならない**。
吐水口空間の確保	水槽，流し等に給水する飲料水の配管設備の水栓の開口部では，設備のあふれ面と水栓の開口部との垂直距離（吐水口空間）を適当に保つ等，有効な水の**逆流防止のための措置**を講じなければならない。
ウォーターハンマーの防止措置	給水配管においてウォーターハンマー現象が生ずるおそれがある場合は，エアチャンバーを設ける等，有効な**ウォーターハンマー防止のための措置**を講じなければならない。
止水弁の設置義務	給水立て主管からの各階への分岐管等主要な分岐管には，分岐点に近接した部分で，かつ，操作を容易に行うことができる部分に，**止水弁**を設けなければならない。

3　給水タンク・貯水タンクの構造

給水タンク・貯水タンクの構造の基準は，次のとおりです。

保守点検を容易・安全に行えるよう設置する義務	外部から給水タンクまたは貯水タンク（給水タンク等）の**天井**，**底**または**周壁**の保守点検を，容易・安全に行うことができるように設けなければならない。

3

単体規定（建築基準法）

建築物の他の部分との兼用禁止	給水タンク等の天井・底・周壁は，建築物の他の部分と**兼用してはならない**。
飲料水配管以外の配管設置の禁止	内部には，飲料水の配管設備**以外**の配管設備を設けてはならない。
マンホールの設置義務	内部の保守点検を容易かつ安全に行うことができる位置に，直径60cm以上の円が内接することができる構造とした**マンホール**を設けなければならない。
水抜管等の設置義務	**水抜管**を設ける等，内部の保守点検を容易に行うことができる構造としなければならない。
オーバーフロー管の設置義務	ほこりその他衛生上有害なものが入らない構造の**オーバーフロー管**を有効に設けなければならない（圧力タンク等を除く）。
通気装置の設置義務	ほこりその他衛生上有害なものが入らない構造の，**通気のための装置**を有効に設けなければならない（圧力タンク等を除く）。

ただし，有効容量が２㎡未満の給水タンク等については不要です。

4　排水のための配管設備の設置・構造

排水用の配管設備の設置・構造の基準は，次のとおりです。

適切な容量・傾斜・材質	排出すべき雨水や汚水の量・水質に応じ，**有効な容量・傾斜及び材質**を有しなければならない。
衛生上必要な措置を講ずる義務	配管設備には，**排水トラップ・通気管**等を設置する等，衛生上必要な措置を講じなければならない。
排水施設への連結義務	配管設備の末端は，公共下水道・都市下水路その他の排水施設に，**排水上有効に連結**しなければならない。
耐水材料の使用義務	汚水に接する部分は，**不浸透質の耐水材料**で造らなければならない。

5　排水トラップの構造

排水トラップの構造の基準は，次のとおりです。

雨水排水管への排水トラップ設置義務	**雨水排水管**（雨水排水**立て管**を**除く**）を汚水排水のための配管設備に連結する場合は，**雨水排水管**に排水トラップを設けなければならない。

二重トラップの禁止	排水トラップは，**二重トラップとならないよう**に設けなければならない。
封水深の規制	封水深は，5cm以上10cm以下（**阻集器**を兼ねる排水トラップについては**5cm以上**）としなければならない。

6　通気管の構造

通気管の構造の基準は，次のとおりです。

破封防止措置	排水トラップの封水部に加わる排水管内の圧力と大気圧との差によって**排水トラップが破封しないように**有効に設けなければならない。
通気の確保	汚水の流入により**通気が妨げられないように**しなければならない。
外気への開放	通気管は，直接**外気に衛生上有効に開放**しなければならない。

ただし，配管内の空気が屋内に漏れることを**防止する装置**が設けられている場合は例外となります。

7　避雷設備と非常用昇降機

(1) 避雷設備（33条）

原則	高さ20mを超える建築物には，原則，設置が必要
例外	周囲の状況により安全上支障がない場合は，設置が**不要**

なお，高さが60mを超える建築物は，その構造方法について，**構造計算によって安全性が確かめられたものとして国土交通大臣の認定**を受けなければなりません。

(2) 非常用昇降機（34条）

原則	高さ31mを超える建築物には，原則，設置が必要
例外	以下の場合は，設置が**不要** ①　高さ31mを**超える部分**を階段室・昇降機等の機械室・装飾塔等の用途に供する建築物 ②　高さ31mを**超える部分**の各階の床面積の合計が500㎡以下の建築物 ③　高さ31mを超える部分の階数が**4以下の主要構造部を耐火構造とした建築物**で，床面積の合計100㎡以内ごとに**防火区画**したもの

非常用昇降機の**乗降ロビーの床面積**は，1基について10㎡以上とすること，かごの**定格速度**（積載荷重を作用させて上昇する場合の毎分の最高速度をいう）は60m以上とすること等が求められます。

4 石綿その他の物質の飛散または発散に対する衛生上の措置（28条の2，令20条の4，令20条の5）

H28・R1・2・4

石綿（アスベスト）やシックハウス症候群の原因となる**一定の化学物質**については，次のような規制があります。

1 著しく衛生上有害なものとして政令で定める物質（石綿等）

現在，政令で指定されているのは，「**石綿**」のみです。
なお，既存建築物に使用されている石綿の種類には，**クリソタイル（白石綿），アモサイト（茶石綿），クロシドライト（青石綿）**があります。

① 建築材料に石綿その他の著しく衛生上有害なものとして政令で定める物質（石綿等）を添加してはならない。

② 石綿等をあらかじめ添加した建築材料の使用は，原則として禁止される。

③ 吹付け石綿をあらかじめ添加した建築材料を使用してはならない。

④ 吹付けロックウールで，その含有する石綿の重量が，建築材料の重量の0.1％を超えるものをあらかじめ添加した建築材料は使用が禁止される。

⑤ 石綿が使用されている既存建築物において，増改築や大規模修繕・大規模模様替をする場合，原則として石綿はすべて除去しなければならない。もっとも，工事対象部位以外の部分は，例外的に封じ込めまたは囲い込みの措置でもよい。

増改築等の場合に封じ込めまたは囲い込みであってもよいのは，増改築等を行う部分の床面積が，増改築前の床面積の$\frac{1}{2}$を超えない小規模の場合に限られます。

2 居室内で衛生上の支障を生ずるおそれがあるものとして政令で定める物質（シックハウス対策）

規制対象物質とされているのは，次の**クロルピリホス**と**ホルムアルデヒド**の２つのみです。

用語
クロルピリホス：主にシロアリ駆除剤として木造住宅で使用された化学物質のこと

クロルピリホスに関する規制	● 建築材料にクロルピリホスを添加してはならない。
	● クロルピリホスをあらかじめ添加した建築材料を使用してはならない。
	● ただし，建築物に用いられた状態で添加後５年以上経過しているものは使用できる。

ホルムアルデヒドに関する規制 (※:「F☆☆☆☆」は,ホルムアルデヒド等級の最上位規格の表示)	夏季における発散速度の**大きいもの**から,第1種ホルムアルデヒド発散建築材料,第2種ホルムアルデヒド発散建築材料,第3種ホルムアルデヒド発散建築材料に分類され,規制態様は次のとおりとなる。 <table><tr><th>種類</th><th>JIS・JAS 規格</th><th>内装の仕上げの制限</th></tr><tr><td>第1種</td><td>F☆</td><td>使用禁止</td></tr><tr><td>第2種</td><td>F☆☆</td><td rowspan="2">使用面積の制限あり</td></tr><tr><td>第3種</td><td>F☆☆☆</td></tr><tr><td>上記以外</td><td>F☆☆☆☆※</td><td>制限を受けずに使用可能</td></tr></table>ただし,規制対象になるものでも,既にそれらが添加された状態で添加後5年以上経過した建材は,使用可能である。

用語 ホルムアルデヒド:防腐剤として建築材料に広く使用された化学物質

第1種は夏季の発散速度が0.12mg/㎡h超(発散量がもっとも多い),第2種は0.12mg/㎡h～0.02mg/㎡h超,第3種は0.02mg/㎡h～0.005mg/㎡h超と,分けられています。

3 換気設備

住宅等の居室の場合,有効換気量が**毎時0.5回以上**の換気回数となる換気設備等の設置が義務付けられています。

ただし,1年を通じて,居室内の人が通常活動することが想定される空間の**ホルムアルデヒド**の量を,空気1㎥につきおおむね0.1mg以下に保てるものとして,国土交通大臣の認定を受けた居室には,この**設置義務は課されません**。

1つの機械換気設備で2つ以上の居室の換気を行う場合は,換気設備の有効換気量が,換気を行う居室の**それぞれの必要有効換気量の合計以上**でなければなりません。

換気計画上,**居室と一体的に換気を行う**廊下は,建築基準法の**シックハウス対策に関わる**内装仕上げ制限の対象となります。

4 天井裏等の制限

天井裏等から発散された**ホルムアルデヒド**が居室内に流入しないよう,下地材をホルムアルデヒドの発散が少ない建材とするか,天井裏等を機械換気ができる構造としなければなりません。

5 避難施設等

H27・29・30・R1・3・5

1 廊下の幅(令119条)

共同住宅の住戸等の床面積の合計が,100㎡を超える階における共用廊下は,次の基準の幅を確保する必要があります。

両側とも居室の場合	1.6 m以上
上記以外(片側居室)の場合	1.2 m以上

3 単体規定(建築基準法)

2　避難階（令 13 条）

避難階とは，**直接地上へ通ずる出入口のある階**をいいます。通常は１階ですが，敷地の形状等によっては，１階以外の階が避難階となることもあります。

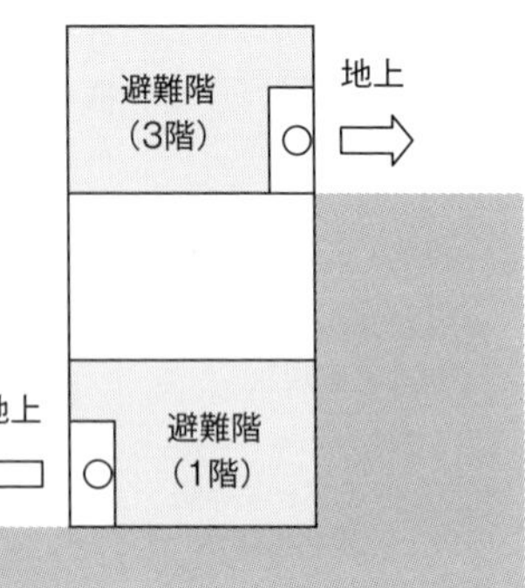

用語

直通階段：建物の上層階または地下階から，地上または避難階に直通する階段のこと

3　直通階段の設置（令 120 条）

避難階段等が設けられていても，そこまでの距離があまりに長いと，迅速な避難ができません。そこで，建築物の避難階**以外**の階においては，**居室の各部分**から避難階または地上に通ずる直通階段の１つまでの距離（**歩行距離**）が，**一定以下**となるように設ける必要があります。なお，この歩行距離は，**住戸内の歩行距離を「含めて」算定**します。

歩行距離は，主要構造部の構造，居室の種類，階数，内装に応じて，共同住宅では 30 m ～ 60 m **の間**で定められています。

【直通階段までの歩行距離の測り方】

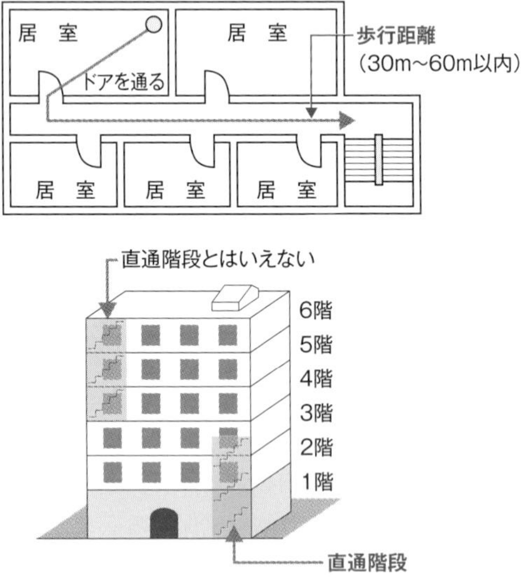

4　二方向避難（令121条）

共同住宅には多くの人が居住しているため，避難経路が１つしかないと，火災時の避難の際に居住者が殺到し，二次被害が生ずるおそれがあります。そこで，その階における居室の床面積の合計が100㎡（主要構造部が耐火構造・準耐火構造・不燃材料で造られている場合は200㎡）**を超える場合**は，避難階または地上に通ずる２つ以上の直通階段を設けなければなりません（**二方向避難**）。

共同住宅の６階以上の階には，居室の床面積に関わらず，原則として直通階段を２つ以上設置する必要があります。

5　避難階段（令122条，123条）

避難階段とは，直通階段に必要な防火措置を講じた階段のことです。これには，①**屋外避難階段**，②**屋内避難階段**，さらには，安全性をさらに高めた③**特別避難階段**の３種類があります。

①**屋外避難階段**は，建物の**外**に附属する避難階段であるため，「地上」まで直通している必要があります。他方，②**屋内避難階段**と③**特別避難階段**は，建物**内**にある避難階段であるため，「避難階」まで直通している必要があります。

屋内に設ける避難階段の階段室には，①窓その他の採光上有効な開口部，または，②「予備電源を有する」**照明設備**を設けなければなりません。また，屋内に設ける避難階段の階段室の，室内に面する天井及び壁の部分は，**仕上げを不燃材料**で行い，「かつ」，その**下地を不燃材料**で造る必要があります。

【避難階段の種類】

屋外にあるもの	①　屋外避難階段	「地上」に直通させる
屋内にあるもの	②　屋内避難階段	「避難階」に直通させる
	③　特別避難階段	

なお，直通階段は，その通ずる階により，次のものとする必要があります。

地上５階以上または地下２階以下に通ずる直通階段	避難階段または特別避難階段
地上15階以上または地下３階以下に通ずる直通階段	特別避難階段

高層の共同住宅では，火災時の避難に際し，その距離や人数等の点で，中低層に比べて不利です。また，地下に居室を有する建築物も，避難方向と火炎や煙の移動方向が同じである点で同様です。そのため，それらに設置する避難階段は，**より煙を防ぎやすく，火炎にも強い特別避難階段**とする必要があります。

6　屋外への出口等の施錠装置の構造等（令125条の2）

屋外に設ける避難階段に屋内から通ずる出口，及び避難階段から屋外に通ずる出口等に設ける戸の施錠装置は，**屋内からかぎを用いることなく解錠**できるものとし，かつ，戸の近くの見やすい場所に，その**解錠方法を表示**しなければなりません。

7　屋上広場等（令126条）

屋上広場または２階以上の階のバルコニー等の周囲には，高さが1.1 m以上の手すり壁・さく等を設けなければなりません。

8　非常用の照明装置（令126条の4，126条の5）

採光上有効に直接外気に開放された通路を除きます。

一定の特殊建築物の居室，及びこれらの居室から地上に通ずる廊下や階段等の通路には，主に次の基準で，**非常用の照明装置**を設けなければなりません。もっとも，**共同住宅の住戸等**については，**例外的に**非常用の照明装置を設ける必要はありません。

消防法上の「誘導灯」は，非常用の予備電源で「20分以上点灯」できるものであることが必要とされています。➡P.569参照

非常用の照明装置には**電池内蔵型**と**電源別置型**とがありますが，**いずれの場合でも光源としてＬＥＤが認められています。**

① 非常用照明は**直接照明**とし，床面において**１ルクス**（蛍光灯・LEDが光源の場合は**２ルクス**）以上の照度を確保する。

② 非常用の照明装置の水平面の照度測定は，十分に補正された低照度測定用照度計を用いた物理測定方法で行う。

③ 停電時の予備電源として蓄電池を用いるものにあっては，充電を行うことなく**30分継続して点灯**し，必要な照度を確保できるものとする。

④ 非常用の照明装置の**予備電源**は，常用の電源が断たれた場合に**自動的に切り替えられて接続**され，かつ，常用の電源が復旧した場合に**自動的に切り替えられて復帰**するものとしなければならない。

9　敷地内の通路（令128条）

階数が**３以下**で延べ面積が**200㎡未満**の建築物の敷地内では，**90cm以上**です。

火災時等における**避難経路を確保**するため，敷地内には，屋外の避難階段，及び，屋外への出口から道や公園等の空地に通ずる，幅員が1.5 m以上の通路を設けなければなりません。

コレが重要!! 確認問題

❶ 居室には換気のための窓その他の開口部を設け，その換気に有効な部分の面積は，その居室の床面積に対して，1／20以上としなければならないが，一定の技術的基準に従って換気設備を設けた場合は，その必要はない。過 H19

❷ 共同住宅の居室の天井の高さは，2.1 m以上でなければならず，その高さは室の床面から測り，一室で天井の高さの異なる部分がある場合においては，その一番低い部分の高さによるものとする。過 H16

❸ 住戸の床面積の合計が200㎡の階において，両側に居室がある共用廊下の幅を，1.6m とした。過 R1

❹ 建築基準法によれば，高さ1 mを超える階段には手すりを設けなければならない。過 H28

❺ 建築基準法によれば，階段に代わる傾斜路を設ける際は，勾配が$\frac{1}{12}$を超えてはならない。過 H28

❻ 高さ20 mを超える建物には，落雷による損傷の危険を減少させるため，周囲の状況に応じて安全上支障がない場合を除いて，有効に避雷設備を設けなければならない。過 H24

❼ 高さ31 mを超える共同住宅で，高さ31 mを超える部分の各階の床面積の合計が400㎡のものについては，非常用の昇降機を設ける必要はない。過 H28

❽ 避難階とは，地上又は地上に準ずる避難上安全な場所に直接通ずる出入口のある階をいい，1階以外の階が避難階となることがある。過 H24

❾ 共同住宅の屋内から屋外の避難階段に通ずる出口の戸の施錠装置について，屋内から鍵を用いることなく解錠できるものとすれば，解錠方法を表示する必要はない。過 H16

❿ 共同住宅の住戸及び住戸から地上に通ずる廊下，階段その他の通路には，非常用の照明装置を設けなければならない。過 H29

⓫ 延べ面積が250㎡の2階建て共同住宅の敷地内には，屋外に設ける避難階段から道又は公園，広場その他の空地に通ずる通路を設けなければならず，当該通路の幅員は0.9 m確保すればよい。過 R3

答 ❶○　❷×：1室で天井の高さの異なる部分がある場合はその平均の高さによる。　❸○　❹○　❺×：「$\frac{1}{8}$」　❻○　❼○　❽○　❾×：屋内から鍵を用いることなく解錠できるものとし，かつ，戸の近くの見やすい場所に解錠方法を表示する必要がある。　❿×：共同住宅の「住戸」には，非常用の照明装置を設ける必要はない。　⓫×：階数が3以下で延べ面積が200㎡未満の建築物ではないので，幅員は1.5 m以上必要。

頻出度 S

集団規定（建築基準法）

● 建蔽(ぺい)率・容積率の概要
● 防火地域・準防火地域における規制

集団規定とは，原則として，**都市計画区域及び準都市計画区域内の建築物**に適用される規定です。市街地や都市部という，ある特定の区域内の「建築物の集合体」を規制することによって，良好な環境の促進を図っています。

1 道路と接道義務（43条）

1 建築基準法上の道路

建築基準法上の道路とは，原則として**幅員４ｍ以上の道路**を指します。ただし，集団規定の適用の際に，**現に建築物が立ち並ぶ幅員４ｍ未満の道**で，**特定行政庁が指定**したものは，建築基準法上の**道路**とみなされます。

> **幅員４ｍ未満で道路とみなされるもの**は，建築基準法42条２項に規定されているため，「２項道路」といいます。

この場合，**道路中心線から両側にそれぞれ水平距離で２ｍ後退した線**が，道路の**境界線**とみなされます。

> 道路中心線から２ｍ後退したところまでの部分は，建蔽率や容積率の算出の際に敷地面積には算入されない反面，その部分には，**建物の建築をすることはできません。**

2 接道義務

災害等が発生した場合，道路に接する建築物の敷地の幅が狭いと，避難上支障が生じます。そこで，建築物の敷地は，原則として，建築基準法上の**道路に２ｍ以上接しなければならず**（**接道義務**），これを満たさない敷地には，原則として建築物を建築できません。

ただし，敷地周囲に広い空地がある等の一定の基準に適合し，特定行政庁が支障がないと認めて建築審査会の同意を得て許可したものなどは，建築基準法上の道路に２ｍ以上接していなくても建築物を建築できます。

2 用途制限（48条）

都市計画法では，「土地の活用」という観点から13種類の用途地域を定めていますが，建築基準法では，各用途地域において「どのような建物がふさわしいか」という観点から，建築可能な建築物の用途を，用途地域に応じて定めています（**用途制限**）。

例えば，建物の敷地が準住居地域と近隣商業地域にまたがる等，用途規制の異なる複数の地域にわたる場合は，「**敷地の過半**」の属する地域の用途規制に関する規定が適用されます。なお，建築物の「位置」は関係ありません。

マンション等の共同住宅は，原則として，**工業専用地域を除いた12種類の用途地域**において建築することができます。

3 容積率（52条）

容積率とは，建築物の**延べ面積（各階の床面積の合計）の敷地面積に対する割合**です。建築物の規模を抑え，利用者の**過密化による地域環境の悪化を防止**するために，都市計画で上限が定められます。

容積率の最高限度は，各用途地域ごとに，一定の数値の範囲内から都市計画で指定されます。

【容積率の計算式】

$$容積率 = \frac{建築物の延べ面積}{敷地面積} \times 100（\%）$$

具体例

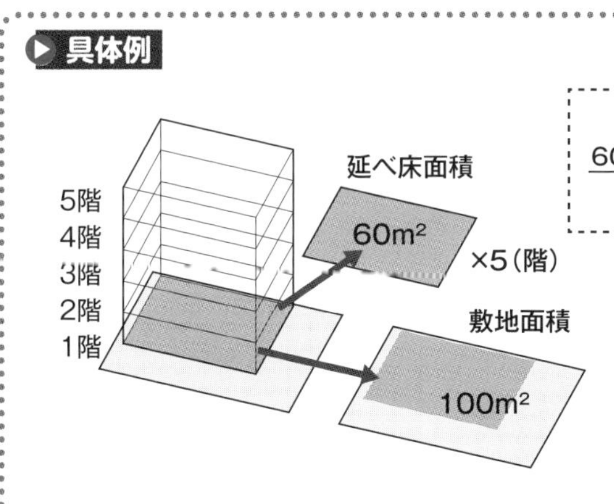

［計算式］

$$\frac{60(m^2) \times 5(階)}{100(m^2)} \times 100(\%) = 300(\%)$$

容積率の上限が$\frac{30}{10}$の場合，100㎡の土地には，原則として延べ面積300㎡の建物までしか建築できません。

1　前面道路の幅員が12 m未満の場合の容積率の算定

①と②を比較して，小さい方がその土地の容積率の最高限度になるということです。

敷地が接する前面道路（前面道路が2以上あるときは，その幅員の最大のもの）の幅員が12 m未満である場合，建築物の容積率は，**①都市計画で指定された容積率の範囲内**であり，かつ，**②前面道路の幅員（前面道路が複数ある場合は一番広いもの）の「メートル数」**に，次の表の数値を掛けて算定された**数値の範囲内**でなければなりません。

地域	道路の幅員に掛ける数値
住居系の用途地域	$\frac{4}{10}$
その他の用途地域，用途指定のない区域	$\frac{6}{10}$

前面道路の幅員によって**影響**を受けるのは，「容積率」だけです。「**建蔽率**」は前面道路の幅員によって**影響を受けません**ので，注意しておきましょう。

2　延べ面積への不算入等

容積率算定にあたり，次のような特例があります。

特例	内容
①　高層住居誘導地区の容積率の特例	高層住居誘導地区内の住宅部分の床面積の合計が全体の床面積の$\frac{2}{3}$以上である建築物は，容積率の制限が，1.5倍を限度として，住宅割合に応じて緩和される。
②　共用部分の延べ面積への不算入	エレベーターの昇降路の部分，共同住宅の共用の廊下・階段の用に供する部分，一定の基準に適合する給湯設備等の設置のための機械室等の建築物の部分の床面積は，容積率の算定の基礎となる延べ面積に算入しない。 住戸 住戸 住戸 住戸 エレベーター エレベーターホール 階段 廊下 住戸 住戸 住戸 住戸 エントランスホール 管理人室 集会室 ＝延べ面積に不算入とする部分

③　地下室の延べ面積への不算入	建築物の地階で，天井が地盤面から高さ1m以下にある場合，住宅等の用途に供する部分の床面積は，建物全体の住宅等に用いる部分の$\frac{1}{3}$までは，容積率算定時の延べ面積に算入しない。
④　宅配ボックスの延べ面積への不算入	**建築物の用途や設置場所に関係なく，**宅配ボックスの設置部分の床面積は，敷地内の建築物の各階の床面積の合計の$\frac{1}{100}$を限度として，容積率の算定の基礎となる延べ面積に**算入しない。**
⑤　自動車車庫その他の延べ面積への不算入	次の用途に供する部分の床面積は，原則，**敷地内の建築物の各階の床面積の合計**（同一敷地内に2以上の建築物がある場合は，それらの建築物の各階の床面積の合計の和）に**下記の数値を掛けた面積を限度**として，容積率算定時の**延べ面積**に算入しない。 自動車車庫等部分：$\frac{1}{5}$ 備蓄倉庫部分：$\frac{1}{50}$ 蓄電池設置部分：$\frac{1}{50}$ 自家発電設備設置部分・貯水槽設置部分：$\frac{1}{100}$
⑥　バルコニーの床面積への不算入	外気に有効に開放されている共同住宅のバルコニーについては，その先端から幅2mまでの部分は，床面積に算入しない。
⑦　特定行政庁の許可による容積率の緩和	敷地の周囲に広い広場等を有する建築物で，特定行政庁が交通上，安全上，防火上及び衛生上支障がないと認めて許可したものの容積率は，許可の範囲内で，一定の限度を超えることができる。

3　敷地が容積率の異なる地域にわたる場合の容積率の算定

敷地が**容積率の異なる地域**にわたる場合，その敷地全体の容積率の最高限度は，それぞれの地域で指定された容積率に，それぞれの地域の敷地面積の敷地全体に対する割合を掛けて算出された数値を合計します。

4 建蔽率（53条）

1 建蔽率とは

> 用途地域のうち「**商業地域**」は，建蔽率の最高限度が「$\frac{8}{10}$」と決められており，都市計画で定めるものとはされていません。

建蔽率とは，建築物の**建築面積の敷地面積に対する割合**です。敷地に適度な「空地（スペース）」を確保し，**火災の延焼の防止**等を図るために，都市計画で上限が定められます。

【建蔽率の計算式】

$$\text{建蔽率} = \frac{\text{建築物の建築面積}}{\text{敷地面積}} \times 100\ (\%)$$

▶ 具体例

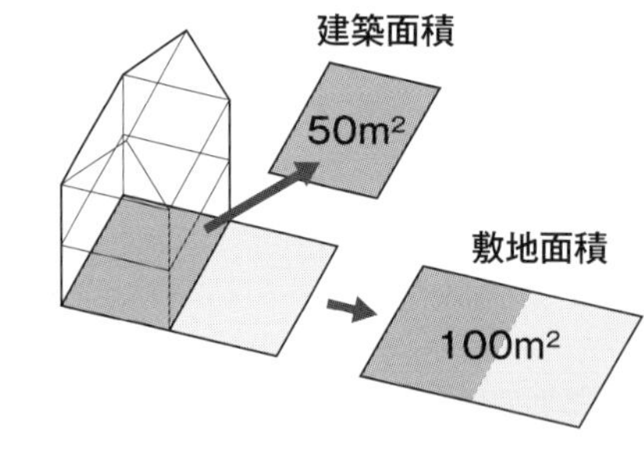

［計算式］

$$\frac{50\,(m^2)}{100\,(m^2)} \times 100\,(\%) = 50\,(\%)$$

建蔽率の上限が$\frac{5}{10}$の場合，100㎡の土地には，原則として建築面積50㎡の建物までしか建築できません。

2 建蔽率の限度と緩和

建蔽率は，住宅地や商業地等の**用途地域の種類ごと**に，その上限が都市計画で定められます。

もっとも，①**防火地域・準防火地域内**における**延焼防止性能の高い建築物**や，②特定行政庁が指定する**角地**にある建築物については，**建蔽率**が緩和されます。

5 防火地域・準防火地域の規制（61条～67条）

H28・29・30・R1・3・4

市街地の住宅等密集地では，ひとたび火災が起きると瞬く間に被害が拡大する恐れがあります。そこで，市街地における火災による被害の拡大を防止するために，都市計画において**防火地域・**

準防火地域を定め，一定の規制を課しています。

1 防火地域および準防火地域内の建築物

(1) 防火設備の設置義務

ある建築物で発生した火災による延焼を防ぐためには，火が燃え移りやすい部分に**防火設備**を設けておくことが有効です。

そこで，**防火地域**または**準防火地域内**にある建築物は，その**外壁の開口部で延焼のおそれのある部分に防火戸その他の政令で定める防火設備**を設けなければならないとされています。

> 用語 防火設備：建築基準法に規定された，火災が生じた場合に炎や煙が拡散することを防ぎ，避難経路を確保するために設置された設備のことです。防火戸（防火扉）や防火シャッターなどがこれにあたります。

> ただし，門または塀で，①高さ2m以下のもの，または，②準防火地域内にある建築物（木造建築物等を除く）に附属するものについては，この制限を受けません。

(2) 建築物の技術的基準への適合義務

防火地域または**準防火地域内**にある建築物は，壁，柱，床その他の建築物の部分及び当該防火設備を**通常の火災による周囲への延焼を防止**するためにこれらに**必要とされる性能**に関して**防火地域及び準防火地域の別並びに建築物の規模に応じて政令で定める技術的基準に適合**するもので，**国土交通大臣が定めた構造方法**を用いるものまたは**国土交通大臣の認定**を受けたものとしなければなりません。

> 次のイ・ロのどちらかの基準を満たすことが必要です。
> イ　主要構造部と，外壁の開口部で延焼のおそれのある部分に設ける防火設備（＝外壁開口部設備）が，それぞれ一定の基準に適合するものであること。
> ロ　建築物が通常の火災による周囲への延焼を防止することができる時間（＝延焼防止時間）が，主要構造部等の構造に応じて算出した延焼防止時間以上であること。

① **防火地域内の建築物の技術的基準**

防火地域内にある次の建築物は，原則として，**耐火建築物**または**それと同等以上の延焼防止性能を有する建築物**（＝「耐火建築物等」）**であること**が求められます。

- **階数が3以上の建築物**
  または
- **延べ面積が100㎡超の建築物**

また，**防火地域内**にある次の建築物は，原則として，**準耐火建築物**または**それと同等以上の延焼防止性能を有する建築物**（＝「**準耐火建築物等**」）**であること**が求められます。

階数が2以下で，かつ，延べ面積が100㎡以下の建築物

耐火建築物等：耐火建築物またはそれと同等以上の延焼防止性能を有する建築物のことです。
準耐火建築物等：準耐火建築物またはそれと同等以上の延焼防止性能を有する建築物のことです。

【防火地域内の建築物の技術的基準】

	延べ面積 100㎡以下	延べ面積 100㎡超
3階以上	耐火建築物等	耐火建築物等
2階以下	準耐火建築物等	耐火建築物等

※階数は，地階を含む。

② 準防火地域内の建築物の技術的基準

準防火地域内にある次の建築物は，原則として，耐火建築物またはそれと同等以上の**延焼防止性能を有すること**が求められます。

- **地階を除く階数が**4以上の建築物

または

- **延べ面積が** 1,500㎡超の建築物

また，**準防火地域内**にある次の建築物は，原則として，準耐火建築物またはそれと同等以上の**延焼防止性能を有すること**が求められます。

- **地階を除く階数が**3で，かつ，**延べ面積が** 1,500㎡以下の建築物

または

- **地階を除く階数が**2以下で，かつ，**延べ面積が** 500㎡超1,500㎡以下の建築物

【準防火地域内の建築物の技術的基準】

	延べ面積500㎡以下	延べ面積500㎡超1,500㎡以下	延べ面積1,500㎡超
4階以上	耐火建築物等	耐火建築物等	耐火建築物等
3階	準耐火建築物等	準耐火建築物等	耐火建築物等
2階以下	一定の技術的基準	準耐火建築物等	耐火建築物等

※階数は，地階を除く。

耐火建築物等：耐火建築物またはそれと同等以上の延焼防止性能を有する建築物のことです。
準耐火建築物等：準耐火建築物またはそれと同等以上の延焼防止性能を有する建築物のことです。

防火地域での階数算定は「**地階を含む**」のに対し，**準防火**地域での階数算定は「**地階を除く**」とされています。これは，**防火地域**においては，**より多くの建物を耐火建築物とさせるため**です。

2　屋根

防火地域または準防火地域**内**の建築物の屋根の構造は，市街地における火災を想定した**火の粉による建築物の火災の発生を防止**するために屋根に必要とされる性能に関して政令で定める**技術的基準に適合する一定のもの**としなければなりません。

建物の屋根に用いられる材料等を規制しないと，火災の際に火の粉によって延焼する危険があるためです。

3　隣地境界線に接する外壁

防火地域または準防火地域**内**にある建築物で，**外壁が耐火構造**のものについては，その**外壁**を隣地境界線に接して設けることができます。

外壁が耐火構造であれば，延焼の危険性が小さいからです。

4　看板等の防火措置

防火**地域内**にある看板，広告塔等の工作物で，「建築物の屋上に設けるもの」または「高さが３ｍを超えるもの」は，主要な部分を不燃材料で造り，または覆わなければなりません。

【看板・広告塔等の規制】

	屋上	屋上以外
高さ３ｍ超	不燃材料	不燃材料
高さ３ｍ以下		規制なし

看板・広告塔等の規制は，「**防火地域**」内での**みの規制**であることに注意しましょう。

また，**屋上**に設ける場合には高さに関係なく**不燃材料**で造る等の規制がかかりますが，**屋上以外**に設ける場合に規制がかかるのは，**高さが３ｍを超える場合だけ**です。

5　建築物が防火地域または準防火地域の内外にわたる場合

建築物が，「厳しい規制の地域」と「緩い規制の地域」の両方にまたがる場合には，原則として**建築物**すべてに「**厳しい規制の地域**」に関する規定が適用されます。

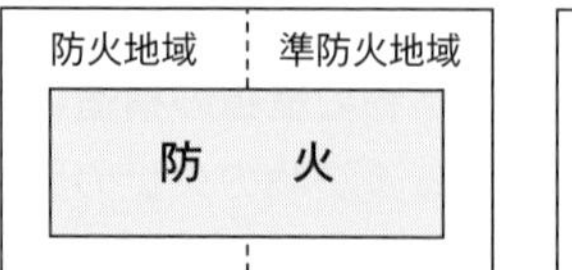

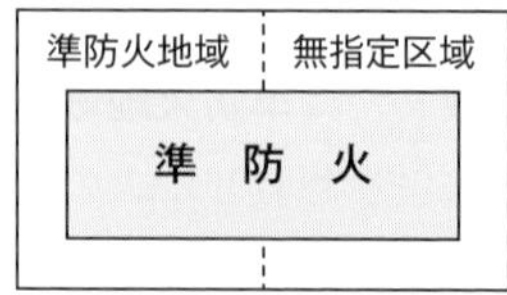

もっとも，**防火壁**でその建築物が有効に区画されている場合には，その防火壁「**外**」の部分については，「**緩い規制の地域**」に関する規定が適用されます。

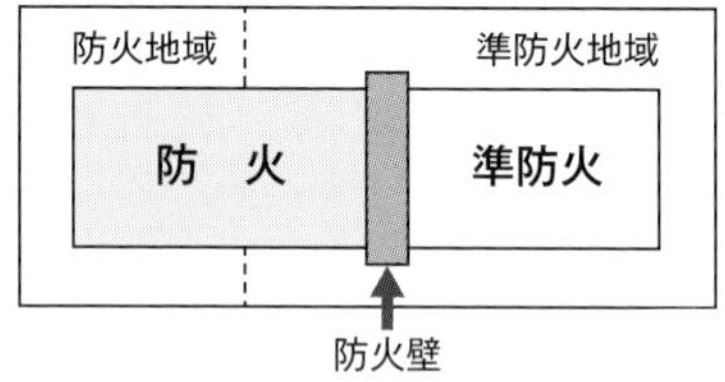

コレが重要!! 確認問題

❶　建築基準法第 52 条第 6 項に規定する建築物である共同住宅の廊下は，建築物の容積率の算定の基礎となる延べ面積に床面積を算入しなくてもよい。過 H17

❷　防火地域内にあって，階数が 2 で延べ面積が 400m²の共同住宅は，耐火建築物またはそれと同等以上の延焼防止性能を有する建築物としなくてもよい。ただし，地階はないものとする。過 H19 改

❸　準防火地域内にある地階を除く階数が 4 で延べ面積が 1,000m²の共同住宅は，耐火建築物またはそれと同等以上の延焼防止性能を有する建築物としなければならない。過 H28 改

❹　準防火地域内にある共同住宅に高さ 4 m の看板を設ける場合には，その主要な部分を不燃材料で造り，又は覆わなければならない。過 H25

❺　建築物が防火地域及び準防火地域にわたる場合において，当該建築物が防火地域外において防火壁で区画されているときは，その防火壁外の部分については，準防火地域内の建築物に関する規定を適用する。過 R1

答　❶○　❷×：防火地域内では，階数が 3 以上または延べ面積が 100m²を超える建築物は，耐火建築物またはそれと同等以上の延焼防止性能を有する建築物としなければならない。❸○　❹×：「防火地域内」における看板等で，建築物の屋上に設けるもの，または高さ 3 m を超えるものは，主要な部分を不燃材料で造り，または覆わなければならない。❺○

頻出度 B

バリアフリー法
（高齢者，障害者等の移動等の円滑化の促進に関する法律）

- 特定建築物の建築主等の努力義務
- 計画認定制度
- 移動等円滑化基準の内容

バリアフリー法の目的は，公共交通施設や一定のマンション等のバリアフリー化の推進によって，高齢者や障害者のように，日常生活をする上で何らかのハンディキャップがある方々が，**自立した日常生活や社会生活を送れるようにする**ことです。

1 基本理念（1条の2）と用語の定義（2条）

R4

1 基本理念

バリアフリー法に基づく措置は，**高齢者・障害者等**にとって日常生活または社会生活を営む上で**障壁となるような社会における事物・制度・慣行・観念その他一切のものの除去**に資すること，及びすべての国民が年齢・障害の有無その他の事情によって分け隔てられることなく共生する社会の実現に資することを旨として行われなければなりません。

2 用語の定義

バリアフリー法における用語の定義は，次のとおりです。

建築物移動等円滑化基準	移動等円滑化のために必要な建築物特定施設の構造及び配置に関する基準
建築物特定施設	出入口，廊下，階段，エレベーター，便所，敷地内の通路，駐車場等の建築物・敷地に設けられる一定の施設
特定建築物	マンション等の共同住宅をはじめとする**多数の者が利用**する一定の建築物（附属する**建築物特定施設を含む**）
特別特定建築物	不特定かつ多数の者，または主として高齢者・障害者等が利用する特定建築物で，移動等円滑化が特に必要なもの ➡**共同住宅は含まれない**

2 建築物移動等円滑化基準への適合義務等（14条，16条） H28

建築主等が，次の建築物の建築や，建築物特定施設の修繕・模様替をしようとするときは，「**建築物移動等円滑化基準**」に関する，次の義務が課されます。

用語
建築主等：
建築物の**建築**をしようとする者や，**所有者・管理者・占有者**のこと

① 床面積の合計が 2,000m²以上の特別特定建築物	適合義務
② ①以外の特定建築物	適合「努力」義務

そして，**所管行政庁**は，特定建築物について，建築主等に対し，建築物移動等円滑化基準を勘案して，特定建築物またはその建築物特定施設の設計及び施工に係る事項について**必要な指導**及び**助言**をすることができます。

3 特定建築物の建築等及び維持保全の計画の認定（17条）

建築主等は，特定建築物の建築・修繕・模様替（建築等）をするときは，特定建築物の建築等及び維持保全の計画を作成し，所管行政庁の**認定**を申請することができます。

修繕または模様替にあっては，建築物特定施設に係るものに限ります。

そして，①**建築物特定施設の構造や配置，維持保全に関する事項が一定の基準に適合**し，かつ②**資金計画が適切**であるとして認定された建築物を「**認定特定建築物**」といい，認定により次のメリットが生じます。

- 認定を受けている旨をシンボルマークで表示できる。
- 通常の床面積を超える部分は，延べ面積の$\frac{1}{10}$を限度として，容積率の算定の際の延べ面積に不算入とすることができる（容積率の特例）。
- 一定の場合における税制上の特例措置　　　等

バリアフリー化を図り，高齢者や車いすを使用する方等が利用しやすい環境にするために，廊下，便所，エレベーター等の建築物特定施設の床面積を通常よりも大きくすることができます。

4 建築物移動等円滑化基準等の主な内容（令11条等） R3・4

1 建築物移動等円滑化基準

建築物移動等円滑化基準の主な内容は，次のとおりです。

場所	移動等円滑化基準の内容
廊下等	① 表面を粗面，または滑りにくい材料で仕上げる。
	② 階段・傾斜路の上端に近接する廊下等の部分には，視覚障害者に対し段差・傾斜の存在の警告を行うために，点状ブロック等を敷設する。
階段	① 踊場を除き，手すりを設ける。
	② 表面を粗面，または滑りにくい材料で仕上げる。
	③ 色の明度，色相または彩度の差が大きいことにより段を容易に識別できるものにする。
傾斜路	① 勾配が$\frac{1}{12}$を超え，または高さが16cmを超える傾斜がある部分には，手すりを設ける。
	② 表面を粗面，または滑りにくい材料で仕上げる。
	③ 色の明度，色相または彩度の差が大きいことにより，その存在を容易に識別できるものとする。
駐車場	車椅子使用者用駐車施設の幅は，車椅子の転回を可能にするため350cm以上とする。

主として高齢者・障害者等が利用する**階段**は，回り階段以外の階段を設ける空間を確保することが困難である場合を除き，**主たる階段は**回り階段でないこととされています。

主として高齢者，障害者等が利用する**駐車場**を設ける場合には，そのうち**1以上**に，**車いす使用者が円滑に利用することができる駐車施設を**1以上設けなければなりません。

2 移動等円滑化経路

高齢者，障害者等が円滑に利用できる経路（**移動等円滑化経路**）を構成する部分の主な内容は，次のとおりです。

場所	移動等円滑化経路の内容
出入口	幅は，80cm以上とする。
廊下等	① 幅は，120cm以上とする。
	② 50m以内ごとに車椅子の転回に支障がない場所を設けること。
傾斜路	勾配は，$\frac{1}{12}$を超えないこと。ただし，高さが16cm以下の場合は，$\frac{1}{8}$を超えないこと。
エレベーター	① 籠・昇降路の出入口の幅は，80cm以上とする。
	② 籠の奥行きは，135cm以上とする。
	③ 乗降ロビーは，高低差がないものとし，その幅・奥行は150cm以上とする。

コレが重要!! 確認問題

❶ 「高齢者，障害者等の移動等の円滑化の促進に関する法律」では，廊下，階段等の建築物特定施設の修繕又は模様替をしようとするときは，建築物移動等円滑化基準に適合させるために必要な措置を講ずるよう努めなければならないと定められている。過 H24

❷ 高齢者，障害者等の移動等の円滑化の促進に関する法律に規定する特定建築物に該当するマンションでは，建築基準法に基づく建築確認が必要となる大規模の修繕を行う場合，建築物移動等円滑化基準に適合させなければならない。過 H28

❸ 建築物移動等円滑化基準に，不特定かつ多数の者が利用し，又は主として高齢者，障害者等が利用する階段は，踊場を含めて手すりを設けることが定められている。過 R4

❹ マンションの各部の計画として，エレベーターの出入口の有効な幅員を 80cm とした。過 R3

答 ❶○ ❷×：適合義務ではなく，適合させる「努力」義務である。❸×：「踊場を除いて」手すりを設けるものとされている。 ❹○

頻出度 B

耐震改修促進法（建築物の耐震改修の促進に関する法律）

- 建築物の所有者が講ずべき措置
- 耐震改修計画の認定を受けた場合の特例

耐震改修促進法の目的は，地震による建築物の倒壊等の被害から国民の生命・身体・財産を保護するため，耐震改修の促進のための措置を講じて建築物の地震に対する安全性の向上を図り，公共の福祉の確保に資することです。

1 国土交通大臣の定める基本方針（4条）

中層の鉄筋コンクリート造・壁式構造やプレキャストコンクリート工法の建物は，壁量が多い構造のため，いわゆる「**旧耐震基準**の建築物（昭和56年5月31日以前に建築確認を受けたもの）」であっても，概して耐震性は高く，過去の大地震でも，大きな被害を受けたものは少数でした。

国土交通大臣は，建築物の耐震診断及び耐震改修の促進を図るための**基本方針**に，次のような内容を定めています（公表時点）。

① 令和12年までに耐震性が不十分な住宅を，令和7年までに耐震性が不十分な耐震診断義務付け対象建築物を，それぞれおおむね解消することを目標とする。

② 構造耐力上主要な部分の耐震診断と倒壊・崩壊の危険性については，次の関係が認められる。

（○：危険性が低い　▲：危険性有り　✕：危険性が高い）

Is値＼q値	0.5未満	0.5～1.0未満	1.0以上
0.3未満	✕	✕	✕
0.3～0.6未満	✕	▲	▲
0.6以上	✕	▲	○

- Is値：各階の構造耐震指標
- q値：各階の保有水平耐力に係る指標

本指針では，建築物そのもののみならず，敷地に関する基準も定められています。

2　建築物の所有者が講ずべき措置

H26

1　建築物の種類

既存耐震 不適格建築物	耐震関係規定（地震に対する安全性に係る建築基準法またはこれに基づく命令もしくは条例の規定をいう）に適合しない建築物で，建築基準法３条２項の既存不適格建築物の規定の適用を受けているもの
通行障害 既存耐震 不適格建築物	地震によって倒壊した場合に，その敷地に接する道路の通行を妨げ，多数の者の円滑な避難を困難とするおそれがあるものとして政令で定める建築物（通行障害建築物）であって，かつ，既存耐震不適格建築物であるもの
要安全確認 計画記載建築物	①　都道府県耐震改修促進計画に記載された建築物 ②　その敷地が都道府県（及び市町村）耐震改修促進計画に記載された道路に接する通行障害既存耐震不適格建築物（耐震不明建築物に限る）
特定既存耐震 不適格建築物	既存耐震不適格建築物のうち，学校，体育館，病院，劇場，観覧場，集会場，展示場，百貨店，事務所，老人ホームその他多数の者が利用する建築物で政令で定めるものであって政令で定める規模以上のもの等の一定の建築物（要安全確認計画記載建築物であるものを除く）

2　所有者の義務

建築物の所有者には，次のような義務が課されています。

①　要安全確認計画記載建築物の所有者の耐震診断の義務（7条）	●**耐震診断**を行い，**結果**を所管行政庁へ**報告**しなければならない ●必要に応じて耐震改修を行う努力義務を負う
②　特定既存耐震不適格建築物の所有者の努力義務（14条）	耐震診断をし，必要に応じて耐震改修を行う努力義務を負う
③　既存耐震不適格建築物の耐震診断・耐震改修の努力義務（16条）	耐震診断をし，必要に応じて耐震改修を行う努力義務を負う

いずれの場合においても「耐震改修を行う義務自体は課されていない」ことに注意しましょう。

なお，所管行政庁は，耐震診断及び耐震改修の適確な実施を確保するために**必要がある**と認めるときは，これらの建築物の所有者に対し，技術指針事項を勘案して，耐震診断・耐震改修について必要な指導及び助言をすることができます。

3 建築物の耐震改修の計画の認定（17条）

旧耐震基準に基づく建物も申請の対象になります。

建築物の耐震改修をする者は，その計画を作成して所管行政庁の認定を申請することができ，所管行政庁は，一定の基準に適合すれば，計画の認定をすることができます。

計画の**認定を受けるメリット**は，次のとおりです。

確認済証の交付があったとみなされて「建築確認が不要」となるだけであって，**その後の手続**（工事完了後に受ける完了検査の検査済証の交付手続）は**不要とはなりません。**

① **確認済証の交付**があったものとみなされる。

② 耐震改修計画に基づき大規模な修繕等を行う場合，工事後に，なお耐震関係規定以外の建築基準法等の規定に適合しない場合でも，**引き続き既存不適格建築物**と**認められる。**

③ 耐震性向上のための増築によって，容積率・建蔽率の制限に適合しなくなる場合でも，所管行政庁がやむを得ないと認め，耐震改修計画を**認定**したときは，**制限の不適用**となる。

④ 建築基準法における，次の規定が**不適用**となる。
- 耐火建築物とすべき特殊建築物の規定
- 防火地域内及び準防火地域内の建築物の規定

⑤ 低金利融資や補助金交付等の**優遇措置**が適用される。

4 区分所有建築物の耐震改修の必要性に係る認定等（25条） H26

区分所有建物で耐震診断が行われ，耐震改修の必要性が明らかになったとしても，耐震改修工事が**共用部分の重大変更**を含む場合には，区分所有法上，原則として，集会の**特別決議**（区分所有者及び議決権の**各$\frac{3}{4}$以上**の賛成）という厳しい条件をクリアしなければなりません。そこで，これをより容易に実現するため，耐震診断が行われた区分所有建築物の管理者等は，所管行政庁に対し，**耐震改修を行う必要がある旨の認定を申請**することができます。そして，その旨の所管行政庁の認定を受けた区分所有建物

要耐震改修認定建築物の区分所有者は，耐震改修を行うよう**努めなければなりません。**

（要耐震改修認定建築物）では，耐震改修を普通決議（区分所有者及び議決権の各過半数）により行うことができます。

重大変更を含む耐震改修工事であっても，認定を受ければ「**普通決議」でできるようになる**ため，耐震改修が，より行いやすくなるメリットがあります。

5 建築物の地震に対する安全性に係る認定

建築物の所有者は，所管行政庁に対し，当該建築物について**地震に対する安全性に係る基準に適合している旨の認定**を申請することができ，所管行政庁は，当該申請に係る建築物が耐震関係規定または地震に対する安全上これに準ずるものとして国土交通大臣が定める**基準に適合**していると認めるときは，**その旨の認定**をすることができます。

そして，認定を受けた者は，認定を受けた基準適合認定建築物，その敷地またはその利用に関する広告等に，**認定を受けている旨の表示を付することができます。**

この**認定を受けている旨の表示**は，**任意に付することができるもの**であって，表示をすることが義務付けられているわけではありません。

コレが重要!! 確認問題

❶ 「建築物の耐震診断及び耐震改修の促進を図るための基本的な方針」によれば，建築物の構造耐力上主要な部分についての耐震診断の結果において，「各階の構造耐震指標」（Is）が0.6，かつ，「各階の保有水平耐力に係る指標」（q）が1.0のものは，地震の震動及び衝撃に対して倒壊し，または崩壊する危険性が低い。過 H24

❷ 耐震改修の必要性に係る認定を受けたマンションにおいて，共用部分の形状又は効用の著しい変更を伴う耐震改修を行う場合は，区分所有者の$\frac{2}{3}$以上の多数による集会の決議が必要である。過 H26

答 ❶○ ❷×：認定を受けた場合は，普通決議（各過半数）で可能となる。

第7章 頻出度B

省エネ法・建築物省エネ法

- 建築物省エネ法における届出義務と容積率の特例の内容を押さえる
- 近年の建築物省エネ法の改正の概要を押さえる

省エネ法の目的は，建築物等におけるエネルギー使用の合理化等を進めるために必要な措置等を講じ，国民経済の健全な発展に寄与することです。

1 省エネ法

H28

建築主や所有者等は，外壁，窓等を通しての熱の損失防止及び空気調和設備等に係るエネルギーの効率的利用の措置を実施することで，建築物に係るエネルギーの使用の合理化に資するよう**努めなければなりません**。

空気調和設備等とは，要するにエアコン等のことです。

エネルギーの効率的利用を図るべき「**空気調和設備等**」には，次のものが挙げられます。

① **空気調和設備等の機械換気設備**

② **照明設備**

③ **給湯設備**

④ **昇降機**

2 建築物省エネ法

H29・R2・5

「住宅に適用される基準は，①「**建築物エネルギー消費性能基準**」と②「**住宅事業建築主基準**」，そして③「**誘導基準**」の**3つ**です。

1 建築主等の努力義務

建築主は，建築物の新築・増築・改築・修繕・模様替や，建築物への空気調和設備等の設置・改修をしようとする建築物について，また，建築物の所有者・管理者・占有者は，その所有・管理・占有する建築物について，エネルギー消費性能の向上を図るよう努めなければなりません。

2 一定以上の規模のマンションに対する届出義務

建築主は，マンションの新築・増築等にかかる床面積が300㎡以上になる場合は，**工事着手の21日前までに**，その建築物のエネルギー消費性能の確保のための構造・設備に関する計画を，所管行政庁に届け出なければなりません。

所管行政庁は，この計画が所定の**基準に適合しない**場合，必要に応じて，**計画の変更等の措置を取るよう指示**することができます。また，この**指示に従わない**場合には，指示に係る措置を**命令**することもできます。

3 容積率の特例

新築または改修等の計画が，**誘導基準（建築物エネルギー消費性能基準を超えるより高い基準）に適合**すること等について**所管行政庁の認定**を受けると，**容積率の特例**（省エネ性能向上のための設備について，通常の建築物の床面積を超える部分の不算入）を受けることができます。

+1点! 容積率制限に関する特例の制度はありますが，**高さ制限に関する特例の制度はありません**。

4 建築物のエネルギー消費性能に係る認定

建築物の所有者は，国土交通省令で定めるところにより，所管行政庁に対し，当該建築物について建築物エネルギー消費性能基準に適合している旨の認定を申請することができます。

+1点! この認定の申請は，エネルギー消費性能の向上のための修繕・模様替等をしなくても，することができます。

5 エネルギー消費性能の表示

建築物の所有者は，建築物が，「建築物エネルギー消費性能基準」に適合している旨の**所管行政庁の認定**を受けることができ，認定を受けると「**基準適合認定マーク**」を表示できます。

「**基準適合認定マーク**」は，省エネ性能が高いことを示す客観的な指標となるため，資産価値が高いマンションであることを外部に表示することができます。

6 改正建築物省エネ法の概要

近年の改正法の概要は，次のとおりです。

（1）オフィスビル等

- **300㎡以上**の建築物については，建築確認（省エネ適判）や完了検査において，**省エネ基準への適合等の審査**を受ける必要があります。
- 省エネ基準へ適合しない場合や，必要な手続き・書面の整備等を怠った場合，確認済証や完了検査済証が発行されない恐れがあります。

（2）小規模住宅・マンション等

- 300㎡未満の小規模住宅・建築物の建築に係る設計に際して，**建築士から建築主**に対して，以下の内容について書面で説明を行うことが義務づけられます。

  ①　省エネ基準への適合性

  ②　（省エネ基準に**適合しない**場合）省エネ性能確保のための措置

  ➡ **300㎡未満の共同住宅も対象**となります。

  ➡建築主に交付する説明書面は，**建築士事務所の保存図書**とされます。

コレが重要!! 確認問題

❶　建築主は，既存の住宅専用マンションにおいても，増築又は改築に係る部分の床面積の合計が300㎡以上となる場合は，その建築物のエネルギー消費性能の確保のための構造及び設備に関する計画を，所管行政庁に届け出なければならない。過 H29

❷　建築物エネルギー消費性能基準に適合する建築物を新築する場合，当該建築物について，建築基準法による容積率制限及び高さ制限の特例が適用される。過 H29

答 ❶○　❷×：適合すべき基準は「誘導基準」である。また，高さ制限の特例はない。

第8章 頻出度A

警備業法

- 警備業の認定
- 警備業務における義務
- 機械警備業務の内容

警備業は，人の生命・財産を守るものであり，業務を行う者には一定の資質が求められます。また，適正な業務遂行のためのルールも必要です。そこで，警備業法は，警備業に関する必要な規制を定め，警備業務の実施の適正を図っています。

1 用語の定義（2条）

H27・R3・4

警備業法で用いられる主な用語の定義は，次のとおりです。

① 警備業務	事務所，住宅，駐車場等（警備業務対象施設）における盗難等の事故の発生を警戒し，防止する業務
② 警備業者	都道府県公安委員会の認定を受けて警備業を営む者
③ 機械警備業務	警備業務用機械装置（警備業務対象施設に設置する機器で感知した盗難等の事故の発生に関する情報を，その警備業務対象施設「以外」の施設に設置する機器に送信・受信するための一定の装置）を使用して行う，警備業務対象施設における警備業務

警備業者は常に，その行う警備業務について，依頼者，周辺住民，通行者等（依頼者等）からの苦情の適切な解決に努めなければなりません。

セコムやALSOKのイメージです。なお，施設内のセンサーが感知した情報を施設「**内**」の受信機で受信して警備員が対応するシステムは，**機械警備業務には該当しません**。

警備業務とは，『他人の需要に応じて』盗難等の事故の発生を警戒し，防止する業務をいい，例えば，デパートにおいて，その**従業員**が商品の万引き防止のために**店内の警戒**を行う業務は，警備業務に該当しません。

2 警備業の認定等（3条，4条）

H26・R4

警備業を営もうとする者は，次の欠格要件のいずれにも該当しないことについて，都道府県公安委員会の認定を受けなければなりません。

認定を受けないで警備業を営んだ者は，刑事処分の対象となります。

① 心身の障害により警備業務を適正に行うことができない者として国家公安委員会規則で定めるもの

② 禁錮以上の刑に処せられ，または警備業法の規定に違反して罰金の刑に処せられ，執行を終わり，または執行を受けることがなくなった日から起算して５年を経過しない者　等

そして，警備業者は，主たる営業所のある都道府県「**以外**」の都道府県の区域内に営業所を設け，または警備業務を行おうとする場合は，その区域を管轄する公安委員会に，一定の事項を記載した届出書及び必要な書類を**提出**しなければなりません。

3 警備業務における規制

H26·27·28·R3·4

警備業務に関しては，次の規制があります。

これに**違反**した場合は，**100万円以下の罰金**に処せられます。

都道府県公安委員会に、**服装の色・型式等**を記載した届出書**を提出**します（変更時も同様）。

契約締結「**前**」と「**後**」のそれぞれにおいて，**書面**の交付（**電磁的方法**による提供を含む）が必要です。

名義貸しの禁止	警備業者は，自己の名義をもって，他人に警備業を営ませてはならない。
警備員の制限（14条）	18歳未満の者や警備業の一定の欠格事由にあたる者は，警備員になることはできない。
服装（16条）	警備業者・警備員は，警備業務を行うにあたり，警察官等の制服と，色・型式・標章により，明確に識別できる服装を用いる。
書面の交付（19条）	●警備業者は，警備業務を行う契約の締結までに，契約の概要を記載した書面を依頼者に交付する。 ●警備業者は，警備業務を行う契約を締結したときは，遅滞なく，契約の一定の内容を明らかにする書面を依頼者に交付する。

4 機械警備業務

H26·27·28

1　機械警備業務の届出（40条）

届出書の提出をすれば足り，**許可は不要**です。

機械警備業者は，機械警備業務の受信機器を設置する施設（基地局），または送信機器を設置する警備業務対象施設の所在する**都道府県の区域ごと**に，その区域を管轄する**公安委員会**に対して，次の事項を記載した**届出書**を提出しなければなりません。

① 氏名または名称及び住所（法人の場合は，代表者の氏名）
② 基地局の名称・所在地，機械警備業務管理者の氏名・住所等

2 機械警備業務管理者（42条）

機械警備業者は，基地局ごとに，機械警備業務管理者を，機械警備業務管理者資格者証の交付を受けている者のうちから選任しなければなりません。

用語 機械警備業務管理者：警備業務用機械装置の運用の監督・警備員に対する指令業務の統制・その他機械警備業務を管理する業務で内閣府令で定めるものを行う者

コレが重要!! 確認問題

❶ 警備業務対象施設に各種のセンサー等を設置し，それらの端末機器が感知した情報をその施設内に設けた受信機で受信することで，警備員が対応するシステムは，機械警備業務である。過 H27

❷ 警備業を営もうとする者は，一定の要件に該当しないことについて都道府県知事の認定を受けなければならない。過 H19

❸ 警備業法は，警備員又は警備員になろうとする者について，その知識及び能力に関する検定を行うことを定めているが，検定に合格したとしても，18歳未満の者は警備員となってはならない。過 R4

❹ 警備業者は，マンションの警備業務を委託した者からの犯罪に対する警戒強化の要望に対応するためであれば，そのマンションの警備業務に従事する警備員の服装を警察官の制服とほぼ同じものにすることができる。過 H26

❺ 警備業者が機械警備業務を行おうとするときは，基地局又は警備対象施設の所在する都道府県の区域ごとに，当該区域を管轄する公安委員会の許可を受けなければならない。過 H28

❻ 機械警備業者は，依頼者と警備業務を行う契約を締結しようとするとき，当該契約に係る重要事項等の説明を行っていれば，契約締結後において，依頼者に対し，契約の内容を明らかにする書面の交付は要しない。過 H25

答 ❶×：機械警備業務は，情報を警備業務対象施設「以外」の施設に設置する機器に送信・受信するものをいう。 ❷×：受けるべきは「都道府県公安委員会」の認定である。 ❸○ ❹×：服装は，警察官等の制服とは明確に識別できる服装でなければならない。 ❺×：届出書の提出で足り，許可を受ける必要はない。 ❻×：契約締結後にも，書面の交付は必要である。

8 警備業法

第8編

マンション管理適正化法等

◉5問免除科目◉

例年5問の出題であり，**管理業務主任者試験の合格者は「免除」**となる分野です。

免除者は5点満点扱いですので，非免除者は，ここで大きな差がつくと他の分野で挽回するのが難しいといえます。そのため，5問免除者でない受験生は，取りこぼしがないように網羅的な学習を心がけ，**満点を目指しましょう。**

頻出度 S

目的と用語等

●マンション管理適正化法の目的
●用語の定義

令和2年末の全国のマンションストック戸数は約675万3,000戸で，そこに国民の1割超となる約1,573万人程度が居住していると推計されています。土地利用の高度化の進展その他国民の住生活を取り巻く環境の変化に伴い，ますますマンションの重要性が高まっています。

1 マンション管理適正化法の目的

マンション管理適正化法（適正化法）は，土地利用の高度化の進展その他国民の住生活を取り巻く環境の変化に伴い，多数の区分所有者が居住するマンションの重要性が増大していることに鑑み，**基本方針の策定**，**マンション管理適正化推進計画の作成**及び**マンションの管理計画の認定**並びに**マンション管理士の資格**及び**マンション管理業者の登録制度**等について定めることにより，**マンションの管理の適正化の推進**を図るとともに，マンションにおける良好な居住環境の確保を図り，もって国民生活の安定向上と国民経済の健全な発展に寄与することを目的としています。

2 用語の定義（2条）

H26・27・30・R2・3・4

（1）「マンション」

適正化法上の「マンション」は，次の**イ**と**ロ**をいいます。

+1点! 「人の居住の用に供する」との要件は，**現に人が居住している必要はなく**，長期間空室となって使用されていない状態であっても構いません。

定　義	ポイント
イ　2以上の区分所有者が存する建物で，人の居住用の専有部分のあるもの，並びにその敷地と附属施設	●①区分所有者が2人以上いて，かつ，②人の居住の用に供する専有部分が少なくとも1つあれば，「マンション」にあたる。 ●建物だけでなく，敷地や附属施設も「マンション」にあたる。

ロ　一団地内のイの建物を含む数棟の建物の所有者（専有部分のある建物の場合は区分所有者）の共有に属する，土地と附属施設	共有に属する土地や附属施設も，「マンション」にあたる。

適正化法は**良好な「居住」環境の確保を目的とするため，適正化法の「マンション」**にあたるには，居住用の専有部分が少なくとも1つは必要です。したがって，2以上の区分所有者がいる建物でも，**すべてが店舗や事務所**である場合には，「マンション」に該当しません。
もっとも，区分所有者自身が居住していることは要件ではないため，区分所有者が2人以上いて，居住用の専有部分が1つでもあれば，**専有部分すべてが賃貸**されていても「マンション」に該当します。

(2)「マンションの区分所有者等」

前記（1）の表中イにあたる建物の区分所有者と，一団地内の土地及び附属施設の所有者をいいます。

(3)「管理組合」

マンションの管理を行う，区分所有法に規定される団体または法人をいいます。適正化法の「マンション」は，区分所有者が2人以上いることが前提となっているため，適正化法の「マンション」には，**必ず管理組合が存在**します。

適正化法の「管理組合」にあたるのは，①区分所有者の団体（区分所有法３条の団体），②管理組合法人，③団地建物所有者の団体，④団地管理組合法人です。

(4)「管理者等」

区分所有法の規定により選任された「管理組合の管理者」及び「管理組合法人の理事」をいいます。

団地管理組合の管理者，団地管理組合法人の理事を含みます。

(5)「マンション管理士」

適正化法の規定に基づき，国土交通大臣のマンション管理士の**登録**を受け，「マンション管理士」の**名称**を用いて，専門的知識をもって，管理組合の運営その他マンションの管理に関し，管理組合の管理者等またはマンションの区分所有者等の**相談**に応じ，助言，指導その他の**援助**を行うことを業務とする者をいいます。

例えば，弁護士でない者が，報酬を得る目的で，弁護士にのみ認められている行為をする等，他の法律でその業務を行うことが制限されているものは，「業務」には含まれません。

マンション管理士試験に**合格**していても，登録を受けていなければ，**マンション管理士の名称を使用することはできません。**
なお，マンション管理士の**登録**を受けていれば，「マンション管理士登録証」の交付を受けていなくても，**マンション管理士の名称を使用することができます。**

（6）「管理事務」

マンションの管理に関する事務であって，次の①～③の３つの基幹事務すべて**を含むもの**をいいます。

【3つの基幹事務】

① 管理組合の会計の収入及び支出の調定	収支予算案・収支決算案の作成，収支状況の報告等
② 出　納	管理費等の収納，経費の支払い，滞納者への督促等
③ マンション（専有部分を除く）の維持・修繕に関する企画・実施の調整	長期修繕計画の立案等

「**業として行う**」とは，営利目的の有無を問わず，反復継続して管理事務を行うことをいいます。

（7）「マンション管理業」

管理組合から**委託を受けて管理事務**を行う行為で，**業として行うもの**をいいます。委託を受けて業として行うことが前提のため，例えば，区分所有者等が，自ら，報酬を得て当該マンションの管理事務を行ったとしても，管理業にはあたりません。

「管理事務」は，**基幹事務**すべて**を含む**ものでなければなりません。したがって，①単に管理員を置き，その者がマンションの破損個所の修繕や保守点検・清掃等の調整のみを行う場合や，②警備業務のみ行う場合，③消防法上の防火管理者が行う業務のみを行う場合等は，「マンション管理業」には**あたりません。**

（8）「マンション管理業者」

適正化法の規定により，国土交通省に備える「マンション管理業者登録簿」への**登録**を受けてマンション**管理業**を営む者をいいます。

(9)「管理業務主任者」

適正化法の規定により，**管理業務主任者証の交付**を受けた者をいいます。

試験に合格して，登録をしただけでは，管理業務主任者とはいえず，**管理業務主任者証の交付まで受けて，はじめて**管理業務主任者となります。

コレが重要!! 確認問題

❶ 複数の区分所有者が存する建物で人の居住の用に供する専有部分及び事務所・店舗の用に供する専有部分がある場合，それら全ての専有部分が賃貸されている場合であっても，その建物はマンションに該当する。 過 H24

❷ 人の居住の用に供される専有部分が1戸あるが，他の専有部分は別の区分所有者が事務所として使用している建物は，マンションである。 過 H27

❸ マンション管理適正化法にいうマンションには，当該マンションの敷地及び附属施設が含まれる。 過 H21

❹ マンションの区分所有者が，自ら，報酬を得て当該マンションの管理事務を行うことは，マンション管理業に該当する。 過 H24

❺ 管理組合から委託を受けて，基幹事務の一部を行う行為で業として行うものは，マンション管理業である。 過 H20

❻ マンションの管理事務のうち基幹事務とは，管理組合の会計の収入及び支出の調定及び出納並びにマンション（専有部分を含む）の維持又は修繕に関する企画又は実施の調整である。 過 H20

❼「マンション管理業」とは，管理組合から委託を受けて管理事務を行うものであり，マンションの区分所有者等が当該マンションについて行うものも含む。 過 H30

❽「マンション管理業者」とは，国土交通省に備えるマンション管理業者登録簿に登録を受けて，マンション管理業を営む者をいう。 過 H30

❾「管理組合」は，マンションの管理を行う区分所有法第3条に規定する団体に限られる。 過 H30

❿ マンション管理士試験に合格したAは，国土交通大臣（指定登録機関が登録の実施に関する事務を行う場合は指定登録機関）の登録を受けていないが，マンション管理士となる資格を有しているため，マンション管理士の名称を使用することができる。 過 R3

答 ❶○ ❷○ ❸○ ❹×：マンション管理業は，管理組合から委託を受けて管理事務を行う行為で，業として行うものをいうが，マンションの区分所有者等が当該マンションについて行うものは除かれる。 ❺×：マンション管理業にあたるためには，基幹事務のすべてを含む管理事務を行っている必要がある。 ❻×：基幹事務であるマンションの維持または修繕に関する企画または実施の調整の内容には，専有部分は含まれない。 ❼×：マンションの区分所有者等が当該マンションについて行うものは含まれない。 ❽○ ❾×：適正化法の「管理組合」には「区分所有者の団体（区分所有法3条の団体）」「管理組合法人」「団地建物所有者の団体」「団地管理組合法人」の4つが該当する。 ❿×：試験に合格しても，登録を受けなければ，マンション管理士の名称の使用はできない。

頻出度 A

マンション管理適正化推進計画等及び管理計画の認定等

- マンション管理適正化推進計画等の概要
- 管理計画の認定等の概要

1 全体像

既にみてきたように，マンション管理適正化法は，マンション管理の適正化を推進するための措置を定めることにより，マンションの資産価値を守り，快適な住環境が確保できるようにとの目的から制定された法律です。

この目的をさらに推進するため，**積極的に行政も関与しながらマンションの管理水準を一層維持向上させていく仕組み**として，次の３つの制度が設けられました。

制　度	概　要
地方公共団体による管理適正化推進計画の作成	地方公共団体は，マンション管理適正化の推進を図るための施策等を含む，**マンション管理の適正化の推進を図るための計画**を作成することができます。
管理計画の認定制度	管理適正化推進計画を作成した地域において，マンションの管理計画が**一定の基準**を満たす場合に，マンション管理組合は，地方公共団体から**適切な管理計画を持つマンションとして**認定を受けることができます。
地方公共団体による助言・指導等	地方公共団体は，管理適正化のために必要に応じて**助言**や**指導**等を行うことができます。

居住しているマンション，購入予定のマンションが適切に管理されているかは，**管理規約・長期修繕計画の策定や修繕積立金の適切な設定**がなされているか，それらの一定期間ごとの**見直し**が行われているか，また，**総会等の定期的な開催**がなされているかというように，管理組合の運営が適切に行われているかがポイントになります。
こうした点は，管理計画認定を取得しているかどうかや，購入時に受ける重要事項説明，売主・仲介業者へのヒアリング等で確認することができます。

【法第３条：管理計画認定制度，助言・指導及び勧告と基準となる指針等との関係】

【作成主体：国】

マンションの管理の適正化の推進を図るための基本的な方針（基本方針）

マンション管理適正化指針

【作成主体：都道府県等】　【法第３条の２】

マンション管理適正化推進計画（推進計画）

都道府県等
マンション管理適正化指針

都道府県等独自の管理適正化指針あり

国の管理適正化指針に加えて都道府県等の地域性を踏まえた観点や水準を記載。

都道府県等独自の管理適正化指針なし

国の適正化指針と同様の内容を都道府県等の管理適正化指針とする。

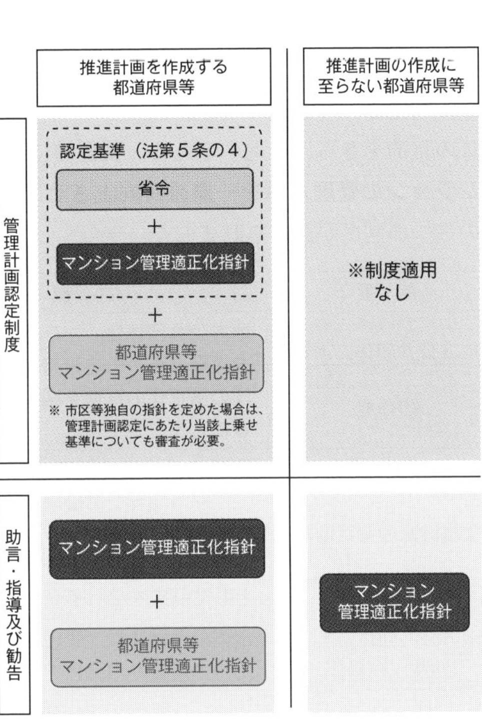

【国土交通省 HP より】

2 基本方針・マンション管理適正化推進計画等

R4・5

1．基本方針（3条）

国土交通大臣は，マンションの管理の適正化の推進を図るための基本的な方針（以下「基本方針」）を定めなければなりません。この基本方針においては，次の事項を定めるものとされています。

> 基本方針は，**住生活基本法**に規定する全**国計画との調和が保たれたもの**でなければなりません。
> また，国土交通大臣は，基本方針を**策定・変更**した場合は，**遅滞なく公表**する必要があります。

① マンションの管理の適正化の推進に関する基本的な事項

② マンションの管理の適正化に関する目標の設定に関する事項

③ 管理組合によるマンションの管理の適正化に関する基本的な指針（以下「マンション管理適正化指針」）に関する事項

④ マンションがその建設後相当の期間が経過した場合その他の場合において当該マンションの建替えその他の措置が必要なときにおけるマンションの建替えその他の措置に向けたマンションの区分所有者等の合意形成の促進に関する事項（③に掲げる事項を除く）

⑤ マンションの管理の適正化に関する啓発及び知識の普及に関する基本的な事項

⑥ マンション管理適正化推進計画の策定に関する基本的な事項その他マンションの管理の適正化の推進に関する重要事項

2．マンション管理適正化推進計画（3条の2）

（1）マンション管理適正化推進計画の作成

都道府県（市の区域内ではその**市**，マンション管理適正化推進行政事務を処理する町村の区域内にあってはその**町村**。以下「都道府県等」）は，**基本方針**に基づき，その都道府県等の区域内におけるマンションの管理の適正化の推進を図るための「マンション管理適正化推進計画」**を作成することができます**。

> マンション管理適正化推進計画は，町村も作成することができます。

（2）マンション管理適正化推進計画に定める事項

マンション管理適正化推進計画においては，次の事項を定めるものとされています。

① その都道府県等の区域内におけるマンションの管理の適正化に関する目標

② その都道府県等の区域内におけるマンションの管理の状況を把握するためにその都道府県等が講ずる措置に関する事項

③ その都道府県等の区域内におけるマンションの管理の適正化の推進を図るための施策に関する事項

④ その都道府県等の区域内における管理組合によるマンションの管理の適正化に関する指針（以下「都道府県等マンション管理適正化指針」）に関する事項

⑤ マンションの管理の適正化に関する啓発及び知識の普及に関する事項

⑥ 計画期間

⑦ その他当該都道府県等の区域内におけるマンションの管理の適正化の推進に関し必要な事項

都道府県等は，マンション管理適正化推進計画の作成・変更，マンション管理適正化推進計画に基づく措置の実施に関して**特に必要があると認めるとき**は，関係地方公共団体，管理組合，マンション管理業者その他の関係者に対し，調査を実施するため必要な協力を求めることができます。

(３) マンション管理適正化推進計画の公表等

都道府県等は，**マンション管理適正化推進計画**を**作成**し，又はこれを**変更**したときは，遅滞なく，これを**公表**するとともに，**都道府県**にあっては**関係町村**に通知しなければなりません。

３．管理組合等の努力（５条）

管理組合は，マンション管理適正化指針（管理組合がマンション管理適正化推進計画が作成されている都道府県等の区域内にある場合にあっては，マンション管理適正化指針及び都道府県等マンション管理適正化指針）の定めるところに留意して，**マンションを適正に管理するよう自ら**努めるとともに，国及び地方公共団体が講ずるマンションの管理の適正化の推進に関する**施策に協力するよう**努めなければなりません。

また，マンションの区分所有者等は，マンションの管理に関し，**管理組合の一員としての役割を適切に果たすよう**努めなければなりません。

4．助言，指導等（5条の2）

都道府県等は，マンション管理適正化指針に即し，管理組合の**管理者等**（管理者等が置かれていないときは，当該管理組合を構成するマンションの**区分所有者等**）に対し，マンションの管理の適正化を図るために必要な**助言及び指導**をすることができます。

都道府県知事（市又はマンション管理適正化推進行政事務を処理する町村の区域内にあっては，それぞれの長。以下「都道府県知事等」）は，管理組合の運営がマンション管理適正化指針に照らして**著しく不適切**であることを把握したときは，当該管理組合の**管理者等**に対し，マンション管理適正化指針に即したマンションの管理を行うよう勧告することができます。

3　管理計画の認定等

R4·5

1．管理計画の認定（5条の3）

管理組合の管理者等は，当該管理組合によるマンションの管理に関する計画（以下「管理計画」）を**作成**し，**マンション管理適正化推進計画を作成**した**都道府県等の長**（以下「計画作成都道府県知事等」）の**認定を申請**することができます。

管理計画には，次の事項を記載しなければなりません。

① そのマンションの**修繕**その他の管理の方法
② そのマンションの修繕その他の管理に係る**資金計画**
③ そのマンションの管理組合の**運営の状況**
④ その他国土交通省令で定める事項

管理計画の認定を受ける**メリット**として，次のものが挙げられます。

- 管理組合による**管理の適正化**に向けた**自主的な取り組みが推進**される。
- 管理計画の認定を受けたマンションについて，**市場で高く評価**される。
- **良質な管理水準が維持**されることで，**居住者**のみならず，**周辺地域の良好な居住環境の維持向上にも寄与**する。
- 管理計画の認定を受けたマンションを**取得等する場合**において，（独）住宅金融支援機構の【フラット 35】及びマンション共用部分リフォーム融資の**金利の引下げ**等がなされる。

なお，この**管理計画認定制度**においては，**都道府県等**が，**地域性を踏まえた指針**を定めることにより，国が定める認定基準に加えて**独自の基準**を設けること，また，**管理計画の認定事務の一部**を**指定認定事務支援法人に委託**することが可能となっています。

【管理計画の認定の流れ】

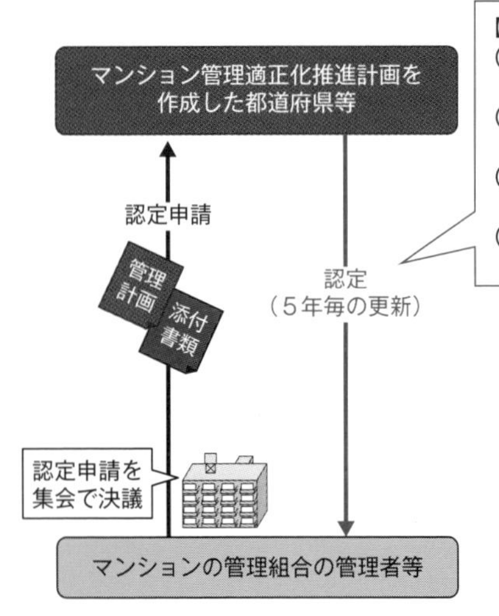

【主な認定基準】
（1）修繕その他管理の方法
・長期修繕計画の計画期間が一定期間以上あること　等
（2）修繕その他の管理に係る資金計画
・長期修繕計画に基づき修繕積立金を設定されていること　等
（3）管理組合の運営状況
・総会を定期的に開催していること　等
（4）管理適正化指針・都道府県等独自の管理適正化指針に照らして適切なものであること

<管理計画認定による好循環>

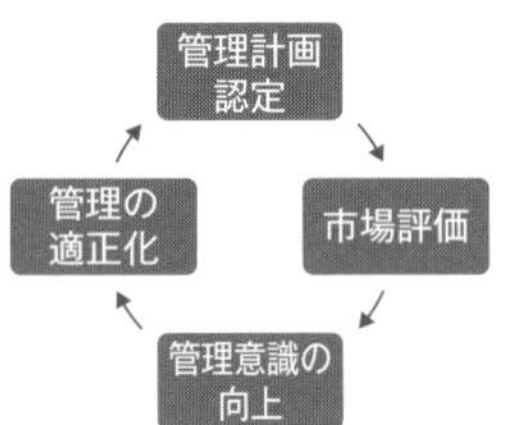

・認定制度を通じて、マンションの**管理適正化が推進**される
・マンションの売却・購入予定者だけでなく、**区分所有者や居住者にとってもメリットが期待**される

【国土交通省 HP より】

2．管理計画の認定基準（5条の4）

（1）概要

計画作成都道府県知事等は，**管理計画の認定の申請**があった場合において，その申請に係る管理計画が次に掲げる**基準に適合**すると認めるときは，その認定をすることができます。

① マンションの**修繕その他の管理の方法**が国土交通省令で定める**基準に適合**するものであること
② **資金計画**がマンションの**修繕その他の管理を確実に遂行するため適切**なものであること
③ **管理組合の運営の状況**が国土交通省令で定める**基準に適合**するものであること
④ その他マンション管理適正化指針及び都道府県等マンション管理適正化指針に照らして**適切**なものであること

（2）具体的な基準

管理計画認定の具体的な基準は，次のとおりです。

項　目	基　準
管理組合の運営	① **管理者等**が定められていること ② **監事**が選任されていること ③ **集会が年１回以上開催**されていること
管理規約	① **管理規約**が作成されていること ② マンションの適切な管理のため，管理規約において**災害等の緊急時や管理上必要なときの専有部の立ち入り，修繕等の履歴情報の管理等**について定められていること ③ マンションの管理状況に係る情報取得の円滑化のため，管理規約において，**管理組合の財務・管理に関する情報の書面の交付（又は電磁的方法による提供）**について定められていること
管理組合の経理	① 管理費及び修繕積立金等について**明確に区分して経理**が行われていること ② **修繕積立金会計から他の会計への充当**がされていないこと ③ 直前の事業年度の終了の日時点における**修繕積立金の３ヶ月以上の滞納額が全体の１割以内**であること

長期修繕計画の作成・見直し等	① 長期修繕計画が「**長期修繕計画標準様式**」に**準拠**し作成され，長期修繕計画の**内容及びこれに基づき**算定された**修繕積立金額**について**集会にて決議**されていること ② 長期修繕計画の**作成又は見直し**が**7年以内**に行われていること ③ 長期修繕計画の実効性を確保するため，**計画期間が**30年以上で，かつ，残存期間内に**大規模修繕工事が**2回以上含まれるように設定されていること ④ 長期修繕計画において**将来の一時的な修繕積立金の徴収を予定していない**こと ⑤ 長期修繕計画の計画期間全体での修繕積立金の総額から算定された**修繕積立金の平均額が著しく低額でない**こと ⑥ 長期修繕計画の計画期間の**最終年度**において，**借入金の残高のない長期修繕計画**となっていること
その他	① 管理組合がマンションの区分所有者等への平常時における連絡に加え，災害等の緊急時に迅速な対応を行うため，組合員名簿，居住者名簿を備えているとともに，1年に1回以上は内容の確認を行っていること ② **都道府県等マンション管理適正化指針に照らして適切**なものであること

3．管理計画の認定の通知（5条の5）

計画作成都道府県知事等は，**管理計画の認定**をしたときは，速やかに，その旨を当該認定を受けた者（以下「**認定管理者等**」）**に通知**しなければなりません。

4．管理計画の認定の更新（5条の6）

更新の際のルール（管理計画の記載事項，認定の基準，認定があった場合の通知）は，管理計画の認定と同様です。

管理計画の認定は，5年ごとにその**更新**を受けなければ，その期間の経過によって，その効力を失います。

そして，管理計画の認定の**更新の申請**があった場合において，**認定の有効期間の満了の日まで**にその**申請に対する処分がされない**ときは，**従前の認定**は，認定の有効期間の**満了後もその処分がされるまで**の間は，なおその**効力**を有します。

なお，**認定の更新**がされたときは，その認定の有効期間は，**従前の認定の有効期間の満了の日の翌日から起算**します。

２段落目は，**認定の有効期間満了日の前に更新の申請がなされたのに**，更新を認めるか否かの**判断（＝処分）が満了日までに間に合わなかった場合は**，その後に更新を認めるか否かの**判断がなされるまでの間**，これまでの認定がなお有効とされるということです。
また，３段落目は，**満了日の後に認定の更新**がなされた場合，**次の５年**は，**更新がなされたときからではなく**，前の認定の有効期間が満了した日の翌日**から数える**ということを意味しています。

5．認定を受けた管理計画の変更（5条の7）

認定管理者等は，**認定を受けた管理計画の**変更（一定の軽微な**変更を**除く）をしようとするときは，計画作成都道府県知事等の認定を受けなければなりません。

変更に関する認定の基準や通知に関するルールは，管理計画の認定の場合と同様です。

6．報告の徴収（5条の8）

計画作成都道府県知事等は，**認定管理者等**に対し，管理計画認定マンションの管理の状況について**報告**を求めることができます。

管理計画認定マンション（認定を受けた管理計画に係るマンション）に係る管理組合に管理者等が置かれなくなったときは，その管理組合を構成するマンションの区分所有者等に対して求めることができます。

7．改善命令（5条の9）

計画作成都道府県知事等は，認定管理者等が認定管理計画に従って管理計画認定マンションの管理を**行っていない**と認めるときは，当該認定管理者等に対し，相当の期限を定めて，その**改善に必要な措置**を命ずることができます。

8．管理計画の認定の取消し（5条の10）

計画作成都道府県知事等は，次に掲げる場合には，**管理計画の**認定（変更の認定を含む）を取り消すことができます。

① 認定管理者等が**改善命令に違反**したとき
② 認定管理者等から認定管理計画に基づく管理計画認定マンションの管理を**取りやめる旨の申出**があったとき
③ 認定管理者等が**不正の手段**により**管理計画の認定又は認定の更新**を受けたとき

なお，計画作成都道府県知事等は，管理計画の認定を**取り消したとき**は，**速やかに**，その旨を**認定管理者等であった者**に通知しなければなりません。

コレが重要!! 確認問題

❶ マンション管理適正化推進計画は，都道府県又は市の区域にあっては当該市が作成することとされており，町村は作成することができない。過 R4

❷ 都道府県等は，マンション管理適正化推進計画に基づく措置の実施に関して特に必要があると認めるときは，関係地方公共団体や管理組合のほか，マンション管理業者に対しても調査を実施するために必要な協力を求めることができる。過 R4

❸ 都道府県知事は，マンション管理適正化推進計画の策定の有無にかかわらず，管理計画の認定をすることができる。過 R4

❹ 管理計画の認定は，10年ごとにその更新を受けなければ，その期間の経過によって，その効力を失う。過 R4

❺ 管理計画を認定するためには，長期修繕計画の計画期間が30年以上であるか，又は長期修繕計画の残存期間内に大規模修繕工事が2回以上含まれるように設定されていることが必要である。過 R4

❻ 管理計画を認定するためには，管理組合が組合員名簿，居住者名簿を備えていることに加え，1年に1回以上は内容の確認を行っていることが必要である。過 R4

❼ 都道府県等は，マンション管理適正化指針に即し，管理組合の管理者等（管理者等が置かれていないときは，当該管理組合を構成するマンションの区分所有者等。）に対し，マンションの管理の適正化を図るために必要な助言及び指導をすることができる。過 R5

❽ マンション管理適正化法第5条の4に基づく管理計画の認定基準に関し，監事が選任されていることが挙げられている。過 R5

❾ マンション管理適正化法第5条の4に基づく管理計画の認定基準に関し，管理組合がマンションの区分所有者等への平常時における連絡に加え，災害等の緊急時に迅速な対応を行うため，組合員名簿，居住者名簿を備えているとともに，1年に1回以上は内容の確認を行っていることが挙げられている。過 R5

答 ❶×：町村も作成可能。 ❷○ ❸×：マンション管理適正化推進計画の策定が必要。 ❹×：5年ごと。 ❺×：「又は」ではなく「かつ」。 ❻○ ❼○ ❽○ ❾○

第3章 頻出度 S+

マンション管理士

- マンション管理士の3大義務
- マンション管理士の登録拒否事由
- マンション管理士の登録取消事由

1 マンション管理士の義務等

H27・28・29・30・R2・3・4

1 信用失墜行為の禁止（40条）

マンション管理士は，マンション管理士の信用を傷つけるような行為をしてはなりません。これに**違反**した場合，**登録の取消処分**や**名称使用の停止処分**を受けることはありますが，懲役や罰金といった罰則の適用はありません。

例えば，法外な報酬を要求したりして，マンション管理士に対する信用を損なうような行為は禁止されます。

2 講習の受講義務（41条）

マンション管理士は，５年ごとに，登録講習機関が行う**講習**を受けなければなりません。これに**違反**した場合，**登録の取消処分**や**名称使用の停止処分**を受けることはありますが，懲役や罰金といった罰則の適用はありません。

この講習は，**マンション管理に関する最新知識・情報を補充**し，その質を維持するためのものであり，**管理者や管理業者の従業員としてマンション管理に関する実務経験を積んだとしても**免除はされません。

3 秘密保持義務（42条）

マンション管理士は，正当な理由なく，業務に関して知り得た秘密を漏らしてはなりません。マンション管理士でなくなった**後**も同様です。これに違反した場合は，**登録の取消処分**や**名称使用の停止処分**を受けることがある他，１年以下の懲役または30万円以下の罰金に処せられます。

「正当な理由」としては，例えば，裁判で証人尋問を受けた場合等が想定されています。また，業務とは無関係にたまたま知った秘密については，守秘義務の対象にはなりません。

以上の**1**～**3**を「マンション管理士の３大義務」といいます。

違反した場合は，30万円以下の罰金に処せられます。

4　名称使用の制限（43条）

マンション管理士でない者は，マンション管理士，またはこれに紛らわしい名称を使用してはなりません。

2 マンション管理士の登録等

H26・27・29・30・R2・3・4

「**国土交通省令で定める事項**」とは，次のものです。
①住所
②本籍（日本の国籍を有しない者は，その国籍）・性別
③試験の合格年月日・合格証書番号
④登録番号・登録年月日

1　マンション管理士の登録（6条，30条）

マンション管理士試験の合格者は，マンション管理士となる資格を有し，国土交通大臣の登録を受けることができます。

この登録は，国土交通大臣が，マンション管理士登録簿に，氏名・生年月日・その他国土交通省令で定める事項を登載して行います。なお，**登録に有効期間はありません**。

登録を受けるか否かはあくまで任意であり，試験に合格したからといって，一定期間以内に登録をしなければならないわけではありません。

刑罰は重い順に，「死刑・懲役・禁錮・罰金・拘留・科料」があります。したがって，**禁錮以上の刑**とは，死刑・懲役・禁錮を指します。

2　マンション管理士の登録拒否事由（30条）

次の者は，マンション管理士の登録ができません。

① **禁錮以上の刑に処せられ，その執行を終わり，または執行を受けることがなくなった日から2年を経過しない者**

なお，**執行猶予**付きの禁錮以上の刑に処せられた場合は，執行猶予が取り消されずに猶予期間が**満了**すると，刑の言渡しそのものが効力を失うため，その満了の日の翌日から登録を受けることができます。

登録拒否事由としての「**禁錮以上の刑**」は，**適正化法違反の場合に限定されません**。したがって，刑法や道路交通法に対する違反等，他の法令で禁錮以上の刑に処せられた場合であっても，2年間は登録を拒否されます。

② **適正化法の規定により罰金の刑に処せられ，その執行を終わり，または執行を受けることがなくなった日から2年を経過しない者**

罰金が登録拒否事由となるのは，**適正化法違反の場合に限定**されます。したがって，刑法や道路交通法違反等，他の法令で罰金の刑に処せられても，2年を待たずに登録できます。

③　**偽りその他不正の手段でマンション管理士の登録を受けた，または，マンション管理士に課された3大義務に違反したとして，マンション管理士の登録を取り消され，取消しの日から2年を経過しない者**

「マンション管理士の**3大義務**」とは，①信用失墜行為の禁止，②5年ごとの法定講習受講義務，③秘密保持義務のことです。

④　**偽りその他不正な手段で管理業務主任者の登録を受けた，管理業務主任者証の交付を受けた等の理由で，管理業務主任者の登録を取り消され，取消しの日から2年を経過しない者**

⑤　**偽りその他不正の手段でマンション管理業者の登録を受けた等の理由により，管理業者の登録を取り消され，取消しの日から2年を経過しない者**

　なお，登録を取り消された者が**法人**の場合，取消しの日前**30日以内**に法人の役員（業務を執行する社員，取締役，執行役等）であった者で取消しの日から2年を経過しないものも，マンション管理士の登録はできません。

登録を取り消された管理業者が法人（株式会社等）である場合，法人の登録を取り消すだけでは，取消しの**原因を作った法人の内部の者が野放し**になってしまいます。そこで，取消日の前30日以内に法人の役員だった者も，規制の対象としています。

⑥　**心身の故障によりマンション管理士の業務を適正に行うことができない者として国土交通省令で定めるもの**

3　マンション管理士

- この「**国土交通省令で定めるもの**」とは，精神の機能の障害によりマンション管理士の業務を適正に行うに当たって**必要な認知，判断及び意思疎通を適切に行うことができない者**とされています。
- **マンション管理士の登録拒否事由**には，**破産手続開始の決定を受けて復権を得ない者は**含まれていません。これは，マンション管理士の業務内容には，**管理組合の財産（管理費等）を直接扱うことは含まれていない**ため，お金に関する信用を登録拒否事由とする必要がないからです。

3　マンション管理士登録証（31 条）

適正化法上，**マンション管理士**が業務をする上で，登録証の提示を義務付けられることはありません。この点は，管理業務主任者が，一定の場合に管理業務主任者証の提示を義務付けられることとは異なります。

国土交通大臣は，マンション管理士の登録を行ったときは，申請者にマンション管理士登録簿の登載事項を記載したマンション管理士登録証を交付します。

マンション管理士は，登録証を**亡失・滅失・汚損・破損**したときは，国土交通大臣に登録証の**再交付を申請**することができます。

- 汚損・破損を理由とする再交付は，その登録証と引換えに新たな登録証を交付して行います。
- **亡失での再交付**の場合，**亡失した登録証を発見**したときは，速やかに，「発見した登録証」を，国土交通大臣に返納しなければなりません。

4　マンション管理士の登録事項の変更の届出等（32 条）

マンション管理士は，マンション管理士**登録簿の登載事項に変更**があったときは，遅滞なく，国土交通大臣に**届け出**なければならず，その際は，届出と共にマンション管理士**登録証も提出**し，**訂正**を受けなければなりません。

5 マンション管理士の登録の取消し等（33条）

（1）登録の必要的取消し

国土交通大臣は，マンション管理士が次の**どちらか**に該当する場合は，その登録を取り消さなければなりません。

> ① マンション管理士の登録拒否事由に該当するに至ったとき（ただし，マンション管理士の**3大義務違反は除く**）
> ② 偽りその他不正の手段により登録を受けたとき

登録拒否事由に該当するに至った場合，または，偽りその他不正の手段で登録を受けた場合は，その**悪質性**から必ず登録が取り消されます。

（2）登録の任意的取消し・名称使用の停止

国土交通大臣は，マンション管理士が**3大義務に違反**した場合，その**登録を取り消し**，または期間を定めてマンション管理士の**名称の使用の停止**を命ずることができます。

名称使用の停止期間中にマンション管理士の名称を使用したときは，**30万円以下の罰金**に処せられます。

3大義務違反の場合は，**違反の程度に幅**があり，悪質とはいえないこともあるため，必ず登録が取り消されるわけではなく，登録の取消しと名称使用の停止の処分のどちらかが選択されます。

（3）マンション管理士登録証の返納

マンション管理士の登録を取り消された者は，その旨の通知を受けた日から起算して**10日以内**に，登録証を国土交通大臣に返納しなければなりません。

6 マンション管理士の登録の消除（34条）

国土交通大臣は，マンション管理士の登録がその効力を失ったときは，その登録を消除しなければなりません。

登録が失効しても，登録簿には事実上記載が残っています。そこで，登録簿の記載を削除する行為が「**消除**」です。

7 死亡等の届出

マンション管理士が**次の①～③のどれかに該当**するに至った場合には，その**マンション管理士**または戸籍法に規定する**届出義務**

3 マンション管理士

者（③の場合は，そのマンション管理士の**同居の親族**）もしくは**法定代理人**は，遅滞なく，マンション管理士登録証（③の場合は，病名，障害の程度，病因，病後の経過，治癒の見込みその他参考となる所見を記載した医師の診断書）を添え，その旨を**国土交通大臣に届け出**なければなりません。

① **死亡し，又は失踪の宣告を受けた場合**

② **マンション管理士の登録拒否事由**（登録拒否事由のうち③と⑥を除く）**のいずれかに該当**するに至った場合

③ **精神の機能の障害**を有することにより**認知，判断及び意思疎通を適切に行うことができない状態**となった場合

コレが重要!! 確認問題

❶　マンション管理士試験に合格した者は，合格した日から5年以内でなければ国土交通大臣の登録を受け，マンション管理士の名称を用いて，その業務を行うことができない。過 H23

❷　マンション管理士試験に合格した者が執行猶予付きの禁錮の刑に処せられ，執行猶予が取り消されることなく猶予期間が満了した場合，その満了の日から2年を経過しないと登録を受けることができない。過 H20

❸　マンション管理適正化法以外の法律に違反したとして罰金の刑に処せられた者は，その執行を終わり，又は執行を受けることがなくなった日から2年を経過しなければ，マンション管理士の登録を受けることができない。過 H23

❹　マンション管理士は，住所又は本籍を変更したときは，遅滞なく，その旨を国土交通大臣に届けなければならず，その場合においては，当該届出にマンション管理士登録証を添えて提出し，その訂正を受けなければならない。過 H24

❺　国土交通大臣は，マンション管理士が，5年ごとに，国土交通大臣の登録を受けた者が国土交通省令で定めるところにより行う講習を受けなかったときは，その登録を取り消し，又は期間を定めてマンション管理士の名称の使用の停止を命ずることができる。過 H22

❻　マンション管理士試験に合格し，マンション管理士となる資格を有するAは，マンションの管理事務に関して2年以上の実務を経験した後にマンション管理士の登録を受けた場合であっても，登録講習機関が行う講習の受講義務は免除されない。過 R3

❼　マンション管理士は，5年ごとに登録講習機関が行う講習を受けなければならず，これに違反したときは30万円以下の罰金に処される。過 H21

❽　マンション管理士は，正当な理由がなく，その業務に関して知り得た秘密を漏らしてはならない。マンション管理士でなくなった後においても，同様とする。これに違反した者は，1年以下の懲役又は30万円以下の罰金に処される。過 H25

❾　マンション管理士でない者は，マンション管理士又はこれに紛らわしい名称を使用してはならないが，これに違反した者に対しては，1年以下の懲役又は50万円以下の罰金に処する旨の罰則の規定がある。過 H29

答　❶×：合格後，登録を行う期間に制限はない。　❷×：執行猶予の場合，期間満了で刑の言渡しが効力を失うため，満了日の翌日から登録ができる。　❸×：罰金が登録拒否事由となるのは，適正化法に違反したことで罰金に処せられた場合のみである。　❹○　❺○　❻○　❼×：講習受講義務違反には，罰則の適用はない。　❽○　❾×：違反した者に対しての罰則は，「30万円」以下の罰金（懲役はなし）。

第4章 マンション管理業

頻出度 S

- 管理業者の登録
- 管理業者の登録拒否事由

1 マンション管理業者の登録等

H26・28・29・R2

1 マンション管理業者の登録（44条）

(1) 登録の義務・有効期間

マンション管理業を営もうとする者は，国土交通省に備える管理業者登録簿に**登録**を受けなければなりません。この**登録の有効期間**は5年です。

(2) 登録の更新

登録の有効期間の満了後，引き続きマンション管理業を営もうとする者は，**更新の登録**を受けなければなりません。その際，登録の**有効期間満了の日の**90日前から30日前までの間に更新の登録申請書を提出する必要があります。

そして，申請期間内に更新の登録の申請をしたにもかかわらず，有効期間の満了日までに申請に対する処分（更新許可・不許可の処分）が行われないときは，従前の登録は，有効期間満了後も**処分が行われるまで**の間は，**なお有効**です。

更新の登録がされたときは，登録の有効期間は，従前の登録の有効期間の満了の日の翌日から起算します。

【マンション管理業者の登録の更新】（登録期間の例：H28/4/1 ～ R3/3/31）

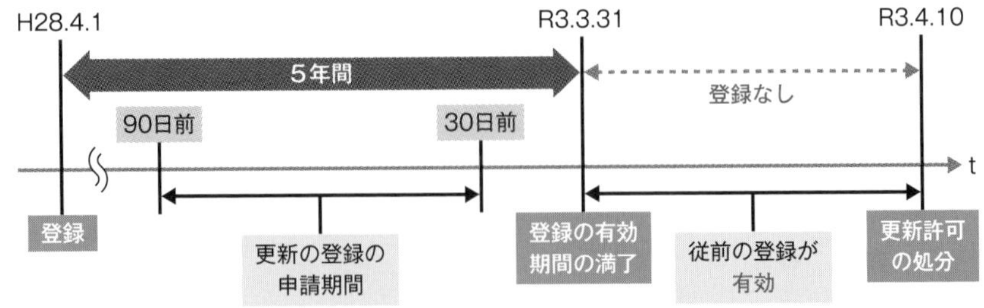

➡この場合，更新後の登録はR3年4月1日から5年間有効となる。

2 マンション管理業者の登録の申請と実施（45条, 46条）

マンション管理業者が，登録の際に国土交通大臣に提出する**登録申請書**の記載事項は，次のとおりです。

国土交通大臣は，登録申請書の提出があった場合，登録拒否事由に該当する場合を除き，**遅滞なく**，①～⑤と登録年月日・登録番号を，マンション管理業者登録簿に登録しなければなりません。そして**登録をしたとき**は，**遅滞なく**その旨を，登録申請をした**マンション管理業者**に通知しなければなりません。

① 商号，名称または氏名，住所
② 事務所（本店，支店その他の国土交通省令で定めるもの）の名称，所在地，当該事務所が成年者である専任の管理業務主任者を置く必要のない事務所であるか否かの別
③ 法人である場合，その役員の氏名
④ 未成年者である場合においては，その法定代理人の氏名及び住所（法定代理人が法人である場合，その商号または名称，住所，その役員の氏名）
⑤ 事務所ごとに置かれる成年者である専任の管理業務主任者（みなされる者を含む）の氏名

3 マンション管理業者の登録拒否事由（47条）

国土交通大臣は，登録申請者が次のいずれかに該当するとき，または登録申請書やその添付書類のうちに重要な事項について虚偽の記載がある，もしくは重要な事実の記載が欠けているときは，その登録を拒否しなければなりません。

登録申請書には，登録申請者が登録拒否事由に該当しない旨を誓約する書面，その他国土交通省令で定める書類を添付しなければなりません。

① 破産手続開始の決定を受けて復権を得ない者

マンション管理業者は，**管理組合の財産（管理費等）を直接扱う可能性**があることから，お金に関する信用のない者には登録を認められず，復権を得ない破産者は登録ができません。

② 一定の登録拒否事由に該当するに至った場合，偽りその他不正の手段で登録を受けた場合，業務停止命令事由に該当して情状が特に重い場合のいずれかに該当することを理由に，マンション管理業者の登録を取り消され，取消しの日から２年を経過しない者

4 マンション管理業

③　マンション管理業者で法人であるものが②の事由により登録を取り消された場合，取消日の前30日以内に管理業者の役員であった者で，取消しの日から2年を経過しないもの

④　業務の停止を命ぜられ，その停止の期間が経過しない者

⑤　禁錮以上の刑に処せられ，その執行を終わり，または執行を受けることがなくなった日から2年を経過しない者

⑥　適正化法の規定で罰金の刑に処せられ，執行を終わり，または執行を受けることがなくなった日から2年を経過しない者

⑦　暴力団員による不当な行為の防止等に関する法律2条6号に規定する**暴力団員又は暴力団員でなくなった日から5年を経過しない者**（以下「暴力団員等」）

⑧　心身の故障によりマンション管理業を適正に営むことができない者として国土交通省令で定めるもの

この「**国土交通省令で定めるもの**」とは，精神の機能の障害によりマンション管理業を適正に営むに当たって**必要な認知，判断及び意思疎通を適切に行うことができない者**とされています。

+1点! 法定代理人が法人である場合においては，その役員を含みます。

⑨　マンション管理業に関し成年者と同一の行為能力を有しない未成年者で，法定代理人が①～⑧のいずれかに該当するもの

- 「成年者と**同一の行為能力を有しない**未成年者」とは，法定代理人（親等）から管理業を行う許可を受けていない未成年者のことです。この場合は，その未成年者に加え，**法定代理人についても**，登録拒否事由についてチェックされます。
- 「成年者と**同一の行為能力を有する**未成年者」とは，法定代理人（親等）から管理業を行う許可を受けた未成年者のことで，この場合は，その**未成年者についてのみ**チェックされます。

⑩　法人でその役員のうちに①～⑧までのいずれかに該当する者があるもの

⑪　**暴力団員等**がその事業活動を**支配**する者

⑫　**事務所について所定の**管理業務主任者の設置**に関する要件を欠く者**

管理業者は，その事務所ごとに，原則として，管理事務の委託を受けた管理組合30組合ごとに1人以上の成年者で専任の管理業務主任者を置かなければなりません。

➡ P.720参照

⑬　**マンション管理業を遂行するために必要と認められる一定の基準に適合する財産的基礎（基準資産額**300万円以上**）を有しない者**

用語 基準資産額：貸借対照表または資産に関する調書に計上された資産の総額から，負債の総額に相当する金額を控除した額のこと

4　マンション管理業者の登録事項の変更の届出（48条）

マンション管理業者は，登録申請書の申請事項に変更があったときは，その日から**30日以内**に，その旨を国土交通大臣に**届け出**なければなりません。

登録事項の変更の届出をするときは，登録変更申請者が登録拒否事由に該当しない旨を誓約する書面等を添付しなければなりません。

5　マンション管理業者登録簿等の閲覧（49条）

国土交通大臣は，閲覧所を設け，マンション管理業者登録簿，登録の申請に関する書類及び変更の届出に関する書類を，**一般の閲覧**に供しなければなりません。

+1点! 閲覧に供する**主体**は，国土交通大臣です。国土交通大臣が指定したマンション管理業者の団体ではありません。

6　マンション管理業者の廃業等の届出（50条）

マンション管理業者が次の表の①～⑤のいずれかに該当するに至った場合，マンション管理業者の登録は，その効力を失います。

そして，次の者は，いずれかに該当するに至った日（①の場合は，**その事実を知った日**）から30日以内に，その旨を国土交通大臣に届け出なければなりません。

+1点! 登録が**失効**するのは，①～⑤の事実に**該当するに至ったとき**であり，届出をした時からではありません。

① 死亡した場合	相続人
② 法人が合併により消滅した場合	法人を代表する役員であった者
③ 破産手続開始の決定があった場合	破産管財人

4 マンション管理業

④ 法人が合併及び破産手続開始の決定以外の理由により解散した場合	清算人
⑤ マンション管理業を廃止した場合	マンション管理業者であった個人または当該法人を代表していた役員

- **合併による管理業者（法人）の消滅の場合**の届出義務者は，存続会社の代表役員ではなく，「消滅会社の」代表役員です。
- **破産手続開始決定があった場合**の届出義務者は，破産者たる管理業者の代表役員等ではなく，「破産管財人（弁護士等）」です。

7　マンション管理業者の登録の消除（51条）

国土交通大臣は，マンション管理業者の登録がその効力を失った場合，**その登録を消除**しなければなりません。

2 登録の失効に伴う業務の結了（89条）

H29

マンション管理業者の登録が効力を失った場合には，当該マンション管理業者であった者，またはその一般承継人は，当該マンション管理業者の管理組合からの委託に係る**管理事務を結了する目的の範囲内**においては，なおマンション管理業者とみなされます。

3 マンション管理業者の禁止事項

H28・30・R2

1　無登録営業の禁止（53条）

マンション管理業者の登録を受けない者は，マンション管理業を営んではなりません。

2　名義貸しの禁止（54条）

マンション管理業者は，自己の名義をもって，他人にマンション管理業を営ませてはなりません。

コレが重要!! 確認問題

❶ マンション管理業を営もうとする者は，国土交通省に備えるマンション管理業者登録簿に登録を受けなければならず，この登録の有効期間は3年である。過 H28

❷ マンション管理業者は，登録申請書の内容に変更があったときは，その日から30日以内に，その旨を国土交通大臣に届け出なければならない。過 H20

❸ 法人であるマンション管理業者が合併により消滅した場合，その旨を国土交通大臣に届出をしたときから登録の効力を失う。過 H20

❹ マンション管理業者は破産手続開始の決定があった場合，30日以内に当該業者を代表する役員によりその旨を国土交通大臣に届け出なければならない。過 H20

❺ マンション管理業の登録要件として，基準資産額が300万円以上であることが必要であり，この基準資産額とは，貸借対照表又は資産に関する調書に計上された資産の総額である。過 H13

❻ マンション管理業者の登録がその効力を失った場合には，当該マンション管理業者であった者又はその一般承継人は，当該マンション管理業者の管理組合からの委託に係る管理事務を結了する目的の範囲内においては，なおマンション管理業者とみなす。過 H29

❼ マンション管理業者は，自己の名義をもって，他人にマンション管理業を営ませてはならない。過 H30

答 ❶×：「5年」。 ❷○ ❸×：登録の失効は，合併の効力発生時からであり，届出時からではない。 ❹×：破産の場合の届出義務者は，破産管財人である。 ❺×：基準資産額とは，貸借対照表または資産に関する調書に計上された資産の総額から，負債の総額に相当する金額を控除した額のこと。 ❻○ ❼○

第5章　頻出度A

管理業務主任者

- 管理業務主任者の設置
- 管理業務主任者の登録拒否事由

1 管理業務主任者の設置（56条）

H27・28・R2

なお，宅地建物取引士と管理業務主任者の「専任」は重複できません。
つまり，専任の宅地建物取引士は管理業務主任者としては専任になることができず，また逆に，専任の管理業務主任者は，宅地建物取引士としては専任になることができません。

1　管理業務主任者の設置義務

マンション管理業者は，その事務所ごとに，管理事務の**委託を受けた管理組合の数を30で除したもの**（1未満の端数は切り上げ）**以上**の，**成年者である専任の管理業務主任者**を置かなければなりません。

例えば，受託している管理組合数が25組合であれば1人以上，50組合であれば2人以上，75組合であれば3人以上……という計算になります。

なお，居住用の専有部分が**5戸以下**の管理組合からしか受託していない事務所では，成年者である専任の管理業務主任者の設置義務はありません。

居住用の専有部分の数が少ない場合は，比較的管理事務の実施が容易と想定されるからです。

2　成年者である専任の管理業務主任者に関するみなし規定

マンション管理業者（法人の場合はその役員）が管理業務主任者である場合，その者は，自ら主として業務に従事する事務所において，その事務所の**成年者である専任の管理業務主任者**とみなされます。

3　設置義務に抵触する事務所の開設の禁止等

マンション管理業者は，前記「**1　管理業務主任者の設置義務**」に抵触する事務所を開設してはならず，既存の事務所が違反するに至ったときは，**2週間以内**に，必要な数の管理業務主任者を補充する必要があります。

2 管理業務主任者の登録等

H25

1 管理業務主任者の登録（59条）

試験に合格した者で，管理事務に関し**2年以上**の実務の経験を有するもの，または国土交通大臣が，その実務の経験を有するものと**同等以上の能力**を有すると認めたものは，国土交通大臣の**登録**を受けることができます。なお，**登録に有効期間はありません**。

「その実務の経験を有するものと同等以上の能力を有すると認めたもの」とは，**登録実務講習の修了者**等を指します。

管理業務主任者登録簿の登載事項は，次のとおりです。

【管理業務主任者登録簿の登載事項】

① 氏名

② 生年月日

③ 住所

④ 本籍（日本の国籍を有しない者は，その国籍）・性別

⑤ 試験の合格年月日・合格証書番号

⑥ 管理事務に関し２年以上の実務の経験を有する場合は，申請時現在の実務の経験の期間・その内容・従事していたマンション管理業者の商号または名称・登録番号

⑦ 国土交通大臣が，その実務の経験を有するものと同等以上の能力を有すると認めたものである場合は，当該認定の内容及び年月日

⑧ マンション管理業者の業務に従事する者にあっては，当該マンション管理業者の商号または名称・登録番号

⑨ 登録番号・登録年月日

登録を受けるか否かはあくまで任意であり，試験に合格したからといって，一定期間以内に登録をしなければならないわけではありません。

2　管理業務主任者の登録拒否事由（59条）

次の者は，管理業務主任者の登録ができません。

① 破産手続開始の決定を受けて復権を得ない者

② 禁錮以上の刑に処せられ，その執行を終わり，または執行を受けることがなくなった日から２年を経過しない者

③ 適正化法の規定により罰金の刑に処せられ，その執行を終わり，または執行を受けることがなくなった日から２年を経過しない者

④ 偽りその他不正の手段でマンション管理士の登録を受けたとして，または，マンション管理士の３大義務に違反したとして，マンション管理士の登録を取り消され，その取消しの日から２年を経過しない者

⑤ 偽りその他不正の手段で管理業務主任者の登録を受けたり，管理業務主任者証の交付を受けた等の理由で，管理業務主任者の登録を取り消され，取消しの日から２年を経過しない者

⑥ 偽りその他不正の手段でマンション管理業者の登録を受けた等の理由で，マンション管理業者の登録を取り消され，取消しの日から２年を経過しない者

なお，登録を取り消された者が法人である場合，取消しの日前**30日以内**に法人の**役員**（業務を執行する社員，取締役，執行役またはこれらに準ずる者）であった者で，取消しの日から**２年**を経過しないものも，管理業務主任者の登録ができません。

⑦ 心身の故障により管理業務主任者の事務を適正に行うことができない者として国土交通省令で定めるもの

この「国土交通省令で定めるもの」とは，精神の機能の障害により管理業務主任者の事務を適正に行うに当たって**必要な認知，判断及び意思疎通を適切に行うことができない者**とされています。

3 管理業務主任者証の交付等（60条，61条）

(1) 管理業務主任者証の交付申請

管理業務主任者の登録を受けている者は，次の事項を記載した管理業務主任者証の交付を申請することができます。

【管理業務主任者証の記載事項】

① 氏名

② 生年月日

③ 登録番号・登録年月日

④ 管理業務主任者証の交付年月日

⑤ 管理業務主任者証の有効期間の満了する日

氏名に関して，旧姓使用を希望する場合は，管理業務主任者証に**旧姓を併記**し，書面の記名等の業務において**旧姓を使用**できます。

管理業務主任者証では，管理業務主任者登録簿と異なり，「(主任者の) **住所**」「(現在勤務している) **マンション管理業者の商号**または名称・登録番号」は，記載事項ではありません。

管理業務主任者証の交付を受ける者は，交付の**申請の日前**6ヵ月以内に**行われる講習**を受ける必要があります。ただし，試験合格日から1年以内に管理業務主任者証の交付を受けようとする者については，この講習の受講は**不要**です。

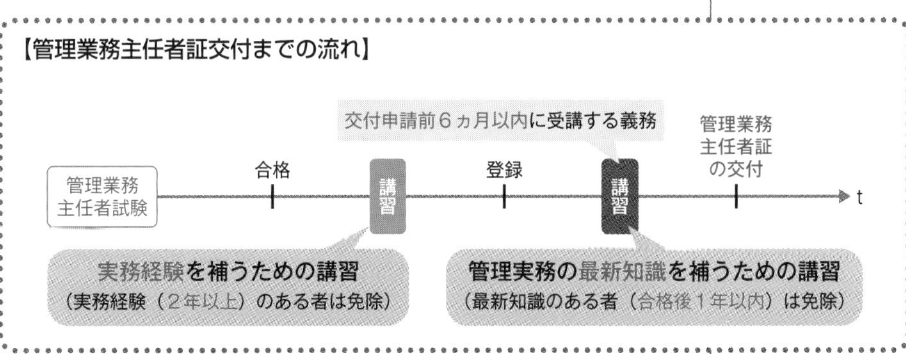

(2) 管理業務主任者証の有効期間

管理業務主任者証の有効期間は，5年です。この期間は申請により更新され，申請後の有効期間も5年です。

有効期間が**5年**とされているのは「管理業務主任者証」についてです。管理業務主任者の登録については，**有効期間はありません。**

(3) 管理業務主任者証の返納

違反した場合は，10万円以下の過料に処されます。

管理業務主任者は，管理業務主任者の登録が消除されたとき，または管理業務主任者証がその効力を失ったときは，速やかに，管理業務主任者証を，**国土交通大臣に返納**しなければなりません。

(4) 管理業務主任者証の提出

違反した場合は，10万円以下の過料に処されます。

国土交通大臣は，事務の禁止の期間が満了した場合において，管理業務主任者証を提出した者から返還の請求があったときは，直ちに，その主任者証を返還しなければなりません。

事務禁止の処分を受けた管理業務主任者は，速やかに，管理業務主任者証を，**国土交通大臣に提出**しなければなりません。

4　管理業務主任者の登録事項の変更の届出等（62条）

管理業務主任者の登録を受けた者は，**登録事項に変更**があった場合，遅滞なく，国土交通大臣にその旨を**届け出る**必要があります。その際，管理業務**主任者証の記載事項に変更**があれば，主任者証を添えて提出し，**訂正**を受けなければなりません。

- 婚姻による氏名変更は，登録事項と主任者証の記載事項の**双方に変更**が生じるため，登録事項の変更の届出に加えて主任者証の訂正も必要です。
- 「住所」と「(勤務する)マンション管理業者の商号または名称・登録番号」は，**主任者証の記載事項ではありません**。そのため，「住所変更」や「他の管理業者への転職」の場合は，登録事項の変更の届出のみで足り，主任者証の訂正は不要です。

5　管理業務主任者証の提示（63条）

管理業務主任者は，その事務を行うに際し，マンションの区分所有者等その他の関係者から請求があったときは，**管理業務主任者証を**提示しなければなりません。

6　管理業務主任者証の再交付

汚損・破損を理由とする再交付は，その主任者証と**引換え**に新たな主任者証を交付して行います。

管理業務主任者は，管理業務主任者証を亡失・滅失・汚損・破損したときは，国土交通大臣に主任者証の再交付を申請することができます。

なお，亡失での再交付の場合，亡失した主任者証を発見したときは，速やかに，「発見した主任者証」を国土交通大臣に返納しなければなりません。

3 管理業務主任者に対する監督処分等

1 管理業務主任者に対する指示・事務の禁止（64条）

(1) 指示処分

国土交通大臣は，次の場合，管理業務主任者に対して必要な**指示**ができます。

① 専任の管理業務主任者として従事している事務所以外の事務所で専任である旨の表示をすることを許し，マンション管理業者がその旨の表示をしたとき

② 他人に自己の名義の使用を許し，当該他人がその名義を使用して管理業務主任者である旨の表示をしたとき

③ 管理業務主任者として行う事務に関し，不正または著しく不当な行為をしたとき

(2) 事務の禁止処分

国土交通大臣は，管理業務主任者が（1）に該当する場合や指示に従わない場合は，**1年以内の期間**を定めて，管理業務主任者としての**事務**を行うことを**禁止**できます。

2 管理業務主任者の登録の取消し（65条）

国土交通大臣は，管理業務主任者が登録拒否事由に該当するに至った場合や，不正の手段で登録・主任者証の交付を受けた場合，さらには，指示処分事由に該当し情状が特に重い場合や，**事務禁止処分に違反**した場合，管理業務主任者の**登録を取り消さ**なければなりません。

管理業務主任者の登録のみで，主任者証の交付を受けていない者が，登録拒否事由に該当する場合や**不正の手段で登録**を受けた場合，**管理業務主任者としての事務**を行い（事務所を代表する者またはこれに準ずる地位にある者として行った場合を除く）**情状が特に重い**場合，国土交通大臣は，管理業務主任者の**登録**を取り消さなければなりません。

3 管理業務主任者の登録の消除（66条）

国土交通大臣は，管理業務主任者の登録がその効力を失ったときは，その**登録を消除**しなければなりません。

国土交通大臣は，管理業務主任者の事務の適正な遂行を確保するため必要があると認めるときは，その必要な限度で，管理業務主任者に対し，**報告**をさせることができます。

4　死亡等の届出

管理業務主任者が**次の①～③のどれかに該当**するに至った場合には，その**管理業務主任者**または戸籍法に規定する**届出義務者**（③の場合は，その管理業務主任者の**同居の親族**）もしくは**法定代理人**は，遅滞なく，管理業務主任者証（③の場合は，病名，障害の程度，病因，病後の経過，治癒の見込みその他参考となる所見を記載した医師の診断書）を添え，その旨を**国土交通大臣に届け出**なければなりません。

① 死亡し，又は失踪の宣告を受けた場合

② 管理業務主任者の登録拒否事由（登録拒否事由のうち⑤と⑦を除く）のいずれかに該当するに至った場合

③ 精神の機能の障害を有することにより認知，判断及び意思疎通を適切に行うことができない状態となった場合

コレが重要!! 確認問題

❶　マンション管理業者が事務所を新たに開設する場合，管理事務を受託している管理組合の数は130（いずれも人の居住の用に供する独立部分が6以上のマンションであるものとする）で，管理業務主任者が6名いる（うち2名が未成年者で役員ではない）事務所は，専任の管理業務主任者の設置基準を満たすことができない。過 H17

❷　管理業務主任者試験に合格した者が，偽りその他不正の手段によりマンション管理士の登録を受けたため，そのマンション管理士の登録を取り消され，その取消しの日から2年を経過していない者である場合には，管理事務に関し2年以上の実務の経験を有する者であっても，管理業務主任者の登録を受けることができない。過 H18

❸　管理業務主任者試験に合格した者で，管理事務に関し2年以上の実務経験を有するもの又は国土交通大臣がその実務経験を有するものと同等以上の能力を有すると認めたものでなければ，国土交通大臣の登録を受けることができない。過 H16

❹　管理業務主任者証の交付を受けようとする者は，試験に合格した日から1年以内に交付を受けようとする者を除き，交付申請の日前6月以内に行われる講習を受けなければならない。過 H21

❺　管理業務主任者試験に合格した者が国土交通大臣の登録を受けた場合，その登録の有効期間は，5年である。過 H16

❻　管理業務主任者が1年以内の期間を定めて管理業務主任者としてすべき事務を行うことを禁止された場合において，その管理業務主任者がその事務の禁止の処分に違反したときは，国土交通大臣は，その登録を取り消すことができる。過 H18

答 ❶○　❷○　❸○　❹○　❺×：管理業務主任者の登録に有効期間はない。なお，「管理業務主任者証」の有効期間は5年である。　❻×：事務禁止処分に違反した場合は，必ず管理業務主任者の登録を取り消さなければならない。

第6章　頻出度 S+

マンション管理業者に対する規制

●重要事項の説明等の手続
●契約成立時の書面交付の手続　●再委託の制限
●財産の分別管理　●管理事務の報告の手続

1 業務処理の原則（70条）

管理業者は，信義を旨とし，誠実にその業務を行わなければなりません。

2 標識の掲示（71条）

管理業者は，その**事務所ごと**に，**公衆の見やすい場所**に，登録番号，登録の有効期間，代表者氏名等を記載した**標識**を掲げなければなりません。

3 重要事項の説明等（72条）

H28・30・R2・3・4・5

> 宅建業法における重要事項説明の場合（➡p.428）と同様の要件を満たすことで，ＩＴを活用した重要事項説明が可能です。

管理組合と管理業者間で締結する管理受託契約の範囲・対象は広範にわたります。契約後に起こり得る，合意内容に関するトラブルを未然に防止するためには，契約前の段階で，区分所有者等がその内容を十分に把握することが大切です。

そのため，管理業者には，管理組合との契約締結前に**重要事項の説明手続**をすることが義務付けられています。

具体的な内容は，次のように新規**の契約の場合**と更新**の契約の場合**とで異なります。

> 重要事項説明は，管理業務主任者が行えば足り，その他の条件（成年者であること，専任であること，管理事務の委託を受けた事務所の社員であること）は求められていません。

1　新規に管理受託契約を締結する場合

(1) 原則

管理業者は，管理組合と新規に管理受託契約を締結する場合，あらかじめ**説明会**を開催し，区分所有者等・管理者等に，**管理業務主任者**をして，契約の内容・履行に関する一定の事項（**重要事項**）について**説明**をさせなければなりません。

(2) 重要事項説明の手続

管理業者は，説明会の日の1週間前までに，管理組合を構成するマンションの区分所有者等及び管理組合の管理者等の全員に対し，**重要事項・説明会の日時・場所を記載**した書面を交付しなければなりません。

説明会は，できる限り説明会に参加する者の参集の便を考慮して開催の日時・場所を定め，管理事務の委託を受けた管理組合ごとに開催する必要があります。

管理業者は，**重要事項説明書面の交付に代えて**，管理組合の区分所有者等又は管理者等の承諾を得て，当該書面に記載すべき事項を，**管理業務主任者による記名に準じる措置を講じた**所定の**電磁的方法**によって提供することができます。

また，管理業者は，説明会の開催日の1週間前までに，**説明会の開催の日時及び場所**について，区分所有者等及び管理者等の見やすい場所に掲示しなければなりません。

(3) 例外

新たに建設されたマンションの**分譲に通常要すると見込まれる期間**その他の管理組合を構成するマンションの**区分所有者等が変動することが見込まれる期間**として国土交通省令で定める期間（1年間）中に**契約期間**が満了する管理受託契約については，重要事項説明の手続を省略することができます。

これは，**管理組合が**実質機能するまで**の暫定的な契約**にかかる**重要事項説明**を不要とする趣旨で，この場合，あらかじめ説明会を開催して重要事項説明をしなくても**契約を締結することができます。**
なお，分譲に通常要すると見込まれる期間（1年間）は，「完成売り」と「リノベマンション」で次のように異なります。

① 完成売り：**最初の購入者への引渡し後1年間**
② リノベマンション：**再分譲後の最初の購入者への引渡し後1年間**

2 更新契約を締結する場合

(1) 更新の場合の手続

更新契約では，既に過去の実績によって一定の信頼関係があることから，手続が簡略化されています。

管理業者は，**従前の管理受託契約と**同一の条件で**契約を**更新しようとする場合は，あらかじめ，区分所有者等**全員**に対し，重要事項を記載した**書面を交付**しなければなりませんが，説明会の開催は不要です。

更新契約の場合の重要事項説明書面も，管理組合の区分所有者等又は管理者等の**承諾**を得て，**電磁的方法で提供**できます。

そして，管理組合に管理者等が置かれている場合は，その**管理者等**に対し，**管理業務主任者をして**，重要事項を記載した書面を交付して説明をさせなければなりません。

- **更新契約における重要事項の説明**は，管理者等が置かれている場合に限って，管理者等に対してのみ行います。区分所有者等に対しては，書面を交付するだけで，説明は一切義務付けられていません。
- この更新の場合の重要事項の説明は，**認定管理者等**から重要事項について説明を要しない旨の意思の表明があったときは，マンション管理業者による当該認定管理者等に対する**重要事項を記載した**書面の交付をもって，説明に代える**ことができます**。

(2) 更新契約に該当する範囲

変更があっても，区分所有者等にとって**実質的に不利益とならない**事項であるため，「同一条件」と扱われます。

次の変更については「同一条件」の更新契約にあたります。

① **管理会社の商号・名称・登録番号・登録年月日の変更**

② **従前の管理受託契約と管理事務の内容及び実施方法を同一とし，管理事務に要する費用の額を減額しようとする場合**

③ **従前の管理受託契約に比して管理事務の内容及び実施方法の範囲を拡大し，管理事務に要する費用の額を同一とし，または減額しようとする場合**

④ **管理事務に要する費用の支払いの時期を，従前の管理受託契約に比べて後に変更（前払いを当月払いもしくは後払い，または当月払いを後払いに）しようとする場合**

⑤ **従前よりも更新後の契約期間を短縮しようとする場合**

⑥ **対象マンションの所在地の名称が変更される場合**

例えば，「契約内容は**同一**だが，管理事務に要する費用の額を**増額**する変更」や「管理事務の内容及び実施方法の範囲を**縮小**することによって，管理事務に要する費用の額を**減額**する変更（その他の契約内容は同一）」等，実質的に区分所有者等に不利益となり得る内容の変更は，「**新規契約**」と扱われ，説明会が必要です。

3　重要事項説明書面への記載事項

重要事項説明書面への記載事項は，次のとおりです。

① マンション管理業者の商号または名称・住所・登録番号・登録年月日
② 管理事務の対象となるマンションの所在地に関する事項
③ 管理事務の対象となるマンションの部分に関する事項
④ 管理事務の内容及び実施方法（財産の管理の方法を含む）
⑤ 管理事務に要する費用並びにその支払の時期及び方法
⑥ 管理事務の一部の再委託に関する事項
⑦ 保証契約に関する事項
⑧ 免責に関する事項
⑨ 契約期間に関する事項
⑩ 契約の更新に関する事項
⑪ 契約の解除に関する事項

マンション管理業者の「**前年度の財務状況**」は，重要事項に含まれていません。

4　管理業務主任者証の提示

管理業務主任者は，**重要事項の説明**をする場合，その相手方に，管理業務主任者証を提示しなければなりません。

この場合の管理業務主任者証の提示は，**相手方からの請求の有無にかかわらず**自発的に行わなければなりません。提示義務に違反した者は，10万円以下の過料に処せられます。

5　管理業務主任者による記名

管理業者は，**重要事項説明書面**を作成する場合，管理業務主任者をして，その書面に**記名**させなければなりません。

記名は，**管理業務主任者**が行いさえすればよく，「成年者である専任」の管理業務主任者による必要はありません。

POINT整理　管理受託契約における重要事項の説明

（管理受託契約の締結前に）

契約の種類			書面交付の相手方	説明の相手方
新規契約の場合			区分所有者等と管理者等に，説明会の1週間前に交付	区分所有者等と管理者等に，説明会を開催して説明
更新契約の場合	同一条件で更新する場合	管理者等あり	区分所有者等と管理者等に交付	管理者等に対して説明
		管理者等なし	区分所有者等に交付	説明は不要
	内容を変更して更新する場合		区分所有者等と管理者等に，説明会の1週間前に交付	区分所有者等と管理者等に，説明会を開催して説明

4　契約の成立時の書面の交付（73条）

R3·5

1　契約の成立時の書面の交付手続

要するに，**契約書**の交付です。

管理業者は，管理受託契約を**締結**した場合，管理者等に，遅滞なく，契約成立時の書面を**交付**しなければなりません。

ただし，**管理業者が管理組合の管理者等**である場合や，**管理者等が置かれていない**場合は，区分所有者等全員に対して，遅滞なく，**交付**しなければなりません。

管理業者は，契約成立時の書面の交付に代えて，管理組合の区分所有者等又は管理者等の承諾を得て，当該書面に記載すべき事項を，管理業務主任者による記名に準じる措置を講じた所定の電磁的方法によって提供することができます。

2　契約の成立時の書面の記載事項

契約の成立時の書面への記載事項は，次のとおりです。

① 管理事務の対象となるマンションの部分
② 管理事務の内容及び実施方法（財産の管理の方法を含む）
③ 管理事務に要する費用並びにその支払の時期及び方法
④ 管理事務の一部の再委託の定めがある場合は，その内容
⑤ 契約期間に関する事項
⑥ 契約の更新に関する定めがある場合は，その内容
⑦ 契約の解除に関する定めがある場合は，その内容
⑧ 契約当事者の名称・住所，法人の場合は，その代表者の氏名
⑨ 管理事務の実施に必要な定めがある場合は，その内容
⑩ 管理事務の報告に関する事項
⑪ 契約当事者が，マンションの滅失・毀損を知ったときに相手方に状況を通知すべき定めがある場合は，その内容
⑫ 宅地建物取引業者から，業務上でマンションの情報提供を要求された場合の対応の定めがある場合は，その内容
⑬ 毎事業年度開始前に行う当該年度の管理事務に要する費用の見通しに関する定めがある場合は，その内容
⑭ 管理事務として行う管理事務に要する費用の収納の事項
⑮ 免責に関する事項

管理業者による管理事務の実施に必要な定めのことで，区分所有者等に対する行為制限や管理業者による区分所有者等の専有部分への立入りもしくは共用部分の使用に関する定めです。

3　管理業務主任者の書面への記名義務

管理業者は，契約の成立時の書面を作成する場合，管理業務主任者をして，その書面に記名させなければなりません。

契約成立時の書面を交付する際，管理業務主任者証は，請求があった場合にだけ提示すれば足り，自発的な提示義務はありません。

この契約成立時の書面への記名は，**管理業務主任者によってなされればよく**，「事務所ごとの成年者である専任の管理業務主任者」による必要はありません。

5 基幹事務の再委託の制限（74条）

H28・30・R5

基幹事務：管理事務のうち中核となる事務で，①管理組合の会計の収入及び支出の調定，②出納，③マンション（専有部分を除く）の維持または修繕に関する企画または実施の調整を指します。

管理業者は，管理組合から委託を受けた管理事務のうち，**基幹事務**については，そのすべてを一括して**他人に委託してはなりません**。

① 一括全部再委託	×（不可）
② 分割全部再委託	×（不可）
③ 分割一部再委託	○（可能）

- ある管理組合から基幹事務を含む管理事務の委託を受けた甲管理会社が，基幹事務すべてを別のA管理会社に再委託することは「①一括全部再委託」にあたり，禁止されます。
- 甲管理会社が，基幹事務を3分割し，一部はA管理会社に，一部はB管理会社に，残る一部をC管理会社に再委託することは，「②分割全部再委託」にあたり，禁止されます。
- 仮に管理組合や当該管理組合の管理者等が承認しても，一括再委託は禁止です。

6 帳簿の作成等（75条）

管理業者は，管理組合から委託を受けた**管理事務**について，**帳簿を作成・保存**しなければなりません。この帳簿は，管理受託契約を締結したつど，一定の事項を記載し，その事務所ごとに，その業務に関する帳簿を備えなければなりません。

また，管理業者は，この帳簿を**各事業年度の末日で閉鎖**し，閉鎖後**5年間保存**しなければなりません。

帳簿に記載すべき事項は，次のとおりです。

① 管理受託契約を締結した年月日

② 管理受託契約を締結した管理組合の名称

③ 契約の対象となるマンションの所在地及び管理事務の対象となるマンションの部分に関する事項

④ 受託した管理事務の内容

⑤ 管理事務に係る受託料の額

⑥ 管理受託契約における特約その他参考となる事項

7 財産の分別管理（76条，規則87条） H27·30·R3·5

管理費や**修繕積立金**は，マンションを維持・管理するために必要不可欠な管理組合の財産です。しかし，**かつて適正化法が施行される前**は，管理業者が，管理組合から預かった修繕積立金等を自社名義の口座に預け入れたために，管理業者が破産した場合に管理組合に返金されなかったという事態が生じることがありました。

そこで，適正化法では，管理業者は，管理組合から**委託を受けて管理する修繕積立金等の財産**について，**自己の固有財産・他の管理組合の財産と分別して**，次の一定の方法で管理すべきとされるようになりました。

1 修繕積立金等が金銭である場合の財産の分別管理

修繕積立金等が**金銭**である場合（修繕積立金等金銭）は，次の3種類の方法のうち，**いずれかの方法で管理**しなければなりません。

収納口座：区分所有者等から徴収した管理費・修繕積立金を預入れし，一時的に預貯金として管理する口座

（1）イ方式（規則87条2項1号イ）

① 区分所有者等から徴収された修繕積立金等金銭を**収納口座**に預入します。

② 毎月，「その月分」として徴収された修繕積立金等金銭からその月中の**管理事務に要した費用を控除**します。

6 マンション管理業者に対する規制

用語

保管口座：区分所有者等から徴収した修繕積立金を預入れし，または管理費の残額と修繕積立金を収納口座から移し換え，預貯金として管理する口座

③　②の**残額**を，翌月末日までに収納口座から保管口座に**移し換え**，保管口座において**預貯金として管理**します。

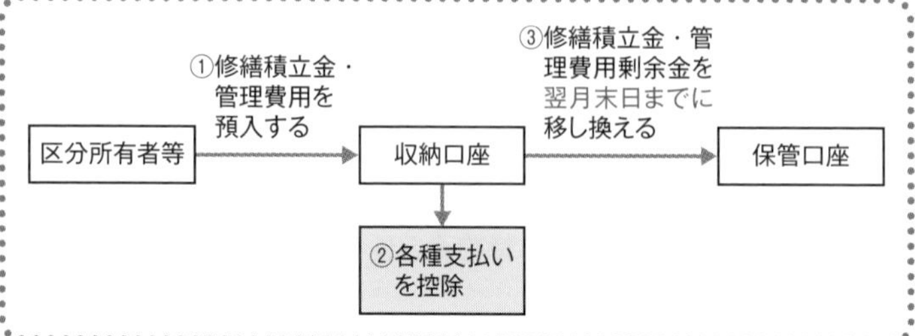

（2）ロ方式（規則87条2項1号ロ）

①　区分所有者等から徴収された**修繕積立金（金銭に限る）**を，保管口座に預入し，保管口座で**預貯金として管理**します。

②　区分所有者等から徴収された**管理費用**に充当する金銭を，収納口座に預入します。

③　毎月，「その月分」として徴収された管理費用に充当する金銭（上記の②）から，その月中の**管理事務に要した費用を控除**します。

④　③の**残額**を，翌月末日までに，収納口座から保管口座に**移し換え**，保管口座で**預貯金として管理**します。

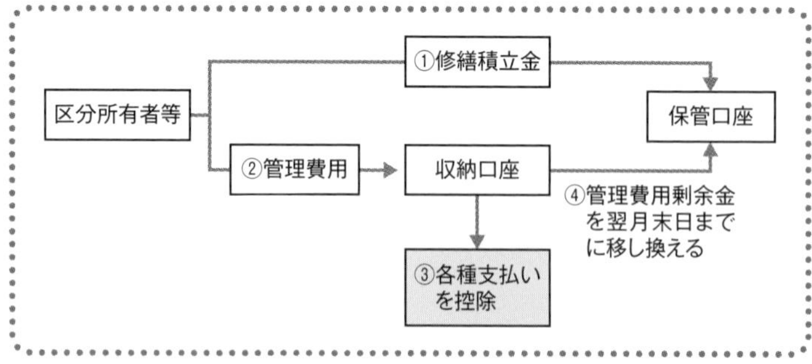

● **イ方式**は，収納口座に「**管理費＋修繕積立金**」を預け入れ，その月の管理事務に要する費用を**控除**した上で，**残額**（「**管理費の残額＋修繕積立金**」）を，**翌月末までに保管口座に移し換えます**。

● **ロ方式**は，収納口座に「**管理費**のみ」預け入れ，その月の管理事務に要する費用を控除した上で，**残額**（「**管理費の残額**」のみ）を，**翌月末までに保管口座に移し換えます**。そして，**修繕積立金**は，収納口座を経由させずに，ダイレクトに保管口座に預け入れます。

(3) ハ方式（規則87条2項1号ハ）

① 区分所有者等から徴収された**修繕積立金等金銭を収納・保管口座に預入**します。

収納・保管口座：区分所有者等から徴収された修繕積立金等金銭を預入し，預貯金として管理する口座

② ①を収納・保管口座で，「その月」の**管理事務に要した費用を控除**した上で，**預貯金として管理**します。

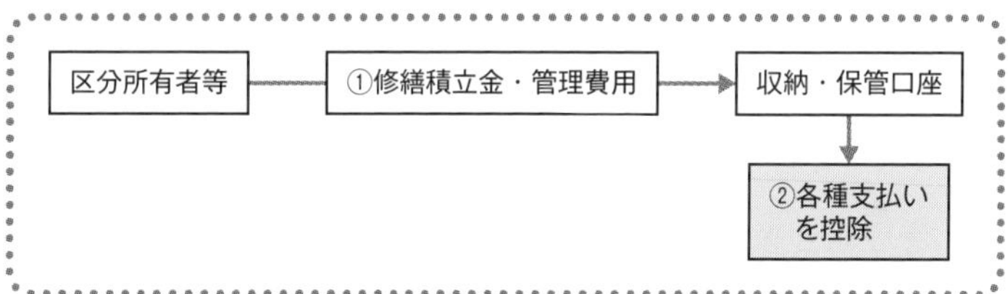

ハ方式は，収納口座と保管口座を分けず，「**収納・保管口座**」という1つの口座で管理をすることを前提とする方式です。この方式は，「**管理費＋修繕積立金**」を収納・保管口座に預け入れ，その月の管理事務に要する費用を控除した上で，**残額**（「**管理費の残額＋修繕積立金**」）**を，そのままその口座で保管**します。

6 マンション管理業者に対する規制

2　修繕積立金等が有価証券の場合の財産の分別管理

管理業者は，金融機関・証券会社に対して，受託した有価証券の保管場所を，管理業者自身の固有財産や他の管理組合の財産である有価証券の保管場所と明確に区分させ，かつ，**その管理組合の有価証券であることがわかる状態**で管理させなければなりません。

3　保証契約の締結

財産の分別管理は，**管理組合の財産を保護するための制度**ですが，口座の名義や印鑑等の保管方法いかんによっては，管理組合の財産に**一定のリスク**が生じます。そこで，管理業者には，管理業者の団体との間で，管理組合の財産に対するリスクの存否に応じて，保証契約の締結が義務付けられています。

（1）口座の名義人と管理組合等の印鑑等の管理

①　口座の名義人

「**収納口座**」については，管理組合等に限られず，管理業者も名義人となることができます。

一方，「**保管口座**」「**収納・保管口座**」については，管理組合等に限られ，管理業者は名義人にはなれません。

②　管理組合等の印鑑等の管理

「**収納口座**」については，管理業者が**管理組合等の印鑑や預貯金の引出用のカード等を管理**することができます。

一方，「**保管口座**」「**収納・保管口座**」については，管理業者がそれらを管理することはできません。ただし，管理組合に管理者等が**置かれていない場合**において，管理者等が選任されるまでの比較的短い期間に限り保管することは，**例外的に認められます**。

【各種口座の名義と印鑑等の保管者（原則）】

口座の種類	口座名義	印鑑等の管理
収　納　口　座	管理組合等または管理業者	管理組合等または管理業者
保　管　口　座	管理組合等のみ	管理組合等のみ
収納・保管口座	管理組合等のみ	管理組合等のみ

管理業者は，「**保管口座**」や「**収納・保管口座**」に係る管理組合等の「**印鑑，預貯金の引出用のカード等の管理**」は原則として禁止されていますが，当該口座の「**通帳の管理**」は禁止されていません。

(2) 保証契約の締結に関する原則

管理業者は，**イ方式**または**ロ方式**で修繕積立金等金銭を管理する場合，1ヵ月分の修繕積立金等金銭または管理費用に充当する金銭の合計額以上の額につき，原則として，**有効な保証契約を締結**していなければなりません。

イ方式及び**ロ方式**の場合，①**収納口座が管理業者名義**である場合や，②収納口座は管理組合等名義だが**印鑑や引出し用カードを管理業者が保管**する場合があります。これらの場合，収納口座にある管理組合の財産に管理業者が手を出せるため，管理組合の財産に対するリスクがあることから，保証契約の締結が義務付けられています。

ハ方式の場合，**管理業者が管理組合の口座の印鑑等を保管しておらず，そもそも管理組合の財産に手を出せない**ため，保証契約の締結は不要です。

保証契約の対象は，翌月末日までに収納口座から保管口座に移し換えるために，**収納口座**において一時的に**預貯金として管理**されている，次の金銭です。

イ方式の場合	1ヵ月分の**修繕積立金等金銭**（管理費用＋修繕積立金）の合計額以上の額
ロ方式の場合	1ヵ月分の**管理費用**の合計額以上の額

(3) 保証契約の締結に関する例外

次の①②の**どちらにも該当する場合**は，保証契約は不要です。

① 「修繕積立金等金銭（**イ方式**の場合）または管理費用に充当する金銭（**ロ方式**の場合）が区分所有者等から管理組合等を名義人とする収納口座に直接預入れされる場合」，または「マンション管理業者またはマンション管理業者から委託を受けた者が，区分所有者等から修繕積立金等金銭または管理費用に充当する金銭等を徴収しない場合」

② 管理業者が，管理組合等を名義人とする収納口座に係る印鑑・預貯金の引出用のカード等を管理しない場合

管理組合等を名義人とする収納口座に収納されるまでの間に，**管理業者が手を出せない**状況にあるということです。

修繕積立金等が管理組合等を名義人とする収納口座に収納された後，**管理業者が口座内の修繕積立金等に手を出せない**状況にあるということです。

要するに，**保証契約の締結が不要**なのは，管理業者が管理組合の財産（修繕積立金等）に対して，**不正を行える状況にない場合**です。

4　管理組合の会計の収入・支出の状況に関する書面の作成・交付等

(1) 管理者等が置かれている場合

用語　5項書面：一般会計，修繕積立金会計等，管理組合の会計区分ごとの収支状況及び収納状況が確認できる書面。なお，5項書面は，**管理業務主任者をして記名させる必要はありません。**

管理業者は，**毎月**，管理事務の委託を受けた管理組合のその月における会計の収入・支出の状況に関する書面（**5項書面**）を作成し，翌月末日までに，管理者等に交付しなければなりません。

(2) 管理者等が置かれていない場合

5項書面の交付に代えて，その月を含む管理組合の事業年度の終了の日から2ヵ月を経過する日までの間，書面をその事務所ごとに備え置き，区分所有者等の求めに応じ，管理業者の業務時間内に，閲覧させなければなりません。

(3) 5項書面の電磁的方法による作成・交付等

この場合は，あらかじめ，電磁的方法により交付を行うことについて，**交付の相手方の承諾を得なければなりません。**

民間事業者等が行う書面の保存等における情報通信の技術の利用に関する法律（e文書法）により，5項書面の交付は，書面での交付に代えて，電子メールによる送信等電子情報処理組織を使用する方法によって行うこともできます。

8　管理事務の報告（77条）　R5

1　管理事務の報告

管理事務の報告の方法は，管理者等が置かれているか否かにより，次のように異なります。

管理者等が置かれている場合の管理事務の報告では，**説明会の開催は不要です。**

(1) 管理者等が置かれている場合

管理業者は，管理組合に管理者等が置かれて**いる**場合は，定期に，その管理者等に対し，管理業務主任者をして，**管理事務に関する報告**をさせなければなりません。

この場合，管理業者は，管理事務を委託した管理組合の事業年度終了後，遅滞なく，その期間におけるマンションの管理の状況について，次の事項を記載した**管理事務報告書**を作成し，**管理業務主任者**をして，これを**管理者等に交付して説明**をさせなければなりません。

重要事項説明書面や契約の成立時の書面と異なり，管理事務報告書については，管理業務主任者の記名は不要です。

① **報告の対象となる期間**
② **管理組合の会計の収入及び支出の状況**
③ **①②の他，管理受託契約の内容に関する事項**

- 管理事務報告書の「**作成**」**自体**は，管理業務主任者による必要はありませんが，作成された管理事務報告書の「**交付**」と「**説明**」は，管理業者が，管理業務主任者に行わせる必要があります。
- 管理業者は，**管理事務報告書の交付に代えて**，管理事務報告書を交付すべき**管理者等（相手方）の**承諾を得て，管理事務報告書に記載すべき事項を，電磁的方法により提供することができます。

(2) 管理者等が置かれていない場合

管理業者は，管理組合に管理者等が置かれて**いない**場合は，**定期に説明会を開催**し，区分所有者等に対し，管理業務主任者をして，管理事務に関する**報告**をさせなければなりません。

この場合，管理業者は，管理事務を委託した管理組合の事業年度の終了後，遅滞なく，その期間におけるマンションの管理の状況について前記①～③の各事項を記載した**管理事務報告書**を作成し，**説明会**を開催し，**管理業務主任者**をして，**区分所有者等に交付して説明**をさせなければなりません。

この説明会は，できる限り説明会に参加する者の参集の便を考慮して開催の日時・場所を定め，管理事務の委託を受けた管理組合ごとに開催されます。また，マンション管理業者は，説明会の開催日の**1週間前**までに，説明会の開催の日時・場所について，区分所有者等の見やすい場所に**掲示**しなければなりません。

管理業者は，**管理事務報告書の交付に代えて**，管理事務報告書を交付すべき**管理組合を構成するマンションの区分所有者等（相手方）の**承諾を得て，管理事務報告書に記載すべき事項を，電磁的方法により提供することができます。

6 マンション管理業者に対する規制

【管理事務の報告】

管理組合の態様	報告先	時期	報告方法（原則）
管理者等が置かれている場合	管理者等	事業年度終了後，遅滞なく	管理業務主任者をして，報告書を交付して説明
管理者等が置かれていない場合	区分所有者等全員		説明会を開催し，管理業務主任者をして，報告書を交付して説明

2　管理業務主任者証の提示

> 管理事務の報告には，相手方からの請求がなくても，**自発的**に管理業務主任者証を提示する必要があります。

管理業務主任者は，**管理事務の報告**をする場合，説明の相手方に対し，管理業務主任者証を提示しなければなりません。

POINT整理　管理業務主任者の事務・記名・主任者証の提示義務

管理業務主任者としてすべき事務	①　重要事項の説明 ②　重要事項を記載した書面への記名 ③　契約の成立時の書面への記名 ④　管理事務の報告（管理事務報告書の交付・説明）
書面への記名	①　重要事項を記載した書面への記名 ②　契約成立時の交付書面への記名 ※ 管理事務報告書には記名が不要
管理業務主任者証の提示義務	【請求がなくとも提示すべき場合】 ●重要事項の説明 ●管理事務の報告 【請求があった場合のみ提示すべき場合】 ●契約成立時の書面交付 ●その他の業務

9　管理業務主任者としてすべき事務の特例（78条）

管理業者は，人の居住の用に供する独立部分が５以下の管理組合からのみ委託を受けて行う管理事務については，管理業務主任者に代えて，その事務所を**代表する者**，またはこれに**準ずる地位にある者**をして，**管理業務主任者としてすべき事務**を行わせることができます。

居住用の専有部分が**5戸以下**の管理組合からのみ委託を受ける事務所では，管理業務主任者の設置義務が**免除**されているため，その**代わり**に管理業務主任者がすべき業務を行う者を定めています。

10 書類の閲覧（79条）

H27・30

管理業者は，**当該管理業者の業務及び財産の状況を記載した書類**を，その事務所ごとに備え置き，その業務に係る関係者の求めに応じて**閲覧**させなければなりません。

この書類は，業務状況調書・貸借対照表・損益計算書等（「業務状況調書等」）を指します。

これらの「書類」は，**管理業者自身**の業務や財産状況に関する書類なので，備え置く場所は管理業者の事務所になります。

なお，これらの書類は，管理業者の事業年度ごとに**事業年度経過後３ヵ月以内に作成**し，**遅滞なく事務所ごとに備え置く**必要があります。また，事務所に備え置かれた日から３年を経過する日まで備え置き，事務所の営業時間中，その業務に係る**関係者の求めに応じて閲覧**させなければなりません。

11 秘密保持義務（80条，87条）

H29

1　管理業者の秘密保持義務

管理業者は，**正当な理由がなく**，その業務に関して知り得た秘密を漏らしてはなりません。管理業者でなくなった**後**においても，同様です。

2　使用人等の秘密保持義務

管理業者の使用人その他の従業者は，**正当な理由がなく**，マンションの管理に関する事務を行ったことに関して知り得た秘密を漏らしてはなりません。管理業者の使用人その他の従業者でなくなった**後**においても，同様です。

「正当な理由」としては，例えば，裁判で証人尋問を受けた場合等が想定されています。また，業務とは無関係にたまたま知った秘密については，守秘義務の対象にはなりません。

12 証明書の携帯義務等（88条） H29

これは管理業務主任者証とは別のもので，主任者証の有無にかかわらず，携帯が必要です。

管理業者は，使用人その他の従業者に，**従業者証明書を携帯**させなければ，業務に従事させてはなりません。そして，それらの者は，マンションの管理に関する事務を行うに際し，区分所有者等その他の関係者から**請求があった場合**は，その証明書を提示しなければなりません。

13 管理業者に対する監督処分 H28・29

1 管理業者に対する指示（81条）

国土交通大臣は，管理業者が次のいずれかに該当する場合や適正化法の規定に違反した場合は，必要な**指示**ができます。

① 業務に関し，管理組合または区分所有者等に損害を与えた，または損害を与えるおそれが大である場合

② 業務に関し，その公正を害する行為をした，またはその公正を害するおそれが大である場合

③ 業務に関し適正化法以外の法令に違反し，管理業者として不適当と認められる場合

④ 管理業務主任者が適正化法による一定の処分を受けた場合において，管理業者の責めに帰すべき理由がある場合

「指示」と「業務停止命令処分」は，「～できる」とされていることから，そのような指示や命令を行うか否かは任意です。

2 管理業者に対する業務停止命令（82条）

国土交通大臣は，管理業者が次のいずれかに該当する場合は，**1年以内の期間**を定めて，その業務の全部または一部の**停止を命ずることができます。**

（1）次の各項目に該当する場合

① 業務に関し適正化法以外の法令に違反し，管理業者として不適当であると認められる場合

② 管理業務主任者が指示処分及び事務の禁止処分を受けた，または管理業務主任者の登録取消処分を受けた場合において，管理業者の責めに帰すべき理由がある場合

（2）次の義務に違反した場合

① 登録事項の変更の届出義務

② 重要事項説明に関する義務

③ 財産の分別管理の義務

④ 名義貸しの禁止義務

⑤ 契約成立時の書面交付に関する義務

⑥ 管理事務の報告の義務

⑦ 管理業務主任者の設置義務

⑧ 再委託の制限の義務

⑨ 書類の備置・閲覧に供する義務

⑩ 標識の掲示の義務

⑪ 帳簿の作成等の義務

⑫ 秘密保持義務

⑬ 従業者等に証明書を携帯させる義務

（3）指示処分に従わない場合

（4）適正化法に基づく国土交通大臣の処分に違反した場合

（5）管理業に関し，不正または著しく不当な行為をした場合

（6）営業に関し成年者と同一の行為能力を有しない未成年者である場合において，その法定代理人が業務の停止をしようとするとき以前２年以内に管理業に関し不正または著しく不当な行為をした場合

法定代理人が法人である場合においては，その役員を含みます。

（7）法人である場合において，役員のうちに，業務の停止をしようとするとき以前２年以内に管理業に関し不正または著しく不当な行為をした者がある場合

「登録取消処分」は，「取り消さなければならない」とされており，必ず**登録を取り消さねばなりません。**

3　管理業者の登録の取消し（83条）

国土交通大臣は，管理業者が次のいずれかに該当する場合は，その登録を取り消さなければなりません。

① 一定の登録拒否事由に該当するに至った場合
② 偽りその他不正の手段により登録を受けた場合
③ 業務停止命令処分に該当し情状が特に重い場合，または業務の停止命令に違反した場合

4　監督処分の公告（84条）

国土交通大臣は，前出「**2　管理業者に対する**業務停止命令」「**3　管理業者の**登録の取消し」の**各処分をした**ときは，国土交通省令で定めるところにより，その旨を公告しなければなりません。

5　報告（85条）

国土交通大臣は，マンション管理業の適正な運営を確保するため必要があると認める場合は，その必要な限度で，マンション管理業を営む者に対し，**報告**をさせることができます。

6　立入り検査

立入検査を行う職員は，その身分を示す証明書を携帯し，かつ，関係者の請求があるときは，これを提示しなければなりません。

国土交通大臣は，マンション管理業の適正な運営を確保するため必要があると認めるときは，その必要な限度で，その職員に，マンション管理業を営む者の事務所その他その業務を行う場所に**立ち入り**，帳簿，書類その他必要な物件を**検査させ**，または関係者に**質問させる**ことができます。

コレが重要!! 確認問題

❶ マンション管理業者は，管理組合との管理受託契約を締結するときに遅滞なく交付する書面に代えて，当該管理組合を構成するマンションの区分所有者等又は当該管理組合の管理者等の承諾を得た場合は，当該書面に記載すべき事項を電子情報処理組織を使用する方法その他の情報通信の技術を利用する方法により提供することができる。過 R3

❷ 重要事項の説明は，管理事務の委託を受けた事務所に所属する管理業務主任者にさせなければならない。過 H19

❸ マンション管理業者は，従前の管理受託契約と同一の条件で管理組合との管理受託契約を更新しようとするときは，あらかじめ，当該管理組合を構成するマンションの区分所有者等全員に対して，説明会を開催し，管理業務主任者をして，重要事項について説明させなければならない。過 R3

❹ マンション管理業者Ａが管理組合Ｂから委託を受けて，「マンションの区分所有者等から徴収された修繕積立金等金銭を収納口座に預入し，毎月，その月分として徴収された修繕積立金等金銭から当該月中の管理事務に要した費用を控除した残額を，翌月末日までに収納口座から保管口座に移し換え，当該保管口座において預貯金として管理する方法」をとっている場合において，Ａは，いかなる場合であっても収納口座の名義人となることはできない。ただし，ＢにはＡ以外の者が管理者として置かれているものとする。過 H22

❺ マンション管理業者がマンション管理適正化法施行規則第 87 条第２項に基づく修繕積立金等の金銭を管理する場合の保管口座，又は収納・保管口座に係る管理組合等の印鑑等については，管理者が置かれていない場合であっても管理業者が保管してはならない。過 H27

❻ マンション管理業者Ａは，管理者等が置かれている甲マンション管理組合と管理受託契約を締結している。この場合に関する次の**ア**，**イ**の記述は正しいか誤りか。

ア Ａは，甲に管理事務に関する報告を行うときは，管理事務報告書を作成し，管理業務主任者をして，これを管理者等に交付して説明をさせなければならない。過 H23

イ Ａは，甲から委託を受けた管理事務に関する管理事務報告書に，管理業務主任者をして，記名させなければならない。過 H14 改

答 ❶○　❷×：重要事項説明は管理業務主任者による必要があるが，委託を受けた事務所に所属している必要はない。　❸×：同一条件の更新契約では，説明会は不要。　❹×：収納口座については，管理業者が口座名義人になれる。　❺×：管理者等がいない場合，管理者等が選任されるまでの比較的短い期間に限り，保管は可能。　❻ア○　イ×：管理事務報告書に，管理業務主任者の記名は不要。

頻出度 A

マンション管理の適正化を図るその他の制度

- マンション管理適正化推進センターの役割
- マンション管理業者の団体の役割
- 宅地建物取引業者による設計図書の交付等

マンション管理の適正化を図るための団体として，管理組合側に立つ「マンション管理適正化推進センター」と，管理業者側に立つ「マンション管理業者の団体」について，それぞれの役割や業務が，適正化法で定められています。

本章は，本試験でそれほど出題頻度・重要度の高い分野ではないため，軽く一読して，過去問の確認をしておけば十分です。

1 マンション管理適正化推進センター

H29

1　マンション管理適正化推進センターの指定（91条）

国土交通大臣は，管理組合によるマンション管理の適正化の推進に対する寄与を目的とする一定の一般財団法人を，**申請**により，**全国に1つに限り**，マンション管理適正化推進センター（「センター」）として**指定**できます。

実際に指定を受けているのが，マンション管理士試験の実施団体でもある「(公財) マンション管理センター」です。

2　マンション管理適正化推進センターの業務（92条）

センターは，次の業務を行います。

① マンション管理に関する情報・資料の収集・整理，及び管理組合の管理者等その他の関係者に対するそれらの提供

② マンション管理の適正化に関し，管理組合の管理者等その他の関係者に対する技術的な支援

③ マンション管理の適正化に関し，管理組合の管理者等その他の関係者に対する講習

④ マンション管理に関する苦情処理の必要な指導・助言

⑤ マンション管理に関する調査及び研究

⑥ マンション管理の適正化推進に資する啓発活動・広報活動

⑦　①〜⑥の他，マンション管理の適正化推進に資する業務

3　センターへの情報提供等（93条）

国土交通大臣は，センターに対し，管理適正化業務の実施に関し，必要な情報・資料の提供や指導・助言を行います。

2　マンション管理業者の団体

H27

1　マンション管理業者の団体の指定（95条）

国土交通大臣は，管理業者の業務の改善向上を図ることを目的とし，かつ，**管理業者を社員**とする一般社団法人であって，管理業者の業務の改善向上に関する一定の業務を適正かつ確実に行うことができると認められるものを，**申請により**，そうした業務を行う者（指定法人）として**指定**できます。

実際に指定を受けているのが，管理業務主任者試験の実施団体でもある「（一社）マンション管理業協会」です。

「社員」とは従業員ではなく「指定法人の**構成員**」の意味であるため，この一般社団法人は，管理業者を構成員とする団体を指します。

2　指定法人の業務（95条〜98条）

（1）業務（必要的）

指定法人は，次の業務を行います。

① 社員が営む業務に関し，社員に，適正化法やそれに基づく命令を遵守させるための指導・勧告等の業務
② 社員の業務に関する管理組合等からの苦情解決
③ 管理業務主任者等に対する研修
④ 管理業の健全な発達を図るための調査・研究
⑤ ①〜④のほか，管理業者の業務の改善向上に必要な業務

指定法人が，社員（構成員）である管理業者との間で締結する契約に係る保証債務の額の合計額が，設置した保証基金の額の100倍を超える額になるときは，その保証契約を締結してはなりません。

（2）保証業務（任意的）

指定法人は，社員である管理業者との契約で，管理業者が管理組合等から受領した管理費や修繕積立金等の返還債務を負う場合，その**返還債務の保証業務**を行うことができます。

なお，指定法人は，保証業務を行う場合においては，あらかじめ，国土交通大臣の承認を受けなければなりません。また，承認を受けた指定法人は，保証業務を廃止したときは，その旨を国土交通大臣に届け出なければなりません。

（3）苦情の解決

指定法人は，管理組合等から社員の業務に関する苦情解決の申出があった場合，相談に応じ，必要な助言をし，事情を調査するとともに，管理業者に対して苦情内容を通知して迅速な処理を求めなければなりません。

また，苦情解決に必要があると認めるときは，その管理業者に対し，①**文書や口頭による説明**を求め，または②**資料の提出**を求めることができます。

管理業者は，正当な理由がなければ，これらを拒んではなりません。

3 宅地建物取引業者による設計図書の交付等（103条） H26

「設計に関する一定の図書」とは，次のものを指します。**なお，「日影図」は含まれていません。**
①付近見取図
②配置図
③仕様書（仕上げ表を含む）
④各階平面図
⑤二面以上の立面図
⑥断面図・矩計図
⑦基礎伏図
⑧各階床伏図
⑨小屋伏図
⑩構造詳細図
⑪構造計算書

宅地建物取引業者は，**自ら売主**として居住用の独立部分がある建物（**新たに建設された建物で人の居住の用に供したことがないものに限る**）を分譲した場合において，1年以内に**管理組合の管理者等が選任されたとき**は，速やかに，管理者等に，建物・附属施設の**設計に関する一定の図書（工事が完了した時点の建物及びその附属施設に係る図面等）を交付**しなければなりません。

また，宅地建物取引業者は，自ら売主として居住用の独立部分がある建物を分譲する場合においては，その管理が管理組合に円滑に引き継がれるよう努めなければなりません。

コレが重要!! 確認問題

❶ マンションの管理に関する情報及び資料の収集及び整理をし，並びにこれらを管理組合の管理者等その他の関係者に対し提供することは，マンション管理適正化法第92条の規定により国土交通大臣の指定を受けた「マンション管理適正化推進センター」が行う業務である。過 H24

❷ マンションの管理の適正化の推進に資する啓発活動及び広報活動を行うことは，マンション管理適正化法第95条の規定により国土交通大臣の指定を受けたマンション管理業者の団体が行う業務である。過 H15

❸ マンション管理適正化法第95条の指定法人は，社員であるマンション管理業者がマンションの区分所有者等から受領した管理費，修繕積立金等の返還債務を負うこととなった場合において，その返還債務を保証する業務を行うことができる。過 H17

❹ 自ら売主として新築マンションを分譲した宅地建物取引業者は，分譲後1年以内に当該マンションの管理組合の管理者等が選任されたときは，速やかに，当該管理者等に，付近見取図など当該マンションの設計に係る図書で国土交通省令に定めるものを交付しなければならない。過 H17

❺ マンションの日影図は，マンション管理適正化法第103条第1項に規定する宅地建物取引業者が交付しなければならないマンションの設計に関する図書（設計図書）に含まれる。過 H26

答 ❶○　❷×：啓発・広報活動は，マンション管理適正化推進センターの業務である。
❸○　❹○　❺×：日影図は，設計図書に含まれない。

頻出度 S

罰　則

- マンション管理士に係る罰則
- マンション管理業者に係る罰則

罰則に関してすべて細かく覚えるのは困難です。そこで，下表の①一番重い罰則（管理業者関係のみ），④一番軽い罰則（行政罰である「過料」であって，刑罰ではない），②③中の「マンション管理士に特有の罰則」（秘密保持義務違反，名称使用停止命令違反，紛らわしい名称の使用禁止違反）」を中心に押さえておきましょう。

マンション管理士・管理業者・管理業務主任者に係る主な罰則

H27・28・29・R3

①1年以下の懲役 または 50万円以下の罰金	【マンション管理業者関連】 ●偽りその他不正の手段によりマンション管理業の登録（更新の登録を含む）を受けたとき ●無登録でマンション管理業を営んだとき ●名義貸しの禁止規定に違反して，他人にマンション管理業を営ませたとき ●マンション管理業者が業務停止命令に違反して，マンション管理業を営んだとき
②1年以下の懲役 または 30万円以下の罰金	【マンション管理士関連】 ●マンション管理士が，秘密保持義務の規定に違反したとき ※ただし，親告罪のため，公訴提起には被害者の告訴が必要。
③30万円以下の罰金	【マンション管理士関連】 ●マンション管理士の名称使用停止を命ぜられた者が，停止を命ぜられた期間中に，マンション管理士の名称を使用したとき ●マンション管理士でない者が，マンション管理士またはこれに紛らわしい名称を使用したとき 【マンション管理業者関連】 ●マンション管理業者が，国土交通大臣から求められた報告をせず，又は虚偽の報告をしたとき ●マンション管理業者が，登録事項の変更の届出をせず，または虚偽の届出をしたとき

③ 30万円以下の罰金	●マンション管理業者が，事務所ごとの法定数以上の成年者で専任の管理業務主任者を設置する義務・不足した場合の2週間以内の補充義務に違反したとき ●マンション管理業者が，従業者に従業者証明書を携帯させて業務に従事させる義務に違反したとき ●マンション管理業者が，契約成立時の書面の交付義務規定に違反して書面を交付せず，または法定事項を記載しない書面・虚偽の記載のある書面を交付したとき ●マンション管理業者が，契約成立時の書面を交付すべき者に対し，管理業務主任者の記名のない書面を交付したとき ●マンション管理業者・使用人その他の従業者が，秘密保持義務の規定に違反したとき ※ただし，親告罪のため，公訴提起には被害者の告訴が必要。 ●マンション管理業者・関係者が，立入り・検査を拒み・妨げ・忌避し，又は質問に対して陳述をせず，若しくは虚偽の陳述をしたとき ●保証業務に係る契約の締結の制限規定に違反して契約を締結した指定法人 【管理業務主任者**関連**】 ●管理業務主任者が，国土交通大臣から求められた報告をせず，又は虚偽の報告をしたとき 【認定管理者等**関連**】 ●認定管理者等・区分所有者等が，計画作成都道府県知事等から管理計画認定マンションの管理の状況について報告を求められたが，これに報告をせず，又は虚偽の報告をしたとき
④ 10万円以下の過料	【マンション管理業者**関連**】 ●マンション管理業者が，廃業等の届出を怠ったとき ●マンション管理業者が，標識の掲示義務に違反したとき 【管理業務主任者**関連**】 ●管理業務主任者が，管理業務主任者証の返納・提出義務に違反したとき ●管理業務主任者が，重要事項説明・管理事務報告の際に，管理業務主任者証を提示しなかったとき

法人の代表者又は法人・人の代理人，使用人その他の従業者が，その法人・人の業務に関して，**一定の違反行為**をしたときは，その行為者**を罰するほか**，その法人・人に対しても，同様の罰金刑が科されます（両罰規定）。

コレが重要!! 確認問題

❶ マンション管理士は，正当な理由がなく，その業務に関して知り得た秘密を漏らしてはならず，マンション管理士でなくなった後においても，同様であるが，これに違反した者は，1年以下の懲役または30万円以下の罰金に処される。過 H25

❷ マンション管理士でない者が，マンション管理士またはこれに紛らわしい名称を使用した場合には，30万円以下の罰金に処される。過 H25

❸ マンション管理士は，マンション管理士の信用を傷つけるような行為をした場合には，30万円以下の罰金に処せられる。過 H23

❹ マンション管理士は，5年ごとに登録講習機関が行う講習を受けなければならず，これに違反したときは30万円以下の罰金に処される。過 H21

❺ 管理業務主任者は，登録が消除されたにもかかわらず，速やかに管理業務主任者証を国土交通大臣に返納しなかったときは，10万円以下の過料に処される。過 H16

❻ 国土交通大臣から期間を定めてマンション管理士の名称の使用の停止を命ぜられた者で，当該停止を命ぜられた期間中に，マンション管理士の名称を使用した者は，10万円以下の過料に処せられる。過 H22

❼ 国土交通大臣が，マンション管理業の適正な運営を確保するため必要があると認めるときは，その必要な限度で，マンション管理業を営む者に対し，報告をさせることができ，その場合において，そのマンション管理業を営む者が虚偽の報告をしたときは，10万円以下の罰金に処せられる。過 H27

答 ❶○　❷○　❸×：マンション管理士が信用失墜行為の禁止義務に違反した場合でも，罰則の適用はない。　❹×：マンション管理士が法定講習受講義務に違反した場合でも，罰則の適用はない。　❺○　❻×：名称使用停止命令違反は，「30万円」以下の罰金である。　❼×：30万円以下の罰金が課される。

頻出度　A

マンションの管理の適正化の推進を図るための基本的な方針

●基本的な方針の概要

「マンションの管理の適正化の推進を図るための基本的な方針」は，マンション管理適正化法３条１項の規定に基づき定められたものです。
出題される場合は１問程度ですので，３回～５回程度，太字や赤字の部分に注意しながら通読をしておきましょう。

【マンションの管理の適正化の推進を図るための基本的な方針】

我が国におけるマンションは，**土地利用の高度化の進展**に伴い，**職住近接という利便性**や**住空間の有効活用という機能性**に対する積極的な評価，マンションの建設・購入に対する**融資制度や税制の整備**を背景に，都市部を中心に持家として定着し，**重要な居住形態**となっており，**国民の一割以上が居住**していると推計される。

その一方で，一つの建物を多くの人が区分して所有するマンションは，各区分所有者等の共同生活に対する**意識の相違**，多様な価値観を持った区分所有者等間の**意思決定の難しさ**，利用形態の混在による**権利・利用関係の複雑さ**，建物構造上の**技術的判断の難しさ**など建物を維持管理していく上で，**多くの課題**を有している。

特に，今後，建設後相当の期間が経過したマンションが，急激に増大していくものと見込まれるが，これらに対して**適切な修繕がなされないままに放置**されると，**老朽化したマンション**は，区分所有者等自らの居住環境の低下のみならず，外壁等の剥落などによる居住者や近隣住民の生命・身体に危害，ひいては周辺の住環境や都市環境の低下を生じさせるなど**深刻な問題を引き起こす可能性**がある。

このような状況の中で，我が国における国民生活の安定向上と国民経済の健全な発展に寄与するためには，管理組合がマンションを適正に管理するとともに，行政はマンションの管理状況，建物・設備の老朽化や区分所有者等の高齢化の状況等を踏まえてマンションの管理の適正化の推進のための施策を講じていく必要がある。

この基本的な方針は，このような認識の下に，マンションの管理の適正化の推進を図るため，必要な事項を定めるものである。

1 マンションの管理の適正化の推進に関する基本的な事項

管理組合，国，地方公共団体，マンション管理士，マンション管理業者その他の関係者は，**それぞれの役割を認識**するとともに，効果的にマンションの管理の適正化及びその推進を図るため，相互に連携して取組を進める必要がある。

1　管理組合及び区分所有者の役割

マンションは私有財産の集合体であり，その**管理の主体**は，あくまでマンションの区分所有者等で構成される管理組合である。法第5条第1項においても，管理組合は，マンション管理適正化指針及び都道府県等マンション管理適正化指針の定めるところに留意して，**マンションを適正に管理するよう自ら努めなければならない**とされている。マンションストックの高経年化が進む中，これらを可能な限り長く活用するよう努めることが重要であり，管理組合は，**自らの責任を自覚**し，必要に応じて**専門家の支援**も得ながら，**適切に管理**を行うとともに，**国及び地方公共団体が講じる施策に協力するよう努める必要**がある。

マンションの区分所有者等は，**管理組合の一員としての役割及び修繕の必要性を十分認識**して，**管理組合の運営に関心を持ち**，**積極的に参加**する等，その**役割を適切に果たすよう努める必要**がある。

2　国の役割

国は，マンションの**管理水準の維持向上**と管理状況が**市場において評価される環境整備**を図るために**マンションの管理の適正化の推進に関する施策を講じていくよう努める必要**がある。

このため，マンション管理士制度及びマンション管理業の登録制度の**適切な運用**を図るほか，マンションの**実態調査**の実施，「マンション標準管理規約」及び各種ガイドライン・マニュアルの**策定**や適時適切な**見直し**とその**周知**，マンションの管理の適正化の推進に係る**財政上の措置**，**リバースモーゲージの活用**等による大規模修繕等のための**資金調達手段の確保**，マンション管理士等の**専門家の育成等**によって，管理組合や地方公共団体のマンションの管理の適正化及びその推進に係る**取組を支援**していく必要がある。

また，国は，マンションの**長寿命化に係る先進的な事例の収集・普及等に取り組む**とともに，管理組合等からの求めに応じ，マンション管理適正化推進センターと**連携**しながら，**必要な情報提供等に努める必要**がある。

3　地方公共団体の役割

地方公共団体は，区域内のマンションの管理状況等を踏まえ，**計画的にマンションの管理の適正化の推進に関する施策を講じていくよう努める必要**がある。

このため，区域内のマンションの**実態把握**を進めるとともに，法第３条の２に基づく**マンション管理適正化推進計画を作成**し，施策の方向性等を明らかにして法第３章に基づく**管理計画認定制度を適切に運用**することで，マンションの**管理水準の維持向上**と管理状況が**市場において評価される環境整備**を図っていくことが**望ましい**。

その際，**特に必要**がある場合には，関係地方公共団体，管理組合，マンション管理士，マンション管理業者，マンションの管理に関する知識や経験を生かして活動等を行うＮＰＯ法人（以下「ＮＰＯ法人」という。）等の関係者に対し，**調査に必要な協力を求める**ことも検討し，これらの関係者と**連携**を図りながら，**効果的に施策を進める**ことが望ましい。

さらに，マンション管理士等専門的知識を有する者や経験豊かで地元の実情に精通したマンションの区分所有者等から信頼される者等の協力を得て，マンションに係る**相談体制の充実**を図るとともに，管理組合等からの求めに応じ，**必要な情報提供等に努める必要**がある。

なお，**管理が適正に行われていないマンション**に対しては，マンション管理適正化指針等に即し，必要に応じて法第５条の２に基づく**助言**，**指導等**を行うとともに，**専門家を派遣**するなど**能動的に関与**していくことが重要である。

4　マンション管理士及びマンション管理業者等の役割

マンションの管理には専門的知識を要することが多いため，マンション管理士には，管理組合等からの**相談に応じ**，**助言等の支援を適切に行う**ことが求められており，**誠実にその業務を行う必要**がある。また，マンション管理業者においても，管理組合から管理事務の委託を受けた場合には，**誠実にその業務を行う必要**がある。

さらに，マンション管理士及びマンション管理業者は，**地方公共団体等からの求め**に応じ，**必要な協力をするよう努める必要**がある。

また，**分譲会社**は，管理組合の立ち上げや運営の円滑化のため，**分譲時**に**管理規約**や**長期修繕計画**，**修繕積立金の金額等の案について適切に定める**とともに，これらの内容を**購入者に対して説明し理解を得るよう努める必要**がある。

2 マンションの管理の適正化に関する目標の設定に関する事項 R4

マンションの適切な管理のためには，**適切な長期修繕計画の作成**や**計画的な修繕積立金の積立**が必要となることから，国においては，**住生活基本法**に基づく**住生活基本計画（全国計画）**において，**25年以上の長期修繕計画に基づき修繕積立金を設定している管理組合の割合を目標**として掲げている。

地方公共団体においては，国が掲げる目標を**参考**にしつつ，マンションの管理の適正化のために管理組合が留意すべき事項も**考慮**し，区域内のマンションの状況を把握し，**地域の実情に応じた適切な目標を設定**することが望ましい。

3 管理組合によるマンションの管理の適正化の推進に関する基本的な指針（マンション管理適正化指針）に関する事項

本マンション管理適正化指針は，管理組合によるマンションの管理の適正化を推進するため，その基本的な考え方を示すとともに，地方公共団体が法第５条の２に基づき管理組合の管理者等に対して助言，指導等を行う場合の判断基準の目安を別紙一に，法第５条の４に基づき管理計画を認定する際の基準を別紙二に示すものである。

1 管理組合によるマンションの管理の適正化の基本的方向

マンションは，我が国における**重要な居住形態**であり，その**適切な管理**は，マンションの**区分所有者等**だけでなく，**社会的にも要請**されているところである。

このようなマンションの重要性にかんがみ，マンションを**社会的資産**として，この資産価値をできる限り保全し，かつ，快適な居住環境が確保できるように，以下の点を踏まえつつ，マンションの管理を行うことを基本とするべきである。

① マンションの管理の**主体**は，マンションの区分所有者等で構成される**管理組合**であり，管理組合は，**区分所有者等の意見が十分に反映**されるよう，また，**長期的な見通し**を持って，**適正な運営**を行うことが必要である。特に，その**経理**は，**健全な会計**を確保するよう，十分な配慮がなされる必要がある。また，**第三者に管理事務を委託**する場合は，その**内容を十分に検討して契約を締結**する必要がある。

② 管理組合を構成するマンションの区分所有者等は，**管理組合の一員としての役割を十分認識**して，管理組合の**運営に関心**を持ち，**積極的に参加**する等，その役割を適切に果たすよう努める必要がある。

③　マンションの管理には専門的な知識を要する事項が多いため，**管理組合**は，問題に応じ，**マンション管理士等専門的知識を有する者の支援**を得ながら，**主体性をもって適切な対応**をするよう心がけることが重要である。

④　さらに，マンションの状況によっては，**外部の専門家**が，管理組合の管理者等又は役員に就任することも考えられるが，その場合には，マンションの**区分所有者等が当該管理者等又は役員の選任や業務の監視等を適正に行う**とともに，**監視・監督の強化のための措置等を講じる**ことにより適正な業務運営を担保することが重要である。

2　マンションの管理の適正化のために管理組合が留意すべき事項

（1）管理組合の運営　R5

管理組合の**自立的な運営**は，マンションの区分所有者等の**全員が参加**し，その**意見を反映**することにより成り立つものである。そのため，管理組合の運営は，**情報の開示，運営の透明化等**を通じ，**開かれた民主的なもの**とする必要がある。また，**集会**は，管理組合の最高意思決定機関である。したがって，管理組合の管理者等は，その意思決定にあたっては，**事前に必要な資料を整備**し，**集会において適切な判断が行われるよう配慮**する必要がある。

管理組合の**管理者等**は，マンション管理の目的が達成できるように，**法令等を遵守**し，マンションの区分所有者等のため，**誠実にその職務を執行**する必要がある。

管理規約は，**マンション管理の**最高自治規範であることから，管理組合として管理規約を作成する必要がある。その作成にあたっては，管理組合は，**建物の区分所有等に関する法律**に則り，**「マンション標準管理規約」を参考**として，当該マンションの**実態**及びマンションの**区分所有者等の意向**を踏まえ，適切なものを**作成**し，必要に応じてその**改正**を行うこと，これらを**十分周知**することが重要である。さらに，快適な居住環境を目指し，マンションの区分所有者等間のトラブルを未然に防止するために，**使用細則等**マンションの**実態に即した具体的な住まい方のルール**を定めておくことも重要である。

また，**管理費等の滞納など**管理規約又は使用細則等に違反する行為があった場合，管理組合の管理者等は，その是正のため，**必要な勧告，指示等**を行うとともに，法令等に則り，**少額訴訟等その是正又は排除を求める法的措置**をとることが重要である。

R4

(2) 共用部分の範囲及び管理費用の明確化

管理組合は，マンションの快適な居住環境を確保するため，あらかじめ，**共用部分の範囲及び管理費用を明確に**し，トラブルの未然防止を図ることが重要である。

特に，**専有部分と共用部分の区分**，**専用使用部分と共用部分の管理**及び**駐車場の使用等**に関して**トラブル**が生じることが多いことから，**適正な利用**と**公平な負担**が確保されるよう，**各部分の範囲**及びこれに対するマンションの**区分所有者等の負担を明確に定めておく**ことが重要である。

(3) 管理組合の経理 R5

管理組合がその機能を発揮するためには，その**経済的基盤**が確立されている必要がある。このため，**管理費及び修繕積立金等**について**必要な費用を徴収**するとともに，管理規約に基づき，これらの費目を**帳簿上も明確に区分して経理**を行い，適正に管理する必要がある。

また，管理組合の管理者等は，**必要な帳票類を作成**してこれを**保管**するとともに，マンションの区分所有者等の**請求**があった時は，これを**速やかに開示**することにより，**経理の透明性を確保**する必要がある。

(4) 長期修繕計画の作成及び見直し等 R4･5

マンションの快適な居住環境を確保し，資産価値の維持向上を図るためには，適時適切な**維持修繕**を行うことが重要である。特に，**経年による劣化に対応**するため，あらかじめ**長期修繕計画を作成**し，**必要な修繕積立金を積み立てておく必要**がある。

長期修繕計画の作成及び見直しにあたっては，「**長期修繕計画作成ガイドライン**」**を参考**に，必要に応じ，マンション管理士等**専門的知識を有する者の意見**を求め，また，あらかじめ**建物診断等**を行って，その計画を適切なものとするよう配慮する必要がある。長期修繕計画の実効性を確保するためには，**修繕内容**，**資金計画を適正かつ明確に定め**，それらをマンションの**区分所有者等に十分周知**させることが必要である。

管理組合の管理者等は，維持修繕を円滑かつ適切に実施するため，**設計に関する図書等を保管**することが重要である。また，この図書等について，マンションの**区分所有者等の求め**に応じ，**適時閲覧**できるようにすることが重要である。

なお，**建設後相当の期間が経過したマンション**においては，長期修繕計画の検討を行う際には，**必要に応じ**，**建替え等についても視野に入れて検討**することが望ましい。建替え等の検討にあたっては，その**過程**をマンションの**区分所有者等に周知**させるなど透明性に配慮しつつ，**各区分所有者等の意向**を十分把握し，**合意形成**を図りなから進める必要がある。

(5) 発注等の適正化

管理業務の委託や工事の発注等については，事業者の選定に係る意思決定の透明性確保や利益相反等に注意して，適正に行われる必要があるが，とりわけ外部の専門家が管理組合の管理者等又は役員に就任する場合においては，マンションの区分所有者等から信頼されるような発注等に係るルールの整備が必要である。

(6) 良好な居住環境の維持及び向上　R5

マンションの資産価値や良好な居住環境を維持する観点から，防災に係る計画の作成・周知や訓練の実施，被災時を想定した管理規約上の取り決め，火災保険への加入等，管理組合としてマンションにおける防災・減災や防犯に取り組むことは重要である。

また，防災・減災，防犯に加え，日常的なトラブルの防止などの観点からも，マンションにおけるコミュニティ形成は重要なものであり，管理組合においても，区分所有法に則り，良好なコミュニティの形成に積極的に取り組むことが重要である。

一方，自治会及び町内会等（以下「自治会」という。）は，管理組合と異なり，各居住者が各自の判断で加入するものであることに留意するとともに，特に管理費の使途については，マンションの管理と自治会活動の範囲・相互関係を整理し，管理費と自治会費の徴収，支出を分けて適切に運用する必要がある。なお，このように適切な峻別や，代行徴収に係る負担の整理が行われるのであれば，自治会費の徴収を代行することや，防災や美化などのマンションの管理業務を自治会が行う活動と連携して行うことも差し支えない。

(7) その他配慮すべき事項

マンションが団地を構成する場合には，各棟固有の事情を踏まえつつ，全棟の連携をとって，全体としての適切な管理がなされるように配慮することが重要である。

複合用途型マンションにあっては，住宅部分と非住宅部分との利害の調整を図り，その管理，費用負担等について適切な配慮をすることが重要である。

また，管理組合は，組合員名簿や居住者名簿の管理方法等，個人情報の取り扱いにあたっては，個人情報の保護に関する法律による個人情報取扱事業者としての義務を負うことに十分に留意する必要がある。

3　マンションの管理の適正化のためにマンションの区分所有者等が留意すべき事項

マンションを購入しようとする者は，マンションの**管理の重要性を十分認識**し，**売買契約**だけでなく，**管理規約**，**使用細則**，**管理委託契約**，**長期修繕計画等管理に関する事項に十分に留意**することが重要である。また，管理組合及びマンションの区分所有者等は，マンションを購入しようとする者に対するこれらの**情報の提供に配慮**する必要がある。

マンションの区分所有者等は，その居住形態が戸建てとは異なり，**相隣関係等に配慮を要する住まい方**であることを十分に認識し，その上で，マンションの快適かつ適正な利用と資産価値の維持を図るため，**管理組合の一員**として，**進んで**，**集会その他の管理組合の管理運営に参加**するとともに，**定められた管理規約**，**集会の決議等を遵守**する必要がある。そのためにも，マンションの区分所有者等は，**マンションの管理に関する法律等についての理解を深めることが重要**である。

専有部分の賃借人等の占有者は，建物又はその敷地若しくは附属施設の**使用方法**につき，マンションの**区分所有者等**が管理規約又は集会の決議に基づいて負う義務と**同一の義務**を負うことに十分に留意することが必要である。

4　マンションの管理の適正化のための管理委託に関する事項

管理組合は，マンションの管理の**主体**は**管理組合自身**であることを認識したうえで，管理事務の全部又は一部を**第三者に委託**しようとする場合は，**「マンション標準管理委託契約書」を参考**に，その**委託内容を十分に検討**し，**書面**又は**電磁的方法**（管理組合の管理者等又はマンションの区分所有者等の**承諾を得た場合に限る**）をもって**管理委託契約を締結**することが重要である。

管理委託契約先を選定する場合には，管理組合の管理者等は，**事前に必要な資料を収集**し，マンションの**区分所有者等にその情報を公開**するとともに，**マンション管理業者の行う説明会を活用**し，適正な選定がなされるように努める必要がある。

管理委託契約先が**選定された**ときは，管理組合の管理者等は，**説明会等**を通じてマンションの区分所有者等に対し，当該契約内容を**周知**するとともに，**マンション管理業者の行う管理事務の報告等を活用**し，**管理事務の適正化**が図られるよう努める必要がある。

万一，マンション管理業者の業務に関して**問題**が生じた場合には，**管理組合**は，**当該マンション管理業者にその解決を求める**とともに，**必要**に応じ，**マンション管理業者の所属する団体にその解決を求める**等の措置を講じる必要がある。

4 マンションがその建設後相当の期間が経過した場合その他の場合において当該マンションの建替えその他の措置に向けたマンションの区分所有者等の合意形成の促進に関する事項

日常のマンションの管理を適正に行い，そのストックを有効に活用していくことは重要だが，一方で，修繕や耐震改修等のみでは良好な居住環境の確保や地震によるマンションの倒壊，老朽化したマンションの損壊その他の被害からの**生命，身体及び財産の保護が困難な場合**には，**マンションの建替え等**を円滑に行い，**より長期の耐用性能を確保**するとともに，**良好な居住環境や地震に対する安全性等の向上を実現**することが重要である。

マンションの建替え等の円滑化に関する法律では，地震に対する安全性が不足しているマンションや外壁等の剥落により**周囲に危害**を生ずるおそれのあるマンション等を，**建替え時の容積率特例**や**マンション敷地売却事業**及び**団地型マンションにおける敷地分割事業**の対象とし，また，**バリアフリー性能が不足**しているマンション等を含めて**建替え時の容積率特例**の対象としている。

マンションが**建設後相当の期間が経過**した場合等に，**修繕等**のほか，これらの**特例を活用した建替え等**を含め，どのような措置をとるべきか，様々な**区分所有者等間の意向を調整し，合意形成**を図っておくことが重要である。管理組合においては，**区分所有者等の連絡先等を把握**しておき，必要に応じて**外部の専門家を活用**しつつ，適切に**集会を開催**して検討を重ね，**長期修繕計画において建替え等の時期を明記**しておくこと等が重要である。

5 マンションの管理の適正化に関する啓発及び知識の普及に関する基本的な事項

マンションの管理の適正化を推進するためには，**必要な情報提供，技術的支援等が不可欠**であることから，国及び地方公共団体は，マンションの**実態の調査及び把握**に努め，必要な**情報提供等**について，その**充実を図る**ことが重要である。

国においては，法及びマンション管理適正化指針の内容の**周知**を行うほか，「マンション標準管理規約」や各種ガイドライン・マニュアルの**策定**や適時適切な**見直し**とその**周知**を行っていく必要がある。

また，国，地方公共団体，マンション管理適正化推進センター，マンション管理士，ＮＰＯ法人等の関係者が**相互に連携**をとり，管理組合等の相談に応じられる**ネットワークを整備**することが重要である。

地方公共団体においては，必要に応じてマンション管理士等専門的知識を有する者

9 マンションの管理の適正化の推進を図るための基本的な方針

や経験豊かで地元の実情に精通したマンションの区分所有者等から信頼される者，ＮＰＯ法人等の協力を得て，セミナーの開催やマンションに係る**相談体制の充実**を図るよう努める必要がある。

マンション管理適正化推進センターにおいては，関係機関及び関係団体との**連携を密に**し，管理組合等に対する**積極的な情報提供**を行う等，**管理適正化業務を適正かつ確実に実施**する必要がある。

これらのほか，国，地方公共団体，関係機関等は，**管理計画認定制度の周知等**を通じて，これから管理組合の一員たる区分所有者等としてマンションの管理に携わることとなるマンションを**購入しようとする者**に対しても，マンションの**管理の重要性を認識させる**ように取り組むことも重要である。

6 マンション管理適正化推進計画の策定に関する基本的な事項

マンションは**全国的に広く分布**しており，**各地域に一定のストック**が存在するが，中でも**大都市圏への集中**が見られ，**建設後相当の期間が経過**し，**管理上の課題が顕在化**しているものも多い。また，大都市**以外**でも，都市近郊の観光地等で主に別荘として利用される，いわゆる**リゾートマンション**を多く有する地域もある。

地方公共団体は，このように**各地域で異なるマンションの状況**等を踏まえつつ，法及び本基本方針に基づき，**住生活基本計画**（都道府県計画，市町村にあっては市町村計画を含む）と**調和**を図るほか，マンションの管理の適正化の推進に関する施策の担当部局と福祉関連部局，防災関連部局，まちづくり関連部局，空き家対策関連部局，地方住宅供給公社等と**連携**し，**マンション管理適正化推進計画を策定**することが望ましい。

1　マンションの管理の適正化に関する目標

区域内のマンションの状況に応じ，25年以上の長期修繕計画に基づく修繕積立金額を設定している管理組合の割合等，**明確な目標を設定**し，その進捗を踏まえ，**施策に反映**させていくことが望ましい。

2　マンションの管理の状況を把握するために講じる措置に関する事項

マンションの管理の適正化の推進を図るためには，大規模団地や長屋型のマンション等も含めた**区域内のマンションストックの状況を把握**した上で，**マンションの管理の実態について把握**することが重要であり，登記情報等に基づくマンションの**所在地の把握**，管理組合への**アンケート調査**等の実態調査，**条例による届出制度の実施**等，

地域の状況に応じた措置を位置づけることが考えられる。

なお，マンションの管理の**実態の把握**については，**規模や築年数等に応じ，対象を絞って行うことも**考えられる。

3　マンションの管理の適正化の推進を図るための施策に関する事項 R4

地域の実情に応じてニーズを踏まえつつ，**適切な施策**を行っていくことが重要であり，**管理組合向けのセミナー**の開催，**相談窓口**の設置，マンション管理士等の**専門家の派遣**，長期修繕計画の作成等に必要な取組に対する**財政支援等**を位置づけることが考えられる。

また，きめ細やかな施策を推進するため，地方公共団体，地域の実情に精通したマンション管理士等の専門家，マンション管理業者等の事業者，管理組合の代表者，ＮＰＯ法人等で**協議会を設置することも**考えられる。

このほか，必要に応じ，**地方住宅供給公社によるマンションの修繕その他の管理に関する事業**を定めることが考えられる。この場合において，地方住宅供給公社は，当該都道府県等の区域内において，地方住宅供給公社法第21条に規定する業務のほか，管理組合の委託により，当該事業を行うことができる。

4　管理組合によるマンションの管理の適正化に関する指針（都道府県等マンション管理適正化指針）に関する事項

法５条１項に基づき，管理組合は，**マンション管理適正化指針**のほか，**都道府県等マンション管理適正化指針**にも**留意**してマンションを適正に管理するよう努めることとなるほか，**都道府県等マンション管理適正化指針**は，法第５条の２に基づく**助言，指導等の基準**や，法５条の４に基づく**管理計画の認定の基準**ともなり得るものである。

マンション管理適正化指針と**同様**のものとすることも差し支えないが，**必要**に応じ，例えば，**浸水が想定される区域においては適切な防災対策**を講じていることなど**地域の実情**を踏まえたマンションの管理に求められる**観点や水準**を定めることが望ましい。

5　マンションの管理の適正化に関する啓発及び知識の普及に関する事項

マンションの管理の適正化の推進を図るためには，必要な**情報提供，技術的支援等が不可欠**であることから，マンション管理適正化推進センターやマンション管理士会，ＮＰＯ法人等と**連携**したセミナーの開催，相談窓口の設置，専門家の派遣や，これらの取組を広く周知することを位置づけることなどが考えられる。

6　計画期間

地域のマンションの**築年数の推移**や，**人口動態等の将来予測**を踏まえて，適切な計画期間を設定することが望ましいが，例えば，**住生活基本計画（都道府県計画）**が，計画期間を**10年**とし，**5年毎に見直し**を行っている場合にはこれと**整合を図ること**などが考えられる。

7　その他マンションの管理の適正化の推進に関し必要な事項

管理計画認定制度の運用にあたって，例えば，法第5条の13に基づく**指定認定事務支援法人を活用**する場合にはその旨等を定めることが考えられる。

このほか，**地域の実情**に応じて取り組む**独自の施策**を積極的に位置づけることが望ましい。

7　その他マンションの管理の適正化の推進に関する重要事項

1　マンション管理士制度の一層の普及促進

マンションの管理には専門的な知識を要する事項が多いため，国，地方公共団体及びマンション管理適正化推進センターは，**マンション管理士制度がより一層広く利用**されることとなるよう，その**普及のために必要な啓発**を行い，**マンション管理士に関する情報提供**に努める必要がある。

なお，管理組合は，マンションの管理の適正化を図るため，必要に応じ，**マンション管理士等専門的知識を有する者の知見の活用を考慮**することが重要である。

2　管理計画認定制度の適切な運用　R4

管理計画認定制度の活用によって，マンションの**管理水準の維持向上**と管理状況が**市場において評価される環境整備**が図られることが期待されることから，同制度を運用する地方公共団体においては，その積極的な周知を図るなど適切に運用していくことが重要である。

また，国においては，**既存マンションが対象**となる**管理計画認定制度**に加え，マンションの適切な管理を担保するためには**分譲時点から適切な管理を確保することが重要**であることから，**新築分譲マンションを対象**とした**管理計画を予備的に認定する仕組み**についても，マンション管理適正化推進センターと**連携**しながら，**必要な施策**を講じていく必要がある。

なお，地方公共団体は，**指定認定事務支援法人**に，認定に係る調査に関する**事務を**

委託することも可能であり，必要に応じてこれを活用するとともに，指定認定事務支援法人は個人情報等も扱う可能性があることや利益相反も想定されることに鑑み，委託する際は適切に監督を行う必要がある。

3　都道府県と市町村との連携

法において，都道府県は町村の区域内に係るマンション管理適正化推進行政事務を行うこととされているが，市区町村と連携を図り，必要に応じて市区の区域内を含めて施策を講じていくことが重要である。

また，町村が地域のマンションの詳細な実情を把握していることも想定されることから，都道府県と町村においては，連絡体制を確立し，密に連携をとる必要がある。

なお，法104条の２に基づき，町村がマンション管理適正化推進行政事務を行う場合には，都道府県と適切に協議を行い，必要な引継ぎを確実に受けるほか，その旨を公示等で周知するなど同事務の実施に遺漏のないようにする必要がある。

4　修繕等が適切に行われていないマンションに対する措置

法５条の２において，都道府県等は管理組合の管理者等に対してマンションの管理の適正化を図るために必要な助言，指導及び勧告を行うことができることとされているが，助言等を繰り返し行っても，なおマンションの管理の適正化が図られないことも考えられる。修繕等が適切に行われなかった結果，老朽化したマンションがそのまま放置すれば著しく保安上危険となり，又は著しく衛生上有害な状態となる恐れがあると認められるに至ったなどの場合には，建築基準法に基づき，特定行政庁である地方公共団体が改善の命令等の強制力を伴う措置を講じることも考えられる。

5　修繕工事及び設計コンサルタントの業務の適正化

マンションの修繕工事や長期修繕計画の見直しにあたっては，管理組合の専門的知識が不足し，修繕工事業者や設計コンサルタント等との間に情報の非対称性が存在する場合が多いことから，国は，管理組合に対する様々な工事発注の方法の周知や修繕工事の実態に関する情報発信，関係機関とも連携した相談体制の強化等を通じて，マンションの修繕工事や設計コンサルタントの業務の適正化が図られるよう，必要な取組を行う必要がある。

6　ＩＣＴ化の推進

国は，ＷＥＢ会議システム等を活用した合意形成の効率化や，ドローンを活用した外壁の現況調査等，モデル的な取組に対して支援することにより，ＩＣＴを活用した

マンションの管理の適正化を推進していく必要がある。

また，法72条6項及び73条3項では，管理組合の負担軽減及びマンション管理業者の生産性向上の観点から，**重要事項説明時や契約成立時の書面交付**について，**ＩＴを活用した電磁的記録による交付が可能**である旨定められている。併せて，通常，対面で行われる**重要事項の説明等**についても，**ＩＴを活用した説明が可能**であり，これらについてマンション管理業者の団体等を通じて**広く周知**していくことが重要である。

コレが重要!! 確認問題

❶ 基本的な方針では，管理組合によるマンション管理の適正化について定められており，新築分譲マンションについての記載はない。過 R4

❷ 基本的な方針では，住生活基本計画（全国計画）において25年以上の長期修繕計画に基づき修繕積立金を設定している管理組合の割合を国における目標として掲げている旨が記載されているが，地方公共団体における目標設定については言及していない。過 R4

❸ 基本的な方針では，長期修繕計画の作成にあたっては，あらかじめ建物診断を行って計画を適切なものとする必要があるが，必要に応じ，建替えについても視野に入れて検討することが望ましいとされている。過 R4

❹ 防災・減災，防犯に加え，日常的なトラブルの防止などの観点からも，マンションにおけるコミュニティ形成は重要なものであり，管理組合においても，区分所有法に則り，良好なコミュニティの形成に積極的に取り組むことが重要である。過 R5

❺ 管理組合の自立的な運営は，マンションの区分所有者等の全員が参加し，その意見を反映することにより成り立つものであるため，管理組合の運営は，情報の開示，運営の透明化等を通じ，開かれた民主的なものとする必要がある。過 R5

❻ 管理組合の経済的基盤を確立するため，管理費及び修繕積立金等について必要な費用を徴収するとともに，管理規約に基づき，これらの費目を帳簿上も明確に区分して経理を行い，適正に管理する必要がある。過 R5

答 ❶×：記載がある。 ❷×：言及している。 ❸○ ❹○ ❺○ ❻○

さくいん

あ行

か行

さ行

た行

な行

は行

ま行

や行

ら行

わ行

MEMO

【著者紹介】

平柳　将人

1974年生まれ。慶應義塾大学法学部法律学科，中央大学法科大学院卒。
マンション管理士・管理業務主任者資格創設以来，受験界の第一線で講師として活躍。
現在は㈱M&K イノベイティブ・エデュケーション代表取締役，管理業務主任者法定講習講師，（一社）日本不動産仲裁機構専務理事兼ADRセンター長，（一社）マンション管理サポートセンター代表理事として，教育・実務両面を行う。秋田県出身。

- ㈱M&K イノベイティブ・エデュケーション（HP：https://www.mkined.jp/）
- ブログ『平柳のマンション管理士・管理業務主任者弾き語り』（HP：https://ameblo.jp/hirayanagi4953/）

◎本文イラスト／イラストワーク　カムカム

2024年度版　らくらくわかる！　マンション管理士速習テキスト

（2015年3月29日　初　版　第1刷発行）
2024年2月25日　初　版　第1刷発行

著　者　平　柳　将　人
発行者　多　田　敏　男
発行所　TAC株式会社　出版事業部（TAC出版）
〒101-8383 東京都千代田区神田三崎町3-2-18
電話　03(5276)9492（営業）
FAX　03(5276)9674
https://shuppan.tac-school.co.jp/
組　版　朝日メディアインターナショナル株式会社
印　刷　株式会社　ワ　コ　ー
製　本　東京美術紙工協業組合

ISBN 978-4-300-10954-0
N.D.C 673

乱丁・落丁による交換，および正誤のお問合せ対応は，該当書籍の改訂版刊行月末日までといたします。なお，交換につきましては，書籍の在庫状況等により，お受けできない場合もございます。
また，各種本試験の実施の延期，中止を理由とした本書の返品はお受けいたしません。返金もいたしかねますので，あらかじめご了承くださいますようお願い申し上げます。

「TAC情報会員」登録用パスワード：025-2024-0943-25

1 「らくらくわかる! マンション管理士速習テキスト」を読み「マンション管理士項目別過去8年問題集」を解く

試験に必要な知識を身につける

つぎに!

2 「速攻マスターWeb講義」と「過去問攻略Web講義」を視聴する

著者のWeb講義で合格ポイントを効率的に吸収

さらに!

4

TAC

マンション管理士講座「全国公開模試」で総仕上げ

知識が実戦力に!

学習効果をさらに引き上げる!

3 「ラストスパート マンション管理士 直前予想模試」「法律改正点レジュメ」で直前対策!

独学では不足しがちな法律改正情報や最新試験対策もフォロー!

「独学で合格」のポイント 利用中のサポート 法律改正点レジュメ・質問カード

独学では、「正しく理解しているだろうか」「問題の解き方がわからない」、「最新の法改正が手に入らない」といった不安がつきものです。
そこで独学道場では、「法律改正点レジュメ」と「質問カード」(5回分)をご用意!学習を阻害する不安から解放され、安心して学習できます。

コンテンツPickup!

マンション管理士講座「全国公開模試」

『全国公開模試』は、多数の受験生が受験する全国規模の公開模擬試験です。独学道場をお申込の方は、この全国公開模試を自宅受験または、期日内に手続きを済ませれば、会場受験も選択できます。詳細な個人成績表はご自身が受験生の中でどの位置にいるかも確認でき、ライバルの存在を意識できるので、モチベーションが一気にアップします!

※会場受験は【定員制】となり、会場によっては満席となる場合がございます。あらかじめご了承ください。
※状況により、会場受験を見合わせる場合がございます。

お申込み・最新内容の確認

インターネットで

TAC出版書籍販売サイト「サイバーブックストア」にて

TAC 出版 検索

https://bookstore.tac-school.co.jp/

詳細は必ず、TAC出版書籍販売サイト「サイバーブックストア」でご確認ください。

管理業務主任者独学道場もご用意しています!

マンション管理士・管理業務主任者

2月・3月・4月・5月開講　初学者・再受験者対象

マン管・管理業両試験対応　**W合格本科生S**（全42回：講義ペース週1～2回）／
マン管試験対応　**マンション管理士本科生S**（全36回：講義ペース週1～2回）／
管理業試験対応　**管理業務主任者本科生S**（全35回：講義ペース週1～2回）

合格するには、「皆が正解できる基本的な問題をいかに得点するか」、つまり基礎をしっかりおさえ、その基礎をどうやって本試験レベルの実力へと繋げるかが鍵となります。
各コースには「過去問攻略講義」をカリキュラムに組み込み、
基礎から応用までを完全マスターできるように工夫を凝らしています。
じっくりと徹底的に学習をし、本試験に立ち向かいましょう。

5月・6月・7月開講　初学者・再受験者対象

マン管・管理業両試験対応　**W合格本科生**（全36回：講義ペース週1～2回）／
マン管試験対応　**マンション管理士本科生**（全33回：講義ペース週1～2回）／
管理業試験対応　**管理業務主任者本科生**（全32回：講義ペース週1～2回）

毎年多くの受験生から支持されるスタンダードコースです。
基本講義、基礎答練で本試験に必要な基本知識を徹底的にマスターしていきます。
また、過去20年間の本試験傾向にあわせた項目分類により、
個別的・横断的な知識を問う問題への対策も行っていきます。
基本を徹底的に学習して、本試験に立ち向かいましょう。

8月・9月開講　初学者・再受験者対象

管理業務主任者速修本科生

（全21回：講義ペース週1～3回）

管理業務主任者試験の短期合格を目指すコースです。
講義では難問・奇問には深入りせず、基本論点の確実な定着に主眼をおいていきます。
週2回のペースで無理なく無駄のない受講が可能です。

9月・10月開講　初学者・再受験者・宅建士試験受験者対象

管理業務主任者速修本科生（宅建士受験生用）

（全14回：講義ペース週1～3回）

宅建士試験後から約2ヵ月弱で管理業務主任者試験の合格を目指すコースです。
宅建士と管理業務主任者の試験科目は重複する部分が多くあります。
その宅建士試験のために学習した知識に加えて、
管理業務主任者試験特有の科目を短期間でマスターすることにより、
宅建士試験とのW合格を狙えます。

TACの学習メディア

教室講座 Web講義フォロー標準装備

- 学習のペースがつかみやすい、日程表に従った通学受講スタイル。
- 疑問点は直接講師へ即質問、即解決で学習時間の節約になる。
- Web講義フォローが標準装備されており、忙しい人にも安心の充実したフォロー制度がある。
- 受講生同士のネットワーク形成ができるだけでなく、受講生同士で切磋琢磨しながら、学習のモチベーションを持続できる。

ビデオブース講座 Web講義フォロー標準装備

- 都合に合わせて好きな日程・好きな校舎で受講できる。
- 不明点のリプレイなど、教室講座にはない融通性がある。
- 講義録(板書)の活用でノートをとる手間が省け、講義に集中できる。
- 静かな専用の個別ブースで、ひとりで集中して学習できる。
- 全国公開模試は、ご登録地区の教室受験(水道橋校クラス登録の方は渋谷校)となります。

Web通信講座

- いつでも好きな時間に何度でも繰り返し受講できる。
- パソコンだけではなく、スマートフォンやタブレット、その他端末を利用して外出先でも受講できる。
- Windows®PCだけでなくMac®でも受講できる。
- 講義録をダウンロードできるので、ノートに写す手間が省け講義に集中できる。

DVD通信講座 Web講義フォロー標準装備

- いつでも好きな時間に何度でも繰り返し受講することができる。
- ポータブルDVDプレーヤーがあれば外出先での映像学習も可能。
- 教材送付日程が決められているので独学ではつかみにくい学習のペースメーカーに最適。
- スリムでコンパクトなDVDなら、場所をとらずに収納できる。

●DVD通信講座は、DVD-Rメディア対応のDVDプレーヤーでのみ受講が可能です。パソコン、ゲーム機等での動作保証はしておりませんので予めご了承ください。

受講料一覧 (教材費・消費税10%込)

教材費は全て受講料に含まれています！別途書籍等を購入いただく必要はございません。

W合格本科生S

学習メディア	通常受講料	宅建割引制度	再受講割引制度	受験経験者割引制度
教室講座※	¥143,000	¥110,000	¥ 96,800	¥110,000
ビデオブース講座※				
Web通信講座				
DVD通信講座	¥154,000	¥121,000	¥107,800	¥121,000

※一般教育訓練給付制度は、2月開講クラスが対象となります。予めご了承ください。

マンション管理士本科生S

学習メディア	通常受講料	宅建割引制度	再受講割引制度	受験経験者割引制度
教室講座	¥132,000	¥ 99,000	¥ 86,900	¥ 99,000
ビデオブース講座				
Web通信講座				
DVD通信講座	¥143,000	¥110,000	¥97,900	¥110,000

管理業務主任者本科生S

学習メディア	通常受講料	宅建割引制度	再受講割引制度	受験経験者割引制度
教室講座	¥126,500	¥ 95,700	¥ 83,600	¥ 95,700
ビデオブース講座				
Web通信講座				
DVD通信講座	¥137,500	¥106,700	¥94,600	¥106,700

2022年マンション管理士／管理業務主任者 合格者の声

笹木 裕史 さん

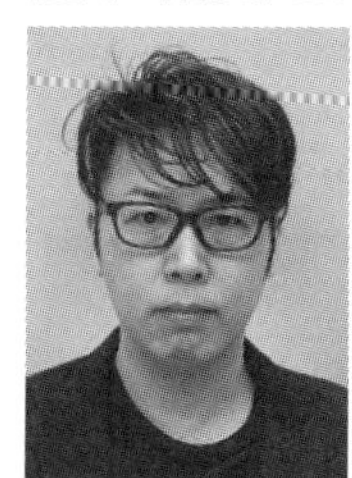

マンション管理士
管理業務主任者
W合格

マンション管理士と管理業務主任者の試験範囲の多くが被っており、勉強するうえで、両者の試験を分けて考えたことはありませんでした。両方の過去問を解くことで、問題演習量も充実するため、結果的に合格への近道になると思います。ですので、ぜひ、ダブル受験・合格を目指して頑張ってください！

近藤 勇真 さん

マンション管理士
管理業務主任者
W合格

私は運よくW合格することができましたが、両試験には片方の資格を持っているともう片方の受験の際に5問免除される制度があります。マンション管理士試験の受験者は、4割の方が管理業務主任者資格者という情報もあり、W合格を目指す方はそこで差がつかないように力を入れるべきかと思います。日々取れる学習時間を考えて、管理業務主任者に集中されるのも良いと思います。

お申込みにあたってのご注意

※0から始まる会員番号をお持ちでない方は、受講料のほかに別途入会金(¥10,000・10%税込)が必要です。会員番号につきましては、TAC各校またはカスタマーセンター(0120-509-117)までお問い合わせください。
※上記受講料は、教材費・消費税10%が含まれます。
※コースで使用する教材の中で、TAC出版より刊行されている書籍をすでにお持ちの方は、TAC出版刊行書籍を受講料に含まないコースもございます。
※各種割引制度の詳細はTACマンション管理士・管理業務主任者講座パンフレットをご参照ください。

マンション管理士・管理業務主任者

全国公開模試

マンション管理士
11/9(土)実施(予定)

管理業務主任者
11/16(土)実施(予定)

詳細は2024年8月刊行予定の「全国公開模試専用案内書」をご覧ください。

全国規模

本試験直前に実施される公開模試は全国18会場(予定)で実施。実質的な合格予備軍が結集し、本試験同様の緊張感と臨場感であなたの「真」の実力が試されます。

高精度の成績判定

TACの分析システムによる個人成績表に加えて正答率や全受験生の得点分布データを集計。「全国公開模試」の成績は、本試験での合否を高い精度で判定します。

本試験を擬似体験

合格のためには知識はもちろん、精神力と体力が重要となってきます。本試験と同一形式で実施される全国公開模試を受験することは、本試験環境を体験する大きなチャンスです。

オプションコース ポイント整理、最後の追い込みにピッタリ！

全4回(各回2.5時間講義) 10月開講 **マンション管理士/管理業務主任者試験対策**

総まとめ講義

今まで必要な知識を身につけてきたはずなのに、問題を解いてもなかなか得点に結びつかない、そんな方に最適です。よく似た紛らわしい表現や知識の混同を体系的に整理し、ポイントをズバリ指摘していきます。まるで「ジグソーパズルがピッタリはまるような感覚」で頭をスッキリ整理します。使用教材の「総まとめレジュメ」は、本試験最後の知識確認の教材としても好評です。

日程等の詳細はTACマンション管理士・管理業務主任者講座パンフレットをご参照ください。

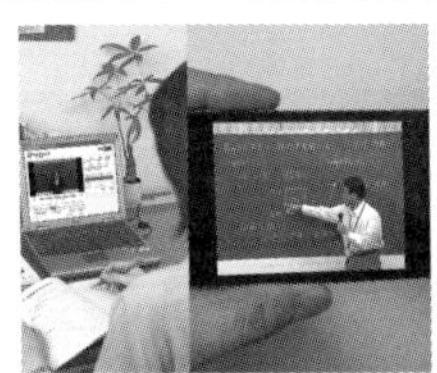

各2回　11月・12月開講(予定)　**マンション管理士/管理業務主任者試験対策**

ヤマかけ講義 問題演習＋解説講義

TAC講師陣が、2024年の本試験を完全予想する最終講義です。本年度の“ヤマ”をまとめた『ヤマかけレジュメ』を使用し、論点別の一問一答式で本試験予想問題を解きながら、重要部分の解説をしていきます。問題チェックと最終ポイント講義で合格への階段を登りつめます。

詳細は8月上旬刊行予定の全国公開模試リーフレット又はTACホームページをご覧ください。

●オプションコースのみをお申込みの場合に限り、入会金はいただいておりません。オプションコース以外のコースをお申込みの場合には、受講料の他に入会金が必要となる場合があります。予めご了承ください。
●オプションコースの受講料には、教材費及び消費税10%の金額が含まれています。
●各日程の詳細につきましては、TACマンション管理士・管理業務主任者講座パンフレット又はTACホームページをご覧ください。

無料公開イベント&個別相談会のご案内

参加無料

無料公開セミナーはテーマに沿って、TACマンション管理士・管理業務主任者講座の講師が担当いたします。

※無料公開セミナーのテーマは都合により変更となる場合がございます。予めご了承ください。
※TAC動画チャンネルでも各セミナーを配信いたします。視聴無料ですのでぜひご利用ください。

無料公開イベント出席者特典 ¥10,000入会金免除券プレゼント!!

無料公開イベント&講座説明会 参加者全員にプレゼント!!
◆マンション管理士・管理業務主任者講座案内一式
◆月刊TACNEWS 他

無料イベント日程

1～7は、マンション管理士・管理業務主任者を目指される方対象の無料公開セミナーです。
(セミナー40～50分+講座説明会20～30分)
★は、開講前無料講座説明会です。

個別受講相談も実施しております!!

	新宿校	池袋校	渋谷校	八重洲校
2024年 1月	19(金)19:00～ 1	—	27(土)10:00～ 1	24(水)19:00～ 1
2月	9(金)19:00～ 2	—	17(土)10:00～ 2	14(水)19:00～ 2
3月	5(火)19:00～ 3 31(日)10:30～ 4	—	2(土)10:00～ 3 16(土)10:00～ 4	27(水)19:00～ 3
4月	28(日)10:30～ 1	—	20(土)10:00～ 3	10(水)19:00～ 4
5月	12(日)10:30～ 3	—	18(土)10:00～ 4	—
6月	—	—	1(土)12:30～ ★	5(水)18:00～ ★
7月	—	—	—	—
8月	—	15(木)19:00～ 5	—	17(土)13:00～ 6 31(土)13:00～ ★
9月	8(日)10:30～ 5	5(木)18:30～ ★ 16(祝)11:00～ 7	—	22(日)11:00～ 5 29(日)10:30～ 7

無料公開セミナー&講座説明会 テーマ一覧

マンション管理士・管理業務主任者を目指される方《セミナー40分～50分+講座説明会20分》 ●初学者向け ●学習経験者向け

	テーマ	内容
1	●● 早期学習でW合格を掴む! 「マン管・管理業 W合格のすすめ!」	マンション管理士試験と管理業務主任者試験は試験範囲が似通っており、また試験日程も近いため、効率的に2つの資格を勉強できます。当セミナーではW合格にスポットを当てて、W受験のメリットや合格の秘訣についてお伝えいたします。
2	● 2023年度の本試験を徹底解説! 「マン管・管理業 本試験解答解説セミナー」	2023年マンション管理士試験・管理業務主任者試験を徹底分析し、合否の分かれ目・難易度・出題傾向など最新の情報をお伝えします。第1回本試験から培ってきたTACの合格ノウハウ・分析力を体感してください!
3	●● 合格の秘訣を伝授! 「マン管・管理業 本試験合格に向けた正しい学習法」	マンション管理士試験・管理業務主任者試験で合格を掴み取るには、どのような学習方法が効果的なのでしょうか。誰もが悩むその疑問をTACの講師陣がズバリ解決!2024年度の両本試験合格のための正しい学習法をお伝えします。
4	●● 過去の本試験から出題傾向を知る! 「マン管・管理業 2024年本試験の傾向と対策」	当セミナーでは、近年の本試験の出題傾向を丸裸にし、今年の試験に合格するための対策をお伝えいたします。これから合格を目指される方はもちろん、学習経験者にも必見のセミナーです。
5	●● 直前期の過ごし方が合否を左右する! 「マン管・管理業 直前期の正しい過ごし方」	直前期から本試験までに取り組むべきことや押さえておきたいポイントなど、残された時間で最大の学習効果を得るために「今すべきこと」についてお伝えいたします。当セミナーでライバルに差をつけましょう!

管理業務主任者を目指される方《セミナー40分～50分+講座説明会20分》 ●初学者向け ●学習経験者向け

	テーマ	内容
6	●● 効率よく短期合格へ 「管理業務主任者試験の分野別学習法」	分野ごとの特徴を押さえ、対策を立てることは短期合格を目指す法うえで重要です。当セミナーでは管理業務主任者試験の分野別学習法をお伝えします。
7	● 宅建士試験の学習が活きる 「宅建士×管理業 W合格のすすめ!」	宅建士試験と管理業務主任者試験は出題内容が重なる部分があり、宅建士の学習経験が非常に役立ちます。当セミナーでは宅建士学習経験者を対象に、管理業務主任者試験合格に向けた効果的な学習法をお伝えします。

書籍の正誤に関するご確認とお問合せについて

書籍の記載内容に誤りではないかと思われる箇所がございましたら、以下の手順にてご確認とお問合せをしてくださいますよう、お願い申し上げます。
なお、正誤のお問合せ以外の**書籍内容に関する解説および受験指導などは、一切行っておりません。**
そのようなお問合せにつきましては、お答えいたしかねますので、あらかじめご了承ください。

1 「Cyber Book Store」にて正誤表を確認する

TAC出版書籍販売サイト「Cyber Book Store」の
トップページ内「正誤表」コーナーにて、正誤表をご確認ください。

CYBER BOOK STORE TAC出版書籍販売サイト

URL:https://bookstore.tac-school.co.jp/

2 1の正誤表がない、あるいは正誤表に該当箇所の記載がない ⇒ 下記①、②のどちらかの方法で文書にて問合せをする

★ご注意ください★

お電話でのお問合せは、お受けいたしません。
①、②のどちらの方法でも、お問合せの際には、「お名前」とともに、
「対象の書籍名（○級・第○回対策も含む）およびその版数（第○版・○○年度版など）」
「お問合せ該当箇所の頁数と行数」
「誤りと思われる記載」
「正しいとお考えになる記載とその根拠」
を明記してください。
なお、回答までに１週間前後を要する場合もございます。あらかじめご了承ください。

① ウェブページ「Cyber Book Store」内の「お問合せフォーム」より問合せをする

【お問合せフォームアドレス】

https://bookstore.tac-school.co.jp/inquiry/

② メールにより問合せをする

【メール宛先　TAC出版】

syuppan-h@tac-school.co.jp

※土日祝日はお問合せ対応をおこなっておりません。
※正誤のお問合せ対応は、該当書籍の改訂版刊行月末日までといたします。

乱丁・落丁による交換は、該当書籍の改訂版刊行月末日までといたします。なお、書籍の在庫状況等により、お受けできない場合もございます。
また、各種本試験の実施の延期、中止を理由とした本書の返品はお受けいたしません。返金もいたしかねますので、あらかじめご了承くださいますようお願い申し上げます。

TACにおける個人情報の取り扱いについて
■お預かりした個人情報は、TAC（株）で管理させていただき、お問合せへの対応、当社の記録保管にのみ利用いたします。お客様の同意なしに業務委託先以外の第三者に開示、提供することはございません（法令等により開示を求められた場合を除く）。その他、個人情報保護管理者、お預かりした個人情報の開示等及びTAC（株）への個人情報の提供の任意性については、当社ホームページ（https://www.tac-school.co.jp）をご覧いただくか、個人情報に関するお問い合わせ窓口（E-mail:privacy@tac-school.co.jp）までお問合せください。

（2022年7月現在）